Winnacker · Nie den Mut verlieren

Tage, - Jahre, - ist das Zeit?
Gestern, - morgen, -
nah und weit.
Blick zurück! Vergangenheit.
Strom der Erinnrung.
Schmal und breit.
Du stehst am Ufer
kennst die Quellen.
Der Strom fließt weiter,
wo zerrinnen die Wellen?

Lieber Jochen,
zu Deinem 50. Geburtstag wünsche ich Dir
vor allem Gesundheit, aber auch, daß Du immer
ein Stück guten Mutes behältst.
Suchst Du ihn einmal, so läßt er sich vielleicht
bei einem guten Freund finden.
16. April 1981 Helmut

Karl Winnacker

Karl Winnacker

Nie den Mut verlieren

Erinnerungen an Schicksalsjahre der deutschen Chemie

Econ Verlag · Düsseldorf · Wien

1. Auflage 1971

Gesetzt aus der 10 Punkt Times der Linotype GmbH
Gesamtherstellung Mohndruck Reinhard Mohn OHG, Gütersloh
Printed in Germany
ISBN 3 430 19790 2

Meiner Frau

Inhalt

Als in den Jahren 1968 und 1969 der Generationswechsel in Hoechst vorbereitet wurde, kam aus dem Kreise von Freunden und Mitarbeitern die Anregung, meine Erinnerungen an eine bewegte Zeit der deutschen Chemie niederzuschreiben.

Den entscheidenden Anstoß gab der Verleger Erwin Barth von Wehrenalp, der sich viel Mühe mit diesem Buch gegeben hat.

Im ständigen Zwiegespräch hat Ernst Bäumler, der seit 1963 die Öffentlichkeitsarbeit in Hoechst leitet, dazu beigetragen, allzu trockene und nüchterne Aufzeichnungen durch persönliche Erinnerungen und Betrachtungen zur Zeitgeschichte aufzulockern.

Da ich meinen heranwachsenden Kindern in Stunden freier Zeit oft und gern von meinen Erlebnissen erzählt hatte, konnten sie aus der Sicht der jungen Generation zur Niederschrift manche guten Ratschläge und wertvolle Kritik beitragen.

Karl Winnacker

Kapitel I

Zwei Begegnungen mit Amerika

Im Oktober 1969 flog ich wie in jedem Jahr mit einigen Kollegen zu Besprechungen in die Vereinigten Staaten. Die Regelmäßigkeit, mit der diese Besuche nun seit 1954 jeweils um die gleiche Zeit stattfanden, und der dabei obligate »Hoechster Abend«, bei dem wir uns mit den vielen Mitarbeitern des Unternehmens in den USA trafen, haben diesem Aufenthalt im internen Sprachgebrauch die Bezeichnung »Oktoberfest« eingetragen.

Wieder hatten sich der Kreis der Hoechster Mitarbeiter in Amerika, die Reihe unserer Unternehmen und die Zahl der Gäste vergrößert. Noch mehr als in den vergangenen Jahren war dieses Mal das Programm ausgefüllt bis auf die letzte Minute. Boardsitzungen bei unseren Gesellschaften, Besprechungen mit den amerikanischen Partnern gemeinsamer Unternehmen, Pressekonferenzen und Interviews mit der Fach- und Wirtschaftspresse und vor allem viele Gespräche mit befreundeten Kollegen amerikanischer Chemieunternehmen reihten sich aneinander.

Solche alljährlichen Besuche waren selbstverständlich geworden, seit uns der große amerikanische Wirtschaftsraum mit seiner hochentwickelten Technik und seinem von Europa noch lange nicht erreichten Lebensstandard wieder offenstand. Nahezu zwei Jahrzehnte waren wir von der Welt abgeschlossen gewesen und hatten keinerlei Maßstab mehr für eine Entwicklung, die sich frei von jeder staatlichen Einmischung und auf der Grundlage beinahe unermeßlicher Rohstoffquellen vollzogen hatte.

Während zweier gewonnener Kriege war in den Vereinigten Staaten ein Industriepotential entstanden, das ohne Schwierigkeiten in den Dienst einer friedlichen Wirtschaft gestellt werden konnte. Die Landwirtschaft hatte ihre Produktionsmethoden unter großem Aufwand rationalisiert und erzeugte einen erheblichen Überschuß an Nahrungsmitteln, mit dem schon im Zweiten Weltkrieg ein großer Teil der Welt versorgt wurde. Gemessen an den gewaltigen Menschenopfern der europäischen Nationen, der Zerstörung ihrer Städte und Industrien, waren die amerikanischen Verluste gering.

Die Konsequenz des Zweiten Weltkrieges war freilich eine intensive Verflechtung der Vereinigten Staaten mit den politischen Lebensfragen, mit denen jetzt die Welt konfrontiert wurde. Anders als nach 1918 konnten sie nicht wieder zum Isolationismus zurückkehren, sondern mußten die Führungsrolle der westlichen Welt übernehmen. Damit wurden sie auch zum Vorbild einer modernen Lebensweise, die sie in ihrem eigenen Lande praktizierten. Außerdem engagierten sie sich weit mehr als früher mit ihren technischen und wirtschaftlichen Kräften in allen Erdteilen.

Jedes Land, das seine Industrie nach den Zerstörungen des Krieges wieder entwickeln und am internationalen Wettbewerb teilnehmen wollte, erhielt zwar großzügige amerikanische Unterstützung wie etwa im Rahmen des ERP (European Recovery Program), stieß später aber auch auf die Konkurrenz der amerikanischen Wirtschaftsmacht, die sich nun im freien Teil der Welt schnell ausbreitete. Je mehr sich Europa von der Katastrophe erholte und wirtschaftlich erstarkte, um so heftiger mußte es sich mit der hochentwickelten Technik, der immensen Finanzkraft des Dollars und dem erfindungsreichen Marketing der Amerikaner auseinandersetzen. Das galt in besonderem Maße für die Bundesrepublik Deutschland.

Aus solchen Gründen boten mir meine Besuche in den USA stets wertvollen Anschauungsunterricht. Ich habe mir einmal ausgerechnet, daß ich dort insgesamt, alle Aufenthalte zusammengerechnet, weit mehr als ein Jahr meines Lebens verbracht habe. Viele Gewohnheiten waren mir dabei zunächst fremd. Vor allem war dieses so junge Volk nicht so wie wir Europäer von Tradition beschwert, sondern begegnete jedem Problem mit einer nüchternen und sehr praktischen Einstellung. Wir konnten aus diesem Pragmatismus im zusammengedrängten Deutschland, in dem so viele Werte der Vergangenheit durch den Krieg verlorengegangen waren, für unseren Wiederaufbau manches lernen. Schon allein deshalb kann ich mich nicht den Vorbehalten und erst recht nicht der negativen Einstellung anschließen, die viele europäische Kreise heute gegenüber den Vereinigten Staaten einnehmen.

Betrachtungen im Jahr 1969

Im Jahre 1969 hatte die Reise für mich eine besondere Bedeutung. Es sollte zwar nicht mein letzter Aufenthalt in den Vereinigten Staaten sein. Aber ich kam nicht mehr als Vorsitzender des Vorstandes. Bei der Hauptversammlung im Juni des gleichen Jahres hatte ich mein Amt abgegeben und war nun Vorsitzender des Aufsichtsrates. So erlebte ich diesmal die USA intensiver als je zuvor.

Besonders stark empfand ich die Freundschaft, die mir viele Amerikaner entgegenbrachten. In den mehr als eineinhalb Jahrzehnten der Zusammenarbeit und der gegenseitigen Besuche war zwischen uns eine früher kaum vorstellbare Gemeinsamkeit des Denkens und Verstehens entstanden.

Die so laut diskutierten Schwierigkeiten, die der weltpolitischen Verantwortung der Amerikaner, der Rassenproblematik und der immer noch in den Slums der Großstädte grassierenden Armut entstammen und dieses so reiche Land heimsuchen, sollten seine imponierende Großzügigkeit und Weltoffenheit nicht verdecken. Noch immer ist die große Mehrheit der Amerikaner von einem unzerstörbaren Selbstvertrauen erfüllt, verbunden mit angeborenem Optimismus und unerschütterlicher Fortschrittsgläubigkeit. Dieses Selbstbewußtsein ist uns in Europa verlorengegangen. Deswegen überrascht uns auch die Offenheit, mit der dort alles diskutiert wird, ob es nun angenehm oder unangenehm ist.

So ungezwungen und von sich selbst überzeugt, wie sich viele Amerikaner geben, betreiben sie auch ihre wirtschaftlichen Unternehmungen im Ausland und leben ganz so, wie sie es zu Hause gewohnt sind. In Amerika selbst herrscht allerdings eine strenge Wirtschaftsgesetzgebung. Rigorose Kartellverbote, Anti-Trust-Recht, der Zwang zu einer sehr weitgehenden Publizität und in gewissen Fällen die Interventionsmöglichkeit des Staates – all dies setzt der Freizügigkeit der Unternehmer in Amerika gewisse Grenzen. Deutsche Firmen, die sich dort betätigen wollen, müssen sich in diesen Wirtschaftsgewohnheiten erst zurechtfinden, was nicht immer ohne Schwierigkeiten abgeht.

Der amerikanische Markt ist überdies durch hohe Schutzzölle abgeschirmt. Die Amerikaner sind vorerst kaum geneigt, die liberaleren Formen des europäischen Wirtschaftslebens zu übernehmen; dies um so weniger, als sie selbst lange Zeit fast nicht am Export und an wirtschaftlicher Aktivität in Übersee interessiert waren und ihnen deshalb das rechte Verständnis für die damit zusammenhängenden Probleme zunächst fehlte.

Als sie dann in immer größerem Umfang ihre geschäftlichen Chancen in anderen Ländern wahrnahmen, taten sie das mit der ihnen angeborenen Unbekümmertheit. Als ihre Aktivität zunahm, erweckten sie zu Beginn der sechziger Jahre teilweise beträchtliche Antipathien. Am schärfsten drückte sich das in der Reaktion des Generals de Gaulle aus, der dem wirtschaftlichen Einfluß der Amerikaner in Frankreich entgegentrat und sogar das NATO-Hauptquartier aus Frankreich verbannte. Bei der ungewöhnlich herzlichen Sympathie zwischen Frankreich und den Vereinigten Staaten, die noch auf Lafayette zurückging, war das eine schwere Enttäuschung.

Von Frankreich ging auch das Schlagwort von der »amerikanischen Herausforderung« aus, das in Europa zu Unrecht viel Resignation erzeugte. Bei den zahlreichen Unterhaltungen mit Amerikanern habe ich im Gegensatz dazu immer wieder einen aufrichtigen Respekt vor europäischer Kultur, aber auch vor den technischen und wirtschaftlichen Leistungen und Möglichkeiten Europas erlebt.

Europäische Initiative ist notwendig

Die Antwort auf eine solche Herausforderung von amerikanischer Seite kann doch nur darin bestehen, daß wir in der Integration Europas Fortschritte machen und endlich zu einem einheitlichen Wirtschaftsraum kommen. Die Bedrohung durch die amerikanische Konkurrenz könnte wesentlich geringer sein, wenn die europäische Integration weniger mühsam und unbefriedigend voranschritte. Die bisher verwirklichte gemeinsame Zollpolitik kann dabei nur ein Anfang sein.

Wenn wir von London über Paris und Bonn bis nach Rom ein gemeinsames Wirtschaftsgebiet mit einheitlichem Maß- und Geldsystem, gleichen gewerblichen Sicherheitsbestimmungen und mit gleichem Gesellschaftsrecht hätten, so würden wir sehr viel leichter den Machtblöcken widerstehen können, die im Westen und Osten unsere Konkurrenten sind.

Europa kann nur durch eine konsequente Fortsetzung einer Vereinigungspolitik seine bisher noch starke Wirtschaftsposition erhalten. Es zeugt von wenig Selbstvertrauen, die Amerikaner zu kritisieren, aber der gefürchteten amerikanischen Herausforderung keine eigene Initiative entgegenzusetzen.

Ich hatte gerade im Sommer 1969 Gelegenheit, mich eingehend mit solchen Gedanken zu beschäftigen. Zusammen mit Lord Plowden, dem Präsidenten der englischen Firma Tube Investment Ltd., hatte ich im Auftrag des Aktionskomitees für die Vereinigten Staaten von Europa, des sogenannten Monnet-Komitees, einen Bericht über die industriellen Aspekte eines integrierten Europas abzufassen. Mit der Unterstützung einer kleinen Kommission, die wir dafür beriefen, erarbeiteten wir eine Übersicht über die großen technologischen und wirtschaftlichen Möglichkeiten, die sich nach einer europäischen Integration eröffnen. In der gleichen Zeit hatte ich übrigens meine erste größere Rußlandreise unternommen und auch dort einen Eindruck davon bekommen, welche geschlossene wirtschaftliche Macht uns im Osten entgegentritt.

Daß trotz der verschiedenen Traditionen der einzelnen Völker ein vereintes Europa möglich sein müßte, bestätigten mir gerade meine Reisen durch die Vereinigten Staaten immer aufs neue. Dort wurde mir die so oft erwähnte Kraft des Schmelztiegels deutlich vor Augen geführt. Selbstverständlich bringt ein Gemisch von vielen Völkern und Nationalitäten trotz aller integrierenden Kräfte Schwierigkeiten mit sich.

Dennoch ist es immer wieder überwältigend zu sehen, wie sich in über 200 Millionen Amerikanern in verhältnismäßig kurzer Zeit starke nationale Gemeinsamkeiten gebildet haben. Viele

Amerikaner arbeiten an großen Zukunftsaufgaben, zu denen wir uns in Europa noch nicht aufraffen können, weil sie nur durch eine vorurteilslose Zusammenarbeit zu finanzieren sind. Man denke dabei etwa an die Raumfahrt.

Gerade solche Aktivität ist ein Beweis für die schöpferische Kraft der vielen Nationalitäten, die in den Vereinigten Staaten wirksam ist. Sie führt zu einem eindrucksvollen Ergebnis, weil die Amerikaner verschiedenster Herkunft durch freiwillige Einordnung in ein einheitliches Staatsgebilde besser zusammengehalten werden als durch eine autoritäre Staatsführung, wie sie in anderen Teilen der Welt herrscht.

Im Gegensatz zu ihrer sonstigen Haltung waren die Amerikaner damals im Oktober 1969 recht pessimistisch. Der Krieg im Fernen Osten blieb ohne Lösung und zehrte nicht nur an den wirtschaftlichen, sondern auch an den moralischen Reserven der Nation. Die industrielle Lage war besonders in der chemischen Industrie zum Teil recht unbefriedigend, die Zahlungsbilanz verschlechterte sich. Innere Konflikte drohten explosive Formen anzunehmen.

Andererseits hatte in der Bundesrepublik Deutschland die Konjunktur einen Höhepunkt erreicht. Fremde Devisen strömten so reichlich in unser Land, daß eine Aufwertung der Mark zum zweiten Mal ein akutes Diskussionsthema darstellte. Der Ausgang der Bundestagswahl im September 1969 und die bevorstehende Regierungsbildung ließen eine Reihe von innen- und außenpolitischen Kursänderungen erwarten. Man mußte annehmen, daß die neue Regierung entgegen manchen Ratschlägen die Aufwertung der Mark bald durchführen würde. Die von linksgerichteten Arbeitern und Studenten in Frankreich ausgelösten Mai-Unruhen des Jahres 1968 lasteten damals noch schwer auf allen, die sich um die Zukunft Europas Sorge machten. Die wirtschaftliche Situation in England schien bedrückend.

Großes Interesse an der europäischen Chemie

Bei der New Yorker Pressekonferenz 1969 und den vielen Unterhaltungen in den Vereinigten Staaten wurde über diese europäischen Probleme ausgiebig gesprochen. Da die deutschen Chemiefirmen gerade in den letzten Jahren so stark gewachsen waren, wurden immer wieder Fragen nach einer deutschen bzw. europäischen Überlegenheit gestellt. Man schien vollständig vergessen zu haben, daß wir uns in Europa umgekehrt seit langem Sorgen wegen der amerikanischen Wirtschaftskraft gemacht hatten.

Wie schon früher wollten die Amerikaner auch von mir wissen, ob es wieder zu einem Zusammenschluß der großen Chemieunternehmen in Deutschland kommen würde. Die Erinnerung an die wirtschaftliche Macht der I. G. Farbenindustrie, die man im Jahre 1945 aufgelöst hatte, lastete immer noch auf meinen Gesprächspartnern.

Nahrung zu solchen Fragen lieferten auch die zahlreichen Unternehmenszusammenschlüsse, die sich damals in europäischen Ländern vollzogen. Das galt für Konzentrationsbewegungen in der französischen, der schweizerischen und auch der italienischen Industrie, während es in der Bundesrepublik Deutschland seit der I. G.-Entflechtung nur wenige große Fusionen gegeben hatte.

Aus voller Überzeugung habe ich darauf immer wieder geantwortet, daß ich eine Rückkehr zu der alten Zusammenarbeit nicht für denkbar halte. Die bei der seinerzeitigen Entflechtung entstandenen deutschen Chemiegesellschaften sind inzwischen so groß geworden und haben jede für sich so unterschiedliche Arbeitsrichtungen entwickelt, daß ein Wiederzusammenschluß sehr schwierig und wenig sinnvoll ist.

Die Entwicklung in Europa weist eher den Weg einer Zusammenarbeit mit der chemischen Industrie anderer Länder. Solche supranationalen Vereinigungen würden, in welcher Form auch immer, dazu beitragen, die europäische Wirtschaftskraft zu stärken, so daß sie sich zwischen den großen Machtblöcken in der Welt behaupten könnte. Damit es aber zu solchen übernationalen Zusammenschlüssen innerhalb Europas überhaupt kommen kann, bedarf es der Fortsetzung der Integrationsbemühungen, die gerade auf gesellschaftsrechtlichem Gebiet noch recht im argen liegen.

Gegensätze zwischen einst und jetzt

Meine Gedanken wanderten in den Wochen nach diesem Amerikabesuch oft zurück in das Jahr 1945. Welch ein Gegensatz zwischen den freundschaftlichen Beziehungen von jetzt und meiner ersten Begegnung mit den Amerikanern am Ende des Krieges. Damals trugen die Gesprächspartner, die in unsere Fabriken kamen, Uniform, und die Gespräche hatten den Charakter von Verhören. Damals trat uns Amerika, das wir aus persönlicher Anschauung nicht kannten, mit der Härte der Siegermacht entgegen.

Zu dem mangelnden Verständnis für europäische Lebensgewohnheiten, in welche die Besatzungsarmee nun eingriff, gesellte sich die Erbitterung nach einem mit ungewöhnlicher Härte geführten Krieg. Das Thema der Vernehmungen war die I. G. Farbenindustrie, deren Weg ich von 1933 bis 1945 geteilt hatte. Es war eines der Kriegsziele, diese wirtschaftliche Macht zu zerstören.

Aus dem Kontrast der beiden Begegnungen des Jahres 1969 und bei Kriegsende 1945 verstärkte sich mein Entschluß, die Erinnerungen an diese so umstrittene und widerspruchsvolle Zeit aufzuzeichnen und überdies von dem Wiederaufbau und der Neugründung der Hoechster Farbwerke zu berichten, die aus der Auflösung der I. G. Farbenindustrie hervorgingen.

Eine solche Niederschrift mag auch ein kleiner Beitrag sein zur Entwicklungsgeschichte der deutschen chemischen Industrie nach dem Krieg. Vielleicht dient sie überdies zu einer besseren Beurteilung des Schicksals, dem meine Generation in einer wechselvollen Zeit unterworfen war.

Unterbrochene Laufbahn

In der I. G. Farbenindustrie war ich nur verhältnismäßig kurze Zeit an verantwortlicher Stelle tätig. Ich hatte 1933 im Werk Hoechst begonnen. Chemiker im Farbstofflaboratorium, Verfahrenstechniker, Abteilungsleiter der anorganischen Produktion, Prokurist und Direktor der I. G. Farbenindustrie hießen die

Stationen, die ich innerhalb von zwölf Jahren zurücklegte. Daß die vorgesehene letzte, nämlich die Übernahme der technischen Leitung in Hoechst und damit die etwaige Berufung in den Vorstand der I. G., nicht mehr erreicht worden war, konnte man damals im Jahre 1945 nur als einen Glücksfall betrachten. Wäre es noch so weit gekommen, dann hätte ich ebenso wie meine Kollegen und Vorgesetzten vor dem Nürnberger Tribunal gestanden.

So endete meine sehr viel bescheidenere Laufbahn auch wesentlich undramatischer. Am 16. Juli 1945 eröffnete mir ein amerikanischer Offizier, daß ich mit sofortiger Wirkung abgesetzt und entlassen sei.

Seit der Besetzung des Werkes Hoechst im März 1945 hatte ich damit gerechnet. Wir alle wußten, daß die Zerschlagung der I. G. Farbenindustrie zu den erklärten Zielen der Sieger gehörte, und daß wir dabei nicht unbehelligt bleiben würden. Als ich entlassen wurde, war ich 42 Jahre alt. Ein Trost dabei blieb, daß dieses Los nicht mir allein zufiel. Ich hatte es mit Millionen anderer Menschen in Deutschland zu teilen.

So gab es damals wenig Optimisten unter uns. Fast jeder hatte um die nackte Existenz und die Erhaltung seiner Familie zu kämpfen. Meine Frau und meine Söhne, im Alter von drei und vier Jahren, waren damals nur wenige Kilometer vom Werk Hoechst entfernt in dem Taunusstädtchen Hofheim untergebracht. Mit einiger Mühe fand ich dort eine Arbeitsstelle als Gärtner. Nicht ohne Sachverständnis kann ich mich deshalb noch heute über Gartenbestellung und Obstbau unterhalten. Ich weiß auch, wie schwer dieser Beruf ist, bei dem man in Wind und Wetter hart arbeiten muß.

Aber diese schwere körperliche Arbeit hatte den Vorteil, daß sie Zeit zum Nachdenken ließ. Jeder von uns machte sich damals Gedanken um seine Zukunft und faßte vielleicht auch die merkwürdigsten Pläne, da uns ja immer wieder vor Augen gehalten wurde, daß wir unseren Beruf vielleicht gar nicht mehr ausüben konnten. Aber das, was mein Leben bisher geprägt hatte, konnte nicht einfach ausgelöscht sein. Der Besuch des humanistischen Gymnasiums in der Zeit des deutschen Kaiserreiches, das Studium der Chemie in Braunschweig und Darmstadt, eine langjährige Assistententätigkeit bei einem hoch verehrten Lehrer und schließlich die nicht ganz erfolglose Zeit in der I. G. Farbenindustrie – konnte unter all das ein Schlußstrich gezogen werden?

Es war jetzt Zeit, Bilanz zu ziehen und dabei auch immer wieder die Frage aufzuwerfen, was in der Vergangenheit richtig und falsch gewesen war. Das galt für unseren staatlichen und privaten Schicksalsweg, der in die Sackgasse geführt hatte, in der wir uns nun befanden.

Kapitel II

Jugendzeit in einer Welt von gestern

Das Elternhaus in der Werléstraße 75 in Barmen stellte wohl ein ziemlich getreues Abbild des damaligen bürgerlichen Mittelstandes dar. Als viertes Kind wurde ich dort am 21. September 1903 geboren. Die Eltern waren Lehrer. Aus bescheidenen Verhältnissen stammend, hatten sie mit viel Fleiß und Sparsamkeit ihre Familie gegründet. Meine Geschwister Ernst, Martha, Fritz und ich fanden hier Geborgenheit und Zugang zu allen Bildungsmöglichkeiten der damaligen Zeit. Durch Nebenverdienst hatten es die Eltern sogar erreicht, schon recht früh, nämlich nach zehnjährigem Ehestand, zu einem eigenen, wenn auch bescheidenen Haus mit kleinem Garten zu kommen. Es besaß 2½ Stockwerke; im Dachgeschoß hatte ich als der Jüngste mein Reich.

Da veränderte ein Schicksalsschlag unsere kleine Welt in der Werléstraße aufs tiefste. Kurz vor Beginn des Ersten Weltkrieges starb im Januar 1914 der Vater mit 53 Jahren an Krebs. Von nun an wurde das Leben in der Familie von der Mutter bestimmt. Sie hatte nach fünfundzwanzigjähriger Ehe die Stütze verloren. Allein versuchte sie nun, alles im Sinne ihres Mannes fortzusetzen. Was ich von meinem Vater weiß, stammt wohl nur zum geringen Teil aus eigenen Eindrücken; das meiste hat mir meine Mutter vermittelt.

In starker Erinnerung ist mir eigentlich nur die Beerdigung. Der älteste Bruder vollzog als vierundzwanzigjähriger Pfarrer selbst die Einsegnung. Das war nicht leicht für ihn, aber mein Vater hatte dies ausdrücklich in seinem Testament gewünscht.

Von der stillen Totenfeier im Elternhaus ging es an einem kalten Wintertag zu Fuß zum Friedhof. Zusammen mit uns und den

Nachbarn nahm an der Beerdigung die gesamte Oberrealschule teil. Die Jungen trugen ihre blauen Schülermützen und wurden von der in Barmen üblichen Schülerkapelle angeführt.

Auch alles, was ich von meiner Familie und meinen Vorfahren weiß, habe ich von der Mutter. Sie hat die Geschichte ihres Lebens schriftlich in einem kleinen Album niedergelegt. Die letzte Eintragung betrifft übrigens meinen Eintritt in die I. G. Farbenindustrie.

Meine Mutter war eine Jugendfreundin meines Vaters. Ihr eigener Vater, mein Großvater also, lehrte Mathematik, meine Großmutter Musik. Meine Mutter war Lehrerin für Französisch und Musik und eine feinsinnige, gebildete Frau.

Als ich später in der Kriegs- und Nachkriegszeit mit meiner Mutter viele Jahre alleine zu Hause war, versuchte sie die Unrast des Lebens bei dem heranwachsenden jungen Menschen mit ihrem stillen, der Literatur und Kunst zugewandten Geist auszugleichen. Sie konnte mir, und zuweilen auch meinen Freunden, stundenlang, ohne zu ermüden, aus den Klassikern vorlesen, wobei sie Goethe und Lessing bevorzugte. Sie beherrschte von väterlicher Seite her den Mecklenburger Dialekt und brachte uns viel aus dem Werk Fritz Reuters nahe, vor allem aus seiner »Franzosen-« und seiner »Stromtid«.

Mit großer Konzentration und Geschlossenheit spielte sie bis in ihr hohes Alter die Sonaten von Beethoven auf dem Klavier. Auch die Musik Mendelssohns liebte sie sehr. Als sie im Jahre 1934 mit 71 Jahren starb, hatte sie ein sorgenvolles, aber doch in vieler Hinsicht auch reiches Leben hinter sich.

Mein Vater war wohl eine starke Persönlichkeit gewesen. Sein Vater wiederum, mein Großvater, tat Dienst als bescheidener Zollbeamter, der – wie üblich – oft versetzt wurde. Jedes seiner sechs Kinder hatte deshalb einen anderen Geburtsort. Die energische Großmutter war es gewesen, die dafür gesorgt hatte, daß von den fünf Söhnen drei studieren und die zwei Jüngsten sich schließlich zu wohlhabenden Kaufleuten hocharbeiten konnten.

Mein Vater hatte Anfang der achtziger Jahre in Marburg studiert. Von 1888 an war er Oberlehrer an der Oberrealschule in Barmen. Neben Mathematik und Physik gab er auch Turnunterricht. Wie damals üblich, erhielt er nach einigen Jahren den Titel

»Professor«. Die Schule ließ ihm genügend Zeit, am geistigen und gesellschaftlichen Leben seiner Heimat teilzunehmen.

Barmen und Elberfeld, seit 1930 zu Wuppertal vereint, waren seinerzeit Städte von recht zwiespältiger Geisteshaltung. Unternehmungslustige Kaufleute und Industrielle hatten dort ein reges wirtschaftliches Leben entfaltet, das zwar nicht in die Welt der Großindustrie und der Ruhr hineingehörte, aber sich durch seine Textil- und Klein-Eisenindustrie in der Welt einen Namen machte. Manche Familie hatte es zu großem Wohlstand gebracht.

Durch einen Klassenkameraden erhielt ich Zugang zu einer solchen Wuppertaler Familie. Im Hause des Bauunternehmers Samuel Schutte mit seinen fünf Kindern, die alle in meinem Alter waren, erlebte ich ein Stück solchen Familienlebens mit all dem Unternehmungsgeist, der Schlichtheit der Lebensgewohnheiten, dem ernsten Bekenntnis zum reformierten Glauben, aber auch der herzlichen Gastfreundschaft und Hilfsbereitschaft. Es war ein Glück für mich, daß sich die Freundschaft mit diesem Hause bis heute erhalten hat.

Andererseits lebte in diesem engen Tal der Wupper zwischen dem fröhlichen Rheinland und dem ernsteren Westfalen ein puritanischer engherziger Geist. Der Schriftsteller Rudolf Herzog, den meine Mutter persönlich gekannt hat, schilderte die soziale und geistige Situation seiner Heimat in dem Roman »Die Wiskottens« recht anschaulich. Es war die Welt des Muckertums, einer strengen protestantischen Religiosität, in der die Großmutter Wiskotten den Arbeiterinnen in der Bandwirkerei während der Frühstückspause aus der Bibel vorlas, in der echten Überzeugung, daß »Gott in der Arbeit ist«. Trotz dieser orthodoxen Selbstgefälligkeit aber gab es auch schon in der Mitte des vorigen Jahrhunderts manch revoltierende Stimme. Selbst der stille Großvater in der Familie Wiskotten sagt der unbeugsamen Frau, als sie allzuhart über die heranwachsende Jugend urteilt: »Ich meine nur, ob wir in unserer Ehegemeinschaft nicht zu viel an die Erwerbung irdischer Güter, sondern auch an den Schatz im Himmel gedacht haben.«

Es war wohl kein Wunder, daß gerade diese Enge einen idealen Nährboden für revolutionäre Gedanken bot. Friedrich Engels, einer der großen Begründer des deutschen Sozialismus, kam hier in Barmen 1820 als Sohn eines Fabrikanten zur Welt. Siebzehn

Jahre nach seinem Tode wurde 1912 übrigens im Wahlkreis Barmen und Elberfeld bei der Reichstagswahl der sozialdemokratische Abgeordnete Friedrich Ebert gewählt, erster Reichspräsident der Weimarer Republik und maßvoller, nicht mehr auf Revolution, sondern Reform bedachter Politiker.

Die wichtigsten Führer der deutschen Sozialdemokraten träumten längst nicht mehr von der Weltrevolution nach marxistischem Vorbild. In geduldiger parlamentarischer Kleinarbeit versuchten sie vielmehr unermüdlich die Revision überalteter feudalistischer Strukturen, an denen es im Wilhelminischen Deutschland keineswegs fehlte. Ihre Arbeit, die Grundlagen, die Bismarck in der Sozialpolitik legte, und der allgemeine Drang nach mehr Wissen und besserer Bildung begünstigten das Hineinwachsen immer breiterer Arbeiter- und Handwerkerschichten in das Bürgertum.

Vorspiel zum Weltkrieg

Meine Kindheit verlief im Grunde genommen in einer Welt des Umbruchs, in der allerdings 44 Jahre Frieden ein oberflächliches Sicherheitsgefühl erzeugt hatten. Seine Majestät der Kaiser rasselte in seinen Reden zuweilen in bekannter Forschheit mit dem Säbel, gab nicht immer wohlbedachte Interviews oder verärgerte die »englischen Vettern« mit einer provozierenden Flottenpolitik; so martialisch, wie er gerne gelegentlich wirken wollte, war er indessen keineswegs. Überdies waren da noch Kanzler und Parlament, in dem die sozialdemokratische Partei gerade bei dem Wehretat ein gewichtiges Wort mitzusprechen pflegte. So schien der Glanz von Wehr und Waffen mehr als ein farbenprächtiges patriotisches Schauspiel gedacht denn als Vorbereitung für ernsthafte Waffengänge.

Und außerdem: bestand nicht hinreichend Grund, mit dem Erreichten zufrieden zu sein? Die Gründerjahre im letzten Drittel des vergangenen Jahrhunderts bescherten Wirtschaft und Industrie eine große Blüte. Auch für die arbeitenden Klassen setzte endlich der Aufschwung ein. Die Naturwissenschaften präsentierten kaum für möglich gehaltene Entdeckungen. Die bakteriologischen Errungenschaften der Medizin drängten die alten Seuchen und Menschheitsfeinde zurück, die Technik zauberte immer staunenswertere Apparate und versprach für die Zukunft ein unvergleichlich besseres und bequemeres Leben. Es war, so schien es, also alles in bester Ordnung. Unter der so blanken Oberfläche Europas begannen sich die kommenden gesellschaftlichen Erschütterungen freilich bereits abzuzeichnen. Politische und literarische Seismographen kündeten von gewaltigen sozialen und kriegerischen Eruptionen. Eine neue Welt begann sich zu formieren. Keine schöne Welt, sondern eine Welt des Hasses und des Völkermordes.

Nur wenige allerdings ahnten eine solche Entwicklung. Das Wetterleuchten etwa, das in der Literatur und bildenden Kunst des Expressionismus Ausdruck fand, erschreckte nur ungewöhnlich sensitive Gemüter. Von den meisten wurde es als Absonderlichkeit exzentrischer Künstler abgetan. Auch Vorgänge im politischen Bereich, so etwa die anarchistischen und umstürzlerischen Parolen russischer Emigranten in den Hauptstädten Westeuropas, wurden als »Kaffeehaus-Kommunismus« abgewertet.

Seit der Gründung des Reiches hatte sich im Grunde genommen die feste Zugehörigkeit zu Kaiser und Reich als Klammer entwickelt, die das Volk mit allen seinen heterogenen Strömungen selbst über die schweren Rückschläge des Krieges und der ersten Nachkriegszeit noch zusammenhielt.

Unter finanziellen Opfern hatte mein Vater auch seine militärischen Pflichten erfüllt. Als Reserveoffizier hat er es bis zum Hauptmann gebracht. Ich besitze noch das Hauptmannspatent, vom Kaiser persönlich mit einer gewaltigen, etwa fünfzehn Zentimeter langen Unterschrift versehen.

Geistig stand der Vater in jungen Jahren der Freimaurerei nahe. Später löste er sich von ihr und wandte sich den liberalen Strömungen des Protestantismus zu. Er wurde in Barmen der Begründer der »Freunde evangelischer Freiheit«, die sich um die evangelischen Pfarrer Karl Jatho und Gottfried Traub scharten.

Nach dem Tod des Vaters mußte der Kriegsausbruch 1914 die Familie natürlich besonders hart treffen. Die Pension war klein, die Ausbildung der Kinder noch längst nicht abgeschlossen.

Der älteste Bruder Ernst freilich, der Pfarrer, hatte schon früh geheiratet und das Elternhaus verlassen. Er war der Mutter ähnlich, ein stiller, im Grunde genommen der Welt abgewandter Mann. Tiefer Pessimismus und Melancholie wechselten bei ihm mit einem geistvollen Humor ab. Er war sehr musikalisch, passionierter Violin- und Orgelspieler und im Ruhrgebiet als eindrucksvoller Redner bekannt. Humorvolle Gedichte sowie pointierte Tischreden machten ihn zum gesuchten Gesellschafter. In der nationalsozialistischen Zeit hat er sich als aufrechter Pfarrer der Bekennenden Kirche bewährt.

Den gewöhnlichen Widrigkeiten des Lebens stand er allerdings recht hilflos gegenüber. Besonders mit den materiellen Problemen konnte er schwer fertig werden. Deshalb war er auch selten in der Lage, mir, dem jüngeren Bruder, in den frühen Jahren meiner schweren Studienzeit finanziell zu helfen.

Die Schwester Martha, zu Kriegsbeginn 21 Jahre alt, ging 1915 als Lehrerin aus dem Haus. Sie war klug, geschäftig, fleißig. Sie versorgte den jüngsten Bruder rührend und opferte viel für ihn. Doch auch sie war keine sehr starke Natur und den schweren Stürmen des Lebens nicht ganz gewachsen.

Bei Kriegsausbruch herrschte, ganz im Gegensatz zum Jahre 1939, Jubel und Begeisterung. Mit dem Lied »Heil Dir im Siegerkranz« begleiteten die Menschen die Eröffnung des Reichstags durch Wilhelm II. In seiner denkwürdigen Thronrede hatte der Kaiser emphatisch versichert: »Ich kenne keine Parteien mehr, ich kenne nur Deutsche. Und zum Zeichen dessen, daß Sie fest entschlossen sind, ohne Parteiunterschiede, ohne Standes- und Konfessionsunterschiede zusammenzuhalten und mit mir durch dick und dünn, durch Not und Tod zu gehen, fordere ich die Vorstände der Parteien auf, heranzutreten und mir dies in die Hand zu geloben.«

Solche Worte konnten damals alle Widerstände überwinden, zumal jeder davon überzeugt war, diese kriegerische Auseinandersetzung sei dem Reich aufgezwungen worden. Auch die Sozialdemokraten, in der Vergangenheit so oft als »vaterlandslose Gesellen« verschrien, erfaßte die allgemeine Begeisterung. »Wir lassen in der Stunde der Gefahr das eigene Vaterland nicht im Stich«, versicherte einer ihrer Führer im Reichstag. Einmütig stimmte die SPD-Fraktion für die Bewilligung der Kriegskredite.

Doch nicht nur in Deutschland jubelte man Gloria und Viktoria. Auch in den übrigen europäischen Ländern gingen die Wogen nationaler Begeisterung hoch. Auch dort verwandelten sich die Angehörigen der sozialistischen Parteien in glühende Patrioten. Das galt besonders für Frankreich, wo der humane, pazifistisch gesonnene Sozialist Jean Jaurès am 31. Juli 1914 von dem Nationalisten Raoul Villain ermordet worden war. Das alte Europa brach in zwei haßerfüllte Welten auseinander. Die Stimme der Vernunft fand kein Gehör mehr.

Wir Schüler zogen wochenlang jeden Tag zum Bahnhof, von dem die Truppen zu den Fronten transportiert wurden, teilten Suppe aus und jubelten den jungen, schneidigen Soldaten zu. Wir waren überzeugt, daß sie einem kurzen, siegreichen Feldzug entgegenfuhren.

Wer jung und gesund war, drängte zur Uniform. Mein zweiter Bruder Fritz, 1897 geboren, wollte selbstverständlich mit seinen siebzehn Jahren auch unbedingt zum Militär. Meine Mutter, gerade erst Witwe geworden, mochte von solchen Plänen nichts wissen. Sie erklärte kategorisch: »Erst will ich dein Abitur erleben.«

Im Hintergrund stand natürlich auch die Sorge, ihn ganz zu verlieren. Doch eines Tages, gleich in den ersten Wochen des Krieges, stahl sich mein Bruder aus dem Haus, um sich freiwillig zu melden. Abends aber kam er dann niedergeschlagen wieder zurück, weil sie ihn nicht genommen hatten. Es herrschte Überschuß an Kriegsfreiwilligen. Später aber ging der Wunsch dieses lebensfrohen und starken Menschen doch in Erfüllung. Er ist 1918 als Kompanieführer in Flandern gefallen.

Die 1914 jäh aufgebrochene Begeisterung des Volkes konnte auf die Dauer nicht unvermindert anhalten. Als sich der Krieg wider Erwarten länger hinauszog, als sich die Fronten im Stellungskrieg festgefahren hatten und die großen Materialschlachten entbrannten, änderte sich die Hochstimmung. Ein schneller Sieg der deutschen Waffen schien immer unwahrscheinlicher, die Opfer immer ungeheuerlicher, die von der Front und von der Heimat gefordert wurden. Zwar zweifelten wohl nur wenige an der Berechtigung des Verteidigungskrieges, ja sogar die Hoffnung auf seinen siegreichen Abschluß blieb lebendig. Mehr und mehr stellte sich aber auch die Frage nach dem Preis, der dafür gezahlt werden mußte. Als schließlich 1917 der Eintritt der Amerikaner in den Krieg erfolgte und unter General Pershing das erste Expeditionskorps in Frankreich landete, sank die Stimmung rapide. Nun vermochten nur noch ganz Unentwegte zu hoffen, daß der Krieg gegen die halbe Welt wirklich gewonnen werden konnte.

Meine Mutter und ich waren in diesen Kriegsjahren alleine zu Hause und immer stärker aufeinander angewiesen. So gut es ging, versuchte ich, den Vater im Hause zu ersetzen. Die Kindheit war also früh zu Ende. Ich machte die notwendigen Reparaturen, bestellte den Garten und half die knapper und knapper werdenden Lebensmittel zu organisieren. Schlangestehen vor den Geschäften und das »Hamstern« wurden eine mir bald vertraute Gewohnheit.

In Deutschland sah es trostlos aus. Die Abschnürung durch die englische Seeblockade machte sich immer stärker bemerkbar. Kohlrüben avancierten zum Hauptnahrungsmittel; der Winter 1916/17 war ein wahrer Hungerwinter. Er ist zu Recht in die Geschichte als »Steckrübenwinter« eingegangen.

Die zahlreichen Entbehrungen, die Sorge um den Sohn und um das tägliche Brot schwächten die ohnehin angegriffene Gesundheit meiner Mutter. Während meiner Primanerzeit lag sie viele Monate im Krankenhaus. Da mein Vater so früh gestorben war, reichte die Pension eben nur für das Nötigste. Es fehlte an Geld für den Lebensunterhalt und für die Arztrechnungen.

Täglich mußte ich drei bis vier Nachhilfestunden in den verschiedensten Fächern geben, um unsere Lage etwas aufzubessern. Für die eigenen Schularbeiten blieb deshalb nicht viel Zeit. Dennoch war ich ein guter, wenn auch mitunter ungebärdiger und schwieriger Schüler. Zum glänzenden Primus freilich, der in allen Fächern hervorragende Leistungen aufwies, habe ich es nie gebracht. Dieses Ziel strebte ich auch nie an. Immerhin gehörte ich wohl zur Spitzengruppe meiner Klasse. Das war auch nötig, da ich die höhere Schule nur dank eines städtischen Stipendiums besuchen konnte.

Deutsche Literatur und Geschichte gehörten zu meinen besonderen Interessengebieten. So erwarteten meine Lehrer, daß ich sie später auch als Studienfächer wählen würde. Sie haben sich dann sehr gewundert, als ich ausgerechnet Chemiker wurde.

Das Kriegsende im November 1918 erlebte ich mit sehr wachem Bewußtsein, denn nun war ich fünfzehn Jahre alt und in Wirklichkeit wohl noch reifer, als es meinem Alter entsprach. Die Revolution und die Abdankung des Kaisers sowie die Ausrufung der Republik durch den Sozialdemokraten Philipp Scheidemann markierten den Beginn der durch Inflation, Parteienkämpfe, ungeheure Reparationslasten und schließlich die weltweite Wirtschaftskrise gekennzeichneten Weimarer Zeit.

Erstaunt beobachteten wir Gymnasiasten in der Stadt die Arbeiter- und Soldatenräte, die nun plötzlich herrschten. In den Straßen von Barmen patrouillierten Matrosen, das Gewehr mit dem Lauf nach unten umgehängt. In der Zeitung lasen wir von den »Spartakisten«-Umtrieben in Berlin. Eine Gruppe von Fanatikern hatte sich mit der Ausrufung der Republik nicht begnügt, sondern wollte das Reich offensichtlich in einen Staat kommunistisch-bolschewistischer Prägung umwandeln.

Auch in Barmen gärte es, und es kam zu Aufruhr und Plünderungen. Unser stilles Familienleben wurde davon allerdings nicht betroffen; dieses ganze Zwischenspiel dauerte auch nur kurze Zeit. Währenddessen saßen wir abends meist im Dunkeln und froren. Es gab weder Kohlen noch Gas, und die Stromversorgung war äußerst mangelhaft.

Dann zogen – nach dem Waffenstillstand – die Truppen unter der Führung des Generalfeldmarschalls Hindenburg ein. Sie sorgten überall wieder für Ordnung. Rätewesen, Spartakus und Kommunismus verschwanden wie ein Spuk.

Erneut liefen wir Schüler den Soldaten entgegen, um sie zu begrüßen und sie trotz unserer bescheidenen Möglichkeiten zu versorgen. Das alles aber geschah viel stiller als vier Jahre zuvor. Auch die Heimkehrer waren andere geworden. Aus ihren Gesichtern sprach das Erlebnis des »Stahlgewitters«, der großen Materialschlachten, des unerbittlichen Grabenkrieges und auch der Verzweiflung, daß dies nun alles umsonst gewesen sein sollte.

»Im Felde unbesiegt«, die bald danach aufgekommene Parole – nur allzu gerne mochten wir an sie glauben. Trotz der Misere in der Heimat schien in der Tat vieles gegen eine eindeutige militärische Niederlage zu sprechen. Standen unsere Truppen bis zum Waffenstillstand nicht tief im gegnerischen Land? Waren nicht

1918, vor wenigen Monaten, Offensiven auf Offensiven von der Obersten Heeresleitung in Gang gesetzt worden, die uns große taktische Erfolge gebracht hatten? Die Kriegsmüdigkeit? Gut, es war nicht zu verkennen, daß in der Heimat jeder Deutsche den baldigen Frieden herbeisehnte. Aber galt das nicht auch für die andere Seite? Hatte es nicht sogar Meutereien im französischen Heer gegeben, von denen ganze Divisionen ergriffen wurden?

In endlosen Gesprächen versuchten wir, die Gründe der Niederlage zu erfassen und uns ein richtiges Urteil zu bilden. National, wie wir erzogen worden waren, sahen wir dabei natürlich die deutsche Sache im besten Licht. Um so tieferen Abscheu hegten wir gegenüber dem Versailler Vertrag, der ganz offensichtlich von den Vergeltungsbedürfnissen der Siegermächte bestimmt war und Deutschland mit der alleinigen Kriegsschuld belastete. Besonders groß war die Enttäuschung über das Verhalten des amerikanischen Präsidenten Wilson, der sich gegenüber seinen Alliierten, vor allem Frankreich, nicht durchzusetzen vermochte. Seine Formel vom Selbstbestimmungsrecht der Völker wurde nur zugunsten der Sieger praktiziert, aber den Sudetendeutschen und Österreichern verweigert. Ich weiß, es ist bis zum Überdruß behauptet und gelegentlich auch bestritten worden, doch ich bin noch heute fest davon überzeugt, daß Hitler und seine Bewegung uns und der Welt vielleicht erspart geblieben wären, hätte ihnen nicht das Unrecht von Versailles den großen Auftrieb gegeben.

Das Schulleben wurde allerdings von dem bitteren Ende des Krieges und seiner ersten Folgezeit nur wenig beeinflußt. Es gab zuweilen Kohleferien; wir mußten bei der Ernte und beim Entladen von Transporten helfen. Der Sport fiel aus, weil in der Turnhalle Kartoffeln gelagert wurden. Im übrigen aber ging alles in den althergebrachten Geleisen, und nur wenig von der Außenwelt drang durch die breiten Mauern unseres alten humanistischen Gymnasiums. Aussprachen über aktuelle politische Themen, etwa über die gegenwärtige Situation, fanden nur selten statt. Es gab dann auch einen Schülerrat, der historisch als Vorläufer der heutigen Schülermitverwaltung angesehen werden kann. Er kam aber nicht zur Entfaltung und wurde bald wieder aufgelöst.

Die meisten unserer Lehrer waren für ihren Beruf viel zu alt. Da es jedoch allerorten an Lehrpersonal fehlte, konnten sie nicht pensioniert werden. Natürlich kommen jungen Menschen die Lehrer immer alt vor, aber ich weiß noch genau, daß in meiner Klasse dieselben Studienräte unterrichteten wie ehemals bei meinem fünfzehn Jahre älteren Bruder. Von ihnen waren kaum klärende und überzeugende Antworten auf die brennenden Fragen der Gegenwart zu erwarten. Sie standen wohl den Zeiterscheinungen noch viel hilfloser gegenüber als wir jungen Menschen.

Bis wenige Jahre nach dem Kriege leitete ein außerordentlich konservativer, recht gefürchteter Mann das Barmer Gymnasium. Seine beiden Söhne waren im Krieg gefallen. Nach diesen Schicksalsschlägen war er vollständig erstarrt. Ungerecht, wie Kinder und Jugendliche meist sind, empfanden wir seinen Tod als eine gewisse Erleichterung.

Sein Nachfolger aber wird seinen Schülern unvergessen bleiben. Er hieß Wolfgang Paeckelmann, war Naturwissenschaftler und erst sechsunddreißig Jahre alt. Er hatte viel Verständnis und versuchte, uns zu Menschen mit klarem Urteil und freier Meinung zu erziehen. Er schützte uns auch vor der übertrieben konservativen Haltung mancher allzusehr auf Autorität bedachter Lehrer. Heute ist es für die Jugend kaum mehr vorstellbar, in welch enger und bevormundeter Welt wir Schüler damals lebten. Wer glaubt uns, daß wir nicht einmal ins Kino gehen durften? In ganz Barmen gab es eine einzige Gastwirtschaft, in der wir abends hin und wieder ein Glas Bier trinken durften. Dafür aber mußte dort jeden Abend ein Lehrer unserer Schule sitzen und sorgsam über unser Benehmen wachen.

In dieses starre und verstaubte Reglement brachte der junge Direktor Paeckelmann endlich mehr Freiheit und Leben. Er zählt auch zu den ersten Lehrern, die mit ihren Schülern in den Ferien als Werkstudenten arbeiten gingen und Sportfahrten und Theateraufführungen veranstalteten. Der Respekt und auch die schulischen Leistungen haben darunter nicht gelitten.

Paeckelmann wurde später mit der Leitung der Studienstiftung des Deutschen Volkes beauftragt, an deren Zustandekommen er maßgeblich beteiligt war. Nach seiner Pensionierung wirkte der begeisterte Pädagoge als Leiter der Hermann-Lietz-Schulen. Er ist im Jahre 1970 in Wasserburg am Bodensee in der

Nähe von Schloß Salem gestorben. Einige Jahre zuvor hatte mich der alte Herr noch einmal in Hoechst besucht.

Studium der Chemie

Vier Jahre nach der mühevollen Metamorphose des Kaiserreiches in eine Republik bestand ich 1922 mein Abitur. Erst jetzt begann ich, intensiver über meinen künftigen Beruf nachzudenken. Später wurde ich oft gefragt, warum ich eigentlich Chemiker geworden bin. Die Antwort darauf war immer: »So ganz genau weiß ich das selbst nicht.« Das hat stets etwas Erstaunen hervorgerufen. Doch tatsächlich: Meine Berufswahl hat nichts mit der berühmten, oft zitierten inneren Berufung zu tun. Es war wohl so, daß sich bei mir vom Elternhaus her eine gewisse Vorliebe für die Naturwissenschaften entwickelt hatte. Einen ausgesprochenen Chemieunterricht gab es damals an dem Humanistischen Gymnasium in Barmen gar nicht. Wir lernten Mathematik und auch Physik, wobei in den letzten Jahren Paeckelmann unser Lehrer war. Der Physikunterricht war gut und solide. Es wurden die Grundlagen behandelt, die auch ein Chemiker beherrschen mußte. Diese Vorbereitung reichte aus, um später das Vorexamen für Physik zu bestehen. Größer waren die Lücken in Mathematik. So lernten wir keine Differential- und Integralrechnung. Die Chemie freilich blieb für uns ein Buch mit sieben Siegeln.

Die Schule, besonders das humanistische Gymnasium, diente damals nicht der unmittelbaren Vorbereitung auf den Beruf. Dafür erzielte der Unterricht ein bemerkenswertes allgemeines Bildungsniveau. Dies bot eine tragfähige Grundlage, und ich konnte später alles, was mir an Fachwissen fehlte, leicht nachholen. Auf der Universität wiederum wurden keine speziellen Kenntnisse vorausgesetzt. Man fing sozusagen am Nullpunkt an. Das war überhaupt nur möglich, weil die Laboratorien und Hörsäle nicht so stark besetzt waren und ein persönlicher Kontakt mit den Universitätslehrern bestand.

Vielleicht hing meine Entscheidung für das Studium der Chemie auch damit zusammen, daß diese Industrie seit den Kriegsjahren in den Blickpunkt des öffentlichen Interesses gerückt war.

Als Kinder hatten wir gelernt, wie wichtig plötzlich chemische Produkte werden konnten. Zu meiner Schülerbibliothek gehörte ein kleines Ullstein-Buch. Es hieß »Die Fahrt der Deutschland« und schilderte die verwegenen Abenteuer des Kapitäns Paul König und seiner Mannschaft an Bord des Handelsunterseebootes »Deutschland«. Mehrere Male hatte dieses unbewaffnete Handelsboot die englische Blockade in der Nordsee und im Atlantik durchbrochen, um Chemikalien und Arzneimittel in die noch neutralen Vereinigten Staaten zu bringen. Diese Produkte wurden dort dringend benötigt, weil die Deutschen auf diesem Gebiet über ein wissenschaftliches und patentrechtliches Monopol verfügten.

Nach diesem Erfolg plante die Admiralität sogar den Bau einer ganzen Flotte derartiger Handels-U-Boote. Das tragische Schicksal von U »Bremen« bewirkte dann wohl, daß diese Pläne wieder fallengelassen wurden. U »Bremen« hatte am 26. August 1916, ebenfalls bis in den letzten Winkel mit wertvollen Chemikalien beladen, die risikoreiche Reise über den Atlantik angetreten. Doch ihm war nicht das gleiche Glück wie der »Deutschland« beschieden. Niemand hat je wieder von dem Schiff und seiner Besatzung gehört.

Bei uns in Barmen kam noch ein besonderes Interesse an der Chemie hinzu. In der Nähe waren die Farbenfabriken Bayer ansässig. Über zehntausend Menschen arbeiteten in den Elberfelder Anlagen an der Herstellung chemischer Produkte und weltbekannter Arzneimittel wie »Aspirin«. Ihr damaliger Chef Carl Duisberg stammte aus Barmen.

Der Entschluß zum Studium war für mich freilich in erster Linie mit der prekären Frage verbunden, woher das dafür notwendige Startkapital kommen sollte. Meine Mutter konnte mir dabei nur sehr wenig helfen. So wurde ich 1922 im Alter von neunzehn Jahren zunächst einmal für sechs Monate Kokerei- und Bergarbeiter.

Es war eine Begegnung mit einer für mich fremden und vorerst recht deprimierenden Welt. Da ich ständig danach streben mußte, zur Stärkung des häuslichen Etats beizutragen, war ich außerhalb der Schule viel allein gewesen. Nie hatte ich mit Gleichaltrigen kameradschaftlich zusammengelebt. Zudem waren damals die gesellschaftlichen Unterschiede weit ausgeprägter als heute. Plötzlich befand ich mich, der doch zumindest menschlich wohlbehütete Schüler, unter den rauhen Arbeitern an der Ruhr. Jetzt erst entdeckte ich, daß es tatsächlich ein sogenanntes Proletariat gab, das sich seiner Klassenzugehörigkeit auch bewußt war. Es präsentierte sich dem »höheren Schüler« zunächst in keineswegs einnehmender Form. Ihm wurde eine ähnlich rüde Behandlung zuteil, wie man sie beim Militär zuweilen den »Einjährigen« und Abiturienten angedeihen ließ. Zuvor nie vernommene Derbheiten gehörten zum täglichen Jargon.

Nur schwer konnte ich mich in dieser Umgebung zurechtfinden. Auf alle Fälle bereitete mir die psychisch-menschliche Anpassung mehr Schwierigkeiten als die harten körperlichen Anforderungen. Immerhin hatte die Konfrontation mit dieser robusten Welt der Arbeit unter Tage auch ihre guten Seiten. Der bis dahin noch so schmale Gesichtswinkel meines Weltbildes erfuhr einige wenn auch rauhe, aber doch sehr wertvolle Erweiterungen. Auch konnte ich später im Labor der Zeche schon einige chemische Handgriffe lernen. Noch heute denke ich an meine Zeit in der Zeche »Bruchstraße«, wenn ich gelegentlich an Langendreer vorbeifahre, an der Stelle, wo sich heute die Opelwerke ausbreiten.

Nach diesem halbjährigen Intermezzo begann das eigentliche Studium. Mit den Ersparnissen meines Arbeitslohnes glückte die Anfangsfinanzierung. Die Wahl des Studienortes wurde mehr oder weniger vom Zufall entschieden. Ein älterer Verwandter, der sich in jener Zeit ein wenig um mich kümmerte, war Privatdozent für Ingenieurwesen an der Technischen Hochschule in Braunschweig. Er riet mir, dorthin zu gehen. In der Chemie gab es ebenso wie heute keine großen Qualitätsunterschiede zwischen den akademischen Lehranstalten. Braunschweig war eine der ältesten deutschen technischen Hochschulen und besaß einen guten Ruf, vor allem in Chemie, Elektrotechnik und Architektur.

Zu Beginn des Wintersemesters kam ich in die alte Residenzstadt, wo der abgedankte Großherzog noch immer eine gewisse Rolle spielte. Obwohl er in der Landespolitik nicht mehr hervortrat, blieb seine geistige und gesellschaftliche Stellung unangetastet, vor allen Dingen in den recht konservativen Kreisen des Landes Braunschweig.

Braunschweig war damals noch ganz die alte Welfenstadt, geruhsam und reich an historischen Baudenkmälern. Das industrielle und wirtschaftliche Leben spielte zunächst nur eine bescheidene Rolle. Es gab zwar berühmte Industrieunternehmen wie die Optische Fabrik Voigtländer, die Lastwagenfabrik Büssing oder die Klavierfabrik Grotrian-Steinweg. Im übrigen aber bildete Braunschweig den Mittelpunkt eines landwirtschaftlichen Bereiches, in dem Zucker- und Konservenfabriken die größere Bedeutung besaßen. Noch ahnte man nichts von dem Aufbau einer Großindustrie, die später in Wolfenbüttel und Salzgitter die Landschaft veränderte. Braunschweig war die typische norddeutsche Residenzstadt. Es gab dort viel Militär, ein gutes Theater und eben die aus dem Collegium Carolinum 1877 hervorgegangene Technische Hochschule, an der 1922 etwas unter tausend Studenten eingeschrieben waren.

Das Universitäts- und Studentenleben vollzog sich damals in einer einzigartigen, einmaligen Form. Nach Kriegsende strömte auf die deutschen Hochschulen eine Generation, die aus dem Felde kam, von den Erlebnissen des Krieges geprägt und deshalb weit reifer geworden war, als es ihrem Lebensalter entsprach. Die Universitäten waren nicht zerstört, sondern unverändert erhalten geblieben und standen bereit, die heimgekehrte und lernbegierige Jugend aufzunehmen.

Als wir Jüngeren dann hinzukamen, änderte sich an diesem Bild zunächst nichts. Auch wir waren reifer, als unser Alter hätte vermuten lassen. Wir waren anspruchslos, was die Äußerlichkeiten des Lebens anging. Kaum einer von uns besaß einen guten Anzug. Wir trugen die ausgedienten Uniformen unserer Väter oder Brüder. Mit den ehemaligen Frontsoldaten verband uns der Wunsch nach Kameradschaft, Freude und Geselligkeit. So erfuhr das Korporationsleben eine Renaissance unter ganz anderen Umständen als in der kaiserlichen Vorkriegszeit. Die exklusive und feudale Lebensart der Studenten gehörte der Vergangenheit an. Sie existierte höchstens noch in der Erinnerung der Alten Herren.

Ich habe mich mit großer Begeisterung einer solchen Korporation angeschlossen, wie damals weit mehr als die Hälfte der Studenten. Die Zugehörigkeit zur Landsmannschaft Guestphalia und später zur Landsmannschaft Normannia in Darmstadt hat für meinen Lebensweg erhebliche Bedeutung gewonnen. Ich kam in eine lebensfrohe Kameradschaft, wie sie mir bis dahin fremd war, und erlebte die ersten Semester sozusagen in einer Notgemeinschaft, die alles miteinander teilte. Es gab wohl den Übermut der Freiheit und des Studentenlebens mit seinen Mensuren, aber auch die selbstauferlegte Disziplin, die notwendig ist, wenn fünfzig bis sechzig junge Menschen miteinander leben wollen.

Es sind in dieser Zeit Freundschaften fürs Leben entstanden, wie man sie später im höheren Alter nicht mehr so leicht schließt. Geblieben ist mir davon insbesondere die Verbindung mit Heinrich Vorkauf, der später mit mir noch in Darmstadt zusammen war. Anders als ich fand er seinen Weg zum selbständigen Unternehmertum und wurde Eigentümer einer kleinen, aber weltbekannten Ingenieurfirma, deren »La Mont-Kessel« auch im chemischen Apparatebau einen guten Ruf haben. Zu den Freunden von damals gehörte auch der Student Werner Schultheis. Er war genauso alt wie ich und stammte aus Hessen. Mein Lebensweg entfernte mich mehrmals weit von ihm, bis wir schließlich noch viele Jahre gemeinsam im Vorstand von Hoechst tätig waren.

Die damalige Studentenzeit bot zu Extravaganzen wenig Anlaß. Kaum hatte ich die Hochschule bezogen, da brach die Inflation aus. Mein in der Zeche so mühsam erworbenes Studienkapital schmolz wie Schnee an der Sonne. Die Geldentwertung lief auf vollen Touren. So kostete schon im November 1922 ein Brot von 2,2 Kilogramm 300 Mark. Für einen Liter Milch mußten zur gleichen Zeit 140 Mark aufgewendet werden. Im nächsten Jahr kletterten die Preise in schwindelerregende Höhen. So bezahlte man für ein Pfund Butter im Mai 1923 etwa 8400 Mark, im Juli gar 210000 Mark. Im August des gleichen Jahres erhielten die Braunschweiger Beamten ein Tagegeld zwischen 3 und 4 Millionen Mark; im November schließlich, auf dem Höhepunkt der Inflation, wurden ihre Grundbezüge mit etwa 11 Millionen multipliziert.

Auch auf die Studiengebühren wirkte sich die Inflation aus. Im Studienjahr 1922/23 hatte die Gebühr an der ehrwürdigen Technischen Hochschule Carolo Wilhelmina noch 30 Mark betragen. Die Immatrikulationsgebühr, die ich entrichten mußte, war ebenso hoch. Ein Jahr später aber wurde auch hier die Lage unüberschaubar. Im Programm der Technischen Hochschule hieß es: »Die zu entrichtenden Studien- und sonstigen Gebühren werden mit Rücksicht auf die schwankenden Währungsverhältnisse erst zu Beginn des Winter- bzw. Sommersemesters bekanntgegeben.« Eine frühzeitige Festlegung war wegen der von Tag zu Tag kletternden Preise nicht mehr möglich.

Erst nach der Einführung der Rentenmark stabilisierte sich im Dezember 1923 die Lage wieder. Jetzt konnten die Ausgaben wieder geplant, das Geld wieder eingeteilt werden. Nach dem Milliarden-Rausch war die Mark plötzlich äußerst rar geworden. Strenges Haushalten wurde notwendig, und zwar nicht nur bei uns Studenten. Die Wochenlöhne der Handwerker lagen 1924 etwa zwischen 16 und 22 Mark. Eine solche Summe reichte gerade für ein Paar Schuhe besserer Qualität oder für die Miete einer einfachen Wohnung. Weit verhängnisvoller aber war, daß die Inflation die Sparguthaben des Mittelstandes, der Pensionäre und Rentner weitgehend vernichtet und Hunderttausende dieses Standes in ärgste Not gebracht hatte. Die verhängnisvollen politischen Auswirkungen sollten sich bereits wenige Jahre später zeigen.

Geduldproben im Labor

Ich arbeitete vor allem unter Karl Fries, ordentlicher Professor für Chemie. Fries war Leiter des chemischen Instituts. Er veranstaltete im Sommer eine sechsstündige Vorlesung über anorganische Experimentalchemie, im Winter eine fünfstündige über organische Experimentalchemie. Ferner leitete er die Arbeiten im chemischen Laboratorium und hielt privat ein gebührenfreies chemisches Kolloquium. Der offizielle Studienplan für Chemie sah im ersten Sommersemester 32 und im ersten Wintersemester 23 Wochenstunden vor.

Die Chemie besaß in Braunschweig, ebenso wie die Carolo Wilhelmina selbst, eine lange Tradition. Die Hochschule war als Collegium Carolinum 1745 von Abt Johann Friedrich Wilhelm Jerusalem gegründet worden. Der geistliche Herr hatte auf Reisen in Holland angesichts des hohen Standes des Schiff- und Deichbaus, des Mühlen- und Straßenbaus in diesem Land die überragende Bedeutung der Technik für die Zukunft erkannt. Schon damals wurde in Braunschweig auch Chemie gelehrt. Das gleiche galt natürlich um so mehr, als das Collegium Carolinum 1862 zur »Herzoglich Polytechnischen Schule« und schließlich 1877 zur »Technischen Hochschule« avancierte. Braunschweig war aber stets eine relativ kleine Hochschule geblieben, und noch zu Beginn meiner Studienzeit lag die Zahl der Studenten sicher unter tausend.

Fries hatte übrigens eine Zeitlang bei den Farbwerken Hoechst gearbeitet. Auch während einer späteren Tätigkeit an der Universität in Marburg war er Hoechst weiter verbunden geblieben. Durch ihn kamen in den folgenden Jahren viele seiner Schüler nach Hoechst.

Der chemische Unterricht an den deutschen Hochschulen war zu jener Zeit rein präparativ und analytisch. Zunächst hieß es etwa anderthalb bis zwei Semester lang, die chemischen Zusammenhänge im Bereich der anorganischen Chemie anhand qualitativer Analysen zu erlernen. Danach wiederholte sich das gleiche mit der quantitativen Analyse. Hatte man die Stoffe zuvor qualitativ und visuell nachgewiesen, so mußte man nun isolieren, wiegen und titrieren.

Je nach Fleiß oder Ablenkung dauerten diese Arbeiten bis zum Vorexamen etwa vier bis fünf Semester. Bei diesen quantitativen Analysen wurde äußerste Genauigkeit verlangt. Es gehörte dazu eine saubere und ordentliche Arbeitsweise, wie sie sich der Chemiker ja für sein ganzes Leben anerziehen muß, denn später hat er derartige genaue Betrachtungen etwa als Betriebsführer jeden Tag zu machen. In diesen Semestern war also die Zeit fast ausschließlich mit reiner Laboratoriumsarbeit angefüllt. Sie wurde täglich höchstens für eine oder zwei Stunden durch den Besuch einer Vorlesung unterbrochen. Wie erwähnt, war ich beim Beginn des Studiums in Braunschweig von chemischen Vorkenntnissen völlig unbelastet. So geschah es damals oft, daß mich Fries bei seinem allmorgendlichen Rundgang durch das Laboratorium nach einem chemischen Vorgang fragte und ich offen bekennen mußte: »Herr Professor, das weiß ich noch nicht, denn ich habe nie Chemie auf der Schule gehabt.«

In den späteren Semestern in Braunschweig wäre mein chemisches Interesse dann an der quantitativen Analyse, die eine so unsagbar ermüdende Geduld erforderte, fast gescheitert. Neben der eigentlichen Chemie liefen dann noch die Nebenfächer Physik und angewandte Mathematik einher sowie das Zeichnen einfacher Maschinenteile.

Unser studentisches Leben war bei allem Frohsinn einfach, mitunter sogar ausgesprochen entbehrungsreich. Die meisten von uns mußten in den Ferien arbeiten, um Geld für das Semester zu verdienen. Da schon eine gewisse Arbeitslosigkeit herrschte, war es gar nicht immer einfach, solche Möglichkeiten zu finden. In den kritischen Monaten der Inflation haben wir mit mehreren Freunden auch während des Semesters Nacht für Nacht in den Zuckerfabriken gearbeitet. Es blieb nicht aus, daß unser Studium darunter litt, daß wir aber auch eine eigene Auffassung von Hochschulwesen und Politik entwickelten. Gemeinsam mit unseren Professoren und Dozenten verteidigten wir die Eigenständigkeit der Hochschulen und waren auf der Hut vor jeglichen Einmischungsplänen der staatlichen Autorität. Die überwiegende Mehrheit von uns wollte die Hochschule vor allem auch von parteipolitischen Einflüssen freihalten.

Das norddeutsche Milieu bewahrte uns vor den extremen Tendenzen des von Süden kommenden Nationalsozialismus. Die gemessen und sachlich orientierende Information durch die älteren Bundesbrüder hielt uns auch von den Abenteuern der Freikorps fern. Statt dessen sind wir in größerer Zahl in die offizielle Reichswehr in Wolfenbüttel eingetreten, die damals noch unter der Leitung von Otto Geßler stand. Unser Kompanieführer war Major Wilhelm Keitel, der später Generalfeldmarschall werden und in dieser Eigenschaft eine unglückliche Rolle spielen sollte. Glücklicherweise kam es für uns zu keinem kämpferischen Einsatz.

Immerhin war dieses Zwischenspiel ein Zeichen des so unruhigen Jahres 1923, das durch den französischen Einmarsch in das Ruhrgebiet und den passiven Widerstand auf unserer Seite, kommunistische Umsturzversuche in Mitteldeutschland und viele andere Ereignisse beherrscht wurde. Der weltanschauliche Streit wurde immer erbitterter. Zu den Differenzen zwischen links und rechts kamen noch die Auseinandersetzungen zwischen alt und jung über die Monarchie und speziell das Kaisertum. Dabei waren die Jahrgänge unserer Eltern und auch die Alten Herren der Verbindungen zumeist Monarchisten, denn unter dieser Regierungsform hatten sie gelebt. Wir Jungen waren das nicht mehr. Mit kühlem Blick hatten wir die Schwächen dieses Systems erkannt. Das glanzlose Abtreten der Hohenzollern aus der Geschichte, die Flucht des Kaisers nach Holland konnten uns wenig für monarchistische Restaurationsbestrebungen erwärmen.

Die schwachen Weimarer Kabinette andererseits, die geringe Ausstrahlungskraft ihrer Politiker und ihre manchmal, wie es schien, allzu beflissene Bereitschaft, sich den Wünschen der ehemaligen Kriegsgegner zu beugen, boten jungen Menschen nur wenig Anziehungskraft. Wir hatten nicht die Geduld und die Einsicht, daß unauffällige Beharrlichkeit eine politische Tugend sein kann und sich auf die Dauer oft als erfolgreicher erweist als lautstarke und kraftbetonte politische Gesten. Ein so bürgerlicher und unheroischer Mann wie Friedrich Ebert, der erste Präsident der jungen Republik, war deshalb nicht unser Idol. Schon eher imponierte uns Gustav Stresemann, der Zug um Zug darangegangen war, die Stellung Deutschlands wieder aufzuwerten und durch das Vertragssystem von Locarno zu festigen.

So sehr mich solche Fragen in Braunschweig beschäftigten – zu Hause spielte die Politik keinerlei Rolle. Meine Mutter, die ich regelmäßig sah, war jetzt eine noch mehr in sich gekehrte, kränkliche Frau, die an der Politik keinen Anteil nahm. Natürlich hatte sie auch nie Verständnis dafür, daß ich gefochten habe. Mit meinen Besuchen bei ihr wartete ich deshalb immer so lange, bis etwaige Schmisse verheilt waren. Hätte sie mich in Braunschweig bei den Mensuren gesehen, wäre sie sicher entsetzt gewesen.

Persönliche Bindungen an meine Lehrer hatte ich in Braunschweig kaum. Ich bin damals allzu innigen Kontakten mit den Professoren auch tunlichst aus dem Wege gegangen, denn ich war mit meinen Leistungen als Chemiestudent ja gerade kein Paradepferd.

Selbstverständlich gab es damals auch in der Studentenschaft unterschiedliche Strömungen. Die Korporationen und studentischen Zusammenschlüsse, denen ein großer Teil der Studenten angehörte, hatten die verschiedensten Ziele, die sich auch in den Gremien der Selbstverwaltung auswirkten, wie etwa im ASTA, den es damals schon gab. Es bestanden starke Unterschiede zwischen den schlagenden Verbindungen, wobei die Deutsche Burschenschaft immer am stärksten politisch orientiert war. Darüber hinaus existierten wissenschaftliche, konfessionelle und selbstverständlich auch politische Zusammenschlüsse. Die Mehrzahl der Studenten beteiligte sich an den Diskussionen und am akademischen Leben wesentlich stärker als heute. Sie wurden nämlich von ihren Vereinigungen dazu verpflichtet.

Das heute so akute Thema der Universitätsreform hat uns damals nicht sehr stark beschäftigt. Deswegen bestanden auch weniger Differenzen zwischen den Professoren und Studenten als heute. Statt dessen hatte sich die Universität gegen die Bestrebungen des Staates zu wehren, sie stärker den Zielsetzungen der neuen Republik unterzuordnen. Stadt und Land Braunschweig waren im Gegensatz zur Mehrzahl der Professoren und Studenten verhältnismäßig links orientiert. Der Ministerpräsident von Braunschweig, Heinrich Jasper, gehörte der SPD an. Auch machte in dieser Partei in Braunschweig damals schon ein noch junger Mann von sich reden: Minister Otto Grotewohl, der 1949 Ministerpräsident und 1960 stellvertretender Vorsitzender des Staatsrates der DDR wurde.

Man darf auch nicht vergessen, daß in jener Zeit noch ausgeprägte Standesunterschiede herrschten, Klassengegensätze, die wir in Deutschland ja erst in den letzten Jahrzehnten so richtig überwunden haben. Der Student war als Akademiker und Angehöriger einer privilegierten Klasse abgestempelt, ob er nun Geld hatte oder nicht. Wenn wir mit unseren bunten Mützen und Schlägern von der Technischen Hochschule zur alten Burg Heinrichs des Löwen und zum Dom zogen, um dort zu feiern, dann standen an den Straßen Hunderte von Menschen, die den Studenten ausgesprochen unfreundlich gesonnen waren.

Dem akademischen Leben habe ich mich mit großer Begeisterung hingegeben. Es bedeutete für mich eine einschneidende Umstellung nach dem stillen Dasein im Elternhaus. Vielleicht habe ich sie – wie so vieles in meinem Leben – mit allzu großem Eifer vollzogen. Ich war sogar drei Semester lang Sprecher oder Erstchargierter meiner Landsmannschaft und schließlich im Jahre 1924 auch ASTA-Vorsitzender. Die Verpflichtung, vor der Öffentlichkeit aufzutreten, mich in einer Gemeinschaft Gleichaltriger durchzusetzen, Reden zu halten, stellte für meine spätere Laufbahn eine wertvolle Schule dar, wie sie jedem jungen Menschen nur zum Vorteil gereichen kann.

Das Urteil, das man heute über die studentischen Korporationen und besonders über ihre Vergangenheit abgibt, ist in mancher Beziehung ungerecht und falsch. Die Verbindungen waren in jener Zeit weder der Hort der Reaktion noch der Protektion oder der gesellschaftspolitischen Vorurteile. Man darf auch nicht vergessen, daß sie bald nach der Errichtung des NS-Staates verboten und aufgelöst wurden, weil man ihre Bestrebungen zur staatspolitischen Erziehung und zur persönlichen Charakterbildung fürchtete und bekämpfte.

Dieses turbulente Studentenleben ist jedoch meinem wissenschaftlichen Studium nicht bekommen. Die Ausbildung eines Chemikers erfordert nun einmal die regelmäßige Anwesenheit in Praktikum und Laboratorium. So unterblieb in diesen ersten Semestern manches, was Bedingung für mein Vorexamen war. Schließlich konnte ich im Sommersemester 1925 wenigstens einige Fächer abschließen, und zwar mit positivem, aber nicht überdurchschnittlichem Ergebnis. Ich erkannte, daß es bei meinen wirtschaftlichen Verhältnissen nicht so weitergehen durfte, und kam schließlich zu dem Entschluß, die Hochschule zu wechseln. Mit meinem Freund Heinrich Vorkauf verließ ich das vertraute Braunschweig, um nach Darmstadt überzusiedeln. Von nun an sollte es aus sein mit Studentenleben und Verbindungsaktivitäten; meine Zeit sollte ausschließlich dem Labor und der Chemie gehören.

Kapitel III

Ein großer Lehrer

Wer heute Darmstadt besucht, erlebt eine Stadt voll Selbstbewußtsein, Geschäftigkeit und sichtbarem Wohlstand. Breite Straßenzüge reihen sich aneinander, und die Häuserfronten tragen den Stil der modernen, etwas konformistischen Nachkriegsarchitektur. Ein oberflächlicher Betrachter könnte sich in einer Stadt wähnen, die erst vor wenigen Jahrzehnten aus dem Boden gewachsen ist, und er hätte nicht einmal so unrecht. Darmstadt ist in der Tat zum großen Teil völlig neu erstanden, nachdem es 1944 weitgehend zerstört worden war. Nur wenige Häuser in der Altstadt und einige Straßen im Norden und im Süden waren verschont geblieben. 1947 begann dann der Wiederaufbau, bei dem noch einige weitere bauliche Erinnerungen an die höfische Periode weichen mußten. Gleichwohl hat auch die heutige Großstadt Darmstadt vieles aus jener Zeit bewahrt, als sie unter dem milden und liberalen Regiment der Großherzöge von Hessen und bei Rhein stand.

Ich habe das Glück gehabt, Darmstadt vom Jahre 1925 bis 1933 zu erleben. Damals präsentierte es sich in seiner reizvollsten Mischung von alter Residenz, beschaulicher Musenstadt und Heimstätte neuer revolutionärer künstlerischer Impulse. Überall war noch der Einfluß von Großherzog Ernst-Ludwig spürbar, der ebenso wie die anderen deutschen Landesfürsten 1918 den Thron verloren hatte, seiner liebenswürdigen und noblen Art wegen jedoch weiterhin Respekt und Zuneigung seiner Mitbürger genoß.

Ernst-Ludwig zählte nicht zu den deutschen Provinzherrschern, deren Blick an den Grenzen ihres kleinen Staates haltmachte. Wie kaum einen anderen deutschen Fürsten verbanden ihn engste verwandtschaftliche Beziehungen mit den bedeutenden europäischen Herrschergeschlechtern. Seine Mutter Alice, an deren Denkmal vor dem Theater wir Studenten oft vorbeigingen, war die zweitälteste Tochter der englischen Königin Victoria und Prinzessin von Großbritannien und Irland. Die jüngste Schwester des Großherzogs, Prinzessin Alix, war mit dem späteren Zaren Nikolaus II. vermählt, den sie schon als Zwölfjährige in Petersburg bei der Trauung ihrer Schwester, der Prinzessin Elisabeth von Hessen, mit dem russischen Großfürsten Sergius kennengelernt hatte. Ernst-Ludwig war mithin ebenso wie Kaiser Wilhelm II. ein Enkel der englischen Queen und außerdem Schwager des Zaren. Man erinnerte sich deshalb auch in Darmstadt mit starker Anteilnahme des traurigen Endes des Zarenpaares und seiner Kinder 1918 in Jekaterinburg. Viele der älteren Darmstädter hatten das Zarenpaar bei den nicht seltenen Besuchen in der hessischen Residenz und auf Schloß Wolfsgarten gesehen. Nikolaus II. war hier fernab von seiner Hauptstadt ein aufgeschlossener, lustiger junger Mann gewesen.

Auch wenn man nicht die Geschichte ehemaliger europäischer Herrscherfamilien mit brennendem Interesse verfolgte – der Anteilnahme an dem von so viel Glanz und Elend gezeichneten Schicksal des hessischen Herrscherhauses konnte man sich in Darmstadt kaum entziehen. Überdies boten diese Ereignisse natürlich meinen Wirtsleuten unerschöpflichen Gesprächsstoff. Ich wohnte bei zwei unverheirateten Damen, Töchtern eines Büchsenmachers am großherzoglichen Hof. In ihrer guten Stube fehlte es ebensowenig wie bei anderen Darmstädter Bürgern an fotografischen Erinnerungen an diese unvergessene Zeit.

Auch nach seinem Sturz war der hochgewachsene, kunstsinnige Großherzog Ernst-Ludwig in allen Schichten der Bevölkerung recht geachtet. Nach dem frühen Tod seines Vaters hatte er mit 23 Jahren die Regierungsgeschäfte in Hessen übernommen. Größere politische Ambitionen hegte er wohl nie, dafür aber einen um so stärkeren Enthusiasmus für Kunst und Theater. So begründete er eine Künstlerkolonie auf der »Mathildenhöhe«, die Darmstadt zu Beginn unseres Jahrhunderts in ganz Europa zu einem Begriff werden ließ. Er hatte großes Interesse am Hoftheater und förderte viele Komponisten, darunter besonders Max Reger.

Auch an literarischen Ereignissen fehlte es keineswegs in der Stadt, die mit dem Namen des kraftvollen Dramatikers Georg Büchner eng verbunden ist. Nach dem Ersten Weltkrieg war eines der literarisch-politischen Zentren die Zeitschrift »Das Tribunal«. Der Sozialdemokrat Carlo Mierendorff, der dann zu Hitlers Zeiten zu den aktivsten Widerstandskämpfern gehörte, hatte sie gegründet. Zu Mierendorff stießen in Darmstadt auch Kasimir Edschmid und Carl Zuckmayer. Überdies holte Großherzog Ernst-Ludwig den Philosophen Graf Keyserling nach Darmstadt, der hier seine »Schule der Weisheit« gründete und seine zahlreichen Jünger versammelte. Seine Ästhetik wurde von weniger sentimentalen Kritikern mit dem Schüttelvers gekennzeichnet: »Als Gottes Atem leiser ging, schuf er den Grafen Keyserling«.

Kultur in homöopathischen Dosen

So bot Darmstadt eine Fülle von kulturellen Reizen und Verlokkungen. Doch wie stark sie auch sein mochten, wir gaben ihnen nur in begrenztem Maße nach. Als junge Naturwissenschaftler und Techniker hatten wir im Grunde genommen wenig Sinn dafür. Auch wollte ich nicht die Sünden wiederholen, die mich in Braunschweig allzuviel vom Studium abgehalten hatten. Erst später, als ich Assistent war, gestattete ich mir wieder mehr kulturelle Genüsse, und auch das nur in bescheidenen Dosen, hauptsächlich durch Konzert- und Theaterbesuche. Während meines Aufenthaltes wirkten in Darmstadt u.a. Generalmusikdirektor Karl Böhm und Hans Schmidt-Isserstedt. Von vielen vorzüglichen Schauspielern, die ich in jenen Jahren sah, erinnere ich mich ganz besonders an Paul Wegener als Wallenstein und als Mephisto im »Faust«.

Näher lag uns in dieser Zeit noch das studentische Leben. Wir fanden Geselligkeit und Freunde in der uns nahestehenden Landsmannschaft »Normannia«, mit der mich noch heute manches verbindet.

Meine eigentliche Welt aber während meiner acht Jahre in Darmstadt wurde die Technische Hochschule. Sie war aus einer 1812 gegründeten Bauschule hervorgegangen. Nach Umwandlung zur Höheren Gewerbeschule und zur Polytechnischen Schule war sie schließlich im Jahre 1877 durch großherzogliches Dekret zur staatlichen Technischen Hochschule erhoben worden. Im Laufe ihrer Geschichte drohte ihr zweimal die Auflösung. Es hatten sich zu wenig Studenten gemeldet. Inzwischen aber erfreute sie sich großer Beliebtheit und zählte zur Zeit meiner Immatrikulation im Jahre 1925 etwa 2400 Studenten. Es gab 41 ordentliche und 43 weitere Professoren, 30 Privatdozenten und insgesamt 72 Assistenten.

In dieser Umgebung war ich nun fest entschlossen, mich gründlich in meine Arbeit zu verbeißen. Ich mußte in kürzester Zeit soviel wie möglich nachholen. In Braunschweig hatte ich nur die Hälfte meines Vorexamens abgelegt. Ohne ein solches Vorexamen aber war es normalerweise recht schwierig, einen Arbeitsplatz in dem Laboratorium für Fortgeschrittene zu bekommen. Alles geschah ja auf den Technischen Hochschulen nach einem strengen Lehrplan. Doch das Chemisch-technische Institut in Darmstadt erledigte glücklicherweise solche Fragen ohne Bürokratie. Bescheinigungen brauchte man hier nicht vorzuzeigen.

Die ersten Praktikumsarbeiten konnte ich schnell und gut erledigen. Es wirkte dort ein großzügiger Assistent, der als Kriegsteilnehmer viel Verständnis für uns hatte und mir besonderes Wohlwollen entgegenbrachte. Er verhalf mir auch dazu, daß ich meine noch anstehenden Arbeiten, die ich eigentlich vor dem Vorexamen hätte machen müssen, abends und sonntags ausführen konnte. Nach sieben Semestern trug ich dann mein Vorexamen, allerdings nur mit dem Prädikat »befriedigend«, in der Tasche.

Das entscheidende Erlebnis meiner Zeit in Darmstadt war aber für mich die Begegnung mit Ernst Berl, dem Leiter des Chemisch-technischen Instituts. Seine Schule, die ich im Alter von 30 Jahren verließ, hat mich für immer geprägt. Gerade heute ist in mir die Erinnerung an ihn lebhafter denn je, wenn ich an die hitzigen Debatten über die Hochschulreform denke. Kein Vernünftiger vermag die Notwendigkeit zu bestreiten, eine neue Form des Zusammenwirkens zwischen Studenten, Assistenten und Professoren an unseren Hochschulen und Universitäten zu finden. Doch ebensowenig dürfen wir aus den Augen verlieren, daß ein Hochschulsystem eben nicht allein von abstrakten Satzungen und paritätischen Vertretungen abhängt, sondern entscheidend von der Persönlichkeit der einzelnen Lehrer. Viele Probleme ließen sich leichter lösen, wenn das Chemiestudium noch so ähnlich gestaltet werden könnte, wie es Berl, im übrigen auch viele andere große Lehrer seiner Zeit, in meinen Darmstädter Jahren vermocht hatte.

Berl liebte nicht die kameradschaftliche Vertraulichkeit, die sich vielleicht viele Studenten heute als professorales Ideal wünschen. Er war ein kleiner, zierlicher Herr, der auf den ersten Eindruck eher etwas unnahbar und kurz angebunden wirkte. Tatsächlich verzichtete er in seinen Beziehungen zu uns Studenten niemals auf bestimmte Schranken. Während er durchaus seine Autorität wahrte, war er von bestechender Sachlichkeit. Selbst die nicht völlig vermeidbaren Ungerechtigkeiten wurden dadurch weniger schmerzhaft.

Er war ein Lehrer, der sich ausschließlich seiner Arbeit verschrieben hatte und seine Wissenschaft über alles stellte. Seine Fürsorge für uns Studenten und Mitarbeiter war nicht immer sofort sichtbar. Sie ging aber so weit, daß er nicht selten in die eigene Tasche griff, um zu helfen. Ein solches Verhältnis zwischen Lehrern und Schülern läßt sich nicht durch Paragraphen festlegen und garantieren. Es war jedoch gerade in jener Zeit nicht so ungewöhnlich, in der die deutschen Universitäten und Hochschulen ihren Weltruf in den naturwissenschaftlichen Fächern erwarben.

Die damals weitaus geringere Studentenzahl, für den einzelnen Lehrer eben noch gut überschaubar, begünstigte natürlich engere Kontakte. Immer aber wird es so sein, daß in einem Fachgebiet eine überragende Persönlichkeit unter den vielen Professoren hervortritt. In meiner Darmstädter Zeit, in der die große chemische Fakultät gut besetzt war, war diese Persönlichkeit zweifellos Berl mit seiner chemischen Technologie, die gerade in dieser Zeit in den Brennpunkt des allgemeinen Interesses unserer chemischen Technik rückte.

Berl stammte aus Freudenthal in Mähren. In Wien hatte er seine Ausbildung zum Chemieingenieur absolviert. Er war also in gleicher Weise der Technik wie den Naturwissenschaften verbunden. Er vervollkommnete anschließend sein Wissen in Zürich bei Alfred Werner und Richard Lorentz. Schließlich wurde Berl Assistent und Mitarbeiter eines der hervorragendsten Technologen seiner Zeit, Georg Lunge. Richard Willstätter, Nobelpreisträger der Chemie, bezeichnete ihn als »Lunges besten und treuesten Schüler«. Berl promovierte auch in Zürich. Als Lunge vorzeitig in den Ruhestand trat, kam Berl als Nachfolger seines Lehrers ins Gespräch. Er entschloß sich aber, in die Industrie zu gehen. Berl glaubte sich damals für eine so bedeutende akademische Position noch nicht reif. Er meinte immer, daß man chemische Technologie aus industrieller Erfahrung heraus lernen müsse. Auch eine Professur für Chemie an der neugegründeten norwegischen technischen Universität in Trondheim schlug er aus diesem Grunde aus.

Er ging als Chefchemiker in die seinerzeit umfangreiche und bekannte Kunstseidenfabrik Tubize in Belgien. Als der Ausbruch von Feindseligkeiten im Sommer 1914 sich immer klarer abzeichnete, zog es Berl, der inzwischen verheiratet war, nach Wien zurück. Er wurde zur schweren Artillerie einberufen. Bald schickte ihn das Kriegsministerium jedoch als Chef in die Pulverfabrik Blumenau südwestlich von Wien. Von dort aus übernahm er im Bereiche der Chemie die kriegstechnische Leitung in der österreichisch-ungarischen Monarchie. Nach Kriegsende folgte Berl im April 1919 einem Ruf an den Lehrstuhl für Chemische Technologie und Elektrochemie an der Technischen Hochschule in Darmstadt.

Chemische Technologie bestand damals eigentlich nur in der Beschreibung chemischer Fabrikationsprozesse und Anlagen. Die Chemie hatte sich unter dem Einfluß der letzten Vorkriegsjahre und auch der Kriegszeit stark gewandelt. Die glanzvolle Entwicklung der Gründerzeit mit den Erfolgen der synthetischen organischen Chemie schien zu Ende gegangen zu sein. Zusammen mit ihrem gesamten Patent- und Warenzeichenbesitz waren der Industrie auch ihre Exportmöglichkeiten verlorengegangen. Der Krieg zwang zu zahllosen technischen Improvisationen, doch grundlegend Neues vom technologischen Standpunkt aus hatte die organische synthetische Ära kaum gebracht. Man war im Prinzip über die so nützlichen Laboratoriumsgeräte, mit denen die bedeutsamen Erfindungen erzielt worden waren, nicht hinausgekommen. Sie waren zwar auf Betriebsmaßstab vergrößert worden, aber die Entwicklung der Technik hinkte weit nach. Physikalische Chemie und Elektrochemie, die einst so bescheiden begannen, verzeichneten erst in den letzten Jahren vor dem Kriege große Erfolge. Sie fanden dann besonderes Interesse und waren stürmisch ausgebaut worden. Katalysen und Hochdrucktechnik setzten neue Marksteine.

Alle diese epochalen Entwicklungen mußten nun in einer Friedenswirtschaft in neue Bahnen gelenkt werden. Wer damals in der Industrie oder der Hochschul-Forschung der Universität sich einen neuen Weg suchte, war gezwungen, sein bisheriges Arbeitsgebiet wirtschaftlich, methodisch und auch wissenschaftlich vollkommen neu zu orientieren. Das hätte ungeheuer reizvoll sein können – in Wirklichkeit war es das auch –, es spielte sich aber ab vor dem Hintergrund einer hoffnungslosen politischen und wirtschaftlichen Situation.

Auch die Kunstseidenindustrie, aus der Berl kam, mußte auf eine neue technische Grundlage gestellt werden. Kunstseide und Sprengstoffe waren in ihrer Chemie und Technik eng miteinander verwandt. So hatte Berl schon seine Erfahrungen in Tubize innerhalb der österreichischen Sprengstofftechnik ohne große Übergangsschwierigkeiten anwenden können. Nun wurde die technologische Entwicklungslinie von ihm in Darmstadt weitergeführt. In Berls industrieller Zeit basierte die technische Praxis oft mehr auf handwerklicher als auf wissenschaftlicher Grundlage. Gerne erzählte er, halb im Scherz, daß zur Analyse von rauchender Schwefelsäure die Meister einfach in die Säurebehälter gespuckt hätten. Wenn es dann zischte, war die Säure mehr als 90%ig. Ich glaube nicht einmal, daß dies sehr übertrieben war.

Allein dieses Beispiel zeigt, wie notwendig es war, die Erfahrungen der industriellen Praxis in verläßliche und meßbare Methoden und Verfahren umzuwandeln. Vieles, was heute selbstverständlich ist, war damals noch nicht einmal in rohen Zügen entwickelt. Exakte naturwissenschaftliche Beobachtungen mußten an die Stelle der bisher geübten empirischen Betrachtungsweise treten. So war ein großer Teil von Berls ersten Arbeiten den Untersuchungen der Verfahren gewidmet, die er in der Kunstseiden- und Sprengstoffindustrie betrieben hatte. Er nahm unter anderem auch das Werk seines Lehrers Lunge wieder auf und schuf eine vollständige Neubearbeitung der »Chemisch-technischen

Untersuchungsmethoden« in einem vielbändigen Standardwerk. Gerade diese Analysenmethoden waren und blieben eine wichtige Grundlage aller chemischen Technik. Damals richtete sich die Aufmerksamkeit besonders auf die Analyse der Nitriersäuren, der Schwefelsäure und der Salpetersäure; sie galt dem Zusammenhang zwischen der Konzentration der Säure und dem Zustand der späteren Nitrate.

Die Beschäftigung mit der Schwefelsäure konfrontierte Berl mit den Problemen ihrer Herstellung in Bleikammern, über die schon sein Lehrer Lunge ausgedehnte wissenschaftliche Auseinandersetzungen geführt hatte. Dieser Bleikammerprozeß und damit die Katalyse der nitrosen Gase hatten einmal die Anorganiker zu Beginn des Jahrhunderts zu leidenschaftlichen Diskussionen angeregt. Berl interessierte sich dann auch für alle Zelluloseverbindungen, wie sie damals in der Kunstseidenindustrie benötigt wurden. Dazu gehörte auch die Wiedergewinnung der Lösungsmittel. Dieses Problem führte ihn einerseits zur Untersuchung explosiver Gemische, andererseits griff er die Technik der Adsorption an großoberflächigen Stoffen auf. Er kümmerte sich um die Erzeugung von Aktivkohlen und Silikagel.

All diese Probleme erforderten modernere physikalische Meßmethoden, die Berl aus dem Bereich der optischen und elektrotechnischen Industrie übernahm. Er war eng befreundet mit dem wissenschaftlichen Chef von Zeiss, Fritz Löwe, der mit seinen neuen Geräten, Spektrometern und Interferometern, nach Darmstadt kam und uns zu regelmäßigen Ferienkursen in Jena einlud. In dieser Zeit begann Berl auch, sich mit der Röntgen-Strukturanalyse zu beschäftigen, die für die Chemie der Zellulose so wichtig werden sollte. Er hatte Verbindung mit H. F. Mark, der damals wissenschaftlicher Chef in Ludwigshafen war und zu Gastvorlesungen nach Darmstadt kam.

So schuf er aufgrund ihm geläufiger Beispiele die Voraussetzungen für modernere chemische Verfahren.

Berl führte alle diese Arbeiten selbst mit seinen Schülern aus. Neben den neuen analytischen Methoden untersuchte er den Verfahrensverlauf und verfaßte zugleich das dazu erforderliche Schrifttum in Tabellenwerken und Nomogrammen. Er wurde damit einer der Begründer einer neuen chemischen Technologie.

Weil er sich so intensiv und erfolgreich mit den Problemen der Technik beschäftigte, war sein Rat und Urteil auch außerhalb der Hochschule sehr geschätzt. Er erarbeitete Gutachten in Patentstreitigkeiten und wurde immer hinzugezogen bei der Aufklärung von Katastrophenfällen in der Industrie. Seine Liebe zur Chemie der Zellulose brachte ihn mitten in ein Gebiet, das gerade in jenen Jahren das Interesse vieler bedeutender Chemiker wachrief. In dieser Zeit ging es ja um die Konstitution der Kunststoffe, der Streit um die Struktur der Zellulose erhitzte die Gemüter, und schließlich entwickelte Hermann Staudinger die noch heute geltenden Vorstellungen über die Struktur der Hochpolymeren. Berl traf auch mit Friedrich Bergius zusammen, der damals mit der BASF seine Kohlehydrierung in Angriff nahm. In Darmstadt wurde viel über die Entstehung der Kohle aus Zellulose und anderen Naturstoffen nachgedacht und gearbeitet.

Später wuchs Berl über seine Anfangsgebiete weit hinaus; er widmete sich den verschiedensten technischen Problemen. Eines davon war beispielsweise das Verhalten des Kesselspeisewassers, dessen sich eine Arbeitsgruppe unter seiner Leitung annahm. Da jetzt die Kessel mit viel höheren Temperaturen betrieben wurden, stellte man zur Vermeidung von Korrosion bis dahin unbekannte Anforderungen an die Beschaffenheit des Kesselspeisewassers.

Im Institut arbeiteten alle von uns an solchen Aufgaben mit. Berl hatte seine eigene Methode der Lehre und Forschung. Er selbst oder sein Assistent stellte jedem eine entsprechende Aufgabe. Im Verlauf dieser Arbeiten zeigte sich meist, daß in der Literatur kaum einschlägige Hinweise zu finden waren. Dennoch ließ Berl seine Praktikanten so lange suchen und tasten, bis sie zu einem eigenen Urteil und Ergebnis gekommen waren. Erst dann schaltete sich Berl selber ein und suchte mit ihnen den erfolgreichen Weg. Er vergaß dabei manchmal in seinen Ansprüchen, ob er einen Praktikanten, einen Diplomanden oder einen Doktoranden vor sich hatte. Aber auch das hatte sein Gutes. Selbst Praktikanten sahen sich plötzlich als ein kleines, aber wichtiges Glied einer Kette, die zu einem bedeutenden wirtschaftlichen Ziel führte. Das machte viel Freude und half, den Wert der eigenen Persönlichkeit richtig einzuschätzen.

Berl hatte außerhalb der Universität in Darmstadt ein Privatlaboratorium. Darin entstanden die Gutachten und Patente für die Industrie. Wir hatten den Eindruck, daß er dort viel Geld verdiente, von dem jedoch ein beachtlicher Teil ins Institut zurückfloß. Seine eigenartige und unkonventionelle Arbeitsweise wurde natürlich auch kritisiert. Diese Form der Forschung führte nicht zu weitreichenden oder gar epochalen Erkenntnissen für die Naturwissenschaften. Dafür profitierte die Technologie enorm.

Berl umkreiste ein Problem mit all den reichen Möglichkeiten seines scharfen Verstandes. Er schälte zunächst den Kern einer Fragestellung heraus und suchte dann die einer Lösung entgegenstehenden Schwierigkeiten mit allen Methoden, die ihm aufgrund seiner industriellen Erfahrung zur Verfügung standen, zu überwinden. Oft bediente er sich der Erkenntnisse von Nachbardisziplinen der Chemie. Es gab kaum ein Institut in Darmstadt, in das wir Praktikanten nicht geschickt wurden, um uns Rat zu holen.

Aus einer solchen Arbeitsweise konnte sich kein Nobelpreis ergeben. Es entstand aber eine außerordentlich fruchtbare Grundlage für das Gebiet, das wir heute chemische Technologie oder Verfahrenstechnik nennen. Der Inhalt seiner zahlreichen Patente bezog sich dementsprechend auch nicht auf neue Substanzen, sondern im allgemeinen auf neue Verfahren. Für den Außenseiter – und das galt in den ersten Jahren auch für mich – ging manches oft wie »Kraut und Rüben« durcheinander. Im Laufe der Zeit aber ergab sich ein geschlossenes Bild. Aus meiner heutigen Erfahrung beurteilt, war dies die einzige Denk- und Lehrmethode, die ich mir im Hinblick auf meine spätere Laufbahn hätte wünschen können. Man erkannte am Anfang einer Arbeit meist noch nicht den großen Zusammenhang und wußte auch nicht, zu welchem Ergebnis man kommen würde.

Auch wer länger bei Berl war, wußte nur selten, was er mit einem vorhatte. Ob man ihm gefiel oder nicht, war nicht leicht zu erkennen. Viele blieben stets etwas unsicher, und es gab sogar manche, die sich recht unglücklich fühlten. Wenn Berl plötzlich an einen Arbeitsplatz herantrat, konnte er sehr scharf kritisieren. Ich erinnere mich eines tüchtigen und langjährigen Doktoranden, der sich angewöhnt hatte, immer an einer Bürette zu stehen und zu titrieren, weil er sich bei dieser Handreichung gegenüber der Kritik am sichersten wußte.

Man mußte also in diesem Institut Selbstsicherheit lernen, ohne dabei etwa der Gefallsucht zu unterliegen. Auch das war eine wichtige Lehre für das spätere Leben. Berl war meist kurz angebunden und ungeduldig, wenn er durch sein großes Institut ging. Hatte man nichts Neues zu melden, ging er sofort weiter. Als einmal ein Praktikant auf seine Frage antwortete: »Danke sehr, Herr Professor, ich bin zufrieden«, erwiderte er: »Seien Sie zufrieden, wenn sich der Sargdeckel über Ihnen geschlossen haben wird.«

So etwas durfte man nicht tragisch nehmen. Ich erinnere mich, wie ich einmal als Diplomkandidat vor einer wohlgelungenen Versuchsanordnung stand und sie in immer neuen Reihen ausprobierte, um Stoff für mein Referat zu erarbeiten. Plötzlich stand Berl hinter mir und erklärte aus heiterem Himmel: »Nun, Herr Kollege, es hat keinen Zweck, daß man sich mit den Händen in der Tasche vor seine Apparatur stellt und sich bestätigt, man sei doch ein großer Mann.« Dieser ständige Antrieb, der auf der anderen Seite weder Unsicherheit noch Zweifel an sich selbst aufkommen lassen durfte, war äußerst bekömmlich. Berls Schule konnte zwar sehr hart sein, aber rüstete einen vortrefflich für den späteren Beruf. So ganz habe ich das allerdings erst nach vielen Jahren verstanden.

Es gelang nicht schnell, in diesem Laboratorium warm zu werden. Ich selbst kam jedoch überraschend bald zu einem etwas engeren Kontakt mit meinem Lehrer. Durch eine intensive Tätigkeit im Laboratorium – ich war gerade in den ersten Wochen und Monaten, als ich noch manches nachzuholen hatte, bis spät in den Abend und an allen Wochenenden an der Arbeit – versuchte ich, die Versäumnisse des flotten Studentenlebens in Braunschweig gutzumachen. Und das um so mehr, als in jenen wirtschaftlich schlechten Zeiten das Geld knapp war und jeder möglichst schnell ans Ziel, nämlich an einen Verdienst kommen wollte. Vergnügen gab es nicht. Wir führten fast das Dasein moderner Mönche.

Ich ging mit großer Intensität an die Arbeit. Berl, der zu jeder Tageszeit das Institut besuchte, sah mich oft. So hatte ich auch den Mut, mir im Jahre 1927 meine Diplomarbeit bei ihm zu holen. Er ordnete mich mit meinem Thema in eine Arbeitsgruppe ein, die sich mit Oxydationsvorgängen an Kohlenwasserstoffen befaßte.

Damals war es interessant, sich mit dem Klopfen der Vergasermotoren zu beschäftigen. Dieses Problem war deswegen akut geworden, weil die Automobilindustrie Motoren mit immer höheren Kompressionen baute. Das Bleitetraäthyl war als Antiklopfmittel schon gebräuchlich. Die I. G. Farbenindustrie hatte sich statt dessen um die Einführung des Eisencarbonyls als Antiklopfmittel bemüht. Eine Gruppe von jungen Diplomkandidaten und Doktoranden Berls arbeitete also an Oxydationsvorgängen, zum Beispiel auch an der Bestimmung von Selbstentzündungstemperaturen. Ich selbst bekam die Aufgabe, die katalytische Wirkung von Antiklopfmitteln aufzuklären.

Privatassistent bei Berl

Damit war ich drei Jahre lang einschließlich meiner Diplom- und Doktorarbeit beschäftigt. Kurz nach meinem Diplomexamen im Jahre 1928 fragte mich Berl unvermutet: »Haben Sie Lust, mein Privatassistent zu werden?« Und ob ich wollte! Ohne auch nur eine Sekunde nachzudenken, sagte ich »ja« und hielt mich fortan für den glücklichsten Menschen auf der Welt. In einem halben Jahr sollte ich diese Stelle antreten. Dieses Angebot war auch doppelt wertvoll in einer Zeit, in der die Wirtschaftskrise herannahte und ein Chemiker nach der Ausbildung kaum auf eine Anstellung hoffen durfte.

Ein halbes Jahr später zog ich dann in das Privatlaboratorium um. Es war recht klein und verhältnismäßig primitiv. Meistens arbeiteten in ihm nicht mehr als zwei bis drei Chemiker; einer davon war eben der Assistent. Er kümmerte sich neben den wissenschaftlichen Arbeiten ein wenig um die Vorlesungen und die Institutsverwaltung. Zwar führte er den Titel Privatassistent, bekleidete aber eine ordentliche Assistentenstelle. Sie war nicht sehr hoch dotiert, bot aber dafür ein regelmäßiges und sicheres Einkommen. Nach vier Jahren, am Ende meiner Darmstädter Zeit, verdiente ich etwa 300 Mark. Der Monatswechsel eines Studenten betrug damals zwischen 100 und 150 Mark.

Als Assistent war man zunächst einmal finanziell aus dem Gröbsten heraus. Das Geld reichte für Essen, Kleidung und Wohnung. Für mich war es wichtig, daß ich eine Beihilfe von zu Hause nicht mehr brauchte. Meine bescheidene, aber behagliche Wohnung lag nicht weit vom Institut entfernt in der Müllerstraße 24. Sie bestand aus zwei großen Zimmern und kostete 50 Mark Monatsmiete. Die Wohnung befand sich in einem rötlichgelben, dreistöckigen Backsteinbau, der sich ganz im Stil der damaligen Vorstädte hielt. Das Haus fiel 1944 einem Bombenangriff zum Opfer.

Sehr viel Zeit verbrachte ich allerdings nicht dort. Wer an seinem Fach Interesse fand, ging angesichts der netten und freundschaftlichen Atmosphäre lieber ins Institut und arbeitete. Daß man überhaupt diese Möglichkeit hatte, war bei dem immer größer werdenden Heer von Arbeitslosen ein gewaltiger Vorzug. Später haben viele promovierte Chemiker gegen Erstattung der Unkosten sogar umsonst bei uns gearbeitet, einfach um nicht jahrelang untätig sein zu müssen. Natürlich wurde viel gefachsimpelt, auch bei gelegentlichen Vergnügungen und gemeinsamen Ausflügen. Wir waren ja junge Menschen, und die schwere Zeit bedrückte uns noch nicht so sehr.

Ich erinnere mich, daß damals ein Roman von Vicki Baum erschien. Die Schriftstellerin hatte früher einmal in Darmstadt als Harfenistin gewirkt, und ihr späterer Mann, Johannes Richard Lert, war dort Hofkapellmeister gewesen. Der Romantitel »Stud. chem. Helene Willfüer« fesselte uns natürlich. Wir hatten eine nette Kollegin im Privatlaboratorium, die wir mit der Heldin dieses Buches scherzweise in Verbindung brachten. Der Hinweis auf die verfrühten und unprogrammäßigen Mutterfreuden der Romanheldin waren unserer Institutskameradin keineswegs angenehm.

Als Assistent beschäftigte ich mich zunächst noch eine Zeitlang mit meiner Promotionsarbeit. Später erhielt ich zusätzliche Aufgaben. Eine davon brachte dann eine entscheidende Wendung in meinem Leben. Berl bekam nämlich die Genehmigung, in einer benachbarten ehemaligen Kaserne das sogenannte Gasinstitut zu bauen. Zunächst bedeutete das für mich, daß ich mich um die Planung und Einrichtung dieses Instituts kümmerte. Dann ging es daran, die Themen und Arbeiten für dieses Institut festzulegen. In diesem Zusammenhang entwickelten wir einen Kurs für Ingenieure. Es entstand auch die Idee eines Brennstoffinstitutes. Es sollte der Anfang meiner akademischen Laufbahn sein.

Selbstverständlich unterhielt Berl ständig intensive Kontakte mit der Welt außerhalb der Hochschule. Er reiste viel in Deutschland und im nahen Ausland und fuhr während meiner Assistentenzeit auch ein- oder zweimal in die Vereinigten Staaten. Dafür war eine große Zahl von Vorträgen vorzubereiten, die mit peinlicher Genauigkeit Satz für Satz korrigiert wurden. Wir machten uns damit viel Arbeit und stöhnten oft über die unendliche Sorgfalt, die er verlangte. Auch seine Vorlesungen wurden anhand des Gesehenen und Erlebten fortwährend überarbeitet.

Von Berl hörte ich auch die ersten Schilderungen über die aufregende industrielle Entwicklung der Vereinigten Staaten. Es dauerte allerdings nahezu ein Vierteljahrhundert, bis ich selbst eine solche Reise machen konnte. Auch viele Freunde und Bekannte von Berl kamen zu Vorträgen nach Darmstadt. Darunter waren nicht wenige Nobelpreisträger, wie etwa Fritz Haber (Chemie 1918), Richard Willstätter (Chemie 1915) sowie Friedrich Bergius, der zusammen mit Bosch im Jahre 1931 mit dem Nobelpreis für Chemie ausgezeichnet wurde. Fritz Haber war ein guter Vertrauter Berls aus der Kriegszeit. Im Grunde genommen überzeugter Pazifist, hatte er ebensowenig wie Berl gezögert, seine chemischen Fähigkeiten in den Dienst seines Vaterlandes zu stellen.

Auch die leitenden Herren aus der uns benachbarten chemischen Industrie waren gerngesehene Redner in unserem Hörsaal. Manchmal lieferten sie sich leidenschaftliche wissenschaftliche Wortgefechte, wie man sie heute leider kaum mehr erlebt.

Wo immer die Anwendung einer neuen technischen Methode im chemischen Bereich Erfolg versprach, wo neue Meß- oder Analysemethoden auftauchten, wurden sie von Berl in das ständig umfangreicher werdende Gebäude der chemischen Verfahrenstechnik eingebaut.

Berl hatte eine Schwäche für die Geschichte der Naturwissenschaften, denn er vergaß nie, daß die Wurzeln der Wissenschaft stets in ihrer Vergangenheit liegen. Er schaffte es sogar, das Geburtshaus Liebigs in der Darmstädter Altstadt wiedererstehen zu lassen. Im Institut opferte er auch einen Raum, um dort Erinnerungen an August Kekulé zu sammeln, dessen Schüler Richard Anschütz regelmäßig zu uns kam.

Als Berls Privatassistent war auch ich häufig mit historischen Arbeiten beschäftigt. Manchmal erschien mir diese Tätigkeit aber wirklich zu »museal« und zu wenig mit den aktuellen wissenschaftlichen Problemen verbunden. Doch Berl verstand es, mir das Untrennbare von Vergangenheit und Gegenwart klarzumachen. Heute verstehe ich das natürlich sehr viel besser als damals, und manchmal bekomme ich heftige Gewissensbisse, wenn ich feststelle, wie wenig wir für die Geschichte der Naturwissenschaft tun. Längst schon müßten wir eine umfassende Geschichte der exakten Naturwissenschaften haben. Noch hat sich niemand dieser Arbeit in wünschenswertem Ausmaß angenommen.

Erster Kontakt mit der Industrie

Das Darmstädter Institut stand in engem Kontakt zur Industrie des In- und Auslandes. Wir jungen Leute hatten das Glück, von all diesen Verbindungen zu profitieren. Sie ermöglichten unserem Lehrer auch viele Exkursionen, die damals noch eine Seltenheit waren. Berl wählte dann eine Gruppe von jeweils 20 bis 25 Studenten aus und bereitete sie in seinen Vorlesungen gründlich auf diese industriellen Streifzüge durch ganz Deutschland vor. Viele Male bin ich so mit ihm zunächst als Student, später als Assistent und Helfer auf solchen Reisen und Ausflügen unterwegs gewesen.

Dabei habe ich vor allem die Werke der I. G. Farbenindustrie besuchen können. Später wurde ich oft genug daran erinnert, daß ich hier als junger Mensch, durch sorgfältige Vorlesungen vorbereitet, erstmals Zugang zur industriellen Praxis fand. Solche Exkursionen waren recht eindrucksvoll und die Teilnahme daran sehr begehrt. Berl brachte einen Teil der Kosten dafür aus eigener Tasche auf, wie er überhaupt oft vornehm und unauffällig half, ohne daß die Betroffenen das merkten. Nur wenige wußten, wie gut er die persönlichen Verhältnisse seiner Schüler kannte. Eine in aller Stille bezahlte Chemikalienrechnung oder ein Hundertmarkschein vor Weihnachten entsprachen seiner generösen und nur scheinbar so kühlen Art.

Zwischen Berls Institut und der im Aufbau begriffenen Deutschen Gesellschaft für chemisches Apparatewesen (DECHEMA), von der die Ausstellungstagung für chemisches Apparatewesen (ACHEMA) veranstaltet wurde, entwickelte sich sehr schnell ein enger Kontakt. Die Dechema, von der in einem späteren Kapitel noch ausführlich die Rede sein soll, war vor allem das Werk von Max Buchner, der die Notwendigkeit einer engen Zusammenarbeit von Chemiker und Ingenieur frühzeitig erkannt hatte. So kam es 1918 zunächst zur Gründung der »Fachgruppe Chemisches Apparatewesen« innerhalb des Vereins Deutscher Chemiker. Aus dieser Fachgruppe ging dann schließlich durch die Bemühungen Buchners im Jahre 1926 die Dechema hervor. In ihren Satzungen legte Buchner ausdrücklich fest, daß in dieser wissenschaftlichen Gesellschaft Chemiker und Ingenieure, Fachgenossen aus Forschung und Wirtschaft, paritätisch zusammenwirken sollten.

Alle Achema-Ausstellungen, die in meine Darmstädter Zeit fielen, haben wir zusammen mit unserem Lehrer besucht. Verglichen mit heute waren diese Veranstaltungen damals ja noch verhältnismäßig klein. Berl ging mit uns von Apparat zu Apparat. Er war mit jeder Entwicklung vertraut, und man kannte ihn an jedem Ausstellungsstand. Es war für uns überaus eindrucksvoll, wie er mit strenger Logik und großer Sachkenntnis jedes Detail und das Zusammenwirken des Ganzen erläuterte. Auf diese Weise leitete die von ihm betriebene Technologie über zur Verfahrenstechnik und alle damit verbundenen Bereiche der Grenzflächenphysik, der Flotation und unzähliger anderer Probleme. Später schickte Berl den einen oder anderen von uns als Helfer und Ausstellungsberater zur Achema.

In meine Privatassistentenzeit fielen auch Berls grundsätzliche Überlegungen zu einer ersten chemischen Technologie, die nun einen ganz neuen Stil gegenüber bisherigen Darstellungen haben sollte. Das dreibändige Werk hieß »Chemische Ingenieurtechnik«. Ich durfte daran von Anfang an mitarbeiten und auch einen wesentlichen Beitrag verfassen. Hier gelang es zum ersten Mal, von der beschreibenden Technologie zu einer modernen technischen Chemie überzuleiten. Die Diskussionen mit Berl über dieses Thema, die sich meist viele Stunden hinzogen und oft dazu führten, daß ich ihn abends vom Institut noch bis vor sein Haus am

Rande der Stadt Darmstadt brachte, erwiesen sich für mich als außerordentlich lehrreich.

Neu in der »Chemischen Ingenieurtechnik« waren auch die praktischen und mathematischen Grundlagen, über die der Darmstädter Mathematiker Alwin Walther einen wichtigen Beitrag lieferte. Wir haben später, als wir in Hoechst mit der Computertechnik begannen, noch regen Kontakt mit Walther gehabt.

Im Schatten des Umsturzes

Noch ehe all unsere Pläne reifen konnten, übernahmen die Nationalsozialisten im Jahre 1933 die Macht. Paul von Hindenburg, der 1932 gegen Adolf Hitler und den Kommunisten Ernst Thälmann zum zweiten Mal zum Reichspräsidenten gewählt worden war, berief den von ihm ursprünglich so heftig abgelehnten »böhmischen Gefreiten« zum Reichskanzler. Vordem war das Reich nur mehr mit Hilfe von Notverordnungen regiert worden. Die letzten Kanzler vor Hitler und zweifellos teilweise seine indirekten Wegbereiter, Franz von Papen und General Kurt von Schleicher, hatten sich auf keine parlamentarischen Mehrheiten mehr stützen können. Mit einem riesigen Fackelzug durch das Brandenburger Tor in Berlin feierten die Nationalsozialisten unter großer Teilnahme der Bevölkerung die »Machtergreifung«.

Obwohl wir in Darmstadt fast völlig in unserer Arbeit aufgegangen waren und für politische Interessen oder gar für ein parteipolitisches Engagement keine Zeit blieb, verfolgten wir natürlich diese Ereignisse lebhaft. Man konnte sich ihnen auch gar nicht entziehen. Wir waren im Grunde genommen seit unserer Schülerzeit aus den Krisen nicht herausgekommen. Wenn nach der Währungsreform von 1923 auch die innerpolitischen Unruhen und die Ruhrbesetzung ihr Ende gefunden hatten, so schien doch die gesamte Situation für unsere Generation ziemlich hoffnungslos. Wir schlugen uns mühsam durch unser Studium, erlebten die Zerrissenheit des Volkes, das in zahllose Parteien zerstritten war. Wahlkampf folgte auf Wahlkampf, meist begleitet von dem schrillen Konzert der Demagogen von links und rechts, den Schlägereien der Kampfverbände der extremen Parteien. Die so friedlich gedachten Feiern zum Ersten Mai verwandelten sich meist in blutige Auseinandersetzungen, wie man sie sich heute kaum noch ausmalen kann.

Daß Deutschland nicht zur Ruhe kam, lag letzten Endes an der ungesunden wirtschaftlichen Situation und an der ständigen Not, die schließlich in der jungen Kriegs- und Nachkriegsgeneration nur mehr düstere Hoffnungslosigkeit hinterließ. Die junge Weimarer Republik wurde in unseren Augen auch nicht anziehender durch das Schauspiel eines in viele Gruppen und Grüppchen aufgesplitterten Parlamentes, das aus der verworrenen Lage aus eigener Kraft keinen Ausweg zu finden vermochte. Im Gegensatz zu der zweiten Katastrophe, die wir nach 1945 erleben sollten, fehlte damals die Einsicht der Siegermächte, daß auch dem einstigen Feind ein vernünftiger Lebensspielraum gewährt werden müsse.

Zwar hatte die Wirtschaft, nachdem die Rentenmark eingeführt worden war, mit Hilfe amerikanischer Kredite einen Prozeß der Erholung begonnen. Das Jahr 1927 markierte sogar den Gipfel eines neuen Aufschwungs. Die Entwicklung wurde jäh unterbrochen durch die Wirtschaftskrise, die der berühmte »Schwarze Freitag« am 25. Oktober 1929 an der New Yorker Börse auslöste. Sie traf Deutschland um so härter, als nun das einzige Land, das uns mit Krediten und Anleihen geholfen hatte, selbst in einen nahezu tödlichen Strudel geriet. Was für die reichen Vereinigten Staaten unter dem damaligen Präsidenten Herbert Hoover zu schweren Erschütterungen führte, mußte im noch so unstabilen Deutschland katastrophal enden. Im Dezember 1930 wurden 4,4 Millionen Arbeitslose registriert. Anfang 1932 war diese Zahl auf über 6 Millionen angewachsen. Bankskandale und Millionenkonkurse verschärften das Elend und untergruben die wirtschaftliche und gesellschaftliche Moral. Alles dies löste im Volk politische Apathie oder Radikalismus aus.

Notverordnungen am laufenden Band

Die Menschen begannen sich nach starken Männern von rechts oder links zu sehnen, nachdem mit dem Tode Gustav Stresemanns im Jahre 1929 die Erfolge einer gemäßigten Politik in Frage gestellt schienen. Unbarmherzig nahmen die Nationalsozialisten und auf der anderen Seite die Kommunisten die staatstragenden Parteien der Mitte in den Würgegriff.

Heinrich Brüning, seit 1930 Reichskanzler, regierte mit Notverordnungen, er versuchte, den Haushalt zu sanieren, die ausländischen Kredite zu verlängern. Er kürzte die Gehälter und führte viele andere drastische Sparmaßnahmen ein, die alle miteinander unpopulär waren. Mit viel Mühe erreichte er 1932 bei den Siegermächten auch ein Stillhalteabkommen für die Reparationen.

Ob Brüning wirklich, als der Umsturz kam, »hundert Meter vor dem Ziel war«, ist fraglich geblieben und jetzt, 1970, gelegentlich seines Todes wieder diskutiert worden. Auch seine Autobiographie gibt darauf keine eindeutige Antwort. Das reiche Amerika überwand die Krise ebenfalls nur langsam unter Roosevelts »New Deal«. Franklin Delano Roosevelt hatte Hoover 1933 als Präsident abgelöst.

Bereits im Vorjahr war Brüning zurückgetreten. Er hatte es nicht vermocht, sich mit seiner Politik den breiten Schichten verständlich zu machen. Er verließ sich nicht auf den Wähler, sondern allein auf den greisen, damals fünfundachtzigjährigen Reichspräsidenten. Als der ihn nicht mehr stützte, war Reichskanzler Brünings Ende besiegelt. Sein Nachfolger Franz von Papen, der die preußische Regierung unter den Sozialdemokraten Otto Braun und Carl Severing auf dem Wege eines kalten Staatsstreiches absetzte und das Verbot der SA aufhob, wurde gewollt oder ungewollt zum Steigbügelhalter Hitlers.

Man wird sich endlos über die Frage streiten, wieviel Prozent der deutschen Bevölkerung die Ernennung Hitlers begrüßten. Die Reichstagswahl vom Juli 1932 hatte den Nationalsozialisten immerhin 230 von 608 Sitzen eingebracht. Sie waren mithin die stärkste Partei, und Hermann Göring wurde Reichstagspräsident. Manche Historiker vertreten die These, der Stern Hitlers sei zu diesem Zeitpunkt schon wieder im Sinken gewesen und die NSDAP wäre schon sehr bald an ihren durch die vielen Wahlkämpfe zerrütteten Finanzen zusammengebrochen. Wie dem auch sei: viele unter den jüngeren Menschen waren der bisherigen Koalitionsregierungen müde, die sich – nicht zuletzt wegen der zunächst so unversöhnlichen Haltung der Sieger – von Krise zu Krise schleppten. Sie waren müde der ewigen Wirtschaftsnot, der blutigen Straßenkämpfe. Selbst das brutale Wort Hitlers von der »Schwatzbude« des Reichstags schien nicht völlig unberechtigt, wenn man zuweilen die kleinlichen, von parteipolitischem Gezänk und Sonderinteressen erfüllten Debatten verfolgte. Weimar schien vielen jungen Menschen, die durchaus nicht an eine Restauration der Monarchie dachten, keinen Ausweg aus der Misere zu bieten, zu der wir seit unserer Kindheit verdammt waren.

Auch mir ging es so. Ich hatte Hitler nie gesehen und ihn niemals reden gehört. In meine Arbeit vergraben, an exakte Denkweise gewöhnt, waren mir seine Demagogie, sein Fanatismus und Rassenwahn zuwider. Dank meiner Assistentenstelle litt ich auch nicht unmittelbar unter der allgemeinen Not; aber ich sah sie täglich vor Augen. Berl, unser Vorbild, diskutierte auch über das politische Geschehen mit seinen engeren Schülern. Er war »preußischer« Österreicher, ein Mensch der Ordnung mit streng nationalem Denken. Weder er noch wir hätten uns für die kommunistische Alternative entscheiden können. So schloß ich mich mit vielen anderen am Institut im Frühjahr 1933 der SA in Darmstadt an und habe ihr auch in Hoechst noch bis etwa zum Jahre 1936 angehört. Glücklicherweise kam ich wegen meines erlahmenden Interesses nicht zu einem Dienstgrad, so daß ich mich dann stillschweigend entfernen konnte.

Im Institut gab es durch die politische Umwälzung eine radikale Veränderung. Erst jetzt wurde uns bewußt, was zuvor ohne jede Bedeutung erschien: Berl war Jude, und zwar wohl auch ein überzeugter und stolzer Anhänger des Judentums. Er hatte das aber niemals in seinen Handlungen zum Ausdruck gebracht. Unter seinen Schülern befanden sich kaum Juden. Mir selbst war der Antisemitismus von Grund auf fremd. Meine Eltern waren aufgeklärte Humanisten, der Vater und Großvater Freimaurer. Ich hatte durch einen väterlichen Freund in Frankfurt viel von der dortigen Kultur des jüdischen Bürgertums gesehen.

Auf der anderen Seite gefiel uns jungen Menschen manches am Nationalsozialismus, wie zum Beispiel seine Entschlossenheit, heiße politische und wirtschaftliche Probleme überhaupt anzupacken. Berl wurde still, wenn wir davon sprachen. Der Weisere sah klarer als wir voraus, daß die Harmonie unserer Zusammenarbeit gefährdet würde. Zunächst wollte auch nach dem 30. Januar 1933 niemand daran glauben, daß Berls Lehramt an der Hochschule bedroht sei. Er war unter den Studenten wegen seiner patriotischen Gesinnung bekannt. Wer hätte ihm etwas anhaben wollen? Tatsächlich trat auch schon bald der Nationalsozialistische Studentenbund an ihn mit der Bitte heran, Vorlesungen über seine wehrtechnischen Erfahrungen im Ersten Weltkrieg zu halten. Er tat dies auch; er wurde sogar richtig warm, wenn er seine Erinnerungen auffrischte.

Aber der Friede zwischen dem neuen Regime und dem allgemein hochangesehenen Hochschullehrer währte nicht lang. Im April 1933 erschien ein Rundschreiben. Danach waren alle »rassisch unerwünschten« Mitglieder des Lehrkörpers mit sofortiger Wirkung beurlaubt. Berl kam an diesem Morgen wie immer kurz vor acht Uhr. Wir hörten das Klappern seines Schlüsselbundes. Wenige Minuten später verließ er sein Zimmer, um es niemals wieder zu betreten. Sonst hatte sein erster Gang stets zu mir in das Nebenzimmer geführt. Als ich jetzt hineinging, lag das Rundschreiben, das wir noch nicht kannten, offen auf seinem Schreibtisch. Es gab erregte Diskussionen. Nach einigem Nachdenken rief ich ihn am Abend zu Hause an und durfte zu ihm kommen. Ich habe an diese Stunde später oft denken müssen. Anschließend haben wir engeren Mitarbeiter ihn oft zu Hause aufgesucht.

Wenn ein Institutsleiter plötzlich seinen Dienst quittieren muß, ist ja noch eine Unmenge zu erledigen. Da waren zunächst die Arbeiten der Doktoranden und Diplomkandidaten. Wir sammelten Unterschriften und reichten der hessischen Regierung Petitionen ein, um zu erreichen, daß Berl noch die Doktorprüfung abnehmen durfte. Ich selbst machte einen Besuch bei dem neuen Ministerpräsidenten Ferdinand Werner. Die Eingaben waren auch erfolgreich. Noch hatte die rassische Diskriminierung erst ihre Vorphase erreicht, wenn man an die 1935 folgenden Nürnberger Gesetze oder gar an das spätere Inferno der Massenvernichtungslager denkt. Eine Zurücknahme der Beurlaubung Berls oder gar sein Bleiben wurden jedoch strikt abgelehnt.

Berl gehörte offenbar zu den wenigen Juden, die schon damals ahnten, wessen sich die neuen Herren als fähig erweisen sollten.

Überrascht hat ihn wohl nur der frühe Zeitpunkt seiner Entlassung und die Rücksichtslosigkeit, mit der sie betrieben wurde. Immerhin war er nicht ganz unvorbereitet. In kürzester Zeit regelte er alle seine Angelegenheiten, und drei Monate später wanderte er nach den USA aus.

Dank seiner Gastvorlesungen und wissenschaftlichen Kontakte besaß er dort gute Verbindungen. So fand er Zuflucht im Carnegie-Institut in Pittsburgh im Bundesstaat Pennsylvania. Diese Stadt galt Anfang der dreißiger Jahre als Mittelpunkt des amerikanischen Kohlebergbaus und der davon abhängigen Industrie. Das Carnegie-Institut war in den Vereinigten Staaten die führende Institution für Kohleforschung. Hier hat Berl noch einige Jahre an seinen Ideen gearbeitet. Entscheidende neue Arbeiten konnte er kaum mehr beginnen. Das war auch im Alter von 56 Jahren und nach der brutalen Verbannung aus einer so äußerst fruchtbaren Arbeitsatmosphäre, wie er sie sich in Darmstadt geschaffen hatte, nicht mehr zu erwarten.

Berl hat Deutschland und Darmstadt nicht wiedergesehen. Im Jahre 1946 ist er im Exil gestorben.

Mein Weg in die Industrie

Schon als die Entlassung Berls befohlen wurde, war mir klar: dies bedeutete auch für mich das Ende meiner Darmstädter Jahre. Sicher hätte ich zur Not noch eine Weile dort bleiben können. Aber wir alle spürten, daß sich mit Berls Abgang das Leben im Institut völlig verändern werde. Unsere Arbeit war zu sehr von seinem unermüdlichen Geist, seinen Anregungen, seinem Arbeitseifer und seinen großen Erfahrungen getragen, ja das gesamte Institut war auf ihn ausgerichtet und schien ohne ihn nicht denkbar. Diese Erkenntnis teilte sich uns allen mit. Es waren auch nur ganz wenige, die nach der Ablösung Berls blieben. Die meisten haben es – wie auch ich – vorgezogen, sich nach einem anderen Betätigungsfeld umzusehen.

Berl blieben nur wenige Monate bis zu seiner Auswanderung. Er mußte vollauf damit beschäftigt gewesen sein, seine persönlichen Angelegenheiten zu ordnen. Niemand hätte es ihm verdenken können, wenn er sich in dieser Lage nicht mehr sehr intensiv mit den Sorgen seiner Mitarbeiter abgegeben hätte. Doch er blieb auch in dieser Hinsicht ein absolutes Vorbild. In der kurzen Zeit hat er für jeden einzelnen gesorgt. Bei mir, als einem seiner engsten Helfer, dauerte es am längsten; dabei ließ er mich aber deutlich spüren, daß ich mir keine Sorgen zu machen brauchte. Vorerst mußte ich Berl ja bei den Abwicklungsarbeiten zur Hand gehen. So bei dem Abschluß laufender Arbeiten und vor allem bei der »Chemischen Ingenieurtechnik«, die mitten im Entstehen war.

Dann schlug auch für mich die Abschiedsstunde von Darmstadt. Kurz vor seiner Abreise teilte mir Berl mit, er habe meinetwegen schon mit den Farbwerken Hoechst gesprochen, ich solle mich dort bewerben. Bei dieser Bewerbung handelte es sich nur mehr um eine reine Formsache, denn grundsätzlich hatte Berl die Angelegenheit schon ins reine gebracht. Mein Bewerbungsschreiben habe ich noch mit ihm zusammen besprochen. Es klang recht stolz und selbstbewußt. Berl hatte uns stets gelehrt, nicht überheblich zu sein, aber auch das Licht nicht unter den Scheffel zu stellen.

Wenige Tage, nachdem das Schreiben abgesandt war, gab es eine stille Abschiedsfeier Berls mit seinen Mitarbeitern. Dann reiste unser Lehrer in die Vereinigten Staaten. Lange Zeit stand ich mit ihm in enger Verbindung, denn die »Chemische Ingenieurtechnik« war noch längst nicht abgeschlossen. Viele Briefe wechselten deshalb zwischen uns über den Atlantik. Texte mußten redigiert, Korrekturen gelesen werden, ehe im Jahr 1935 der erste Band erschien. Zu diesem Zeitpunkt war ich bereits seit September 1933 dabei, die Chemische Ingenieurtechnik in der Praxis zu erproben. Der Schauplatz war das Werk Hoechst der I. G. Farbenindustrie.

Kapitel IV

Bei I. G. Farben

Seit vielen Jahren hatte ich das Laboratorium nicht mehr gesehen. Es trug die Bezeichnung A4 und war ein langgestrecktes, dunkles, reichlich antiquiertes Gebäude, das in der modernen Umgebung wie ein Fossil anmutete. Dort hatte ich im September 1933 meine Laufbahn begonnen. Im Frühjahr 1969 neigte sie sich dem Ende zu. Das Fernsehen wählte das alte Laboratorium als Kulisse für einen kleinen Film, der von meinen Jahren in Hoechst berichtete.

Mit Farbstoffen hatte 1863 in Hoechst alles angefangen. Mit Farbstoffen, fünf Arbeitern, einem Kontoristen, einem Chemiker und einer kleinen Dampfmaschine mit fünf Pferdestärken, wie es in einem vielzitierten Abschnitt in der frühen Firmenchronik hieß. Mit Farbstoffen begann es auch bei mir, in eben jenem A4, in dem sich das Alizarin-Labor befand.

Die Geschichte des Alizarins, die zu den fesselndsten Episoden in der deutschen Chemiefarbenindustrie zählt, war mir natürlich einigermaßen vertraut: Alizarin war nach dem Fuchsin der zweite große Farbstoff auf der noch schmalen Hoechster Palette. Es ist in die Historie eingegangen durch die rot gefärbten Hosen der französischen Soldaten im Kriege 1870/71 und wurde ursprünglich aus Pflanzenwurzeln gewonnen.

An der synthetischen Herstellung des Alizarins hatte Carl Graebe, der 1864 als zweiter Chemiker in Hoechst eingetreten war, später aber die Firma verließ, entscheidenden Anteil. Er, Carl Liebermann, der Professor an der TH in Berlin war, und Heinrich Caro von der BASF fanden bald eine Methode zur Synthese auf der Basis von Anthracen, einem Bestandteil des Steinkohlenteers. Dieses Terzett war dem Engländer William Henry

Die Eltern

Das Elternhaus

Rechts: Die Dissertation

Beiträge zur Kenntnis der Oxydationsvorgänge von Motorbetriebsstoffen.

DISSERTATION

zur Erlangung der Würde eines Doktor-Ingenieurs

der

TECHNISCHEN HOCHSCHULE ZU DARMSTADT

vorgelegt von

DIPL.-ING. KARL WINNACKER

aus

BARMEN

Referent: Prof. Dr. Berl

Korreferent: Prof. Dr. Schöpf

Tag der mündlichen Prüfung: 28. Mai 1930.

Unten: Der Lehrer Ernst Berl

Links:
Der erste Arbeitsplatz in Hoechst; mit Fritz Osterloh und Meister Philipp Bauer

Unten:
Alizarinlabor A 4

Perkin, der überhaupt als erster einen synthetischen Farbstoff hergestellt hatte, bei der Patentanmeldung um 24 Stunden zuvorgekommen. Unabhängig davon entdeckte der Chemiker Ferdinand Riese im April 1869 eine andere Methode, die Adolf Brüning, einer der Gründer von Hoechst, am 18. Mai 1869 beim Höchster Amtsgericht registrieren ließ.

Kurz darauf nahm Hoechst die Produktion auf. Neben den Triphenylmethanfarbstoffen Fuchsin, Rosanilinblau, Methylgrün und Methylviolett blieb das Alizarin lange Zeit ein wichtiges Produkt. Nach heftiger Konkurrenz zwischen den verschiedensten Herstellern wurde es aber durch bessere Farbstoffe abgelöst. Schließlich war im Jahre 1921 die Alizarinfabrikation in Hoechst ganz stillgelegt worden. Der Betrieb stand noch, wie eingemottet, hinter unserem Labor. Nichts hatte sich verändert, seit er verlassen worden war.

Es gab in den dreißiger Jahren viele solche alte, ganz oder teilweise ausrangierte Betriebe in Hoechst. Sie waren aufgegeben worden entweder nach dem Ende des Ersten Weltkrieges, in der Zeit der Weltwirtschaftskrise oder als Folge der Rationalisierungsmaßnahmen, die dem Zusammenschluß der deutschen Farbenfabriken im Dezember 1925 zur I. G. Farbenindustrie folgten.

Historie, Größe und wissenschaftliche Bedeutung der I. G. kannte einmal alle Welt. Für viele aus der älteren Generation ist das Unternehmen noch heute ein Begriff, denn mit seinem Schicksal ist ein Stück deutscher Wirtschaftsgeschichte verbunden. Die wissenschaftliche und technische Leistung dieses Firmenverbandes hat viele Jahrzehnte die Entwicklung der gesamten Chemie stark beeinflußt. Die meisten jungen Menschen allerdings werden mit dem Namen der I. G. Farben kaum noch etwas anzufangen wissen.

Deshalb soll hier kurz Entstehung und Organisation dieses Unternehmens beschrieben werden, dem ich von 1933 bis Kriegsende 1945 angehört habe. Zwar existieren in den Firmenchroniken und den Biographien seiner führenden Männer viele Angaben über diese Zeit. Eine ausführliche Gesamtdarstellung der I. G. aber ist nie geschrieben worden. Wie bei keinem anderen Unternehmen schwankt ihr »Charakterbild« in der industriellen Geschichte. Während sie den einen als strahlendes Beispiel wissenschaftlich-wirtschaftlicher Tatkraft erscheint, erblicken andere in ihr eine dunkel-geheimnisvolle Verschwörung zur Beherrschung der Wirtschaft, ja des ganzen Staates. Auch der Prozeß gegen die I. G. vor dem amerikanischen Militärtribunal in Nürnberg 1947/48 hat nicht zu einer sachlicheren Beurteilung beigetragen.

Wie der Konzern entstand

Die zentrale Figur bei der Gründung des Konzerns war Carl Duisberg, der im Jahre 1861 in meiner Vaterstadt geboren wurde. Er trat mit 22 Jahren als Chemiker in die damaligen Farbenfabriken Bayer in Elberfeld ein. Nachdem er sich im Laboratorium als äußerst fähig erwiesen hatte, übertrug man ihm die Errichtung eines neuen Werkes in Leverkusen bei Köln, das gegen Ende der neunziger Jahre in Betrieb genommen wurde und seitdem den Mittelpunkt der Farbenfabriken Bayer darstellt. Die meisterhafte Konzeption dieses gewaltigen Komplexes ist zum Vorbild für den Bau späterer Großanlagen geworden. Die Schrift, in der Duisberg seine Gedanken damals niederlegte, ist noch heute eine Fundgrube für wertvolle Hinweise und Zusammenhänge bei der Werksplanung.

Noch während der Aufbauzeit von Leverkusen erlebte Duisberg im Jahre 1903 auf einer Reise in den USA das imponierende Wachstum der amerikanischen Industrie, das auf der erfolgreichen Zusammenfassung gleichartiger Produktionen beruhte. Er sah darin ein Modell, das sich mit großem Nutzen auch auf die deutsche Farbenindustrie anwenden ließe.

Schon auf der Rückfahrt nach Europa reifte in ihm der Plan, darüber eine Denkschrift zu verfassen. In dieser Absicht wurde er bestärkt durch den damaligen Leiter der Farbwerke Hoechst, Gustav von Brüning, Sohn eines der Gründer, der die Verhältnisse in den USA ebenfalls aus eigener Anschauung kannte. Er war überdies der Ansicht, daß ein solcher Zusammenschluß auch Interesse und Zustimmung bei der BASF finden würde. Auf 56 Schreibmaschinenseiten legte Duisberg schließlich seine Vorstellungen dar, die im Januar 1904 als Denkschrift den anderen großen Farbenherstellern zugeschickt wurden. Wichtigster Inhalt: eine »Vereinigung für bestimmte Farbstoffklassen«.

So kühn dieser Vorschlag war, so stieß er doch bei den Empfängern keineswegs auf sofortige Ablehnung. Erste Gespräche unter den größeren Firmen verliefen ermutigend.

Dann aber waren es die Farbwerke Hoechst, die bremsten. Man glaubte dort, noch sei die Zeit für eine derartige Fusion nicht gekommen. Vor allem befürchtete Brüning, daß der von harter Konkurrenz erzeugte Ansporn innerhalb einer alles umfassenden Firma nachlassen könnte. In einem Brief an Duisberg schrieb er: »Es ist zu menschlich, daß, wenn man unter einigermaßen beharrlichen Verhältnissen arbeitet, die Spannung erschlafft, daß sich einer auf den anderen verläßt, und daß es durch künstliche Mittel nicht möglich sein wird, die Tätigkeit der Angestellten auch nur annähernd so anzuspornen, wie dies heute unter dem Druck der Konkurrenz der Fall ist.«

Wirklich ausschlaggebend für die Hoechster Ablehnung dürften aber andere Überlegungen gewesen sein. Ein Zusammenschluß schien wirtschaftlich nicht zwingend. Zwar stand die deutsche Farbstoffindustrie vor großen Problemen, aber keineswegs befand sie sich in einer Notlage, die eine Zusammenfassung aller Kräfte unbedingt erfordert hätte. Die vorhandenen Schwierigkeiten resultierten mehr aus dem heftigen Wettbewerb und schnellen Wachstum der Industrie, die beträchtliche Investitionen erforderten. So kam es in den Jahren 1904/07 nur zu Teillösungen. Hoechst vereinigte sich zunächst 1904 mit Cassella und schließlich 1907 mit Kalle. Bayer, BASF und die Agfa schlossen sich 1904 zu ihrem »Dreibund« zusammen.

Die Situation änderte sich jedoch mit dem Ausbruch des Ersten Weltkrieges. Völlig unerwartet wurden die weitläufigen internationalen Handelsverbindungen der deutschen Industrie durchschnitten. Plötzlich fehlten dem Reich wichtigste Rohstoffe, so etwa der Salpeter aus Chile, Baumwolle, Kautschuk und vieles andere. Hier war es nun die Chemie, die durch neue Verfahren Abhilfe zu schaffen wußte.

Auf der anderen Seite spürten auch die gegnerischen Mächte den Ausfall des Handels mit Deutschland empfindlich. Besonders wurden Farbstoffe und Pharmazeutika vermißt. Vor dem Kriege waren nicht weniger als 85 Prozent des Weltbedarfs an synthetischen Farbstoffen und ein kaum minder bedeutender Teil der Arzneimittel von den deutschen Werken erzeugt worden.

Selbst in den hochindustrialisierten USA war bis zum Ausbruch des Krieges kaum eine nennenswerte organische chemische Industrie vorhanden. Zwar war die anorganische Chemie schon gut ausgebaut, und auch die Sprengstoffindustrie stand in Blüte. Die organische Chemie, das hieß damals die Chemie der organischen Farbstoffe und der Pharmazeutika, hatte man aber vernachlässigt. Nur etwa 10 Prozent der für den Inlandsmarkt benötigten Farbstoffe wurden in einheimischen Fabriken hergestellt, aber selbst diese Firmen bezogen rund 90 Prozent ihrer Zwischenprodukte aus Deutschland.

In Großbritannien und in den anderen alliierten Ländern fehlten ebenfalls die Erzeugnisse der deutschen Chemie. Man war daran gewöhnt gewesen, Farbstoffe und Pharmazeutika aus Deutschland zu beziehen. Auch hier hatte niemand damit gerechnet, daß der freie Handelsaustausch plötzlich unterbunden sein würde.

Die logische Folge war der rasche Aufbau einer eigenen Farbstoffindustrie in den außerdeutschen Ländern. Vor allem in den USA, wo man über alle wichtigen Rohstoffe mit Ausnahme der für die Nitrierung notwendigen Salpetersäure gebot, schossen mit staatlicher Hilfe neue chemische Betriebe aus dem Boden. Sogar der Bau von fünf Anlagen zur Gewinnung von Stickstoff aus der Luft wurde geplant, da die US-Regierung schließlich mit einer Dauer des Krieges bis zum Jahre 1920 rechnete.

Den Aufbau neuer chemischer Betriebe erleichterten sich die Amerikaner, indem sie kurzerhand alle deutschen Patente und die Tochtergesellschaften deutscher Firmen in den USA beschlagnahmten. Die neugegründete Chemical Foundation, die die Patente von den Verwaltern des »feindlichen Vermögens« gekauft hatte, bot amerikanischen Firmen wie Privatpersonen diese Ergebnisse deutscher Wissenschaft und Technik an. An Käufern unter den chemischen Firmen in den USA fehlte es nicht.

Aber auch in Großbritannien, Frankreich, Italien und Spanien waren während des Krieges neue chemische Fabriken errichtet worden.

Die deutsche chemische Industrie war sich schon sehr frühzeitig über die Folgen dieser Entwicklung im klaren. Wie immer der Krieg ausgehen mochte, eines war sicher: mit der Stellung Deutschlands als Versorgungszentrum des internationalen Marktes mit synthetischen Farbstoffen und Pharmazeutika würde es ein für allemal vorbei sein.

Bei solch düsteren Perspektiven wurde die Frage nach dem Zusammenschluß erneut akut. Zwar scheuten die Firmen noch immer vor der bedingungslosen Fusion zurück, dem irreversiblen »Sprung ins Dunkle«, wie es Gustav von Brüning genannt hatte, doch entschloß man sich immerhin zur Bildung einer Interessengemeinschaft, die alle bedeutenden Farbstoffirmen erfaßte. Diese »Kleine I. G.« wurde im August 1916, also mitten im Kriege, aus der Taufe gehoben.

Daß es richtig gewesen war, die Interessengemeinschaft zu errichten, zeigte sich nach Kriegsende. Es ging nämlich nicht mehr, wie ja vorausgesehen, nur darum, daß im Ausland zahlreiche neue Farbenfabriken entstanden waren. Darüber hinaus wurde der Wettbewerb nahezu unmöglich gemacht, da die meisten der gegnerischen Länder ihre junge chemische Industrie einfach unter eine schützende Glasglocke gestellt hatten. Hohe Schutzzölle – besonders in den Vereinigten Staaten – sollten dafür sorgen, daß die deutsche chemische Industrie als gefährlicher Rivale ausgeschaltet blieb. In England verbot man sogar jegliche Einfuhr solcher Farbstoffe, die auch von Fabriken im eigenen Lande hergestellt wurden. In solchen Fällen mußte ein besonderes Komitee aus Herstellern und Verbrauchern eine Genehmigung erteilen. Die sogenannte Dyestuffs Bill hat noch bis nach 1930 bestanden.

Die deutschen Firmen, die Erzeugnisse ihrer eigenen Forschung exportieren wollten, hatten mit Patentprozessen und Verboten zu rechnen. Das gleiche galt natürlich für die deutschen Warenzeichen. Hinzu kamen die Auswirkungen der hohen Reparationen, die Deutschland an die Siegermächte zu zahlen hatte.

Großchemie unter einem Dach

Duisberg riet nun aufgrund dieser Situation in einer neuen Denkschrift zur Gründung einer gemeinsamen Holdinggesellschaft. Den meisten Unternehmen aber war jetzt ein solcher Schritt zu klein: sie befürworteten nun eine wirkliche Fusion. So kam es in der Geschichte der deutschen Chemie zu einem historischen Tag: am 9. Dezember 1925 wurde die Fusion vollzogen. Unter der Bezeichnung I. G. Farbenindustrie AG schlossen sich Bayer, Hoechst, die BASF, die Chemischen Fabriken Weiler-ter-Meer, die Chemische Fabrik Griesheim-Elektron und die Agfa zusammen.

Zu der Organisation gehörten ferner Cassella und Kalle, deren Aktienmehrheit sich ohnehin in den Händen der I. G.-Mitglieder befand. Hinzu kam weiterer bedeutender Aktienbesitz an anderen Firmen, darunter mehrere Gewerkschaften und Gruben, die Aktiengesellschaft für Stickstoffdünger, Knapsack, die Duisburger Kupferhütte, das Ammoniakwerk Merseburg, das Aluminiumwerk Bitterfeld und die Alexander Wacker GmbH in München. Das gleiche galt für die Dynamit AG in Hamburg, die Rheinisch-Westfälische Sprengstoff AG in Köln, für Kunstseidenfabriken in Bobingen, Rottweil und Premnitz und für eine Reihe anderer Unternehmen. Damit war bei weitem der größte Teil der deutschen chemischen Industrie unter einem Dach vereinigt.

Der Vorstand des neuen Trusts bestand zunächst aus sämtlichen Vorstandsmitgliedern der Gründerfirmen. Das machte immerhin die stattliche Zahl von 83 Vorstandsmitgliedern aus. Natürlich war das kein Gremium, in dem wirklich gearbeitet und entschieden werden konnte.

Man bildete deswegen einen Arbeitsausschuß, dem nur ein Teil der ordentlichen Vorstandsmitglieder angehörte. Für die allmählich ausscheidenden Mitglieder wurden keine Nachfolger ernannt. So gehörten schon zu Beginn der dreißiger Jahre nur noch etwa zwanzig Personen dem Arbeitsausschuß an. Wenige Jahre später, im Jahr 1938, war der Schrumpfungsprozeß schon so weit fortgeschritten, daß der Arbeitsausschuß aufgelöst werden konnte. Seine Aufgaben wurden vom Gesamtvorstand übernommen. Er zählte am Ende des Zweiten Weltkrieges noch 22 Köpfe.

Duisberg trat an die Spitze des Aufsichtsrates, der dreizehn

Jahre jüngere Carl Bosch übernahm den Vorsitz des Vorstandes. Bosch war zuvor Vorstandsvorsitzender der BASF. Gerade zwei Jahre vor meinem Eintritt in die I. G., nämlich 1931, hatte er den Nobelpreis für Chemie erhalten. Damals und in den nächsten Jahren war er die überragende Figur der I. G. Karl Holdermann hat über Carl Bosch eine sehr instruktive und ausführliche Biographie verfaßt mit dem Titel »Im Banne der Chemie«.

Bosch war im Jahre 1899 bei der BASF in Ludwigshafen eingetreten. Er kam schon kurz danach mit dem Arbeitsgebiet in Kontakt, auf dem er später seine größte Leistung vollbrachte: der Ammoniaksynthese. Ammoniak war der Ausgangsstoff für wertvolle Düngemittel, die in immer größeren Mengen zur Sicherung der Welternährung benötigt wurden. Aus diesem Grunde arbeitete die chemische Industrie eifrig an Verfahren, mit denen das Ammoniak aus dem Stickstoff der Luft gewonnen werden konnte.

Ein derartiges Verfahren wurde 1908 schließlich der BASF von Fritz Haber, dem Leiter des Instituts für physikalische Chemie und Elektrochemie der Technischen Hochschule Karlsruhe, angeboten. Dabei wurde Ammoniak aus dem Stickstoff der Luft und Wasserstoff durch Katalyse erzeugt.

Boschs Aufgabe wurde es, dieses Verfahren zur Produktionsreife zu führen. Angesichts des damaligen Stands der Technik führte das zu einer der größten Leistungen in der Chemie.

Die Entwicklungen brauchten lange Zeit; Wagemut und Vertrauen der BASF-Führung in Carl Bosch wurden auf eine harte Probe gestellt. Im Mai 1912 jedoch war es schließlich soweit: in Oppau, einem Gelände in der Nachbarschaft Ludwigshafens, konnte mit dem Bau einer Großanlage begonnen werden. Im September 1913 ging sie mit einer Jahresleistung von zunächst 36000 Tonnen schwefelsaurem Ammoniak in Betrieb.

Mit Bosch und Duisberg, die ich beide nicht mehr persönlich kennenlernte, standen zwei außergewöhnliche Männer an der Spitze der I. G. Nach Herkunft und Aufstieg hatten sie vieles gemeinsam, sonst aber repräsentierten sie nach den Schilderungen ihrer engeren Mitarbeiter und Biographen doch recht verschiedene Persönlichkeiten. Duisberg war Sanguiniker, liebte ausgedehnte Diskussionen und fühlte sich wohl in Gesellschaft. Bosch war ruhiger, schwerblütiger. Er war wohl ein einsamer Mensch, der sich anderen nur sehr schwer erschloß. Redefreudigkeit empfand er nicht als Tugend. Jede Konferenz oder Unterhaltung mit ihm hatte auf das Wesentliche konzentriert zu sein. Probleme mußten ihm entscheidungsreif, ohne viel Wenn und Aber vorgelegt werden.

Es gab auch gerade in den ersten Jahren, in denen bei der I. G. durch die Aufnahme neuer technischer Entwicklungen die Weichen für die Zukunft gestellt werden mußten, eine ganze Reihe wichtiger Entscheidungen zu fällen, die beträchtliche Anforderungen an Duisberg, Bosch und die Leitung der I. G. stellten. Durch den Zusammenschluß zu einem Unternehmen war ein gewaltiges Potential entstanden, das wirtschaftlich so effektiv wie möglich eingesetzt werden mußte.

In diesen Jahren begann sich das Reich von Krieg, Inflation und deren Folgen überraschend schnell zu erholen. Obwohl die technischen Neuentwicklungen der I. G. noch keine Früchte tragen konnten – sondern im Gegenteil große und riskante Investitionen verlangten –, steigerte sie ihren Umsatz von etwas über einer Milliarde Reichsmark im Jahre 1926 auf 1,4 Milliarden im Jahre 1928. Dann aber geriet auch die I. G. in die schnelle Talfahrt der internationalen Wirtschaftskrise, und ihr Umsatz sank 1932 auf den Tiefpunkt von 871 Millionen Reichsmark. Von der Wirtschaftskrise war die deutsche Teerfarbenindustrie um so härter betroffen, als sie weit über die Hälfte, nämlich etwa 57 Prozent ihrer Produktion, exportierte.

Mein erstes Gehalt: 300 Mark

Als ich im September 1933 in Hoechst eintrat, war zwar schon ein leichter Aufstieg zu verzeichnen, doch die Situation blieb noch lange Zeit ernst. Die Kurzarbeit, die uns damals, allerdings ohne Gehaltsausgleich, den freien Sonnabend bescherte, dauerte noch bis zum Ende des Jahres 1936.

Das Heer der Arbeitslosen, das 1932 in Deutschland auf über 6 Millionen angestiegen war, bestand in nahezu unverminderter Stärke. Die Zahl der Beschäftigten in Hoechst hatte von 11660 im Jahre 1929 auf etwa 7300 reduziert werden müssen. Damals zog sich in Hoechst Tag für Tag eine endlose Schlange von Arbeitslosen vom Bahnhof her, am Arbeitsamt vorbei, bis zu den Toren des Werkes. Ich werde niemals die Gesichter dieser Menschen vergessen, aus denen Resignation und Armut sprach – oder auch die Hoffnung, die sie ergriff, wenn einige von ihnen wieder einmal Arbeit in der »Rotfabrik« bekamen. Wer seinen Arbeitsplatz noch nicht verloren hatte, war oft auf Kurzarbeit gesetzt und bangte vor dem Tag, an dem auch er entlassen werden könnte.

Seit vier Jahren waren in Hoechst keine Chemiker mehr eingestellt worden. Am ersten Tag, als ich meine »Vorstellungstournee« machte, bestaunten mich meine Kollegen wie ein Wundertier. Wir waren im Jahre 1933 höchstens ein halbes Dutzend neuer Chemiker. Schon das erschien den älteren Kollegen als ein ermutigendes Signal. Nun würde es wohl nicht mehr weiter abwärtsgehen.

Mit meinem Anfangsgehalt von 300 RM, das etwa meinen Einkünften in Darmstadt entsprach, konnte ich mir in der Königsteiner Straße in Höchst zwei Zimmer leisten, die schon ganze Generationen von Chemikern bevölkert hatten. Die Wohnung war nicht ungemütlich; es gab sogar einen kleinen Gasherd, auf dem man sich eine Abendmahlzeit selbst kochen konnte. Ich benötigte ein solches, etwas größeres Refugium, weil ich abends und an den Wochenenden noch an der Chemischen Ingenieurtechnik arbeiten mußte, nachdem Berl Deutschland verlassen hatte.

Der Dienst in den Farbwerken begann eine Viertelstunde nach sieben. Ich ging in etwa 20 Minuten zu Fuß ins Werk. Das war üblich. Als Transportmittel gab es höchstens Fahrräder. Autos waren damals noch recht selten.

Mein erster Chef innerhalb der Alizarin- und Küpenfarbstoffabteilung, Hans Tampke, war Leiter der Produktion. Er unterstand dem Abteilungsleiter Georg Kränzlein, der außerdem noch für ein großes wissenschaftliches Laboratorium verantwortlich war. Es gab, wie ich dann feststellen konnte, damals einen bunten Abteilungs-Föderalismus in Hoechst. Die einzelnen Abteilungen existierten nebeneinander und waren auch wissenschaftlich weitgehend selbständig. Selbstverständlich waren sie der gemeinsamen Werksleitung verantwortlich. Ein Neuling tat sich recht schwer, Organisation und Arbeitsweise dieses Riesenunternehmens zu übersehen. Dabei stellte Hoechst sogar nur einen Teil der viel umfassenderen I. G. dar.

Es bemühte sich auch niemand besonders, über die internen Zusammenhänge zu informieren. Die Bereitschaft zur Publizität überhaupt, ob nach innen oder außen, war ja damals in der gesamten Wirtschaft recht gering. Man mußte sich schon mit Hilfe persönlicher Bekannter das Notwendige erfragen.

Die Formierung der neugebildeten I. G. Farbenindustrie zu einem einheitlichen Gebilde vollzog sich in diesen Jahren in vielen mühsamen Schritten. Als die Alliierten nach Kriegsende diesen industriellen Organismus sezierten, war er noch keineswegs an allen Stellen völlig zusammengewachsen.

Für jedes Großwerk waren einige technische Vorstandsmitglieder verantwortlich, die auch in diesem Werk ihren Sitz hatten. Bei meinem Eintritt waren das in Hoechst Ludwig Hermann, Friedrich Jähne und Carl Ludwig Lautenschläger. Mehrere Werke wurden zu regionalen Betriebsgemeinschaften zusammengeschlossen. So war Ludwigshafen-Oppau der Zentralpunkt für die Betriebsgemeinschaft Oberrhein, Hoechst für den Mittelrhein, Leverkusen für den Niederrhein, Bitterfeld und Wolfen-Farben für Mitteldeutschland und Agfa für Berlin.

Zu dieser regionalen Gliederung kam die vertikale Verantwortung für die Koordination im Konzern. Für alle technischen Fragen war dabei der Technische Ausschuß ausschlaggebend. Er faßte die notwendigen Beschlüsse, die dann nur noch vom Gesamtvorstand genehmigt werden mußten. Dieser Tea war das im gesamten technischen Bereich bestimmende Gremium der I. G. Das traf auch für die Abteilung zu, der ich nach meinem Arbeitsbeginn in Hoechst angehörte.

Fritz ter Meer, der von 1933 bis zum Zusammenbruch den Tea leitete, gehörte zu den führenden Unternehmerpersönlichkeiten seiner Zeit. Sein Vater, Edmund ter Meer, war ein typischer Selfmademan, der in Uerdingen aus kleinsten Anfängen ein bedeutendes Chemieunternehmen aufgebaut hatte. Im verständlichen Stolz auf die eigene Leistung wehrte er sich bis zuletzt gegen den I. G.-Zusammenschluß.

Sein Sohn dagegen, dem der Vater eine umfassende und moderne Ausbildung angedeihen ließ, erkannte schon frühzeitig, daß der Zusammenschluß der deutschen Farbenfabriken unvermeidlich war. Er studierte neben Chemie auch Rechtswissenschaft und beschäftigte sich im väterlichen Betrieb intensiv mit kaufmännischen Problemen. Große Auslandsreisen öffneten ihm den Blick für die internationalen Wirtschaftszusammenhänge. Er wußte, daß die Zukunft von der Chemie Forschungsanstrengungen verlangen würde, die von Firmen in der Größe Weiler-ter-Meers nicht mehr gemeistert werden konnten.

Schon bald nach der Fusion, 1929, hatte Fritz ter Meer die wichtigste der drei großen Sparten übernommen, die nach der Phase der ersten Neuorganisation gebildet worden waren: die Sparte II. Ihre großen traditionellen Produkte waren Farbstoffe und Pharmazeutika. Zu ihr gehörten aber auch organische Zwischenprodukte, die Erzeugnisse zur Schädlingsbekämpfung, Lösungsmittel, Kunststoffe, synthetischer Kautschuk, Waschmittel und die Anorganika.

Zur Sparte I gehörten insbesondere die Ammoniaksynthese und die gesamte Hochdrucktechnik. Ihr Chef war von 1929 bis 1938 Carl Krauch, der von der BASF stammte und einer der engsten technischen Mitarbeiter von Carl Bosch gewesen war. Sein Nachfolger wurde dann, als Krauch Arbeiten für den Vierjahresplan übernahm, Martin Müller-Cunradi. Im Gegensatz zu jener von ter Meer wurde diese Sparte am kurzen Zügel geführt; es gab bei weitem nicht so viele Kommissionen wie in der organischen Sparte. Die Leitung dieser Sparte saß in Ludwigshafen-Oppau.

Die Sparte III betreute zahlreiche Sondergebiete. In ihr waren die fotografischen Erzeugnisse der Agfa, Cellulose, Kunstseide und Kunstfasern sowie die Kunststoffverarbeitung zusammengefaßt. Chef war Fritz Gajewski. Er gehörte ebenso wie Krauch zu den Schülern Boschs.

Um den regen Erfahrungsaustausch auf allen Ebenen wachzuhalten, genügte natürlich nicht der Tea. Erfahrungen auszutauschen und technische Entscheidungen auf den einzelnen Gebieten vorzubereiten, war die Aufgabe zahlreicher Kommissionen. Es gab sie auf allen Gebieten: für Wissenschaft, Fabrikation, Anwendungstechnik und Ingenieurtechnik. Allein in meiner Sparte unter ter Meer existierten über dreißig solcher Kommissionen bis hin zur

Analytiker-Kommission, zum physikalischen Austausch und zur Verpackungs- und Lagerkommission.

Es gab außerdem vier Verkaufsgemeinschaften, die ein weitgehend unabhängiges Dasein führten. Die Verkaufsgemeinschaft Farben und die Verkaufsgemeinschaft Chemikalien waren in der sogenannten Grüneburg in Frankfurt untergebracht. Dieses von dem Berliner Architekten Hans Poelzig im Jahre 1929 geschaffene Hochhaus im Frankfurter Grüneburgpark gehörte damals zu den schönsten und bekanntesten Verwaltungsbauten der Welt. In diesem zentralen Bau befanden sich auch Büros aller leitenden Herren des Unternehmens. In Leverkusen schließlich residierte die Verkaufsgemeinschaft Pharmazeutika. Berlin war der Sitz der Verkaufsgemeinschaft Photo und Kunstseide.

Diese Organisation war im Jahre 1933 noch recht jung. Selbst bis Kriegsende 1945 wurde noch keine vollständige Integration erreicht. Es gab auch in den einzelnen Werken – deren Entscheidungsbefugnis trotz der Fusion immer noch recht groß war – durchaus einen separaten »Korpsgeist«. Man gehörte zur I.G. und war stolz darauf. Man war aber ebenso oder zuweilen gar noch in stärkerem Maße Hoechster, Leverkusener oder Ludwigshafener. Jedes Werk hatte sein Eigenleben, seine eigenen Probleme, die oft aus den langen Jahren seiner Geschichte herrührten. Nicht selten brachen Meinungsverschiedenheiten aus, wenn es um die Besetzung der Führungspositionen ging oder um die Wahrung der Einflußsphären der ehemals selbständigen Werke. Heiße Kämpfe entwickelten sich in den ersten Jahren auch bei den Entscheidungen, Produktionen zu rationalisieren oder gar stillzulegen.

Unwiderrufliche Instanz war dann der Vorstand. Sein Vorsitzender war nach Carl Bosch ab 1935 nicht mehr ein Naturwissenschaftler, sondern Hermann Schmitz, der aus dem Finanzwesen der BASF hervorgegangen war.

Farbstoffchemie in Hoechst

Kleiner Teil der umfassenden Organisation der I. G. war unsere Abteilung in Hoechst, deren Interesse vor allem den Küpenfarbstoffen galt. Die I. G. Farbenindustrie hatte es verstanden, in den

Nachkriegsjahren, aufbauend auf dem klassischen Indanthren von René Bohn, ein breites Sortiment von sehr echten Küpenfarbstoffen zu schaffen, das mit Erfolg unter dem Warenzeichen Indanthren verkauft wurde. Es war in Hoechst durch wertvolle Neuentwicklungen von Kränzlein und seinen Mitarbeitern ergänzt worden. Noch aber befand sich das Sortiment im Aufbau und war lange nicht abgeschlossen.

Von solchen neuen Ansatzpunkten abgesehen, stand die Farbstoffproduktion noch unter den Auswirkungen und Komplikationen des Zusammenschlusses, wenn dieser auch schon mehr als sieben Jahre zurücklag. Die Hoffnungen auf eine Konsolidierung und Neuordnung des Farbstoffgeschäftes hatte ja bei der Fusion im Vordergrund gestanden. Sie zu verwirklichen war zunächst Hauptaufgabe der Verwaltung.

Schließlich trug das Unternehmen ja nicht umsonst den Namen »I. G. Farbenindustrie«.

Nach vielen Zwischenlösungen war man 1930 auf diesem Gebiet zu einer endgültigen Bereinigung gekommen. Die Rationalisierung des Farbstoffgeschäftes hatte immerhin den Erfolg gehabt, daß von den vor der Fusion bestehenden mehr als 50000 Farbstoffmarken der Gründerfirmen 10000 übrigblieben, zu deren Fertigstellung als Verkaufsprodukte etwa 2500 verschiedene chemische Substanzen produziert werden mußten. Jedes dieser Produkte hatte mehrere Vorstufen. Es erforderte eine große Sachkenntnis und Erfahrung, diese Vielfalt zu übersehen und zu steuern.

Alle diese Farbstoffe waren das Resultat einer langen, erfolgreichen Entwicklungsperiode. Sie dienten der Färbung von unterschiedlichsten Materialien. Ursprünglich stand die textile Färbung im Mittelpunkt, wobei neben die Naturfasern Baumwolle, Wolle und Seide später mehr und mehr die synthetischen Chemiefasern traten. Außerdem spielten Pigmente für die Herstellung von Druckfarben und Anstrichfarben eine zunehmend wichtigere Rolle.

Viele Jahrzehnte lang war die Farbstoffchemie eine der großen Domänen, wenn nicht überhaupt das Fundament der organischen Chemie. Die deutsche Forschung und Entwicklung hatte hierbei besondere Erfolge zu verzeichnen, so daß auch in den dreißiger Jahren wieder etwa 42 Prozent der Weltproduktion in Deutschland, also bei der I. G. Farbenindustrie lagen.

Die gesamte Farbstoffplanung innerhalb des Konzerns wurde, wie das für alle Arbeitsgebiete in der I. G. Farbenindustrie üblich war, von einer zentralen Coloristischen Kommission gesteuert. Sie entschied über Aufnahme neuer Produkte, über Preise und Investitionen. Im übrigen gab es Unterkommissionen für die verschiedenen Farbstoffgruppen, und zwar solche zur Koordinierung der Forschung wie auch sogenannte Produktionskommissionen.

Die zentrale Coloristische Kommission wurde damals von einem Vorstandsmitglied, Hans Walter, geleitet. Walter war Chemiker und ursprünglich in Leverkusen tätig. Wegen seiner außerordentlichen Sachkenntnis und seiner Neigung zu scharfer Kritik war er recht gefürchtet. Ich erlebte einmal, wie er im Kasinosaal von Hoechst eine Weltkoloristenkonferenz der I. G. leitete, und bewunderte seinen enormen Überblick und Scharfsinn.

Die Kommission verfügte über großen Einfluß. Selbst die in den Betriebsgemeinschaften herrschenden Vorstandsmitglieder hatten einen recht schweren Stand, wenn sie gegen Kommissionsentscheidungen angehen wollten. Dieses klug durchdachte, demokratische System hat sich alles in allem gut bewährt. Ihm verdankte die I. G. Farbenindustrie einen wesentlichen Teil ihrer unbestrittenen Erfolge. Selbstverständlich war es keine Idealkonstruktion. Genau wie jeder menschlichen Organisation hafteten ihm gewisse Ungerechtigkeiten und Willkür an.

Die Produktion der Farbstoffe und ihrer Vor- und Zwischenprodukte wurde so aufgeteilt, daß jede der vier Betriebsgemeinschaften, Leverkusen, Ludwigshafen, Mitteldeutschland und Hoechst, spezielle Gruppen aus dem riesigen Sortiment zugewiesen bekam. Dabei war angestrebt worden, die alten, traditionellen Arbeitsgebiete zu berücksichtigen. Es wurde auch versucht, die Konkurrenz wachzuhalten und die verschiedenen Farbstoffgruppen jeweils zweien der Betriebsgemeinschaften zu überlassen. Verständlicherweise ging es bei einer solchen Neuordnung, die eine mehr als sechzigjährige Tradition zu beachten hatte, nicht ohne Rivalitäten, Streit und Ungerechtigkeit ab.

Die Stärke der Persönlichkeiten, unter denen – wie gesagt – in letzter Instanz Carl Duisberg und Carl Bosch überragend waren, gibt in solchen Situationen immer den Ausschlag. Nach dem frühen Tod von Gustav von Brüning im Jahre 1913 und nach dem Hinscheiden Herbert von Meisters im Jahre 1919 – beide waren noch Söhne der Gründer – war die Führung von Hoechst in sich nicht geschlossen genug, zumal in der Zusammenarbeit mit Griesheim und Offenbach. Unter der Führung seiner bedeutenden Gründer, insbesondere der Familie von Weinberg, spielte auch Cassella, das ebenfalls zu dieser Betriebsgemeinschaft gezählt wurde, noch lange Zeit eine separate Rolle. Nur sehr langsam konnte es in die Neuorganisation des Maingaus eingeordnet werden.

Zersplitterte Produktionen

Als es in den verschiedenen Phasen der Rationalisierung ans Rechnen und Kalkulieren ging, wurde für Hoechst und seine Gruppe die Situation besonders schlecht. Die technischen Voraussetzungen waren hier viel ungünstiger als bei Bayer oder der BASF. Transport- und Energiekosten, kurzum alles, was in die Kalkulation einging, lagen in Hoechst weit höher als bei den anderen Werken. Die Schuld daran trug die Zersplitterung der überalterten Produktion.

Ich konnte mich aus meiner Darmstädter Zeit daran erinnern, daß in den Zeitungen Mutmaßungen aufgetaucht waren, die Werke des Maingaus überhaupt zu schließen. Das wäre nun doch wohl zuviel der Ungerechtigkeit gewesen, so daß der I. G.-Vorstand schließlich Entscheidungen traf, die Hoechst ein Existenzminimum beließen. Eine unmittelbare Folge dieser Beratungen war wohl auch, daß Friedrich Jähne von Leverkusen als Chefingenieur nach Hoechst beordert wurde, um sich dort der in vieler Hinsicht vernachlässigten technischen Einrichtungen anzunehmen.

Hoechst kam aber bei dem endgültigen Schiedsspruch schlecht weg. Es behielt die Indigoproduktion und einige der alten Triphenylmethanfarben. Es verlor die gesamten Azofarbstoffe, soweit sie textile Anwendung fanden, und auch vor allen Dingen die Vorprodukte dieser Farbstoffe. Dabei blieb als Trostpreis nur die

Gruppe der Azopigmente zurück, die nun einmal speziell in Hoechst entstanden waren, und von denen man damals nicht ahnen konnte, daß sie viele Jahre später eine so bedeutende Rolle spielen würden. Schließlich ließ man Hoechst noch die Alizarin- und Küpenfarbstoffabteilung, auch ein Torso, dem man viele wichtige End- und Vorprodukte amputiert hatte. Ein großer Teil der Schwefelfarben wurde nun bei Cassella hergestellt.

Auf dieser Grundlage einer in vier Gruppen geteilten Forschung und Produktion sollte dann das Farbengeschäft in Hoechst neu beginnen. Die Wunden und Narben, die eine solche tiefgreifende Umorganisation hinterlassen hatte, wären schnell geheilt, hätte nun eine Periode des konjunkturellen Aufschwungs stetige Entwicklung garantiert. Es kam aber die Wirtschaftskrise, die kaum einen neuen Ansatz gestattete. Als sie überwunden war, konzentrierte sich das Interesse auf andere, neuere Gebiete. Dazu gehörten Synthesekautschuk und Kunststoffe, Zellwolle, Benzinproduktion aus der Kohlehydrierung und die Leichtmetalle.

Die Farbstoffchemie einschließlich der Chemie der aromatischen Kohlenstoffverbindungen blieb also auch in den nächsten Jahren und erst recht im Kriege ein Stiefkind, weil sie zur damaligen Entwicklung wenig beitragen konnte.

Wir jungen Leute hatten 1933 mit frischem Mut anfangen wollen. Doch wenn man am Mittagstisch oder bei einer Tasse Kaffee sich mit den älteren Kollegen unterhielt, stieß man auf viel Pessimismus. Viele von ihnen konnten auf große Erfahrungen und Leistungen hinweisen. Aber die Flurbereinigung nach dem Zusammenschluß und die Lethargie der Wirtschaftskrise hatten ihnen viel Schaffensmut genommen.

In der Alizarinabteilung unter Kränzlein war das allerdings anders. Ich hatte wirklich Glück gehabt, daß ich dort gelandet war. Kränzlein war ein, wie man heute sagen würde, über den zweiten Bildungsweg aufgestiegener Chemiker. Er besaß enorme Tatkraft; kein Rückschlag konnte ihn entmutigen.

Die Chemie, die hier getrieben wurde, stellte jedoch für mich zunächst ein Buch mit sieben Siegeln dar. Ich kam in die Welt der kondensierten Ringsysteme, der aromatischen Chemie, wo nur durch immer raffiniertere Kunststücke noch neue Farbtöne mit überraschenden Echtheiten gefunden wurden. Sie gingen dann in die Produktion, sobald die Coloristische Kommission ihren Urteilsspruch gefällt hatte.

Diese Farbstoffe waren uneinheitliche Gemische aromatischer Verbindungen. Ihr gewünschter Farbton beruhte oft gerade auf dieser chemischen Uneinheitlichkeit. Deshalb war aber die Produktion so schwierig. Jeder Betriebsführer hatte ein kleines, wissenschaftliches Laboratorium, in dem er sich mit einigen Laboranten und meistens auch mit einem zweiten Chemiker, der als Betriebsassistent tätig war, bemühte, die Herstellungsbedingungen zu ergründen. Allein die Beschädigung eines Emailkessels konnte zu einem Eisengehalt führen, der dann den Farbton so verschob, daß er nicht mehr dem beabsichtigten Typ entsprach.

Dabei waren diese Farbstoffe oft recht wertvoll. Der besondere Stolz des Alizarinlabors war seinerzeit ein Küpenfarbstoff Brillantorange GR. Ein Kilogramm davon kostete 80 Mark. Das entsprach etwa einem Viertel meines damaligen Monatsgehaltes.

Glücklicherweise war der Werksleitung klar, daß ich zu solcher traditioneller Forschung in Anbetracht meiner speziellen technologischen Vorbildung nicht viel beitragen konnte. Doch es kamen neue Probleme auf uns zu. Je schärfer der Wettbewerb wurde, desto höher waren die Anforderungen an unsere Farbstoffe. Mit gewohnten Vorstellungen der organischen Chemie und auch der Routine der Coloristen gelangten wir hier nicht weiter. Es ging plötzlich eben nicht mehr allein um Farbton und Echtheit. In den Vereinigten Staaten, in denen man wegen der hohen Löhne und auch angesichts des großen Binnenmarktes größere Fabrikationseinheiten betrieb, war rationellere Arbeit oberstes Gebot.

Die Farbstoffe hatten nun höchsten Ansprüchen zu genügen. Sie mußten sich auf den jetzt sehr viel schneller als früher laufenden Druckmaschinen und kontinuierlichen Färbeapparaten verarbeiten lassen. Dazu war es notwendig, die Farbstoffe in eine Form zu bringen – sei es Farbstoffteig oder Pulver –, die im Druck- oder Färbevorgang eine schnelle Reaktionsgeschwindigkeit aufwies. Für die organischen Chemiker war das eine neue Aufgabe, an deren Lösung sie mit viel Spürsinn und schließlich sogar mit beachtlichem Erfolg arbeiteten. Das sogenannte Finish – ein Begriff, der heute allen geläufig ist – war zu einer wahren Geheimwissenschaft geworden.

Was lag näher, als einen jungen Chemiker daranzusetzen, in diese Dunkelheit etwas Licht und Methode zu bringen. Zunächst freilich konnte niemand größere Erfolge erwarten. Kolloid- und Grenzflächenchemie war eine wenig bekannte und wenig beachtete Wissenschaft. Bei den Farbstoffen handelte es sich um unreine Substanzen, die beim Mahlen, Trocknen und Mischen ihre Oberflächeneigenschaften änderten und dann in den stärkehaltigen Druckpasten unvorhersehbare Veränderungen der Fließfähigkeit hervorriefen. Außerdem wurden diese Produkte monatelang unter großen Temperaturdifferenzen transportiert und gelagert. In Pulverform backten sie beim Trocknen zusammen, konnten nicht mehr in Wasser suspendiert werden und verloren ihre Farbstärke.

Für mich war das zwar ein fremdes, aber doch nicht so fernes Arbeitsgebiet, denn ich hatte gelernt, verschiedene technische Möglichkeiten miteinander zu kombinieren und auch Methoden aus anderen Wissensgebieten zu übertragen. In der Alizarinabteilung stieß ich neben meinem aufgeschlossenen Chef bald auf Siegfried Kiesskalt, mit dem mich eine lebenslange Zusammenarbeit verbinden sollte. Kiesskalt war einer der Mitarbeiter von Jähne, dem neuen Chefingenieur. Er sollte dazu beitragen, in Hoechst einer modernen Ingenieurtechnik und Physik die Tür zu öffnen. Er war schon Prokurist und hatte sich genau wie ich längere Zeit an der Technischen Hochschule mit sehr vielseitigen Problemen beschäftigt. Wir haben bald eine enge Arbeitsgemeinschaft gebildet, die erst 1945 durch das Kriegsende unterbrochen wurde.

In Zusammenarbeit mit den Betriebsführern der Alizarinabteilung kamen wir tatsächlich zu einem systematischen Bild, welche Voraussetzungen bei dieser Farbstoffkonfektionierung, dem »Finishen«, maßgebend waren. Zusätze und Eigenschaften, wie Fließfähigkeit oder Viskosität, wurden genormt und daraus Herstellungsvorschriften abgeleitet. Sie ermöglichten, alle Farbstoffe sozusagen mit Standardmethoden in den gewünschten Endzustand zu bringen.

Da die Materie zunächst so sehr im dunkeln lag, verhalfen nur kleine Geistesblitze und eine gute Verständigung mit den Kollegen, zu denen auch mein Studienfreund und späterer Hoechster Vorstandskollege Werner Schultheis gehörte, zu erleuchtenden

Effekten. Ich wurde schließlich in Anerkennung meiner Arbeit in der zuständigen Farbenkommission vorgestellt und bekam mit der Zeit manche zusätzliche Aufgabe.

Beispielsweise wurde mir kurz nach meinem Eintritt die Aufsicht über den Neubau der Pulvermüllerei übertragen. Für die damalige Zeit war das ein großes Objekt und ein ziemlicher Vertrauensbeweis. Kiesskalt hatte eine Schwingmühle entwickelt, eine vibrierende Kugelmühle, die eine so weitgehende Mahlung ermöglichte, daß man die Farbstoffe sogar bis zum Verlust ihrer Farbkraft, also bis unter die Wellenlänge des Lichtes gewissermaßen totmahlen konnte. Mit ihrer Hilfe und einer Zerstäubungstrocknung vermochte man bei geeigneten Zusätzen von Netz- und Dispergiermitteln gerbstoffartigen Charakters Pulver herzustellen, die sich in Wasser zu tintenartiger Färbung auflösten und auch jedes normale Filter passierten.

Ganz so einfach, wie es sich anhört, war das nicht. Es ergab sich aber ein Verfahrensprinzip, das sich bei gewissen Änderungen der Zusätze für alle Hoechster Küpenfarbstoffe einheitlich anwenden ließ und meines Wissens auch heute noch angewandt wird. Bau und Betrieb der Müllerei waren ein bescheidener Anfangserfolg, der mir Freude machte und auch meinen »Ruhm« zu verbreiten begann, wenigstens in Hoechst.

Das erste Patent

Aber auch Probleme aus anderen Farbenabteilungen beschäftigten mich. Ich denke dabei an Triphenylmethanfarbstoffe. Die Amerikaner brachten ein Produkt für den Papierdruck auf den Markt, das bei gleichem Farbstoffgehalt wesentlich farbstärker war als das uralte Hoechster Erzeugnis. Die Physiker hatten aus der ganz anderen Kornbeschaffenheit mit Recht geschlossen, daß dieses Produkt ohne zwischengeschaltete Trocknung in Leinölfirnis dispergiert worden war. In Hoechst dagegen kam es bei dieser Trocknung zu einer starken Kornvergröberung. Aber wie sollte man die Trocknung umgehen?

In Analogie zu Vorgängen, die sich bei der Erzflotation abspielten, fand ich heraus, daß geringe Zusätze von organischen

Aminen genügen, um das als wäßriger Teig vorliegende Reflexblau durch Verkneten mit Leinölfirnis vom Wasser zu trennen. Man wendet dieses Prinzip heute längst unter der Bezeichnung »Flushing« in der ganzen Welt an. Es war mein erstes Patent. Soviel ich weiß, wurde es zurückgezogen, weil es nicht verteidigt werden konnte.

Für unsere Arbeitsmethodik des Mahlens und der Dispergierung von Pigmenten und großoberflächlichen Stoffen, insbesondere auch für ihr Verhalten in hydrophilen und hydrophoben Flüssigkeiten, gab es in der Folgezeit viele Anwendungsmöglichkeiten. Die Arbeiten führten mich allmählich aus dem Bereich der Farbensparte hinaus. So begannen wir, feingemahlene Farbstoffpigmente in Viskose einzubetten, um auf diese Weise Kunstseide in der Masse vor dem Spinnen zu färben. Dadurch kamen wir in Verbindung mit der Kunstseidenfabrik in Dormagen bei Leverkusen, wo daran intensiv gearbeitet wurde.

Mein Horizont als Industriechemiker wurde auf diese Weise erweitert. Es galten hier nicht mehr die strengen, konservativen Gesetze der Farbensparte. Ich erinnere mich noch an das Entsetzen, als wir die in der Masse gefärbten Zellwollemuster der Coloristischen Kommission vorlegen mußten. Dabei ergab sich nämlich, daß wir, und zwar auf Rat eines Dormagener Chemikers, die kostspieligen schwarzen Farbstoffe durch gewöhnlichen Ruß ersetzt hatten. Das war geradezu geschäftsschädigend! Immerhin hat der Ruß sich in der Färbung als indanthrenecht erwiesen. Bis heute werden viele synthetische Fasern auf diese Art schwarz gefärbt, wenn man die Präparierung vor dem Spinnen durchführen will. Auch die guten alten Roßhaarbesen bestehen heute meist aus rußgefärbten synthetischen Fasern.

Ich hatte nun in dem so stillen Hoechst die Aufmerksamkeit des damaligen Leiters der Betriebsgemeinschaft Mittelrhein, Ludwig Hermann, erregt. Damals war es noch möglich, daß der Chef eines solchen Unternehmens jeden Chemiker bei seiner Einstellung zu sich holte und sein Schicksal auch persönlich weiterverfolgte.

Hermann war nach Berl die zweite Persönlichkeit, die beruflich auf mich einen bestimmenden Einfluß ausübte. Nach mancherlei Wechsel in der Führung und dem Ausscheiden vieler früherer Vorstandsmitglieder war er im Jahre 1933 gegen viele Widerstände zum Chef der Betriebsgruppe »Mittelrhein« ernannt worden.

Hermann war von Hause aus Elektrochemiker. Seine erste industrielle Tätigkeit führte ihn in die Kaliwerke in Aschersleben, wo er zusammen mit dem Wiener Jean Billiter die Chloralkali-Elektrolyse einrichtete. Von dort war er zunächst nach Hoechst und anschließend in das Werk Gersthofen gekommen. Dort hatte er maßgeblich zum Aufbau der elektrolytischen Chromatoxydation und der Billiter-Elektrolyse sowie zur Aufnahme der Wachsproduktion beigetragen. Er war dann wieder nach Hoechst versetzt worden, wo man ihm zunächst die Leitung der Indigoabteilung übertrug, die viel Mühe hatte, sich mit der Konkurrenz der BASF auseinanderzusetzen.

Auch hier war es um Sein oder Nichtsein gegangen. Hermann aber hatte sich mit Erfolg gegen die Stillegung dieses großen Betriebsteiles gewehrt, der mit seinen komplizierten Vorprodukten und seinem großen Umsatz noch lange eine bedeutende Säule der Hoechster Produktion blieb. Dabei herrschte bis Kriegsende ein heftiger Wettbewerb mit der BASF, vierteljährlich wurden sorgfältig die Gestehpreise in Hoechst und Ludwigshafen verglichen. Nach dem Kriege verlor dann der Indigo endgültig seine Bedeutung; die Fabrikation wurde in Hoechst nicht wieder aufgenommen.

Hermann gewann mit seiner frohen, bayerischen Art und seinem offenen Charakter schnell Sympathien in Hoechst. Es fiel ihm allerdings zunächst nicht leicht, die vielen mächtigen »Herzöge« und alteingesessenen Abteilungsleiter unter einen Hut zu bringen. Uns jungen Leuten gefiel besonders, daß er sich unbekümmert über Bürokratie und Hofschranzen hinwegsetzte, an denen es natürlich auch in der I. G. keineswegs fehlte. Glücklicherweise vertrug sich Hermann gut mit Chefingenieur Jähne, so daß Hoechst nun seit langer Zeit zum ersten Mal wieder eine geschlossene Führung besaß.

Friedrich Jähne stammte aus Neuß im Rheinland und war von Leverkusen aus nach Hoechst versetzt worden, um in die hier auf manchen Gebieten reichlich veraltete Technik wenigstens einigen Schwung zu bringen. Er war damals schon Mitte Fünfzig und ein ganz anderer Typ als Hermann. Deswegen verstanden sich die beiden auch sehr gut. Jähne, der immer einen tadellos aufgeräumten Schreibtisch besaß, war sehr entschlußkräftig, aber außerordentlich ruhig und gelassen. Als wir ihm später bei irgendwelchen Auseinandersetzungen mit höheren I. G.-Instanzen einmal in Erregung sagten: »Herr Jähne, Sie müssen sich aber auch einmal kräftig engagieren und Sie müssen sich mal aufregen«, erwiderte er gelassen: »Nein, das darf man grundsätzlich nicht.« Normalerweise gehörte der Chefingenieur eines Werkes nicht dem Vorstand an. Doch Jähne war Sprecher aller Chefingenieure der I. G. So hatte man ihn 1934 zum Vorstandsmitglied gemacht. Er hat seine Aufgabe in Hoechst hervorragend erfüllt.

Im I. G.-Vorstand wurde der Maingau damals noch von Carl Ludwig Lautenschläger vertreten, der als Leiter der Pharmaabteilung und stiller Wissenschaftler etwas im verborgenen wirkte. Außerdem gehörte von den Vorstandsmitgliedern noch Constantin Jacobi zum Maingau. Er residierte aber in Mainkur und Griesheim, so daß man in Hoechst nur selten mit ihm zusammentraf.

Hermann fand als Elektrochemiker wenig persönliche Ansprache in Hoechst. Er kam deshalb, durch Kiesskalt angeregt, oft in unser bescheidenes Laboratorium. Manchmal stand er nachmittags plötzlich unter uns und nahm gern an unseren Diskussionen teil, die er durch Erzählungen und Schilderungen aus dem I. G.-Leben und seinen vielseitigen Erlebnissen bereicherte. Er machte uns auch Mut, uns mit Fragen zu befassen, die über unser augenblickliches Aufgabengebiet weit hinausgingen.

Eines Tages, es war im Jahre 1935, konnten wir ihm vorführen, wie man auf recht einfache Weise Braunkohle entwässern und zugleich entaschen konnte. Wenn man Braunkohle, die in Mitteldeutschland in grubenfeuchtem Zustand etwa fünfzig Prozent Wasser und zehn Prozent Asche enthielt, in einem Knetapparat mit Teeröl mischte und dabei einen gewissen Säuregehalt einstellte, so trat, wie bei unserem Farbstoffexperiment, eine Phasenumkehr ein. Braunkohlensubstanz und Teeröl vereinigten sich zu einer hydrophoben Paste; das Wasser wurde von der Kohlesubstanz abgedrängt und nahm die hydrophilen Aschebestandteile mit sich. Es entstand ein aschefreies und auch nahezu wasserfreies Kohle-Ölgemisch.

Nachdem wir dieses einfache, schließlich für uns schon selbstverständlich gewordene Experiment viele Male mit den verschiedensten Braunkohletypen reproduziert hatten, zeigten wir es Hermann und Jähne mit dem Hinweis, daß man dieses Phänomen vielleicht bei der Kohlehydrierung einsetzen könne. Die Kohlehydrierung war damals eines der großen Arbeitsgebiete, das nicht nur die leitenden Männer der I. G., sondern die gesamte Weltöffentlichkeit außerordentlich interessierte.

Hermann und Jähne befreundeten sich rasch mit unseren Ideen und stellten einen Kontakt mit Ludwigshafen her, wo die Fäden der Kohlehydrierung in den Händen von Matthias Pier zusammenliefen. Die BASF und später die I. G. Farbenindustrie hatten in die Verfahren zur Herstellung synthetischer Treibstoffe große Mittel investiert. Im Anschluß an die Großtat der Haber-Bosch-Synthese war nach dem Kriege das Methanolverfahren entstanden, womit sich Matthias Pier seine Sporen verdient hatte. Der Mangel an Erdöl in Deutschland und die immer stärker zunehmende Motorisierung legten es nahe, im Rahmen der Autarkiebestrebungen der damaligen Zeit auch das Treibstoffproblem erneut anzupacken. Die Kohlenoxydsynthesen, etwa des Methanols, die sich auch auf andere Oxoverbindungen ausdehnen ließen, schienen den Kollegen in Oppau für diesen Zweck nicht recht geeignet zu sein. Als später Franz Fischer vom Mülheimer Kohleforschungsinstitut die Kohlenoxydsynthese mit neuartigen Katalysatoren wieder aufgriff, kam es zu lebhaften Kontroversen über die Chancen des Verfahrens.

Die BASF ging aber einen anderen Weg, der durch Versuche von Friedrich Bergius vorgezeichnet war. Sie erwarb den Erfahrungsschatz von Bergius, der in einer kleinen Anlage in Mannheim-Rheinau wichtige Beobachtungen zur Hydrierung von Kohle gemacht hatte und später die Holzverzuckerung bearbeitete. Bergius war durch Einwirkung von Wasserstoff auf Kohle, also durch Kohlehydrierung, zu flüssigen Treibstoffen gekommen. Vom einfachen Autoklavenversuch, den wir schon in Darmstadt häufig wiederholt hatten, zu einem kontinuierlichen, großtechnischen Verfahren zu gelangen, gestaltete sich aber äußerst schwierig. Unter der schützenden Hand von Bosch, der aufgrund seiner überragenden Erfolge in der gesamten I. G. eine nahezu unbegrenzte Autorität besaß, wurden in Oppau und Leuna die weiteren Entwicklungsarbeiten mit großer Energie aufgenommen.

Es gelang verhältnismäßig leicht, flüssige Kohlenwasserstoffe mit hohem Siedepunkt, wie Braunkohlenteer, durch Druckhydrierung in leichtflüssige Kohlenwasserstoffe umzuwandeln. Nahezu unüberbrückbare Hindernisse türmten sich jedoch auf, wenn man feste Kohle, also Braunkohle oder Steinkohle, verwendete. Abgesehen davon, daß hier der Weg zum treibstoffähnlichen Produkt sehr viel weiter war, mußte die feste Kohle in den Hochdruckraum eingebracht und später wieder ausgetragen werden. Schließlich verblieben im Reaktionsprodukt die mineralischen Bestandteile, das heißt die Asche der Kohle, die mit den Hydrierprodukten zusammen einen schwer verarbeitbaren Rückstand bildete.

Den Arbeiten in Oppau und Leuna waren große Erfolge beschieden. Sie führten aber lange Zeit trotz Investitionen von vielen Millionen nicht zu einem wirtschaftlich nutzbaren Ergebnis.

Es gibt manche Schilderungen, unter welch dramatischen Umständen weitere Entwicklungsarbeiten schließlich während der Weltwirtschaftskrise des Jahres 1929, als auch die Mittel der I. G. knapper und knapper wurden, vollständig eingestellt werden mußten. Immerhin war der Ruhm, den diese Verfahren gemeinsam mit allen Hochdrucksynthesen genossen, so groß, daß Bosch und Bergius 1931 gemeinsam der Nobelpreis zuerkannt wurde. Schon 1927 war im Leunawerk eine Großversuchsanlage in Betrieb genommen worden. In den nun einsetzenden Krisenjahren sanken aber die Benzinpreise ins Bodenlose, und die Leuna-Produktion lief mehrmals Gefahr, völlig eingestellt zu werden. Nur dem Wunsch, die entsprechenden Arbeitsplätze zu erhalten, verdankte sie eine weitere bescheidene Existenz.

Auch die Amerikaner hatten großes Interesse an dieser Entwicklung. Die I. G. schloß umfassende Verträge mit der Standard Oil of New Jersey, der heutigen Esso. Man zeigte dort einerseits Interesse an den Reaktionen und Hydrierverfahren, mit denen die Qualität schlechter Erdöle verbessert werden konnte; andererseits waren die Amerikaner von jeher besorgt, ihre Erdölvorräte könnten sich bald erschöpfen. Es wurde 1929 von der Standard Oil und der I. G. die gemeinsame Standard Oil-I. G. Company gegründet, in die die Patente der Hydrierverfahren von Öl, Kohle und Teer eingebracht wurden. In diesem Zusammenhang übernahm die I. G. etwa zwei Prozent des Aktienkapitals der Standard Oil im Werte von rund 35 Millionen Dollar. Der damalige Vertrag führte zu einem lebhaften Austausch von Know-how. Er erbrachte bis zum Kriegsbeginn interessante Ergebnisse, die allerdings erst nach 1945 bei der Entwicklung der Petrochemie voll zum Tragen kamen.

Als ich 1954 zum ersten Male die USA besuchte, lernte ich übrigens noch Mitarbeiter der Esso kennen, die sich begeistert an diese Zeit erinnerten.

1933 nahm die I. G. die Arbeiten an der Kohlehydrierung wieder auf.

Das neue Regime hatte ein begreifliches Interesse an der Eigenversorgung mit Treibstoff, wenn es seine Ideen von Autobahnen und Volkswagen realisieren wollte. Ein noch wichtigerer Gesichtspunkt war später die Aufrüstung. In einem Übereinkommen mit dem Reichswirtschaftsministerium wurde schon Ende 1933 festgelegt, daß die I. G. ihre Benzinerzeugung aus Braunkohle auf 350 000 Tonnen pro Jahr ausbauen sollte. Nach Lizenzen der I. G. wurden später auch von anderen Firmen weitere Produktionsstätten errichtet, bis schließlich 1944 die jährliche Gesamtkapazität der deutschen Hydrieranlagen 3,5 Millionen Tonnen Benzin und Dieselöl betrug.

Im Jahre 1936 kam Matthias Pier nach Hoechst, um sich unsere Entaschungsversuche anzusehen. Ich gewann eine starke Zuneigung zu diesem vitalen und tatkräftigen Mann, der sein ganzes Leben lang bei allen seinen industriellen Aufgaben der physikalischen Chemie treu blieb. Diese Verbindung von industrieller Technik und Naturwissenschaft machte ihn zu einem wertvollen Freund der Dechema, an deren Arbeiten er bis zu seinem Tode im Jahre 1965 regen Anteil genommen hat.

Ich bin damals oft in Oppau gewesen, wo Pier und seine Mitarbeiter wirkten, und lernte seinen besonderen Arbeitsstil kennen. Es waren dort jetzt Geldmittel genug vorhanden, und auch der Preis des Benzins fiel nicht mehr so entscheidend ins Gewicht. Es kam aber darauf an, noch – koste es, was es wolle – unzählige technische Detailprobleme zu lösen.

Pier strahlte einen nicht zu überbietenden Optimismus aus. Der untersetzte Mann von quecksilbriger Lebendigkeit hatte täglich neue Ideen und pflegte ein prächtiges Verhältnis zu seinen Mitarbeitern. Ich habe dort alle die Männer kennengelernt, die dann Leiter der Hydrieranlagen wurden: Albert Pross, Wilhelm Urban, schließlich Carl Müller von Blumencron und Kurt Wissel, mit denen ich später lange nach dem Kriege in Wesseling viel zu tun hatte.

Die Hydrieranlage in Leuna befand sich damals schon im Bau. Ein reichlich kühner Schritt, wenn man bedachte, daß einige wichtige Verfahrensphasen noch gar nicht geklärt waren. Insbesondere ging es gerade um das Problem, das ich lösen wollte: die Aschebeseitigung. In der vergnügten und dem Feiern nicht abgeneigten Oppauer Umgebung kursierte das geflügelte Wort: »Am Ende der Anlage in Leuna ist auf dem Plan ein weißer Fleck, auf dem der Dr. X eine unbekannte Menge eines Rückstandes unbekannter Zusammensetzung nach einem unbekannten Verfahren beseitigen muß.«

Es war eine Situation, wie sie in der Chemie so oft eintritt. Alles drohte an einem Rückstandsproblem zu scheitern. Andererseits hatte man gelernt, die vorgetrocknete Braunkohle mit einem aus dem Verfahren selbst gewonnenen Öl anzureiben und sie in Gegenwart eines schwefelunempfindlichen Katalysators in einer ersten, sogenannten Sumpfphase zu hydrieren. Das Produkt wurde auf Zentrifugen abgeschleudert. Es entstand ein verdampfbares Öl, das dann in der Gasphase weiterhydriert wurde.

Der Zentrifugenrückstand aber hatte eine schuhwichsenartige Konsistenz und bestand aus der Asche und den an ihr haftenden, asphaltartigen Ölbestandteilen. Hier enthüllte sich die Achillesferse des Verfahrens. Diese Rückstände mußten, weil auf Ergebnisse meiner Arbeit nicht gewartet werden konnte, auf recht kostspielige und technisch unbefriedigende Weise verschwelt werden.

Damals im Jahre 1936 stellte mir Pier Braunkohle und das sogenannte Anreibeöl zur Verfügung. Nach kurzer Zeit konnte ich demonstrieren, daß aus der wässerigen Kohle bei Zusatz des Öles die sogenannte Phasenumkehr eintrat und die Kohle nahezu aschefrei in die Ölphase überging. Wasser und Asche blieben beieinander und konnten leicht abgetrennt werden. Ein verlockender Erfolg! Wir bekamen den Auftrag, hierfür ein kontinuierliches Verfahren zu erdenken. Mitarbeiter wurden zur Verfügung gestellt, und im Laboratorium herrschte frohe Erfinderstimmung.

Zunächst aber gab es bald organisatorische Hindernisse zu überwinden. Die Hoechster Farbenabteilung, die natürlich andere Ziele hatte, brachte wenig Verständnis dafür auf, daß in ihren Räumen und vielleicht sogar auf ihre Kosten so wesensfremde und in ihren Augen auch wohl »unappetitliche« Dinge getan wurden. Wir waren wahrscheinlich auch etwas zu stürmisch vorgegangen. Eines Tages im März 1936 gab es eine gewaltige Beschwerde. Bei Hermann fand eine persönliche, teilweise lautstarke Verhandlung statt. Ich bin eben auch kein Muster an Friedfertigkeit. Außerdem mußte ich mich natürlich verteidigen. Immerhin hatte ich hart gearbeitet und einiges erreicht, wenn auch nicht für die Farbenfabrik, so doch für das gesamte Werk. Das Ergebnis der Aussprache: Ich durfte weiterarbeiten. Es wurde mir die Gründung einer eigenen wissenschaftlich-technischen Abteilung genehmigt, die, losgelöst von Produktion und Farbeninteressen, unmittelbar dem Chefingenieur unterstellt werden sollte. Sie erhielt den Namen »Verfahrenstechnik«.

Mein erster großer Krach in Hoechst hatte am 19. März stattgefunden. Ich erinnere mich deshalb so genau, weil ich am Abend meine Verlobung feierte. Bald darauf heiratete ich Gertrud Deitenbeck, eine Tochter des evangelischen Pfarrers in Frankfurt-Sossenheim. Ich zog im August 1936 mit meiner Frau in eine schöne Werkswohnung ein, die mitten in der Fabrik lag. Mein Gehalt betrug damals 500 RM. Hinzu kam allerdings noch am Ende des Jahres eine individuelle Jahresgratifikation von etwa tausend bis zweitausend Mark. Es war aber ein noch recht bescheidenes Fundament, auf dem ich mein eigenes Familienleben aufbaute.

Die Probleme der Farbensparte durfte und mußte ich selbstverständlich auch in meiner neuen Position weiterbearbeiten. Aber ich leitete nun eine selbständige wissenschaftliche Abteilung. Dazu gehörten die Physiker, die sich mit ihrem Laboratorium gern der neuen Gründung anschlossen, und einige zusätzliche Mitarbeiter. Mein unmittelbarer Vorgesetzter wurde Jähne, der Vorsitzende der Ingenieurtechnischen Kommission der gesamten I. G.

Farbenindustrie. Das bedeutete, daß unsere Verfahrenstechnik sozusagen »reichsunmittelbar« war und wir damit auch Einblick und Zugang zu Problemen anderer I. G.-Werke erhielten. Dies stellte einen Vertrauensbeweis dar und zugleich die Chance, unser Arbeitsgebiet weitgehend nach eigenem Gutdünken zu gestalten.

Die Gründung der neuen Abteilung entsprach übrigens einem Trend, der damals vielerorts spürbar wurde. Es war die Zeit, in der Jähne sich mit Arnold Eucken und anderen um die Begründung eines neuen Zweiges der Wissenschaft, eben der Verfahrenstechnik, mühte. An dieser Entwicklung haben wir dann eifrig mitgewirkt. Die heutige Gesellschaft für Verfahrenstechnik im VDI (Verein Deutscher Ingenieure) ist das nachhaltige Ergebnis dieser Bemühungen. Die Bezeichnung Verfahrenstechnik wurde damals erst geprägt. Damit sollte bewußt eine Unterscheidung von dem angelsächsischen Chemieingenieurwesen erreicht werden, das auf die deutschen Verhältnisse wenig zu passen schien.

Zunächst galt es, unser Kohleentaschungsverfahren voranzutreiben. Kiesskalt konstruierte eine Doppelschnecke, in welcher der Prozeß, den wir bisher diskontinuierlich in einem Kneter ausgeführt hatten, kontinuierlich betrieben werden konnte. Wir lernten nun auch, was keinem Chemiker erspart bleibt: daß man Geduld und nochmals Geduld benötigt, um eine wissenschaftliche Entdeckung zur technischen Reife zu entwickeln. Zahllose Betriebsversuche im Maßstab von vielen Tonnen mit den verschiedensten Kohlensorten wurden notwendig. Aber ein Chemiker im Labor darf eben nie den Mut verlieren.

Dabei eröffneten sich auch zusätzliche Anwendungsmöglichkeiten für unser Entaschungsverfahren. In der Umgebung von Halle gab es sehr große Vorkommen an salzhaltiger Braunkohle, die eben wegen des hohen Salzgehaltes für die Hydrierung vollständig ungeeignet war. Auch bei der Verbrennung bereitete die Ablagerung des verdampften Kochsalzes Schwierigkeiten. Diese sogenannte Salzkohle ließ sich nach unserer Methode ebenfalls vollständig entaschen, da das Salz mit dem Wasser austrat. Darüber hinaus fanden wir, daß sich der entaschte und entwässerte Kohlebrei durch Erhitzen auf etwa 1000 Grad Celsius zu einem einwandfreien Koks verkoken ließ, wobei das Teeröl größtenteils wiedergewonnen werden konnte. Bei der raschen Entwicklung der Braunkohlenhydrierung kamen diese Arbeiten allerdings zu spät.

In dem neuen Bunawerk in Schkopau, das in unmittelbarer Nähe von Leuna bei Halle und Leipzig errichtet wurde, ergab sich statt dessen eine weitere Aufgabe. Man benötigte dort für die Karbiderzeugung mehrere hunderttausend Tonnen Steinkohlenkoks, den man von der Ruhr oder aus der Lausitz herantransportieren mußte. Deshalb wurde beschlossen, in Schkopau unsere sogenannte Fließkohle zum ersten Mal im Maßstab von etwa 10000 Tonnen pro Jahr zu produzieren. Diese Anlage ist gegen Ende 1942 noch in Betrieb genommen worden und auch recht befriedigend gelaufen. Es war ein tragisches Geschick, daß der tüchtige junge Chemiker Erwin Strohfeld, den ich für diese Arbeiten mit vieler Mühe vom Wehrdienst zurückstellen ließ, in den letzten Tagen des Krieges bei einem Bombenangriff auf Halle ums Leben kam.

Langsam wurde unsere junge Abteilung in der I. G. bekannt. Immer neue Probleme kamen auf uns zu. Bei der Verarbeitung von Kohle, die ja in Deutschland fast unser einziger Rohstoff war, trat das Problem des Elektrodenkokses auf, eines Kokses, der als Ausgangsmaterial für die Herstellung von Graphitelektroden dienen konnte.

Gustav Pistor, Chef von Bitterfeld und bekannt als Vater der industriellen Elektrochemie, hatte sich dieser Frage zu Kriegsbeginn angenommen. Petrolkoks war nicht in ausreichendem Maße zu beschaffen. Braunkohlenkoks ließ sich auch in der von uns verbesserten Form nicht graphitieren. Wir fanden schließlich Wege, Steinkohle weitgehend, allerdings auf ganz neue Weise, zu entaschen und zu einem gut graphitierbaren Koks zu verarbeiten. Eine Großversuchsanlage, die im Ruhrgebiet schon im Bau war, konnte schließlich nicht mehr in Betrieb genommen werden.

Die Bedeutung dieser Arbeiten, bei denen uns ansehnliche Mittel zur Verfügung standen, ist nur zu verstehen, wenn man berücksichtigt, daß Deutschland damals unter allen Umständen autark werden wollte. Es waren allerdings lediglich kleine Beiträge, die wir zu den seinerzeit sehr umfangreichen Bemühungen leisten konnten.

Das Kriegsende und der freie Zugang zum Erdöl in der westlichen Welt haben alle diese Anstrengungen als unwirtschaftlich erscheinen lassen und zum Stillstand gebracht. Das nun in unbegrenzter Menge zugängliche Erdöl hat das Interesse der Chemie an der Kohle stark in den Hintergrund gedrängt. Die Preise der Steinkohle in Europa sind auch so erheblich gestiegen, daß sie wohl für lange Zeit als chemisches Grundmaterial uninteressant bleiben dürfte.

Andererseits regen sich gerade in den Vereinigten Staaten erneut Kräfte, die diese alten deutschen Bemühungen aufgrund neuer Verfahrenserkenntnisse wieder auffrischen wollen. Wenn heute auch für die Petrolkoksherstellung genug Erdölrückstände zur Verfügung stehen, um daraus Elektrodenkoks zu machen, so bleiben doch die Erkenntnisse weiterhin von Wert, die wir damals über die Graphitierbarkeit des Kokses gewannen. Für die mitteldeutsche Braunkohle müßten sie eigentlich auch heute noch von Interesse sein. Die Verarbeitung von Braunkohle ist auch in der Bundesrepublik wieder interessant geworden, nachdem aus der Abwärme des Hochtemperaturreaktors billige Energie auf hohem Temperaturniveau zur Verfügung steht.

Probleme des synthetischen Kautschuks

Unsere neue Abteilung Verfahrenstechnik kam bald nach ihrer Gründung auch mit der Frage der Kautschuksynthese in Berührung. Leider war Hoechst selbst auf dem Gebiet der Acetylen- und Kunststoffchemie, die u.a. zum Synthesekautschuk führt, ganz in den Hintergrund gedrängt worden. Hoechst hatte zwar durch seine Arbeiten mit Knapsack und seine fünfzigprozentige Beteiligung an der Wacker-Chemie nahezu alles in die I. G. Farbenindustrie gebracht, was auf dem Gebiet der Acetylenchemie damals von Bedeutung war.

Aber Hoechst hatte seine Verbindungen zu Wacker und Knapsack schlecht gepflegt. Aus der Beteiligung an Wacker vom Jahre 1920 hatte sich kaum eine wirkliche Zusammenarbeit ergeben. Die schlechte wirtschaftliche Situation und der Stillstand aller großen Entwicklungen, den die Nachkriegszeit zunächst erzwungen hatte, begünstigten viele Eifersüchteleien. In der späteren I. G.-Zeit mußten deshalb immer wieder Unstimmigkeiten von neutraler Stelle, besonders von Bosch und in seinem Namen von Gajewski, geschlichtet werden.

Ähnlich ungünstig hatten sich die Beziehungen zu Knapsack entwickelt. Dort war zwar unter Mitwirkung von Hoechst eine beachtliche Acetylenchemie entstanden. Als die ganze Gruppe aber dann in der I. G. Farbenindustrie aufging, brachen dort immer wieder Meinungsverschiedenheiten zwischen Knapsack und Hoechst aus. Die sogenannte Aceton- und Essigsäureabteilung in Hoechst blieb deshalb ohne Karbidbasis und ziemlich auf sich allein gestellt. Als das NS-Regime die Bewirtschaftung einführte, war Hoechst auf diesem Gebiet von der Rohstoffquelle abgeschnitten. Auch die Hoechster Forschung hatte hier nach dem Ausscheiden von Paul Duden, der bis zum Jahre 1932 als Wissenschaftler und technischer Leiter in Hoechst tätig war, während der I. G.-Zeit nur wenig Lorbeeren ernten können.

Im Mittelpunkt des Interesses der I. G. stand aber nun plötzlich wieder der synthetische Kautschuk. Man hatte schon vor dem Ersten Weltkrieg erkannt, daß der Baustein des natürlichen Kautschuks das Isopren ist, dessen chemische Herstellung damals überhaupt nicht lohnend erschien. Man wußte jedoch, daß zur Synthese von Kautschuk ein Körper notwendig war, der ähnlich wie das Isopren eine Kohlenstoffkette mit vier Kohlenstoffatomen und zwei Doppelbindungen aufweisen mußte.

Dieser Grundkörper ist das heute leicht aus Crackgasen isolierbare Butadien

$$H_2C=CH-CH=CH_2$$

Nach den damaligen Kenntnissen über die Acetylenchemie, zu denen Hoechst maßgeblich beigetragen hatte, konnte man das Butadien in vier Stufen aus Acetylen über Aldol, Butylenglykol und dessen Dehydratisierung herstellen.

Dieser Weg wurde auch in Schkopau und später in Hüls bei der Großfabrikation beschritten. Aber auch auf diesem Gebiet, auf dem Hoechst große Erfolge aufweisen konnte, hatte es Pech. Im Jahre 1935 brach in Hoechst in der Aldolkondensation ein schwerer Brand aus, der drei Menschenleben forderte. Nun regten sich sogar Stimmen, die eine Radikallösung verlangten: die ganze Abteilung in Hoechst sollte einfach stillgelegt werden. Schließlich wurde für Schkopau ein gefahrloseres kontinuierliches Verfahren gefunden.

Im Wettlauf mit Du Pont in Amerika bemühte sich Hoechst um einen anderen Butadienprozeß. Mit einem großen Aufgebot von Menschen und Material wurde nach einem Verfahren gesucht, zwei Moleküle Acetylen zu Vinylacetylen zusammenzulagern und dieses zum Butadien zu hydrieren. Dabei war sich jeder bewußt, daß ein Vorsprung von wenigen Wochen gegenüber Du Pont entscheidend sein könnte.

Diese Zweistufenmethode über das Vinylacetylen erschien als die kürzere. Beide Stufen, besonders aber der zweite Schritt, waren wegen möglicher Nebenreaktionen gefährlich und führten zu tödlichen Unfällen. Als im Jahre 1935 in Hoechst abermals ein Chemiker mit seinem Laboranten bei derartigen Versuchen ums Leben kam, stellte man diese Arbeiten endgültig ein. Menschenleben waren ein zu hoher Preis für den chemischen Fortschritt.

Es blieb die Möglichkeit, die zunächst auch Du Pont aufgriff, an das labile Vinylacetylen Salzsäure anzulagern, statt es zu hydrieren. Dies war ein viel gefahrloserer Weg zu einem mit Chlor substituierten Butadien, dem Chloropren. Die Polymerisation zum entsprechenden Kautschuk wurde in Leverkusen erforscht. Dort aber waren die Chemiker zu der richtigen Erkenntnis gekommen, daß Chloropren zur Herstellung von Autoreifen nicht geeignet war. Infolgedessen hatte man daran auch nicht mehr viel gearbeitet. Hinzu kam noch die für Hoechst ungünstige Patentlage. Du Pont dagegen hat das Chloropren weiterbearbeitet und es abseits des eigentlichen Reifensektors zu einem interessanten Kunststoff entwickelt.

Etwas mehr Fortune war Hoechst auf dem Gebiet der Kunststoffe vergönnt. Ausgehend von früheren Versuchen von Fritz Klatte 1912 in Griesheim nahm sich Kränzlein gegen Ende der zwanziger Jahre die Polymerisation des Vinylacetats vor. Aus diesen Untersuchungen entstanden, allerdings in ständiger Konkurrenz mit Wacker, das Polyvinylacetat und später auch der Polyvinylalkohol.

Das blieben bis Kriegsende 1945 die einzigen Erfolge, die Hoechst auf diesem Gebiet verzeichnen konnte. Bedauerlicherweise hatte man die Bedeutung des Vinylchlorids, das ebenfalls schon von Klatte bearbeitet worden war, nicht recht erkannt. Vielleicht war auch die Genehmigung zu solchen Arbeiten in Hoechst von den verantwortlichen Gremien nicht erteilt worden. Jedenfalls wurden diese Entwicklungen in Ludwigshafen, in Bitterfeld und bei Wacker weitergeführt.

Hoechst war also wiederum von einer zukunftsträchtigen Forschungsrichtung ausgeschlossen. Auch wurde immer klarer, daß sich Knapsack und Wacker mehr und mehr von uns entfernten. Besonders die Jüngeren unter uns sahen bei all dem mehr als nur eine augenblickliche Chance für Hoechst dahinschwinden. Im Grunde genommen war eine solche Entwicklung auch vom übergeordneten I. G.-Standpunkt aus falsch. Eine starke und souveräne Führung hätte dafür sorgen müssen, daß so stolze Hoechster Traditionen nicht ungenutzt blieben.

Unsere Verfahrenstechnik kam auf ganz anderem Wege in Kontakt mit dem Bunaproblem. Buna wurde frühzeitig zur Bezeichnung für Synthesekautschuk, weil man ursprünglich Butadien mit Natrium polymerisiert hatte. Bereits 1936 war aber erkannt worden, daß die in Schkopau im Aufbau befindliche Bunaproduktion noch nicht zu einem befriedigenden Resultat führen konnte.

Auch hier zeigte sich, daß die Herstellung nach den in wenigen Jahren erarbeiteten Verfahren, an denen sich viele I. G.-Werke beteiligt hatten, Schwierigkeiten machte. Im Grunde genommen fehlte es dabei noch an so manchem. Der nach dem Emulsionsverfahren in Leverkusen produzierte Buna S war noch nicht geeignet, um aus ihm ohne Zusatz von Naturkautschuk einen brauchbaren Autoreifen zu fertigen. Seine zu geringe plastische Verformbarkeit verursachte Schwierigkeiten, wenn auf den Walzenstühlen die großen Mengen Ruß beigegeben werden mußten, die bei dem künstlichen Kautschuk auch heute noch Voraussetzung für eine ausreichende Festigkeit sind.

Die gleichen Probleme ergaben sich bei der späteren Konfektionierung zum Reifen. Der Kautschuk war, wenn er nicht vorher mit natürlichem Kautschuk vermischt wurde, zunächst zu schwer zu verarbeiten.

Wir bekamen den Auftrag, uns mit dieser Situation zu befassen. Dies wurde von Leverkusen anfangs nicht gern gesehen, sondern als unerwünschte Intervention betrachtet. Später kamen wir dann doch ganz gut mit den Leverkusener Kollegen aus. In Hoechst bemühten wir uns als erstes darum, den Ruß nach der uns geläufigen Methode der Phasenumkehr unmittelbar bei der Fällung der Kautschukemulsion einzuarbeiten. Dadurch konnten wir tatsächlich ein Rußkoagulat erzeugen. Im ersten Augenblick schien unsere Aufgabe damit bewältigt. Die anschließende Plastifizierung aber wurde durch dieses Verfahren nicht erleichtert, so daß der schöne Anfangserfolg keinen weiteren Fortschritt brachte. Leverkusen fand dann ein Verfahren, das spröde und harte Polymerisat durch Erhitzen abzubauen.

Wir haben uns dann in Hoechst der grundsätzlichen Frage der Kinetik der Polymerisation zugewandt. Ein inzwischen zu uns gekommener Kollege, Franz Patat, brachte dazu seine gute physikalisch-chemische Vorbildung mit, die er bei Hermann F. Mark in Wien und Arnold Eucken in Göttingen erworben hatte.

Patat und ich arbeiteten zunächst am Chloropren, dessen Polymerisation einfacher durchzuführen war als bei einer Mischung von Butadien und Styrol. Es stellte sich heraus, daß die Polymerisation durch molekularen Sauerstoff behindert und durch Reduktionsmittel wie Hydrosulfit beschleunigt wurde. Daraus folgerten wir mit Recht, daß sie durch ein Redoxpotential gesteuert werden könnte. Man konnte auf diese Weise bei sehr viel niedrigeren Temperaturen ein sehr viel plastischeres und klebrigeres Polymerisat erzeugen.

Als wir diesen Effekt zum Patent anmeldeten und im internen Erfahrungsaustausch bekanntgaben, bemühten sich viele Stellen um die Weiterentwicklung dieser Steuerung der Bunapolymerisation. Im Eifer des Gefechtes verwischten sich auch die Urheberrechte, was bei den raschen Fortschritten, die nun gemacht wurden, kein Wunder war. Letzten Endes ist aus diesen Arbeiten der spätere Cold rubber hervorgegangen, der bei Temperaturen um fünf Grad Celsius hergestellt werden kann. Zusammenfassende Darstellungen haben dann auch stets auf unsere Erfindung hingewiesen, auf die wir schon damals recht stolz waren.

Wir beschäftigten uns in Hoechst weiterhin mit dem Chloropren und seiner Verarbeitung, womit man sich bisher in Deutschland wenig befaßt hatte. Schließlich kamen wir zu einem vorzüglichen Polymerisat mit hoher Lösungsmittelfestigkeit, das wir natürlich in der Praxis ausprobieren wollten.

Das führte dann zu einer lebhaften Auseinandersetzung. Gustav von Brüning, Kränzlein und ich wurden eines Tages zu ter Meer bestellt, der uns vorwarf, wir hätten eigenmächtig Proben des Polymerisats an Kundenfirmen geschickt. Dies störe seine Lizenzverhandlungen mit Du Pont über den Bunakomplex. Nun war dieser Vorwurf zwar unberechtigt, aber ter Meer bot uns eine ganze Weile lang keine Gelegenheit, ihn zu entkräften. Erst als die Welle der Erregung abgeklungen war – ich kam dabei zunächst gar nicht zu Wort –, herrschte er mich an: »Dann zeigen Sie doch wenigstens, was Sie gemacht haben.« Als ich ihm dann in Ruhe meine schönen Muster und Werte vorwies, schlug seine Stimmung völlig um. Versöhnlich erklärte er: »Wenn Ihre Ergebnisse stimmen und sich bestätigen, werde ich mit Du Pont darüber verhandeln.«

Das war meine erste Begegnung mit ter Meer, mit dem mich später so viel verbinden sollte. Diese und ähnliche Vorfälle waren in meiner Laufbahn typisch. Man konnte in der damaligen I. G. Farbenindustrie auch heftige Auseinandersetzungen wagen; man mußte aber im Recht sein und seinen Standpunkt vertreten. Später habe ich meinen jungen Mitarbeitern diesen Grundsatz oft gepredigt. Er bewährt sich aber nur, wenn eine Firma sachverständig, aufrichtig und loyal geführt wird.

Die weiteren Arbeiten am Chloropren brachten im Kriege kein praktisches Ergebnis mehr, da der spezielle Reifenkautschuk alle Aufmerksamkeit in Anspruch nahm. Erst nach dem Zweiten Weltkrieg kam eine Zusammenarbeit zwischen Knapsack und Leverkusen zustande, bei der Knapsack das Monomere und Leverkusen das Polymerisat herstellt und verkauft.

Schicksalsjahr 1938

Das Jahr 1938 begann in Hoechst mit einem traurigen Ereignis. In einer Sitzung brach Karl Staib plötzlich zusammen und starb im

Alter von knapp 40 Jahren an den Spätfolgen einer Kriegsverletzung. Es hatte sich wohl um eine Gasvergiftung gehandelt. Staib war erst 1934 aus dem Bitterfelder Kreis nach Hoechst gekommen. Mit ihm verbanden sich viele Hoffnungen. Dem tatkräftigen, betriebserfahrenen Mann gelang es in kurzer Zeit, die viele Jahre führerlosen anorganischen Abteilungen in Hoechst zusammenzufassen. Damit hatte sich eine vielversprechende Neuorganisation vollzogen, in der nun die sogenannte Anorganische Fabrik, die Lösungsmittelabteilung, die Farbenfabrik, die Zwischenproduktenabteilung und die Pharmaabteilung als übersehbare Bereiche nebeneinander bestanden. Noch vor wenigen Jahren litten wir hier an einer planlosen Dezentralisation.

Staib nahm uns alle für sich ein, da er von dem frischen Geist durchdrungen war, der in den modernen mitteldeutschen Betrieben herrschte. Er mag wohl auch im stillen von Hermann als Nachfolger ausersehen gewesen sein. Als wir in den ersten Januartagen zu einer Trauerfeier an seinem Sarg zusammenkamen, sprach Hermann die Abschiedsworte. Wir empfanden bewußt oder unbewußt die doppelte Tragik des Ereignisses. Es hatte sich herumgesprochen, daß Hermann – damals 56 Jahre alt – schwer leidend war. Seine Heiserkeit verriet die tückische Krankheit: den Kehlkopfkrebs.

Kurz darauf wurde am 11. Januar das 75. Jubiläum von Hoechst begangen. Da das Unternehmen nicht mehr als unabhängige Firma bestand, hatte man auf große Festlichkeiten verzichtet. In einer Werkshalle fand eine interne Feier statt, bei der Hermann mühsam nur noch wenige Worte sprechen konnte. Die Jubiläumsrede hielt der Enkel des Gründers, Gustav von Brüning, der damit als der kommende Mann hervortrat.

Kurz darauf, im Mai 1938, erlag Hermann seiner Krankheit. Er kam bis zuletzt in die Fabrik. Wenige Tage vor seinem Tode durfte ich ihn zum letzten Mal in seinem Arbeitszimmer besuchen. Er wollte sich wohl ablenken und mit seinen jungen Mitarbeitern noch einmal sprechen. Ich war gerade in Berlin gewesen und hatte bei einer Tagung einen Vortrag von Bodo von Borries über die neue Elektronenmikroskopie gehört. Als ich Hermann vorschlug, es sollte für die Physiker unserer Verfahrenstechnik ein solches Instrument angeschafft werden, bewies er noch seine Energie.

Obwohl er sich nur noch mühsam aufrecht halten konnte, gab er sofort Anweisung zum Kauf des ersten, für die Industrie bestimmten Elektronenmikroskops. Es kostete etwa 150000 Mark und stellte eine beträchtliche Anschaffung dar.

Als im März 1970 die Brüder E. und H. Ruska in der Frankfurter Paulskirche für ihre Elektronenmikroskopie den Paul-Ehrlich-Preis erhielten, erinnerten sie an diese auch für sie so bedeutsame und ermutigende erste Bestellung. Sie erwähnten auch, daß dieses historische Gerät, nachdem es mehr als zwanzig Jahre lang wertvolle Dienste geleistet hatte, nun im Deutschen Museum in München zu besichtigen ist.

Nach dem Tode von Hermann und Staib herrschte anscheinend in der Führung der I. G. eine gewisse Ratlosigkeit. Man hielt offensichtlich immer noch an der Tradition fest, daß die Betriebsgemeinschaften ihren Führungsnachwuchs aus den eigenen Reihen rekrutieren sollten. Auch spielten bei solchen Fragen wohl die Gründerfamilien in ihrer Verbundenheit mit den alten Werken noch eine Rolle, die weit über die Bedeutung ihres Aktienbesitzes hinausging. So kam etwa Walther vom Rath, der einer Hoechster Gründerfamilie entstammte, als stellvertretender Aufsichtsratsvorsitzender der I. G. Farbenindustrie damals noch regelmäßig nach Hoechst.

Anfang August 1938 rief mich Gustav von Brüning zu sich, der nach Staib die Anorganische Fabrik übernommen hatte. Er eröffnete mir, daß ihm binnen Jahresfrist die Leitung in Hoechst übertragen würde. Mich habe man für die Nachfolge in der Führung der Anorganischen Fabrik ausersehen. Das kam für mich völlig überraschend. Ich hatte diesen Werksbereich niemals betreten und kannte auch kaum einen der dort tätigen Kollegen.

Da ich als Leiter einer von mir geschaffenen Abteilung bereits eine sehr befriedigende Aufgabe hatte, habe ich wohl bei dieser Eröffnung zunächst kein allzu glückliches Gesicht gemacht. Es wurde dann beschlossen, daß ich mich im Laufe eines Jahres in die anorganische Produktion einarbeiten sollte. Bis dahin würde mir die Möglichkeit einer Rückkehr in die Verfahrenstechnik offenbleiben.

Ein neuer Verlust für Hoechst

Erst allmählich wurde mir klar, daß ich nun meine wissenschaftlich-technische Laufbahn beenden müsse, dafür aber in die Führungsspitze einrückte. Der Sommerurlaub, der kurz bevorstand, wurde abgesagt, wie das damals in solchen Fällen selbstverständlich war. Dafür begann ich, an Sitzungen im anorganischen Bereich teilzunehmen.

Von Brüning war für die Führung in Hoechst gut vorbereitet. Er hatte in Heidelberg als Chemiker promoviert und danach als Enkel des Gründers systematisch alle wichtigen Abteilungen kennengelernt. Am 4. Oktober 1938 verbreitete sich in der Fabrik plötzlich wie ein Lauffeuer die Nachricht, daß er sich in der Nacht vorher im alten Schloß in Hoechst, wo er als Junggeselle wohnte, in einer Depression das Leben genommen hatte. Begreiflicherweise stand die Leitung der I. G. Farbenindustrie nun vor schweren Sorgen. Drei Menschen, die noch dazu im besten Alter standen, waren in der Führung eines so wichtigen Unternehmens kaum zu ersetzen. Dementsprechend vergingen viele Wochen, bis eine Lösung gefunden wurde.

Inzwischen hatte ich die Anorganische Abteilung übernommen. Daß ich sie behalten würde, war für mich bald beschlossene Sache.

In Hoechst setzte ein langes Interregnum ein. Zahlreiche Spekulationen tauchten auf und wurden ebensoschnell von anderen wieder abgelöst. Wir jungen Leute haben uns natürlich lebhaft dafür interessiert, wer der neue Hoechster Chef sein sollte. Wir drängten Jähne, der uns ja sehr nahestand, sich zur Verfügung zu stellen. Er war hier seit Jahren der ausgleichende und ruhende Pol; er genoß in der gesamten I. G. Farbenindustrie großes Ansehen. Mit seinen 59 Jahren schien er am ehesten dazu geeignet, eine Zwischenphase zu überbrücken.

Auch ich habe aufgrund meines engen Verhältnisses zu ihm mehrmals auf ihn einzuwirken versucht. Aber er wies alle Argumente zurück. Er nahm unsere gewiß angemaßte Einmischung wohlwollend, aber mit deutlicher Reserve auf. »Erstens geht euch das gar nichts an, und zweitens muß der Leiter von Hoechst bei der komplizierten Chemie unbedingt ein Chemiker sein. Ich aber bin, wie ihr genau wißt, Ingenieur«, meinte er. Dennoch hätte er sicher seine Berufung erreichen können, wenn er nur gewollt hätte.

Statt dessen wurde zu allgemeiner Überraschung Carl Ludwig Lautenschläger zum Leiter der Betriebsgruppe Mittelrhein ernannt. Das war wohl für die Verwaltung der I. G. keine leichte Entscheidung – sicher auch nicht für Lautenschläger selbst. Als sein nächster Mitarbeiter habe ich dann später erlebt, wie schwer ihm Übernahme und Ausübung dieses Amtes fielen, noch dazu in dem bald beginnenden Zweiten Weltkrieg.

Carl Ludwig Lautenschläger war 1920 nach Hoechst gekommen und 1931 in den Vorstand der I. G. berufen worden. Er hatte sich durch wichtige Arbeiten auf dem Diabetesgebiet hervorgetan. 1938 war er fünfzig Jahre alt und hatte eine universelle Vorbildung als Apotheker, Chemiker und Mediziner. Er verkörperte einen in seinem Fachwissen vergrabenen Gelehrtentyp. Auch als Werksleiter blieb er immer von seinen Büchern umgeben und schien stets etwas unglücklich, wenn ihn die Vielfalt der Organisations- und Verwaltungsaufgaben bedrängte und von seiner Wissenschaft abhielt.

In Hoechst hatte ihm damals die gesamte Pharma unterstanden. Auch diese Verantwortung war nicht leicht zu tragen gewesen. Der Ruhm der großen alten Apotheke, wie man Hoechst in der Welt immer genannt hatte, drohte zu verblassen. Bei dem Zusammenschluß zur I. G. Farbenindustrie war Hoechst auch im Pharmabereich schlecht weggekommen. Man hatte die gesamten Pharmazeutika unter dem Bayer-Kreuz zusammengefaßt und den zentralen Verkauf nach Leverkusen gelegt. Dafür gab es eigentlich gar keine Veranlassung. Es war wohl eine der Konzessionen, welche die Akteure bei der I. G.-Gründung untereinander ausgehandelt hatten.

Zur Leitung der weltberühmten Pharma, die innerhalb des Konzerns der Sparte II und damit auch ter Meer unterstellt war, gehörten neben einem Kaufmann zwei Wissenschaftler in Leverkusen und Hoechst.

So war es eigentlich selbstverständlich, daß sich bei dieser Konstruktion der Schwerpunkt nach Leverkusen verlagerte. Auch die Werbung der I. G. wurde nun weitgehend auf das Bayer-Kreuz abgestellt. Für uns war die Folge, daß man nach dem Krieg und der Entflechtung von Hoechst in der Welt nicht mehr viel wußte und alle großen Pharmaentdeckungen der I. G.-Zeit Bayer Leverkusen zuschrieb.

Die pharmazeutische Position von Hoechst wurde noch durch einen weiteren Umstand geschwächt: die zunehmende Entfremdung der Behringwerke. Schon 1912 bestand zwischen Hoechst und Emil von Behring keine volle Harmonie mehr. Behring hatte, nachdem die Verträge mit Hoechst über Diphtherie-Seren abgelaufen waren, in Marburg ein eigenes Unternehmen unter seinem Namen gegründet. Nach seinem Tode im Jahre 1916 und erst recht nach Kriegsende konnte sich das Marburger Werk nicht selbständig halten. Es wurde 1929 auf Initiative von Leverkusen in die I. G. aufgenommen. Die Betreuung der Behringwerke geschah zwar durch Hoechst, also durch den Maingau. Aber die in Marburg tätigen Menschen blickten mehr nach Leverkusen, wo ihre Produkte verkauft wurden.

So fand die große Hoechster Pharmatradition, die in der Zusammenarbeit mit Robert Koch, Paul Ehrlich und Emil von Behring ihre Blüte erlebt hatte, zunächst einmal ein Ende.

Die Verlagerung des Pharmaverkaufs nach Leverkusen war dem gesamten Pharmageschehen der I. G. nicht zuträglich. Es litt darunter die Kollegialität zwischen den beiden großen und in der Welt berühmten pharmazeutischen Forschungsstätten Leverkusen und Hoechst, die niemals zu einer echten Arbeitsgemeinschaft kamen. Den gemeinsamen Interessen im Welthandel mit Arzneimitteln, an dem die I. G. zu Beginn des Zweiten Weltkrieges noch einen Anteil von vierzig Prozent hielt, war damit nicht gedient.

Es kam noch hinzu, daß die Pharmazeutika mit ihren Besonderheiten der Forschung und Entwicklung innerhalb einer großen chemischen Fabrik immer ein Reich für sich darstellen, das mit den übrigen großen Arbeitsgebieten wenig Gemeinsamkeiten hat. Lautenschläger war mit seinem verschlossenen, jeder Reibung abholden Wesen mit dieser Situation schlecht zurechtgekommen und wenig bereit, sich mit ihr auseinanderzusetzen. Man durfte aber – und das gilt auch heute noch – den Kampf nicht scheuen, wenn man in einem so großen Unternehmen seinen Platz behaupten wollte.

Ich bin sicher, daß ich Carl Ludwig Lautenschläger nicht Unrecht tue, wenn ich ihn in den nun folgenden Jahren, die sich anschlossen, nicht für glücklich halte. Als er dann mit den übrigen Vorstandskollegen in Nürnberg angeklagt wurde, verfolgte ihn das Schicksal noch weiter. Er verlor während der Untersuchungshaft seinen einzigen Sohn an einem tückischen Leiden, ohne ihm als Arzt helfen zu können.

Lautenschläger wurde zwar in Nürnberg freigesprochen, aber er vereinsamte bald vollständig. Ich bin sehr froh, daß ich ihn vor seinem Tode noch einmal habe treffen können, obwohl er Hoechst nach 1945 grundsätzlich nie mehr betreten wollte.

Das Reich der Anorganika

Im Oktober 1938 wurde ich dann mit 35 Jahren endgültig Chef der Anorganischen Fabrik. Auch in solcher Position erhielt man in Hoechst keinerlei Starthilfe und war auf sich selbst angewiesen. Kein Mensch dachte daran, daß ein solcher neuer Leiter zunächst gründlich eingeführt werden müßte. Dies geschah in Hoechst lediglich durch ein Rundschreiben. In dem anorganischen Bereich der I. G. Farbenindustrie mußte ich mich selbst bekanntmachen.

Zwei Jahre wartete ich auf die Ernennung zum Prokuristen, weil niemand sich darum kümmerte, obwohl ich doch als Leiter dieses großen Bereiches viel mit der Außenwelt zu tun hatte. Alle Chefs der anorganischen Gruppen in den anderen großen Werken waren sogar Vorstandsmitglieder. Die Ernennung zum Prokuristen erfolgte erst, als ich – übrigens das einzige Mal in meinem Leben – laut und deutlich protestierte und schriftlich um meine Versetzung von Hoechst in ein anderes I. G.-Werk bat.

Es war eben manchmal recht schwierig, in dem damaligen Hoechst zurechtzukommen. Man war gezwungen, sich durchzusetzen und sich selbst zu helfen. Diese Erfahrungen haben mir viel genützt. Als ich später entsprechende Befugnisse in den Händen hielt, versuchte ich diese Erlebnisse immer zu berücksichtigen. Ich habe mich bemüht, junge Menschen rechtzeitig zu fördern, damit sie nicht zu viel Energie auf die Erringung von Titeln und Würden verschwenden mußten. Viele Menschen, die nicht so widerstandsfähig waren wie ich, sind damals in Hoechst gescheitert, wenn sie nicht den Weg zu anderen Werken fanden.

Von solchen Interna abgesehen, war die folgende Zeit befriedigend und inhaltsreich. Die Anorganische Fabrik in Hoechst bestand aus der Stickstoffabteilung und der allgemeinen anorganischen Abteilung mit einem zentralen anorganischen Forschungslaboratorium. Von meinen Arbeitsbereichen aus der Verfahrenstechnik fügte ich die Kohleentaschung hinzu, da sie gut in mein neues Tätigkeitsgebiet paßte. Die Leitung dieser Kohlearbeiten hat dann bis zum Kriegsende Walter Geisler übernommen, ein erfahrener Chemiker aus dem anorganischen Labor.

Die Stickstoffabteilung in Hoechst war in der Zeit des Ersten Weltkrieges gegründet worden. Ähnlich wie Ludwigshafen hatte auch Hoechst nach der Synthese des Ammoniaks und den Herstellungsmöglichkeiten von Salpetersäure gesucht. In Knapsack wurde nach dem Kanalofenverfahren von F. E. Polzeniuss die Kalkstickstofferzeugung aufgenommen und daraus durch Verseifung mit Kalziumhydroxyd Ammoniak hergestellt. Im Werk Gersthofen war noch vor dem Ersten Weltkrieg aufgrund der Anregungen von Wilhelm Ostwald über die Ammoniakverbrennung an Platinnetzen gearbeitet worden. Zu Beginn des Krieges wurden diese Arbeiten wieder aufgegriffen. Sie bildeten die Keimzelle der heutigen Verfahren zur Verbrennung von Ammoniak.

Die Ammoniakherstellung aus Kalkstickstoff wurde im Laufe des Krieges eingestellt, nachdem das Leunawerk den Betrieb aufgenommen hatte. Die Autoklaven – sonst nur aus der Literatur bekannt – habe ich übrigens noch Ende der vierziger Jahre auf dem Schrottplatz in Knapsack vorgefunden. Mit Platinnetzen von nur 50 Zentimeter Durchmesser war dann in Hoechst innerhalb des sogenannten Hindenburgprogramms des Ersten Weltkrieges eine verhältnismäßig große Ammoniakverbrennung mit vielen Adsorptionstürmen errichtet worden. Die Hauptaufgabe war, hochkonzentrierte, und zwar 99%ige Salpetersäure für die Herstellung von Sprengstoffen zu gewinnen.

Hoechst erreichte am Ende des Krieges eine Monatsproduktion von etwa 5000 Tonnen konzentrierter Salpetersäure. Das war eine für die damaligen Verhältnisse sehr große Menge. Nach dem Kriege hatte sich Hoechst erfolgreich um die Herstellung von

Düngemitteln bemüht. Daraus war eine umfangreiche Produktion von Kalksalpeter entstanden, für die als Mischungskomponente Ammonnitrat benötigt wurde.

Diese Stickstoffabteilung war organisatorisch eigentlich ein Fremdkörper in Hoechst. Als einziger Fabrikationsbereich gehörte sie zur Sparte I. Diese Sparte I war durch die Entwicklung der Haber-Bosch-Synthese ins Leben gerufen worden; sie wurde zu meiner Zeit von Carl Krauch geleitet. Ihre Organisation war eine ganz andere als in den übrigen Sparten. Alle Stickstoffbetriebe wurden konzentrisch und ziemlich diktatorisch von Oppau bei Ludwigshafen aus dirigiert. Da alles von einem Produkt, dem Ammoniak, abhing, stand dessen Produktion in Oppau und Leuna im Vordergrund und diktierte das Gesamtgeschehen. Man hielt diese Produktionsverfahren auch in den dreißiger Jahren noch recht geheim, zumal in der ganzen Welt eine große Konkurrenz entstanden war.

Die Weiterverarbeitungsbetriebe – so auch Hoechst – bekamen ihre Ammoniakmengen vom Spartenbüro in Oppau zugeteilt. Der interne Wettbewerb war hart. Wir tauschten, bei vollem Einblick in die Fabrikation, die Verarbeitungskosten, Spesen genannt, aus. Den Ammoniakpreis und damit die Gesamtkosten unserer Produktion kannten wir aber nicht. Auch die Kalkulation war von derjenigen der Sparte II vollständig getrennt und wurde nach ganz anderen Richtlinien vorgenommen. Der Verkauf lag in den Händen eines Stickstoffsyndikates, das zu neunzig Prozent der I. G. Farbenindustrie gehörte.

Diese Sonderstellung der Sparte I stammte noch aus der Zeit, als die Stickstoffprodukte wirklich Pioniererzeugnisse einer neuen Technik und wohl auch besonders gewinnbringend waren.

Auf vertraulichem Wege habe ich mir später Einblick in die wirklichen, streng geheimgehaltenen Kosten verschaffen können. Sie lagen übrigens in derselben Größenordnung wie heute in den Unternehmen nach der Umstellung auf die Petrochemie. Das beweist die außerordentlichen Rationalisierungserfolge, welche die neuen Verfahren und vervielfachte Kapazitäten seither ermöglichten. Das Leunawerk, in der Mitte der dreißiger Jahre bei weitem die größte Ammoniakanlage der Welt, erzeugte in mehreren Einheiten etwa 1200 Tonnen pro Tag. Heute werden in allen Erdteilen Anlagen gebaut, von denen jede für sich 1000 Tagestonnen produziert.

Auf Besuch in Leuna

Als Leiter der Anorganischen Fabrik stand ich also sozusagen mit einem Bein in einer anderen Welt. Ich lernte die dort maßgeblichen Herren kennen, obwohl ich mit meiner kleinen Hoechster Stickstoffabteilung natürlich in dem großen Konzern nicht viel Gewicht besaß. Sie war aber zugleich der Schauplatz einer großen technischen Entwicklung, der Hochdrucktechnik mit all ihren Gebieten.

Durch meine Arbeiten an der Kohleentaschung hatte ich Gelegenheit, das imposante Leunawerk näher kennenzulernen. Unter dem Namen Ammoniakwerk Merseburg GmbH firmierte es als hundertprozentige Tochter der I. G. Farbenindustrie. De facto jedoch stand es vollkommen unter der Führung von Oppau. Es hatte recht lange gedauert, bis in Leuna nach dem Aufbau während des Ersten Weltkrieges auch ein gewisses Eigenleben entstand. Dann aber, als mit der Kohleverflüssigung ein zusätzliches aktuelles Arbeitsgebiet hinzukam, entwickelte sich im Leunawerk auch eine spezielle Chemie. Einer ihrer beiden großen Schwerpunkte war die Erzeugung von hochwertigen Treibstoffen und Schmiermitteln. So wurde in Leuna aus Äthylen, das man durch Hydrierung von Acetylen gewann, hochwertiges Schmieröl produziert.

Den anderen Schwerpunkt bildeten die sogenannten Mersolate, also Waschrohstoffe, die durch Ultraviolettbestrahlung sulfochloriert wurden. Sie sollten im Zweiten Weltkrieg eine wichtige Rolle als Ersatz für Seife spielen und bewahrten uns vor der schrecklichen Tonseife des Ersten Weltkrieges, an die sich die Älteren unter uns noch erinnern werden. Die Mersolate waren eine Pionierentwicklung, die auch heute noch Bedeutung hat. Schon damals wurde in Hoechst eine Abwandlung dieses Verfahrens entdeckt, die Sulfoxydation, und zwar gleichfalls unter Ultraviolettbestrahlung, die wir jetzt technisch anzuwenden beginnen.

Nicht minder interessant war in Hoechst das andere Bein meiner Anorganischen Fabrik, die eigentliche anorganische Chemie. Sie bestand in Hoechst im wesentlichen aus der Fabrikation von Schwefelsäure und vielen ihrer Derivate sowie einer Chlornatronelektrolyse.

Bei den Schwerchemikalien erlebte ich wieder die ungünstige Situation von Hoechst. Wegen der unzulänglichen technischen Voraussetzungen war hier alles teurer. Da die Schwefelsäureanlage nicht direkt am Fluß lag, mußten die Materialien vom und zum Main transportiert werden. Erst vor wenigen Jahren haben wir diesem Übelstand abgeholfen. Im Jahre 1967 errichteten wir eine neue Schwefelsäureproduktion direkt am südlichen Ufer des Mains.

Damals jedoch mußte viel Überredungskunst angewendet werden, um gegen die besseren Standorte, vor allen Dingen in Leverkusen, zu konkurrieren. Die dort gefundene Abröstung von Pyrit in Drehöfen wurde schließlich auch in Hoechst angewendet und führte zum Bau zweier großer Einheiten. Ein bedeutsames Produkt war später im Kriege die Nebelsäure, ein Gemisch von Chlorsulfonsäure mit Schwefeltrioxyd, das zur Einneblung militärischer Stützpunkte in großen Mengen benötigt wurde.

Die neue Elektrolyse

Das interessanteste war die neue Chlornatronelektrolyse, die Hermann und Staib schon vor meiner Zeit für Hoechst erkämpft hatten. Die Elektrolyse des Kochsalzes an Quecksilberanoden, ursprünglich von Hamilton Young Castner in England entdeckt, hatte Gersthofen zu Beginn des Jahrhunderts ohne rechten Erfolg betrieben. In Leverkusen wurden dann entscheidende Verbesserungen entwickelt; im wesentlichen handelte es sich dabei um die Zersetzung des Natriumamalgams an Graphit.

Der Hauptvorteil dieses Verfahrens: Die entstehende Natronlauge war frei von Kochsalz und so rein, wie sie für die Erzeugung der Zellwolle benötigt wurde. Der Bedarf für die Zellwolle, die als Ersatz für Baumwolle diente, diktierte damals die Kapazität der Elektrolysen. Chlor war 1938, im Gegensatz zu heute, noch ein im Überschuß anfallendes Nebenprodukt. Für seine nutzbringende Verwendung wurde sogar einmal unter den Chemikern ein Preisausschreiben veranstaltet.

Die erste Großanlage nach dem Amalgamverfahren in Hoechst litt unter vielen Kinderkrankheiten, die uns längere Zeit Tag und Nacht in Atem hielten. Ein Begleitprodukt dieser Elektrolyse war der Wasserstoff, der in Hoechst unter anderem zur Füllung der Zeppeline verwendet wurde. Er wurde mit Aktivkohle sorgfältig von Quecksilber befreit, da sonst eine Korrosionsgefahr für die Aluminiumhüllen der Luftschiffe bestanden hätte, und durch eine Leitung unter dem Main zum Flughafen geliefert. Wir waren auf diese Weise eng mit den Zeppelinen verbunden, die bis zum Unglück von Lakehurst im Jahre 1937 regelmäßig nach Frankfurt fuhren. Als der Krieg mit Frankreich begann, wurden die Hallen mit den darin stationierten Luftschiffen gesprengt.

Unter dem Diktat der Kriegswirtschaft

Zu Kriegsanfang im September 1939 war ich, wie erwähnt, bereits Leiter der anorganischen Fabrikation. Ich erlebte den Ausbruch eines Krieges jetzt zum zweiten Mal, aber mit ganz anderen Gefühlen. Die Stimmung war in ganz Deutschland gedrückt. Nirgendwo war richtige Begeisterung zu spüren. Nachdem 1938 durch die Einigung mit Chamberlain in München die Kriegsgefahr noch einmal vorübergegangen war, hatte man bis zum letzten Augenblick darauf vertraut, daß sie auch dieses Mal abgewendet werden könnte. Peace in our time – nicht nur in England hatten diese hoffnungsvollen Worte Chamberlains rückhaltlose Zustimmung gefunden. Mit meinen 36 Jahren war ich zunächst zu alt, um Soldat zu werden, so wie ich zu Ende des Ersten Weltkrieges zu jung gewesen bin. Außerdem stand ich an verantwortungsvoller Stelle in der Wirtschaft. Im geschäftlichen Bereich änderte sich zunächst wenig. Schon lange vorher hatte eine vollständige Bewirtschaftung eingesetzt. Sie betraf nicht nur die Produktion, sondern auch Reparaturmaterialien, Energie und vieles andere. Es gab einen Mobilmachungsplan, der – als Mobplan – verschlossen in Hoechst im Safe lag. Als wir ihn öffneten, enthielt er für uns kaum etwas Überraschendes.

Im Grunde genommen war alles, was in Hoechst und auch in der I. G. Farbenindustrie hergestellt wurde, für die allgemeine Wirtschaft in Frieden und Krieg notwendig. Selbstverständlich aber gab es, von Berlin aus verfügt, eine Reihe von Dringlichkeitsstufen. Zu den wichtigsten gehörten die großen neuen Entwicklungen wie Hydrierbenzin, Buna und Leichtmetalle.

In meinem Bereich wurde eigentlich nur die hochkonzentrierte Salpetersäure mit einer hohen Dringlichkeitsstufe versehen. Düngemittel z. B. traten demgegenüber in den Hintergrund. Für die als dringlich bezeichneten Produktionen erhielt man alles, was nötig war. So wurde die Erzeugung von Salpetersäure in Hoechst schließlich auf etwa 10000 Tonnen im Monat ausgebaut.

Das Kontroll- und Genehmigungssystem, nach dem alle diese Entscheidungen gefällt wurden, war, wie in allen lückenlos gelenkten Planwirtschaften, bürokratisch und unzulänglich. Wer an leitender Stelle tätig war, mußte ständig nach Berlin fahren, um dort bei den vielen Instanzen seine Bewilligungen durchzusetzen.

Das Regime hatte wenig Verständnis für die Notwendigkeit naturwissenschaftlicher und technischer Leistung, wenn man von Flugzeugen, Panzern usw. absah. So war es ungeheuer schwierig – zum mindesten in den ersten Jahren –, die erforderlichen Fachkräfte für uns zu bekommen.

In der ganzen Ära des NS-Staates einschließlich der Kriegszeit hatte diese Einstellung der Regierung vor allem eine Folge: in Hoechst konnte kaum gebaut werden. Das Werk verharrte in dem recht unmodernen Zustand, in dem es sich schon bei der I. G.-Gründung und zur Zeit der Wirtschaftskrise befand.

Wie dilettantisch Kriegsaufgaben zuweilen angefaßt wurden, erlebten wir Hoechster an unserem Lachgas-Abenteuer. Hoechst stellte seit langem aus Ammonnitrat geringe Mengen von Lachgas her. Es wurde von den Zahnärzten als Betäubungsmittel verwendet. Die Produktion betrug etwa zehn Tonnen pro Jahr. Eines Tages wurde ich nach Berlin zum Heereswaffenamt beordert. Dort war die Idee aufgetaucht, flüssiges Lachgas in die Zylinder von Flugzeugmotoren einzuspritzen. Dadurch sollten Flugzeuge insbesondere in großer Höhe schnell beschleunigt werden.

Das Heereswaffenamt wünschte eine Produktion von mehreren hundert Tonnen Lachgas im Monat. Das war ein Vielfaches von dem, was wir zu dieser Zeit herstellen konnten. Die Luftwaffe interessierte sich außerordentlich für dieses Projekt, wenngleich gewisse Zweifel berechtigt waren, ob der erhoffte Effekt nicht auf anderem Wege besser erreicht werden konnte. Jedenfalls bekamen wir den Auftrag, vier große Betriebe zu errichten. Plötzlich erhielten wir Baunummern, Eisengenehmigungen und alles, was wir benötigten, um diese im übrigen nicht ganz gefahrlose Fabrikation aus dem Boden zu stampfen.

Nach etwa sechs bis acht Monaten konnten wir recht stolz die Fertigstellung des ersten derartigen Betriebes in Hoechst melden. Doch erhielten wir zunächst nicht einmal eine Antwort. Auch die produzierten Mengen wurden nicht abgenommen. Als wir uns erkundigten, erfuhren wir endlich, daß inzwischen Bedenken gegen den Einsatz dieses flüssigen Lachgases aufgetaucht waren. Es hatte sich herausgestellt, daß die mit flüssigem Lachgas gefüllten Behälter nicht beschußsicher waren. Lachgas ist eine endotherme Verbindung und zerfällt explosionsartig, wenn es entsprechend gezündet wird.

Der Betrieb ist dann nie richtig ausgenutzt worden. Alle unsere Arbeiten und das aufgewendete Material waren nutzlos gewesen. Wir sahen an diesem Beispiel deutlich, wie unvollkommen und bürokratisch die deutsche Kriegsmaschine lief.

In meiner ehemaligen Verfahrenstechnik wurde daran gearbeitet, U-Boote gegen die Entdeckung durch Radargeräte zu schützen. Mit Hilfe dieser Geräte hatten die Briten der deutschen U-Boot-Flotte schwere Verluste zugefügt. Auch hier kamen die wissenschaftlichen und anwendungstechnischen Erkenntnisse nicht recht zum Tragen.

Unerwartete Wende

Der September 1941, mitten im Kriege, brachte für mich eine unerwartete und entscheidende Wende meines Lebens. Alle großen Ereignisse, die für mich etwas bedeuteten, die schönen wie die unerfreulichen, sind immer ganz unvorhergesehen eingetreten.

Eines Vormittags sagte mir Lautenschläger: »Herr ter Meer

Oben: Die drei Kinder 1956. V. l. n. r.: Ernst-Ludwig, Lotte, Albrecht

Unten: Wohnung in Hoechst bis 1945

Hauptversammlung

Oben: Jubiläumsfeier 1963. V. l. n. r.: Carl Wurster, Fritz ter Meer, Hermann J. Abs, Richard Kuhn, Otto Hahn, der bayerische Wirtschaftsminister Otto Schedl

Unten: Beschlußfassung zur Gründung der Buna-Werke Hüls 1955. V. l. n. r.: Hermann Richter, Ulrich Haberland, Hans Werner von Dewall, Karl Winnacker, Carl Wurster

Oben: Einweihung der amerikanischen Zentrale in Bridgewater bei New York 1970
V. l. n. r.: Rolf Sammet, Kurt Lanz, der Gouverneur des Staates New Jersey
William T. Cahill, John G. K. Brookhuis

Unten links: Spatenstich zum Schwimmbad im Jugendheim Oberaudorf (Obb.) 1959
Im Vordergrund: Erich Bauer, rechts dahinter: Hans Bassing

Rechts Mitte: Friedrich Müller, Leiter der Sozialabteilung

will Sie um zwölf Uhr dreißig in der ›Grüneburg‹ sprechen.« Eingedenk meiner ersten, etwas stürmischen Begegnung mit ihm versuchte ich von Lautenschläger zu erfahren, worum es sich handle. Lautenschläger drückte ein wenig herum, das Ganze war ihm offensichtlich unangenehm, bis stockend herauskam, daß er schon seit einigen Tagen wisse, daß ich ter Meer aufsuchen solle. »Wissen Sie«, sagte Lautenschläger, »der Vorstand hat da einen ... hm ... gewissen Beschluß gefaßt, der Sie betrifft.«

Lautenschläger sagte dann noch etwas: er sei zwar eigentlich dagegen gewesen, denn mit seinen dreiundfünfzig Jahren wolle er das Werk gern noch längere Zeit leiten. Allmählich erriet ich, welche Botschaft mir Lautenschläger vermitteln sollte. »Sehen Sie, Herr Winnacker«, schloß er, »ich halte es ja für nicht nötig, aber der Herr ter Meer wird Ihnen also sagen ... und da müssen Sie einmal sehen, wie Sie damit fertig werden.«

Ganz sicher war ich mir eigentlich immer noch nicht, ob ich ihn wirklich verstanden hatte, aber etwas sehr Unangenehmes konnte es bestimmt nicht sein.

Ich fuhr also anschließend ins Verwaltungsgebäude der I. G. Ter Meer eröffnete mir ohne Umschweife: »Sie sollen nach einem gewissen Zeitraum von etwa vier bis fünf Jahren technischer Leiter der Betriebsgemeinschaft Mittelrhein werden.« Das war natürlich mit dem Eintritt in den Vorstand verbunden. Um mich darauf vorzubereiten, solle ich ab sofort Ulrich Haberland in der Leitung des Werkes Uerdingen vertreten. Haberland war längst zum Chef von Leverkusen bestimmt und hielt sich schon die meiste Zeit dort auf. Ich solle dann nach eindreiviertel Jahren noch drei Monate nach Schkopau gehen, um dort den Betrieb des neuen Bunawerkes und seinen ständigen Ausbau ein wenig mitzuerleben.

Nach insgesamt zwei Jahren – also Mitte September 1943 – solle ich nach Hoechst zurückkehren. Ich würde in diesem Augenblick zum Direktor der I. G. Farbenindustrie ernannt werden und einen genau definierten, wesentlich vergrößerten Bereich innerhalb des Werkes verantwortlich übernehmen. Ich würde gleichzeitig Mitglied des Technischen Ausschusses und einiger anderer maßgeblicher Gremien der I. G. Farben werden.

Das war also ganz offensichtlich ein vom Vorstand in aller Form schon vor einiger Zeit gefaßter Beschluß. Die Angelegenheit wurde von ter Meer als sehr eilig angesehen. Er erwartete, daß ich meine Tätigkeit in Uerdingen wenige Tage später antreten würde. Als ich gleich anschließend Haberland anrief, war er überrascht, daß ich mich nicht schon längst bei ihm gemeldet hatte.

Über meine bisherige Tätigkeit in Hoechst wurde nicht mehr viel gesprochen. Es wurden zwar Vertreter eingesetzt, im Grunde genommen war es aber ganz selbstverständlich, daß ich nebenher die Leitung der Anorganischen Fabrik behielt. Uerdingen – das bedeutete intime Bekanntschaft mit der Deutschen Reichsbahn. Jeden Montagmorgen fuhr ich nach Uerdingen und Freitagabend wieder nach Hoechst zurück. Sonnabend und Sonntag standen dann für meine Anorganische Fabrik zur Verfügung. Wie hatte mir ter Meer in seiner trockenen Art gesagt? »Herr Winnacker, Sie können ja am Wochenende in Hoechst immer nach dem Rechten sehen.«

Meiner Frau paßte diese ständige Abwesenheit natürlich gar nicht. Aber wer fragte damals schon nach Familienleben. Im übrigen war im Juli unser erster Sohn Ernst-Ludwig geboren worden, so daß sie ohnedies genug zu tun hatte. Das private Leben bestand damals auch zu Hause aus Beruf – ich wohnte ja mitten in der Fabrik – und aus Sorge um das tägliche Dasein. Urlaub gab es nicht. Wir haben das im Kriege als selbstverständlich hingenommen.

Herzliches Verhältnis zu Ulrich Haberland

Als ich zum ersten Mal nach Uerdingen kam, sorgte Haberland für eine kleine Sensation. Er hatte seinen Mitarbeitern verkündet: »Heute um 11.00 Uhr kommt mein Nachfolger.« Man muß sich vorstellen, was nun in einem solchen Werk, in dem natürlich auch andere auf diese Position gehofft hatten, für ein Rätselraten anhob. Haberland verpflichtete mich, niemals davon zu sprechen, daß ich nur vorübergehend da sei.

So tauchte ich wieder einmal mit einem großen Sprung in kaltes Wasser. Das war nicht einfach und wäre heute kaum mehr denkbar. Aber kurzfristige und überraschende Personalentscheidungen waren seinerzeit üblich. Ich habe mich dank der Unterstützung von ter Meer und Haberland sehr schnell zurechtgefunden. Zu den dort tätigen Kollegen entstand ein herzliches Verhältnis, das viele Jahrzehnte lang anhielt.

Kurz nach diesem neuen Anfang in Uerdingen fand im November 1941 das 25jährige Jubiläum von Leuna statt. Eine offizielle Feier, wie man sie heute bei Jubiläen veranstaltet, mußte wegen des Krieges unterbleiben. Die Führung der I. G. traf sich in Leuna lediglich zu einer Vortragstagung, bei der ich Hoechst vertreten durfte. Den Vorträgen folgte eine Werksrundfahrt, die wiederum einen gewaltigen Eindruck von dem damals noch völlig unzerstörten Werk vermittelte. Schließlich begann eine lang andauernde Feier im Kasino. Zu den Gästen gehörte ein großer Teil der Vorstandsmitglieder, besonders auch die Älteren, welche die Errichtung des Werkes im Jahre 1916 noch miterlebt hatten. Als Geschenk erhielt das Werk ein Schwimmbad.

In Uerdingen gab es für mich viel zu lernen. Das Werk zählte damals rund 3250 Mitarbeiter und gehörte zur Betriebsgemeinschaft Niederrhein. Das bedeutete für mich, daß ich nun auch in Leverkusen zu tun hatte und an den dortigen Abteilungsleitersitzungen teilnahm. Ich erlebte hier einen ganz anderen Geist, wie ja überhaupt in der I. G. Farbenindustrie der genius loci, also die Tradition der alten Werkskomplexe, erhalten blieb. Man konnte eigentlich jedem Mitarbeiter, wenn man näher Bescheid wußte, ansehen, wo er herkam.

Leverkusen lebte damals noch ganz im Geiste Carl Duisbergs, der 1935 gestorben war. Er hatte, von Elberfeld aus beginnend, dieses Riesenwerk auf die grüne Wiese gebaut. Er selbst wohnte als Patriarch mitten im Werk gegenüber dem Verwaltungsgebäude und hatte dort im guten Sinne alles nach seinem Wesen geprägt. Dieses Wesen entsprach dem frohen, mir sehr sympathischen rheinländischen Charakter. Carl Duisberg war im selben Jahr wie mein Vater 1861 in der Nähe meines Geburtshauses in Barmen geboren. Persönlich habe ich ihn als Student nur von weitem bei Tagungen gesehen.

Leverkusen hatte mehr als vier Jahrzehnte eine einheitliche Führung besessen und unter Duisberg für lange Zeit sowohl auf technischem wie menschlichem Gebiet die Weichen für eine gesicherte Zukunft gestellt bekommen. Dadurch besaß es gegenüber Hoechst einen großen Vorsprung.

Uerdingen stellte die Hausmacht der Familie ter Meer dar, denn der Vater ter Meer brachte es 1926 in die I. G. ein. Es war recht veraltet und technisch nicht sehr gut ausgestattet. Den Zusammenschluß hatte es aber gut überstanden und verfügte über einige wenige, aber sehr interessante Fabrikationen, die auch in der Zeit des NS-Regimes und während des Krieges großes Interesse beanspruchen konnten.

Die spezielle Leistung von Haberland war die Entwicklung des Komplexes der Eisenoxydfarben. Aus dem Nebenprodukt der Nitrobenzolreduktion zum Anilin hatte er ein Pigmentsortiment aufgebaut und daran eine breite Fabrikation von Eisenoxyd und auch einigen weiteren Pigmenten angeschlossen. Es war ja überhaupt das Typische dieses I. G.-Kreises, daß sich jeder leitende Techniker durch eine technische Erfindung qualifiziert haben mußte, die deutlich mit seinem Namen verbunden war. Durch Beziehungen allein konnte man in der I. G. nur sehr schwer etwas werden.

In dem gegenüber Hoechst sehr viel kleineren Werk Uerdingen kamen auf den Leiter ganze Bündel von Problemen zu. Sie meistern zu lernen, war angesichts der für mich vorgesehenen Position sehr wichtig. Ich hatte es mit vielen sozialpolitischen und Verwaltungsaufgaben zu tun, die im Kriege besonders kompliziert waren. Schon die Versorgung der Belegschaft mit Lebensmitteln und Berufskleidung bereitete beträchtliche Schwierigkeiten. Zudem beschäftigten wir viele Zivilarbeiter aus den besetzten Gebieten. Kurzum, man war mit noch nicht 40 Jahren Vater einer großen Familie, der es an allen Ecken und Enden fehlte.

Mein Leben gestaltete sich in dieser Uerdinger Zeit recht unruhig. Zu den wöchentlichen Eisenbahnfahrten nach Uerdingen kam der große Verantwortungsbereich in Hoechst hinzu. Die Kriegsentwicklung erleichterte diese wechselvolle Lebensweise keineswegs. Es hatten längst die schweren Fliegerangriffe auf das Ruhrgebiet begonnen, von denen auch Düsseldorf betroffen war. Schon verbrachte man viele Stunden in provisorischen Luftschutzkellern zu Hause, auf den Bahnhöfen oder auch in der Fabrik. Auch das Elternhaus von ter Meer, in dem ich in Uerdingen wohnen konnte, wurde von Bomben getroffen, wobei glücklicherweise nur Sachschaden angerichtet wurde.

In dieser bewegten Zeit hatte jeder das Bedürfnis, mit den Kollegen näher zusammenzurücken. Haberland, Jahrgang 1900 und damit kaum drei Jahre älter als ich, war ein energischer und tatkräftiger Mensch. In den Kellerräumen des Verwaltungsgebäudes, wo sich einige Gästezimmer befanden, oder beim Kegeln im Uerdinger Kasino, das auch in schwierigsten Zeiten nicht ausfallen durfte, und bei dem wir manchen schweren Luftangriff verfolgt haben, entwickelte sich bald ein enges persönliches Verhältnis. Es blieb auch erhalten und verstärkte sich noch, als wir zehn Jahre später Leiter unserer beiden großen Unternehmen waren, der Farbenfabriken Bayer und der Farbwerke Hoechst.

An eine solche Zukunft konnte damals natürlich noch niemand von uns denken. Unabhängig davon aber haben wir viele gemeinsame Pläne geschmiedet. Mit einigen wenigen Jahren Zeitunterschied – Haberland war mir auch in der Karriere einige Jahre voraus – sahen wir für die Zeit nach Kriegsende die gleiche Position vor uns.

Als Kronprinzen unserer beiden Werksgemeinschaften Leverkusen und Hoechst hatten wir viel auszusetzen an dem, was damals geschah. Das betraf zunächst einmal die Verhältnisse in unserem Vaterland, das immer mehr dem Abgrund entgegentrieb. Aber auch zu unserer I. G. Farbenindustrie hatten wir eine Fülle kritischer Anmerkungen. Wir waren uns einig, daß sie nach Kriegsende einer grundsätzlichen Neuordnung bedürfen würde. Als schmerzlich und falsch empfanden wir beide die immer stärkeren Bestrebungen, wichtige Arbeitsgebiete, die mit ihren Standorten historisch verbunden waren, von Rhein und Main nach Mitteldeutschland oder gar in den Osten zu verlegen. Die militärischen Gründe, die dafür geltend gemacht wurden, waren schon damals angesichts des Kriegsverlaufes wenig überzeugend.

Es gab überhaupt viele Pläne zentraler Stellen in Berlin, die vom technischen und wissenschaftlichen Standpunkt aus völlig unsinnig waren. Man denke etwa an die Verlegung von chemischen Betrieben unter die Erde. Eine solche Maßnahme war von vornherein abwegig, weil die Probleme von Abwasser und Abluft nicht gelöst werden konnten. Was vielleicht für mechanische Betriebe galt, konnte für chemische Prozesse, Schmelzflußelektrolysen und andere Fertigungen niemals verwirklicht werden.

Glücklicherweise sind die meisten dieser Pläne nicht mehr realisiert worden. Wir sahen trotzdem mit großer Sorge, wie jahrelang nahezu alle Investitionen nach Mittel- und Ostdeutschland wanderten und unsere wertvollen Werke mit ihren wissenschaftlichen und technischen Potentialen brachzuliegen begannen. Später, als wir bei der Entflechtung die gesamte Belastung für das I. G.-Vermögen unserer Aktionäre übernehmen mußten, hat sich deutlich und im Detail gezeigt, wie sehr sich in wenigen Jahren die Anlagewerte von den alten Stammwerken nach dem Osten verlagert hatten.

Die Entwicklung brachte es mit sich, daß Haberland und ich sozusagen Schützlinge von ter Meer waren. Diese bevorzugte Stellung machte er uns nicht leicht.

Je näher man ihm kam, desto mehr verlangte er. Ter Meer kam oft nach Uerdingen, da er dort noch familiäre Beziehungen hatte. Dann saß er in seinem alten Arbeitszimmer, in dem schon sein Vater gesessen hatte. Hier in seiner Heimat konnte er sehr vergnügt sein, so daß man ihn plötzlich von einer ganz anderen Seite sah. Er war von seiner Herkunft, als Sproß einer Gründerfamilie, vermögend, aber auch von seiner geistigen Überlegenheit her eine Herrennatur, mit der nicht leicht umzugehen war. Er war groß, schlank und schien oft unnahbar, was er auch in der Tat sein konnte. Zweifellos zählte er zu den markantesten Persönlichkeiten der alten I. G., für die er auch in ernster Situation, zum Schluß in Nürnberg, einen großen Teil der Verantwortung übernahm. So war er auch berufen, die einzige kurze und prägnante Darstellung der I. G.-Entwicklung zu geben.

Das Schicksal seiner Familie – zwei erwachsene Kinder kamen durch unglückliche Umstände um – hatte wohl die Härte, die er ausstrahlen konnte, noch verstärkt. Er besaß aber auch viele angenehme menschliche Eigenschaften, die man erst nach einiger Zeit bei ihm erkannte.

Später, als ich wieder in Hoechst war, hatte sich unser Verhältnis im Vergleich zur I. G.-Zeit natürlich geändert. Unsere persönlichen Beziehungen waren inzwischen außerordentlich herzlich geworden. Sein Urteil aber über das, was früher gewesen war oder was außerhalb seines Wirkungskreises geschah, blieb unbeugsam und kompromißlos. Wenn es sich um Hoechst handelte, konnte er in seiner Meinung sehr ungerecht sein. Am Vorabend unseres Hoechster Jubiläums im Jahre 1963, an dem er selbstverständlich als Gast teilnahm – er war damals noch Aufsichtsratsvorsitzender bei Bayer–, trafen wir im Hause des 1962 verstorbenen Leisler Kiep zur Geburtstagsfeier zusammen.

Ter Meer hatte die alten Hoechster Herren und die dortigen Verhältnisse nie recht leiden können und brachte auch jetzt beim Glase Wein zum Ausdruck, daß bei den Verhandlungen, die dem Zusammenschluß zur I. G. vorausgingen, vieles nicht in Ordnung gewesen sei. Er meinte wohl, daß Hoechst seine wirkliche Situation in beschönigender Weise darzustellen verstanden hatte. Der Wortwechsel wurde an diesem Abend härter und härter. Er wurde schließlich nur dadurch beendet, daß uns die späte Stunde zum Aufbruch zwang.

Als ich ihn am anderen Morgen in der festlichen Jahrhunderthalle begrüßte, fragte er schmunzelnd: »Nun, war es gestern abend sehr schlimm?«, was ich ihm mit einem fröhlichen »Jawohl, es war sehr schlimm« bestätigte. So ist er, kämpferisch und temperamentvoll, in unser aller Erinnerung geblieben. Einer Auseinandersetzung ging er eben nicht gern aus dem Wege.

»Kronprinz« in Hoechst

Im Juni 1943 näherte sich meine Uerdinger Zeit dem Ende. Ich zog für drei Monate nach Schkopau und wohnte in der »Goldenen Kugel« in Halle. Auch hier gab es nun fast jede Nacht Fliegeralarm. Unter der Leitung von Carl Wulff und Wilhelm Biedenkopf war in Schkopau in kürzester Zeit das erste Bunawerk der Welt entstanden. 1938 begannen die ersten Betriebe zu arbeiten. Selbst vom heutigen Standpunkt aus bedeutete die Herstellung von synthetischem Kautschuk wohl eine der größten technischen Errungenschaften, die in der Chemie jemals vollbracht worden sind. Davon ein Stück miterlebt zu haben, bleibt mir unvergeßlich.

Das Werk war, so wie es 1938 in Betrieb ging, ohne Vorbild. Alle Verfahrensstufen mußten aus den verschiedensten I. G.-Werken, in denen sie zuerst »das Licht der Welt erblickt« hatten, hier zusammengetragen und auch von den Fachleuten dieser

Werke angefahren und betreut werden. Schkopau war gewissermaßen ein Sprößling der vereinten Anstrengungen aller großen I. G.-Werke. An Geld und Material wurde – da starker Zeitdruck herrschte – nicht gespart. Eine gewaltige Leistung, von deren Ausmaß man sich kaum mehr einen Begriff machen kann. Man konnte ja damals nicht von der petrochemischen Grundlage ausgehen, wie es dann die Amerikaner taten. Hier in Schkopau wurde zum ersten Mal aus Kalk und Kohle in vielen Stufen ein fertiges Reifenmaterial produziert.

Meine Rückkehr nach Hoechst von diesen Lehr- und Wanderjahren vollzog sich ebenso merkwürdig wie der Start im Jahre 1941. Niemals in den vergangenen zwei Jahren hatte jemand mit mir noch einmal über die mir seinerzeit in Aussicht gestellte Berufung gesprochen. Sooft ich ter Meer auch traf, mit ihm auf gemeinsamen Bahnfahrten nach Berlin die verschiedensten I. G.-Probleme diskutierte oder, wenn wir für dienstliche Diskurse zu abgespannt waren, Karten mit ihm spielte – nie fiel ein Wort über meine persönliche Zukunft. Ich fand dies zwar manchmal eigenartig, aber man nahm so etwas als selbstverständlich hin. So brach ich meine Zelte in Schkopau ab und kam Mitte September 1943 nach Hoechst zurück.

Auf den Tag genau, nachdem ich am ersten Morgen wieder meinen Hoechster Fabrikrundgang hinter mir hatte, rief mich ter Meer ganz selbstverständlich zu sich und überreichte mir die vor zwei Jahren versprochene Ernennung zum Direktor der I. G. Farbenindustrie. Zugleich wurde ich in den Technischen Ausschuß berufen, an dessen Sitzungen ich von nun an bis zum Kriegsende teilnahm.

Dieser Tea war in der turbulenten Kriegszeit neben dem eigentlichen Vorstand mehr denn je das Schlüsselgremium der I. G. Die Investitionsprogramme gingen damals in die Milliarden Reichsmark und erreichten damit die Höhe des Aktienkapitals der I. G. Farbenindustrie, wie es auch heute wieder bei den großen deutschen Chemieunternehmen der Fall ist. Technische Aufgaben nahmen damals das Hauptinteresse in Anspruch, weil Fragen der Finanzierung und der Wirtschaftlichkeit kaum zur Diskussion standen. Aus diesem Grund war auch die Stellung der drei Spartenchefs besonders stark. Der Vorstandsvorsitzende Hermann

Schmitz, der aus dem Finanzwesen stammte, fungierte wirklich nur als »primus inter pares«.

Natürlich war es ein beglückendes Gefühl, als ich knapp eine Woche vor meinem vierzigsten Geburtstag Direktor der I. G. geworden war. Das bedeutete damals nicht wenig. Überschattet wurde die Freude über meine neue Position freilich von der sich schon immer deutlicher abzeichnenden Entwicklung: das Reich trieb unaufhaltsam dem Untergang entgegen. Nicht allein die großen militärischen Katastrophen, wie der verlorene Feldzug in Afrika, das Ende der Sechsten Armee in Stalingrad oder die Landung der Alliierten in Italien, kündigten an, daß sich die Waage des Sieges unaufhaltsam den Alliierten zuneigte. Was in der Heimat geschah, machte einem die kommende Niederlage nicht minder bewußt. Noch intensiver als an der Front zeigte hier die totale Luftherrschaft der Alliierten und die Zerschlagung der industriellen Produktionsstätten, daß sie den Schlüssel zum Sieg fest in der Hand hielten.

Unsere Fabrikationen waren schon stark angeschlagen. Besonders die Benzinwerke wurden immer wieder schwer bombardiert und teilweise zerstört. Nur mit größter Anstrengung konnten sie nach den Angriffen wieder in Betrieb gesetzt werden.

Man machte zwar noch Pläne für die Zukunft. Doch für welche? Niemand hätte darauf eine Antwort gewußt. Eigentlich war jedem, der mit an unseren Konferenztischen saß, klar, daß die Situation von Tag zu Tag hoffnungsloser wurde.

In Wirklichkeit herrschte damals kaum noch eine unternehmerische Entscheidungsfreiheit. Außenwirtschaftliche Verbindungen bestanden nicht mehr, so daß die kaufmännische Initiative gelähmt war. Was gebraucht wurde und fabriziert werden sollte, entschied im wesentlichen der Rüstungsbeauftragte des Reiches, zuerst also Fritz Todt und später Albert Speer und seine riesige Organisation. Im übrigen unterlagen auch sie dem Zwang der trostlosen Situation, in dem sich die Wirtschaft in diesen letzten Jahren befand. Interesse erweckten nur noch die Aufgaben, die der hektischen Kriegswirtschaft dienten.

Ein großer Teil der Aktivität konzentrierte sich auf die Erzeugung von Buna, Benzin und Leichtmetall für die Flugzeuge. Alle Entscheidungen über Standort und Kapazität sowie die Bereitstellung der gewaltigen Geldmittel lagen praktisch nicht mehr in unserer Hand. Die großen Investitionen in Oberschlesien und in Auschwitz sind unter diesem Gesichtspunkt zu sehen. Kein vernünftiger Mensch konnte annehmen, daß sich in diesen entlegenen Gegenden auf die Dauer eine Industrie mit Eigenleben würde halten können.

Die Führung deutscher Industrieunternehmen wurde in jener Zeit durch recht übertriebene Geheimhaltungsmaßnahmen beeinträchtigt. Den entsprechenden Sachbearbeitern wurde auferlegt, ihren Vorgesetzten und auch dem Vorstand gegenüber strengstes Stillschweigen zu bewahren. Wir haben später, als in den fünfziger Jahren solche Probleme wieder auf uns zuzukommen schienen, im Vorstand den Beschluß gefaßt, daß keiner der uns unterstellten Belegschaftsmitglieder das Recht habe, solche Geheimhaltungspflichten gegenüber Dritten zu übernehmen. Wie kann man schließlich die Verantwortung für ein großes Wirtschaftsunternehmen tragen, wenn man teilweise nicht weiß, was innerhalb der eigenen Mauern alles geschieht?

In den westlichen Werken der I. G. kam die Arbeit mit den zunehmenden Bombenangriffen nach und nach zum Erliegen. Die Tea-Sitzungen fanden jetzt in der verlassenen Villa Bosch am Wolfsbrunnenweg in Heidelberg statt. Nur selten war der Tea dabei noch vollständig. Meist fehlten einige seiner Mitglieder, deren Werke gerade ein oder zwei Tage vorher angegriffen worden waren. Andere saßen in Eisenbahnzügen, die einen halben Tag oder noch mehr Verspätung hatten. Doch wer es immer noch schaffte, kam in diesen letzten Monaten des Krieges nach Heidelberg.

Das Herz stand still

Hier in diesen Konferenzen zeichnete sich anhand von nüchternen Zahlen, Kapazitäts- und Produktionsberechnungen jede Phase des gigantischen wirtschaftlichen Zusammenbruchs ab. Hier übersah man in der ganzen Tragweite die Auswirkungen der Bombardierungen von Leuna, von Ludwigshafen und später auch von Leverkusen. Es muß vor allem für die älteren Mitglieder, für Schmitz, ter Meer, Gajewski oder auch Krauch und viele andere ein bitteres Gefühl gewesen sein zu erleben, wie ihr stolzes industrielles Reich unaufhaltsam in Schutt und Asche sank. Vielleicht mag es so ähnlich einem General ergehen, auf dessen Lagekarte im Gefechtsstand sich mit entsetzlicher Nüchternheit der Untergang seiner Armeen und Divisionen widerspiegelt.

Diese Sitzungen des Tea wurden im wahrsten Sinne schließlich zu Abschiedstreffen. Bei der allerletzten fehlte Ulrich Haberland. In Uerdingen standen schon amerikanische Truppen. Jeder hatte nur noch mit seinem Werk zu tun und mit dem Schicksal der ihm anvertrauten Menschen.

Auch an die eigene Familie mußte man denken. Als im März 1944 bei einem Luftangriff auf Frankfurt einige Bomben sozusagen aus Versehen auf Hoechst fielen, schien es an der Zeit, meine Frau mit den Kindern – zu dem 1941 geborenen Ernst-Ludwig war 1942 unser zweiter Sohn Albrecht gekommen – nach Hofheim auszuquartieren. Die Familie meiner Frau besaß dort eine Zufluchtsstätte.

Rätselhafterweise blieb aber das Werk Hoechst von größeren Schäden verschont. Während rings herum große Teile von Darmstadt, Wiesbaden und Frankfurt vernichtet wurden, blieb Hoechst nahezu unversehrt. Massive Luftangriffe hätten hier auch entsetzliches Unheil angerichtet, denn von einigen kleinen Bunkern abgesehen waren die Luftschutzmaßnahmen für die Belegschaft und die Bevölkerung der Stadt und ihrer Umgebung völlig unzureichend.

Die Fabrikationen längs des Rheins waren inzwischen auch zum Stocken gekommen, als die Zerstörung der Mülheimer Rheinbrücke den Schiffsverkehr im Frühjahr 1944 endgültig stilllegte. Wir waren jetzt auf Kohlenzüge aus dem Ruhrgebiet angewiesen, die uns, Waggon für Waggon, von Berlin aus zugeteilt wurden.

Im Februar 1945 bin ich noch einmal bei unseren Freunden in Mitteldeutschland gewesen. Ein großer alter Mercedes trug einen Gasgenerator mit einem Holzkohle-Vorrat. Es ging über Leuna und Bitterfeld noch einmal nach Berlin. Zu tun und zu beraten gab es eigentlich nichts mehr. Man hatte einfach das Bedürfnis, alles noch einmal zu sehen. Die sowjetischen Armeen standen östlich von Berlin. Jede Nacht heulten die Sirenen, und Bomben hagelten auf die schwer zertrümmerte Reichshauptstadt.

Bald danach, so wurde uns klar, mußte die Reihe auch an uns kommen. Niemand ahnte, wie eine militärische Besetzung aussehen würde. Wir erwarteten, wie es Theodor Heuss in jenen Tagen formulierte, von den »Siegermächten keine Gnade und Glückseligkeit«. Wir wußten, daß Krieg ein hartes Geschäft ist, und daß man uns keine sehr freundliche Behandlung zugedacht hatte. Soviel wurde uns jedenfalls aus dem wenigen klar, was uns auf allen möglichen Wegen über die alliierten Konferenzen von Teheran und Jalta zugetragen worden war. Im übrigen scheuten wir uns, im einzelnen auszumalen, was wir wohl schon bald als bittere Realität erfahren sollten. Eine der größten Sorgen war, daß die zurückflutenden Kommandos der deutschen Armee sich in der Fabrik festsetzen könnten, um sie dann »fünf Minuten vor zwölf« zu zerstören.

Dazu kam es Gott sei Dank nicht mehr. Wir konnten auch mit Mühe und Not verhindern, daß Sprengungen und ähnliche unsinnige Maßnahmen, die natürlich geplant waren, vorgenommen wurden. Die Belegschaft stand in diesen Tagen zusammen. Jeder wollte verhindern, daß nicht noch zum Schluß zusätzliches Unheil angerichtet wurde.

In der Nacht vom 23. auf den 24. März 1945 war es dann soweit. Ich befand mich turnusmäßig als Chef in der Befehlszentrale. Von Frankfurt kam die Order, die Betriebe des Werkes abzustellen. Schweren Herzens gab ich die Anweisungen, die wir für diesen Fall vorgesehen hatten.

Es dauerte einige Stunden, bis das Herz der Fabrik zum Stillstand kam. Ein einziger Dampfkessel blieb in Betrieb. Er diente für die notwendige Versorgung mit Strom und Dampf. Am nächsten Morgen erfuhren wir, daß die ersten amerikanischen Panzertruppen von Süden und Norden durchgebrochen waren und sich schnell dem Frankfurter Gebiet näherten.

Ein paar Tage später begann der Einmarsch der Sieger in Hoechst. Die Geschichte der I. G. war zu Ende.

Kapitel V

Vom Gärtner zum Vorstandsmitglied

Bald bekamen wir die ersten Amerikaner zu sehen. Zwei von ihnen standen mir plötzlich in meinem Arbeitszimmer gegenüber, einem der traditionellen Direktionsräume in unserem Hoechster Verwaltungsgebäude. Es handelte sich um einen Offizier und einen Soldaten. Der Offizier warf seine Maschinenpistole auf den alten Mahagoni-Schreibtisch und riß das seit 1933 obligate Hitler-Bild von der Wand. Danach forderte er mich auf, ihn bei einer Fahrt durch die Fabrik zu begleiten.

Schweigend fuhren wir im Jeep durch das unzerstörte, aber leblose Werk, vorbei an den alten Laboratorien, Betrieben und den großen Düngemittelsilos. Nach etwa einer Stunde setzte mich der Offizier wieder vor dem Bürogebäude ab. Während der ganzen Fahrt hatten wir kaum ein Wort gewechselt. Es hätte auch nicht viel Sinn gehabt, denn ich kam mit seinem schwerverständlichen Englisch nicht zurecht. Welchem Zweck die gesamte Rundfahrt dienen sollte, war mir nicht klargeworden.

Diese erste und ganz unter dem Gesetz der »non-fraternization« stehende Begegnung hatte sich Ende März abgespielt. Nach diesem kurzen Besuch kümmerte sich zunächst kein Amerikaner um die Anlagen und die Menschen von Hoechst. Bis vor kurzem war hier noch fleißig gearbeitet worden. Jetzt herrschte eine merkwürdige, ungewohnte Stille. Jeder war sich selbst überlassen. Die Arbeiter standen herum, machten sich irgendwie zu schaffen und warteten, was nun aus ihnen und dem Werk werden würde. Niemand wußte, wie es weitergehen sollte. Keiner kannte die amerikanischen Pläne. Vielleicht scheuten sich auch die meisten von uns, darüber nachzudenken, was auf uns zukam.

Der amerikanische Militärkommandant von Frankfurt residierte im Gebäude der Metallgesellschaft am Opernhaus. Dort befanden sich auch jene militärischen Besatzungsstellen, die für die Farbwerke verantwortlich waren. Doch nur selten ließ sich jemand von ihnen sehen. In Hoechst nahmen die Amerikaner lediglich das Verwaltungsgebäude und das Kasino in Beschlag. Die Mitglieder der Werksleitung waren in die alten Betriebsbüros umgezogen, wo sie zunächst völlig unbehelligt blieben.

Im Stadtteil Höchst hatte sich in den ersten Tagen nach dem Einmarsch der amerikanischen Truppen die Auflösung der alten Ordnung vollzogen. In aller Stille verschwanden die letzten Repräsentanten der öffentlichen Verwaltung. Zunächst trat niemand an ihre Stelle. Nach wenigen Tagen meldeten sich einige Männer in der Fabrik und erklärten, daß nun die Stadtverwaltung von Höchst in ihrer Hand liege. Wir kannten keinen von ihnen. Unsere Besucher hatten anscheinend auch keine klare Vorstellung von dem, was sie nun eigentlich tun sollten. Sie verschwanden auch bald wieder und wurden durch eine ordnungsgemäße Verwaltung ersetzt.

In den Geschäften wurden die letzten Lebensmittel verkauft, die noch in den fast leeren Regalen lagen. Spontane Plünderungen beschränkten sich zunächst auf den Güterbahnhof, auf dem noch einige Waggons mit Nahrungsmitteln und anderen Waren standen. Während unmittelbar vor dem Ende der militärischen Aktionen die Organisation der spärlichen Versorgung einigermaßen aufrechterhalten worden war, setzte nun ein hemmungsloser Schwarzhandel ein, wie wir ihn in der ganzen Zeit des Krieges nicht gekannt hatten. Die meisten Menschen lebten von der Hand in den Mund, ohne sich über den nächsten Tag Gedanken zu machen.

Das Werksgelände und die umliegenden Höchster Stadtteile waren beinahe völlig unzerstört geblieben. Wir hatten uns in den letzten Jahren nie recht erklären können, warum die Werke Hoechst und Griesheim und schließlich auch das Hauptverwaltungsgebäude der I. G. Farbenindustrie im Grüneburgpark von den Bombardierungen verschont worden waren. Es mußte besonders bemerkenswert erscheinen, weil die umliegenden Städte Frankfurt, Darmstadt und Wiesbaden, aber auch die dort ansässige Industrie in den letzten Jahren unter fast pausenlosen Bombenangriffen gelegen und auch nahezu alle anderen I. G.-Werke wie Leverkusen und Ludwigshafen schwer gelitten hatten. Selbst in späteren Gesprächen mit Amerikanern konnten wir keine konkreten Gründe dafür erfahren.

Natürlich gab es viele Gerüchte, die diesen auffälligen Umstand zu erklären versuchten. Ich selbst glaube mich zu erinnern, daß auf den Karten, die von den einrückenden Truppen mitgeführt wurden, Hoechst als besondere Fläche ausgespart war. Vielleicht – so vermuteten wir – sollte die große Fabrikanlage mit ihren Werkstätten, Gleisanlagen und Verladeeinrichtungen als eine Art Etappenzentrum dienen, falls der Vormarsch der Amerikaner noch auf stärkeren deutschen Widerstand gestoßen wäre.

Zunächst schienen solche Vermutungen auch durchaus gerechtfertigt. Etwa eine Woche nach der Besetzung erreichte uns der Befehl, den gesamten Werkskomplex mit allen Wohnungen im angrenzenden westlichen Teil von Höchst frei zu machen. Wir hatten dafür nur wenige Stunden Zeit. In aller Eile räumten wir also unsere Wohnungen, ließen die Türen befehlsgemäß offen und schleppten auf Handwagen oder Schubkarren fort, was uns am wichtigsten schien, und was wir transportieren konnten. Die treuen Belgier, die in den letzten 3 Jahren bei uns gewohnt hatten, halfen dabei. Sie hatten offensichtlich Erfahrungen, wie man sich gegenüber einer Besatzungsarmee verhalten mußte. Ich kümmerte mich mehr um die Fabrik, die jetzt menschenleer dastand.

Am späten Nachmittag fuhr ich als einer der letzten auf meinem Fahrrad nach Hofheim. Dort war meine Familie schon seit geraumer Zeit in der Apotheke untergebracht, die zum Erbteil aus der Familie meiner Schwiegermutter gehörte. Meine Frau und meine kleinen Buben waren dort weit genug entfernt, um vor allen möglichen Übergriffen geschützt zu sein. Andererseits war die Familie nahe genug, um sie jederzeit schnell erreichen zu können.

Die Zukunft erschien mir so dunkel wie noch nie. Bei aller Hoffnungslosigkeit verspürte ich keinerlei Angst. Die empfindet man wohl erst, wenn man Zeit zum Nachdenken hat. Gott sei Dank war uns die inmitten der herrschenden Verwirrung nicht gegeben. Jeder von uns hatte alle Hände voll zu tun, um das Leben für den nächsten Tag sicherzustellen.

Am darauffolgenden Morgen, gegen fünf Uhr früh, wagte ich es, mit Fahrrad und Rucksack mutterseelenallein noch einmal durch die menschenleere Fabrik zu meiner einstigen Dienstwohnung zu fahren. Der Anlaß dazu waren einige Flaschen Wein, die bei dem eiligen Aufbruch vergessen worden waren. Sie standen tatsächlich in der offenen Tür noch an ihrem Platz. Mit dieser für jene Zeit äußerst wertvollen Fracht radelte ich nun an einem einsamen Militärposten vorbei durch ganz Höchst zu einem Kollegen nach Unterliederbach. Bei ihm deponierte ich meinen geborgenen Schatz.

Niemand von uns wußte, was der plötzliche Räumungsbefehl bedeuten sollte. Wieder machten alle möglichen Gerüchte die Runde. Es hieß, Hoechst solle Hauptquartier einer durchmarschierenden Armee werden. Diese Vermutung hatte einiges für sich, denn noch war der Krieg blutige Wirklichkeit. Im Osten und Süden des Reiches wurde noch gekämpft, Berlin war noch nicht gefallen, und bis zum Waffenstillstand am 8. Mai verging noch mehr als ein ganzer Monat.

Unsere Wohnungen standen leer, aber es geschah nichts. Die Amerikaner ließen sich nicht sehen. So schlichen wir uns nach zwei Tagen des Wartens vorsichtig und zögernd wieder in die Fabrik und in unsere Wohnungen. Zunächst fühlten wir uns noch recht unsicher, beinahe wie bei einer verbotenen Tat. Jeden Augenblick mußten wir befürchten, von amerikanischen Soldaten unsanft hinausbefördert zu werden. Doch nichts dergleichen geschah. Allmählich gewannen wir in unseren vier Wänden wieder ein etwas sicheres Gefühl. Vielleicht hatten die Amerikaner erkannt, daß Deutschland keinen Widerstand mehr leisten konnte und mit weiteren Kampfhandlungen nicht mehr zu rechnen war. So hatte die US-Armee für Höchst als Etappenzentrum keinen Bedarf mehr.

In Höchst und Frankfurt wurde es nun turbulent. Tausende von ehemaligen Kriegsgefangenen und Fremdarbeitern durchzogen die Straßen. Sie stammten aus jenen Ländern, die von der deutschen Wehrmacht erobert worden waren. Von der Besatzungsmacht wurden sie »Displaced Persons« genannt. Diese D. P.s waren bedauernswerte Menschen, die man gewaltsam aus ihrer Heimat verschleppt und zumeist in der Rüstungsindustrie eingesetzt hatte.

Nach dem Ende des NS-Regimes strömten die D. P.s, für die nun die Stunde der Befreiung und des Triumphes geschlagen hatte, in den größeren amerikanischen Verwaltungszentren zusammen. Hier hofften sie, Unterstützung für die ersehnte Rückkehr in die Heimat zu finden. Die amerikanischen Truppen sorgten für sie nach Möglichkeit, vor allem für ihre Verpflegung. Darüber hinaus aber konnten die Soldaten herzlich wenig tun. Auch bei den Amerikanern gab es – wie wir bald erfahren sollten – eine überraschend schwerfällige Bürokratie.

Nur langsam kam der Prozeß der Repatriierung in Gang. So durfte es nicht wundernehmen, daß sich viele D. P.s die Wartezeit mit einträglichen Geschäften verkürzten. Psychologisch verständlich war auch, daß sie sich dabei an der deutschen Bevölkerung schadlos zu halten versuchten, deren Regierung sie unfreiwillig ins Land geholt und als Menschen minderen Rechts behandelt hatte.

Die ehemaligen Fremdarbeiter, die in Hoechst beschäftigt waren, verhielten sich außerordentlich diszipliniert. Sie kamen zu uns und besprachen ihre Probleme. Leider konnten wir ihnen außer guten Ratschlägen keine große Hilfe bieten. Unsere belgischen Hausgenossen hatten Zuflucht im Sossenheimer Pfarrhaus gefunden und wären wohl gerne bei uns geblieben, da sie zu Hause unter ungünstigeren Verhältnissen gelebt hatten. Später wurden sie aber in ihre Heimat zurücktransportiert. Wir standen noch viele Jahre, ja bis vor kurzem mit ihnen in Verbindung.

Hauptsammelpunkt der Displaced Persons, von denen viele beim Einmarsch der Amerikaner elend und halb verhungert waren, wurde das I. G.-Farben-Gebäude in Frankfurt. Die Militärbehörden hatten es eigens für diesen Zweck freigegeben. Hier blieben zunächst diese Frauen und Männer aus aller Herren Länder mehr oder weniger sich selbst überlassen. Es war leicht verständlich, daß es dort nicht so vornehm wie in einem Grandhotel zuging, so daß in kurzer Zeit das Mobiliar und die gesamte Einrichtung des Hochhauses schwer in Mitleidenschaft gezogen wurden.

Eines Tages verfrachteten die Amerikaner alle diese Menschen auf Lastwagen und beförderten sie innerhalb weniger Stunden nach Hoechst. Carl Ludwig Lautenschläger und ich, die wir ja noch zur amtierenden Werksleitung gehörten, waren vorher kurzfristig nach Frankfurt zitiert worden. Dort hatten uns die Amerikaner lakonisch den Befehl erteilt, alle diese Menschen in Betten unterzubringen. Wie wir diese nahezu undurchführbare Order ausführen sollten, hatte man uns in Frankfurt allerdings nicht gesagt. So richteten wir in allen geeigneten Gebäuden der Fabrik Behelfsquartiere ein.

Unsere Handwerker mußten anschließend das erheblich beschädigte I. G.-Verwaltungsgebäude wiederherrichten. Wir hörten, daß es das Hauptquartier von General Eisenhower werden sollte. Zur Renovierung benötigten wir das zuvor in unseren Betrieben hergestellte Mowilith als Grundlage für die Anstrichfarben. Auf etwas komplizierte und sicher nicht völlig legale Weise erhielten wir in diesem Zusammenhang die Genehmigung, wieder Mowilith zu produzieren.

Das war die erste Fabrikationserlaubnis, die uns nach dem Einmarsch der Amerikaner erteilt wurde. Wir reagierten darauf voller Freude und Arbeitseifer. War das der erste Silberstreifen am Horizont? Würden bald neue Produktionen genehmigt werden?

Wir ahnten nicht, wie weit solche Hoffnungen von der Realität entfernt waren, und daß in jener Zeit die amerikanischen Militärbehörden noch den strikten Befehl hatten, die Wiederaufnahme der Arbeit in der Fabrik grundsätzlich zu verhindern. Noch lange sollte hartes Frostwetter zwischen Amerikanern und Deutschen herrschen.

In diesen ersten Wochen und Monaten der Besatzungszeit wußten wir kaum, was in der Welt geschah. Mit unseren Volksempfängern hörten wir lediglich Nachrichten eines Besatzungssenders. Zeitungen gab es nicht. Erst am 1. August 1945 erschien als erste und lange Zeit einzige Zeitung die Frankfurter Rundschau. Über die Pläne der Siegermächte erfuhren wir fast gar nichts. An den Anschlagtafeln, wo früher die NS-Meldungen prangten, hingen nun die Verlautbarungen der Besatzungsmacht, wie z.B. die am 5. Juni 1945 ergangene Vier-Mächte-Erklärung, in der verlangt wurde, daß Deutschland »sich allen Forderungen unterwirft, die ihm jetzt oder später auferlegt werden«.

Auch von der Kapitulation am 8. Mai haben wir kaum etwas gehört. Für uns war der Krieg ja lange vorher zu Ende gegangen.

Damit hörte bei uns in den ersten Apriltagen nach nahezu sechs Jahren auch die Verdunklung wieder auf. Das war in der Tat der einzig erfreuliche Eindruck in diesen düsteren Tagen. Man wird es heute kaum glauben, wie wenig seinerzeit die deutsche Bevölkerung – von wenigen Ausnahmen abgesehen – über die großen Ereignisse informiert war, die damals die Welt bewegten. Auch die Unterzeichnung der Charta von San Francisco am 26. Juni 1945, die die Weltorganisation der UNO begründete, wurde nur den wenigsten richtig bewußt.

Das Auftreten Tausender von D. P.s hatte die zuvor noch recht ruhige Atmosphäre in Höchst verändert. Immer öfter kam es zu Ausschreitungen und Krawallen. Die baumlangen amerikanischen Militärpolizisten sahen alldem mit begreiflichem, aber manchmal doch auch aufreizendem Gleichmut zu. Sie beschränkten sich darauf, den ohnehin kaum existierenden Verkehr zu regeln und auf die Einhaltung der für die Nacht verhängten Sperrstunden minuziös zu achten.

In dieser Zeit ereigneten sich auch einige Verbrechen. Ein Wächter der Farbwerke wurde erschlagen, zwei Söhne eines Höchster Rechtsanwaltes wurden umgebracht. Verglichen mit den weitaus zahlreicheren Untaten anderenorts und dem allgemeinen Elend mochten diese Vorkommnisse, so schrecklich sie für die betroffenen Familien waren, verhältnismäßig geringfügig erscheinen. In Höchst aber erregten sie erhebliches Aufsehen, weil hier die Einwohner in den Kriegsjahren kaum zu leiden gehabt hatten. Nur wenige waren bei Bombenangriffen umgekommen. Unmittelbar vor Ende der Kampfhandlungen hatte es einige Opfer durch Tiefflieger und den unsinnigen Einsatz des Volkssturms gegeben. Im übrigen aber zählte Höchst zu den vom Kriegsgeschehen äußerlich fast nicht berührten Stadtteilen. Die grausamen Bilder des Krieges waren den Menschen erspart geblieben. Um so härter traf die Bevölkerung alles, was nun geschah.

Am 30. April 1945 bereiteten sich die Scharen der in Höchst untergebrachten Heimatlosen darauf vor, den 1. Mai zu feiern. Während die D. P.s in Gruppen durch die Stadt streiften, entdeckten einige auf dem Höchster Güterbahnhof einen verlassenen Kesselwagen. Er enthielt Betriebsstoff für die V2-Raketen. Es handelte sich um ein violett eingefärbtes Gemisch aus Methyl- und

Äthylalkohol. Mit Windeseile sprach sich diese Entdeckung herum. Mehr und mehr Menschen strömten herbei, um den Kesselwagen anzuzapfen. Das Gemisch wurde mit Zucker versetzt, der als Rohstoff in großen Mengen in der Fabrik lagerte. Mit diesem Getränk feierten die D. P.s dann den Vorabend des 1. »friedlichen« Mai.

Als der Morgen des Feiertages heraufzog, bot sich in den Barackenlagern ein gräßliches Bild: Die Bewohner wanden sich in den Schmerzen einer Methylalkoholvergiftung. Durch rasche ärztliche Versorgung, an der sich auch Lautenschläger persönlich beteiligte, konnte die Mehrzahl gerettet werden. Doch über hundert Menschen starben eines qualvollen Todes. Sie haben auf dem Sossenheimer Friedhof eine gemeinsame Ruhestätte gefunden.

Dieses Massensterben alarmierte die bis dahin untätige Militärpolizei. Genauso plötzlich, wie sie hergebracht worden waren, wurden die D. P.s nun wieder abtransportiert. Zum Glück konnte die Werksleitung der Farbwerke einwandfrei nachweisen, daß der Kesselwagen mit dem Werk nichts zu tun gehabt hatte. Andernfalls hätte es sicherlich für uns noch ein böses Nachspiel gegeben.

Allmählich zeigten sich aber auch in der Fabrik selbst gewisse Auflösungserscheinungen. Hatte sich die Belegschaft bisher diszipliniert verhalten, so machte sich nun auch bei ihr nach dem staatlichen Zusammenbruch ein nur allzu verständlicher Verfall der gesellschaftlichen Moral bemerkbar. Inmitten dieser »Umwertung aller Werte«, der Verdammung bis vor kurzem noch »geheiligter« Ideale und Grundsätze, gerieten auch die Eigentumsbegriffe ins Wanken. Die Menschen fühlten sich von dem so ruhmlos untergegangenen Staat und seinen Führern betrogen und nun zur Vollstreckung privater Ansprüche durchaus berechtigt.

Jeder war sich selbst der Nächste und sah zu, wie er »organisieren« konnte, was auf normalem und legalem Weg nicht zu beschaffen war. Um Diebstähle und Plünderungen einigermaßen in Grenzen zu halten, richteten wir einen unbewaffneten Werkschutz ein. Tag und Nacht patrouillierten die Männer dieses Werkschutzes auf dem Fabrikgelände.

Auch die nun allerorts beginnenden Auseinandersetzungen mit der zugrunde gegangenen NS-Diktatur machten vor den Werkstoren nicht halt. Eigentlich gab es für solche Streitigkeiten innerhalb der Fabrik kaum Gründe. Selbst auf dem Höhepunkt des Nationalsozialismus war es der Betriebsführung weitgehend gelungen, Parteipolitik von dem Werksgeschehen fernzuhalten. Viele politisch und rassisch Bedrohte haben in Hoechst bis zum Schluß des Krieges arbeiten können. Sie blieben dem Zugriff der Machthaber entzogen. Auch war Hoechst an besonders wichtigen Kriegsarbeiten nicht beteiligt gewesen.

Trotzdem gab es manche menschliche Enttäuschung in jenen Tagen. Die Verlockung, sich nun bei jenen anzubiedern, die immer gegen den NS-Staat gewesen waren, erwies sich als allzu groß. Plötzlich bezeichneten sich in unseren Reihen manche als Widerstandskämpfer, von deren Gegnerschaft gegen das Regime wir niemals etwas gemerkt hatten.

Besonders ungerecht erschien es mir, daß die nach und nach aus Krieg und Gefangenschaft heimkehrenden Soldaten so behandelt wurden, als seien sie von vornherein verbissene Anhänger des Nationalsozialismus gewesen. Diese Haltung, die viele Unschuldige traf, verursachte viel Verbitterung und Resignation. Sie zu überwinden, kostete später viel Zeit und Mühe.

Wer sogenannter »alter Kämpfer« war, also der Nationalsozialistischen Partei schon vor 1933 angehört hatte, mußte nach Anordnung der Militärregierung auf der Stelle entlassen werden. Durch diese pauschalen Maßnahmen wurden freilich nicht selten auch jene getroffen, die durch die Entwicklung des Nationalsozialismus seit 1933 schon längst ihrer Illusionen beraubt waren. Manche von ihnen hatten den wahren Charakter des Regimes, den Weg ins Unheil weit klarer und früher erkannt als andere, die erst später zur Partei gestoßen waren. So traf schon diese erste Maßnahme viele Einsichtige. Sie wurden nicht nur ihrer Stellung enthoben, sondern noch zusätzlich Opfer von Plünderungen und Demütigungen.

Auch in der Werksleitung offenbarten sich in diesen Tagen manche menschliche Schwäche und Unstimmigkeit. Unerfreuliche und unfruchtbare Diskussionen, die nur selten echte politische Motive hatten, entbrannten. Manchmal ging es lediglich um die Begleichung persönlicher Rechnungen. Dazu kam noch, daß die alte und die junge Generation ganz verschieden auf den Zusammenbruch und seine Folgen reagierten.

Verständlicherweise fiel den Älteren alles weit schwerer. Für viele von ihnen stand die Welt nun nicht mehr am alten Platz. Ihre Reaktionen zeugten häufig von einer begreiflichen, aber unfruchtbaren Hilflosigkeit, manchmal auch von Verzweiflung. Nicht wenige ältere Menschen haben damals in Deutschland den Freitod gesucht. Wir Jüngeren blickten zwar in die gleiche ungewisse Zukunft, doch wir hatten das Leben vor uns und waren nicht bereit, so schnell zu resignieren.

Wer an leitender Stelle im Werk Hoechst der I. G. Farbenindustrie gearbeitet hatte, wurde vielen Untersuchungen und Vernehmungen unterworfen. Zum größten Teil bezogen sich die Befragungen auf Vorgänge und Verhältnisse in Hoechst. Solche Verhöre waren zwar unangenehm, aber ungefährlich, solange sie sachlich verliefen. Hoechst hatte ja in der nationalsozialistischen Kriegswirtschaft keine Rolle gespielt. Es war freilich nicht einfach, die mißtrauischen alliierten Vernehmungsoffiziere von dieser Tatsache zu überzeugen. Vor allem konnten sie nicht verstehen, daß die deutsche Praxis, alle möglichen Maßnahmen als sogenannte »geheime Kommandosache« zu bezeichnen, selbst die Leitung des Unternehmens von der Kenntnis vieler Vorgänge ausschloß.

In den Verhören ging es aber auch um Aktivitäten der übrigen I. G. Farbenindustrie, die nichts mit Hoechst zu tun gehabt hatten. So wurden wir gleich zu Beginn tagelang einzeln von vier Offizieren – einem Amerikaner, einem Franzosen, einem Engländer und einem Russen – über unsere etwaige Beihilfe zur Vorbereitung eines Gaskrieges vernommen. Auf solche Weise erfuhren wir zum ersten Mal von den Arbeiten an den Phosphorsäureestern, die von Gerhard Schrader vom wissenschaftlichen Hauptlabor in Leverkusen und seinen Mitarbeitern durchgeführt worden waren. Neben den heute noch unentbehrlichen Pflanzenschutzmitteln, die in aller Welt fabriziert werden, waren dabei auch Verbindungen gefunden worden, die als Gaskampfstoffe und Massenvernichtungsmittel hätten benützt werden können.

Da noch Krieg war, suchten die Alliierten fieberhaft nach Menschen, die über diese Vorgänge, insbesondere aber über Produktion und Lagerung, Bescheid wußten. Sie erklärten uns bei diesen Vernehmungen, von deutscher Seite sei geplant gewesen, diese Gaskampfstoffe in der letzten verzweifelten Phase des Krieges einzusetzen. Ja noch jetzt drohe diese Gefahr. Doch glücklicherweise wurde dieses Gas nie angewandt.

Das erklärte vielleicht, warum Ende März das ganze Gebiet östlich des Rheins von der gesamten Bevölkerung hatte geräumt werden sollen. Die deutsche Führung spielte vielleicht tatsächlich mit dem Gedanken, im letzten Augenblick einen solchen Gaskrieg zu entfesseln. Sie wäre aber nie mehr dazu in der Lage gewesen, weil die Truppen beider Seiten wohl schon zu stark miteinander verzahnt waren.

In jener Zeit kamen viele Besucher nach Hoechst. Die Militärregierung hatte uns auferlegt, jedem rückhaltlos Auskunft zu geben. Die Besucher mußten sich uns gegenüber nicht einmal ausweisen. Nicht selten waren es ausländische Techniker, darunter Chemiker und Industrielle in der Uniform der Streitkräfte einer der alliierten Nationen. Manche traten recht anmaßend auf, andere gaben sich übertrieben leutselig. Allen war gemeinsam, daß sie möglichst viel von unseren technischen Kenntnissen erfahren und profitieren wollten.

Es gab aber auch einige sympathische Ausnahmen, an die man sich noch heute gern erinnert. Erwähnt sei der damalige Präsident der amerikanischen Hooker Company, R. Lindley Murray, Niagara Falls. Er holte aus einer Mappe eine Fülle von Zeichnungen hervor, breitete sie auf meinem Tisch aus und bat mich, mit ihm in einen detaillierten Erfahrungsaustausch über die Elektrolyse-Zellentypen von Hooker und Hoechst einzutreten. Und wir taten es dann auch in sehr netter Weise. Bei einer Amerikareise, die ich zehn Jahre später als Vorstandsvorsitzender unternahm, habe ich Murray noch einmal besucht. Wir haben uns beide gern an das faire Gespräch von 1945 erinnert. Seine Gesellschaft ließ von der Firma Uhde eine Elektrolyse nach unserem Prinzip bauen.

Als die endgültige Aufteilung der Besatzungszonen vorgenommen wurde, räumten die Amerikaner auch die von ihnen eroberten mitteldeutschen I. G.-Werke. Die dortigen leitenden Herren durften sich mit ihren Familien nach Westen absetzen. So kamen plötzlich die uns besonders befreundeten Kollegen von Bitterfeld nach Hoechst. Leider fehlte unter ihnen Erich Bauer, der soeben die Werksleitung von Bitterfeld übernommen hatte.

Sein Pflichtgefühl hatte ihn dazu bewogen, bei seiner Belegschaft zu bleiben. Er mußte diese Haltung mit einem nahezu zweijährigen Zuchthausaufenthalt in Bautzen bezahlen. Kurz nach der Besetzung durch die Russen nahmen sie ihn in Haft. Nach seiner Freilassung gelang es ihm, nach dem Westen zu gehen. Er ist ab 1956 Mitglied des Hoechster Vorstandes gewesen und 1969 gestorben.

Die Verstärkung aus Bitterfeld war uns sehr willkommen, denn jeder von uns nährte die Hoffnung, bald wieder mit einigen Produktionen beginnen zu können. Die Bitterfelder Elektrochemiker waren im doppelten Sinne Heimkehrer, denn von Griesheim bei Frankfurt, wo die Wiege der Elektrochemie stand, waren sie einst nach Bitterfeld ausgezogen. Mit diesen Kollegen schmiedeten wir nun zahlreiche Pläne. So diskutierten wir z.B. über die Möglichkeit einer Phosphorproduktion, die dann später in Knapsack – einem geeigneteren Standort – realisiert werden konnte.

Alle unsere Bemühungen aber blieben damals Wunschträume. Die amerikanische Besatzungsmacht dachte nicht daran, uns irgendwelche Produktionsgenehmigungen zu erteilen.

Das hätte auch völlig im Widerspruch gestanden zu der Geheimen Anweisung JCS 1067, die dem amerikanischen Oberkommandierenden in Deutschland für seine Besatzungspolitik auferlegt worden war. Danach sollte Deutschland nicht als befreite, sondern als eroberte feindliche Nation behandelt werden. Wörtlich hieß es in diesem Dokument, das bis zum 15. Juli 1947 gültig war: »Sie haben keine Schritte zu unternehmen, die a) auf eine wirtschaftliche Wiederherstellung Deutschlands hinzielen, oder b) geeignet wären, die deutsche Wirtschaft zu erhalten oder zu fördern.«

Natürlich wußten wir damals nichts von diesen harten Zielen der amerikanischen Besatzungspolitik und stellten uns jeden Tag die Frage, wie wohl die Zukunft aussehen würde. Im Juli 1945 endete jäh alle Ungewißheit.

Die Entlassung

Die Werksleitung wurde am 5. Juli in einen Sitzungssaal beordert. Der Eingang war von amerikanischen Wachposten flankiert. Der Saal war mit dem Sternenbanner geschmückt. In der Mitte saß ein amerikanischer Oberst. Als wir versammelt waren, erhob er sich und verlas ein Schriftstück: das Gesetz zur Sperre und Beaufsichtigung von Vermögen. In der Allgemeinen Vorschrift Nr. 2 zu diesem Gesetz Nr. 52 der Militärregierung hieß es: »Die gesamte Leitung der I. G. Farbenindustrie auch einschließlich des Aufsichtsrates, Vorstandes, des Direktoriums und sonstiger beamteter oder nicht beamteter Personen, die allein oder in Gemeinschaft mit anderen ermächtigt sind, für die I. G. Farbenindustrie Verbindlichkeiten einzugehen oder für sie in deren Namen zu zeichnen, wird hiermit abgesetzt, aus ihren Stellungen entlassen und ihrer gesamten Befugnisse hinsichtlich der Gesellschaft oder deren Vermögen enthoben.«

Die ganze Zeremonie dauerte nicht länger als zwanzig Minuten. Die Anordnungen traten sofort in Kraft. Die Militärregierung übernahm Leitung und Kontrolle der I. G. Farbenindustrie. Wir wurden beauftragt, vorerst noch im Amt zu bleiben. Wir wußten, daß es sich dabei lediglich um eine Gnadenfrist handeln würde.

Anschließend wurde die Übergabe des Werkes Hoechst noch einmal für die amerikanische Wochenschau in Szene gesetzt. Als wir den Saal verließen, marschierten abermals amerikanische Truppen ein und hißten ihre Flagge. Die filmische Reproduktion der Besetzung lief nach wohlvorbereiteter Regie ab.

Obwohl wir alle für abgesetzt und entlassen erklärt worden waren, schien sich zunächst wiederum nichts zu ändern. Am 15. Juli wurde ich sogar mit einem amerikanischen Militärauto nach Ludwigshafen gefahren, um mit Carl Wurster, dem Leiter der Betriebsgemeinschaft Oberrhein, über mögliche Ammoniaklieferungen von der BASF nach Hoechst zu sprechen. Es war nebenbei die erste hochwillkommene Gelegenheit, nach dem Zusammenbruch einen guten Bekannten der I. G.-Zeit wiederzusehen.

Offensichtlich hatten unsere Amerikaner von der genauen Zoneneinteilung nur eine sehr unklare Vorstellung. Die Anweisung, die ich mitführte, war an eine amerikanische Behörde in

Ludwigshafen gerichtet. Inzwischen aber war die BASF längst von einer französischen Einheit besetzt, da die Stadt zur französischen Besatzungszone gehörte.

Während ich mich in Ludwigshafen aufhielt, entließen die Amerikaner in Hoechst die gesamte Werksleitung endgültig. Davon erfuhr ich erst, als ich am anderen Morgen mit dem Rad in mein Büro kam. Das geschah am 16. Juli, mir unvergeßlich, weil es der Geburtstag meines Vaters war, der in unserer Familie immer als besonderer Gedenktag galt.

Am Werkseingang drängten sich die Menschen vor der Tafel, an der das Rundschreiben hing. Unter den mit sofortiger Wirkung Entlassenen stand auch mein Name. Da ich in Ludwigshafen gewesen war, hatte man mir die Kündigung nicht mitteilen können.

Zunächst wollte ich still und ohne Aufhebens aus der Fabrik verschwinden. Dann aber besann ich mich eines Besseren. Die Entlassung konnte ja in der Zukunft irgendwelche rechtlichen Folgen haben. Deshalb bestand ich darauf, auch eine persönliche Mitteilung zu erhalten.

Zum Chef der Fabrik war Max Bockmühl, bisher leitender Wissenschaftler unserer Pharma-Sparte, ernannt worden. Ich rief ihn an und bat ihn, mir doch nachträglich einen offiziellen Abgang zu verschaffen. Bockmühl, der sich in seinem neuen Amt sichtlich unwohl fühlte und es auch nur kurze Zeit innehatte, nahm meine Bitte zunächst recht vorsichtig und zögernd auf. Er versprach mir dann aber doch zu sehen, was er für mich tun könne. Tatsächlich wurde ich schon nach wenigen Minuten zum amerikanischen Kontrolloffizier in die Coloristische Abteilung gerufen. Dort wurde mir meine fristlose Entlassung verkündet. Als Dolmetscher dienten den neuen Herren deutsche Chemiker, die früher der alten Werksleitung unterstanden hatten.

Ich legte gegen meine Entlassung mündlich und später auch schriftlich Einspruch ein. Natürlich hatte das wenig Sinn. Ich erwartete auch nicht im geringsten, durch diesen Protest meine Lage zu ändern. Nach dem kurzen Entlassungszeremoniell beim Kontrolloffizier ging ich in mein Büro in der Anorganischen Abteilung des Werkes zurück. Dort verabschiedete ich mich von meinen engeren Mitarbeitern. Meine Sekretärin, Tilly Dörr – sie war später wieder bei mir tätig, als ich Vorstandsvorsitzender von Hoechst geworden war –, und Adam Blum, mein Sekretär, begleiteten mich noch zur Tür. Ich setzte mich auf mein Rad und fuhr nach Hause.

Es war die Zeit der Potsdamer Konferenz zwischen Churchill (später Attlee), Stalin und Truman, der an die Stelle des am 12. April 1945 verstorbenen amerikanischen Präsidenten Roosevelt getreten war. Wir erfuhren wenig über dieses Zusammentreffen, das vom 17. Juli bis 2. August stattfand und die Zukunft Europas für lange Zeit bestimmte. Später sickerte durch, daß die Alliierten keineswegs mehr sehr einig gewesen waren.

Wir Deutsche waren überrascht und bestürzt über das, was in Potsdam beschlossen wurde. Erst allmählich wurde deutlich, was uns bevorstand. In den für uns bestimmten alliierten Zeitungen war von den wirklichen Absichten, aber auch von den zutage getretenen Meinungsverschiedenheiten kaum etwas zu lesen. Einen Tag vor Beginn der Potsdamer Konferenz detonierte die erste Atombombe in der Wüste von Neu-Mexiko. Am 6. August wurde die Atombombe auf Hiroshima, drei Tage später die auf Nagasaki abgeworfen. Das führte nach weiteren fünf Tagen zum Ende des Krieges im Fernen Osten.

Ohne Verbindung zu Hoechst

Die amerikanische Kontrolle und die neue Werksleitung begnügten sich nicht mit meiner Entlassung. Bald erhielt ich – mit der Unterschrift zweier ehemaliger Kollegen – einen Brief, in dem die sofortige Kündigung meiner bisherigen Werkswohnung ausgesprochen wurde. Im Gegensatz zu der Praxis bei den anderen Direktoren wurde aber mein Bankkonto zunächst nicht gesperrt. Die Amerikaner hatten zwar von irgendwelchen Stellen des Werkes schon lange vorher Personallisten erhalten, die aber anscheinend alt und nicht auf dem neuesten Stand waren. Da ich erst 1943 zum Direktor ernannt worden war, stand mein Name offensichtlich nicht darauf. So konnte ich unbehelligt mein Geld abheben und es in der beschädigten Decke unserer Wohnung in Hofheim verstecken. Hausdurchsuchungen und alle möglichen Schikanen sorgten für einige unruhige Wochen. Eine Zufluchtsstätte blieb währenddessen das Sossenheimer Pfarrhaus, das Elternhaus meiner Frau, an dessen Tür die damals begehrte Inschrift »Off limits« prangte. An dieses Verbotsschild haben sich die Amerikaner immer gehalten.

Mit meiner Entlassung riß abrupt jede Verbindung zwischen Hoechst und mir ab. Waren schon die letzten Tage von unerfreulichen Ereignissen angefüllt gewesen, so ließen die Nachrichten, die mich hin und wieder aus dem Werk erreichten, eine Rückkehr noch weniger erstrebenswert erscheinen. Wie immer in solchen Zeiten wurden erst einmal jene Menschen hochgespült, deren Überzeugungen und Freundschaften beliebig austauschbar sind, und die es fertigbringen, sich bei den neuen Herren durch Ergebenheitsadressen anzubiedern. Es konnte damals geschehen, daß Menschen, welche jahrelang mit uns zusammen gearbeitet hatten, uns plötzlich auf der Straße nicht mehr kannten.

In der Fabrik verstärkten sich die inneren Streitigkeiten und Eifersüchteleien. Zunächst beschränkten sich die Entlassungen auf leitende Werksmitglieder. Später erhielten viele hundert Werksangehörige den Kündigungsbrief. Diese erste Welle der Entnazifizierung ging von der amerikanischen Militärregierung aus. Sie sollte der von den Siegern für notwendig erachteten Sühne und Umerziehung dienen. Daß dabei keine besonderen Unterschiede gemacht wurden, ist bekannt. In dieser Zeit allgemeiner Erregung und des Strebens nach Vergeltung trafen die Härten neben wirklich Schuldigen auch zahlreiche Menschen, die zwar nominell Parteimitglieder gewesen waren, aber daraus nie Vorteile gezogen hatten.

Später nahmen sich deutsche Stellen der Entnazifizierung an. Die Folge war eine Unzahl von Verfahren, bei denen es weder an Denunziationen noch an Ungerechtigkeiten fehlen konnte. So erzeugten die ersten Nachkriegsmonate im Hoechster Bereich viel interne Zwietracht und zerstörten gegenseitiges Vertrauen. Bei mir und meiner Frau haben sich diese Erlebnisse tief eingeprägt. Allerdings erinnern wir uns noch dankbar daran, daß es innerhalb und außerhalb der Fabrik, besonders aber in unserer nächsten persönlichen Umgebung viele Menschen gab, die unbeirrt zu uns hielten, obwohl das damals sicher nicht als opportun angesehen werden konnte.

Eine starke Belastung für die Bevölkerung waren die Wohnungsbeschlagnahmungen. Räumungsbefehle flatterten täglich in die Häuser um das I. G.-Verwaltungsgebäude und auch in die Höchster Wohnviertel. Oft hatten die Menschen nicht einmal Zeit, auch nur das Nötigste mitzunehmen.

So kam es in Höchst in wenigen Wochen zu einem Wohnnotstand. Gemessen am Elend der im Kriege besetzten Gebiete war dies zwar bedeutungslos, wurde aber jetzt nach Kriegsende als unnötige Schikane empfunden. Die Beschlagnahmungen trafen übrigens die Bevölkerung völlig wahllos, unabhängig von ihren Vermögensverhältnissen oder ihrer Parteizugehörigkeit.

Erst viele Jahre später, als ich durch meine Reisen die Vereinigten Staaten mit ihrem großzügigen, aber auch sehr robusten Menschenschlag kennenlernte, begriff ich, daß den Amerikanern viele ihrer damaligen Maßnahmen wohl gar nicht als besondere Härte erschienen waren. Ich erlebte, daß eine fristlose Entlassung bei leitenden Industriellen in Amerika noch heute gang und gäbe ist. Auch bei der Wahl einer neuen Administration findet niemand etwas dabei, wenn einige der bisherigen Angestellten von heute auf morgen ausgewechselt werden. Viele von der amerikanischen Militärregierung mit einer gewissen Nonchalance herausgegebene Anordnungen wurden überdies von untergeordneten deutschen Stellen kleinlich und mehr als hundertprozentig durchgeführt.

Solches Verhalten und die uns Deutschen eigentümliche Lust an einer gewissen Selbstzerfleischung verschärften viele Befehle der Besatzungsbehörde. Für mich war in den ersten Tagen von entscheidender Bedeutung, überhaupt eine Beschäftigung zu haben. Es wäre unerträglich gewesen, tatenlos in der engen Wohnung herumzusitzen, zumal es gar keinen Sinn hatte, sich jetzt schon Gedanken über die Zukunft zu machen. Mit 42 Jahren war ich in guter körperlicher Verfassung und rechnete mich keineswegs zum alten Eisen. Ein gewisser Trost war auch, daß ich mein Los mit Millionen anderer Menschen in Deutschland zu teilen hatte.

Es fiel damals schwer, mit Phantasie und Optimismus in die Zukunft zu blicken. Ich habe in der Tat eine ganze Weile gebraucht, bis ich wieder in der Lage war, ernsthafte Pläne zu schmieden. Deshalb war es recht heilsam, daß uns die Probleme des Alltags vorerst vollständig in Beschlag nahmen.

Glücklicherweise kümmerte sich die Militärregierung in der amerikanischen Zone nicht weiter um diejenigen, die sie aus Firmen und Ämtern entlassen hatte. Ich konnte mich also ungestört nach einer neuen Betätigung umsehen. Da meine Frau und die beiden Jungen im Hause der großväterlichen Apotheke in Hofheim untergekommen waren, blieb ich ebenfalls in Hofheim. Mit Hilfe guter Bekannter konnte ich schon ein paar Tage nach meiner Entlassung eine Arbeitsstelle antreten: Ich wurde Gärtner in Marxheim bei Hofheim.

Mein neuer Arbeitgeber hieß Heinrich Wichmann – ein prächtiger Mensch. Er stand etwa in meinem Alter und stammte aus Holstein. Ursprünglich war er für kurze Zeit als Arbeiter in Hoechst gewesen. Dann machte er eine kleine Baumschule und Gärtnerei auf, die nach dem Krieg besonders gut gedieh. Obst und Gemüse waren ja äußerst begehrte Güter geworden.

Wichmann, ein besonders engagierter Protestant, hatte der Bekennenden Kirche angehört, die scharf gegen Hitler opponierte. Nun gab es in der Gärtnerei wie überall in Deutschland viele Diskussionen. Wo lag die Schuld für das Geschehene? Wäre es zu verhindern gewesen, wenn wir uns stärker um die Politik gekümmert hätten? Viele Fragen, viele Antworten!

Bis zum Frühjahr 1947, also nahezu zwei Jahre lang, arbeitete ich als Gärtner. Mein Arbeitskollege war ein ebenfalls entlassener I. G.-Angestellter aus der Grüneburg in Frankfurt. Im Sommer und Winter, von morgens bis abends, waren wir bei Wind und Wetter draußen in der schönen Taunuslandschaft. Der Stundenlohn, ohnedies gering, spielte keine große Rolle. Ich besaß ja noch einiges Geld, das dann nach der Währungsreform 1948 endgültig seinen Wert verlor.

In jener Zeit bekam ich einen erheblichen Respekt vor dem Gärtnerberuf, der einen ganzen Mann verlangt und viel mit dem des Landwirts gemein hat. Doch wenn ein Bauer bei schlechtem Wetter im Hof oder Stall arbeiten kann, muß der Gärtner auch dann ins Freie. Dazu gehört schon eine ausgezeichnete Gesundheit. Wer aus Erfahrung einen Blick dafür hat, sieht alten Gärtnern den in vielen Jahren erworbenen Rheumatismus an. Trotz schwerer körperlicher Arbeit und mancher Sorge um den Haushalt durfte ich mich nicht beklagen, hatte ich doch das große Glück, mit meiner Familie zusammen zu leben. Ich wurde von manchem Ärger verschont, der viele meiner Bekannten zusätzlich belastete.

Herr Wichmann hat mich später einmal in meinem Haus in Königstein besucht. Dabei inspizierte er alle Obstbäume sehr genau und meinte schließlich: »Da haben die Hoechster Farbwerke aber schlechte Bäume angepflanzt.«

Angesichts des Berufsverbots, das man uns androhte, habe ich damals ernstlich daran gedacht, mir einen eigenen Betrieb mit Gemüsebau und Obstbaumpflege aufzubauen. Niemand wußte ja, ob die Alliierten uns Deutschen jemals wieder gestatten würden, industrielle Chemie zu betreiben. Man hielt uns damals täglich vor, welch gefährliche Störenfriede wir in der Welt seien.

Eifrige in- und ausländische Verfechter der Umerziehung bemühten sich nach Kräften um den Nachweis, wie sehr das Undemokratische und Böse schon immer in uns Deutschen geschlummert hätte. Unsere ganze Geschichte lehre, wie wenig man uns trauen dürfe. Friedrich der Große, Bismarck und Hitler wurden in einem Atemzug genannt. Wegen der nicht zu bestreitenden Schuld Deutschlands am Ausbruch des Zweiten Weltkrieges wurde auch die alte These von der deutschen Alleinschuld am Ersten Weltkrieg wieder hervorgeholt, die längst von neutralen Historikern widerlegt worden war. Viele wurden tatsächlich unsicher und stellten sich schließlich immer wieder die Frage, ob nun wirklich alles an unserem Geschichts- und Kulturbild negativ und verdammenswert gewesen sei.

Die I. G. wird beschlagnahmt

Im November 1945 erließ der inzwischen von den vier Besatzungsmächten gegründete Kontrollrat das Gesetz Nr. 9 über die Beschlagnahme und Kontrolle des Vermögens der I. G. Farbenindustrie. Schon die Präambel verriet, worauf es den Siegermächten ankam. Sie lautete: »Um jede künftige Bedrohung seiner Nachbarn oder des Weltfriedens durch Deutschland unmöglich zu machen, verordnen die Alliierten die Aufspaltung der I. G. Farbenindustrie.«

Im einzelnen war dabei vorgesehen:

die Bereitstellung von industriellen Anlagen und Vermögensbestandteilen für Reparationen;

die Zerstörung jener Anlagen, die ausschließlich für Zwecke der Kriegsführung benutzt wurden;

die Aufspaltung der Eigentumsrechte an den verbleibenden industriellen Anlagen;

die Liquidierung aller Kartelle;

die Kontrolle aller Forschungsarbeiten und der gesamten Produktionstätigkeit.

In ihren Besatzungszonen verfolgten die Siegermächte bei der Behandlung des I. G.-Konzerns ganz verschiedene Methoden. In der Sowjetzone bemühte man sich, die dort sehr modernen I. G.-Werke nach östlichem Vorbild so schnell wie möglich in sogenannte volkseigene, also staatliche Betriebe umzuwandeln. Engländer und Franzosen unterwarfen die Werke in ihrem Bereich zwar einer strengen Kontrolle, tasteten aber deren einheitliches Gefüge nicht an.

Mit einem geradezu missionarischen Eifer gingen die Amerikaner an die vollständige Umgestaltung der I. G.-Werke, die in ihrer Zone lagen. Es waren dies im wesentlichen die zur Betriebsgemeinschaft Hoechst gehörigen Werke am Main, also Hoechst, Griesheim und Offenbach, Cassella und Kalle, dazu die Behringwerke und der gesamte Besitz der I. G. in Bayern. Die amerikanischen Offiziere und Zivilangestellte widmeten sich dieser Aufgabe in der festen Überzeugung, auch die I. G. Farbenindustrie sei ein vorbehaltloser Erfüllungsgehilfe Hitlers gewesen. Viele Amerikaner sahen in der Verwaltung des Feindvermögens auch ein Exerzierfeld für wirtschaftspolitische Experimente, die in die Zerschlagung der deutschen Wirtschaftskraft münden sollten.

Das Londoner Abkommen vom 8. 8. 1945 über die »Bestrafung von Personen, die sich Kriegsverbrechen, Verbrechen gegen den Frieden oder gegen die Menschlichkeit schuldig gemacht hatten« bildete die Grundlage für den Prozeß gegen die Hauptkriegsverbrecher, der von November 1945 bis Oktober 1946 in Nürnberg abrollte und mit zwölf Todesurteilen endete. Über diesen Prozeß wurde in Zeitungen und Rundfunk ausführlich berichtet. Das deutsche Volk erhielt ein ungeschminktes Bild von der Grausamkeit und moralischen Verkommenheit der führenden Männer des einstigen Regimes. Wir alle, die nun zum ersten Mal die entsetzlichen Einzelheiten hörten, waren zutiefst erschüttert über all das Furchtbare, was in unser aller Namen geschehen war.

Gleichzeitig kamen fast täglich Nachrichten über die schrecklichen Folgen der bedingungslosen Kapitulation. Ich denke an die Auslieferung deutscher Kriegsgefangener durch die Amerikaner an die Sowjets, an die Demontagen in den Besatzungszonen, die Beschlagnahme deutschen Eigentums und schließlich – das Schlimmste – die Vertreibung der Deutschen aus den Ostgebieten.

Der ungewöhnlich kalte Winter 1945/46 verschärfte die Not in dem besetzten Land. Für die meisten wurde es ein trauriges Weihnachtsfest. Trotzdem empfand man bei aller Bitternis der Lage ein befreiendes Gefühl. Krieg und Diktatur waren für immer zu Ende. Im Gegensatz zu vielen Deutschen hatte ich noch das besondere Glück, ein Obdach für meine Familie gefunden zu haben. Außerdem wohnte die Mehrzahl meiner Familienangehörigen im Westen, so daß wir von der willkürlichen Teilung Deutschlands kaum betroffen waren.

Im nächsten Jahr vollzog sich zumindest auf amerikanischer Seite eine gewisse Wandlung der Besatzungspolitik. Der amerikanische Außenminister James F. Byrnes hielt am 6. September 1946 in Stuttgart eine bedeutsame Rede, in der es hieß: »Friede und Wohlstand sind nicht zu trennen, und unser Friede und unser Wohlstand können nicht um den Preis des Friedens und des Wohlstands eines anderen Landes erkauft werden.« Und weiter: »Wir werden uns harten und rachsüchtigen Maßnahmen widersetzen, die einem echten Frieden im Wege stehen.« Byrnes versicherte weiterhin, die Amerikaner würden keine Reparationen aus der laufenden Produktion entnehmen und keinen Reparationszahlungen zustimmen, welche über die in Potsdam vereinbarten Bedingungen hinausgingen.

In dieser Rede kam wohl die Stimme jener zahlreichen Amerikaner zu Wort, die es mit den freiheitlichen Idealen ihres Landes für unvereinbar hielten, ein geschlagenes Volk für alle Zeiten auszubeuten und seine Wirtschaftskraft zu zerstören. Byrnes erhielt für diese Rede aus dem Osten wenig Beifall, zumal er ausdrücklich darauf hingewiesen hatte, daß die deutschen Ostgebiete der Sowjetunion und Polen bis zu einer Regelung in einem Friedensvertrag nur zur Verwaltung übergeben worden seien. Übrigens stammte Byrnes aus den Südstaaten. Er lebte in Spartanburg in South Carolina, wo seit 1965 unsere amerikanische Trevira-Fabrik steht.

Wir empfanden diese Rede als Lichtblick in einer Lage, deren Hoffnungslosigkeit man sich heute kaum mehr vorstellen kann. Sie bildete eine historische Wende, die schließlich zur Vereinigung der amerikanischen und britischen Besatzungszone führte.

Wenn mein Leben in diesen ersten Monaten unter den gegebenen Umständen auch einigermaßen erträglich schien, zumal es mit Arbeit ausgefüllt war, so regte sich doch wieder der Wunsch nach Tätigkeit auf dem eigenen Fachgebiet. An den langen Winterabenden und an Tagen, an denen das Wetter allzu schlecht war, fing ich an, mich wieder mit Chemie zu beschäftigen. Da alle meine Bücher und Unterlagen verlorengegangen waren, schrieb ich auf, woran ich mich aus meiner Tätigkeit erinnern konnte. Es entstanden Verfahrensbeschreibungen und Skizzen der chemischen Technik, die ich in den interessanten Jahren der I. G.-Zeit kennengelernt hatte. Hin und wieder traf ich mich mit Freunden und Kollegen, die das gleiche Schicksal mit mir teilten.

Damals habe ich mir angewöhnt, viel mit der Hand zu schreiben. Hunderte von Blättern wurden auf diese Weise vollgeschrieben und immer wieder vervollständigt. Später habe ich alle wichtigen Vorträge und Reden, die ich halten mußte, zunächst einmal handschriftlich niedergelegt. So auch dieses Buch.

Dankbar empfand ich, wenn ich bei anderen spürte, daß sie mich nicht vergessen hatten. Schon kurz nach meiner Entlassung besuchte mich in der Gärtnerei Wolfhart Siecke von der Frankfurter Firma Lurgi, die sich u. a. mit dem Bau von Chemieanlagen befaßt. Ich kannte Siecke von meiner Tätigkeit in Hoechst. Jetzt erörterten wir in seinem Haus und in den Büros der Lurgi manche Pläne für den Bau von Chemieanlagen.

Siecke litt an einem chronischen Gelenkrheumatismus, dessen Folgen ihn bald aufs Krankenlager zwangen. Er starb lange vor Beginn des Wiederaufbaus, zu dem er viel hätte beitragen können.

Mein Kontakt zu Siecke kam auf Anregung von Alfred Petersen von der Metallgesellschaft zustande, mit dem mich später eine freundschaftliche Zuneigung verbinden sollte. Petersen war rassisch verfolgt gewesen und amtierte von 1945 bis 1949 als Präsident der Frankfurter Handelskammer. Er war in jenen schwierigen Wochen und Monaten eine Art Lebenselexier für mich, obwohl die Gespräche mit der Lurgi zu diesem frühen Zeitpunkt noch zu keinen konkreten Ergebnissen führen konnten.

Mein früherer Mitarbeiter Ernst Weingärtner stellte damals auch eine Verbindung mit dem Hanser-Verlag in München her. Der Verleger Carl Hanser schlug uns vor, eine Chemische Technologie zu schreiben. Der langjährige Gedankenaustausch mit ihm gehörte zu den erfreulichsten Gewinnen der unmittelbaren Nachkriegszeit.

Für die Herausgabe einer solchen Chemischen Technologie verfügten wir zunächst nur über wenig Voraussetzungen. So hatten wir keinen Zugang zur in- und ausländischen Literatur. Außerdem mußten wir uns für die einzelnen Fachgebiete erst Autoren suchen. Das bereitete jedoch, da die meisten Verbindungen abgebrochen waren, fast unüberwindliche Schwierigkeiten. Dennoch entstand in mühsamer Kleinarbeit die Konzeption für ein fünfbändiges Handbuch, in dem die Beiträge von vierzig bis fünfzig sachverständigen Fachkollegen zu einer geschlossenen Darstellung der Chemischen Technik zusammengefaßt werden sollten.

Ein solches Handbuch macht viel Mühe und bringt wenig materiellen Gewinn. Trotzdem hat mir die Arbeit an dieser Chemischen Technologie, die unter so ungewöhnlichen Umständen begann, mein ganzes weiteres Leben über viel Freude gemacht. Sie erzwang auch, daß ich mich ständig mit technischen Einzelheiten befaßte und mein Wissen stets auf dem neuesten Stand hielt.

Ich arbeitete an dem Handbuch in dem einzigen Wohnraum, der uns in Hofheim zur Verfügung stand. Im übrigen Teil der an sich recht behaglichen, aber nun überfüllten Wohnung lebte eine Familie aus der Verwandtschaft. Um meinen Arbeitstisch herum spielte sich das gesamte Familienleben ab. Doch das störte mich nicht im geringsten; am wenigsten meine beiden kleinen Jungen, die mit ihrer Holzeisenbahn zwischen Schreibtisch und Stuhlbeinen umherfuhren.

Als 1949 der erste Band der Chemische Technologie erschien, erlebte ich alle Gefühle eines Autors, vom Stolz über das endlich vorliegende Werk bis zur bangen Erwartung der ersten Rezensionen und des Echos aus der Fachwelt. Dies war erstaunlich positiv, da mir einzelne Kapitel noch recht unvollkommen erschienen. Zehn Jahre später – bei der zweiten Auflage – waren die Voraussetzungen weit besser. Ausgedehnte Reisen und gründliche Lektüre aller einschlägigen Veröffentlichungen hatten uns den neuesten Stand der chemischen Technik wieder erschlossen. Nachdem Weingärtner, der als Mitherausgeber fungierte, schon lange vor Fertigstellung der ersten Auflage ins Ausland gegangen war, gewann ich jetzt Leopold Küchler, den Leiter des Laboratoriums für angewandte Physik in Hoechst, als Mitherausgeber.

Diese Arbeit an der Chemischen Technologie war in jenen ersten Jahren nach dem Kriege für mich gewissermaßen das Halteseil, an dem ich mein Selbstvertrauen und meine berufliche Existenz wiederaufrichten konnte. Auch später kehrte ich immer wieder zu ihr zurück. Der schnelle Wandel und Fortschritt in der Technik bringt es mit sich, daß ein solches Werk niemals abgeschlossen ist. Immer werden weitere Arbeitsgebiete erschlossen und neue Möglichkeiten entdeckt. Gerade jetzt, da ich aus dem aktiven Berufsleben in den Ruhestand hinüberwechsele, freut mich die Herausgabe der nunmehr dritten Auflage ganz besonders.

Ausflug in die Lebensmittelchemie

Mein Jugendfreund Heinrich Vorkauf aus Berlin regte an, Rapsschrot zur menschlichen Ernährung zu verwenden. Damals wurde in der Landwirtschaft und den Gärten viel Raps angebaut. Ein Ingenieurkollege und ich konstruierten eine Schneckenpresse. Mit ihr halfen wir den Bauern, das Öl aus dem Raps zu pressen. Es eignete sich gut als Speiseöl. Wir bekamen einiges von dem mit unserer Hilfe gewonnenen Produkt als Belohnung.

Den Schrot durften wir behalten, da die Bauern damit nichts anfangen konnten. Als Chemiker lernten wir nach einigem Probieren, wie man durch Auswaschen mit heißem Wasser bei einem bestimmten pH-Wert die Bitterstoffe aus dem Rapskuchen entfernen konnte. So erhielten wir ein gut genießbares Eiweißprodukt. Es ließ sich für die Herstellung von Süßspeisen, aber auch für andere Nahrungsmittel und als Fleischersatz verwenden.

Wer die damaligen kalorienarmen Zeiten erlebt hat, kann sich den Eifer vorstellen, der uns bei diesem Ausflug in die Lebensmittelchemie beflügelte. In der Waschküche entstanden die ersten Erzeugnisse, die unsere Speisekarte erheblich bereicherten. Meine Frau gewann mit ihrer Kochkunst dem Rapsschrot immer neue Reize ab.

Ließ sich unsere Entdeckung nicht in größerem Stil verwerten? Ich wandte mich an Willibald Diemair, den damaligen Leiter des Nahrungsmitteluntersuchungsamtes in Frankfurt-Niederrad, den ich vom Kriege her kannte. In jenen Tagen war es darum gegangen, unsere Werksverpflegung durch Tiefkühlung und Konservierung zu verbessern. Diemair stellte eine Verbindung zu der in der Nähe gelegenen Feinkostfirma Lacroix her. Dort war man sehr angetan von der Möglichkeit, über den Rapsschrot zu wertvollem Eiweiß zu kommen. In der Konservenfabrik konnte ich größere Versuche machen, die schließlich zu einer kleinen Fabrikation führten. Im Frühjahr 1947 bin ich sogar für kurze Zeit in die Firma eingetreten und gab meine Gärtnertätigkeit auf.

Der Seniorchef Eugen Lacroix war nicht nur ein international berühmter Koch, sondern auch ein gebildeter und welterfahrener Mann. Von ihm habe ich viel Interessantes über die kulinarischen Genüsse und die Bedeutung internationaler Kochkunst erfahren. Noch als Vorsitzender des Vorstandes der Farbwerke Hoechst blieb ich mit ihm in enger Verbindung; seinen 70. Geburtstag im Jahre 1956 haben wir gemeinsam im Frankfurter Parkhotel gefeiert. Für diesen Abend hatte er selbst die Leitung der Küche übernommen.

Die Eiweißerzeugung aus pflanzlichen Rückständen hat sich für uns auch geschäftlich gelohnt. Wir haben sie bis lange über die Währungsreform hinaus betrieben und auch später noch eine Ölmühle am Niederrhein an ihr interessiert. Schwierigkeiten machte nur, daß das Rapseiweiß wegen seiner chemischen Beschaffenheit verhältnismäßig leicht verdarb. Jedenfalls aber hat die Rapschemie viel dazu beigetragen, unsere persönlichen Ernährungsprobleme zu lösen. Inzwischen wird die Erzeugung von fleischähnlichen Nahrungsmitteln aus pflanzlichem Eiweiß in den USA längst im großen betrieben.

Mit Hoechst hatte ich nach meiner Entlassung keinerlei Verbindung mehr. Um so mehr bemühte ich mich, mit den Freunden am Niederrhein in Kontakt zu bleiben. Vom Jahre 1945 an besuchte ich sie in kurzen Abständen, wann immer ich dazu Gelegenheit hatte. Zu Anfang fuhr ich in leeren Güterzügen und auf Lastwagen mit, später benutzte ich die überfüllten Personenzüge.

Die Situation in Leverkusen war wesentlich erfreulicher als in der amerikanischen Besatzungszone. Der englische Kontrolloffizier hatte mit ganz wenigen Ausnahmen die alte Führung in ihren Ämtern belassen und mischte sich auch weniger in Werksangelegenheiten ein. Er residierte in Leverkusen und war dadurch jederzeit für die deutsche Werksleitung zu erreichen, an deren Spitze nach wie vor Ulrich Haberland stand. Sämtliche I. G.-Werke in der englischen Zone waren unter der Leverkusener Administration zusammengefaßt, so daß sie weiterhin einen wirtschaftlichen Verbund aufrechterhalten konnten.

In Leverkusen wurde ich gastfreundlich aufgenommen und konnte in dem unzerstörten Kasino wohnen, das einen für damalige Verhältnisse ungewöhnlichen Komfort besaß. Es gab für den Gast stets eine Flasche Wein und auch eine Badewanne, wie wir sie in unseren beengten Verhältnissen zu Hause nicht mehr besaßen. Man traf sich mit alten Freunden und Kollegen. Beschenkt mit Gegenständen, die damals seltene Kostbarkeiten waren, wie Süßstoff, Arzneimitteln oder gar einer Fahrradbereifung, fuhr man wieder nach Hause, von Dank erfüllt, daß eine solche Zufluchtsstätte noch existierte.

In Leverkusen erfuhr ich auch einiges über das Schicksal der I. G. Farbenindustrie und ihrer Leitung. Die Mitglieder des ehemaligen I. G.-Vorstandes kamen nach und nach in Untersuchungshaft. Die Amerikaner bereiteten mit bemerkenswerter Zielstrebigkeit Prozesse gegen leitende Männer deutscher Industriefirmen vor, an denen sich die anderen Siegermächte nicht mehr beteiligten. Der erste von drei Industrieprozessen begann schließlich in Nürnberg im August 1947. In diesen Verfahren wurde Anklage erhoben gegen die I. G. Farbenindustrie, die Flick-Gruppe und die Firma Krupp. Natürlich haben wir den Prozeß gegen die I. G. mit leidenschaftlicher Anteilnahme verfolgt. Es war schließlich unsere eigene Sache, die dort verhandelt wurde, wenn ich auch persönlich das Glück hatte, nicht zum Kreis der Angeklagten zu gehören. Das Verfahren, das bei diesen Industrieprozessen angewandt wurde, entsprach wenig dem deutschen Rechtsempfinden. Die Grundlagen der Anklage und der Verurteilung bildeten Gesetze, welche zu diesem Zweck – also sozusagen nach erfolgter Tat – erlassen worden waren.

Der härteste Anklagepunkt betraf die Vorbereitung des Angriffskrieges. Zu unserer Genugtuung wurden sämtliche Angeklagten in diesem Punkt freigesprochen. Die übrigen Vorwürfe, die erhoben wurden, betrafen Raub und Plünderung sowie die Beschäftigung von Zwangsarbeitern. Einige der Angeklagten, darunter Fritz ter Meer, erhielten hohe Freiheitsstrafen, die allerdings später ausgesetzt wurden. Ein großer Teil der Angeklagten mußte sogar in sämtlichen Punkten freigesprochen werden. Die Urteilsverkündung erfolgte Ende Juli 1948.

Bei der Duisburger Kupferhütte

Ich lebte zu dieser Zeit schon mehr als ein Jahr in der britischen Besatzungszone, wo ich im Mai 1947 eine Stellung bei der Duisburger Kupferhütte als Chemiker angenommen hatte.

Der etwa eineinhalbjährige Aufenthalt bei der Kupferhütte war für mich außerordentlich bedeutsam. Sowenig meine dortige Tätigkeit und Stellung mit jener von früher verglichen werden konnte, so war ich doch nach den Jahren als Gärtner, Schriftsteller und »privater Erfinder« in meine eigentliche berufliche Heimat in der chemischen Industrie zurückgekehrt. Ein erheblicher Teil der Unsicherheit, die mein Leben überschattet hatte, war zunächst einmal gewichen. Ich bekam wieder Boden unter die Füße und konnte von dieser Basis aus in größerer Ruhe eine neue Laufbahn aufbauen.

Am Niederrhein erwachte frühzeitig wieder das wissenschaftliche Leben. Wir hörten in Leverkusen noch den neunzigjährigen Max Planck, der dort seinen Vortrag wegen eines Schwächeanfalls nicht zu Ende bringen konnte und bald danach starb. In Duisburg besuchte uns Otto Hahn, der Ende 1946 den Nobelpreis für die Entdeckung der Kernspaltung in Stockholm entgegengenommen hatte. In seiner launigen Art erzählte er, wie er als »englischer Kriegsgefangener« am schwedischen Königshof empfangen worden war.

Um Ulrich Haberland, Otto Bayer, den wissenschaftlichen Leiter von Leverkusen, Karl Ziegler, den Leiter des Mülheimer Kohleforschungsinstituts, um Burckhardt Helferich und den inzwischen längst verstorbenen Theo Goldschmidt bildete sich die neue Keimzelle der Gesellschaft Deutscher Chemiker. Sie hielt im Oktober 1947 in Bonn ihre erste, von uns allen freudig begrüßte Jahrestagung ab.

Meine Frau und ich hatten gut daran getan, in diesen ersten stürmischen Zeiten jede grundsätzliche Entscheidung zu vermeiden. Wenn man sich auch nicht um mich riß, so kamen doch hin und wieder Angebote aus dem In- und Ausland, die in der damaligen Zeit verlockend erschienen. Wir waren uns dennoch einig, keine festen Bindungen einzugehen, solange Wohnungsnot, Mangel an den einfachsten Gütern des Lebens und Geldschwierigkeiten den Blick für das Wesentliche trübten.

Die Lage in der Duisburger Kupferhütte erlaubte wenig Optimismus. Man nahm mich aber mit offenen Armen in Duisburg auf. Die Werksleitung besorgte mir ein winziges Zimmer in einer Arbeiterwohnung in Hochfeld, wo die Hausfrau mit einer kleinen Tochter vergeblich auf den in Stalingrad vermißten Mann wartete.

Schon in der Vorkriegszeit war Hochfeld, ein Stadtteil von Duisburg, ein düsterer Platz. Qualm und Rauch versperrten den Sonnenstrahlen ihren Weg. Die Menschen mußten sich hier ihren Lebensunterhalt besonders hart verdienen, was zur Folge hatte, daß die sozialen Auseinandersetzungen von jeher sehr lebhaft und heftig gewesen waren.

Die Kupferhütte war stark zerstört und von ihren Rohstoffquellen und Kunden abgeschnitten. Außerdem wurde sie noch von Demontagen bedroht. Die Versorgung mit einem der Hauptrohstoffe, nämlich Pyrit aus Spanien und Norwegen, war unterbrochen. Die traditionelle Verbindung mit dem Kreise der Schwefelsäurehersteller entlang des Rheins, auf der die wirtschaftliche Existenz der Kupferhütte beruhte, schien durch die I. G.-Entflechtung gefährdet. Um in einer solchen Zeit an die Zukunft zu glauben, bedurfte es eines Mannes mit der Energie und dem Optimismus von Ernst Kuss, dem damaligen Leiter der Kupferhütte. Er war umgeben von ausgezeichneten Mitarbeitern und einer Belegschaft, die mit aller Kraft für den Wiederaufbau ihrer Fabrik arbeitete.

Für einen Chemiker gab es bei der Duisburger Kupferhütte viel zu tun. Ihr wirtschaftliches Ziel war es immer gewesen, den von den Schwefelsäurefabriken kommenden Pyrit-Abbrand vor der Verhüttung im Hochofen so aufzuarbeiten, daß möglichst alle Bestandteile isoliert und in eine hohe Veredlungsstufe umgewandelt werden konnten. Kuss – er war ein Schüler von Alfred Stock in Karlsruhe – hatte in der I. G.-Zeit auf diesem Wege große Fortschritte erzielt. Natriumsulfat, Blei, Kobalt, Silber und Gold waren nach Kupfer und Zink wichtige Nebenerzeugnisse geworden. Die meisten Metalle aber konnten nur als rohe und unreine Vormaterialien verkauft werden, was natürlich die Preise drückte. So bemühten wir uns jetzt um die Herstellung von reinem Zinkoxyd, das man als Füllstoff absetzen konnte. Wir haben dieses Problem auch durch die Naß-Fällung gelöst. Das Verfahren wurde später durch ein moderneres ersetzt.

Eine andere Aufgabe, auf die wir viel Mühe verwandten, war die Verwertung des Bleis aus den Salzlösungen der Laugerei. Wir wollten durch Fällung mit Calciumcyanamid ein neues Rostschutzmittel gewinnen, das Mennige ersetzen könnte. Das Verfahren hat sich vorübergehend gut angelassen. Wir setzten damit eine Arbeit fort, die in der Kriegszeit schon in Hoechst begonnen worden war.

Das galt auch für die Bestrebungen, elementaren Schwefel aus Pyrit zu gewinnen, schon in der Kriegszeit angesichts der Mangelsituation ein wichtiges Problem. Die heute bekannten großen Schwefelvorräte der Erde waren damals entweder noch nicht erschlossen oder uns nicht zugänglich. Die Leitung der Kupferhütte bemühte sich, aus Belgien und Holland Abbrände, also Rückstände von abgeröstetem Schwefelkies, zuzukaufen, da die deutschen Schwefelsäurefabriken erst nach und nach wieder in Betrieb kamen. Diese Maßnahme hat auch später die Wirtschaftlichkeit der Kupferhütte wesentlich erhöht.

Aus der heutigen Sicht waren es keine originellen und chemisch interessanten Probleme, mit denen ich mich bei der Kupferhütte beschäftigte. Bis auf wenige Ausnahmen haben diese Arbeiten auch keine großen Konsequenzen gehabt. Das wichtigste war wohl, daß ich wertvolle Einblicke in die aktuellen Probleme der Kupferhütte und ihre Zusammenhänge mit dem Metallhüttenwesen gewann. So verfügte ich über eine subtile Kenntnis von der Eigenart dieses Unternehmens, als ich später nach der Neugründung von Hoechst unsere 30%ige Beteiligung im Aufsichtsrat der Kupferhütte vertrat. Ihm gehörte ich bis zum Jahre 1969 an, zuletzt als Vorsitzender.

Die Versorgung mit Schwefel und Schwefelsäure gehört zu den wichtigsten Existenzgrundlagen der Kupferhütte. Viele Jahre sicherte die Verbundwirtschaft der westdeutschen Chemie, zu der auch die Stickstoffindustrie an der Ruhr gehörte, eine international wettbewerbsfähige Rohstoffbasis. Die ständige und intensive Arbeit auf diesem Spezialgebiet war für alle Beteiligten von großer wirtschaftlicher Bedeutung. Sie garantierte den spanischen und norwegischen wie auch den übrigen europäischen Pyritgruben den Absatz ihrer Kiese, die sie in ihren eigenen Ländern, in denen kein Schwefelsäuremarkt vorhanden war, nicht hätten verkaufen können. Die im Abbrand vorhandenen Metalle, besonders Kupfer und Zink, deren Isolierung die Kupferhütte ständig verbesserte, sind in unserem rohstoffarmen Land wichtige Ausgangsmaterialien geblieben. Die speziellen Roheisensorten, die von der Kupferhütte entwickelt wurden, sind für die Gießereien eine wichtige Basis.

Heute bilden die umfangreichen Vorkommen an elementarem Schwefel, die in der ganzen Welt erschlossen werden, eine ernste Konkurrenz. Verbilligte Verschiffungsmöglichkeiten aus allen Teilen der Welt und die Preissteigerung bei Kohle und Koks stellen nun die Kupferhütte vor neue und schwierige Probleme, die sie allein kaum lösen können wird.

In Duisburg mußte ich leider von meiner Familie getrennt leben. Nur jeden zweiten Sonntag konnte ich in einem der stets überfüllten Züge, meist stehend, von Duisburg nach Hofheim fahren. Gelegentlich wurde ich auch in einem Auto mitgenommen.

Im Ruhrgebiet war die Lebensmittelversorgung besonders schlecht. Selbst die ohnehin spärlichen Zuteilungen auf den Lebensmittelkarten waren in den Geschäften tagelang nicht zu erhalten. Die Engländer, in ihrem eigenen Land nur mäßig versorgt, hätten auch bei bestem Willen wenig helfen können. Wem es nicht gelang, in der ländlichen Umgebung des Ruhrgebietes etwas zu hamstern, litt Hunger.

Hin und wieder konnte ich meine Werksverpflegung, von der man sich täglich im Kochgeschirr eine Sonderration mit nach Hause nehmen durfte, durch gelegentliche Besuche bei meiner bäuerlichen Verwandtschaft in Westfalen aufbessern. Außerdem gab es in Duisburg Kohlen und Koks, die man in Chemikalienfässern nach Hause schicken konnte. Offiziell war das natürlich streng verboten.

Bei der Kupferhütte gehörte ich nicht zur Leitung des Werkes und trug also keine größere Verantwortung. Es stand auch von vornherein fest, daß ich dort nur begrenzte Zeit würde bleiben können, da die Arbeitsmöglichkeiten beschränkt waren. Dank der Freundlichkeit meiner Kollegen wurde ich aber nie als Außenseiter behandelt, konnte an allem teilnehmen und vieles lernen, was mir später in Hoechst sehr zugute gekommen ist.

Wandel im sozialen Klima

Zum ersten Mal nach dem Krieg wurde ich auch mit der neuen Situation innerhalb einer Belegschaft vertraut. Ich kannte aus ureigenster Erfahrung die Uneinigkeit und den Klassenkampf der Weimarer Zeit. Ich kannte ebenso die uniforme und gewaltsam geschaffene Betriebsgemeinschaft von Betriebsführung und Gefolgschaft in den Zeiten der »Deutschen Arbeitsfront«.

Nun erlebte ich, was alles erreicht werden kann, wenn Werksleitung und Belegschaft gleichberechtigt und vorbehaltlos zusammenarbeiten. Damals entstand aus der Not des Augenblicks ein neues soziales Klima. Es hat die einst so unterschiedlichen sozialen

Schichten näher zueinander geführt. Diese Tendenz setzt sich zu unser aller Genugtuung auch heute noch fort und erscheint uns schon nahezu selbstverständlich. Sie war eine entscheidende Voraussetzung des deutschen Wiederaufbaus.

In diesen Jahren ergab sich jene enge soziale Tuchfühlung, bei der Wert und Unwert des einzelnen Menschen leicht zu erkennen waren. Noch standen sich keine verhärteten Fronten getrennter Organisationen gegenüber. Die Menschen kümmerten sich umeinander und halfen sich gegenseitig, den Alltag zu meistern. Ebenso, wie wir zusammen berieten, auf welchen Wegen wir Materialien und Werkzeuge für den Aufbau des Betriebes beschaffen und Demontage vermeiden konnten, versuchten wir auch gemeinsam, unsere Lebenshaltung zu verbessern. Dazu wurden alle Möglichkeiten ausgeschöpft. Der junge Heinrich Schachmann – später Nachfolger von Kuss – war die Seele solcher Unternehmungen.

Jeder, der damals auf der Kupferhütte tätig war, wird sich noch des Geisterschiffes erinnern. Wir hatten in Kompensationsgeschäften aus dem Ausland Kartoffeln, Mehl, Zitronen und Apfelsinen besorgt. Das Schiff mit diesen Kostbarkeiten lag im Freihafen und hatte als Hauptladung Kiesabbrand aus Belgien. Die Duisburger Stadtverwaltung drohte, alle Lebensmittel zu beschlagnahmen, falls das Schiff den Hafen verließ. Wir richteten es so ein, daß das Schiff am Heiligen Abend 1947, an dem die Wachsamkeit der Beamten stark nachließ, aus dem Freihafen auslief und den Kai der Hütte ansteuerte. Dort stand ein Teil der Belegschaft, um die Waren möglichst gerecht und schnell zu verteilen.

In den stellenweise zerstörten Siedlungen lebten die Familien dichtgedrängt beieinander. Die Kupferhütte hatte schon lange vor dem Krieg vorbildliche Eigenheime geschaffen, die nun wieder erneuert werden mußten. In einer dieser Siedlungen, die später Hoechst in mancher Hinsicht als Modell dienten, wurde auch für mich eine kleine Wohnung errichtet, in die ich im Mai 1948 mit meiner Frau und meinen beiden Jungen einzog. Kurz darauf kam im Juli im Duisburger Krankenhaus unsere Tochter Lotte zur Welt.

Die sozialpolitische Arbeit der Kupferhütte bot mir für meine spätere Tätigkeit viele Anregungen. Ihr Leiter, Ernst Kuss, war weit vorausschauend und sehr sozial eingestellt. Temperamentvoll und mit imponierender Geradlinigkeit setzte er seine Ideen in die Tat um. So hat er damals den sogenannten »gerechten Lohn« eingeführt. Es handelte sich dabei um eine ergebnisabhängige Prämie. Kuss ging von der Vorstellung aus, daß man die neben Lohn und Gehalt übliche Weihnachtsgratifikation oder Jahresvergütung variabel gestalten und vom ausgewiesenen Ertrag des Unternehmens abhängig machen sollte. Damit wollte er das Interesse am Erfolg des Werkes steigern. Im Prinzip war das schon bei der alten I. G. Farbenindustrie in kleinem, aber noch recht ungenügendem Ausmaß geschehen. Leider mußten diese Maßnahmen der Kupferhütte später wesentlich reduziert und schließlich sogar eingestellt werden. Sie waren auf falscher betriebswirtschaftlicher Grundlage errechnet und eigneten sich in dieser Form nicht für die Hütte.

Natürlich löste dieser Fehlschlag Kritik und Hohn aus. Es wäre jedoch sehr viel besser gewesen, wenn in der deutschen Wirtschaft, bei großen wie bei kleinen Firmen, diese Versuche ernstgenommen und eingehend durchdiskutiert worden wären. Sie wiesen jedenfalls auf Probleme hin, die heute brennend aktuell geworden sind. Unsere sozialpolitische Landschaft böte heute einen noch weit erfreulicheren Anblick, wenn die deutsche Wirtschaft damals auf diesem Gebiet mehr Initiative gezeigt hätte.

Ich bin später in Hoechst auch für eine derartige Gewinnbeteiligung der Arbeiter eingetreten und habe sehr schnell die Zustimmung meiner Kollegen gefunden. So wurde Hoechst eine der ersten Firmen, die ihrer Belegschaft eine verhältnismäßig hohe dividendenabhängige Prämie gewährten.

Die Geburt der D-Mark

Am Sonntag, dem 20. Juni 1948, kam die seit langem erwartete Währungsreform. Die durch Krieg und Inflation nahezu vollständig wertlos gewordene Reichsmark wurde außer Kurs gesetzt. 500 Tonnen in Amerika und England neu gedruckter Geldscheine wurden in Umlauf gebracht. Jeder Deutsche erhielt das berühmte

Kopfgeld, und zwar in zwei Raten von vierzig und zwanzig Mark. Alles Bargeld mußte abgeliefert werden, die Bank- und Sparguthaben schrumpften im Verhältnis 100 zu 6,5 zusammen.

Vorübergehend waren wir alle gleich geworden, wenn auch diese materielle Gleichheit nicht sehr lange dauerte. Über Nacht füllten sich die Schaufenster mit Waren, die wir viele Jahre nicht mehr gesehen hatten. Ich konnte der Versuchung nicht widerstehen und kaufte auf dem Nachhauseweg für einen Teil des Kopfgeldes meinen beiden Jungen eine Märklin-Eisenbahn. Sie hatten ja noch nie in ihrem Leben ein richtiges Spielzeug besessen. In den Konditoreien lockten lang entbehrte Leckereien. Mit meiner Frau aß ich nach acht Jahren wieder eine Buttercremetorte.

Die Währungsreform bedeutete einen tiefen Einschnitt im Leben jedes einzelnen. Zum zweiten Mal gingen alle Vermögen verloren, die nicht in Sachwerten angelegt waren. Das Schicksal der Aktienwerte, besonders der beschlagnahmten Großindustrie, blieb noch viele Jahre ungewiß. Ebenso konnten noch lange Zeit keine Dividenden gezahlt werden. Zu dem Elend der vielen Millionen, die in Mitteldeutschland und im Osten alles verloren hatten, kam jetzt die Not der Alten, die ihre letzten Sparpfennige einbüßten.

Andererseits bedeutete die Währungsreform den Wendepunkt für die Wirtschaft. Da es sich wieder lohnte, zu produzieren und zu verkaufen, wurde das Angebot an Waren immer reichhaltiger. Das galt auch für die Erzeugnisse der Landwirtschaft, so daß sich die Verpflegung besserte. Die »Welternährungskrise«, von der immer so viel geredet wurde, war plötzlich vorbei. Jetzt hatte auch das Ausland wieder Interesse daran, den deutschen Markt gegen solide Bezahlung zu beliefern.

Zunächst aber war das Geld knapp. Löhne und Gehälter stiegen erst allmählich Schritt für Schritt. Der Grundlohn eines Arbeiters betrug nach den nun vereinbarten Tarifverträgen etwa 1,–DM pro Stunde. Der ersten Begeisterung folgte schnell der Zwang, mit dem Gelde vorsichtig umzugehen. Andererseits mußte die Bewirtschaftung noch eine Zeitlang aufrechterhalten werden, um einen langsamen Übergang in den Normalzustand zu ermöglichen. Allmählich verschwanden in der englischen und amerikanischen Zone die letzten Lebensmittelkarten. Rohstoffe wie Kohle und viele andere Wirtschaftsgüter blieben allerdings noch lange Zeit rationiert.

Die nächste Station: Knapsack

Im Sommer 1948 machte mir die Werksleitung von Knapsack ein Angebot, als Abteilungsleiter in die Firma einzutreten. Mitte September des gleichen Jahres siedelte ich mit meiner Familie von Duisburg nach Hürth bei Köln um. Ich hatte die Bedingung gestellt, daß man mir eine wenn auch noch so bescheidene Wohnung beschaffen müsse, da ich lange genug von meiner Familie getrennt gewesen war. Wir bekamen eine für damalige Verhältnisse recht behagliche 5-Zimmer-Wohnung. Ein neuer Lebensabschnitt konnte beginnen.

Zu diesem Umzug nach Knapsack hatte ich mich bereitwillig entschlossen, obwohl ich meiner Familie gegenüber ein schlechtes Gewissen haben mußte. Das Braunkohlegebiet westlich Kölns ist in der ersten Hälfte dieses Jahrhunderts zu einem wichtigen Industriegebiet geworden. Es hatte wegen seiner billigen Braunkohle und der günstigen Stromerzeugung große Bedeutung gewonnen.

In diesem Gebiet zu wohnen, war allerdings nicht sehr verlokkend. Das wußte ich noch von vielen Besuchen in der Vorkriegszeit. Die Gruben, Brikettfabriken und Kraftwerke, aber auch die Industrieanlagen stießen gewaltige Mengen Rauch und Asche aus. Man hatte versäumt, die großen Abraumflächen wieder in Grünanlagen zu verwandeln. So lebte man dort in einer Welt von Nebel und Rauch. Keine ideale Atmosphäre für eine junge Familie mit Kindern. Inzwischen sind die Verhältnisse dort unvergleichlich besser geworden.

Zum letzten Male war ich nach Kriegsende im Juni 1945 von Hoechst aus mit einem Militärauto in Knapsack gewesen. Wir fuhren damals über schwerbeschädigte Straßen und Brücken auf vielen Umwegen nach Köln, wo sämtliche Rheinübergänge unpassierbar waren. Mit einem provisorischen Fährboot setzten wir bei Deutz über. Vorher waren in einer Militärbaracke nicht nur unsere Ausweise sorgfältig geprüft worden, man hat uns auch aus einer gewaltigen Spritze mit einem undefinierbaren Entlausungsmittel besprüht. Über Köln, das sich jetzt als trostloses Trümmerfeld darbot, erreichten wir das Werk Knapsack, das im Jahre 1944 bei einem Luftangriff nahezu vollständig zerstört worden war. Die damalige Werksleitung hatte sich innerhalb der I. G. Farbenindustrie um eine weitgehende Unabhängigkeit bemüht und sich damit in eine gewisse Isolation begeben. Nach der Bombardierung wußte anscheinend niemand, was geschehen sollte, und wie der Wiederaufbau des Betriebs in Gang gebracht werden konnte. Einige leitende Mitarbeiter hatten das Werk schon vor Kriegsende verlassen. So konnte man bei unserem damaligen Besuch im Jahre 1945 gar nicht hoffen, von dort aus wieder Vorprodukte für Hoechst zu erhalten, zumal die beiden Werke in verschiedenen Zonen lagen.

Als ich 1948 wieder nach Knapsack kam, war aber doch schon viel geschehen. Trotzdem lagen noch immer Blindgänger unter den Trümmern, die einen beachtlichen Teil der Betriebe bedeckten.

In der Stadt Köln kam der Wiederaufbau nur mühsam in Gang. Nur langsam erstanden die einzelnen Straßenzüge; jeder kleine Fortschritt wurde wie ein Triumph empfunden. Tief beeindruckt stand ich eines Tages mit meinen Kindern im Mittelschiff des Kölner Domes, der wie durch ein Wunder der vollständigen Zerstörung entgangen und zur 700-Jahr-Feier im Jahre 1948 teilweise wiederhergestellt worden war.

Die Vororte, in denen die meisten Mitarbeiter von Knapsack lebten, machten einen nicht minder trostlosen Eindruck. Die weitere Umgebung, die an die Eifel grenzt, hatte durch die deutsche Ardennen-Offensive im Januar 1945 sehr gelitten. In den Wäldern lagen noch immer viele Minen, so daß die Wege lange Zeit nur mit Vorsicht benutzt werden konnten.

Im Gebiet von Düren und Aachen, wo die Zerstörungen besonders groß waren, befanden sich die Kalkwerke. An ihrer Instandsetzung mußten wir außerordentlich stark interessiert sein, weil ihre Produktion für Knapsack lebensnotwendig war. Die Belegschaft hatte mit einigen noch verbliebenen Betriebsführern auf eigene Faust mit dem Wiederaufbau begonnen. Erst später war vom englischen Kontrolloffizier eine Werksleitung bestimmt worden.

Als ruhender Pol hatte sich in den schwierigen ersten Zeiten Frederik William Arnet erwiesen. Als Norweger war er mit ausdrücklicher Genehmigung seiner Regierung auch während des Krieges in Knapsack geblieben. Er führte dort bereits in den zwanziger Jahren an den Karbidöfen die in Norwegen erfundene Söderbergelektrode ein. Ich habe zu Arnet schnell ein freundschaftliches Verhältnis gewonnen und in seiner Begleitung später meine erste Norwegen-Reise unternommen.

Nur langsam gelang es der neuen Werksleitung, wieder das Vertrauen der Belegschaft zu gewinnen. Deshalb war auch die soziale Situation anfangs besonders schwierig; die Mitarbeiter von Knapsack erwiesen sich immer als recht robust und kritisch. Wie sich in diesen schweren Zeiten erwies, hingen sie jedoch ganz besonders an ihrer Heimat und ihrem Werk.

Es handelt sich dort um eine Grenzbevölkerung. Sie erhält viel Zuzug aus der Eifel, deren Kargheit ihren Bewohnern nur wenig Erwerbsmöglichkeiten bietet. Dieser Menschenschlag mit seinem rheinischen Element ist lebensfroh, besitzt viel Selbstbewußtsein und reagiert mit großer Lebhaftigkeit. Wenn man ihn einmal für sich gewonnen hat, kann man auf ihn bauen. In meinen drei Knapsacker Jahren und auch bei vielen späteren Gelegenheiten erfuhr ich, wie leistungsfähig und zuverlässig diese Menschen sind.

In Knapsack wurde ich zwar herzlich, aber doch mit einiger Reserve aufgenommen. Viele hatten wohl den Eindruck – und das wurde mir später auch offen gesagt –, nun sei aus Hoechst ein ehemaliger I. G.-Direktor gekommen, um das Werk wieder zu vereinnahmen. Das frühere schwierige Verhältnis zu Hoechst hatte recht negative Erinnerungen hinterlassen, die noch sehr lebhaft nachwirkten.

Mit den beiden damaligen Leitern des Betriebsrates, Karl Schmitz und Johann Müller, aber auch mit ihren Mitarbeitern habe ich mich bald gut verstanden. Sie waren selbstbewußte und starke Interessenvertreter der Belegschaft. Man konnte mit ihnen trotz oder wahrscheinlich sogar wegen der harten und offenen Diskussionen warm werden. Als später bei der Neuordnung des Hoechst-Konzerns in Knapsack Führungsprobleme auftraten, hat sich die Belegschaft unter ihrer Interessenvertretung besonders verständnisvoll gezeigt.

Zum ersten Mal stand ich nun wieder vor verantwortungsvollen Aufgaben. Das Arbeitsgebiet war mir jedoch fremd. Ich mußte mich in die Verfahrensprobleme, in den Betrieb des Karbidwerkes und in die gesamte technische Elektrochemie einarbeiten. Der Aufbau litt unter vielen Provisorien, mit denen man sich hatte zufriedengeben müssen. Die Karbidöfen erstanden genauso, wie sie vor der Zerstörung gewesen waren. Es war eine herbe Enttäuschung, daß diese bedeutende Knapsacker Produktion während der I. G.-Periode in so veraltetem Zustand verblieben war. Eigentlich entsprachen nur zwei gedeckte Öfen den modernen Ansprüchen. Sie waren in Lizenz der amerikanischen Union Carbide & Carbon Corp. während des NS-Regimes gebaut worden.

Auch die alte Kanalofenanlage zur Erzeugung von Kalkstickstoff, von der zu Beginn des Jahrhunderts die Entwicklung von Knapsack ausgegangen war, wurde wieder in Betrieb genommen. Der Kalkstickstoff hatte für die deutsche Landwirtschaft große Bedeutung. Dem begehrten Kalkstickstoff und dem Schweiß-Karbid, das für alle Aufräumungsarbeiten benötigt wurde, verdankte die Belegschaft ihre Beschäftigung. Deshalb war auch schon vor der Währungsreform die Lebensmittelversorgung in Knapsack sehr viel besser gewesen als etwa in Duisburg.

Noch aber waren zahlreiche Betriebe zerstört und mußten wiederaufgebaut werden. Der englische Kontrolloffizier kümmerte sich sehr wenig um uns. Wir konnten ungestört und weitgehend nach eigenem Ermessen arbeiten. Allerdings blieb der Betrieb der wiederhergestellten Anlagen durch die Bewirtschaftung der Rohstoffe noch weitgehend behindert. Um Kalk und Koks, besonders aber um elektrische Energie, die wir in großen Mengen benötigten, mußte gerungen werden. Dies geschah in der Zuteilungsstelle des nordrhein-westfälischen Wirtschaftsministeriums in Düsseldorf. In dieser Zeit stieß Wolfgang Thies zu uns, der lange Jahre mein persönlicher Mitarbeiter war, bald Mitglied des Vorstandes von Hoechst wurde und sich um die Petrochemie und die Kunststoffe sehr verdient gemacht hat.

Um überhaupt Zuteilungen zu erhalten, mußte das Unternehmen ständig seine Bedeutung für die Volkswirtschaft nachweisen. Wir forcierten deshalb die Kalkstickstoffproduktion durch Wiederherstellung der noch in Schutt und Asche liegenden modernen

Drehofenanlage. Die Herstellung von Essigsäure diente der Versorgung mit Speiseessig, der knapp und begehrt war. Schon früh erfolgte die Lieferung von Essigsäureanhydrid nach Belgien. Das brachte wertvolle Devisen.

Gleichzeitig begannen wir mit der Erweiterung des bisherigen Fabrikationsprogramms. Es entstand eine Chloressigsäureproduktion, wie es sie innerhalb der I. G. Farbenindustrie nur in Gersthofen gab. Mit Hilfe eines aus dem Osten geflüchteten Chemikers, der dort seinen eigenen Betrieb verloren hatte, nahmen wir die Erzeugung von Ruß auf. Wir bemühten uns weiter um die Herstellung von Ferrosilizium und anderen Stahlveredlern, die an der Ruhr benötigt wurden.

Neues Arbeitsgebiet: Phosphor

Das größte und wichtigste Projekt bestand aber in der Produktion von elementarem Phosphor. Friedbert Ritter, der Treuhänder für Knapsack, war mit einigen Mitarbeitern von Bitterfeld gekommen und hatte wertvolles Erfahrungsgut mitgebracht. Die Herstellung von elementarem Phosphor aus Kalziumphosphat im elektrischen Ofen ähnelte in vieler Hinsicht der Karbiderzeugung und fügte sich gut in das Produktionsprogramm von Knapsack ein.

Die Ausarbeitung dieses Prozesses ging auf die Glanzzeit von Griesheim zurück, wo Gustav Pistor dieses Verfahren zuerst in einem zwar kleinen, aber doch schon technischen Maßstab betrieben hatte. Nach seiner Umsiedlung in das Braunkohlegebiet nach Mitteldeutschland nahm er weitere Verbesserungen vor und errichtete schließlich zusammen mit Ritter in Piesteritz an der Elbe auf einem Werksgelände der Bayerischen Stickstoffwerke einige große Phosphoröfen.

Sie galten in den dreißiger Jahren als die modernsten der Welt. Die amerikanische Firma Monsanto hatte Lizenz genommen. Die reine Phosphorsäure, die eigentlich nur nach diesem Verfahren wirtschaftlich gewonnen werden konnte, war ein ideales Ausgangsprodukt bei der Erzeugung von Phosphaten. Sie wurden in der Lebensmittelchemie, besonders aber als Komponente der modernen Waschmittel benötigt.

Elementarer Phosphor wurde bei der I. G. nur in den mitteldeutschen Werken hergestellt, die uns durch die Teilung Deutschlands verlorengingen. Da Phosphor für Brandbomben verwendet werden konnte, stand er vorerst auf der alliierten Liste für Kriegsmaterialien, deren Produktion der Bundesrepublik verboten war. Es konnte aber nachgewiesen werden, daß Deutschland im Gegensatz zu den Siegermächten niemals Phosphorbomben abgeworfen hatte.

Das Bonner Wirtschaftsministerium unterstützte uns bei den Gesprächen mit den Kontrollbehörden, die zunächst große Schwierigkeiten machten. Erst 1950/51 erhielten wir eine Ausnahmegenehmigung. Inzwischen waren die Konstruktionspläne für den Ofen so weit gediehen, daß wir mit dem Bau hätten beginnen können. Vernünftig und wirtschaftlich wäre es gewesen, diese neue Phosphorfabrik direkt ans Rheinufer zu legen. Das ließ sich aber nicht verwirklichen, denn dort machte die Stromversorgung Schwierigkeiten, und der Aufschluß des vorgesehenen Geländes hätte zu hohe Kosten verursacht. Deshalb räumten wir in Knapsack eine riesige Schutthalde ab und gewannen so den Raum für eine erweiterungsfähige Phosphorfabrik.

Selbst jetzt stieß die Realisierung dieser Pläne auf beachtliche wirtschaftliche Schwierigkeiten, da der Kapitalbedarf recht beträchtlich war. Für Knapsack allein war diese Entwicklung zu kostspielig. Deshalb verhandelten wir mit dem uns nahestehenden Leverkusen, schließlich mit den Firmen Henkel und Oetker, die an den Phosphaten Interesse zeigten. Doch unsere Gesprächspartner waren mit eigenen Aufbauproblemen genug belastet und konnten sich nicht zur Mitwirkung entschließen. Die Phosphorproduktion ließ sich erst verwirklichen, als Knapsack zur Hoechst-Gruppe gehörte. Die Herstellung von Phosphorchemikalien wurde später zu einem großen neuen Arbeitsgebiet.

Auch mit der benachbarten Gesellschaft UK Wesseling nahmen wir von Knapsack aus Verbindung auf. Dort war nach 1933 unter Lizenz der I. G. Farbenindustrie eine Braunkohlenhydrierung entstanden. Sie befand sich im Besitz der Roddergrube und damit des Rheinisch-Westfälischen Elektrizitätswerkes (RWE). Natürlich war auch Wesseling beschlagnahmt und stand unter englischer Kontrolle. Es hatte aber nach und nach die Erlaubnis bekommen, die nicht demontierten Anlagen auf Friedensproduktion umzustellen. So wurde dort ein Teil der Apparate zur Ammoniak-Herstellung benutzt und die Düngemittelfabrikation in Hoechst beliefert.

In Knapsack überlegten wir zunächst, die großen Abgasmengen der Karbidöfen nutzbar zu machen und darauf eine Ammoniakfabrik oder eine Fischer-Tropsch-Synthese zu gründen, die damals noch interessant schien. Es tauchte auch der Gedanke auf, diese Gase zu dem acht Kilometer entfernten Wesseling zu leiten. Schließlich gelang es sogar, die Gase in einem schwierigen und umständlichen Prozeß derart zu reinigen, daß sie verwendbar wurden und nun die Umgebung nicht mehr mit ihrem Staub belästigten. Die Reinigungskosten waren aber so hoch, daß man die Gase nur auf dem schnellsten Weg verbrennen konnte. Immerhin war das Problem der Staubbelästigung damit gelöst.

Schon damals wollten wir auch gemeinsam mit Wesseling eine Petrochemie entwickeln. Für einen solchen Plan hätten die dortigen Anlagen eine günstige Grundlage geboten. Bei den vielen Stromverhandlungen, die wir mit dem RWE so zäh und hartnäkkig, wie das bei dieser Materie nun einmal üblich und nötig ist, hatten führen müssen, drängte sich eine weitere kühne Idee auf. Es war der Plan, Wesseling zusammen mit dem RWE zu gleichen Anteilen zu betreiben. Eingehende Besprechungen mit den amerikanischen und englischen Kontrolloffizieren brachten aber keinen Erfolg, da diese inzwischen anders über Wesseling entschieden hatten.

Viel später ist es dann, allerdings ohne jede Kapitalbeteiligung, zu einer engen und freundschaftlichen Zusammenarbeit zwischen Wesseling und Hoechst gekommen, die für beide Parteien außerordentlich fruchtbare Entwicklungen mit sich brachte.

Solche im Grunde recht weitreichenden technischen und wirtschaftlichen Überlegungen stellten wir an, als hätten wir schon selbst über unser Schicksal zu bestimmen. In Wirklichkeit wurde aber noch über die I. G.-Entflechtung verhandelt, die schließlich auch die endgültige Position von Knapsack entscheiden würde. An diesen Besprechungen habe ich erst vom Jahre 1951 an aktiv teilgenommen.

Dabei waren wir erst einmal bemüht, aus dem großen Kuchen der I. G. ein ansehnliches Stück herauszuschneiden, um Knapsack zu einem großen und lebensfähigen Gebilde werden zu lassen. Wir erreichten auch, daß uns das Werk Griesheim-Autogen in Frankfurt und ein großer Teil der Vereinigten Sauerstoffwerke zugeschlagen wurden. Bei diesen Vereinigten Sauerstoffwerken handelte es sich um eine Gesellschaft, die zuvor je zur Hälfte der Gesellschaft Linde und der I. G. gehörte. Dieser Zuwachs bedeutete für Knapsack eine wertvolle Geschäftsausweitung.

Nicht minder wichtig war der Anschluß der Friedrich Uhde GmbH in Dortmund. Dank mancherlei persönlicher Bekanntschaften mit der Geschäftsführung, besonders mit dem Gründer der Gesellschaft, Friedrich Uhde, mit dem mich später eine herzliche Zuneigung verband, konnten wir die I. G.-Beteiligung an dieser Dortmunder Ingenieurfirma für Knapsack gewinnen.

Nach diesen ersten Verhandlungserfolgen stellte Knapsack ein recht beachtliches und ansehnliches Unternehmen dar. Vor allem, wenn man unsere weitreichenden Pläne berücksichtigte. Trotzdem verfielen wir eigentlich niemals der Täuschung, auf die Dauer allein und selbständig bleiben zu können. Dazu besaßen wir zuviel Einblick in die Struktur der großen Nachbargesellschaften aus der I. G., denen Knapsack mit seiner beschränkten Produktpalette und seinem geringen Umsatz nicht gewachsen gewesen wäre.

Beachtliche Pharma-Erfolge

Wir neigten zu einer Anlehnung an Leverkusen, zu dem wir schon in den ersten Jahren der Nachkriegszeit manche wirtschaftliche und menschliche Beziehung angeknüpft hatten. Auch die gemeinsame Zugehörigkeit zum englischen Kontrollbereich förderte diese Annäherung. Andererseits sprachen gewichtige historische und wirtschaftliche Gründe für eine Anlehnung an Hoechst, das mit seiner gesamten Lösungsmittel- und Kunststoffchemie auf die Knapsack-Acetylenbasis angewiesen war.

Hoechst bemühte sich intensiv um eine Zusammenarbeit und streckte durch Mittelsmänner seine Fühler aus. In Hoechst wurde meine Anwesenheit und Mitwirkung in Knapsack zunächst als ein großes Hindernis angesehen. Deshalb versuchte auch der amerikanische Kontrolloffizier bei seinen englischen Kollegen, meine Entlassung durchzusetzen. Es war beruhigend für mich, daß mir die Engländer immer wieder versicherten, ich könne bleiben.

Was man aus Hoechst hörte, war wenig erfreulich. Wegen der Uneinigkeit der Treuhänder und der unterschiedlichen Auffassungen vieler neuer Mitarbeiter, die wenig von den wirtschaftlichen Zusammenhängen wußten, konnten die Schwierigkeiten nur mühsam überwunden werden. Dies insbesondere auch, weil die amerikanischen Kontrolloffiziere an einer Aufwärtsentwicklung keinerlei Interesse zeigten. Immerhin war die Zahl der im Werk Hoechst Beschäftigten von 6000 im Jahre 1946 wieder auf rund 9400 im Jahre 1949 angewachsen.

Beachtliche Erfolge wies der Pharmabereich auf, dem die Amerikaner auch die größte Freiheit gewährten. Unter Führung des Treuhänders Michael Erlenbach konnte mancher Fortschritt erzielt werden. Fritz Lindner, später Vorstandsmitglied und Leiter der Pharmasparte, hatte sich in dieser Zeit große Verdienste um die Beschaffung und Aufbereitung der tierischen Bauchspeicheldrüsen erworben, die für die Gewinnung des Insulins benötigt werden. Nur die tägliche Insulinspritze konnte die Zuckerkranken vor dem Tode bewahren. Auch das Salvarsan war nach wie vor von großer Bedeutung, da gerade in Kriegs- und Nachkriegszeiten die Zahl der venerischen Erkrankungen immer bedrohlich ansteigt. Bereits 1950 wurde Hoechst zudem von den Amerikanern eine Lizenz zur Herstellung von Penicillin erteilt. Dieses Antibiotikum war in den Farbwerken schon in den letzten Kriegsjahren in kleinen Mengen produziert worden.

Während uns unser eigenes Schicksal und die Entflechtung der I. G. Farbenindustrie beschäftigte, gab es 1949 in der Politik wesentliche Fortschritte. Im Mai war das Besatzungsstatut erlassen worden, das entgegen seiner etwas unglücklichen Bezeichnung eine gewisse Einschränkung der bis dahin unbegrenzten Rechte der Besatzungsmächte bewirkte. Wenige Monate darauf wurde das Ruhrstatut geschaffen, das Westdeutschland den Zutritt zur Ruhrbehörde eröffnete. In diesem Gremium waren sieben westliche Nationen vertreten. Sie regelten gemeinsam die Verteilung von Kohle, Koks und Eisen aus dem Ruhrgebiet.

Vor allen Dingen aber brachte dieses Jahr die Gründung der Bundesrepublik Deutschland und die Wahlen zum ersten Bundestag. Aus einem total unmündigen Gebilde war ein Staat mit begrenzter Souveränität geworden. Die Aussichten, sich in der Folgezeit Schritt für Schritt weiterer alliierter Fesseln zu entledigen, waren um so größer, als die Vereinigten Staaten einen Hohen Kommissar für die Bundesrepublik bestellt hatten, der seine Aufgaben in noblem Geist versah: John McCloy. Ich freute mich, als ich ihn viele Jahre später in den Vereinigten Staaten persönlich kennenlernen durfte. Er war der behutsame Wegbereiter der neuen deutsch-amerikanischen Freundschaft.

Drei große Firmen aus der I. G.

In den Auseinandersetzungen um die Aufteilung der I. G. Farbenindustrie herrschten freilich noch die unterschiedlichsten Vorstellungen. Im August 1948 hatten sich Amerikaner und Briten geeinigt, die endgültige Entflechtung gemeinsam vorzunehmen. Zum ersten Mal aber wollten sie nun auch die Meinung der Deutschen zu diesem Thema hören. Noch im November 1948 wurde deshalb ein deutscher Ausschuß gebildet, der unter der Bezeichnung FARDIP (I. G. Farben Dispersal Panel) unverzüglich seine Arbeit aufnahm. Die Kommission, deren Vorsitzender Hermann Bücher von der AEG war, hat ganz wesentlich dazu beigetragen, daß die Entflechtung zu einer tragbaren Lösung kam.

FARDIP bemühte sich, die Situation der in der britischen und amerikanischen Zone gelegenen I. G.-Werke gründlich zu untersuchen. Chemiker und Ingenieure fertigten zahlreiche technisch-wissenschaftliche Gutachten an, Treuhand- und Revisionsgesellschaften erstatteten detaillierte Prüfungsberichte.

Bis die endgültige Diagnose gestellt und die entsprechenden Vorschläge ausgearbeitet waren, verstrichen allerdings fast zwei Jahre. Dies erwies sich für die deutschen Interessen aber nur von Vorteil. Inzwischen konnte sich die Bundesrepublik wirtschaftlich und politisch mehr und mehr konsolidieren und den deutschen Ansichten zur I. G.-Entflechtung stärkeres Gewicht verleihen.

Hätten sich die Alliierten schon vorher von sich aus auf eine endgültige Regelung geeinigt, so wäre sie wohl höchstwahrscheinlich unvernünftiger ausgefallen.

Im Jahre 1950 kam aufgrund der Empfehlungen von FARDIP ein Expertenausschuß der Besatzungsmächte zu dem Ergebnis, drei große Firmeneinheiten aus dem I. G.-Erbe zu bilden: die sogenannte Maingruppe, die Bayer-Gruppe und die BASF.

Das konnte für Knapsack und seine Zukunft nicht ohne Folgen bleiben. Wir vermochten uns vernünftigen Gesprächen mit Hoechst nicht mehr zu verschließen. Diese Erkenntnis führte eines Tages zu einer sehr angenehmen Unterhaltung zwischen dem Treuhänder des Werkes Hoechst, Michael Erlenbach, und mir. Als dann im Frühjahr die Kontrollorgane entschieden, daß Knapsack dem Hoechster Komplex angeschlossen und mit sofortiger Wirkung in den amerikanischen Kontrollbereich übernommen werden sollte, war das Eis schon gebrochen.

Als die Bunsengesellschaft 1951 in Göttingen tagte, lernten wir den Treuhänder des Griesheimer Werkes, Konrad Weil, kennen. Bei einem Glas Bier im Ratskeller erkannten wir, daß neben vielen sachlichen auch menschliche Voraussetzungen für eine gedeihliche Zusammenarbeit bestanden. Am nächsten Tag sahen wir uns nochmals beim Frühstück und vereinbarten, uns in Zukunft regelmäßig zu vertraulichen Gesprächen zu treffen.

Von da an trafen wir uns in der Wohnung Erlenbachs in Frankfurt, da ich noch nicht nach Hoechst kommen wollte. Dort in der Georg-Voigt-Straße 12 fand sich regelmäßig der Kreis derjenigen zusammen, die in irgendeiner leitenden Position in Hoechst oder Knapsack tätig sein würden.

Der Vorstand von Knapsack war damals praktisch schon konstituiert, während sich die Zusammensetzung eines künftigen Hoechster Vorstandes erst sehr vage abzeichnete. Es stand lediglich fest, daß die Treuhänder der Werke Hoechst, Griesheim und Offenbach diesem Vorstand angehören würden.

Ich fühlte mich ausschließlich als zukünftiges Vorstandsmitglied von Knapsack und machte mir darüber hinaus nur wenig Gedanken. Teils mit geliehenen Mitteln, teils mit Geld, das uns die Engländer als nachträgliche Jahresvergütung überwiesen hatten, konnte ich einen lange gehegten Wunsch erfüllen und mir auf einem gepachteten Gelände in Knapsack ein Haus bauen. Meine Frau und ich waren überaus glücklich, als wir es im Mai 1951 beziehen konnten. Aber auch den drei Kindern, von denen die beiden älteren in Knapsack und Brühl zur Schule gingen, gefiel die neue Umgebung sehr.

Meine berufliche Position und die Stellung in dem zukünftigen Vorstand befriedigten mich vollständig. Einen erheblichen Teil meiner Freizeit, die damals sehr knapp bemessen war, konnte ich wieder der wissenschaftlichen Arbeit an meiner Chemischen Technologie widmen.

In Hoechst standen inzwischen die Vorbereitungen für die Bildung der neuen Gesellschaft und ihres künftigen Vorstandes vor dem Abschluß. Es gab ein heftiges Wettrennen um die führende Position im Maingau. Die Entscheidung wurde um so dringender, je mehr sich in Leverkusen und Ludwigshafen die Vorstände bereits herauskristallisierten.

Über die Gespräche in Hoechst wurde mir ständig berichtet. An die Chance, etwa den Vorstandsvorsitz der Farbwerke angeboten zu bekommen, habe ich aber in dieser Zeit niemals gedacht. Es bestanden dafür wohl in diesen Monaten des Jahres 1951 tatsächlich keinerlei Aussichten. Ein Hindernis war meine frühere Parteizugehörigkeit und der Umstand, daß ich doch recht wenig bekannt war. Ein ehemaliger I. G.-Kollege formulierte die Meinung, ich sei mit meinen 48 Jahren noch zu jung und hätte mich nur zu kurze Zeit in der Kinderstube der I. G. aufgehalten. Ein solches Urteil berührte mich übrigens überhaupt nicht, denn es entsprach ja den Tatsachen.

Mitte August 1951 verdichteten sich plötzlich Gerüchte, daß ich nun doch in den künftigen Hoechster Vorstand berufen werden sollte. Die Bundesregierung und andere interessierte deutsche Stellen hatten meinen Namen ins Gespräch gebracht, besonders wohl auf Anregung alter Kollegen der I. G. Vor allem aber war Ulrich Haberland in Leverkusen ein wichtiger Fürsprecher meiner Berufung.

Damals, Ende August 1951, bereiteten wir von Knapsack aus gerade eine erste Amerikareise vor. Wir wollten uns darüber informieren, was sich in den USA in der langen Zeit unserer Abgeschlossenheit ereignet hatte, welche chemisch-technischen Entwicklungen vorangetrieben worden waren in der Zeit, in der wir kaum Auslandsreisen machen konnten.

Ein Visum für die Vereinigten Staaten war immer noch schwer zu erhalten. Die Besprechungen mit dem amerikanischen Generalkonsul in Bremen verliefen so unerfreulich, daß ich wenigstens für meine Person auf einen Visumsantrag verzichtete. Wir flogen also nicht nach den USA, sondern nach Kanada. Wir verfügten über eine Einladung des neufundländischen Ministerpräsidenten Joseph R. Smallwood, dessen Wirtschaftsminister zuvor Europa besucht hatte, um für die Industrialisierung Neufundlands zu werben.

Der Flug nach Kanada war damals noch eine aufregende Angelegenheit. Mit Zwischenlandungen in Shannon und Gander dauerte er beinahe zwanzig Stunden. In Montreal besuchten wir einige kanadische Firmen und fuhren dann zu den Niagara-Fällen, die direkt an der amerikanischen Grenze liegen. Dort trafen wir einige amerikanische Industrielle, die wir von früher her kannten. Die Unterhaltungen verliefen noch recht kühl. Wir hatten uns noch nicht viel zu sagen.

Der Besuch in Neufundland war außerordentlich reizvoll und interessant. Jedoch stellte sich bald heraus, daß es für den Aufbau einer chemischen Industrie kaum Voraussetzungen gab.

Auf der Rückfahrt von Montreal nach Liverpool, die wir per Schiff machten, diskutierten wir die Ergebnisse unserer Reise. Einer unserer Reisegefährten, Max Edgar Klee, der sich im britischen Control Office sehr für uns eingesetzt hatte und für den Vorstand von Knapsack in Aussicht genommen war, sollte nach Kanada geschickt werden und dort eine Hoechster Niederlassung errichten. Er verlegte später seine Tätigkeit nach New York, wo er lange Zeit als Leiter unserer amerikanischen Organisation wirkte.

Noch vor meinem Abflug nach Kanada hatte mich im September 1951 Randolph H. Newman angerufen und zu sich bestellt. Einst deutscher Rechtsanwalt, war er nun in Frankfurt der amerikanische Kontrolloffizier für die I. G. Zuvor gehörte er zu der amerikanischen Anklagebehörde im Nürnberger I.G.-Prozeß.

Von Newman hatte ich schon viel gehört, kannte ihn aber nicht persönlich. Er empfing mich in einer recht kühlen und beinahe eisigen Atmosphäre. Er steuerte sofort auf den Kern der Sache zu und bot mir an, aus dem Vorstand von Knapsack in den neu zu bildenden Vorstand von Hoechst überzuwechseln. Meine Antwort war: »Ich trete in diesen Vorstand nur als Vorsitzender cin.« Newman schien darüber sehr erstaunt. Oder er tat jedenfalls so. Er wies meine Forderung zurück. Ich hingegen betonte, daß ich auf Grund meiner Vorbildung und der früheren Entscheidung der alten I. G.-Führung auf eine solche Position Anspruch hätte. Eine Einigung war zunächst nicht zu erzielen. Ich schlug deshalb vor, die Besprechung vierundzwanzig Stunden später fortzusetzen.

Organisationsplan auf einer Speisekarte

Am Nachmittag des gleichen Tages fuhr ich zu meinem früheren Vorgesetzten, Fritz ter Meer, und fragte ihn um Rat. Ter Meer riet mir, meine Forderung nicht auf die Spitze zu treiben. Ich sollte unter allen Umständen nach Hoechst gehen. Dort könne ich mein Ziel auch erreichen, wenn ich die technische Leitung sicher in meinen Händen hielte. Dies führe nach seinen Erfahrungen in der I. G. ohnehin dazu, daß mir bald die gesamte Leitung des Unternehmens zufallen würde.

Ich fuhr nach Hause und entwarf einen Plan, wie ich mir die technische Leitung sichern könne. Im Gespräch mit den Knapsakker Kollegen entstand auf einer Speisekarte die zukünftige Konstruktion und Geschäftsordnung des Vorstandes, die für die weitere Verhandlung mit Newman am anderen Tage als Grundlage dienen sollte und in ihren Grundzügen bis heute die Organisation der Hoechster Farbwerke regelt. Dieses Konzept sah für mich die Position des technischen Leiters der Maingau-Gruppe vor. In dieser Funktion sollten mir alle technischen Entscheidungen einschließlich Forschung und Produktion sowie die Entscheidungen über die Investitionen vorbehalten sein.

In dem zweiten, schon etwas freundlicheren Gespräch stimmte Newman nach langer Diskussion meinem Vorschlag zu. Auch die drei Treuhänder waren damit einverstanden. Von diesem Organisationsplan gingen dann alle weiteren Verhandlungen aus. So gewann nach meiner Rückkehr aus Kanada der zukünftige Vorstand von Hoechst langsam Form.

Nun mußte für die neue Gesellschaft auch ein Name gefunden werden. Nach vielen Debatten, in denen die unterschiedlichsten Auffassungen vorgetragen wurden, einigten wir uns mit den Alliierten auf die altmodische Bezeichnung »Farbwerke Hoechst AG. vormals Meister Lucius & Brüning«, die wir bis heute beibehalten haben. Dafür entschieden wir uns vor allen Dingen, weil dieser Name die Verbindung zu der großen Tradition des alten Hoechst herstellte, die vielen Menschen noch bewußt war.

Newman hatte in den Satzungsentwurf eine Passage einbauen lassen, nach der die Hoechster Farbwerke in den ersten neun Monaten keinen Vorstandsvorsitzenden haben durften. Die Leitung der Sitzungen sollte jeweils in alphabetischer Reihenfolge von einem Vorstandsmitglied übernommen werden.

Für den Vorstand waren 12 Mitglieder vorgesehen: Otto Fritz Schulz als Spartenleiter Farbstoffe, Michael Erlenbach, Spartenleiter Pharma und Anorganica, Kurt Möller, Spartenleiter Lösungsmittel und Kunststoffe, Konrad Weil, Spartenleiter Zwischenprodukte, Walther Ludwigs, Leiter des Verkaufs.

Aus dem Bereich des Control Office traten ein: Oscar Gierke als Leiter des Rechnungswesens, Rechtsanwalt Heinz Kaufmann als Leiter des Rechtswesens.

Stellvertretende Vorstandsmitglieder wurden Adolf Sieglitz für die Forschung, Ernst Engelbertz für die Werksleitung in Hoechst, Johannes Moser als Korreferent für das Rechnungswesen und Josef Wengler für die Ingenieurtechnik. Ich übernahm die technische Leitung.

Damit waren alle Vorbedingungen für eine Neugründung der Farbwerke Hoechst als eine der Nachfolgegesellschaften der I. G. Farbenindustrie erfüllt.

Am 7. Dezember 1951 versammelten wir uns in Gegenwart eines Notars in einem Sitzungsraum der damaligen Rhein-Main-Bank und gründeten die Farbwerke Hoechst AG. Am 19. Dezember des gleichen Jahres vollzogen die Farbenfabriken Bayer AG und am 30. Januar 1952 die Badische Anilin- & Soda-Fabrik AG den gleichen Gründungsakt.

Es wurden sogenannte »Einhunderttausend-Mark-Gesellschaften« geschaffen, wie man sie nach der geringen Höhe des Aktienkapitals nannte. Das war von vornherein nur als ein erster Schritt geplant. Durch ihn wurde erreicht, daß eine Auffanggesellschaft vorhanden war, in die eines Tages ein Teil der früheren Werke aus dem I. G.-Besitz eingebracht werden konnte. Die Aktionäre der »Einhunderttausend-Mark-AG« bestanden zunächst nur aus fünf Gründern. Nach einer schon seit langem fälligen Wertpapierbereinigung und der endgültigen Entlassung aus der Kontrolle der Besatzungsmacht sollten dann die alten I. G.-Aktionäre wieder in ihre Rechte eingesetzt werden.

Die Gründer bestellten den Aufsichtsrat, auf dessen Berufung die Alliierten entscheidenden Einfluß genommen hatten. Auch hier war es zu langwierigen Diskussionen gekommen. Der Bundesregierung war es glücklicherweise gelungen, Männer aufzufinden, welche für das Unternehmen sehr wertvoll waren.

Der erste Aufsichtsrat bestand dann aus folgenden 10 Personen: Hugo Zinßer, Vorsitzender, Louis Leisler Kiep, stellvertr. Vorsitzender, Max H. Schmid, Hans Sachs, Carl Fr. Müller, Gustav Pistor, Boris Rajewsky, Karl Schirner, Clemens Schöpf, Pierre Vieli. Die Beteiligung von Belegschaftsmitgliedern im Aufsichtsrat wurde erst später durch das Betriebsverfassungsgesetz geregelt. Anschließend erfolgte die offizielle Ernennung des Vorstandes.

Am Abend dieses denkwürdigen 7. Dezember 1951 versammelten wir uns in der Wohnung von Newman. Ein gutes Essen und vorzüglicher Whisky lösten die Zungen und trugen dazu bei, daß der Abend friedlich verlief, obwohl unter den Teilnehmern aus der Vergangenheit noch viele Spannungen bestanden. Schließlich wurde die Atmosphäre immer aufgelockerter, was der zukünftigen Zusammenarbeit sicherlich guttat. Der englische Kontrolloffizier Fowles erheiterte die Runde durch Zitate von Wilhelm Busch. Die Presse, die über alle Vorgänge wohlinformiert war, nannte diesen abendlichen Empfang später »Dinner beim Konzernknacker«.

Ende der Wanderjahre

Meine Familie war von der Rückkehr nach Hoechst durchaus nicht begeistert. Meine Frau, die ebensowenig wie ich die Erlebnisse der ersten Jahre nach dem Zusammenbruch vergessen hatte, verstand es lange Zeit nicht, daß ich nach Hoechst zurückkehrte. Obwohl sie aus dem Frankfurter Vorort Sossenheim stammte, wäre sie wohl lieber in Knapsack geblieben. Sie hatte sich in dem dort soeben fertig gewordenen Haus, in dem wir 1951 noch ein harmonisches Weihnachtsfest feiern konnten, ausgezeichnet eingelebt.

Zur Erleichterung des Übergangs von Knapsack nach Hoechst hatte ich Newman um Genehmigung gebeten, daß die Farbwerke mir in der Umgebung von Hoechst ein Haus bauen dürften. Ich vereinbarte, es später gegen mein Eigentum in Knapsack unter entsprechender Zuzahlung umzutauschen. Schon im Dezember 1951 konnte ich ein geeignetes Grundstück in Königstein kaufen.

Während eines Weihnachtsbesuches bei den Schwiegereltern im Sossenheimer Pfarrhaus wollte ich das erworbene Gelände meiner Frau und meinen Kindern zeigen. Ich war sicher, daß sie alle sehr beeindruckt sein würden. Der Taunus war in Weiß gehüllt; tiefer Schnee lag auf dem Grundstück, das einen wundervollen Ausblick auf die Königsteiner Burg bietet. Ich erwartete Ausbrüche der Begeisterung. Doch mein neunjähriger Sohn Albrecht, der in Köln viele Trümmer gesehen hatte, sagte nur in humorvoller Resignation: »Wenn wir hier wohnen, dann sehen wir den ganzen Tag auf ein Trümmergrundstück« und meinte damit respektlos die alte Burg.

Als im Februar 1952 die Bauarbeiten begannen, war noch immer alles verschneit. Den Bauplan entwarf derselbe Kölner Architekt, der gerade das Haus in Knapsack fertiggestellt hatte. Weil er uns schon dort uneingeschränkt zufriedenstellen konnte, überließen wir ihm auch diesmal alle Initiativen. So entstand fast ohne unser Zutun das Haus in Königstein, das schließlich nach dem einstimmigen Urteil aller Familienmitglieder sehr schön ausgefallen ist. Am 1. August 1952 konnten wir es beziehen.

Meine »Wanderjahre« waren damit beendet. Zeit für ein Privatleben ließen mir die Farbwerke Hoechst nun nicht mehr. Zurückgekehrt an den Startplatz meiner beruflichen Laufbahn, fand ich eine zunächst recht schwierige Situation vor. Hoechst war ein Torso und in einem weit größeren Maße als seine beiden Schwestergesellschaften Bayer und BASF auf die Zusammenarbeit mit anderen Werken angewiesen. Aber noch schien keineswegs sicher, ob die Produktionsstätten, die Hoechst einmal in die I. G. eingebracht hatte, in den Schoß der früheren Muttergesellschaft zurückgeführt werden konnten.

Hoechst in ein Unternehmen zu verwandeln, das in der internationalen Chemie eine konkurrenzfähige Position einnehmen konnte, schien erst einmal eine kaum zu lösende Aufgabe. Sie sollte außerdem von einem Vorstand bewältigt werden, der sich nicht im langjährigen Ausleseverfahren einer einheitlichen Firma herausgebildet hatte, sondern von den Alliierten mehr oder minder künstlich zusammengefügt worden war. Wir kannten uns kaum untereinander und hatten keine Vorstellungen von unseren beruflichen Fähigkeiten.

Es war recht fraglich, ob sich diese unterschiedlichen und einander fremden Menschen zu einem geschlossenen Führungsorgan würden zusammenfügen lassen. Nicht nur ich hegte in den letzten Tagen des Jahres 1951 solche Sorgen und Zweifel. Auch in den Zeitungen mußten wir oft lesen, wie wenig man sich von der Hoechster Werksleitung und ihrer Zukunft versprach.

Kapitel VI

Der Neubeginn (1952 – 1954)

An einem der ersten Januartage des Jahres 1952 erschienen wir zwölf Vorstandsmitglieder zur gleichen Stunde in Hoechst, um die gemeinsame Arbeit aufzunehmen. In unseren neuen Büros demonstrierten wir völlige Gleichheit: jeder hatte den gleichen Schreibtisch, die gleichen Aktenschränke, den gleichen Teppich, die gleichen Vorhänge. Jedes ordentliche Vorstandsmitglied bezog auch zunächst das gleiche Gehalt von 60000 DM.

Sowenig wir uns untereinander kannten, so viele Vorbehalte und Reserven noch vorhanden sein mochten – in einem waren wir uns einig: die Firma mußte wirtschaftlich lebensfähig werden. Das verlangte von uns ein Höchstmaß an sachlicher Zusammenarbeit und völlige Zurückstellung persönlicher Prestigebedürfnisse. Wenn wir im Vorstand der Gefahr von Cliquen- und Parteienbildungen erliegen würden, wären alle Hoffnungen auf einen Wiederaufstieg von Hoechst von vornherein zum Scheitern verurteilt.

Zwischen den Mitgliedern des Vorstands, die aus dem amerikanischen Control Office kamen, und uns, die wir schon in der alten I. G. mehr oder weniger führende Positionen bekleidet hatten, herrschte anfangs eine etwas kühle Atmosphäre. Schließlich hatten wir bisher auf verschiedenen Seiten gestanden.

Eine weitere Gruppe im Vorstand bildeten die Treuhänder der einzelnen Werke. Nur einige von ihnen waren aus dem früheren Unternehmen hervorgegangen und mit seinen Problemen vertraut. Sie hatten sich in den vergangenen Jahren weitgehend nach den Anweisungen des amerikanischen Control Office richten müssen. Trotzdem aber waren sie innerhalb ihrer Werke recht selbständig und mit beachtlicher Machtvollkommenheit ausgestattet gewesen.

Noch immer stand das Control Office im Hintergrund und sprach bei allen Entscheidungen ein gewichtiges Wort mit. Das zeigte sich schon daran, daß bei jeder Ausgabe von mehr als fünftausend Mark die Zustimmung der amerikanischen Kontrolloffiziere vonnöten war.

Koordinaten der Verantwortung

In dieser schwierigen Situation bildeten unser erster Ressort-Verteilungsplan und die Geschäftsordnung sozusagen die eiserne Klammer, die den neuen Vorstand zusammenhielt. Nach wenigen Änderungen, die sich in der ersten Zeit als notwendig erwiesen, blieben sie bis zu meinem Ausscheiden aus dem aktiven Dienst im Jahre 1969 die wichtigste Basis für unsere Zusammenarbeit. Das gesamte Arbeitsgebiet des Unternehmens wurde inner- und außerhalb der deutschen Grenzen und über alle Werke und Tochtergesellschaften hinweg in fünf Sparten eingeteilt. Jede von ihnen unterstand einem technischen Vorstandsmitglied (siehe Schaubild S. 504). Zur Sparte I gehörten Anorganika, Stickstoffdünger und Pflanzenschutz; zur Sparte II Farbstoffe, deren Vorprodukte und Textilhilfsmittel; die Sparte III umfaßte Kunststoffe, Lösungsmittel; die Sparte IV Pharma, und die Sparte V schließlich Fasern und Folien.

Da die Verantwortung der Spartenleiter so universell war, wurde die Zuständigkeit der zunächst noch verbliebenen Treuhänder, aber auch der Werksleiter und der Vorstände der Tochtergesellschaften beträchtlich eingeschränkt. Dadurch ergaben sich zwangsläufig Differenzen. Selbst später, als die Gründungsprobleme nur mehr »historischen« Charakter besaßen, führte das Spartensystem mitunter noch zu Kompetenzstreitigkeiten. Meist aber konnten sie mit etwas Geduld und gegenseitigem Verständnis beigelegt werden. Diese Sparteneinteilung erwies sich als tragfähige Grundlage der Unternehmensorganisation. Sie ist heute ein selbstverständlicher Bestandteil der modernen Organisationspläne.

Selbstverständlich mußte die Geschäftspolitik der einzelnen Sparten aufeinander abgestimmt werden. Dazu dienten die koordinierenden Vorstandsressorts. Wir konnten die amerikanische Kontrollbehörde davon überzeugen, daß solche Aufgaben nicht nur in Verkauf, Finanz- und Rechnungswesen sowie Rechts- und Patentwesen bestehen mußten, sondern daß auch im technischen und naturwissenschaftlichen Bereich eine Koordination notwendig war. So wurden innerhalb des Vorstandes Ressorts für Forschung und Ingenieurwesen gebildet. Da das Werk Hoechst im Unternehmen schon wegen seiner Größe ein gewisses Übergewicht besaß, zeichnete ein Vorstandsmitglied für die »Werksleitung Hoechst« verantwortlich. Diese Befugnis wurde später stillschweigend und allmählich auf alle anderen Werke des Unternehmens ausgedehnt. Sie umfaßte schließlich auch das Sozialwesen und den Einkauf.

Diese Konstruktion führte zwangsläufig zu einer gemeinsamen Verantwortlichkeit, die sich in einem so heterogenen und auch in seinen Fabrikationsbereichen sehr dezentralisierten Unternehmen als äußerst nützlich erwies. Jede wichtige Entscheidung mußte von mindestens zwei Vorstandsmitgliedern gebilligt werden, denn sie berührte ja immer eine der Sparten und zugleich eines der koordinierenden Ressorts. So hat zum Beispiel der Spartenleiter Pharma seine Vertriebspläne mit dem Verkauf, die Zielrichtung seiner Forschung mit dem Forschungsleiter, seine Etatwünsche mit dem Finanz- und Rechnungswesen abzustimmen.

Der Vorsitzende des Vorstandes verwaltet kein eigenes Ressort und vertritt deshalb keine partiellen Interessen. Nach unseren Satzungen hat er nur die Kompetenz, bei Stimmengleichheit im Vorstand die endgültige Entscheidung zu fällen. Im übrigen fungiert er als Hüter der Geschäftsordnung und Ressortverteilung.

Nicht alle von uns waren zunächst von diesem System begeistert. Es zeigte sich jedoch, daß nur so ein Höchstmaß an Zusammenarbeit und Effizienz erreicht werden konnte. Unsere Organisation hatte den Vorteil, daß sie sehr einfach zu überblicken war und klare Verantwortlichkeit schuf. Auch die nachgeordneten Mitarbeiter konnten sich in ihr zurechtfinden und anhand der erforderlichen Gegenzeichnungen nachprüfen, ob ein Geschäftsvorgang den entsprechenden Stellen zur Kenntnis gebracht worden war. Das geschah mit großer Genauigkeit, die oft bis zur Pedanterie reichte. So konnten wir uns stets gegenseitig auf unsere Fehler aufmerksam machen. Selbstverständlich ging das nicht immer reibungslos ab; es kam auch zu Auseinandersetzungen, die bis in die Vorstandssitzungen zu spüren waren. Im Laufe der Zeit aber funktionierte diese Geschäftsordnung besser und besser, je mehr wir mit ihr umzugehen lernten.

Der technische Generalstab entsteht

Als technischer Leiter mußte ich in meinem Bereich eine Koordinationsform finden, die auch hier eine möglichst unbehinderte und zweckmäßige Zusammenarbeit gewährleistet. Jeder technische Vorstandskollege erhielt einen »Adjutanten«. Diese Helfer wurden zu einer gemeinsamen Direktionsabteilung zusammengefaßt. Ihr Leiter war dann mein unmittelbarer Mitarbeiter.

So entstand ein kleiner technischer Generalstab von etwa einem halben Dutzend jungen Naturwissenschaftlern. In diesem Gremium vertraten sie jeweils die Interessen ihrer Ressorts und stimmten im technischen Bereich alle Pläne der Sparten und der Werksleitung, der Forschung und der Wissenschaft aufeinander ab. Auf diese Weise entstand schnell eine geschlossene technische Leitung. Man war nicht gezwungen, schon bei kleineren Entscheidungen persönliche Autorität einzusetzen. Später mußte diese Stabsabteilung selbstverständlich vergrößert werden. Heute sind in ihr rund zwanzig Referenten tätig.

Wir achteten stets darauf, diese Positionen mit besonders fähigen Mitarbeitern zu besetzen. Sie erhielten schon in jungen Jahren Zugang zu allen wesentlichen Vorgängen im Unternehmen. Bei allen Fragen besaßen sie vollen Einblick und Mitspracherecht, aber keine Befugnis, direkte Anordnungen zu erteilen. Aus diesem Kreis sind viele führende Mitarbeiter unseres Unternehmens und auch Vorstandsmitglieder hervorgegangen. Mein Nachfolger Rolf Sammet war ebenfalls vom 1. 7. 1957 bis 31. 3. 1962 Chef dieser Technischen Direktionsabteilung.

Im kaufmännischen Bereich ließ sich eine solche koordinierende Stabsabteilung wesentlich schwieriger schaffen. Die Arbeit der Verkaufsleitung war automatisch eng mit den technischen Interessen der Sparten verbunden. Doch die Kaufleute beklagten vor allem am Anfang oft das Übergewicht, das den Technikern a priori gegeben schien. Allmählich erkannten sie freilich, daß ihnen eine gleichberechtigte Mitverantwortung eingeräumt war. Am schwersten fügten sich das Finanz- und Rechnungswesen und die juristische Abteilung, die spezielle Aufgaben zu erfüllen haben, in einen gemeinsamen Rahmen. Deshalb dauerte es verhältnismäßig lange, bis wir, ähnlich wie im technischen Bereich, auch bei den kaufmännischen Ressorts zu einer koordinierenden Organisation, also einer Kaufmännischen Direktionsabteilung, kamen.

Daß wir dieses Ziel erreichten, war hauptsächlich das Verdienst von Konrad Weil, bis zu seiner Berufung in den Vorstand Treuhänder von Griesheim. Weil war von Hause aus Chemiker, Schüler des Nobelpreisträgers Adolf Windaus in Göttingen und ein ausgezeichneter Naturwissenschaftler. Gleichzeitig aber hatte er auf dem Gebiet des Finanz- und Rechnungswesens sowie im allgemeinen kaufmännischen Bereich großes Talent und guten Instinkt bewiesen. Er beriet mich in diesen Fragen von Anfang an in ebenso unaufdringlicher wie selbstloser Weise. Da ich in kaufmännischen Dingen ein ausgesprochener Neuling war, empfand ich seine Unterstützung als äußerst wertvoll. Ich konnte ihm bedingungslos vertrauen. In kurzer Zeit verband uns eine persönliche Freundschaft, wie sie sich bei älteren Menschen nicht mehr so leicht entwickelt wie bei jungen.

Die ersten Vorstandssitzungen

Alle zwei Wochen, und zwar jeweils an einem Dienstag, trafen wir uns um neun Uhr morgens zu den Vorstandssitzungen. Sie fielen nur selten aus, und jeder richtete seinen Terminplan so ein, daß er teilnehmen konnte. Wenn es ihm doch einmal nicht möglich war, vertrat ihn ein anderes Vorstandsmitglied. Er riskierte allerdings dabei, daß eilige Entscheidungen ohne ihn gefällt wurden. Natürlich haben wir das vermieden, wenn es nicht unbedingt notwendig war.

Das Protokoll führte in der ersten Zeit ein jüngerer technischer Mitarbeiter, der nicht dem Vorstand angehörte. Später übernahm diese Aufgabe in der Regel der Leiter der Technischen Direktionsabteilung. Ihm fiel eine sachliche und objektive Protokollierung um so leichter, als er an den Verhandlungen des Vorstands nicht aktiv beteiligt war. Die Vertraulichkeit der Aussprachen hat durch die Anwesenheit der Protokollführer nie gelitten. Für junge Menschen war das Protokollführen eine einmalige Gelegenheit, viel zu lernen.

Das Protokoll mußte von äußerster Sachlichkeit sein. Nach Überprüfung durch das juristische Mitglied des Vorstandes wurde es den Sitzungsteilnehmern zugeleitet und schließlich in der nächsten Vorstandssitzung erörtert und genehmigt. Es enthielt lediglich die Beschlüsse des Vorstandes. Die Notizen des Protokollführers wurden als sogenanntes »Schmierprotokoll« einige Wochen aufbewahrt und dann vernichtet.

Die Vorstandssitzungen begannen auf die Minute pünktlich. Vier bis fünf Stunden wurden die anstehenden Themen ohne Unterbrechung besprochen und Beschlüsse gefaßt. Anschließend aßen wir – das war gleichsam ungeschriebenes Gesetz – gemeinsam zu Mittag. Bei dieser kurzen, gemütlichen Plauderstunde ließen sich manche kleinere Spannungen beseitigen, die zuweilen vorher aus der Hitze des Gefechts entstanden waren. Oft konnten wir bei einem solchen Essen letzte Vorbehalte ausräumen, die sich bei Entscheidungen über besonders diffizile Punkte ergeben hatten.

Wir waren auch übereingekommen, daß sich keiner von uns mit schwerwiegenden Divergenzen an den Aufsichtsrat oder dessen Vorsitzenden wenden sollte, bevor er es den übrigen Mitgliedern des Vorstandes mitgeteilt hatte. Auf der Einhaltung dieser Vereinbarung wurde sehr nachdrücklich bestanden.

In den fast achtzehn Jahren meiner Zugehörigkeit zum Hoechster Vorstand habe ich an mehr als dreihundert solcher Sitzungen teilgenommen. Bei manchen mangelte es nicht an Gegensätzen und heftigen Auseinandersetzungen. Niemals aber fehlte der versöhnende Ausklang beim gemeinsamen Mittagessen.

Die von uns geschaffene neue Organisationsform mußte in den ersten Wochen mit Leben erfüllt und im gesamten Unternehmen durchgesetzt werden. So standen manche Aufgaben verschiedener Ressorts innerhalb des Vorstandes zunächst nur auf dem Papier. Auch die Leitungsgremien und Verwaltungsformen der einzelnen Werke, besonders in Hoechst, entsprachen keineswegs den neuen Plänen. Sie mußten nach und nach dem neuen Schema angepaßt werden.

Behutsame Personalpolitik

Es war unvermeidbar gewesen, daß sich für die leitenden Positionen nicht gleich ideale Besetzungen fanden. In den Führungsspitzen der einzelnen Werke hatte es in den vergangenen Jahren eine starke Fluktuation gegeben. Viele der leitenden Mitarbeiter waren nicht mit der Tradition des Unternehmens verwachsen. Sie hatten sich jedoch Verdienste und Ansprüche erworben, die jetzt zumindest in gewissen Grenzen berücksichtigt werden mußten. So war es nicht möglich, alle Personalprobleme mit einem Male zu lösen. Wir mußten vielmehr sehr behutsam an Neuregelungen herangehen. Überdies waren Aufsicht und Mitspracherecht der amerikanischen Kontrollbehörde zu berücksichtigen.

So hatten wir in der ersten Zeit viele Konzessionen zu machen, die uns vom Unternehmen her gesehen nicht immer leicht fielen. Wir mußten unzulängliche Organisationsformen zumindest zeitweilig hinnehmen und Rücksicht gegenüber Menschen üben, die strenggenommen nicht ganz am richtigen Platz standen. Bei alldem aber galt es, im beginnenden industriellen Wettkampf zu bestehen und mit der rapiden technischen Entwicklung Schritt zu halten. Über allen Kompromissen, zu denen wir anfangs gezwungen waren, vergaßen wir deshalb nicht, daß manches so bald wie möglich geändert werden mußte. Andererseits gingen von den Mitarbeitern, die nicht aus dem Unternehmen stammten, viele neue Impulse aus, die sich letzten Endes als sehr wertvoll erwiesen haben.

Für uns alle stellte diese intensive Beschäftigung mit den zahlreichen Personalproblemen, wie sie sich beim Neuaufbau eines Unternehmens ergeben, einen ausgezeichneten Kursus in »Führungspraxis« dar. Als später immer mehr Firmen in den Hoechster

Konzern eingegliedert wurden und damit weitere qualifizierte Kräfte zu uns stießen, sahen wir uns immer wieder vor der gleichen Aufgabe, für Mitarbeiter die ihren Fähigkeiten entsprechende Position zu finden. Bei Fusionen verursachten uns solche Probleme oft weit mehr Kopfschmerzen als die technischen, juristischen oder kaufmännischen Aspekte, die sich von Fall zu Fall sehr ähneln.

Bald begannen wir, unterhalb der Vorstandsebene Arbeitskreise und Kommissionen zu bilden, die ein erhebliches Maß an Entscheidungsfreiheit besaßen. In manchen Fällen standen dabei vorzügliche Modelle aus der I. G.-Zeit Pate. So entstand das Gremium der Technischen Direktionssitzung, an der die entsprechenden Vorstandsmitglieder und die wichtigsten Techniker der Werke teilnahmen. Zunächst erfolgten Berufungen in solche Kommissionen durch den Vorstand, später durch dessen Vorsitzenden. Anfangs fehlte es freilich an geeigneten Sitzungsräumen. In dem alten Verwaltungssaal, in dem noch heute unsere Aufsichtsratssitzungen stattfinden und die Bilder der drei Firmengründer über dem Kamin hängen, hatten die Besatzungstruppen den großen historischen Sitzungstisch abmontiert. Deshalb mußten wir in der ersten Zeit an behelfsmäßig zusammengestellten Tischen konferieren, die aus allen möglichen Räumen des Hauses zusammengeholt wurden.

Als eine der ersten »Aufbauleistungen« des neuen Unternehmens ließen wir uns einen imponierenden Sitzungstisch anfertigen, dessen Herstellungskosten sogar die genehmigungspflichtige Investition von 5000.– DM überschritten. Er war aus Mahagoni und mit grünem Leder bezogen. Auch fehlte uns zunächst ein für größere Veranstaltungen geeigneter Hörsaal. Der frühere war schon in den ersten Kriegswochen durch eine Fliegerbombe zerstört worden, die sich in unser Werk verirrt hatte. In der Besatzungszeit waren überdies die meisten kostbaren Einrichtungsgegenstände wie Möbel und Bilder aus dem alten Verwaltungsgebäude verschwunden. Selbst um solche Kleinigkeiten mußten wir uns also kümmern.

In den Jahren 1951–52 sah es bei uns wie in einem provisorisch eingerichteten Armee-Oberkommando aus. Überall fehlte es an Räumen und an Mobiliar. Glücklicherweise hatte man wenigstens schon vor der Bildung der »Einhunderttausend-Mark-Gesellschaft« das Verwaltungsgebäude um ein Stockwerk erweitert.

Auf dem Stuhl des Vorsitzenden

So konnte der Vorstand Ende 1952 in einigermaßen vernünftige Büros einziehen, die er bis heute benutzt. Als ich zum ersten Mal in meinem neuen Zimmer hinter dem Schreibtisch saß, war ich inzwischen Vorstandsvorsitzender. Schon seit einiger Zeit hatten einige Kollegen erkannt, daß der Vorstand einen Vorsitzenden benötigte. Zwei von ihnen wandten sich an den Aufsichtsratsvorsitzenden Hugo Zinßer mit dem Vorschlag, mich für dieses Amt zu berufen.

Dies war laut Auflage der amerikanischen Kontrollbehörde für die ersten neun Monate nach der Neugründung der Firma noch nicht erlaubt. Deshalb verfiel der kluge und äußerst verhandlungsgeschickte Zinßer von der Rhein-Main-Bank (später Dresdner Bank) zunächst auf eine Zwischenlösung. Er erwirkte im Aufsichtsrat den Beschluß, daß ich für dieses Amt in Aussicht genommen sei. Obwohl damit noch keine juristische Entscheidung gefallen war, genügte diese Ankündigung, um die Verhältnisse in Hoechst klarzustellen.

Die erste Arbeitssitzung des Aufsichtsrates verlief etwas ungewöhnlich, wie manches andere in der damaligen Zeit. Die Vorstandsmitglieder einigten sich, daß jeder einen Bericht über sein Arbeitsgebiet erstatten sollte. Da keiner dabei sein Licht unter den Scheffel stellen wollte und deshalb auch niemand die vereinbarte Redezeit einhielt, dauerte die Sitzung ohne Unterbrechung vom frühen Vormittag bis zum späten Nachmittag. Wir sahen an den gequälten Mienen des Aufsichtsrates, wie unzumutbar unser erster Auftritt war. Nachdem wir die allgemeine Erschöpfung überwunden hatten, stellte eine lebhafte Nach- und Nachtsitzung viele menschliche Kontakte her. Das war in jenen Tagen bitter nötig.

Zinßer erwies sich übrigens als ein unentbehrlicher Freund und Ratgeber bei allen Fragen, die ich allein nicht lösen konnte.

Viele Abende saß ich mit ihm in seinem Frankfurter Büro und anschließend meist im benachbarten Kaiserkeller zusammen, um aktuelle Fragen zu diskutieren, die von den Entflechtungsproblemen, der Finanzierung bis zur Personalpolitik reichten. Sein Einfallsreichtum war ebenso frappierend wie seine Kenntnis exquisiter Weine. Ich habe in beidem sehr viel von ihm gelernt.

Wenn wir in Hoechst Gäste empfingen, mußten wir sie in den sogenannten »Russischen Hof« führen, da unser Kasino noch bis Ende 1953 von den Amerikanern besetzt blieb. Der »Russische Hof« war während des Krieges als Barackensiedlung für russische Zivilarbeiter und Kriegsgefangene errichtet worden. Dort wirkte jetzt ein biederer und sicher nicht zu kulinarischen Hochleistungen befähigter Kantinenwirt. Dafür waren aber seine Portionen ausgesprochen reichlich und sättigend. Das schätzten wir damals genauso hoch wie einen guten Tropfen.

Als ich Ende 1951 zum ersten Mal den »Russischen Hof« betrat, traf ich das alte Bedienungspersonal aus dem früheren Kasino fast vollzählig wieder an. Dazu gehörte auch die »Gustel«. Sie kannte die einstigen I. G.-Leute seit vielen Jahrzehnten und vereinigte rührende Anhänglichkeit mit profunder Menschenkenntnis. »Gustel« beurteilte jeden mit untrügerischer Sicherheit und behandelte ihn entsprechend. Erst als sie nach mehr als vier Jahrzehnten Tätigkeit in der Pharma-Verpackung und im Kasino pensioniert wurde, erfuhr ich, daß es sich um Fräulein Müller handelte.

Oft verdankte ich es gerade den einfachen Menschen, daß ich mich in Hoechst bald wieder zu Hause fühlte. Sie waren durch alle politischen Erschütterungen und Umstellungen kaum verändert worden. Wie so oft in der Geschichte hatte ein weltpolitischer Sturm die Oberschichten hinweggefegt und durch andere ersetzt. Der Kern des Volkes hatte sich dagegen unverfälscht erhalten.

Viele kannten mich noch von früher her und wußten von den damaligen Plänen, mich zum Leiter von Hoechst zu ernennen. Auch hatte die Belegschaft nicht vergessen, daß ich die schwierigen Kriegsjahre in der Fabrik verbrachte und bis zum Beginn der Besatzungszeit bei ihr geblieben war. Meine Frau besuchte in Hoechst bis zum Abitur die Schule und arbeitete später als Lehrling in der Kaysser-Apotheke. Auch das sprach in den Augen der

Hoechster zu meinen Gunsten. Meine nichthessische Abkunft wurde dadurch zumindest teilweise kompensiert.

Wann immer ich Zeit fand, ging ich in diesen Tagen und Wochen allein durch die Fabrik. In aller Stille besuchte ich die mir bis Kriegsende so vertrauten Straßen und Betriebe. Inzwischen waren nur sieben Jahre vergangen – manchmal erschienen sie mir wie eine Ewigkeit. Trotz allem, was geschehen war, wurde ich in diesen Stunden langsam wieder heimisch. Bei solchen Rundgängen erwachte in mir auch zum ersten Mal die Freude an der großen Aufgabe, die nun vor mir lag. Sie verdiente es, daß man alle Kräfte darauf konzentrierte. Ich glaube, ein solches Gefühl kann in einem Techniker niemals am Schreibtisch erwachsen, sondern nur angesichts der Fabrik mit ihren Menschen und Apparaturen. Schon aus diesem Grunde war die gar nicht so selbstverständliche Entscheidung, unsere Verwaltung mitten in der Fabrik anzusiedeln, ein beachtlicher Vorteil.

Bestandsaufnahme in Hoechst

Das Werk wies kaum Zerstörungen auf. Es sah aus, als sei der Krieg spurlos an ihm vorübergegangen. Die Fabrik machte aber, wie schon in den dreißiger Jahren, einen veralteten und schlechtgepflegten Eindruck. Dieser Zustand schien in der letzten Zeit geradezu konserviert worden zu sein. In anderen Werken, die der Krieg zerstört hatte, wie z.B. Knapsack oder Leverkusen, hatte der Aufbau längst begonnen. In Hoechst dagegen wirkte alles verstaubt und wie mit Spinnweben überzogen.

Die Treuhandverwaltung, die sehr sorgfältig die Vorschriften der Kontrollbehörde einhalten mußte, hatte daran verständlicherweise nicht viel ändern können. Es fehlten ihr ein wenig der Mut und auch die finanziellen Möglichkeiten zu größeren Investitionen. Statt dessen hatte man streng darauf geachtet, das vorhandene Vermögen zu hüten. Noch in den ersten Monaten des Jahres 1952 wurden wir angehalten, niemals mehr zu investieren als die Abschreibungen. Dazu war die Höhe der Abschreibungen mangels einer echt fortgeschriebenen Bilanz gar nicht genau bekannt.

Immerhin hatte wenigstens die Pharma-Abteilung wesentliche Fortschritte aufzuweisen. Michael Erlenbach war es gelungen, durch Vermittlung der US-Kontrolle eine Penicillinlizenz von Merck in USA zu erwerben. 1950 konnte eine moderne Penicillinfabrikation in Hoechst errichtet werden, die von dem damaligen amerikanischen Hohen Kommissar John McCloy eingeweiht wurde. Damit fand Hoechst, das einst mit der Salvarsanproduktion das Zeitalter der Chemotherapie eröffnete, den Anschluß an die neue Ära der Antibiotika.

Einen Erfolg auf anderem Gebiet konnte Weil verbuchen: Er hatte zwischen der Elektrodenfabrik in Griesheim, die seit der Abtrennung von den Anlagen in Bitterfeld über keine Graphitierung mehr verfügte, und Siemens-Plania in Meitingen eine Verbindung hergestellt. Aus dieser klugen Maßnahme erwuchs eine enge Zusammenarbeit. Sie führte zur Gründung eines gemeinsamen Unternehmens, das heute internationale Bedeutung hat.

Auch in anderen Bereichen war im bescheidenen Ausmaß mit einer industriellen Produktion begonnen worden, obwohl man alle grundsätzlichen Entscheidungen vermied. Im übrigen aber hatte Hoechst seine finanziellen Schätze eifrig gehütet und eine für damalige Verhältnisse große Summe von 50–60 Millionen DM angesammelt. Das Ziel war klar und durchaus vernünftig: nach der Entflechtung sollte damit ein planvoller Ausbau der Fabrikanlagen ermöglicht werden.

Doch eines war wohl nicht bedacht worden. Da in der englischen und französischen Zone der Wiederaufbau der Werke längst kraftvoll vorangetrieben wurde und viel Geld verschlang, hatten die Entflechtungsbehörden mit dem Gedanken geliebäugelt, die in Hoechst angesammelten Mittel in diesen anderen Betriebsgemeinschaften zu verwenden. Schließlich gehörte dieses Geld ja zu der gemeinsamen Entflechtungsmasse.

So drohte sich in der Schlußphase der alliierten Kontrolle zu wiederholen, was Hoechst in der I. G.-Zeit bereits widerfahren war: Das von Hoechst verdiente Geld, mangels Initiative nicht für eigene Entwicklungen verbraucht, sollte nun den rührigeren anderen Firmen zukommen. Glücklicherweise konnte eine solche unerwünschte Entscheidung doch noch verhindert werden.

Auch in Hoechst lockerte sich die Enge der Bestimmungen und wuchs der Aufbauwille. Man hatte einige große Neubauten,

z. B. von Laboratorien, begonnen, die sich später in unser Ausbauprogramm einfügen ließen. Immer wieder jedoch wurden solche Initiativen durch die einengenden Vorschriften gehemmt, denen die Werke nach der Beschlagnahme unterlagen. Es konnte nicht nach langfristigen kaufmännischen Überlegungen entschieden werden, sondern mehr nach den Grundsätzen einer Treuhandverwaltung. Jede unternehmerische Entscheidung wurde allein unter dem Gesichtspunkt der augenblicklichen Rendite gesehen. So wurden etwa Kapazitäten nicht voll ausgenutzt, wenn dies vorübergehend mit Verlusten verbunden gewesen wäre. Das Rechnungswesen war in jener Zeit äußerst stark und übte eine nahezu absolute Kontroll- und Entscheidungsgewalt aus.

Man muß sich auch vergegenwärtigen, daß die Werke Hoechst, Griesheim und Offenbach bis 1952 über völlig selbständige Verwaltungen verfügten. Zwischen ihnen gab es in den ersten Jahren nach der Besetzung kaum einen Gedankenaustausch. Hinter allen gemeinsamen Besprechungen witterte nämlich die Kontrollbehörde Verschwörungen mit dem Ziel einer Wiedervereinigung dieser Komplexe. Die Werke besaßen sogar voneinander unabhängige Verkaufsorganisationen im In- und Ausland.

Dem Export standen schwere Hindernisse entgegen. Die Amerikaner hatten die Werke des Maingaus mit einem Schlag von der allgemeinen Verkaufsorganisation der I. G. Farbenindustrie getrennt. Davon waren auch Bayer und die BASF hart betroffen. Doch in Leverkusen und Ludwigshafen konnten ungehindert neue Verwaltungsapparate aufgebaut werden, während bei uns am Main jeder Schritt überwacht wurde. Peinlich achtete man darauf, daß die Verbindung zu den alten Auslandsstellen der I. G. unterbrochen blieb. Das hatte für uns die unerfreuliche Konsequenz, daß große Teile der bewährten alten Auslandsorganisation den beiden anderen Nachfolgegesellschaften zufielen. Für Hoechst gingen dadurch viele wertvolle Mitarbeiter mit Auslandserfahrung verloren.

Trotzdem gelang es den einzelnen Verkaufsabteilungen in Hoechst, Griesheim und Offenbach in aller Stille, einen Rahmen für eine neue, über alle Erdteile reichende Verkaufsorganisation zu schaffen. Zunächst konnte das nicht unter dem Hoechster Firmenzeichen geschehen. Aber es gab Geschäftsfreunde, die an vielen Plätzen der Welt zunächst auf eigenes Risiko unsere Vertretungen übernahmen. Hoechst hatte in diesen Jahren schon viele Kaufleute und Wissenschaftler nach draußen geschickt, um Beziehungen zu pflegen und neue Kontakte zu knüpfen. Auch meine eigene Kanada-Reise im Jahr 1951 diente diesen Zielen.

Leider war gerade das Jahr 1952 wirtschaftlich wenig erfreulich. Das galt für die internationale Situation ebenso wie speziell für die Bundesrepublik. Die Korea-Krise hatte zwar vorübergehend zu einem steilen Anstieg der Konjunktur geführt, dem nun ein heftiger Rückschlag folgte. Die in ihrer internationalen Beweglichkeit ohnehin noch stark behinderte Bundesrepublik litt unter dieser Depression, zu der sich noch eine weltweite Textilkrise gesellte.

Die Hoechster Farbwerke verzeichneten einen starken Exportrückgang, der auch durch einen beachtlichen Umsatzzuwachs im Inland nicht ausgeglichen werden konnte. Das erste Geschäftsjahr nach der Neugründung schloß deshalb mit einem Umsatzrückgang.

Die wirtschaftliche Lage bereitete uns also große Sorgen. In den ersten Monaten des Jahres 1952, besonders im März und April, waren einige Betriebe nur zu 50 Prozent ausgelastet. Das galt vornehmlich für die Farben- und Zwischenproduktefabriken. In Offenbach drohte deshalb Arbeitslosigkeit. Doch bewährte sich jetzt der Zusammenschluß der einzelnen Werke. Wir beförderten Arbeiter aus Offenbach mit Omnibussen nach Hoechst und überzeugten damit wohl den letzten Offenbacher, daß es vernünftig gewesen war, sich an Hoechst anzuschließen. Zuvor war diese Auffassung gar nicht so selbstverständlich gewesen.

So brachten die ersten Monate gleich eine kräftige Belastungsprobe unserer unternehmerischen und organisatorischen Fähigkeiten. Wir stellten Kolonnen aus vorübergehend unbeschäftigten Arbeitern zusammen, die Reparaturen in der Fabrik vornahmen, führten eine strenge Vorratskontrolle ein und erließen eine Einstellungssperre.

Mit diesen ersten Einschränkungsmaßnahmen, die Ende 1952 und zum Teil sogar erst 1953 wieder gelockert werden konnten, zeigte der neue Vorstand, daß er gewillt war, maßzuhalten und sparsam zu wirtschaften. Dieser Beweis mußte auch von dem zunächst recht kritischen Rechnungswesen anerkannt werden, dessen Einfluß wir bei der Neuorganisation ein wenig hatten beschneiden müssen.

Es gehörte in diesem Jahr viel Optimismus dazu, an die Zukunft von Hoechst zu glauben. Auch die Öffentlichkeit, also Zeitungen und Rundfunkstationen, beschäftigte sich häufig mit unseren – wie viele Kommentatoren meinten – doch recht begrenzten industriellen Aufstiegschancen. Dabei wurden auch die personellen Entscheidungen der US-Kontrolle bei der Besetzung des Vorstandes kritisch unter die Lupe genommen, da ja keines der Vorstandsmitglieder in breiteren Kreisen bekannt war. Gerade diese Zeit, in der uns so manche skeptische Prognose gestellt wurde, hat viel dazu beigetragen, die menschlichen Beziehungen innerhalb des Vorstandes enger zu gestalten.

Natürlich ergriffen wir jede Gelegenheit, Hoechst in seinem neuen, wenn auch noch bescheidenen Glanz zu präsentieren. Ein guter Anlaß dazu war die Achema, die Ausstellung für chemisches Apparatewesen. Sie fand im Sommer 1952 statt und hatte zum ersten Mal wieder breite internationale Resonanz.

Wir beschlossen, von Hoechst aus einen großen Achema-Festabend zu arrangieren. Das Opernhaus in Wiesbaden und das benachbarte Kurhaus, die beide nahezu unzerstört geblieben waren, boten den festlichen Rahmen. Wir gewannen die Opera di Roma. Auf dem Programm stand Verdis »Maskenball«. Anschließend luden wir unsere etwa 1200 Gäste zu einem Ball ins Kurhaus. Diese Einladung, zu der wir uns im Vorstand einmütig entschlossen, mochte angesichts unserer nicht allzu rosigen finanziellen Lage als große Verschwendung erscheinen. Auf der anderen Seite gewannen wir auf diese Weise wertvollen »good will« und interessante wissenschaftliche und geschäftliche Kontakte.

Als wir den US-Kontrolleur Randolph Newman mit seiner Frau zu diesem Fest einluden, akzeptierte er offensichtlich gerne, freilich nicht ohne die etwas resignierte Bemerkung, daß wir ihn bei einer so großen Ausgabe eigentlich hätten fragen müssen. Halb selbstbewußt und ernst, halb scherzhaft erwiderten wir ihm, wir wollten hierzu unser Aktienkapital von damals, 100000 DM, verwenden, über das wir ja verfügen konnten.

Der Kreis der Gäste spiegelte dann auf einmalige Weise ein

Stück Zeit- und Unternehmensgeschichte wider. Neben Newman, dem ehemaligen Ankläger im Nürnberger I. G.-Prozeß, saßen außer dem hessischen Ministerpräsidenten Georg August Zinn auch die soeben aus der Haft entlassenen einstigen I. G.-Vorstandsmitglieder. Hinzu kamen viele Freunde aus Wissenschaft und Wirtschaft. Ein derart umfangreiches Fest mit einem künstlerisch so hervorragenden Programm war seinerzeit eine Seltenheit. Es ist vielen unserer Gäste aus aller Welt in unauslöschlicher Erinnerung geblieben. Seither wurde es fester Brauch für Hoechst, alle drei Jahre anläßlich der Achema nach Wiesbaden einzuladen. Der mitreißende Schwung und die allgemeine Begeisterung konnten wohl nie größer sein als im Jahre 1952.

Das Erbe der I. G. wird verteilt

Nach dem Achema-Fest regierte in Hoechst wieder der farblosere, arbeitsreiche Alltag. Die Arbeit des Vorstandes konzentrierte sich in der Zeit bis zur eigentlichen Ausgründung weitgehend auf die Frage, wie die aus dem Gesamtkomplex der ehemaligen I. G. herauszulösenden Hoechster Farbwerke aussehen sollten. Alles hing davon ab, welche weiteren Zuweisungen sie aus dem Anlagevermögen und den I. G.-Beteiligungen erhalten würden.

Große Bedeutung besaß zum Beispiel das Problem der Vermögensausstattung der einzelnen Gesellschaften. Erst wenn sie festgelegt war, konnte eine privatwirtschaftliche Regelung für die Aktionäre gefunden werden. Ferner waren die Ansprüche zu befriedigen, die an die Gesamtheit des I. G.-Vermögens gestellt wurden. Davon wiederum erschien die Versorgung der Pensionäre am dringlichsten. Zu welchen Summen sich die gesamten Ansprüche aus dem In- und Ausland – vor allem die Wiedergutmachungsforderungen aus den Kriegsjahren – addieren würden, konnte damals noch niemand übersehen.

Gerade bei diesen vermögensrechtlichen Fragen leisteten die aus dem Control Office kommenden Vorstandsmitglieder Oscar Gierke und Heinz Kaufmann wertvolle Hilfe. Die neu entstehenden Gesellschaften, also Bayer, BASF und Hoechst, erhielten bei der späteren endgültigen Ausgründung nur klar übersehbare Ver-

Links: Auf dem Boot zur südlichen Mainseite, wo das Forschungszentrum entstehen sollte
V. l. n. r.: Emil Thiel, Josef Wengler, Otto Horn, Otto Fritz Schulz, Gustav Ehrhart, Wolfgang Imhoff, Karl Winnacker

Unten: Das Forschungszentrum

Das Kasino nach Kriegsende
»Gustel« (rechts) und der
»Russische Hof« (unten)

Die Jahrhunderthalle am 11. Januar 1963 Außenansicht / Innenansicht

Rechts: Im Gespräch mit dem hessischen Ministerpräsidenten Georg August Zinn (links) und Friedrich Jähne

Unten: Im Kreise der Pensionäre und Jubilare

mögenswerte wie etwa Anlagen oder Patentbesitz. Alle ungewissen Werte, darunter das beschlagnahmte Auslandsvermögen, blieben in der Liquidationsmasse, repräsentiert durch die I. G. Farbenindustrie in Liquidation, die ihre Arbeit bis heute noch nicht beendet hat.

Diese Regelung war eine glückliche Konsequenz des Ausgründungsverfahrens, die wir erst allmählich schätzenlernten. Sie sicherte den gegründeten Gesellschaften, denen die Öffentlichkeit dann den etwas unglücklichen Namen »I. G.-Nachfolger« gab, mit ihrer späteren Ausgründung die notwendige Bewegungsfreiheit. Es konnten dank dieser Regelung keine Forderungen und Regreßansprüche auf sie zukommen.

Die Aufteilung des I. G.-Vermögens oblag drei inzwischen ernannten deutschen Liquidatoren: dem Vorstandsmitglied der Deutschen Treuhandgesellschaft, Fritz Brinckmann, dem Herausgeber der wirtschaftspolitischen Wochenzeitschrift »Der Volkswirt«, Franz Reuter, und dem Aktienrechtler und Rechtsanwalt Walter Schmidt. Sie betreuten alle Vermögenswerte, über die noch nicht verfügt worden war, und stellten somit die Verhandlungspartner der Vorstände der Nachfolgegesellschaften dar. Den Liquidatoren stand noch ein Beirat zur Seite, dem elf Mitglieder, vornehmlich aus Bank- und Industriekreisen, angehörten.

Die Liquidatoren konnten allerdings nicht aus eigener Machtvollkommenheit heraus handeln. Alle ihre Entscheidungen bedurften der Genehmigung durch die Alliierte Hohe Kommission, vertreten durch die sogenannte TRIFCOG (Tripartite IG Farben Control Group).

Diese Hohe Kommission residierte auf dem Petersberg. Ihre Repräsentanten bei der I. G.-Entflechtung waren die drei Kontrolloffiziere in der amerikanischen, englischen und französischen Zone. Für die Amerikaner nahm Randolph H. Newman dieses Amt wahr, für die Briten E. L. Douglas Fowles und für die Franzosen Jean de Fouchier.

Stück für Stück mußte also das riesengroße und schwer übersehbare Gesamtvermögen der I. G. Farbenindustrie, soweit es im Gebiet der Bundesrepublik Deutschland lag, den Nachfolgegesellschaften zugeteilt werden. Das erforderte eine Fülle von einzelnen Entscheidungen. Sie betrafen zum Teil recht große Fabriken, daneben aber auch viele kleinere Unternehmen und zahlreiche Beteiligungen. Das Vermögen umfaßte auch einen riesigen Patentbesitz und vor allen Dingen die wertvollen alten Warenzeichen. Es mußte alles aufgeteilt werden, was einst auf der Aktivseite der Bilanz der I. G. Farbenindustrie gestanden hatte.

Zwischen den Beteiligten existierten sehr verschiedene Meinungen über die angemessene Aufteilung. Einverständnis aber herrschte inzwischen darüber, daß die drei auszugründenden Gesellschaften etwa gleich groß und international konkurrenz- und lebensfähig werden sollten. Was aber in diesem Sinne als lebensfähig anzusehen war, blieb der Interpretation der drei Kontrolloffiziere überlassen.

Ihre Auffassung war sehr unterschiedlich. Bei den Franzosen und Engländern mischten sich in diese Beurteilung ganz nüchterne heimatliche Wirtschaftsinteressen, so unterschiedlich das Potential der französischen und englischen chemischen Industrie auch war. Man sollte daraus beiden Siegermächten heute keine Vorwürfe mehr machen. Ihre Haltung war wenigstens klar und konnte in Rechnung gestellt werden, zumindest von dem, der die Situation in der europäischen und internationalen Chemie einigermaßen kannte. Gelangten die Auseinandersetzungen an wirklich kritische Punkte, so war es sogar möglich, mit den eigentlichen Interessenten in Frankreich oder England direkt zu verhandeln. Im letzten Stadium der Entflechtung haben wir dies auch gelegentlich mit mehr oder weniger großem Erfolg getan.

Diese vertraulichen Gespräche und Abkommen über Grenzen hinweg waren schon eine Art Vorläufer der späteren europäischen Zusammenarbeit in der Chemie. Dabei handelte es sich keineswegs um eine übernationale kapitalistische Verschwörung. Ganz im Gegenteil: hier traf Konkurrent auf Konkurrent. Wenn es dabei aber wirklich hart auf hart ging, mußten wir als die Schwächeren freilich fast immer nachgeben. Das war aber noch bei weitem der einfachste Weg. Sehr viel komplizierter und undurchsichtiger war für uns die Haltung der amerikanischen Kontrollbehörde. Sie wurde vorwiegend von wirtschaftsideologischen Gesichtspunkten und politischen Vorstellungen diktiert. Die amerikanische Kontrolle konnte sich nicht von den Antikartellideen befreien, die in den USA seit dem Antitrust-Gesetz und dem Sherman Act von

1890 eine lange Tradition besitzen. Dazu kam noch zusätzlich der Wunsch, um keinen Preis die Stärke der alten I. G. und ihre Wettbewerbsmacht wieder erstehen zu lassen.

Glücklicherweise hatten sich damals in der jungen Bundesrepublik die Auffassungen über wirtschaftspolitische Fragen noch nicht im Gestrüpp politischer Ideologien verfangen. Während man heute schon wieder auf wirtschaftspolitischem Feld nach dem Staat ruft und dem freien Spiel der Kräfte Fesseln anlegen will, herrschte damals überall im Land ein Geist der Großzügigkeit und des Liberalismus.

Es bleibt das Verdienst des damaligen Wirtschaftsministers Ludwig Erhard, mit seinem Vertrauen in ein System der freien Marktwirtschaft dem Wiederaufbau entscheidende dynamische Impulse gegeben zu haben.

Nicht nur die Bundesregierung, auch die öffentliche Meinung stand damals auf der Seite von Wirtschaft und Industrie. Jung und alt war sich einig, daß nur ein wagemutiges Unternehmertum und eine aktive Industrie der Gesamtheit des Volkes wieder zu einem erträglichen Lebensstandard verhelfen konnten. In großer Einmütigkeit bemühten sich die Landesregierungen, die Gemeinden, die Gewerkschaften und die Presse darum, die Voraussetzungen für den Wiederaufbau der deutschen Wirtschaft zu schaffen.

Vor allen Dingen hat sich die Bundesregierung in dieser Zeit außerordentlich lebhaft und positiv unserer Probleme angenommen. Das gilt auch für Bundeskanzler Adenauer selbst, mit dem wir häufig verhandeln mußten. Adenauer und seine Regierung widmeten sich sehr intensiv solchen wirtschaftlichen Fragen, obwohl zur gleichen Zeit weltpolitische Probleme wie die Eingliederung der Bundesrepublik in das westliche Bündnissystem ihre volle Aufmerksamkeit forderten. Die Bundesregierung war sich bewußt, daß erfolgreiche Außen- und Innenpolitik eine solide Wirtschaftspolitik zur Voraussetzung hat.

Die Bundesregierung verfügte auf wirtschaftlichem Gebiet über einige ausgezeichnete Gutachter und Sachverständige, mit denen der neue Hoechster Vorstand Verbindung halten mußte. Meine Aufgabe konzentrierte sich dabei von Anbeginn auf die Frage, welche Werke und Sachwerte den Hoechster Farbwerken aus dem Vermögen der I. G. zugeteilt werden sollten. Mit anderen

Worten: ich mußte dafür sorgen, daß Hoechst von dem zu verteilenden Kuchen, also dem Sachvermögen der I. G., das ihm zustehende Stück auch ungeschmälert bekam. Jeder Vorstand der drei Nachfolgegesellschaften ging dabei von der historischen Entwicklung der einzelnen Werke aus und strebte danach, zunächst einmal das wiederzuerhalten, was seine Firma bei der Fusion in die I. G. Farbenindustrie im Jahre 1925 eingebracht hatte.

Die Verhandlungen führten die jeweiligen Vorsitzenden der Vorstände. So ergab sich die merkwürdige Situation, daß die entscheidende Phase der Entflechtung von den Männern mitbestimmt wurde, die der Vorstand der alten I. G. viele Jahre zuvor als Leiter der drei großen Betriebsgemeinschaften Leverkusen, Ludwigshafen und Hoechst ausgewählt hatte. Allerdings konnte seinerzeit niemand ahnen, daß unsere erste Aufgabe ausgerechnet die Auseinandersetzung um das Erbe der I. G. sein würde. Carl Wurster, der Vorstandsvorsitzende der BASF, bekleidete sein Amt schon seit 1938; Ulrich Haberland, Chef von Bayer, hatte die Führung von Leverkusen kurz vor Kriegsende übernommen. Ich selbst, drei Jahre jünger als die anderen, war bereits dazu bestimmt gewesen, einige Jahre nach Kriegsende die Führung von Hoechst zu übernehmen.

Unter gründlich veränderten Umständen trafen wir uns nun plötzlich als Konkurrenten, von denen jeder für seine Firma das Beste herauszuholen suchte. Wir befanden uns dabei in einer geradezu einmaligen Situation. Jeder kannte seinen Gegenspieler auf das genaueste und war vertraut mit allen Voraussetzungen und internen Verhältnissen der Verhandlungspartner, denn wir entstammten ja der gleichen I. G. Farbenindustrie. Wir alle drei besaßen dieselbe naturwissenschaftliche Ausbildung, hatten den Aufstieg der Kollegen aus nächster Nähe miterlebt und unzählige Male in den Kommissionen der I. G. Farbenindustrie zusammengesessen.

Jeder von uns sprach die gleiche Sprache. Wenn wir unter uns waren, was in diesen Jahren nach 1952 sehr oft vorkam, verliefen unsere Gespräche freundschaftlich und freimütig. Wir konnten uns intensiver und unbarmherziger streiten, als es drei Männer in ähnlicher Position und Verantwortung je hätten tun können – doch immer blieb die gegenseitige Achtung und Wertschätzung unangetastet. Wir vergaßen nie unsere Verbundenheit, ohne dabei jemals der Sentimentalität zu verfallen.

Gerade in den ersten Monaten des Jahres 1952 gab es vieles zu erörtern und auszuhandeln. Ich kam von Hoechst aus neu in diesen Kreis, da Haberland und Wurster nach Kriegsende von den Alliierten auf ihren Posten belassen wurden. Wir waren alle noch verhältnismäßig jung und konnten daher sehr vergnügt sein und recht ausgiebig tagen, was unseren Verhandlungen und dem Verständnis füreinander sicher sehr gut bekam.

Einer der Treffpunkte, die wir besonders häufig auswählten, war das Hotel »Zur Post« in Limburg an der Lahn, damals ein bescheidenes, doch recht gemütliches Lokal. Dort kamen unsere drei Wagen zu jeder Verabredung stets auf die Minute pünktlich an, wie wir das als alte »Fabrikarbeiter« gewöhnt waren. Stets brachten uns auch die gleichen Fahrer, untereinander nicht minder vertraut und verschwiegen als wir selbst.

Wenn die drei Professoren, wie man uns später oft in der Presse nannte, gemeinsam auftraten, etwa bei Repräsentationen im Ausland, so fungierte immer der älteste als Sprecher. Das war Carl Wurster, denn er war vier Tage älter als Ulrich Haberland, den das bei seiner Repräsentationsfreudigkeit wohl zuweilen ein wenig schmerzte. Ich war der jüngste und brauchte zu solchen Anlässen nicht aufzutreten.

Wurster ist dieses Amt wohl am schwersten gefallen, als es galt, von Ulrich Haberland Abschied zu nehmen. Am Sarg unseres Freundes fand Wurster 1961 gute Worte des Gedenkens. Nach der Beerdigung fuhren Wurster und ich zusammen auf der Autobahn nach Süden. Wir erinnerten uns an viele gemeinsame Erlebnisse mit Haberland; manche Episode wurde dabei wieder lebendig.

Gleichzeitig wußten wir genau, daß mit dem Tod Haberlands ein wichtiger Abschnitt auch in unserem Leben zu Ende gegangen war. Die Periode eines trotz aller Konkurrenz selbstverständlichen, keiner bekräftigenden Worte bedürfenden Einvernehmens zwischen den drei Firmen hatte ihren Abschluß gefunden. Es ist schwer vorstellbar, daß ein ähnliches Verhältnis, das einzig und allein auf persönlicher und gemeinsamer Vergangenheit beruhte, an der Spitze der drei I. G.-Erben wiederkehren könnte.

Mit Ausnahme von Knapsack lagen alle Unternehmen, die Hoechst aus dem I. G.-Vermögen zu übernehmen wünschte, in der US-Zone. Das überspitzte Entflechtungsstreben der amerikanischen Kontrollbehörde hatte dazu geführt, daß für jede Werkseinheit ein selbständiger Treuhänder eingesetzt worden war. Dabei spielte es keine Rolle, wie groß diese Werkseinheit sein mochte. So saß bei einer Treuhänderversammlung unter amerikanischer Aufsicht der Treuhänder des großen Werkes Hoechst, das etwa 9 500 Mitarbeiter zählte, gleichberechtigt neben dem Treuhänder unseres Weinkellers in Eltville, wo nur ein paar Menschen beschäftigt waren. Ursprünglich hatten die Amerikaner wohl sogar ernsthaft daran gedacht, diese Einheiten für alle Zukunft voneinander zu trennen und sie als völlig selbständige Betriebe führen zu lassen. Man hatte sogar einmal einen Plan entwickelt, nach dem der zu groß erscheinende Komplex des Werkes Hoechst in vier Teile geteilt werden sollte.

Das Niveau der Treuhänder war zwangsläufig sehr unterschiedlich; die meisten aber bemühten sich nach besten Kräften, ihr Unternehmen gut und sachgerecht zu leiten, soweit ihnen die Kontrollbehörde dazu überhaupt eine Möglichkeit ließ. Trotzdem gab es auch manche Irrwege. Viele Treuhänder waren ja neu in die Firmen gekommen und kannten deren Tradition und Probleme nur sehr wenig. Daß außerdem gelegentlich auch Geltungsbedürfnis und Eigennutz bei der treuhänderischen Verwaltung gerade der Splittereinheiten nicht vermeidbar war, ist menschlich verständlich.

Im Januar 1952 war lediglich sichergestellt, daß zu dem Komplex Hoechst die Werke Griesheim und Offenbach und außerdem Knapsack kommen würden, und zwar letzteres mit seinen Beteiligungen: den Sauerstoffwerken Griesheim-Autogen und Uhde. Auch die Übernahme der Sperr- und Faßholzfabrik Goldbach bei Aschaffenburg war nicht mehr umstritten. Hier handelte es sich um ein Unternehmen, das früher einmal zur BASF gehört hatte. Es stellte vor allem Holzfässer für Chemikalien her. Am Anfang hatten wir mit Goldbach manche Sorgen. In den letzten Jahren aber entwickelte sich die Firma sehr gut und erweiterte ihr Produktionsprogramm um moderne Erzeugnisse wie Fußböden und Wände für Computer und Büroräume.

Dieses Hoechst zugedachte Sachvermögen war jedoch noch entschieden zu klein und konnte niemals ausreichen, um sich gegen die viel größeren Wettbewerber zu behaupten. Für mich stand damals fest: Es mußten unter allen Umständen noch weitere Unternehmen aus dem früheren Besitz der Hoechster Farbwerke hinzukommen.

Bei den dazu notwendigen Verhandlungen mußten manchmal die verschlungensten Pfade beschritten werden. Das nahm sich oft aus wie endlos in die Länge gezogene Friedensgespräche zwischen Delegationen, die aus gegnerischer Ausgangsstellung heraus immer wieder gewichtige Proklamationen über Vergangenheit und Zukunft austauschen. Nicht minder entscheidend als die rein sachlichen Verhandlungen waren aber die persönlichen Beziehungen. Ich entsinne mich vieler Unterhaltungen, in denen wir die führenden Männer der Firmen, die wir noch dem Hoechster Komplex angliedern wollten, mit geradezu beschwörenden Worten für unsere Konzeption zu gewinnen versuchten. Nur wenn es gelang, sie mit Vertrauen in uns und in die Zukunft von Hoechst zu erfüllen, konnten wir ihr Einverständnis für die Neuregelung in unserem Sinne erreichen. Wenn es nicht möglich war, eine solche persönliche Gemeinsamkeit zu schaffen, so scheiterten alle Bemühungen.

Diese Erfahrungen haben wohl für die meisten Zusammenschlüsse von Industriewerken Gültigkeit. Ein Erfolg ist nur zu erwarten, wenn sich über die rein materiellen und wirtschaftlichen Interessen hinaus auch eine persönliche Harmonie zwischen den Beteiligten einstellt. Alle wirtschaftlichen Überlegungen nützen wenig, wenn ein solch menschliches Verhältnis nicht gefunden wird. Es bleibt immer ein kostspieliges und risikoreiches Verfahren, Firmen sozusagen an der Börse zu kaufen, ohne sich des Einverständnisses der dort tätigen Menschen und ihrer Leitung sicher zu sein.

Bei den damaligen Bemühungen hat uns in Hoechst die Generation der »großen alten Männer« der chemischen Industrie nach Kräften geholfen. Sie standen bei Kriegsende schon längst nicht mehr im aktiven Berufsleben. Sachkunde, Tradition und Geschichtsbewußtsein verlieh ihnen Autorität und Überzeugungskraft, die sich schon einmal bei der Gründung der I. G. Farbenindustrie bewährt hatte. Es waren vor allem Wilhelm Kalle, Paul

Duden und Gustav Pistor, deren Hilfe sich gerade in diesen Monaten für uns von unschätzbarem Wert erwies. Diese Persönlichkeiten waren auch für die Kontrollbehörde unantastbar. Ihre Stimmen konnten nicht überhört werden.

Hoechst faßt in Bayern Fuß

Am schnellsten und einfachsten regelten sich die Verhältnisse mit unserem bayerischen Werk Gersthofen in der Nähe von Augsburg. Als der neue Hoechster Komplex im Maingau klare Konturen angenommen hatte, kamen der Treuhänder in Gersthofen, Paul Heisel, und auch die amerikanische Kontrollbehörde rasch zu der Einsicht, daß dieses ehemals von Hoechst gegründete Werk allein nicht existenzfähig war und wieder mit Hoechst verbunden werden mußte.

Als die Zeit dafür reif schien, fuhren Michael Erlenbach und ich nach Gersthofen und besprachen mit Heisel einen ganzen Tag lang die Probleme, die auch hier mit dem bis dahin selbständigen Treuhänder geordnet werden mußten. Wir trennten uns als gute Freunde. Ein gemeinsam verfaßtes und unterzeichnetes Dokument über die von uns gefundene Regelung warfen wir noch am gleichen Abend in den Briefkasten des amerikanischen Kontrolloffiziers.

Die in diesem Schreiben aufgeführten Argumente und das von uns vorgeschlagene Konzept waren so überzeugend, daß die Amerikaner ohne Zögern ihre Einwilligung gaben. Heisel wurde in der nächsten Aufsichtsratssitzung in den Vorstand von Hoechst berufen.

Kurz danach fand im Sommer 1952 in Gersthofen zum fünfzigjährigen Jubiläum des Werkes ein großes Volksfest statt. Bei dieser echt weißblauen Veranstaltung saßen alle Verhandlungspartner zufrieden und einträchtig im Bierzelt vor großen Maßkrügen. Unter uns befand sich auch der amerikanische Kontrolloffizier, dessen Miene sich im Laufe der Zeit mehr und mehr aufhellte. An diesem Tage lebte übrigens auch der in Gersthofen traditionelle Ballonsport wieder auf. Die Ballonhüllen wurden mit Wasserstoff gefüllt, der aus der Chlorelektrolyse stammte.

Es war eines der bescheidenen Feste, die uns den damals so bitter notwendigen Aufschwung gaben, um so manche Mißhelligkeiten und Enttäuschungen zu überwinden, die noch auf uns warteten. Gersthofen bot auch die rechte Atmosphäre für ein solch unbeschwertes Beisammensein, wie es dem traditionell liberalen Lebensstil Bayerns entsprach.

Die Gründung des Werkes im Jahr 1902 hatte allerdings unter keinem guten Stern gestanden. Damals suchte Hoechst im Wettstreit mit der BASF nach dem wirtschaftlichsten Verfahren zur Synthese des Indigos. Einer der Wege führte über die elektrochemische Gewinnung von Chromsäure. Da der notwendige elektrische Strom in Bayern billig angeboten wurde, entschloß man sich in Hoechst zum Bau eines Werkes an den Staustufen des Lechs. Doch noch bevor die Produktion in Gersthofen richtig anlaufen konnte, stellte sich ein anderes Herstellungsverfahren als weitaus vorteilhafter heraus. Das Werk am Lech besaß nun für lange Zeit keine genügende wirtschaftliche Basis mehr.

Nun, im Jahre 1952, waren dort die Wachse und die Terpenderivate interessante Produkte. Später ist Gersthofen ein wichtiger Ausgangspunkt für unsere weiteren Pläne in Bayern geworden. Heute konzentriert sich in Bayern über ein Drittel unserer gesamten industriellen Aktivität in der Bundesrepublik.

Wie wir die Behringwerke zurückgewannen

Eine weitere verlorene Tochter, die wir unter allen Umständen wieder auf den rechten Weg bringen wollten, nämlich auf den Weg zu Hoechst, waren die Behringwerke in Marburg. Ihre Gründung stand einst am Ende der historischen Zusammenarbeit mit Emil von Behring, dem ersten Medizin-Nobelpreisträger. Die in Marburg erzeugten Impfstoffe und Sera dienten in allen Erdteilen als wirksame Waffen im Kampf gegen Infektionskrankheiten und Seuchen. Sie boten für unsere Hoechster Pharma eine ideale Ergänzung.

Doch zunächst schienen nur wenig Voraussetzungen vorhanden, die alte Verbindung wiederherzustellen. Von den vielen Zukunftsplänen, die damals Berufene und Unberufene mit erstaunlicher Fruchtbarkeit und oft souveräner Mißachtung der Realität in die Welt zu setzen pflegten, war einer für uns am bedrohlichsten: Danach sollten die Behringwerke in ein staatliches Institut umgewandelt werden. Als Vorbild erschien dabei wohl das Pasteur-Institut in Frankreich.

Wir wandten all unsere Beredsamkeit und Argumentationskraft auf, um eine solche Entwicklung zu verhindern. Zunächst gelang es uns, die hessische Landesregierung für uns zu gewinnen, die wiederum die Besatzungsbehörden nach und nach überzeugen konnte, daß solche Überlegungen nicht mit den deutschen Vorstellungen von einer liberalen und vom Staate möglichst unabhängigen Wirtschaft übereinstimmten.

Damit aber war der Fall noch nicht entschieden. Eines Tages wurde ich ins Bonner Wirtschaftsministerium gerufen. Dort traf ich Albert Demnitz, den Leiter der Behringwerke, den ich zuvor noch nicht persönlich kennengelernt hatte. Es zeigte sich bald, daß unsere Ansichten weit auseinandergingen. Schließlich unterbrachen wir die festgefahrenen Verhandlungen, um uns für den Abend wieder zu verabreden, und zwar auf einem ehemaligen U-Boot-Mutterschiff. Es lag in Bonn auf dem Rhein und war in ein Restaurant umgewandelt worden, das die Kenner wegen seiner vorzüglichen Gastronomie schätzten. Bei einer Flasche gutem Wein und einem ungezwungenen Gespräch begann das Eis zwischen Demnitz und mir allmählich zu schmelzen.

Es stellte sich heraus, daß die Marburger keine allzu freundlichen Erinnerungen an Hoechst hegten. Sie orientierten sich schon seit der I. G.-Zeit nach Leverkusen statt nach Hoechst. Demnitz war Tierarzt. Er hatte mit großem Erfolg ein Serum gegen Maul- und Klauenseuche entwickelt und in Deutschland und Europa eingeführt. Dabei gewann er einen intensiven Kontakt zu Bayer und strebte auch jetzt für die Behringwerke eine enge Verbindung mit Leverkusen an. Ausschlaggebend war für ihn wohl die intakte Verkaufsorganisation mit dem weltberühmten Bayer-Kreuz.

Ich konnte ihn nach längerer Unterredung dennoch für eine Zusammenarbeit mit Hoechst gewinnen, in dessen Verband sich den Behringwerken gute Möglichkeiten boten. Demnitz und ich haben uns später sehr schätzengelernt. Der aufrechte, schwerblütige Mann hat dann bei der Einführung des Salkimpfstoffes in der

Bundesrepublik viele Sorgen, aber zusammen mit seinen Kollegen schließlich auch großen Erfolg gehabt.

Nach der Abstimmung mit Demnitz gelang auch die Einigung mit den Farbenfabriken Bayer, die ebenfalls an Behring interessiert gewesen waren. Die Behringwerke kehrten in den Verband von Hoechst zurück und arbeiten seither mit der Hoechster Pharma aufs engste zusammen. Auf sich allein gestellt hätten sie ihre hervorragenden Forschungsergebnisse kaum nutzen können. Ohne die Verflechtung in einem größeren Verband mit einer weltweiten Verkaufsorganisation und beträchtlicher Finanzkraft wären die Marburger wohl wie viele andere zum Spielball divergierender Interessen geworden. Zum Umsatz des Hoechster Pharmabereichs, der heute über 1,5 Milliarden DM beträgt, tragen die Behringwerke wesentlich bei. Nicht minder groß ist ihr Beitrag zur gemeinsamen Pharmaforschung.

Zunächst wurde freilich eine Verkaufsgesellschaft gegründet, an der sich Bayer und Hoechst zu je 50 Prozent beteiligten. Sie hat sich aber, wie eigentlich schon vorauszusehen war, nicht bewährt. Deshalb einigte man sich später, den Verkauf der Produkte der Behringwerke allein durch Hoechst vorzunehmen.

Cassella bleibt für sich

Eine schwere Enttäuschung für uns war die Ausgründung von Cassella als selbständige Nachfolgegesellschaft. Das entsprach den Wünschen der Geschäftsleitung dieses Unternehmens und vor allem denen des US-Kontrolloffiziers. Die Tatsache aber, daß Hoechst und Cassella schon seit 1904 eng verbunden gewesen waren, wurde dabei völlig ignoriert. Mit dem Zusammenschluß von Hoechst und Cassella durch gegenseitige Kapitalverflechtung hatte die Formierung eines starken chemischen Komplexes im Maingau begonnen. Zwei Jahre später, 1906, war die Firma Kalle in Wiesbaden-Biebrich hinzugekommen. Auch bei der Gründung der I. G. und der anschließenden Rationalisierung auf dem Gebiet der Teerfarbstoffe und Arzneimittel war diese alte Gemeinsamkeit berücksichtigt und durch gegenseitigen Austausch von Produkten gefestigt worden.

Arthur von Weinberg, der ein Schüler von Adolf von Baeyer in München und ein Freund von Paul Ehrlich war, hatte besonders viel für die Zusammenarbeit mit Hoechst getan. Doch schon lange bevor der über Achtzigjährige vor Ende des Zweiten Weltkrieges noch dem Rassenwahn des Dritten Reiches zum Opfer fiel, existierte wenig persönliche Bindung mehr zwischen den einstigen Partnerfirmen.

Alle sachkundigen Kreise der deutschen Öffentlichkeit waren trotzdem der Meinung, daß eine Wiedervereinigung von Hoechst und Cassella sinnvoll sei. So war es eine schwere Niederlage für Hoechst, daß es eine solche Entscheidung nicht durchsetzen konnte. Von unseren neuen Konkurrenten in Leverkusen und Ludwigshafen konnten wir in diesem Falle freilich keine Unterstützung erwarten, da Cassella als Farbstoffhersteller im Gleichgewicht der Kräfte der drei I. G.-Nachfolgefirmen eine große Rolle zu spielen schien.

So war auch von Beginn an nicht anzunehmen, daß die Cassella so überraschend verliehene Selbständigkeit lange erhalten bliebe. Unmittelbar nach der Ausgründung von Cassella setzten an der Börse geheimnisvolle Käufe ein. Bald stellte sich heraus, daß die drei Interessenten BASF, Bayer und Hoechst dahinterstanden. Als Begleiterscheinung fehlten natürlich auch menschliche Auseinandersetzungen und Animositäten nicht.

Nach drei Jahren hatten sich die drei Nachfolgegesellschaften in den Besitz einer Mehrheit von insgesamt drei Vierteln der Cassella-Aktien gesetzt und sich schließlich über eine paritätische Beteiligung von je 25 Prozent geeinigt. Gegen eine finanzielle Entschädigung ging zur gleichen Zeit die vielverheißende Erfindung der Polyacrylnitril-Faser des Chemikers Herbert Rein von Cassella auf Leverkusen über. Bayer entwickelte daraus in den folgenden Jahren sein weltbekanntes »Dralon«. Die Kräfte von Cassella hätten nicht ausgereicht, um ein solch kostspieliges Programm zu verwirklichen.

Das Tauziehen um Cassella war in der stürmischen und wechselvollen Geschichte der I. G.-Entflechtung ein besonders prägnanter Fall, in dem zunächst eine vernünftige Lösung versperrt schien und ein bedeutendes Unternehmen erst nach langer Zeit seinen richtigen Platz fand. Seit der sogenannten »Flurbereinigung« in der deutschen Großchemie im Jahre 1969, von der später noch berichtet wird, gehört Cassella endgültig zu Hoechst.

Bei dem Fest zum fünfzigjährigen Bestehen der Farbwerke Cassella hatte Arthur von Weinberg 1920 sagen können: »Selten ist wohl das Problem des Zusammenarbeitens zweier Werke, ohne sich gegenseitig zu hemmen, glücklicher gelöst worden.« Auf der Jahrhundertfeier von Cassella im Mai 1970 empfanden wir alle, daß dieses Erbe einer wirtschaftlichen und menschlichen Partnerschaft nun fortgesetzt werden konnte.

Fasern aus Bobingen

Mehr Glück hatten wir 1952 mit der Eingliederung von Bobingen, einem ehemaligen Kunstseidewerk der I. G. in der Nähe von Augsburg. Seit 1946 waren dort Perlonborsten und seit 1950 Perlonfasern hergestellt worden. Damit besaßen wir eine bescheidene Basis, auf die wir unsere weiteren Entwicklungen im Bereich neuer synthetischer Fasern gründen konnten.

Allerdings mußten wir auch um die Zuteilung von Bobingen kämpfen, zumal es früher nicht zum Verband von Hoechst gehört hatte. Vorübergehend bestand der Plan, alle ehemaligen Faserbetriebe der I. G. zu einer gemeinsamen und selbständigen Gesellschaft zusammenzuschließen. Dazu hätte Dormagen aus dem Bereich von Bayer mit Bobingen, Cassella und Rottweil zusammengeführt werden müssen. In einer langwierigen Sitzung im Bundeswirtschaftsministerium unter Vorsitz von Felix Prentzel, dem späteren Chef der Degussa, konnte diese Idee glücklicherweise endgültig ad acta gelegt werden. Ihre Verwirklichung wäre einem Todesurteil für die deutsche Faserindustrie gleichgekommen. Ohne andere Produktionszweige und die notwendigen Vorprodukte hätte ein so einseitig ausgerichtetes Unternehmen kaum den starken Konjunkturschwankungen standhalten können. Für Hoechst hingegen bedeutete der Besitz von Bobingen die Ausgangsstellung für eine erfolgreiche Faseraktivität.

Die Entflechtung in der Endrunde

In einer dramatischen Schlußphase ging dann die I. G.-Entflechtung ihrem Ende entgegen. Die beiden ungelösten, aber für Hoechst entscheidenden Fragen betrafen zu diesem Zeitpunkt nur noch das Schicksal der Firma Kalle in Wiesbaden und der Wakker-Chemie in München. Beide Unternehmen hatte Hoechst einmal in die I. G. Farbenindustrie eingebracht. Wir strebten deswegen an, daß uns Kalle wieder wie früher zu hundert Prozent übertragen werden sollte. Ebenso verlangten wir die fünfzigprozentige Beteiligung an der Firma Wacker zurück.

Zunächst war es recht schwierig, der Öffentlichkeit Bedeutung und Hintergrund dieser Interessen begreiflich zu machen. Auch die Partner, mit denen wir erst in dieser Phase ernsthafte Gespräche beginnen konnten, d. h. die Geschäftsleitung von Kalle und die Familie Wacker, konnten nur sehr mühsam dazu bewogen werden, von unseren Wünschen überhaupt Kenntnis zu nehmen und eine Wiederaufnahme der früheren Beziehungen zu erwägen. Sie hatten aus der I. G.-Zeit keine vorteilhaften Erinnerungen an Hoechst.

Die Firma Kalle in Wiesbaden-Biebrich, wie erwähnt seit 1906 eng mit Hoechst verbunden, war durch die technische Entwicklung in der I. G.-Zeit ein Spezialunternehmen geworden, das schon damals mit der klassischen Chemie nur mehr wenig zu tun hatte. Seine Cellophanfabrikation war von Hoechst nach dem Ersten Weltkrieg auf Grund eines Lizenzvertrages mit den Franzosen eingebracht und bei Kalle zu einem bedeutenden Produktionszweig entwickelt worden. Zur Cellophanfolie kamen dann interessante Zellulose-Derivate wie zum Beispiel der Nalo-Darm für Wursthüllen und die Methylzellulose. Ein Lichtpausverfahren, von dem Mönch und Photochemiker Gustav Kögel erfunden, basierte auf der Lichtempfindlichkeit von Azofarbstoffen. Sein Handelsname »Ozalid« war in der ganzen Welt eingeführt.

Die amerikanische Kontrollbehörde hätte Kalle sehr gern aus dem I. G.-Nachfolgebereich völlig herausgelöst. Mehrere Versuche waren unternommen worden, die Firma an Außenstehende zu verkaufen. Die Unternehmensleitung unter einem von außen eingesetzten Treuhänder kämpfte wie alle anderen Einheiten um die

Existenz des Werkes. Sie blieb dabei keineswegs erfolglos. Die Betriebe waren zwar recht veraltet, doch gelang es schnell, wieder eine bescheidene, aber wirtschaftliche Fertigung in Gang zu bringen. Die Produkte von Kalle waren sehr gefragt. Es bestanden zudem alte Interessengemeinschaften auf dem Cellophan-Gebiet, die das Unternehmen eng mit der französischen und englischen Industrie verbanden.

Um so schwieriger wurde es, die nach so ganz anderen Richtungen orientierte Geschäftsleitung zu bewegen, sich wieder in die Hoechst-Gruppe einzugliedern, mit der schon in den dreißiger Jahren jede technische und verwaltungsmäßige Verbindung verlorengegangen war.

Erst im Sommer 1952 konnten wir einen fruchtbaren Gedankenaustausch einleiten. Der Senior des Unternehmens, Wilhelm Kalle, und sein Schwager, R. Schreiber-Castell, haben dabei eine wesentliche Vermittlerrolle gespielt. In vielen persönlichen Unterhaltungen konnten wir schließlich die Einsicht wecken, daß nicht allein historische Gesichtspunkte, sondern auch sehr reale Zukunftserwartungen für eine neue Verbindung Hoechst-Kalle sprachen.

Wir schilderten den Herren in Wiesbaden-Biebrich beredt die Vorteile, die etwa in einer direkten Versorgung mit Rohstoffen durch Hoechst lägen. Wir sahen auch bereits voraus, daß die Kunststoff-Ära nicht mehr fern war und interessante Perspektiven für Kunststoff-Folien verhieß, die noch nicht zum Produktionsprogramm von Kalle gehörten, und für die wir das Grundmaterial würden liefern können. Die größte Gefahr schien uns darin zu liegen, daß eine so attraktive Gesellschaft wie Kalle ihre Selbständigkeit auf die Dauer nicht bewahren könnte. Wir befürchteten – was im Falle von Cassella tatsächlich geschah –, daß durch Käufe über die Börse das Unternehmen schnell in fremde Hände geraten würde.

Auch die deutschen Instanzen brachten wir erst allmählich dazu, uns bei der Rückführung von Kalle zu unterstützen, da wir nur sehr schwer nachweisen konnten, daß die in Wiesbaden-Biebrich gepflegten Arbeitsgebiete für Hoechst lebenswichtig waren. Die anderen Nachfolgegesellschaften setzten unseren Bestrebungen zwar keinen Widerstand entgegen, aber von allen Seiten wurde jetzt auf einen raschen Abschluß der I. G.-Entflechtung gedrängt, und niemand war sonderlich glücklich, daß die Hoechster immer noch Wünsche hatten. Diese Wünsche waren allerdings keineswegs unbegrenzt. Das zeigte sich deutlich, als Hoechst eine Beteiligung an der Cellophanfabrik Wolff Walsrode, die auch zur Diskussion stand, ausdrücklich ablehnte.

In Leverkusen und Ludwigshafen war inzwischen die Konsolidierung wesentlich weiter fortgeschritten. Hoechst hingegen befand sich immer noch in einer schwierigen Lage. Die interne Harmonie hatte sich zwar recht erfreulich entwickelt, und auch der Neuaufbau ging flott voran. Unsere Entflechtungsangelegenheiten aber standen noch schlecht, zumal der amerikanische Kontrolloffizier nur sehr selten mit unseren Vorstellungen übereinstimmte. Er zeigte wenig Verständnis für unsere unentwegten Bemühungen um Cassella und Kalle. In beiden Fällen widersprach er bis zuletzt unseren Forderungen. Allerdings war auch er an einem baldigen Abschluß der Entflechtung interessiert.

Nicht nur in der Bundesrepublik, sondern auch in den Vereinigten Staaten betrachtete man das Vorhandensein einer amerikanischen Kontrollbehörde allmählich als anachronistisch. Im November 1952 war Dwight D. Eisenhower zum US-Präsidenten gewählt worden. Der Regierungswechsel stand vor der Tür, eine neue Ära amerikanischer Politik bereitete sich vor. Da jedoch einige für uns äußerst wichtige Probleme noch nicht befriedigend gelöst waren, widersetzten wir uns dem Abschluß der Entflechtung und erregten damit zwangsläufig den Unmut aller übrigen Beteiligten.

Auch die Frage der Beteiligung an Wacker blieb noch unentschieden. Erst im Frühsommer 1952 wurde ich mit ihr überhaupt ernsthaft konfrontiert. Die Wacker-Chemie in Burghausen an der bayerisch-österreichischen Grenze war 1945 gemeinsam mit der gesamten I. G. Farbenindustrie beschlagnahmt worden. Damit wurde auch der Anteil der Familie Wacker blockiert, die dadurch ihre Einkünfte viele Jahre lang einbüßte.

Das Verhältnis von Wacker zu Hoechst war schon in der I.G.-Zeit nicht sonderlich gut gewesen. Bis zu seinem Tode im Jahr 1938 bestand zwischen dem Hoechster Werksleiter Ludwig Hermann, der selbst aus Bayern stammt, und dem 1951 verstorbenen Johannes Hess von Wacker eine echte Freundschaft. Danach aber schrumpfte die Zusammenarbeit von Wacker und Hoechst auf ein Minimum zusammen. Eigentlich bestand sie nur noch auf dem Papier.

Im Aufsichtsrat von Wacker war Hoechst nicht mehr vertreten, und die geschäftlichen Beziehungen wurden durch viele Wettbewerbsprobleme beeinträchtigt und getrübt. Manche Kleinigkeitskrämerei tat ein übriges, den alten Zusammenhang weiter zu schwächen. Es kam hinzu, daß nach dem Tode des Gründers Alexander Wacker im Jahre 1922 der Familie nur mehr wenig Einfluß auf die Führung des Unternehmens eingeräumt wurde. Jetzt drängte sie um so stärker auf Mitwirkung und finanzielle Entschädigung. Der amerikanische Kontrolloffizier zeigte indessen für ihre Wünsche und Nöte nur wenig Verständnis.

So hatte sich in München eine recht gründliche Abneigung gegen Hoechst und die gesamte ehemalige I. G. Farbenindustrie festgesetzt. Man wollte mit allen Mitteln der alten Fesseln ledig werden. Nachdem ich von diesen Gegebenheiten erfahren hatte, wurde mir die Haltung der Familie Wacker sogar verständlich.

Seit dem Frühjahr 1952 ging das Gerücht um, ein bayerisches Bankenkonsortium sei bereit, der amerikanischen Kontrollbehörde mit Einverständnis der Familie ein Angebot zum Erwerb eines fünfzigprozentigen Anteils zu machen. Der amerikanische Kontrolleur stand diesem Plan durchaus positiv gegenüber. Es war deshalb aus dieser Quelle auch nichts Näheres zu erfahren. Zu einer Hoechster Lösung bestand jedenfalls auf keiner Seite die geringste Neigung.

Inzwischen aber war die Entflechtung weitgehend in deutsche Hände übergegangen. Wenn auch die alliierte Kontrollbehörde nach wie vor das letzte Wort sprach, so besaßen wir nun doch einen größeren Spielraum. Erkundungsverhandlungen, die wir mit dem Bankenkonsortium führten, verliefen negativ. Wir erhielten keine Informationen und konnten nicht einmal ermitteln, ob tatsächlich ein Angebot gemacht worden war. Das nährte unseren Verdacht, daß dieses Bankenkonsortium lediglich als Käufer für einen anderen ungenannten Interessenten auftrat.

Schließlich gelang es uns, mit der Familie Wacker in etwas verbindlichere Gespräche zu kommen. In vorsichtigem Abtasten und zahlreichen diplomatischen Verhandlungen konnten wir zu den Mitarbeitern der Firma und den Mitgliedern der Familie einen menschlichen Kontakt finden.

Um endlich eine Entscheidung herbeizuführen, lud Wirtschaftsminister Ludwig Erhard die Kontrahenten im Juli 1952 zu einer Besprechung ein. Ihm gelang es tatsächlich – und das ist ihm in Hoechst bis heute unvergessen – in verhältnismäßig kurzer Zeit eine Einigung zu erzielen. Wir kamen bei dieser Verhandlung mit der Familie Wacker zu dem Ergebnis, daß Hoechst unter gewissen Bedingungen eine Beteiligung von 49 Prozent an der Wacker-Chemie erhalten sollte. Die Beteiligung der Familie sollte um ein Prozent auf 51 Prozent erhöht werden. Wir fuhren anschließend mit den Vertretern der Familie Wacker nach Hoechst und verfaßten dort eine Notiz von sieben Punkten. Sie bildete die Grundlage für die zukünftigen Regelungen. Später, im Jahre 1958, haben wir uns mit der Familie wieder auf das alte Beteiligungsverhältnis von 50 zu 50 festgelegt.

Hoechst hatte damit einen bedeutenden Erfolg erzielt. Dies vor allem, weil die gesamte Acetylenchemie von Wacker und Hoechst miteinander in engstem Zusammenhang stand. Ein Übergang der Wacker-Beteiligung in eine fremde Hand hätte gerade damals eine schwere Schädigung für unsere noch so schwache Kunststoffchemie bedeutet.

Obwohl die Zusammenarbeit zwischen einer Familie und einem Großunternehmen wie Hoechst auf paritätischer Basis sicher nicht einfach ist, haben wir in allen Fragen immer eine für beide Teile tragbare Lösung gefunden. Dazu gehörte freilich die Bereitwilligkeit, gegenseitiges Verständnis für die oft unterschiedlichen Interessen aufzubringen.

Unsere Argumente für eine Partnerschaft von Wacker und Hoechst erwiesen sich in der Folge als richtig. Die Wacker-Chemie gedieh gut, und das Verhältnis zwischen der Familie und Hoechst blieb zufriedenstellend. Es ist der Geschäftsleitung mit guten wissenschaftlichen, technischen und kaufmännischen Leistungen gelungen, das Unternehmen auf seine jetzige Größe zu bringen. Es beschäftigt mittlerweile über 7800 Mitarbeiter, und sein Jahresumsatz stieg von 1953 bis 1970 von 114 Millionen auf etwa 700 Millionen DM. Die beiden Aktionärsgruppen können dabei für sich in Anspruch nehmen, ihre Gewinnentnahmen auf das äußerste beschränkt und damit ein großes Maß an Eigenfinanzierung ermöglicht zu haben.

Regelung für Kalle und Wacker

Zu der endgültigen Regelung beider Probleme benötigten wir noch die Zustimmung der deutschen und alliierten Stellen. Hierbei kam es in der zweiten Hälfte des Jahres 1952 noch einmal zu manchen, teilweise auch recht dramatischen Kontroversen. Die alliierten Kontrolloffiziere und TRIFCOG lehnten unsere Wünsche in beiden Fällen zunächst rundweg ab. Übrigens gab es auch für Bayer und die BASF noch Streitpunkte mit den Alliierten. Die Leverkusener kämpften um die Zugehörigkeit der Agfa, die Ludwigshafener wollten die Zeche Auguste-Viktoria zugeteilt erhalten. Beide Wünsche hielten wir in Hoechst für durchaus berechtigt.

Als das Jahr 1952 dem Ende zuging, wuchs verständlicherweise der Wunsch, endgültige Entscheidungen zu erreichen. Auch Adenauer strebte nach einer Lösung und schaltete sich persönlich ein. Sein Freund und Berater Robert Pferdmenges erhielt den Auftrag, unter allen Umständen einen Kompromiß auszuhandeln. Es ging also in erster Linie um die vier erwähnten strittigen Fragen: Agfa zu Leverkusen, die Zeche Auguste-Viktoria zu Ludwigshafen; Kalle sowie eine Beteiligung an Wacker zu Hoechst. Wir waren die einzigen, die zwei Ziele erstrebten, und es lag nahe, jeder der drei Gesellschaften nur ein Objekt zuzuteilen.

Auch während eines Abends in der Wohnung des einflußreichen Kölner Bankiers, an dem Pferdmenges, Haberland und Wurster gleichermaßen auf einen Vergleich drängten, konnte ich mich nicht zu einem solchen Schritt entschließen. Mir schien es undenkbar, nur um einer Einigung willen auf Werte von derartiger Bedeutung zu verzichten. Im Interesse von Hoechst und seinen zukünftigen Aktionären blieb ich standhaft bei unserer Forderung, Kalle und den Wacker-Anteil an Hoechst zu geben. Wir gingen daraufhin etwas verärgert auseinander. Pferdmenges gab seinen Verhandlungsauftrag an die Bundesregierung zurück.

Zwei Tage vor Weihnachten unternahm dann Bundeswirtschaftsminister Erhard einen neuen Versuch. Falls wir uns einigen könnten, so ließ er wissen, würde er sofort nach der Unterhaltung auf den Petersberg fahren, um mit den Alliierten den Schlußpunkt unter dieses leidige Kapitel zu setzen. Nach seinem Vorschlag sollte die BASF die Auguste-Viktoria-Hütte, Bayer das Werk Agfa und Hoechst die Wackerbeteiligung bekommen. Wir hätten vorerst auf Kalle zu verzichten und später die Aktien dieses Unternehmens mit Hilfe der übrigen Gesprächspartner an der Börse aufzukaufen.

Dieser Vorschlag Erhards stellte mich vor eine schwere Entscheidung. Die Repräsentanten von Bayer und der BASF stimmten dem Kompromißplan des Wirtschaftsministers ohne Zögern zu und versuchten mit großer Beredsamkeit, auch mich dafür zu gewinnen. Doch ich mußte einen solchen Kompromiß ablehnen, so daß wir wieder ohne ein Ergebnis auseinandergingen.

Meine Unnachgiebigkeit löste bei meinen Gesprächspartnern Enttäuschung und sichtbaren Ärger aus. Ich fuhr am späten Abend allein nach Hause und quälte mich mit der Frage, ob ich richtig gehandelt hatte.

Es mag heute kaum mehr verständlich erscheinen, daß das Schicksal von großen Unternehmen – Kalle hatte damals 3000 Mitarbeiter – so leichthin entschieden werden sollte. Das ist nur zu begreifen, wenn man sich die Situation vergegenwärtigt, in der sich die Bundesrepublik damals befand. Ihre Handlungsfreiheit war noch recht begrenzt, und ihr mußte sehr viel an einem guten Einvernehmen mit den Besatzungsmächten gelegen sein.

Anschließend verbrachte ich in Königstein mit meiner Familie das erste Weihnachten im neuen Haus. Es war ein Fest, wie es schöner nicht hätte sein können. Freilich schweiften die Gedanken unentwegt zu den ungelösten Problemen ab, die nach den Feiertagen sofort und mit unverminderter Härte auf mich zukommen würden. Es war einer jener Augenblicke, in denen man sich angesichts einer ausweglos erscheinenden Situation recht einsam fühlt. Mit großer Genugtuung erlebte ich dann am 6. Januar 1953 in der ersten Vorstandssitzung des neuen Jahres, daß meine Kollegen meine Haltung einmütig billigten.

Unser Aktienkapital wird ausgehandelt

Kurz vor Weihnachten war eine andere wichtige Entscheidung zu fällen. Die Experten des Finanz- und Rechnungswesens hatten im Verlauf des Jahres das komplizierte Rechenwerk so weit geordnet, daß an eine Eröffnungsbilanz der Nachfolgegesellschaften gedacht werden konnte. Im Dezember 1952 traten die Liquidatoren, der Aufsichtsrat der I. G. Farbenindustrie in Liquidation und die drei Vorsitzenden der Vorstände von Leverkusen, Ludwigshafen und Hoechst zu einer denkwürdigen Sitzung zusammen, in der über die Höhe des Aktienkapitals der auszugründenden Gesellschaften entschieden werden sollte.

Von dem durch die Alliierten beschlagnahmten Vermögen der I. G. Farbenindustrie lagen nur etwa 36 Prozent in der Bundesrepublik und nur etwa 30 Prozent wurden den drei großen Gesellschaften übertragen. Der Rest befand sich in den ehemaligen deutschen Gebieten, die jetzt unter polnischer Verwaltung standen, in Mitteldeutschland und im Ausland. Selbstverständlich mußten wir Wert darauf legen, daß die zahlreichen alten Aktionäre der I. G. Farbenindustrie, die aus allen Schichten der Bevölkerung stammten, gebührend berücksichtigt wurden. Sie sollten aus dem bescheidenen Anteil, der in der Bundesrepublik von dem Besitz der I. G. Farben übriggeblieben war, nach Möglichkeit ohne jeden Verlust befriedigt werden.

Die Liquidatoren hatten dafür Sorge zu tragen, daß nach der Ausgründung in der Liquidationsmasse noch genügend Mittel vorhanden waren, um die für die Zukunft zu erwartenden Ansprüche zu erfüllen. Andererseits mußten die Nachfolgegesellschaften so ausgestattet sein, daß ihnen eine erfolgreiche Tätigkeit möglich wurde.

Hier eine gerechte Lösung zu finden, war ungemein schwierig. Jeder wünschte eine vernünftige Abfindung für die Altaktionäre, aber gleichzeitig eine lebensfähige neue Firma. Dabei zeichneten sich auch schon die ersten Vorgefechte für den späteren Wettbewerb der Gesellschaften untereinander ab. Die Höhe des von ihnen übernommenen – oder besser ihnen auferlegten – Aktienkapitals bestimmte ja das Ausmaß ihrer Verpflichtungen gegenüber den späteren Aktionären. Wer dabei weniger als die

Konkurrenten zugeteilt bekam, besaß später die besseren Finanzierungsmöglichkeiten.

Man einigte sich schließlich darauf, daß die drei Nachfolgegesellschaften und Cassella zusammen ein Nominalkapital von etwas über einer Milliarde DM übernahmen. Das entsprach etwa 75 Prozent des einen Wert von 1,4 Milliarden DM darstellenden alten Aktienkapitals der I. G. Farbenindustrie. Bayer, BASF, Hoechst und Cassella erhielten außerdem eine Gesamtforderung an die Restmasse in Höhe von 135 Millionen DM, die jedoch zunächst noch sehr vorsichtig bewertet werden mußte, da niemand den genauen Wert des Restvermögens kannte.

Bei der Beurteilung der Höhe des Aktienkapitals mußte sich jeder darüber klar sein, daß diese Gründungsbilanzen nur durch eine völlige Auflösung der stillen Reserven der alten I. G. zustande gekommen waren. Die übertragenen Anlagen wurden dabei so aufgewertet, daß eine ebenso angemessene wie notwendige Abschreibung vorgenommen werden konnte.

Den Abschlußverhandlungen waren deshalb zähe interne Diskussionen über die Bewertung der Anlagen vorausgegangen. Immer wieder hatten dabei die Techniker mit Sorge auf die weitgehende Überalterung der Einrichtungen aufmerksam machen müssen. Schließlich mußten noch gesetzliche sowie freie Rücklagen gebildet werden, um einen Gegenwert gegen die Forderungen aus dem Lastenausgleich zu haben.

Die Restforderung von 135 Millionen DM war ebenso Verhandlungsthema wie ihre Aufteilung zwischen den Nachfolgern. Dabei machte Ludwigshafen den erheblichen Schaden geltend, den eine Explosion während der Besatzungszeit verursacht hatte, und der durch ungenügende Vorsorge der Besatzungsmächte nicht ausreichend durch Versicherungen gedeckt gewesen war.

Die Diskussionen verliefen lebhaft und währten bis tief in die Nacht. Mehrmals zogen sich Haberland, Wurster und ich zu separaten Unterhaltungen zurück. Schließlich kamen wir zu einer Einigung. Danach wurde das Kapital von Hoechst mit 285,7, von Ludwigshafen mit 340 und von Leverkusen mit 387,7 Millionen DM sowie von Cassella mit 34,1 Millionen DM festgesetzt. Schon dieses Verhältnis zeigt, wie gering Hoechst im Verhältnis zu BASF und Bayer eingeschätzt wurde.

Für mich waren diese Verhandlungen ganz besonders schwierig und ungewohnt, da ich während meiner I. G.-Zeit in Fragen des Finanz- und Rechnungswesens kaum Erfahrung hatte sammeln können. Die technischen Aufgaben ließen mir als Naturwissenschaftler kaum Zeit zu eingehenderer Beschäftigung mit kaufmännischen und finanziellen Problemen. Meine I. G.-Kollegen Haberland und Wurster, schon seit einigen Jahren Chefs ihrer Unternehmen, waren mir auf diesem Gebiet selbstverständlich überlegen. Sie hatten sich schon in der Vergangenheit finanzpolitischen Fragen widmen müssen.

Jedenfalls werde ich nie vergessen, wie sehr mich die Verantwortung an jenem 3. Dezember 1952 belastete. Ich hatte über eine für die Zukunft unseres Hauses lebenswichtige Frage zu entscheiden und wußte ganz genau, daß ich dazu eigentlich nicht genügend Sachkenntnis besaß. Doch die Situation – Berater waren in diesen Sitzungen nicht zugelassen – ließ keine andere Wahl.

Eines hatte ich immerhin klar erfaßt: es war wichtig, das Aktienkapital so niedrig wie möglich zu halten. Mit allen erdenklichen Argumenten habe ich darum gerungen. Als ich auf Widerstand stieß, gab mir Hermann Richter, damals Mitglied des Aufsichtsrates der I. G. Farbenindustrie in Liquidation, einen wertvollen Rat. Ich solle doch, wenn ich schon unnachgiebig bleiben wolle, wenigstens bei der Aufteilung der Restforderung entsprechende Konzessionen machen. Das habe ich dann klugerweise befolgt und damit die Einigung ermöglicht. Hermann Richter hat im übrigen später für lange Jahre den Vorsitz im Hoechster Aufsichtsrat übernommen. Der kluge Ratschlag von damals ist nicht der einzige geblieben, den ich von ihm erhielt.

Am anderen Morgen bin ich dann für diese Lösung von meinen Vorstandskollegen sehr gelobt worden. Ulrich Haberland hat mir später immer wieder vorgehalten, Hoechst habe sich hier einen einseitigen Vorteil verschafft. Tatsache war, daß unser Aktienkapital 100 Millionen DM weniger betrug als das von Leverkusen. Dadurch boten sich uns in den ersten Jahren bessere Finanzierungsmöglichkeiten. Diesen Vorteil benötigten wir aber auch dringend, da unsere Anlagewerte tatsächlich niedriger waren und wir an Investitionen vieles nachholen mußten, was uns die anderen voraus hatten.

Bei diesen und manchen anderen Anlässen habe ich nachträglich erkannt, daß man uns Naturwissenschaftler früher in der I. G. Farbenindustrie viel zuwenig mit kaufmännischen und finanzpolitischen Problemen vertraut gemacht hatte. Wir erhielten zwar in allen Fragen der Werksleitung eine vorzügliche Schulung, geschäftspolitische Entscheidungen blieben jedoch auf einen sehr kleinen Kreis beschränkt. Ich habe daraus die Lehre gezogen und darauf geachtet, daß der gesamte Hoechster Vorstand stets über alle wichtigen geschäftspolitischen Fragen informiert wurde. Nur so kann der Vorstand eines Großunternehmens die ihm auferlegte Gesamtverantwortung tragen.

Eine andere schwierige Frage bildete vor der endgültigen Ausgründung die Aufteilung der Pensionslasten. Endlose Konferenzen der Sachverständigen waren dazu notwendig. Dabei ging es erst einmal darum, bei den Alliierten überhaupt die Erkenntnis durchzusetzen, daß Pensionen gezahlt werden müssen. Besonders die Amerikaner, bei denen damals im eigenen Lande das System der Sozialversicherung noch wenig ausgebaut war, verhielten sich in dieser Angelegenheit zunächst sehr ablehnend. Andererseits mußten die Liquidatoren sorgsam über ihr Restvermögen wachen. Sie sträubten sich deshalb gegen eine zu große Belastung zugunsten der Pensionäre.

Schließlich einigte man sich, daß die Verpflichtungen von einem zentralen Pensionsfonds übernommen wurden. Die Zahlungen gingen anteilmäßig zu Lasten der ausgegründeten Gesellschaften. Anspruch auf eine Rente erhielten alle Pensionäre der I. G. Farbenindustrie, die bis zu einem bestimmten Zeitpunkt aktiv tätig gewesen waren. Hoechst beteiligte sich mit einem festen Prozentsatz an den Zahlungen. Diese Belastung war außerordentlich hoch, wenn man berücksichtigt, daß bei der Ausgründung auf jeweils zwei Belegschaftsmitglieder ein Pensionär kam.

Dieses Übereinkommen führte später wiederholt zu Erörterungen, die sogar noch heute gelegentlich wieder aufleben. Je weiter wir uns von der gemeinsamen Vergangenheit entfernten, desto stärker wurde der Wunsch, die Zahl der Pensionäre neu aufzuteilen oder gar den Verteilungsschlüssel zu ändern. Da aber die I. G.-Entflechtung nur als Ganzes betrachtet werden kann, haben wir uns dann doch immer wieder entschieden, diese grundsätzliche Vereinbarung nicht zu ändern.

Die erste Hauptversammlung

Zu Beginn des Jahres 1953 wurden dann die letzten Entscheidungen getroffen. Unsere Festigkeit hatte sich gelohnt, die Kontrollbehörden waren des Streites müde und bewilligten schließlich unsere so beharrlich vorgetragenen Wünsche: Hoechst erhielt Kalle und eine neunundvierzigprozentige Beteiligung bei der Wacker-Chemie.

Doch bis zum letzten Augenblick fehlte es nicht an Aufregungen. So fand plötzlich die Gründung von Kalle noch vor derjenigen der Farbwerke Hoechst statt. Die alliierte Kontrollbehörde setzte eine Aufsichtsratssitzung für Kalle an, auf der dann die Gründung der neuen Kalle & Co. AG ohne jede vorherige Benachrichtigung von Hoechst beschlossen wurde. Aufsichtsrat und Vorstand der neuen Gesellschaft wurden ebenfalls ohne jegliche Verständigung mit Hoechst bestellt.

Bundeskanzler Adenauer protestierte im Namen der Bundesregierung gegen dieses einseitige Vorgehen der Kontrollbehörde. Auch der Hoechster Vorstand übergab anstelle einer Gratulation einen Protestbrief. Es wurden uns daraufhin beruhigende Erklärungen abgegeben. Die überraschende Aktion brachte dann tatsächlich keine grundsätzliche Änderung der bisherigen Abmachung.

Auch gab es mit Kalle noch eine Überraschung. Am Vorabend der endgültigen Ausgründung von Hoechst meldete sich über das Bundeswirtschaftsministerium der französische Hochkommissar telefonisch bei mir zu Hause und verlangte meine Zustimmung zu folgendem Plan: Die französische Gruppe La Cellophane sollte sich in Form einer Kapitalerhöhung mit fünfzehn Prozent an dem Aktienkapital von Kalle beteiligen können. Damit sollten Ansprüche aus einem alten Lizenzvertrag mit Kalle abgegolten werden. La Cellophane behauptete, dieser Vertrag sei von der I. G. nicht erfüllt worden.

Des Streitens müde stimmte ich zu und unterrichtete am anderen Morgen den Aufsichtsrat. Meine Mitteilung wurde trotz einiger Enttäuschung gelassen aufgenommen.

Später haben wir mit der Gruppe La Cellophane verhandelt, um die französische Kapitalbeteiligung bei Kalle rückgängig zu machen. Die Franzosen verzichteten schließlich gegen eine Entschädigung in Hoechster Aktien auch auf ihren Anteil an Kalle. Außerdem vereinbarten wir einen ständigen Erfahrungsaustausch auf dem Cellophangebiet, der später auch auf andere Arbeitsbereiche ausgedehnt wurde. Im Laufe der Zeit entwickelte sich sogar ein freundschaftliches Verhältnis zu La Cellophane und besonders zu ihrer Muttergesellschaft Rhône-Poulenc, deren ehemaliger Präsident Marcel Bô sehr zu der Einigung beigetragen hatte.

In den letzten Märztagen des Jahres 1953 fanden die Ausgründungen in Leverkusen, Ludwigshafen und Hoechst statt. Begreiflicherweise erfüllte uns Befriedigung über die gewonnene Handlungsfreiheit, wenn auch das Ergebnis nicht alle Wünsche erfüllte und einige Probleme weiterhin in der Schwebe blieben.

So hatten wir zum Beispiel auf eine Beteiligung an den Chemischen Werken Hüls ausdrücklich verzichten müssen. Die Besitzverhältnisse bei Hüls wurden später durch die Gründung einer Chemie-Verwaltungs-AG zu lösen versucht. Aber erst in den letzten Tagen des Jahres 1969 und nach vielen Zwischenstationen, zu deren bedeutendsten die gemeinsame Aufnahme der Buna-Fabrikation in Hüls durch Bayer, Hoechst und Hüls zählte, konnten die Eigentumsverhältnisse an den Chemischen Werken Hüls endgültig geregelt werden.

Nach langen und schwierigen Verhandlungen war aber nun zunächst einmal der Rahmen für die Farbwerke Hoechst AG vormals Meister Lucius & Brüning abgesteckt. Er umschloß die Chemische Fabrik Griesheim, die Naphtol-Chemie Offenbach und die Lech-Chemie Gersthofen. Ferner gehörten folgende Tochtergesellschaften zu den Farbwerken: Knapsack-Griesheim AG, die ihrerseits Tochtergesellschaften wie Gebrüder Wandesleben GmbH in Stromberg und die Friedrich Uhde GmbH in Dortmund besitzt, Kalle & Co. AG in Wiesbaden-Biebrich, Bobingen AG für Textil-Faser in Bobingen bei Augsburg, Behringwerke AG in Marburg und die Sperr- und Faßholzfabrik Goldbach GmbH in Goldbach bei Aschaffenburg. Außerdem besaßen die Farbwerke

Beteiligungen an der Wacker-Chemie in München und der Duisburger Kupferhütte in Duisburg. Insgesamt waren am Tage der Ausgründung, dem 27. 3. 1953, rund 26000 Arbeiter und Angestellte bei der Farbwerke Hoechst AG beschäftigt.

Am 27. März fand in Hoechst eine Hauptversammlung statt, die den Geschäftsbericht für 1952 verabschiedete. Anschließend wurde der Vertrag über die Einbringung der Werke und Tochtergesellschaften protokolliert.

Das bisherige Kapital von 100000 Mark wurde von der Hauptversammlung sofort auf 285,7 Millionen DM aufgestockt. In einem Telegramm an Bundeskanzler Adenauer teilten wir mit, daß mit dieser Hauptversammlung ein neuer Abschnitt für die in den Farbwerken Hoechst zusammengefaßten Werke begonnen habe. Zugleich sprachen der Aufsichtsrat und Vorstand sowie die Belegschaft sämtlicher Werke dem Bundeskanzler ihre Freude und den Dank für die geleistete Hilfe aus.

Anschließend versammelte sich ein großer Kreis von Gästen und Mitarbeitern in dem inzwischen wiederhergestellten Hörsaal. Mit Stolz und Genugtuung, aber auch im vollen Bewußtsein der übernommenen Verantwortung habe ich damals meine erste öffentliche Rede im Namen des Vorstandes gehalten. Bei dieser Gelegenheit lag es mir auch am Herzen, eine klare Ehrenerklärung für Vorstand und Aufsichtsrat der alten I. G. Farbenindustrie abzugeben (s. Anhang).

In unserem Gästehaus in Eltville, das uns sogar ohne Auseinandersetzungen wieder zugeteilt worden war, haben wir uns am Abend vorher von Randolph H. Newman und seiner Frau verabschiedet. Unser Verhältnis hatte sich in den letzten Monaten angenehmer und freundlicher gestaltet. Diese letzte Begegnung war das Ende einer historischen Periode der Hoechster Farbwerke.

Ein neuer Weg begann.

Eine Milliarde Umsatz wird überschritten

Die Aktivität der neugegründeten Farbwerke Hoechst stieß in den ersten Monaten noch auf verhältnismäßig enge Grenzen. Wir hatten nur einen Teil des Erbes der alten I. G. Farbenindustrie übernommen. Die Chemie-Produktion in beiden Teilen Deutschlands war durch die Kriegsfolgen gegenüber anderen Ländern stark zurückgefallen. Im Jahre 1953, dem ersten Jahr unserer vollen Selbständigkeit, erreichten wir einen Umsatz von etwa einer Milliarde DM. Das war ein Anteil von 9 Prozent an der Gesamtproduktion der deutschen Chemie. Die deutsche Chemieerzeugung betrug aber nur mehr 6 Prozent der Weltfertigung. 1938 dagegen waren im Gebiet der heutigen Bundesrepublik noch 15 Prozent aller Chemiegüter der Welt hergestellt worden.

Ähnlich war 1953 die Situation auch in den meisten übrigen Wirtschaftsbereichen, auf deren Bezüge oder Lieferungen die chemische Industrie angewiesen ist. Im Inland herrschte zwar überall ein großer Nachholbedarf, doch diese Nachfrage konnte nur zu einem kleinen Teil befriedigt werden.

Die Bundesrepublik unterlag noch den Kontrollratsgesetzen der Alliierten. Große Industriebereiche und Wirtschaftszweige, so Banken und Versicherungen, Bergbau und Stahlerzeugung, waren ähnlich wie die I. G. beschlagnahmt oder mindestens unter Kontrolle gestellt worden und fanden erst allmählich zu normalen Verhältnissen zurück.

Die Banken erhielten schließlich die Erlaubnis, Regionalinstitute zu gründen. Als eine der drei Nachfolgegesellschaften der Dresdner Bank entstand am 25. 9. 1952 die Rhein-Main-Bank. Vorsitzender des Aufsichtsrates wurde Hermann Richter, Sprecher des Vorstandes Hugo Zinßer. Erst viel später, im Jahre 1957, konnten sich die drei Regionalbanken wieder zur Dresdner Bank vereinigen, deren Aufsichtsrat ich seit der Gründung der Rhein-Main-Bank angehöre.

Auch das für unser industrielles Leben so wichtige Versicherungswesen fand erst langsam wieder eine neue Ordnung. Meine freundschaftlichen Beziehungen zur Dresdner Bank brachten mich in Verbindung mit der Allianz-Gruppe. 1956 wurde ich in den Aufsichtsrat der Münchener Rückversicherung berufen, dem ich noch heute angehöre.

Diese – wenn auch bescheidene – Mitwirkung im Bank- und Versicherungswesen hat mir bei meiner Tätigkeit in Hoechst viel geholfen. Ich bekam den für mich so unerläßlichen Einblick in die Zusammenhänge des Kapitalmarktes und der Finanzwirtschaft.

Auch manch wertvolle Bekanntschaft verdanke ich diesen Ämtern.

Finanzierung und Kapitalbeschaffung waren in den ersten Jahren nach der Ausgründung recht schwierig. Investitionen konnten nur sehr vorsichtig geplant und finanziert werden. Es erforderte viel Mut, die großen Aufgaben anzupacken, die uns nun erwarteten.

Im Sommer 1954 hielten wir die erste ordentliche Hauptversammlung ab. Wir tagten in einem soeben erbauten Düngemittelsilo – unser Kasino war noch beschlagnahmt – und beschlossen eine mutige Dividende von 8 Prozent. Es war unser erstes Zusammentreffen mit den neuen Aktionären, die soeben ihre I. G.-Farbenaktien umgetauscht hatten. Gemäß einer Verfügung der Alliierten waren zunächst Namensaktien ausgegeben worden. Doch schon im Sommer 1955 wurden sie in Inhaberaktien umgewandelt, weil die Aktionäre offensichtlich von der ihnen ungewohnten, auch für das Unternehmen recht mühsamen und kostspieligen Eintragung in das Aktienbuch kaum Gebrauch machten.

Wir machten uns gerade in diesem ersten Jahr immer wieder Sorge, daß die I. G.-Aktien und dann unsere eigenen Aktien von irgend jemand aufgekauft werden und dadurch größere Pakete entstehen könnten. Angesichts des kleinen Aktienkapitals und des anfänglich niedrigen Börsenkurses hätten vor allem Ausländer dazu wohl die Möglichkeit gehabt. Im Inland war diese Gefahr wegen des schwachen Kapitalmarktes nicht sehr groß.

Glücklicherweise blieben die Aktien unseres Unternehmens weit gestreut. Auch heute dürfte es niemanden geben, der für sich allein mehr als ein Prozent unseres inzwischen auf rund 1,482 Milliarden DM angewachsenen Aktienkapitals in Händen hält.

Mit der Neugründung und der ersten Hauptversammlung war die erste Phase der Konsolidierung der Farbwerke Hoechst beendet. Mitunter hatte sie uns tief in die wenig vertrauten Gefilde von Politik und Diplomatie geführt und mit mancher dramatischen Situation konfrontiert. Besonders für uns Naturwissenschaftler wäre diese Zeit eine arge »Zweckentfremdung« gewesen, hätte sie uns zugleich nicht auch gelehrt, die zukünftigen wirtschaftlichen Möglichkeiten des Unternehmens zu erfassen und auszunutzen. Es war darum gegangen, eine ausreichend breite Grundlage zu schaffen, auf der wir unsere technisch-wirtschaftliche Aktivität aufbauen und gegenüber der gewaltigen Konkurrenz der großen Weltfirmen bestehen konnten. Fast jede von ihnen war um ein Vielfaches größer als Hoechst. Lediglich diese Wettbewerbsfähigkeit war das Ziel unserer hartnäckigen Forderungen bei der Entflechtung.

Jetzt galt es, die einzelnen Glieder des Hoechst-Komplexes, die vorerst noch in keinem rechten technischen und wirtschaftlichen Zusammenhang standen, zu einem einheitlichen Unternehmen mit einer gemeinsamen Konzeption zusammenzufassen.

Schon im Endstadium der Entflechtung, der wir unser Hauptaugenmerk widmen mußten, begann im Vorstand wie auch in den einzelnen Betriebseinheiten die Planung für die Zukunft. Jede der einzelnen Fabriken besaß ihre Eigenart und ihren separaten Aufgabenbereich. Jede dieser Fabriken hatte auch ihre eigenen Pläne, die sich insgesamt über einen weiten Bereich der industriellen Chemie erstreckten. Diese Pläne waren aber nicht aufeinander abgestimmt und mußten nun einer gemeinsamen Zielsetzung untergeordnet werden.

Zunächst mußten vor allem die traditionellen Arbeitsgebiete den neuen Bedürfnissen angepaßt werden, da ja vorerst nur von ihnen ein befriedigender finanzieller Ertrag erwartet werden konnte. So bildeten Farbstoffe und ihre aromatischen Vor- und Zwischenprodukte sowie Pharmazeutika für lange Zeit den Schwerpunkt der Produktion. In den Bereichen der aliphatischen Chemie, der Acetylenchemie, der Kunststoffe und der Chemiefasern waren in den Hoechst angeschlossenen Werken nur bescheidene Voraussetzungen für eine auf längere Sicht erfolgreiche Arbeit gegeben. Nun aber konnten wir eine eigene Initiative entfalten. Diese mußte sich an dem Leistungsstand der chemischen Industrie der Welt, insbesondere der der USA, ausrichten.

So reifte in den Jahren 1954/55 ein Investitionsplan, der in seinem Umfang und Finanzbedarf weit über alles hinausging, was in der I. G.-Zeit und später in Hoechst oder den uns verbundenen Firmen unternommen worden war.

Kapitel VII

Jahre der Entscheidung

Das Startkapital für unsere erste Nachkriegsgründung in den USA war recht niedrig: es betrug 20000 Dollar. Ein Geschäftsfreund, Ludwig C. Balling, gebürtiger Münchner, hatte uns das Geld geliehen, weil wir damals noch über keine Devisen verfügten. Die Lage der Firma hingegen erfüllte »höchste« Ansprüche: die Büros befanden sich im 82. Stockwerk des Empire State Building. Aus dem Fenster bot sich bei gutem Wetter ein wundervoller Blick über die Wolkenkratzer von Manhattan mit den Niederlassungen der amerikanischen Weltfirmen und der Hochfinanz. Unser Unternehmen beschäftigte freilich in dem gewaltigen Gebäude, in dem damals über 30000 Menschen tätig waren, nur wenige Mitarbeiter in vier bescheidenen Räumen. Dafür klang der Name um so imposanter: Intercontinental Chemical Corporation.

Diese New Yorker Niederlassung war unsere zweite auf dem amerikanischen Kontinent. Schon Anfang 1952 hatte unser Knapsacker Kollege Max E. Klee in Montreal die Trans-Canada-Chemicals gegründet. Diese Entscheidung war bekanntlich auf unserer Kanada-Reise im Jahre 1951 gefallen. Klee wirkte vor dem Kriege 10 Jahre in den USA für die I. G., kannte die amerikanischen Verhältnisse sehr gut und ging mit großem Elan an den schwierigen Start.

Es war uns von vornherein klar, daß wir dem Export besondere Aufmerksamkeit zuwenden mußten. Die I. G. konnte in den letzten Vorkriegsjahren mehr als 75 Prozent ihrer Farbstoffproduktion exportieren. Nordamerika zählte zu den wichtigsten Abnehmern. Die General Aniline, eine I. G.-Gründung in den USA, erreichte in dieser Zeit einen Jahresumsatz von etwa fünfzig Millionen Dollar. Auch auf dem Pharmagebiet war der Ausfuhranteil beträchtlich gewesen, nämlich bis zu 90 Prozent.

Die USA hatten sich in den ersten Jahren nach dem Krieg zu dem bedeutendsten Markt für den in Europa noch unbekannten Massenkonsum entwickelt. Der starke Wettbewerb und die hohen Qualitätsanforderungen boten dort einen wertvollen Anschauungsunterricht, vor allem im Hinblick auf unsere neuen Pläne im Bereich der synthetischen Fasern und Kunststoffe.

Schon am ersten Tag meiner USA-Reise, die vom 1. bis zum 30. April 1954 dauern sollte, schlossen wir einen Kaufvertrag für eine Teerfabrik in Rhode Island ab. Wir erwarben diese kleine Firma von Harry Grimmel, einem ehemaligen Leverkusener Chemiker, der Anfang der zwanziger Jahre in den Vereinigten Staaten heimisch geworden war. Unmittelbar nach Kriegsende hatte er seine Firma gegründet, die Metro-Dyestuff Corporation, West-Warwick, Rhode Island. In einem alten massiven Steinbau mit schweren Holzbühnen, einer ehemaligen Textilfabrik, wurde eine Anzahl von Farbstoffen produziert, die mir zum Teil noch aus der Hoechster Alizarin-Abteilung vertraut waren. Wenn sich die Anlagen auch verhältnismäßig klein ausnahmen und sicherlich nicht dem neuesten Stand entsprachen, so erwartete die Metro-Dyestuff doch für das Jahr 1954 immerhin einen Umsatz von 1,2 Millionen Dollar.

Schon im April 1953 hatten wir die Progressive Color and Chemical Co., New York, die seit 1923 als Handelsfirma für Farbstoffe firmierte, von Adolf Kuhl gekauft. Als einige Jahre später die wesentlich größere Carbic Color & Chemical Co. hinzukam, besaßen wir eine Grundlage für unser Farbstoff- und Chemikaliengeschäft in den USA.

Schwieriger gestaltete sich der Beginn auf dem Pharmagebiet; der Kauf einer Arzneimittelfirma war für uns unerschwinglich. Unser erstes großes Präparat, nämlich das orale Antidiabetikum »Rastinon«, vergaben wir deshalb in Lizenz an die Firma Upjohn in Kalamazoo, mit der wir seither gut zusammenarbeiten. »Rastinon« wurde in den USA unter der von Upjohn gewählten Bezeichnung »Orinase« ein großer Erfolg.

Erst im Jahre 1960 gelang es, die Aktien einer kleinen Pharmafabrik zu erwerben, der Lloyd Brothers Inc. in Cincinnati/

Ohio. Sie konnte schon auf ein fast hundertjähriges Bestehen zurückblicken. Ihr Umsatz betrug etwa 3,3 Millionen Dollar, ein bescheidener Anfang also. Im Pharmabereich bestand das Problem darin, daß die Einführung pharmazeutischer Produkte in den USA den ungewöhnlich scharfen Vorschriften der Food and Drug Administration (FDA) unterworfen ist.

Das erste von uns selbst auf den amerikanischen Markt gebrachte Präparat, das von der FDA freigegeben wurde, war 1966 das Diuretikum »Lasix«. Es hat sehr zu dem Erfolg, den wir inzwischen auf dem amerikanischen Markt erreicht haben, beigetragen. Als ich mich im Herbst 1970 zur Einweihung des neuen Hauptquartiers unserer amerikanischen Organisation, der American Hoechst Corporation, wieder in den USA aufhielt, konnten wir wirklich zufrieden sein.

Schon das äußere Bild der neuen Gebäude inmitten der Hügellandschaft Somersets in Bridgewater, New Jersey, ist sehr eindrucksvoll. Dies um so mehr, wenn man die Bauten auf dem 44 Hektar großen Gelände mit den erwähnten vier Bürozimmern vergleicht, in denen wir 1953 anfingen. Aus den damaligen sechs Angestellten waren inzwischen allein in Bridgewater rund 500 Mitarbeiter geworden. Insgesamt beschäftigen wir nun in den USA etwa 3500 Menschen.

Der Umsatz unseres Geschäftes erreichte 1970 die Summe von 160 Millionen Dollar. Insgesamt investierte Hoechst von 1965 bis 1970 rund 150 Millionen Dollar in den USA, die damit für unser Unternehmen der weitaus wichtigste Markt außerhalb der Europäischen Wirtschaftsgemeinschaft geworden sind.

Die Eisenhower-Ära

Doch zurück zum Jahr 1954: Neben den ersten Akquisitionen trachteten wir danach, uns möglichst umfassend über die wirtschaftliche, technische und politische Situation in den Staaten zu informieren. Nach einer ausgesprochenen Hochkonjunktur in den Jahren 1951 und 1952 war die industrielle Aktivität 1953 in den Vereinigten Staaten außerordentlich zurückgegangen. Das Bruttosozialprodukt sank auf einen seit langem nicht mehr verzeichneten Tiefpunkt. Am meisten litten unter dieser Rezession die Stahlindustrie, die Automobil- und die Textilindustrie.

Um so mehr beeindruckte mich, wie gelassen die Amerikaner eine solche Entwicklung hinnahmen. In der Bundesrepublik hatte der wirtschaftliche Rückschlag nach der Korea-Krise ernste Sorgen ausgelöst und zurückhaltende Investitionen bewirkt. In den USA hingegen wurde in vielen Industriezweigen zu diesem Zeitpunkt sogar außerordentlich stark investiert. Die amerikanischen Unternehmen konnten sich dies auch in der Krise leisten, um die notwendigen Kapazitäten für die nächste Hochkonjunktur zu besitzen.

Daß sich die Amerikaner von ihrer Rezession so wenig anfechten ließen, hing auch mit dem starken Vertrauen in die neue, erst ein Jahr alte Eisenhower-Administration zusammen. »Ike«, der siegreiche Heerführer im Zweiten Weltkrieg und Präsident, und sein Außenminister John Foster Dulles machten schon in den ersten Monaten ihrer Regierung deutlich, daß sie Europa und nicht Asien als den wichtigsten weltpolitischen Schauplatz betrachteten. Die von dem französischen Minister René Pleven vorgeschlagene Europäische Verteidigungsgemeinschaft und der sogenannte Deutschland-Vertrag sollten die Eingliederung der Bundesrepublik in das westliche Bündnissystem sicherstellen.

Bundeskanzler Adenauer, der diese Integration der Bundesrepublik mit unbeirrbarer Konsequenz betrieb, genoß schon damals in den USA hohes Ansehen. Bereits sein erster USA-Besuch im April 1953 fand einen ungewöhnlich starken Widerhall. Die amerikanische Presse sah in dieser Reise Konrad Adenauers den Auftakt einer sich später immer mehr vertiefenden deutsch-amerikanischen Freundschaft.

Deutsche Chemie – hoch geachtet

Als ich ein Jahr später, 1954, in die USA reiste, hatte sich das Klima weiter verbessert. Die Großzügigkeit und Gastfreundschaft, die mir vier Wochen in den Städten im Osten, in Texas und in Kalifornien begegnete, hatte ich in diesem Ausmaß nicht erwartet. Vielleicht stand ich bei diesem Besuch auch noch zu stark unter dem Eindruck der ersten Nachkriegsjahre in Deutschland. Damals sind wir ja das Gefühl, als Menschen minderen Ranges behandelt zu werden, niemals so recht losgeworden.

Doch zu Hause gaben sich die Amerikaner völlig anders. Vielleicht trafen wir dort zum Teil auch einen anderen Menschenschlag an als jenen, der zu uns nach Europa gekommen war. Wo immer alte Beziehungen zu Deutschland bestanden, war die Hochachtung vor der deutschen Chemie zu spüren. Wir mußten in Unterhaltungen oft den Vorstellungen unserer amerikanischen Gesprächspartner entgegentreten, weil sie unsere Wettbewerbsmöglichkeiten – in Erinnerung an frühere Zeiten – noch sehr überschätzten. Sie verwiesen uns auf den gewaltigen Umsatzanstieg in der Bundesrepublik, vergaßen dabei aber völlig, daß unser Sprung von 1948 auf 1953 nur deswegen so enorm aussah, weil er praktisch am Nullpunkt ansetzte.

Viele Menschen, denen ich begegnete, kannten von früher her die deutschen Verhältnisse und speziell die I. G. aus eigener Anschauung. So entsinne ich mich des Zusammentreffens mit einem der Nestoren der amerikanischen Ölindustrie, Frank A. Howard. Sein Buch »Buna Rubber«, das er über seine Zusammenarbeit mit der BASF und anschließend mit der I. G. Farbenindustrie geschrieben hatte, vermittelt einen starken Eindruck von der schon in den zwanziger Jahren begonnenen Zusammenarbeit der amerikanischen und deutschen Chemie. Ich traf auch George Merck von der amerikanischen Pharma-Firma, die einmal aus der gleichnamigen deutschen Gesellschaft hervorgegangen war.

Zu unseren ersten Bekannten gehörte auch Charles Engelhard, der im März 1971 im Alter von 53 Jahren gestorben ist. Neben seinen großen industriellen Unternehmungen in den USA und in Südafrika hatte er mit Friedrich Wilhelm von Meister eine kleine Firma für Reproduktionstechnik gegründet, deren Produkte den Reproartikeln von Kalle sehr ähnlich waren. Wir haben später diese Gesellschaft erworben.

Außer den großen Industriellen der älteren Generation lernte ich bei dieser Reise und bei den häufigen Besuchen in den nächsten Jahren die leitenden Herren vieler bedeutender chemischer Firmen und die Unternehmen selbst kennen. Die Begegnung mit den

Firmenchefs beschränkte sich nicht auf das Geschäft. Mit manchen entwickelten sich Freundschaften, die zu den besonderen Aktivposten meines Lebens gehören.

Als Humanist habe ich bis heute Schwierigkeiten mit der englischen Sprache. Als ich noch in Barmen aufs Gymnasium ging, machte ich leider zu wenig Gebrauch von dem freiwilligen Englischunterricht. Aber die Amerikaner sind gerade in dieser Beziehung sehr geduldig. Sie lernen ungern fremde Sprachen, geben sich aber aufrichtig Mühe, wenn man sich mit ihnen selbst im holprigsten Englisch unterhält.

Überall herrschte die gleiche Freundlichkeit und Ungezwungenheit. Im damaligen Europa wäre es kaum möglich gewesen, die leitenden Männer einer fremden Firma zu besuchen, ohne nach dem Grund gefragt zu werden. In Amerika war man offensichtlich daran gewöhnt und konnte frei von der Leber weg reden. Ich merkte aber schnell, daß wir auch etwas von uns erzählen mußten. Oft unterhielten wir uns sehr zwanglos am Ende eines Lunchs oder eines Dinners, immer aber mit großer Offenheit. Wahrscheinlich ist das noch ein Erbe aus der Pionierzeit.

In Hoechst hätte man sicher nicht ohne weiteres drei ausländische Gäste zur kurzen Begrüßung in eine offizielle Vorstandssitzung mitgenommen, wie das mit uns in den USA geschah. Natürlich hat diese amerikanische Offenheit auch ihre Grenzen. Das gleiche gilt für den herzlichen Ton der Mitarbeiter untereinander.

Die voraussetzungslose und ungeschminkte Art, miteinander zu sprechen, mag damit zusammenhängen, daß die Schranken zwischen den Gesellschaftsklassen in den Vereinigten Staaten früher und stärker abgebaut worden sind als im alten Europa. Aber auch dort existieren Hierarchien und ungeschriebene Gesetze gesellschaftlicher Geltung, die Macht des Geldes und einzelner Familien. Das aber drückt sich nicht so sehr wie bei uns in Titeln und Würden aus.

Selbstverständlich nimmt auch in Amerika der Präsident eines großen Wirtschaftsunternehmens eine besondere Stellung ein. Das aber hindert – wie ich es selbst erlebt habe – einen Laboratoriumstechniker nicht, pünktlich um fünf Uhr nachmittags nach Hause zu gehen, wenn man zu dieser Zeit als Gast mit dem Präsidenten das Labor besichtigt. Ungerührt nimmt der Chemiker seinen Hut, sagt freundlich »bye-bye« und verläßt seinen Arbeitsplatz. Für einen Amerikaner die selbstverständlichste Sache der Welt!

Schließlich erleichtert auch die gegenseitige Anrede mit Vornamen und dem bequemen »You« den Verkehr der Menschen untereinander, ohne daß damit eine Blutsfreundschaft fürs Leben verbunden sein muß. Niemand fürchtet, daß Autorität oder Respekt verlorengehen.

Nicht ohne Sorge sah ich dem ersten Zusammensein mit deutschen Emigranten entgegen. Hatten sie nicht allen Grund, voller Abwehr und Bitterkeit dem Besucher aus der Heimat zu begegnen, aus der sie einst vertrieben worden waren? Eine solche Haltung wäre durchaus verständlich gewesen. Doch ich begegnete fast nie Ressentiments. Jedenfalls wurden sie selten offen gezeigt.

Ein alter Freund, der schon frühzeitig nach den USA auswanderte, war Albert Frank. Er entdeckte um 1900 die Düngemittelwirkung des von seinem Vater und Heinrich Caro gefundenen Kalkstickstoffes. Er gehörte zu den ersten, die uns nach dem Kriege in Knapsack und Hoechst wieder besuchten.

Frank wohnte dicht neben dem Plaza, meinem New Yorker Lieblingshotel, das im Herzen Manhattans so viel europäisches Flair und Behaglichkeit ausstrahlt. Er kam gerne morgens um acht Uhr zum Frühstück. Wir plauderten über die große Zeit der deutschen Chemie und den Wiederaufbau der Industriewerke, von dem Frank nie genug erfahren konnte. Wir haben Albert Frank zu seinem neunzigsten Geburtstag in Trostberg bei den Süddeutschen Kalkstickstoffwerken noch eine kleine Feier bereiten können.

Viele Erlebnisse sind mir von diesem ersten Besuch in Erinnerung geblieben, weil sie so spontan und herzlich waren. So übermittelte mir am letzten Abend Adolf Kuhl, der uns seine Progressive Color and Chemical Co. verkauft hatte, eine große Kiste. Sie enthielt ein Original-Porträt Bismarcks von Lenbach. Kuhl hatte das Bild im Ersten Weltkrieg behütet, ehe Amerika 1917 seine Truppen zur Entscheidungsschlacht nach Europa schickte. Jetzt schmückt dieses Bild einen Saal in unserem Hoechster Kasino.

Dieser Raum trägt seit langem den Namen Bismarcks, weil dort schon ein Lenbach hängt, der an die alte Freundschaft des ehemaligen Gesandten Bismarck mit den Gründerfamilien des Unternehmens erinnert.

Amerikaner sind Optimisten

Was mir an den Amerikanern damals wie heute so gut gefiel, war ihr unverwüstlicher Optimismus, von dem ich selbst wohl eine gehörige Portion besitze. Meine Freunde aus der amerikanischen Chemie hatten seinerzeit freilich auch in jeder Hinsicht weit mehr Anlaß zur Zuversicht als wir deutschen Unternehmer. Einer der wesentlichen Gründe: das bessere wirtschaftliche und finanzielle Fundament. Die USA-Firmen verfügten über großes Eigenkapital und Reserven, ihre Rendite lag weit höher als bei uns. Jede der drei größten amerikanischen Gesellschaften erwirtschaftete einen Reingewinn nach Steuern von jeweils mehr als 500 Millionen Dollar.

Die amerikanischen Firmen besaßen auch ein völlig anderes Verhältnis zur Konkurrenz. Für sie ist ein harter, notfalls sogar unerbittlicher Wettbewerb die selbstverständlichste Sache der Welt, keine Ursache, dem anderen, der einem eine wirtschaftliche Auseinandersetzung auf Tod und Leben liefert, gram zu sein. Diese offenkundige Freude an einem ehrlichen und harten Konkurrenzkampf, aber auch die Unbekümmertheit, mit der die Firmen jenseits des Atlantiks alte Anschauungen über Bord werfen und vorbehaltlos neue Probleme anpacken, stellten für mich eine vorzügliche Lehre dar.

Eine der damals brennenden Fragen war, ob die vollsynthetischen Fasern wirklich die große Zukunft hätten, die ihnen manche Experten prophezeiten. Wir hatten erst kurz vorher eine Lizenz für die Polyester-Faser von der ICI erworben. Nun standen wir vor der Entscheidung: Konnten wir riskieren, unsere noch sehr bescheidenen Mittel für diese Entwicklung in großem Umfang einzusetzen? Obwohl in Amerika damals die synthetischen Fasern ebenfalls noch am Anfang ihrer Entwicklung standen und im Land eine ausgesprochene Textilkrise herrschte, waren fast alle Urteile optimistisch. Dies gab uns natürlich viel Mut und bestärkte unsere Überzeugung, daß die synthetischen Fasern zu den großen Produkten der nächsten Jahrzehnte gehören würden.

Allerdings stützten sich die Erwartungen in den USA auf einen gewaltigen Binnenmarkt mit einer jährlichen Bevölkerungszunahme von rund 3,5 Millionen Menschen. Der Lebensstandard innerhalb dieses Marktes von damals rund 160 Millionen Menschen war dem Europas weit voraus.

Der Verbrauchermarkt in den USA zielte darauf ab, daß sich die Gebrauchsgegenstände schnell abnutzten und ebenso schnell wieder ersetzt wurden. Riesige Supermärkte mit in Folien verpackten, appetitlichen Lebensmitteln, erste synthetische Fasern, Anzüge, die man sich in einem halben Tag in der New Yorker Fifth Avenue anfertigen lassen konnte, Kunststoffartikel für ein paar Cents, komfortable Automobile, automatische Waschmaschinen – all diese Errungenschaften des American Way of Life beeindruckten mich und bestärkten meine Auffassung, daß die Vorstellung von neuen chemischen Massenprodukten auf der Basis von Kunststoffen und Fasern keineswegs realitätsfremd war.

Aus meinen Reisenotizen . . .

Meine weiteren Eindrücke von der amerikanischen Industrie auf dieser ersten Reise spiegeln Zitate aus meinem damaligen Reisebericht wider. Vieles daran ist für uns Europäer heute nicht mehr so überraschend; vieles hat sich auch längst geändert.

»Die amerikanischen Firmen gaben bereitwillig über ihre Organisation wie über ihre Verhältnisse Auskunft. Diese Organisation ist sehr sorgfältig durchgearbeitet. Bemerkenswert schien mir zu sein, daß die großen chemischen Gesellschaften eine ähnliche Aufteilung in Sparten haben wie wir, allerdings ist die Leitung selbst wesentlich stärker besetzt. In vielen großen Gesellschaften ist die gesamte Forschung einer mehr oder weniger selbständigen Tochtergesellschaft angegliedert und hat einen eigenen Vorstand. Dafür scheinen zum Teil steuerliche Gesichtspunkte maßgebend zu sein. Andererseits glaubt man, daß es richtig sei, die betriebsunabhängige Forschung vollständig vom Getriebe des Alltags zu lösen. Diese Regelung entspricht nicht der deutschen Tradition und ist auch nicht überzeugend.

Infolge ihrer großen Ertragskraft gibt die amerikanische Industrie ungeheure Mittel für Forschung aus. Es waren Forschungsstätten entstanden, deren Dimension man sich in Deutschland nicht vorstellen konnte. Das Zentrallaboratorium der Bell Telephone in Summit, N. J., hatte ca. 9000 Angestellte und Arbeiter und erforderte jährlich Kosten von 120 Millionen Dollar. Aus dem Bell-Institut war damals gerade als epochemachende Erfindung der Transistor hervorgegangen. Zum gleichen Zeitpunkt betrugen die Aufwendungen für Forschung und Entwicklung bei uns etwa 60 Millionen DM. Eine ähnliche großartige Forschungsstätte besichtigten wir bei Du Pont in Wilmington.

Diese Forschungsstätten konnten entstehen, weil es der große wirtschaftliche Ertrag gestattete. Im Hinblick auf ihre Größe erwecken sie aber leicht den Eindruck der Überorganisation. In ihrer Ausstattung wirken sie jedoch nicht übertrieben. Selbst die reich ausgestatteten Laboratorien sind einfacher als unsere neuen, dafür aber stark von physikalischen Methoden bestimmt. Massenspektrographen zum Beispiel sind allgemein übliche Geräte.

Der Physiker spielt auch zahlenmäßig eine wesentlich bedeutendere Rolle als bei uns. Neue Laboratorien sind verhältnismäßig niedrig gebaut und mit Klimaanlagen versehen. Bemerkenswerterweise bestehen die Möbel nicht aus Holz, sondern aus Blech und anderen Materialien mit sehr gutem Anstrich. Die Leitung der Laboratorien ist außerordentlich sorgfältig organisiert, genau wie die der Muttergesellschaft. Die großen Zahlen der Laboratoriumsbelegschaften kommen dadurch zustande, daß sehr viel mittleres technisches Personal vorhanden ist.

Im Durchschnitt sind von den im Labor Beschäftigten neben ganz wenigen Hilfsarbeitern etwa die Hälfte Laboranten und Techniker, während die andere Hälfte wieder zu je fünfzig Prozent aus promovierten Physikern und Chemikern (PhD) sowie aus Technikern mittlerer Ausbildung (Bachelor) besteht. Die Arbeitsgebiete sind außerordentlich straff unterteilt. Man hat den Eindruck, daß es sehr wenige Menschen mit allgemeinem Überblick gibt.

Es herrscht ein empfindlicher Mangel an Chemikern und technischen Angestellten, trotz der großen Zahl der Studierenden. Die potenteren Firmen verfügen über Angestellte, die nur damit beschäftigt sind, den Universitäten Besuche abzustatten und gute Leute zu engagieren. Häufig gibt man aussichtsreichen Chemikern schon während ihrer Doktorarbeit Zuschüsse. Die Fluktuation der Chemiker zwischen den Gesellschaften ist sehr viel schwächer geworden, weil durch die Pension Bindungen entstanden sind. Trotzdem wechseln noch viele die Stellung, auch Angestellte in leitenden Positionen.

Die Betriebsführer sind mit der wissenschaftlichen Arbeit in ihren Firmen wenig verwachsen. Es scheint, als ob sie nur Verwalter ihrer Betriebe wären. Die Produktionsabteilungen haben spezielle Laboratorien, die sich mit der Beseitigung von Störungen und der Bearbeitung der Betriebsverfahren beschäftigen.

Bei der Auswahl der Beschäftigten in den Gesellschaften bevorzugt man immer mehr die höheren akademischen Grade. Die Anfangsgehälter entsprechen in Dollars den unsrigen in Mark. Die Stundenlöhne der Arbeiter schwanken zwischen Dollar 1,80 und 2,50 bei 40-Stunden-Woche (in New York 35-Stunden-Woche). Überstunden werden mit 50 Prozent, Sonntagsstunden mit 100 Prozent Aufschlag bezahlt.

In der Gewährung von Urlaub ist man sparsam. In den Staaten gibt es dafür ja keine gesetzliche Regelung. Ein gewöhnlicher Angestellter kommt über 14 Tage Urlaub im Jahr nicht hinaus. Vier Wochen Urlaub sind eine Seltenheit und kommen höchstens bei leitenden Angestellten in Betracht. Die zahlreichen amerikanischen Feiertage werden zwar eingehalten, aber nicht bezahlt, abgesehen von Sonntagen. Werkswohnungen sind vollständig unbekannt. Der Wohnungsbau liegt ausschließlich in privater Hand. Wohnungen sind auf dem freien Markt zu haben, die Mieten außerordentlich hoch. Ein Arbeiter oder Angestellter ist gewöhnt, etwa 25 Prozent seiner Einkünfte für die Miete auszugeben.

An der Organisation der amerikanischen Unternehmen ist bemerkenswert, daß alle großen Gesellschaften eine Art Außenministerium haben. Auf diese Abteilung stößt jeder Fremde, wenn er mit der Firma verkehrt. Diese Abteilung regelt Besuche, sie weiß Bescheid über Lizenzverhandlungen, Umsätze usw. Um den Verkehr mit Ausländern besser abzuwickeln, ist eine solche Zentrale sehr zweckmäßig.

Immer wieder fällt auf, wieviel Wert der Amerikaner auf persönlichen Kontakt legt. Auf nahezu jedem Schreibtisch stehen Vornamen und Nachname des Inhabers. Es wird sehr darauf geachtet, daß man sich mit diesen Namen anspricht.

Die Fabriken sind außerordentlich sauber, frei von jedem Schutt, und es steht nichts umher. Die Chemiker tragen keine Laboratoriumskittel, sondern weiße Hemden. Die gesamte Berufskleidung, auch für die Arbeiter, wird von den Firmen gestellt und saubergehalten.

Die amerikanische Industrie hat sich nach der Krise der dreißiger Jahre sehr bemüht, ihre sozialen Leistungen zu verbessern. Pensionskassen, in die meistens der Versicherte nichts einzuzahlen braucht, sind bei allen großen Firmen selbstverständlich. Es gibt eine staatliche Sozialversicherung, aber keine Krankenkassen. Gegen Krankenkassen soll sich in den USA angeblich vor allem die Ärzteschaft wehren.

Besondere Sorgfalt wird auf die Unfallverhütung verwendet. Die Disziplin auf diesem Gebiet ist ungewöhnlich groß. Die Besucher müssen Schutzbrillen und meistens auch leichte Metallhelme tragen. Selbst wenn man stundenlang durch die Betriebe wandert, sieht man keine Belegschaftsmitglieder, die diese Schutzmaßnahmen ignorieren. Überall im Betrieb werden Unfallstatistiken geführt. Man ist stolz darauf, daß Unfälle außergewöhnlich selten sind.

Die Umgangsformen in den Fabriken sind sehr frei, zum mindesten gemessen an den deutschen Vorkriegsverhältnissen. Arbeiter, Angestellte und Vorgesetzte verkehren in einem sehr jovialen Ton miteinander. Bemerkenswerterweise leidet dabei die Autorität des Vorgesetzten keineswegs.

Die Regeln für das Zusammenleben zwischen Schwarz und Weiß sind in verschiedenen Teilen des Landes sehr unterschiedlich. In den Fabriken im Osten ist die Integration weitgehend verwirklicht. Farbige sind auch Mitarbeiter von Weißen und dürfen in den besten Hotels wohnen. Im Süden ist der Unterschied stärker. Man hat aber aus den Gesprächen den Eindruck, daß der Amerikaner von einer vernünftigen Lösung dieses Problems nicht mehr weit entfernt ist. Viele behaupten stolz, daß sie das Ideal einer klassenlosen Gesellschaft bzw. der Klassengleichheit nahezu erreicht haben.« Wenn ich diese Eintragungen in meinem Reisetagebuch von 1954 heute wieder lese, muß ich hier allerdings ein großes Fragezeichen setzen.

»Die Aufgeschlossenheit der Bevölkerung ist im Westen und in Texas besonders groß. Dort fühlen sich die Menschen offensichtlich außerordentlich wohl. Die Firmen berichten, daß Versetzungen vom Westen nach dem Osten schwierig sind. San Francisco wächst jeden Tag um 1500 Menschen, weil man dort besser lebt. Auch das Klima ist günstiger. In dieser Stadt am »Golden Gate« gibt es 60000 Deutsche, viele Italiener und Chinesen. Da man im Kriege die dort angesiedelten Japaner in Lager brachte, sind in die leer gewordenen Siedlungsgebiete Neger eingezogen. Das führte zu manchen Ressentiments.

Auffallend ist im ganzen Lande der rege Straßenbau. Obwohl die dortigen Straßen viel breiter und schöner sind als unsere, baut man überall neue, vor allen Dingen auch Brücken.«

Soweit der Auszug aus meinen Reisenotizen. Vieles von dem, was uns neu erschien, ist heute auch bei uns selbstverständlich.

Konsequenzen für den europäischen Markt

Am stärksten beeindruckten mich die amerikanischen Produktionszahlen. Wenn man sie damals mit den deutschen verglich, sah man sehr schnell, wie klein unsere Kapazitäten waren. Wir hatten in Hoechst seinerzeit einen Pro-Kopf-Umsatz von etwa 30000 Mark; in den Vereinigten Staaten war er etwa dreimal so hoch.

Bei den Farbstoffen und Arzneimitteln, den bisherigen Eckpfeilern unseres Geschäftes, war das nicht so ausschlaggebend. Bei den Massenprodukten, denen wir uns nun zuwenden wollten, verhielt es sich anders.

Wir erkannten, daß wir auf die Dauer in gesamteuropäischen Dimensionen denken mußten, und wie wichtig ein künftiger europäischer Binnenmarkt war. Neben einer Verstärkung des europäischen Geschäftes würden wir auch in überseeischen Ländern einschließlich der USA Stützpunkte errichten und so einen Weg einschlagen müssen, den englische und vor allem Schweizer Firmen schon lange vor uns beschritten hatten.

Ein gewaltiger Vorteil der Amerikaner war ihr schier unbegrenzter Zugang zu den Energiequellen. An allen wichtigen Industrieplätzen existierten Raffinerien. Sie befriedigten vor allem den Benzinverbrauch der zahllosen Automobile. Gewissermaßen als Nebenprodukte fielen dabei alle Rohstoffe an, die der Chemiker braucht.

Es existierte schon ein Leitungssystem für Erdgas, das von Houston in Texas nach New York führte. Wir haben uns damals auch ernsthaft überlegt, ob man nicht verflüssigtes Methan auf Schiffen nach Europa transportieren könnte – Pläne, wie sie inzwischen zum Beispiel zwischen Algerien und Südeuropa längst realisiert worden sind. Das gewaltige Gehörn eines Texas-Ochsen, das längere Zeit in unserem Vorstandssitzungszimmer hing, erinnert an die abenteuerlichen Projekte, die wir seinerzeit mit den großzügigen Texanern erörterten.

Die USA erschienen einem Chemiker geradezu als gelobtes Land. Äthylenleitungen durchzogen die Staaten. Chemische Fabriken konnten sich daran anschließen wie an Wasser- oder Stromleitungen. Ob es sich um elektrische Energie oder Kohle handelte, beides kostete kaum die Hälfte des Preises, der bei uns bezahlt werden mußte.

In Kalifornien nahmen wir erste Kontakte auf zu der Standard Oil of California, der SOCAL, mit der uns seitdem enge Geschäftsbeziehungen verbinden. An der Küste des Stillen Ozeans, in der Bucht von San Francisco, lag eine der größten Raffinerien, die bei der Herstellung und Isolierung von Kohlenwasserstoffen hochmoderne Wege eingeschlagen hatte. Sie war lange Zeit der einzige Lieferant für das p-Xylol, einen der Rohstoffe für unsere Trevira-Faser.

Bekanntschaft mit Computern

Gleich zu Anfang dieses ersten Aufenthaltes traf ich in Washington mit dem damaligen deutschen Geschäftsträger Heinz L. Krekeler zusammen, der mir aus gemeinsamer I. G.-Zeit gut bekannt war. Er wurde später der erste Botschafter der Bundesrepublik in den USA. Als er nach Europa zurückkehrte, war er lange Zeit deutsches Mitglied der Euratomkommission.

»Kümmern Sie sich unter allen Umständen um die Computer- und Transistorenentwicklung«, riet er mir, als ich ihm von meinem Reiseprogramm erzählte. In Deutschland wußte man zu jener Zeit kaum etwas von diesen Elektronengehirnen.

Im Forschungsinstitut der Bell Telephone Company in Summit in New Jersey sah ich zum ersten Mal einen solchen Computer, dem die Rechenaufgaben in Form von Lochstreifen eingegeben wurden. Damals gewann ich eine erste Vorstellung davon, daß auch in Hoechst auf diesem Gebiet bald die Zukunft beginnen würde.

Um diese Fortschritte der elektronischen Datenverarbeitung so schnell wie möglich auch für Hoechst zu nutzen, entsandten wir im gleichen Jahr eine Delegation von Sachbearbeitern nach den USA zur IBM. Der erste Computer, der noch mit ca. 4000 Röhren ausgestattet war, wurde bestellt und im Jahre 1956 in Betrieb genommen. Wir gehörten dadurch zu den ersten, die nicht nur eine vollmechanisierte moderne Buchhaltung einführten, sondern auch sofort damit begannen, Computer für Fragen aus dem naturwissenschaftlichen Bereich, aber auch der unternehmerischen Planung einzusetzen.

Bei dem Besuch des Forschungslabors von Du Pont beeindruckte mich vor allem die große Spannweite der Arbeitsgebiete. Sie umfaßte alle naturwissenschaftlichen Disziplinen von der Medizin über die Biologie bis zur Physik und Mathematik. Forschung auf solch breiter Grundlage hatte es selbst in der I. G. kaum gegeben. Zugleich erkannten wir aber auch, daß in Deutschland auf eine andere Art geforscht wurde. Die Laboratorien in den USA waren zwar bescheidener, aber doch wesentlich moderner eingerichtet.

Bei der Diskussion erfuhren wir, daß in Amerika mehr Gewicht auf die Physik und das Chemieingenieurwesen gelegt wird. Physikalische Analysemethoden wurden damals in den USA noch viel stärker gepflegt als in Deutschland. Andererseits wird bei uns im Unterricht die präparative und organische Chemie deutlicher betont. Immerhin ist mir klargeworden, daß es auf die Dauer gut sein würde, wenn es uns gelänge, unsere präparative Ausbildung beizubehalten und zugleich mehr Physik- und Ingenieurwesen in unseren Unterricht aufzunehmen.

Mit den vielen interessanten Besuchen verging der Monat in den USA wie im Fluge. Als wir am 30. April 1954 an Bord der United States gingen, die uns wieder nach Europa bringen sollte, waren wir zwar erschöpft, aber voller Anregungen und Pläne für die kommende Arbeit. Während der siebentägigen Überfahrt versuchte ich, unsere in den USA gewonnenen Erkenntnisse zusammenzufassen. Es waren vor allem fünf Komplexe:

1. Wenn sich der Lebensstandard in Deutschland weiter heben und allmählich dem amerikanischen nähern sollte, würden sich bei uns ähnliche Verbrauchergewohnheiten durchsetzen. Die Beschäftigung mit den großen Zukunftsgebieten – etwa Fasern, Kunststoffe, Folien und Waschmittel – war absolut zwingend. Daneben durfte der Ausbau unserer traditionellen Domänen nicht vernachlässigt werden.
2. Wenn wir wirtschaftlich arbeiten und konkurrenzfähig werden wollten, mußte unser Pro-Kopf-Umsatz stark erhöht werden. Das bedeutete, in weit höhere Kapazitäten hineinzuwachsen. Da der deutsche Binnenmarkt in jedem Fall zu klein war, konnte dies nur geschehen, indem wir den Export verstärkten und den Warenaustausch innerhalb Europas ausweiteten.
3. Unsere energiepolitische Situation in Europa, vor allem aber in der Bundesrepublik, war jener in den Vereinigten Staaten weit unterlegen. Elektrische Energie und Wärme kosteten bei uns einfach zu viel. Die Grundstoffe aus der Petrochemie, über die die amerikanische chemische Industrie verfügte, waren für uns noch nicht zugänglich und mußten erst geschaffen werden. Auf der bisherigen Basis unserer Steinkohle konnten wir kaum zu wettbewerbsfähigen Preisen produzieren. Es mußte unter allen Umständen nach neuen Energie- und Rohstoffquellen gesucht werden.
4. Wir sollten die Chemie der Vereinigten Staaten nicht unbedingt kopieren, ganz abgesehen davon, daß wir dies auch nicht konnten. Die spezielle Situation von Hoechst und unsere ganze naturwissenschaftliche Ausrichtung wiesen darauf hin, bestimmte Schwerpunkte zu bilden und daraus spezifische Vor-

teile zu ziehen. Als markantes Beispiel dafür erschien der Bereich der synthetischen organischen Chemie, der nach wie vor für die Pharma, Farbstoffe und Vorprodukte aller Art von großer Bedeutung war.

5. Schließlich mußten wir uns in unserer Publizität und beim Aufbau der Verkaufsorganisation besonders anstrengen, uns auf einen scharfen Konkurrenzkampf einstellen sowie an einen Markt anpassen, der völlig frei und nicht durch Kartelle und Verkaufsabsprachen geschützt war.

Nach unserer Rückkehr aus den USA galt es, das Gesehene für unser Werk nutzbar zu machen. Im Vordergrund stand zunächst das Energie- und Rohstoffproblem.

Der Hoechster »Koker« wird gebaut

Eines hatten wir schon in der I. G.-Zeit klar erkannt: neben dem Acetylen, auf dem nahezu unsere gesamte Chemie der Kunststoffe und Lösungsmittel beruhte, würden andere Kohlenwasserstoffe immer mehr an Bedeutung gewinnen. Das betraf besonders Äthylen und Propylen – sie wurden zu wichtigen Ausgangsstoffen für eine neue Chemie.

Diese Kohlenwasserstoffe fielen bisher in bescheidenem Maße in den Hydrieranlagen an. Geringe Mengen, die für die Herstellung von Äthylenoxyd und von Schmierölpolymerisaten im Krieg benötigt wurden, konnten durch Wasserabspaltung aus Äthylalkohol oder durch Hydrierung von Acetylen gewonnen werden. Auch das Koksofengas war schon seit langem eine Quelle für kleine Quantitäten von Äthylen gewesen.

Nach dem Krieg sah man im Vergleich mit den USA sehr deutlich die Unwirtschaftlichkeit dieser Verfahren. Die Hydrieranlagen wie auch die Benzinsynthesen nach dem Fischer-Tropsch-Verfahren waren im Kriege zerstört worden. Ihre Wiederherstellung hatten die Alliierten verboten. Eine nennenswerte Förderung von Rohöl gab es in der Bundesrepublik zunächst ebensowenig wie eine entsprechende Raffineriekapazität.

So schienen die Voraussetzungen für eine auf Erdölkohlenwasserstoffen aufgebaute Chemie denkbar gering – eine der wichtigsten Feststellungen, die wir treffen mußten.

Als der Hydrieranlage in Wesseling schließlich gestattet wurde, in den dafür geeigneten Apparaturen die Herstellung von Heizöl und Benzin in bescheidenem Maße aufzunehmen, hatten wir von Knapsack aus eine Zusammenarbeit mit Wesseling angestrebt. Dieser Versuch scheiterte, weil 1952, als diese Überlegungen angestellt wurden, kein Schritt ohne irgendwelche Genehmigung möglich war.

Im Herbst 1952 konnten wir von der uns bekannten amerikanischen Ingenieurfirma Lummus in New York ein Verfahren übernehmen, bei dem aus Rohöl durch thermische Spaltung Kohlenwasserstoffe entstehen sollten.

Das Verfahren hatte seine technische »Feuertaufe« freilich noch keineswegs bestanden. Es wurde vielmehr nur detailliert in einer umfangreichen Studie beschrieben. Dieses Buch erhielten wir bei einer Besprechnung in Paris, die eine interessante Abmachung besiegelte: Wir bekamen die Chance, den Prozeß zur technischen Reife zu führen. Sollte uns dies gelingen, so hatten wir den Amerikanern das Know-how kostenlos zur Verfügung zu stellen. Wir haben diese großzügige Offerte dankbar akzeptiert und mit Lummus gute Freundschaft gehalten.

Zu Hause in Hoechst stürzten sich die Experten mit großem Eifer auf dieses Buch. Nach dem darin geschilderten Verfahren sollte Rohöl auf heiße Kokskugeln aufgesprüht werden, die in einem Gasstrom umgewälzt wurden. Bei Temperaturen von etwa 800° Celsius kam es dann zur Spaltung des Rohöls. Dabei entstanden gasförmige Kohlenwasserstoffe, insbesondere Äthylen und Propylen. Aber auch flüssige Produkte fielen an. Auf den Kokskugeln schied sich der gebildete Kohlenstoff ab. Sie vergrößerten dadurch ihren Durchmesser. Hatte er sechs bis acht Millimeter erreicht, wurden sie aus dem Gasstrom ausgetragen. Dieser Kohlenstoff war durchaus erwünscht, da der Bedarf an Elektrodenkoks zur Herstellung von Graphit ohnehin ständig stieg.

In kurzer Zeit bauten wir eine größere Versuchsanlage, an der die Grundprinzipien des Verfahrens erprobt werden konnten. Ende 1955 ging die Großapparatur in Betrieb. Sie befand sich im

Innern eines hundert Meter hohen Turmes, den wir Koker nannten. Fast 15 Jahre lang war er eine Art Wahrzeichen von Hoechst.

Erst 1970 – als er längst ausgedient hatte – wurde er wegen Korrosionsgefahr abgerissen. Viele junge Chemiker und Ingenieure haben sich an dieser Erdölspaltanlage, der ersten großen Entwicklungsarbeit in Hoechst, ihre Sporen verdient. In gemeinsamer Anstrengung wurden die Kinderkrankheiten beseitigt, und alle Beteiligten hatten zum ersten Mal wieder das Gefühl, etwas weitgehend Neues geschaffen zu haben.

Der Bedarf an Äthylen stieg ständig weiter. Bald kam der Tag, an dem die Koker-Produktion nicht mehr ausreichte. Doch inzwischen verfügten wir über Verfahren, bei denen durch indirekte Heizung Benzin gespalten werden konnte. Wir bauten eine neue Anlage, in der wir das Benzin aus dem Rohöl abdestillieren konnten. Das Rückstandsöl wurde dem Koker zugeleitet oder im Kesselhaus verbrannt. Das Benzin konnte dann der sogenannten Mitteltemperaturpyrolyse, den neuen Öfen zugeführt werden. So entstand in Hoechst eine kleine Spezialraffinerie, die als Ausgangsprodukt Rohöl verwendete und schließlich rund 20 000 Jahrestonnen Äthylen lieferte.

Unabhängig davon aber benötigten wir immer größere Mengen Acetylen. Unsere gesamte Chemie der Lösungsmittel und des Polyvinylacetats, das wir damals als einzigen Kunststoff produzierten, basierte ja auf der Karbidproduktion von Knapsack und dem daraus gewonnenen Acetylen. Koks und elektrische Energie, die man dafür benötigte, waren aber bewirtschaftet und teuer. Wir konnten sie deswegen nicht ausreichend beschaffen. Beim Bau und Betrieb der Karbidöfen waren zwar große Fortschritte gemacht worden, aber die Situation blieb unbefriedigend, zumal Hoechst noch die hohen Transportkosten für das Karbid zu tragen hatte. So stellte sich zwangsläufig die Aufgabe, das Acetylen durch Spaltung von Kohlenwasserstoff zu gewinnen.

Wieder einmal betraten wir technisches Neuland: in verhältnismäßig kurzer Zeit gelang es, die sogenannte Hochtemperaturpyrolyse zu entwickeln. Bei diesem Verfahren wurde Leichtbenzin, wie es bei der Rohöldestillation gewonnen werden kann, in eine Flamme von Wasserstoff, Methan und Sauerstoff bei Temperaturen von mehr als 2000 °Celsius eingespritzt. Es entsteht ein

Gemisch von Acetylen und Äthylen im Verhältnis von etwa 50:50. Mit Hilfe geeigneter Methoden kann es aus dem Gasstrom abgeschieden und in die einzelnen Komponenten zerlegt werden.

Als wir auf der Achema 1955 schon recht stolz über unseren Koker berichteten, steckte allerdings diese Hochtemperaturpyrolyse, HTP genannt, noch in ihren Anfängen. Erst gegen Ende 1959 konnten wir eine Großanlage in Betrieb nehmen, die bis heute den Bedarf von Acetylen in Hoechst deckt.

Mit diesen Entwicklungen hatte sich Hoechst erfolgreich in die internationale Zusammenarbeit eingeschaltet. Man suchte Kontakt mit uns; auch die großen Ölgesellschaften interessierten sich für diese neuen Verfahren. Die sogenannte Petrochemie – eine neue, vom Petroleum abgeleitete Wortbildung – war bald in aller Munde.

Die Presse spekulierte, ob die deutsche Chemie überhaupt den Anschluß an diese neue Technik finden würde. Unsere Arbeiten besaßen Aktualität. Wir haben ausführlich und mit viel Genugtuung über diese ersten Schritte berichtet.

Polyäthylen aus dem Einmachglas

Nahezu gleichzeitig mit dieser petrochemischen Entwicklung, die ja nur der Erzeugung von Grundstoffen diente, erhielten auch unsere Kunststoffarbeiten unerwartete Impulse. Hoechst hatte bisher an der Entwicklung der Kunststoffe nur mit dem Polyvinylacetat und seinem Abkömmling, dem Polyvinylalkohol, teilgenommen.

Dem Chemiker Fritz Klatte in Griesheim wurde schon 1913 ein Patent für das auf dieser Basis entwickelte Kunstharz Mowilith erteilt. Im Wettbewerb und in Zusammenarbeit mit der Wacker-Chemie war diese Entwicklung aufgenommen worden. Nach der Neugründung von Hoechst wurde daraus ein weltweites Geschäft. Das Mowilith konnte sich im Bereich der Lackrohstoffe einen wichtigen Platz erobern. Es blieb auch im Ausland, besonders in den Vereinigten Staaten, lange Zeit ohne Konkurrenz.

Nun bedurfte das Arbeitsgebiet der Kunststoffe dringend einer Ausweitung. So traf es sich gut, daß die Farbwerke Hoechst seit langem intensive Beziehungen zu dem Mülheimer Kohlefor-schungsinstitut unterhielten. Nach dem Kriege, als dieses Institut unter großen Schwierigkeiten wieder seine Arbeiten aufnehmen konnte, wurden diese Kontakte weiter gepflegt. In immer regerem Gedankenaustausch verfolgten wir die dortigen Arbeiten, die aber lange Zeit nur zur Polymerisation von Äthylen zu flüssigen Produkten führten.

Doch Ende 1952 wartete der Leiter des inzwischen in die Max-Planck-Gesellschaft übergegangenen Instituts, Karl Ziegler, mit einer großen Neuigkeit auf: es war ihm gelungen, durch Umsetzung von Olefinen mit Hilfe von metallorganischen Verbindungen ein festes Polyäthylen zu erhalten. Eine sensationelle Leistung, für die Ziegler 1963 mit dem Nobelpreis ausgezeichnet wurde.

Bisher hatte man das Äthylen nur unter hohem Druck von etwa 2000 Atmosphären polymerisieren können. Die Erzeugung dieses sogenannten Hochdruckpolyäthylens war zum ersten Mal in den dreißiger Jahren in den Laboratorien der britischen ICI gelungen. Nach der Methode von Ziegler lief aber jetzt die Reaktion ohne Anwendung von Druck und bei nahezu normaler Temperatur ab. Als uns dieses Verfahren zum ersten Mal vorgeführt wurde, diente ein normales Einmachglas als Reaktionsgefäß.

Wir erwarben von Ziegler das Recht, seine Erfindung als erste zu verwerten. Allerdings wurde uns die Lizenz nicht allein gewährt. Wir mußten bald mit vielen anderen Lizenznehmern in der Welt konkurrieren. Es kam deshalb darauf an, die Erfindung schnell zu technischer Reife zu entwickeln.

Dafür besaß Hoechst besonders gute Voraussetzungen. Unsere organischen Chemiker hatten sich intensiv mit metallorganischen Verbindungen, vor allem mit aluminiumorganischen, befaßt, so wie sie bei dem Ziegler-Prozeß als Katalysator verwendet wurden. Gerade die Herstellung dieser Katalysatoren aber bereitete vielen unserer Konkurrenten große Mühe und kostete viel Zeit. Schon im November 1954 konnten wir im Aufsichtsrat über handfeste Projekte berichten. Bereits ein Jahr später ging die erste Großanlage mit einer Produktion von 2000 Tonnen pro Monat in Betrieb.

Erste Anwendungsbeispiele des neuen Kunststoffes zeigte

Hoechst 1955 auf der Industrieausstellung der Hannover-Messe. Dort lief auf unserem Stand eine Spritzmaschine, die in großen Mengen kleine Likörgläser produzierte und bei den Besuchern großes Interesse hervorrief. Wir nannten diesen Kunststoff »Hostalen«, dem wir von vornherein große Bedeutung beimaßen. Bei der Namensgebung stand wie bei vielen unserer Warenzeichen Hostato Pate, der Sage nach ein bei Höchst von Karl dem Großen zum Ritter geschlagener Knappe. 1957 trat an die Seite des Polyäthylens noch das Polypropylen.

Als wir mit den ersten Polymerisationsversuchen in Hoechst begannen, war der Koker noch nicht fertig. Wir mußten das Äthylen aus Gendorf beziehen, wo es durch Hydrierung von Acetylen hergestellt wurde. Von der Union Carbide in den USA hatten wir das Know-how zum Bau von Flüssiggaswagen erworben. In ihnen konnten Kohlenwasserstoffe transportiert werden. Das auf diese Weise herbeigeschaffte Äthylen diente als Grundmaterial für die Polymerisation, bevor wir in Hoechst die erste Crackanlage in Betrieb nahmen. Allerdings war dieses Äthylen wohl das Teuerste, das jemals als Rohstoff verwendet worden ist.

Nylon und Perlon machen Karriere

Das andere große Arbeitsgebiet, dem wir uns zuwandten, waren die Chemiefasern. Bei der I. G.-Entflechtung erhielten wir das Werk Bobingen mit seiner Viskoseproduktion. Einige Chemiker aus der mitteldeutschen Faserindustrie hatten dort als Flüchtlinge eine neue Wirkungsstätte gefunden. Zu ihnen gehörte auch Paul Schlack, der neben dem Amerikaner Wallace Hume Carothers einer der Begründer der synthetischen Chemiefasern ist.

In Amerika begann 1928 der junge Carothers bei Du Pont mit seinen Arbeiten zur Herstellung einer vollsynthetischen Textilfaser. 1932 gelang es ihm, aus Hexamethylendiamin und Adipinsäure erstmals das später so berühmte »Nylon« zu entwickeln. Bis zur Fabrikationsreife hat Du Pont noch große Summen aufwenden müssen. Erst 1938, also kurz vor dem Kriege, wurde die Großproduktion dieser Faser aufgenommen. Ein Triumph, den Carothers selbst nicht mehr erleben sollte.

Aber auch in Deutschland wurde zur gleichen Zeit an einer synthetischen Faser ähnlicher Struktur gearbeitet. Bereits vorher waren Fasern aus Polyvinylchlorid hergestellt worden, die aber nicht annähernd die hervorragenden Eigenschaften der Polyamide hatten, zu denen auch das Nylon zählt.

Paul Schlack war wissenschaftlicher Leiter des Werkes Berlin-Lichtenberg der I. G., als er 1938 das »Perlon« entdeckte. Seiner chemischen Struktur nach handelte es sich ebenfalls um eine Polyamidfaser. Nur diente hier ein anderer Rohstoff, nämlich das Caprolactam, als Ausgangsprodukt. Schon Carothers hatte damit experimentiert, war aber dann zu der Überzeugung gekommen, daß sich dieses Caprolactam nicht polymerisieren ließe.

Schlack hingegen gelang durch intensive mehrmalige Reinigung des Caprolactams die Polymerisation doch. Schon während des Zweiten Weltkrieges entstanden in bescheidenem Maß Perlonbetriebe in Deutschland. Es zeigte sich rasch, daß die Faser von Schlack dem Nylon von Du Pont nicht nachstand.

Nach dem Kriege landete Schlack, wie erwähnt, mit seinen Mitarbeitern in Bobingen. Dort baute er, wenn auch noch mit recht bescheidenen Mitteln, eine Perlonproduktion auf. Als Hoechst Bobingen übernahm, interessierten wir uns sofort für diese Arbeiten. Wir errichteten zunächst neben den Perlonfaserbetrieben eine Großanlage zur Herstellung von endlosen Perlonfäden; auch Borsten und Drähte aus dem gleichen Material wurden fabriziert. Dadurch erhielt das Werk Bobingen eine neue Grundlage, denn es stellte sich bald heraus, daß man die Viskoseproduktion nicht fortsetzen konnte.

Wir mußten freilich schnell erkennen, daß »Perlon« als einzige Faser weder für Bobingen noch für eine künftige Fasersparte von Hoechst eine ausreichende Basis bot. Bobingen war mit seinen Produkten zu spät auf den Markt gekommen und überdies durch ungünstige Rohstoffverträge an Zulieferanten gebunden. Eine befriedigende Rendite konnte unter diesen Umständen nicht erwartet werden. Hoechst hatte zwar an eigenen Verfahren zur Herstellung von Caprolactam gearbeitet, konnte sich jedoch nicht entschließen, eine eigene Produktion aufzubauen.

Es kam also darauf an, eine weitere Synthesefaser in das Bobinger Programm aufzunehmen. Wir hatten bereits die Entwicklung der Polyacrylnitrilfaser sehr aufmerksam verfolgt und auch sogar schon an der Herstellung des Monomeren, also des Acrylnitrils, gearbeitet. In der I. G.-Zeit war es dem Chemiker Herbert Rein gelungen, ein recht interessantes Verfahren zum Verspinnen von Polyacrylnitril zu entwickeln, das nach 1945 Cassella gehörte. Weil es uns jedoch nicht gelang, Cassella in den Bereich von Hoechst einzugliedern, gaben wir unsere Bemühungen in dieser Richtung auf. Als wir später mit den anderen I. G.-Nachfolgern das Aktienkapital von Cassella übernahmen, wurden die Arbeiten an der Polyacrylnitrilfaser an Bayer übergeben.

Die Stunde für »Trevira«

So mußten wir uns unverzüglich nach einer anderen Faser umsehen. Rasch hatten wir dabei Erfolg. Schon 1954 konnten wir von der ICI in England eine Lizenz für deren Polyesterfaser erwerben. Die Polyesterfaser, deren Ausgangsstoffe Terephthalsäure und Äthylenglykol sind, wurde von den beiden englischen Chemikern John R. Whinfield und James T. Dickson erfunden. Beide waren bei einer alten Farbenfabrik, der Firma Calico Printers tätig. Sie hatten dort eigentlich ein völlig anderes Aufgabengebiet und beschäftigten sich nur auf eigene Faust mit dem Problem der Synthesefasern. Ihre Erfindung wurde schnell von der ICI übernommen.

Unsere von der ICI erworbene Lizenz zur Herstellung von Fasern und Fäden war auf die Bundesrepublik beschränkt, und selbst dort mußten wir sie mit der Firma Glanzstoff teilen. Hoechst hielt außerdem eine Lizenz zur Herstellung von Polyesterfolien, die für unsere Tochtergesellschaft Kalle außerordentlich interessant wurde. Unter dem Namen »Hostaphan« ist dieses Produkt ein großer Verkaufserfolg geworden.

Da wir nur einer unter vielen Polyester-Produzenten waren, hatten wir mit harter Konkurrenz zu rechnen und konnten »Trevira« – so nannten wir unsere neue Faser – im Gegensatz zu unserem anderen Großprodukt, dem Niederdruckpolyäthylen, lange Zeit nicht exportieren. Erst nach Ablauf der ICI-Patente im Jahre 1968 fielen diese Beschränkungen. Jetzt konnten wir sogar an die

Errichtung von Fabrikationsstätten außerhalb Deutschlands denken.

Die Polyesterproduktion war für uns von ganz besonderem Interesse, weil wir alle Verarbeitungsstufen vom Rohöl bis zur fertigen Faser im eigenen Unternehmen vereinigen konnten. Eine große Zahl von Chemikern arbeitete gleichzeitig an den verschiedenen Phasen dieses Verfahrensablaufes. Im Gegensatz zum Niederdruckpolyäthylen übernahmen wir hier ein weitgehendes Know-how. Wir schickten eine Gruppe von Chemikern nach England, die gegen Erstattung einer einmaligen Zahlung und laufender Lizenzgebühr das Erfahrungsgut der ICI von der Vorproduktenherstellung bis zu dem fertigen, gesponnenen Material übernahm.

Zu diesen grundsätzlichen und neuen Aufgaben kam noch die in Knapsack inzwischen begonnene Installation des neuen Phosphorofens. Die Verwirklichung all dieser großen Projekte erforderte ungewöhnliche Anstrengungen. Soweit die entsprechenden Voraussetzungen auf wissenschaftlichem und technischem Gebiet noch nicht vorhanden waren, mußten sie in kürzester Zeit geschaffen werden. Die Übernahme der Lizenzen ermöglichte uns zwar einen ersten schnellen Start. Aber nur qualifizierte Mitarbeiter und moderne Produktionsanlagen boten die Gewähr, daß das übernommene Wissensgut richtig genutzt und in wirtschaftlichen Erfolg umgemünzt werden konnte.

Ansporn für die Forschung

Zunächst bedurfte besonders die Forschung kräftiger Impulse. Am günstigsten lagen dabei die Verhältnisse in der pharmazeutischen Abteilung. Dort war nicht nur die Erinnerung an die glanzvolle Tradition der Vergangenheit noch lebendig, sondern unter der Führung von Gustav Ehrhart und Fritz Lindner – beide später Mitglieder unseres Vorstandes – waren auch die Organisation und die Arbeitsteams nach dem Krieg einigermaßen intakt geblieben.

Eine erste Gelegenheit für Begegnungen mit Repräsentanten der internationalen pharmazeutischen Forschung boten 1954 die hundertsten Geburtstage von Emil von Behring und Paul Ehrlich.

In Marburg, in Frankfurt am Main und Hoechst, den wesentlichsten Wirkungsstätten der beiden Forscher, fanden an vier aufeinanderfolgenden Tagen eindrucksvolle Gedenkfeiern statt, wie es sie seit Kriegsende in Deutschland wohl noch nicht gegeben hatte. In Hoechst wurde gleichzeitig das neue Laboratorium für Mikrobiologie und Pharmakologie eingeweiht, das den Namen Paul Ehrlichs erhielt. Michael Erlenbach hatte noch in seiner Treuhänderzeit mit diesem Bau begonnen, der sich mitten in der alten Fabrik am Kohlenlager befand. Das neue Institut lag in der Nachbarschaft des alten pharmazeutischen Laboratoriums, in dem sich Robert Koch in den neunziger Jahren mit seinem Tuberkulin befaßt hatte.

Diese Feiern waren für uns in Hoechst in mehrfacher Hinsicht bedeutsam. Sie erinnerten nicht nur an die große Zeit der Hoechster pharmazeutischen Abteilung und die Zusammenarbeit mit Robert Koch, Emil von Behring und Paul Ehrlich. Sie markierten auch das Ende einer Isolierung, die sich in Deutschland vor allem in der Biochemie ausgewirkt hatte. Die großen Fortschritte in diesem Wissenszweig wurden in den dreißiger und vierziger Jahren in den USA und in Großbritannien erzielt. Diese Länder boten hervorragenden jüdischen Biochemikern Asyl, die vor der rassischen Intoleranz des NS-Regimes fliehen mußten.

Bis heute hat die deutsche Wissenschaft den Aderlaß, den sie damals auf vielen Gebieten und besonders in der Biochemie und der Immunologie erlitt, noch nicht völlig überwunden.

Unter Führung von Otto Hahn, dem damaligen Präsidenten der Max-Planck-Gesellschaft, versammelte sich in Hoechst eine große Anzahl international bekannter Gelehrter aus der Medizin und Biochemie des In- und Auslandes. Dazu zählten Nobelpreisträger wie Ernst Boris Chain, der einen wesentlichen Anteil an der Herstellung und Entwicklung des Penicillins hatte, der Entdecker der Atmungsfermente Otto Heinrich Warburg, Adolf Butenandt, der die Steroidnatur der Hormone nachwies, der Enzym- und Vitaminforscher Richard Kuhn u.a. Aber auch die Angehörigen der Familien Ehrlich und Behring weilten unter uns. Im alten Hoechster Kasino, das inzwischen wieder von den Besatzungstruppen freigegeben war, konnten bei einem Glas guten Rheinwein alte menschliche Beziehungen wieder aufgenommen werden.

Auch für eine Intensivierung unseres Verhältnisses zu den Behringwerken in Marburg und zu dem weltbekannten Paul-Ehrlich-Institut in Frankfurt am Main boten diese Festtage willkommene Gelegenheit. Wir überwanden bei diesen Feiern jahrzehntelange Trennung und fanden zu einem gemeinsamen Neubeginn.

In Biochemie, Medizin und Immunbiologie fehlten Deutschland nicht nur, wie bereits erwähnt, die wissenschaftlichen Grundlagen. Für eine moderne Seuchenbekämpfung mangelte es auch an geeigneten gesundheitspolitischen Voraussetzungen. Dies hing mit den Auswirkungen unserer föderalistischen Verfassung zusammen. Unter solchen Umständen zahlten wir in Marburg und Hoechst viel Lehrgeld bei unseren ersten Schritten in die immer bedeutsamer werdende Virologie, zum Beispiel bei der Herstellung des Polio-Impfstoffes. Mancher Schaden entstand am Anfang durch die Skepsis der Behörden und die ungenügende Zusammenarbeit der Prüfungsstellen.

Die wissenschaftlichen Laboratorien waren damals in Hoechst weit zerstreut, veraltet und schlecht eingerichtet. Es fehlte vor allem die organisatorische Zusammenfassung und das geistige Konzept, ohne die eine große Gruppe von Wissenschaftlern nicht Erfolg haben kann. Daran krankte Hoechst schon in der I. G.-Zeit. So mußten wir auch in der für uns lebenswichtigen Forschung weitgehend neu beginnen.

Wir hatten aber den Vorteil, daß nach den bedrückenden Jahren, die nun hinter uns lagen, jeder einzelne guten Willens war, beim neuen Start nach besten Kräften mitzuwirken. Es strömten sehr viele junge Menschen in die Laboratorien der Industrie – vielfach Kriegsteilnehmer, die erst vor kurzem ihr Studium beendet hatten. Sie wollten die verlorene Zeit so schnell wie möglich aufholen. Dabei litten sie besonders unter den immer noch vorhandenen materiellen Schwierigkeiten. Zumeist besaßen sie und ihre frisch gegründeten Familien nicht einmal das Notwendigste.

Allein mit solchen jungen und vielfach unerfahrenen Naturwissenschaftlern konnten wir natürlich keine neue Forschung aufbauen. Glücklicherweise stellten sich uns auch viele ältere Kollegen aus der I. G. und anderen Bereichen zur Verfügung. Sie wurden willkommene Mitarbeiter. Auch in der Forschung ist Hoechst die Blutauffrischung gut bekommen.

Ich hatte in meiner Universitätszeit und in den ersten I. G.-Jahren einen recht guten Einblick in die Erfordernisse wissenschaftlicher Arbeit und ihrer Organisation gewonnen. Deshalb konnte ich mithelfen, das notwendige Klima zu schaffen, in dem Freude an der Forschung gedeiht. Die Voraussetzungen dafür fehlten damals fast ganz. Die Laboratoriumsverhältnisse waren schlecht, der Lebensstandard der Naturwissenschaftler erreichte nur ein sehr bescheidenes Niveau.

Aber auch der Ton der Angestellten untereinander, der Verkehr mit der Werksleitung und der Belegschaft war zunächst nicht so recht dazu angetan, eine Atmosphäre der Aufgeschlossenheit und der Entdeckerfreude zu schaffen. Ärger, Verdruß und wirtschaftliche Not sind aber die ungünstigsten Bedingungen für wissenschaftliche Arbeit, die stets viel Geduld und Hoffnung erfordert. Wissenschaftler, die in ihrer Arbeit oft jahrelang Irrwege verfolgen und im Experiment Enttäuschung auf Enttäuschung erleben, brauchen in größerem Maße als andere äußere und innere Harmonie. Nur dann bringen sie die Ausdauer auf, die – vielleicht – schließlich zum Erfolg führt.

So haben wir in den ersten Jahren viel zusammengesessen, diskutiert und geplant. Es gehörte eigentlich gar nicht so viel dazu, in dieser so aufnahmebereiten Zeit, die geradezu nach Initiative hungerte, Erfolg zu haben. Man mußte nur den Augenblick richtig erfassen und sich der günstigen Situation nach den langen Jahren der Tatenlosigkeit bewußt werden. Es war ein schönes Erlebnis, den starken Optimismus zu empfinden, der nun plötzlich alle erfaßte. Ich habe damals gelernt, daß man Menschen mit nichts mehr Freude bereiten kann, als wenn man ihnen große Aufgaben und viel Verantwortung überträgt.

Voraussetzung war eine Neugestaltung der Forschungsorganisation und die Errichtung neuer Laboratorien. Es mußte die Konzeption für ein Forschungspotential gefunden werden, das in kürzester Zeit große Dimensionen erreichen sollte. Der Forschungsaufwand hatte sich 1955 seit der Neugründung mit einem Betrag von rund 60 Millionen DM schon etwa verdoppelt. Fünfzehn Jahre später, 1970, betrug er mehr als 400 Millionen DM.

Wir sind in den ersten Jahren, als Ertrag und Dividendensatz noch niedrig lagen, oft wegen allzu hoher Forschungskosten kritisiert worden. Es dauerte einige Zeit, bis Aktionäre und Belegschaft einsahen, daß wir ihnen manches vorenthalten mußten, um mit unseren Forschungsanstrengungen die Zukunft des Unternehmens zu sichern. Mit Geld allein ist das freilich nicht getan. Die schönsten Laboratorien und Apparaturen sind ohne die richtigen Menschen nutzlos. Nur allmählich setzte sich in Deutschland die Erkenntnis durch, daß Forschungsaufgaben entscheidende Priorität zukommt, und daß an den deutschen Universitäten die notwendigen Vorraussetzungen dafür geschaffen werden mußten.

Besondere Schwierigkeiten bereitete uns, daß manche Wissensgebiete in Hoechst überhaupt nicht mehr vertreten waren. Sie wurden in der I. G.-Zeit in anderen Werken gepflegt. Nun galt es, die vorhandenen Disziplinen so schnell wie möglich zu vervollständigen. Überdies mußten auch die alten Forschungsgebiete, wie z. B. die der Pharma und der Farbstoffe, die in der I. G.-Zeit rationalisiert und auf einzelne Werke aufgeteilt worden waren, neu geordnet werden, bevor sich in Hoechst wieder eine geschlossene Forschung herausbilden konnte.

Ausbau der Ingenieurtechnik

Die Zeit des Interregnums nach Kriegsende und der alliierten Kontrolle hat ebenfalls nicht dazu beigetragen, die bestehenden und unvollständigen Hoechster Forschungseinrichtungen wesentlich zu fördern. So war die von mir im Jahre 1936 gegründete Verfahrenstechnik mehr oder weniger in Vergessenheit geraten. Dabei wäre gerade sie für den Aufbau besonders wichtig gewesen.

Sehr große Lücken existierten auch im Ingenieurbereich. Mein Darmstädter Studienkollege Josef Wengler, aus Schlesien zurückgekehrt und später Vorstandsmitglied von Hoechst, begann mit dem erfolgreichen Aufbau eines modernen Ingenieurwesens, da die Steigerung des Investitionsvolumens gebieterisch nach einer Verstärkung des Ingenieurapparates verlangte, wobei es zunächst an Meßtechnik, Physik, Materialprüfung, an Konstruktionsräumen und vielem anderem fehlte.

Manche Bauten wurden in diesen Jahren noch in einer Form und an Plätzen errichtet, von denen wir genau wußten, daß sie nicht ideal waren und in eine endgültige Konzeption vermutlich nicht hineinpaßten. Doch wir mußten oft Kompromisse schließen, weil wir nicht länger warten konnten. Es wurden nolens volens Provisorien geschaffen, bis eine wirklich befriedigende endgültige Lösung möglich war. Für eine grundsätzliche Regelung auf weite Sicht fehlten in den ersten Jahren Zeit und Geld.

In jenen Tagen stellte sich auch das Problem der Forschung in den Zweigwerken und Tochtergesellschaften. Auch hier stießen wir auf erhebliche Schwierigkeiten, die mit der Geschichte von Hoechst und der Dezentralisation in der I. G.-Zeit zusammenhingen. Wir wollten es keinesfalls so machen wie in den USA, wo die vielfach recht kleinen und spezialisierten Zweigwerke ohne eigene Forschung arbeiten. Unsere Tochtergesellschaften und die einzelnen Werke sollten vielmehr auch auf diesem Gebiet weitgehend eigene Verantwortung übernehmen.

Wir schufen in allen Werken kleine Hauptlaboratorien mit der Aufgabe, die Produktionsprozesse an Ort und Stelle weiterzuentwickeln. Sie sollten überdies jeweils Teilaufgaben des gesamten naturwissenschaftlichen Forschungsprogramms in Zusammenarbeit mit der Zentrale übernehmen. Diese sehr frühzeitig getroffene Entscheidung hat zum Bau von kostspieligen Laboratorien an vielen Produktionsplätzen geführt, bewährte sich jedoch für das Gesamtunternehmen außerordentlich gut.

Erst später konnten diese Laboratorien, die sich in den vom Stammhaus entfernten Werken zu einem geistig-wissenschaftlichen Mittelpunkt für die dortigen Naturwissenschaftler entwickelten, verwaltungsmäßig mit einem zentralen Hauptlaboratorium in Hoechst verbunden werden. Immer aber blieben wir dabei, daß die örtliche Werksleitung einen maßgeblichen Einfluß auf das Geschehen in ihrem Bereich behielt.

Das erste Programm

Im September 1955, also etwas mehr als zwei Jahre nach der Neugründung, waren die technisch-wirtschaftlichen Überlegungen so weit gediehen, daß wir dem Aufsichtsrat ein kühnes und weitgespanntes Investitionsprogramm für drei Jahre vorlegen konnten. Es belief sich auf ca. 750 Millionen DM und umfaßte die Jahre 1954, 1955 und 1956. Die ersten Schritte zur Verwirklichung dieses Programms waren eigentlich schon 1954 erfolgt. Wir hatten nicht warten können, bis sich aus allen Rechnungen und Überlegungen ein geschlossener Überblick ergab. Da die anderen ehemaligen I. G.-Firmen mit einem kraftvollen Ausbau viel früher begonnen hatten, wurden wir immer wieder gefragt, wann wir unsere Pläne realisieren würden. Nun war es soweit.

Diese ersten grundsätzlichen Entscheidungen für die künftige Entwicklung sind uns nicht leichtgefallen. Das Anlagevermögen der Hoechster Farbwerke betrug 1955 nur 575 Millionen DM. Es sollte innerhalb von drei Jahren mehr als verdoppelt werden. Dafür mußten die jährlichen Investitionen, die 1953 noch 100 Millionen DM betrugen, auf etwa 250 Millionen DM im Jahr gesteigert werden.

Die Abschreibungen, die zur Finanzierung zur Verfügung standen, wuchsen zwar an, betrugen aber in den drei Jahren zusammen nur wenig über 300 Millionen DM. So stellte uns die Beschaffung des Geldes vor große Probleme. Bei der Lösung solcher Finanzierungsfragen sind wir bei allem unternehmerischen Schwung stets vorsichtig und konservativ vorgegangen. Das Risiko war bei all diesen Schritten ohnedies so groß, daß wir wenigstens in jedem Augenblick über ausreichend liquide Mittel verfügen mußten. Oft haben wir deshalb das Geld allzu frühzeitig beschafft und dabei ein verhältnismäßig großes Zinsvolumen in Kauf genommen.

Bei unserem damaligen Aufsichtsratsvorsitzenden Hugo Zinßer fanden wir für diese Geschäftspolitik viel Aufgeschlossenheit. Auf seinen Rat hin entschlossen wir uns im März 1955 zu einer Kapitalerhöhung, die von einer außerordentlichen Hauptversammlung genehmigt wurde. Beides – Kapitalerhöhung wie außerordentliche Hauptversammlung – erregte damals einiges Aufsehen. Solche Maßnahmen waren in der Bundesrepublik noch neu und ungewohnt.

Von 1955 bis 1969 hielten wir vier außerordentliche Hauptversammlungen ab, bei denen es ausschließlich um Kapitalerhöhungen ging. Die Aktionäre haben dafür viel Verständnis gezeigt. Wir konnten ihnen die Notwendigkeit, sie zur Kasse zu bitten, stets überzeugend begründen. Das schnelle, manchmal geradezu atemberaubende Wachstum des Unternehmens und die Investitionen im In- und Ausland erforderten eine ständige Zufuhr von Kapital. Da unser Ertrag noch zu niedrig war, konnte es aus eigenen Gewinnen nicht aufgebracht werden.

Jähne wird Aufsichtsratsvorsitzender

Unmittelbar nach der ordentlichen Hauptversammlung im Juni 1955 starb Hugo Zinßer. Unser Aufsichtsratsvorsitzender und wertvoller Berater hatte schon längere Zeit an einer Herzkrankheit gelitten.

Als Nachfolger von Zinßer trat Hermann Richter in den Aufsichtsrat ein. Zusammen mit Hanns Deuss von der Commerzbank hat er lange Zeit die Finanzpolitik des Unternehmens betreut.

Inzwischen war das Liquidationsschlußgesetz ergangen und hatte uns von allen diskriminierenden Bestimmungen aus der Entflechtungszeit befreit. So konnten wir der Hauptversammlung Friedrich Jähne, den Chefingenieur der alten I. G., für den Aufsichtsrat vorschlagen. Er übernahm in diesem Gremium den Vorsitz, und zwar bis zum Jahre 1963. Niemand von uns hätte 1945 gedacht, daß wir beide noch einmal zu einer solchen Zusammenarbeit an der Spitze unseres Unternehmens kommen würden.

Der Start eines so umfangreichen Investitionsprogrammes, wie wir es 1955 beschlossen, bedeutete für die Hoechster Farbwerke tatsächlich ein großes Risiko. Den Ertrag des Unternehmens mußten wir zu diesem Zeitpunkt noch ausschließlich aus den alten Arbeitsgebieten erwirtschaften, auf denen wir zudem in hartem internationalen Wettbewerb standen. Bei den neuen Objekten, die wir in Angriff nahmen, mußten wir mit hohen Anlaufkosten rechnen. Planung und Errichtung von Produktionsstätten, aber auch die Einführung der Erzeugnisse bei den Kunden erforderten Zeit. Vor allem bei einem so neuen Arbeitsgebiet wie den Fasern lag es auf der Hand, daß fünf bis sechs Jahre vergehen würden, bis sie einen Beitrag zum Ertrag leisten konnten.

Solche vorausschauenden unternehmerischen Planungen mit Anspruch auf Präzision waren damals nicht so selbstverständlich wie heute. Als Naturwissenschaftler hatten wir zwar die Rücklaufzeiten von Projekten und Anlagen zu errechnen gelernt. Betriebswirtschaftliche Gesamtrechnungen der Art und des Umfanges, wie sie nun angefertigt werden mußten, waren für uns aber neu.

Hier standen sich auch in unserer Führung die verschiedensten Unternehmensphilosophien gegenüber. Das Wagnis, das wir ohne Zweifel auf uns nahmen, wurde nicht von allen Kollegen gleichermaßen bereitwillig übernommen. Es gab im Vorstand viele und gelegentlich recht heiße Diskussionen. Die einen wollten und mußten naturwissenschaftliches Neuland betreten; Aufgabe und Sorge der anderen Kollegen war, darauf zu achten, daß das Tempo der Unternehmensentwicklung die Stabilität der jungen und noch krisenanfälligen Firma nicht gefährdete.

Aber gerade die recht heterogene Zusammensetzung des Vorstandes und die unterschiedlichen Gesichtspunkte, die in ihm zum Ausdruck kamen, zwangen uns früher als manches andere deutsche Unternehmen, sehr sorgfältige und in sich geschlossene Haushaltspläne und Investitionsprogramme aufzustellen.

Solche Investitionsprogramme wurden zunächst jeweils für ein Jahr konzipiert und in einer geschlossenen Summe dem Aufsichtsrat sozusagen als Etat vorgelegt. Es wurden Grundsätze erarbeitet, um das Verhältnis produktiver und unproduktiver Ausgaben einigermaßen in Balance zu halten. Bei unseren vielen veralteten Werken war der Anteil der unproduktiven Ausgaben zunächst relativ hoch. Der aus den Investitionen zu erwartende Umsatz und die Rendite wurden errechnet.

Die »Grüne Mappe«

Wir untersuchten, wieviel Zeit wir nach Beginn der Investitionen bis zum angestrebten Umsatzziel benötigen würden. Mit den Betriebswirtschaftlern, den Technikern und den Kaufleuten errechneten wir ein sogenanntes Programmende für diesen Umsatz. Im allgemeinen sollte es etwa drei Jahre nach der Genehmigung des Programmes erreicht werden. Preisermäßigungen und Renditen wurden geschätzt, so daß sich ein solches Investitionsprogramm zu einer umfangreichen Rechnung entwickelte. Sie wird in Hoechst noch heute mit dem Begriff »Grüne Mappe« bezeichnet, weil dieses ganze Zahlenwerk beim ersten Mal in einer grün eingebundenen Mappe zusammengefaßt wurde.

Natürlich ist die heutige »Grüne Mappe« aufgrund unserer Erfahrungen viel vollkommener als 1955, als wir sie zum ersten Mal dem Aufsichtsrat vorlegten. Wir haben damals prophezeit, daß mit dem 1954 begonnenen Investitionsprogramm in Höhe von insgesamt 770 Millionen DM nach Programmende ein Umsatz von 1720 Millionen DM erzielt werden würde. Tatsächlich lag er 1957 schon bei 1760 Millionen, also schon damals ganz dicht bei unseren Schätzungen. In den kommenden Jahren schwankten die Abweichungen zumeist nur zwischen zwei und drei Prozent.

All diese Vorbereitungen und Diskussionen eines solchen Investitionsprogrammes haben das gegenseitige Vertrauen sehr gefördert. Viele Mitarbeiter des Unternehmens beteiligten sich daran: wer immer etwas bauen und dafür aus diesem Programm Mittel erhalten wollte, mußte ganz konkrete Vorstellungen von seinem Projekt entwickeln.

Es sind nicht immer alle Planziele erreicht worden, insbesondere hat es bei den Renditeschätzungen oft Rückschläge gegeben; häufig mußten auch die Programme abgeändert werden, weil die wirtschaftlichen und technischen Voraussetzungen im Laufe der Zeit nicht die gleichen blieben. In solchen Augenblicken der Enttäuschungen und Irrtümer war es wichtig, den Beteiligten nicht den Mut zu nehmen und ihnen Gelegenheit zu geben, aus Erfahrungen zu lernen.

Das 1955 vom Aufsichtsrat einstimmig und ohne irgendwelche Bedenken beschlossene Programm hat die Zukunft von Hoechst entscheidend beeinflußt. Von jetzt an stand uns ein klares Ziel vor Augen, für das sich jeder begeisterte. Dies führte dazu, daß Hoechst nun in die richtigen Dimensionen hineinwachsen und sich mit seinen alten und neuen Arbeitsgebieten der Konkurrenz der großen Chemiefirmen in der Welt stellen konnte. Ich glaube nicht, daß es jemals in der nun nahezu zwanzigjährigen Nachkriegsgeschichte von Hoechst einen bedeutsameren Zeitabschnitt als diese beiden Jahre 1954 und 1955 gegeben hat.

Wieder in den USA

Wenige Tage nach dieser Entscheidung fuhr ich im September 1955 zum zweiten Mal in die Vereinigten Staaten. Diesmal dauerte mein Aufenthalt sechs Wochen. Wiederum gab es in dem großen Land, das so zahlreiche und unterschiedliche Eindrücke bereithält, viel Neues zu sehen. Aber nun besaßen wir doch sehr viel konkretere Vorstellungen von dem, was in Hoechst zu tun war und worauf wir in den USA achten wollten. Außerdem mußte nun schon mehrfach über die Verwirklichung der in Hoechst gefaßten Entschlüsse verhandelt werden. Bei dem einen oder anderen Projekt lag es nahe, eine Zusammenarbeit mit amerikanischen Firmen anzustreben.

Eine unserer wichtigsten Verhandlungen in den USA galt damals dem Aufbau unserer ersten großen Auslandsproduktionsstätte in Brasilien. Gemeinsam mit dem Amerikaner Peter Grace und seiner stark wachsenden Gesellschaft begannen wir in der Nähe von São Paulo mit der Fabrikation von DDT sowie anderen im Land benötigten Chemikalien. Wir hatten mit dieser ersten Auslandsproduktion lange Zeit Schwierigkeiten, weil die politischen und wirtschaftlichen Verhältnisse damals in Brasilien noch außergewöhnlich labil waren. Die Produktionsstätte selbst und das in ihr angelegte Kapital waren vermutlich auch für die damalige Marktsituation zu groß.

Einige Jahre später haben sich Peter Grace und Hoechst in fairer Weise getrennt. Es dauerte aber auch dann noch einige Zeit, bis diese Fabrik ihre Schwierigkeiten endgültig überwand. Heute ist sie eine kräftige Stütze unserer Aktivität in Brasilien.

Nicht nur damals haben wir die Erfahrung gemacht, daß es – bei allen Vorteilen – doch recht schwierig ist, in einer Partnerschaft im Verhältnis 50:50 mit einem anderen chemischen Unternehmen zusammenzuarbeiten. Die Interessen der Firmen mögen sich in noch so vielen Punkten berühren; dennoch streben sie häufig früher oder später auseinander. Im Falle unserer ersten Anlage in Brasilien aber erwies es sich einfach als unmöglich, von zwei Standorten aus, nämlich von New York und Frankfurt, an einem für beide Partner weit entfernten und fremden Platz eine gemeinsame Linie zu finden.

Wir haben uns später noch mehrere Male in schwierigen, aber stets fairen Auseinandersetzungen von amerikanischen Partnern getrennt. Nicht nur in der Chemie, sondern im gesamten geschäftlichen Leben zeigen die Amerikaner eine andere Haltung, von der man allerdings nicht ohne weiteres sagen kann, sie sei besser oder schlechter als unsere. Die Amerikaner sind nüchterner und rechnen mehr. Unsere Art, Geschäfte zu betreiben, ist etwas gefühlsbedingter und nicht ganz so zahlengläubig.

Der Erfolg zeigt, daß man auf beiden Wegen vorwärtskommen und dabei auch in freundschaftlicher Weise miteinander konkurrieren kann. Die menschlichen Beziehungen, die ich in Amerika nach und nach anknüpfen konnte, haben auch nach harten geschäftlichen Auseinandersetzungen nie gelitten.

Ein Scheck über elf Millionen

Im Jahre 1954 unterschrieb ich einen Scheck über blanke elf Millionen Mark. Das war eine Summe, über die ich auch als Vorstandsvorsitzender in Hoechst nicht jeden Tag zu verfügen pflegte. Das Geld diente zum Ankauf eines neuen Werkes in Bayern. Friedrich Jähne, mein alter Chef in I. G.-Tagen, seit einiger Zeit endlich aus Landsberg entlassen und nun in Bayern ansässig, und der ebenfalls aus Landsberg zurückgekehrte ehemalige I. G.-Spartenchef Carl Krauch hatten mich auf die im Wald versteckten Anlagen in Gendorf nahe der bayerisch-österreichischen Grenze aufmerksam gemacht.

An einem Sonnabend hatte ich mir dann ganz inoffiziell den überall in Ostbayern als »Anorgana« bekannten Komplex angesehen und war von der Aktivität der Gendorfer sehr beeindruckt. Das Kernstück war ein während des »Dritten Reiches« entstandener Kriegsbetrieb. Er hatte dem Staat gehört und war von der I. G. Farbenindustrie verwaltet worden. Die I. G. hatte dann dorthin auch noch eigene Betriebe verlagert, um sie vor Luftangriffen zu schützen. Nach Ende des Krieges war das Werk bis auf einige Anlagen vollständig demontiert worden. Danach hatten sich in Gendorf eine große Zahl von Flüchtlingen aus den mitteldeutschen Werken der I. G. angesiedelt und kleine Betriebe aufgebaut.

Obwohl sich unter den »Zug'roasten«, wie sie von den Einheimischen genannt wurden, viele ausgezeichnete Chemiker und Ingenieure befanden, war klar, daß diese Unternehmen dem harten Wettbewerb der kommenden Jahre nicht standhalten würden. Gendorf drohte vielmehr für den bayerischen Staat zu einem »sozialen Fall« zu werden.

Bayerns damaliger Wirtschaftsminister und späterer Ministerpräsident, Hanns Seidel, dem die Wirtschaft des südlichsten Bundeslandes die rechtzeitige Umstellung auf die modernen industriellen Verhältnisse der Nachkriegszeit verdankt, wollte dieses Problem lösen. Er war sehr interessiert, mit uns zusammenzuarbeiten, obwohl die Hoechster aus dem sozialdemokratischen Hessen dem christlich-sozialen Politiker zunächst nicht ganz geheuer waren. Es war dann der bayerischen Regierung mit viel Geschick gelungen, die schwierigen Besitzverhältnisse zu ordnen.

Eine dauerhafte Lösung wurde nur möglich, wenn der bayerische Staat zunächst aus Bundesbesitz die Reste des Werkes erwarb, um sie später an Hoechst zu übertragen. Zusätzlich mußte dann noch der im I. G.-Besitz befindliche Anteil wieder eingefügt werden. Diese komplizierte Transaktion entsprach ganz den damals etwas verworrenen Besitzverhältnissen und unserer politisch noch von den Alliierten abhängigen Lage. Sie erforderte eine gute Portion Verschwiegenheit und gegenseitiges Vertrauen.

Geldmittel aus dem bayerischen Staatshaushalt standen nicht zur Verfügung. Auch durfte die ganze Angelegenheit zunächst weder im Parlament behandelt noch der Öffentlichkeit bekannt werden, da keine alliierte Genehmigung zu erhalten war. So unterschrieb ich eines Tages den erwähnten Scheck über 11 Millionen DM und überreichte ihn einem bayerischen Staatsbeamten, der mir dafür weder eine reguläre Quittung noch eine schriftliche Zusage der künftigen Übereignung geben konnte. Mit diesem Geld kaufte dann der Freistaat Bayern in aller Stille die Werksanlagen, um sie schließlich 1955 an Hoechst zu übertragen.

Aber vorher hatte es in Bayern noch einen Regierungswechsel gegeben. Die Regierung unter Hans Ehard (CSU) wurde durch eine »Viererkoalition« aus SPD, Bayernpartei, BHE (Bund der Heimatvertriebenen und Entrechteten) und FDP abgelöst. Nun drohte die Situation erst recht schwierig zu werden. Der neue SPD-Ministerpräsident Wilhelm Hoegner, den ich wegen meiner Sorgen um Gendorf besuchte, gab mir die beruhigende Versicherung, seine Regierung würde frühere Vereinbarungen – von denen er zunächst gar nicht wissen konnte – selbstverständlich einhalten.

So geschah es dann auch, und der Erwerb von Gendorf konnte der Öffentlichkeit mitgeteilt werden. Im Sommer 1955 erteilte der Aufsichtsrat von Hoechst seine endgültige Genehmigung. Zunächst aber bereitete uns die Situation des Werkes erhebliches Kopfzerbrechen, trotz der wertvollen Arbeitsgebiete, die neu hinzukamen.

Auf der Grundlage einer intakten Chloralkali-Elektrolyse besaß Gendorf eine Äthylenoxyd- und Glykol-Fabrikation, auf der sich die Produktion interessanter Textilhilfsmittel aufbauen ließ. Gendorf bezog sein Karbid, das es als Ausgangsmaterial benötigte, von den benachbarten Süddeutschen Kalkstickstoffwerken, an denen wir als Nachfolger der I. G. Farbenindustrie am 1. Januar 1955 ebenfalls eine kleine Beteiligung in Höhe von 15 Prozent erwerben konnten.

Andere Gendorfer Produktionen waren aus der Not geborene Objekte, die kaum eine reelle Chance boten. So war z. B. ein Verfahren entwickelt worden, um Karbid in einem Abstichgenerator herzustellen.

Gendorf hatte auch angefangen – ähnlich wie Hoechst –, eine Rohölspaltanlage zu entwickeln, die später mehrere Jahre gelaufen ist. Auf alten ausgelagerten Kalandern wurden PVC-Folien hergestellt, die zur Fabrikation von bescheidenen Fertigwaren wie Handtaschen, Brieftaschen und ähnlichen Artikeln dienten. Das waren Dinge, die ursprünglich in der schlechten Zeit nach dem Kriege verkauft werden konnten, jetzt aber kein Interesse mehr fanden.

Das wertvollste in Gendorf waren aber die zweitausend neugewonnenen und an einer gesicherten Zukunft interessierten Mitarbeiter. Ich habe noch den Tag in guter Erinnerung, an dem ich im August 1955 in Gendorf die erste Betriebsversammlung abhalten konnte. Über dem Rednerpult wehte eine Fahne, die das Hoechster Warenzeichen auf dem Hintergrund der weißblauen

Farben Bayerns zeigte. Selten habe ich so strahlende Gesichter gesehen wie bei den Worten, mit denen ich das Zukunftsprogramm für Gendorf bekanntgab.

Mit Gersthofen und Bobingen, wo bald die Produktion der Polyesterfaser »Trevira« begann, mit Gendorf und schließlich unserer Beteiligung an Wacker und den Süddeutschen Kalkstickstoffwerken waren wir nunmehr in Bayern stark vertreten. Dessen Struktur wurde noch vorwiegend von Agrarwirtschaft und Fremdenverkehr bestimmt.
Der Weg zum Industrieland war weit. Doch der dortige Menschenschlag schätzt eine gediegene Arbeit und ist zudem solide und aufgeschlossen. Die vielen Flüchtlinge ergaben mit den Eingesessenen eine glückliche Mischung, die sich in unseren bayerischen Werken sehr positiv auswirkte.

Da ich so viel in Bayern zu tun hatte, wuchsen mir dieses schöne Land und seine Menschen sehr ans Herz; ich wurde beinahe zu einem »Wahlbayern«. Seit 1953 haben meine Familie und ich die Sommerferien regelmäßig am Ufer des Staffelsees verbracht und uns schließlich in Seehausen einen ständigen Ferienwohnsitz geschaffen.

Die Bundesrepublik wird souverän

Wir hätten Gendorf nicht erwerben können, wären im Jahre 1955 nicht die letzten Fesseln, die sich aus dem Besatzungsstatut und anderen Maßnahmen der Alliierten ergaben, gefallen. Im Mai 1955 trat ein umfangreiches Vertragswerk in Kraft, das der Bundesrepublik fast genau zehn Jahre nach der Kapitulation die Feststellung erlaubte: »Wir sind ein freier und unabhängiger Staat.«

Das Kernstück bildeten die sogenannten Pariser Verträge, die im Oktober 1954 in der französischen Hauptstadt abgeschlossen worden waren. Damit sollte die Bundesrepublik Deutschland auch von allen Bestimmungen befreit werden, die bisher die Beweglichkeit und Initiative der deutschen Wirtschaft einschränkten. Schon vorher wurden in der Chemie hin und wieder Einzelentscheidungen und Ausnahmen von den vielen Verboten notwendig. Die wirtschaftliche Entwicklung hatte es zum Beispiel unumgänglich gemacht, die Erzeugung von Ammoniak freizugeben; auch war Knapsack die Phosphorproduktion genehmigt worden.

Die Pariser Verträge schufen schließlich die Voraussetzung für eine freie Entfaltung der Bundesrepublik Deutschland und waren von unschätzbarem Wert für ihre Entwicklung. Was man später etwas euphemistisch als »deutsches Wirtschaftswunder« bezeichnete, konnte eigentlich erst in diesem Augenblick beginnen. Erst jetzt erhielt die Bundesrepublik innen- und außenpolitisch ihre volle Handlungsfreiheit.

Daraus ergaben sich zahlreiche neue Möglichkeiten, aber auch viele neue Aufgaben. So konnten sich z.B. auch die großen Geschäftsbanken, die Commerzbank, die Deutsche Bank und die Dresdner Bank, wieder zu zentralen Instituten zusammenschließen, ein Schritt von entscheidender Tragweite. Das gleiche galt für die Versicherungen, kurzum für alle Bereiche, deren Funktionieren für eine gesunde Volkswirtschaft unerläßlich ist.

Die Verträge sollten zugleich die feste Einordnung der Bundesrepublik in die westliche Welt einleiten und damit auch die Integration Europas herbeiführen, die damals von allen ersehnt wurde. Die USA, aber auch die übrigen Westmächte, hatten angesichts der zunehmenden Spannung zwischen Ost und West ein starkes Interesse an der Wiederbewaffnung der Bundesrepublik und dem Aufbau einer Bundeswehr, die im Rahmen eines Bündnissystems erfolgen sollte.

Um die Wiederbewaffung entbrannte ein heftiger Meinungsstreit, der fast fünf Jahre dauerte. Schon im Oktober 1950 hatte der französische Ministerpräsident René Pleven einen kühnen Plan vorgelegt, der von der allgemeinen Europabegeisterung inspiriert war. Danach sollte eine völlig integrierte europäische Armee geschaffen und einem vom Straßburger Europarat ernannten europäischen Verteidigungsminister unterstellt werden.

Diese Europäische Verteidigungsgemeinschaft fand sowohl in Frankreich als auch in Deutschland bei der Regierung und den sie tragenden Parteien breite Zustimmung, stieß aber darüber hinaus auf viel Opposition. Die Bonner Regierung unterzeichnete zwar 1952 den EVG-Vertrag; eine Verfassungsklage von 144 Bundestagsabgeordneten der Opposition verhinderte jedoch lange Zeit die Ratifizierung.

Als schließlich die juristischen Hürden weggeräumt waren, hatte sich die Stimmung in Frankreich entscheidend verändert. Den Franzosen war der Elan für eine so weitgehende europäische Lösung verlorengegangen. General de Gaulle, damals ohne Regierungsamt und zurückgezogen auf seinem Besitz in Colombey-les-Deux-Églises lebend, hatte die Verteidigungsgemeinschaft ohnedies vom ersten Tag an abgelehnt. Im August 1954 wurde sie auch von der französischen Nationalversammlung verworfen. Frankreich war ähnlich wie später de Gaulle im Falle der Europäischen Wirtschaftsgemeinschaft an einer solchen wirklich übernationalen Gemeinschaft in Europa nicht mehr interessiert.

Unter dem Druck des amerikanischen Außenministers John Foster Dulles und der Regierung Winston Churchill, die unter allen Umständen einen deutschen Verteidigungsbeitrag wünschten, kam dann im Oktober 1954 in London eine Konferenz zustande. Dort wurde in der vielzitierten Londoner Schlußakte als »Ersatzlösung« für die gescheiterte EVG die Erweiterung der Westeuropäischen Union (WEU) und der Beitritt der Bundesrepublik vereinbart. Diese Vereinbarung trat nach der Ratifizierung durch die europäischen Mitgliedstaaten am 5. 5. 1955 in Kraft. Vier Tage später wurde die Bundesrepublik Mitglied der NATO; der offizielle Aufbau der deutschen Streitkräfte begann.

Aber so groß die Genugtuung in Deutschland über die Westverträge und die neu gewonnene Souveränität auch sein mochte – die Pariser Verträge bedeuteten für lange Zeit das Ende der auf politische, militärische und wirtschaftliche Integration hinzielenden Europapolitik. Die deutsche Wiedervereinigung rückte außerdem noch weiter als bisher in die Ferne, da sich gleichzeitig in Osteuropa unter Führung der Sowjetunion ebenfalls ein starker militärischer und ökonomischer Zusammenschluß anbahnte. Der sogenannte Kalte Krieg ging langsam, aber unaufhaltsam seinem Höhepunkt entgegen.

Kein Interesse am Rüstungsgeschäft

Die nun in der Bundesrepublik anlaufenden Rüstungsmaßnahmen wurden von den Deutschen – zur Überraschung des Auslands – keineswegs mit stürmischer Begeisterung begrüßt. Militär und Uniformen standen in der Bundesrepublik nicht mehr hoch im Kurs. Auch von einer Produktion für militärische Zwecke wollte nach all den Verdächtigungen, mit denen die deutsche Industrie und besonders die großen Chemiefirmen nach dem Kriegsende vor allem in den Nürnberger Wirtschaftsprozessen überhäuft worden waren, niemand so recht etwas wissen.

Vielleicht ist es heute ganz interessant, was ich damals dem Aufsichtsrat bei seiner Sitzung am 25. Januar 1955 zu diesem Thema berichtet habe: »In diesem Zusammenhang beschäftigt uns natürlich die Frage nach dem Einfluß der Rüstung. Zunächst ist zu befürchten, daß unsere Investitionen durch Lieferverzögerungen gehemmt werden. Solche Anzeichen sind auch jetzt schon durchaus vorhanden, wenn sie auch durch Rüstung selbst noch gar nicht hervorgerufen sind. Darüber hinaus aber gehört unser Fabrikationsprogramm auf allen Gebieten zu den allgemeinen Voraussetzungen für die Aufrechterhaltung einer Wehrmacht. Farbstoffe, Salpetersäure, Kunststoffe, Heilmittel, Leichtmetall sind selbstverständliche Voraussetzungen für die Versorgung einer Truppe. Für die eigentliche Bewaffnung der Wehrmacht stellen wir – ich möchte sagen glücklicherweise – keinerlei Zulieferungsprodukte her, so daß wir nicht annehmen können, daß auf diesem Sektor größere Anforderungen auf uns zukommen, die unsere durch die normalen Anforderungen vorliegenden Dispositionen stören können. Es war schon in den Zeiten des ›Dritten Reiches‹ im Grunde genommen ein Vorteil für Hoechst, daß wir an der direkten Waffenerzeugung nicht beteiligt waren. Wir hoffen deswegen auch bei Einsetzen dieser Beanspruchung auf eine planvolle Steuerung, die die Kreise der friedlichen Weiterentwicklung nicht stört.«

Mit dem Inkrafttreten der Pariser Verträge im Jahre 1955 konnte nun auch das Problem der bisher in der Bundesrepublik verbotenen Buna-Erzeugung in Angriff genommen werden. Damit eng verknüpft war das Schicksal der Chemischen Werke Hüls.

Im Rahmen der I. G.-Entflechtung war für Hüls keine befriedigende Lösung gefunden worden. Um die Existenz dieses großen Werkes für lange Zeit zu sichern, wurde eine Neuordnung der Verhältnisse notwendig.

Die Chemischen Werke Hüls waren in den Jahren vor dem Krieg als Buna-Werke errichtet worden. Nach 1945 hatte man die vollständige Demontage verhindern können. Aus Erdgas, das von der holländischen Grenze angeliefert wurde, stellte Hüls durch Spaltung im elektrischen Lichtbogen Acetylen her. Auf dieser Grundlage hatte der jetzige Werksleiter, der aus dem Bereich der BASF stammende Physiker Paul Baumann, eine Reihe von neuen Fabrikationen errichtet. So waren der Belegschaft ihre Arbeitsplätze erhalten geblieben.

Das ursprüngliche Buna-Werk hatte zu 74 Prozent der I. G. Farbenindustrie gehört und zu 26 Prozent der Bergwerksgesellschaft Hibernia, einer im preußischen Staatsbesitz befindlichen Gesellschaft. Die Entflechtungsmaßnahmen nach dem Kriege waren für Hüls zunächst wenig glücklich ausgegangen und konnten nicht von Dauer sein. Die Alliierten bemühten sich zu verhindern, daß Hüls in den Besitz einer der drei Nachfolgegesellschaften der I. G. gelangte. Dies hätte, so wurde befürchtet, das Gewicht der drei Gesellschaften untereinander zu stark verschoben. Deshalb wurde der Besitzteil der Hibernia auf 25 Prozent reduziert und weitere 25 Prozent einer Gruppe von Kohlegesellschaften unter Führung der Gelsenkirchener Bergwerksgesellschaft (GBAG) übertragen. Die übrigen 50 Prozent von Hüls wurden nach dem Willen der Alliierten in eine neu gegründete Chemie-Verwaltungs-AG eingebracht, deren Aktien den ehemaligen I. G.-Aktionären angeboten werden sollten.

Als die Ausgabe dieser Aktien 1955 bevorstand, mußten lebhafte Spekulationen befürchtet werden, wie das schon beim Verkauf der Cassella-Aktien geschehen war. BASF, Bayer und Hoechst, die im Fall von Cassella schon viel Lehrgeld bezahlt hatten, versuchten gemeinsam mit den beiden Bergwerksgesellschaften eine Lösung zu finden, die eine gesunde Existenz von Hüls sicherstellte. Eine Ansatzmöglichkeit bot der Plan einer gemeinsamen Buna-Fabrik, für die Hüls der gegebene Standort war.

Die drei Chemieunternehmen vereinbarten, die Aktien der

Chemie-Verwaltung zu gleichen Teilen zu erwerben und Hüls dann zusammen mit den Bergbau-Gesellschaften zu betreiben. Leider gelang es nicht, die Aktien, die 1955 herauskamen, in die Hand zu bekommen. Sie wurden rasch von fremder Seite aufgekauft und damit Gegenstand lebhafter Börsenspekulationen.

Später, als die neue Buna-Fabrik längst in Betrieb war, standen die Aktien so hoch im Kurs, daß man sie unter vernünftigen wirtschaftlichen Gesichtspunkten nicht kaufen konnte. Schon bald war ungewiß, ob die Besitzverhältnisse in Hüls überhaupt in der beabsichtigten Weise würden geregelt werden können.

Die plötzlich am weltpolitischen Horizont bedrohlich heraufziehende Kuba-Krise im Jahre 1962 brachte erneut Unruhe. Als die Börsenkurse abrutschten, stand plötzlich ein beachtliches Aktienpaket der Chemie-Verwaltung zum Verkauf und drohte ins Ausland zu gehen. Glücklicherweise kam die Dresdner Bank unter Mitwirkung von Hoechst schneller zum Zug. Auch auf der Grundlage dieses Teilbesitzes, dessen Erwerb den Partnern mitgeteilt wurde, ließ sich aber kein Weg zu einer gemeinsamen Regelung finden. Mit der Zeit hatten sich auch die Interessen der Partner verschoben. Ein Problem von so großer wirtschaftlicher Bedeutung läßt sich eben nicht über viele Jahre in der Schwebe halten.

Im Jahre 1967 verkaufte eines Tages die GBAG ihr 25prozentiges Aktienpaket an Hüls den Farbenfabriken Bayer. Das veränderte die ursprünglichen Vorstellungen von der Verteilung des Besitzes vollständig. Da die Chemischen Werke Hüls inzwischen zu dem viertgrößten deutschen Chemieunternehmen mit über einer Milliarde Umsatz geworden waren, konnte es nicht gleichgültig sein, wer letzten Endes den entscheidenden Einfluß gewann. Ein heftiger Wettlauf um die Aktien der Chemie-Verwaltung begann, was hohe Kosten und bis zur endgültigen Regelung auch manchen Ärger verursachte.

Erst im Jahre 1969 gelang es, eine endgültige Regelung zu finden. Die Farbenfabriken Bayer und die Veba, die inzwischen die Bergwerksgesellschaft Hibernia aufgenommen hatte, übernahmen den gesamten Aktienbesitz an der Chemie-Verwaltung, der den Vertragspartnern zur Verfügung stand. Nachdem jeder von ihnen schon vorher je 25 Prozent des Aktienkapitals von Hüls besessen hatte, waren sie nun gemeinsame Inhaber. Hoechst erwarb

75 Prozent des Aktienbesitzes von Cassella und erhielt eine Ausgleichszahlung. Die BASF hatte sich schon in den letzten Jahren für den gesamten Fragenkomplex nicht mehr besonders interessiert und gab auch ihren Cassella-Anteil an Hoechst ab.

Nahezu 25 Jahre waren seit Kriegsende vergangen, bevor auch das letzte Kapitel der I. G. Farben-Entflechtung mit dieser Flurbereinigung abgeschlossen werden konnte.

Es handelte sich dabei nicht, wie der Leser heute annehmen könnte, nur um einen in mehreren Etappen verlaufenden Machtkampf oder eine Folge von Börsentransaktionen. Es war aber die größte und kostspieligste Auseinandersetzung in der deutschen Chemie nach dem Kriege. Eine willkürliche Entflechtungsmaßnahme hatte eine ungesunde Situation geschaffen, die überwunden werden mußte.

Buna in Gemeinschaftsproduktion

Damals, im Jahre 1955, war die Erzeugung von synthetischem Kautschuk eine lebenswichtige Voraussetzung für die Motorisierung in der Bundesrepublik. Die Amerikaner hatten schon während des Krieges mit einer Lizenz von der I. G. Farbenindustrie eine Buna-Erzeugung aufgebaut und sich später darauf eingestellt, nicht mehr zum Naturkautschuk zurückzukehren. Es fiel ihnen sehr viel leichter, da sie von petrochemischen Grundstoffen, vor allem von Butan und Butylen, also von Crackgasen ihrer Raffinerien oder vom Erdgas ausgehen konnten.

In Deutschland mußte der Weg ursprünglich vom Acetylen aus eingeschlagen werden und war sehr viel weiter. Während des Krieges hatte es Deutschland zu einer Buna-Kapazität von 120 000 Tonnen gebracht. Als die Frage der Kautschuk-Versorgung unter den geänderten Nachkriegsverhältnissen erneut akut wurde, erwies sich unsere Situation als völlig verschieden von der in Amerika. Die bescheidene Reifenfabrikation wurde im Gegensatz zu den USA auf Naturkautschuk eingestellt, und nur geringe Mengen synthetischen Kautschuks wurden importiert. Eine neue Buna-Erzeugung aufzubauen, war also keineswegs risikolos. Das Bundeswirtschaftsministerium vermittelte deshalb auch eine Ausgleichszusage der deutschen Reifenindustrie, die rechtzeitig einsah, daß sie diesen wichtigen Rohstoff nicht nur durch Exporte beschaffen konnte.

Die Buna-Erzeugung in der Bundesrepublik konnte in der alten Form nicht mehr aufgenommen werden, weil die Produktion auf der Grundlage der Acetylen-Chemie unwirtschaftlich war. Man erwarb von den Amerikanern eine Lizenz zur Herstellung von Butadien aus Butan und Butylen, das sogenannte Houdry-Verfahren, das nunmehr in Hüls angewendet wurde. Es war übrigens damals gar nicht einfach, die notwendigen Mengen von Kohlenwasserstoffen in Deutschland einzukaufen, da zu diesem Zeitpunkt die Raffineriekapazität noch außerordentlich klein war.

Unter Führung von Baumann hatte man sich in Hüls mit dem modernsten Wissensstand auf dem Buna-Gebiet vertraut gemacht. So konnte nun sehr schnell eine Erzeugung von etwa 80000 Tonnen pro Jahr errichtet werden. Sie wurde im Laufe der Zeit auf 150000 Tonnen vergrößert. Weder die Chemischen Werke Hüls noch einer der Chemiepartner oder auch die Bergwerksgesellschaften hätten die Investitionskosten und das damit verbundene Risiko allein auf sich nehmen können. Das Gemeinschaftsunternehmen, an dem die drei I. G.-Nachfolgegesellschaften einerseits und Hüls andererseits je zur Hälfte beteiligt waren, nahm im Jahre 1958 den Betrieb auf.

Die zunehmende Motorisierung in aller Welt ließ die Erzeugung von künstlichem Kautschuk stark anwachsen. Der Verbrauch von Synthesekautschuk hat schon seit einigen Jahren den von natürlichem Kautschuk übertroffen, zumal die Lieferländer des Naturproduktes, besonders Indonesien und Malaysia, wegen ihrer vorübergehend unsicheren politischen Verhältnisse nur teilweise den Anforderungen gerecht wurden.

Hinzu kam, daß auch noch andere Verfahren zur Polymerisation von Butadien gefunden wurden. An die Stelle des ursprünglichen synthetischen Kautschuks, der zu 70 Prozent aus Butadien und zu 30 Prozent aus Styrol bestand und nach dem Cold-Rubber-Verfahren polymerisiert wurde, trat mit den Erfindungen von Karl Ziegler aus Mülheim das sogenannte isotaktische Polybutadien. Es wird gleichfalls in direkter Zusammenarbeit zwischen Hüls und Bayer hergestellt.

Eine deutsche Erdölwirtschaft entsteht

Die Entwicklung der deutschen Wirtschaft wird bis heute von den Problemen der Energiepolitik begleitet. 1955 war die Kohle in Deutschland knapp. Die Bergwerksgesellschaften waren 1952 in die Montanunion eingebracht worden, die nun die Kohleproduktion steuerte. Große Mengen mußten exportiert werden, so daß die deutsche Industrie zunächst unter dauernder Kohlennot litt. Hoechst hat damals große Mengen aus Amerika importieren müssen, um seinen Aufbau überhaupt sicherzustellen.

Auch die Versorgung mit elektrischer Energie blieb in diesen ersten Jahren mangelhaft, weil die Elektrizitätswerke zerstört und Brennstoffe knapp waren. So wurde es lebenswichtig, auch in Deutschland eine Erdölwirtschaft aufzubauen. Da die Motorisierung erst langsam einsetzte, bildete in Westdeutschland zunächst der zunehmende Bedarf an leichtem und schwerem Heizöl die wichtigste Triebfeder für den Bau von Raffinerien. Ausgangspunkt dafür konnten zunächst einmal die Hydrieranlagen sein, die an Rhein und Ruhr noch aus der NS-Zeit erhalten geblieben waren. Die Aufhebung des Fabrikationsverbotes für synthetisches Benzin im Jahre 1955 hatte keine Bedeutung mehr. Es war von vornherein aussichtslos, die in der Zeit der Autarkie entwickelten Verfahren wieder zu betreiben. Auch heute, da angesichts der Notlage im Kohlenrevier wieder nach zusätzlichen Verwendungsmöglichkeiten für Steinkohle gesucht wird, muß es unter europäischen Abbaubedingungen aussichtslos erscheinen, diese an sich so wertvollen Arbeiten der Kohlehydrierung neu beleben zu wollen. Anders mögen eines Tages die Verhältnisse in Amerika liegen, wo die Kohle einen sehr viel niedrigeren Einstandspreis hat.

In der Bundesrepublik aber wurden nun die Hydrieranlagen zu willkommenen Ausgangspositionen für die ersten Raffineriekapazitäten, nachdem sie das Damoklesschwert der Demontage nicht mehr bedrohte.

Als wir in Hoechst die ersten Schritte in der Petrochemie zunächst aufgrund eigener Ideen unternommen und dadurch auch ein gewisses Erfahrungsgut angesammelt hatten, konnten wir Verbindung zu diesen neu entstehenden Raffinerien suchen.

In der Bundesrepublik stand jetzt die Gewinnung von Heizöl

im Mittelpunkt des Interesses, während der Benzinverbrauch für die Automobilisierung eine geringere Rolle spielte. Die deutschen Raffinerien waren deshalb auf die Destillation von Erdöl abgestellt, wobei große Mengen Leichtbenzin anfallen. Dieses Leichtbenzin wird in Spaltanlagen zersetzt. Es ist ein geeignetes Rohmaterial für die Erzeugung von Olefinen, besonders von Äthylen und Propylen. Für die Chemie war es notwendig, sich den Zugang zu diesen Ausgangsstoffen zu sichern.

Die Politik von Hoechst zielte von Anfang an darauf ab, nicht unter allen Umständen finanzielle Partnerschaften mit den Erdölgesellschaften einzugehen oder gar, wie andere Chemieunternehmen, eigene Raffinerien zu bauen. Es war dies eine grundsätzliche Frage der Geschäftspolitik, für deren Beantwortung es wohl keine allgemein gültigen Regeln gibt. Für Hoechst war diese Entscheidung auch vom heutigen Standpunkt aus gesehen richtig. Sie ersparte uns viel Investitionskapital, das wir für andere Zwecke verwenden konnten, und sicherte uns die bereitwillige Zusammenarbeit vieler Lieferanten in Deutschland wie im Ausland.

Daraus wiederum entstanden über die eigentlichen Lieferverträge hinaus Geschäftsverbindungen, die auch auf anderen Gebieten nützlich waren. Die Verbundenheit mit den Ölgesellschaften, die durch langfristige Lieferverträge gesichert wurde, garantierte uns die Versorgung mit allen notwendigen Erdölkohlenwasserstoffen. Derartige Verträge wurden im Laufe der Zeit für die verschiedensten Hoechster Standorte in Deutschland abgeschlossen.

Neben der UK Wesseling, anfänglich noch durch andere Bindungen behindert, wurde die Standard Oil of California in San Francisco zu unserem ersten Partner. Nachdem ich diese Gesellschaft schon 1954 in San Francisco aufgesucht hatte, kam es zu Lieferverträgen für die mannigfaltigsten Erdölkohlenwasserstoffe und schließlich im Jahre 1961 zum Vertragsabschluß über die Errichtung der Caltex-Raffinerie in der Nähe von Hoechst. Dies stellte die Versorgung der petrochemischen Anlagen in unserem Stammwerk für lange Zeit sicher.

Als Sorgenkind erwies sich in diesen ersten Jahren auch die Belieferung mit Methan. Wir benötigten dieses Gas für die in Hoechst begründete Chemie der Methanchlorierung, die bis zum Kriegsende auf Ferngas, also auf Kokereigas, abgestellt war. Jetzt aber standen ausreichende Gasmengen nicht mehr zur Verfügung. Auch war der Preis des Methans, das man auf diesem Wege hätte gewinnen können, viel zu hoch. Durch Karl Schirner, eines unserer ersten Aufsichtsratsmitglieder und in seiner aktiven Zeit Generaldirektor der Deutschen Erdölgesellschaft (DEA), bekamen wir frühzeitig Kontakt zu dieser Firma; mit deren damaligem Leiter, Günther Schlicht, verband uns viele Jahre eine enge Zusammenarbeit.

Die DEA suchte damals in der Darmstädter Gegend nach Erdgas. Wir haben uns an diesen Bohrungen finanziell beteiligt und warteten gespannt auf den Erfolg, denn jede Bohrung kostete etwa 250 000 DM. Da wir auch wenig Erfahrungen in solchen Geschäften hatten, zögerten wir lange mit der endgültigen Unterschrift. Ich erinnere mich noch, daß mich Schlicht eines Tages anrief und mir mitteilte, man werde sehr wahrscheinlich in den nächsten Tagen fündig. Mit dem billigen Gas würde es dann nichts werden, wenn wir nicht bald unterschrieben.

Tatsächlich bewahrheitete sich Schlichts Voraussage schon am nächsten Tag. Man verband das Gasfeld bei Pfungstadt in der Nähe von Darmstadt durch eine 25 Kilometer lange Leitung mit Hoechst. Es war eine der ersten Gas-Pipelines in Deutschland. Das Gas hatte den Vorteil großer Reinheit und konnte deshalb unmittelbar zur Chlorierung verwendet werden. Später stellte sich dieses Vorkommen als sehr viel größer heraus, als zunächst angenommen worden war. Es reichte lange Zeit zur Versorgung von Hoechst, jedenfalls so lange, bis die endgültige Belieferung mit Methan aus der Caltex-Raffinerie aufgenommen werden konnte.

Auf solche und ähnliche Weise entwickelte sich in der Bundesrepublik in wenigen Jahren ein weit verzweigtes Versorgungssystem mit Erdölchemikalien. Es beruhte auf Raffinerien und Crackanlagen, die bald auch durch Rohrleitungen an internationale Häfen im Norden angeschlossen wurden. Zum Teil wurden sie auch durch Endproduktleitungen miteinander verbunden. Mit unwahrscheinlicher Schnelligkeit hat sich dieser Prozeß nach amerikanischem Vorbild in Mitteleuropa und vor allem in der Bundesrepublik vollzogen.

Die Fortschritte im Bau von Großtankern und in der Rohrleitungstechnik sind uns dabei sehr zustatten gekommen. Nur dadurch konnte die Chemie an ihren alten Standorten bleiben, die sich ja alle im Binnenland befanden. Dank dieser Entwicklung wurde es möglich, die Rohstoffe dorthin zu befördern, wo wir sie benötigten. Dabei kamen wir allmählich auch zu Preisen, mit denen wir in der ganzen Welt konkurrieren konnten.

Die Versorgung unserer bayerischen Werke

Besonders kritisch war für uns das Versorgungsproblem in Bayern. Unsere dortigen Unternehmen lagen recht weit von den Energiequellen entfernt und mußten nicht nur bei den Rohstoffen, sondern auch bei den Fertigprodukten lange Frachtwege in Kauf nehmen. Der dadurch verursachte Wettbewerbsnachteil ist immer ein Sorgenkind geblieben.

Die Entwicklung der Petrochemie in Bayern begann für uns damit, daß mich 1959 der ehemalige Präsident der Deutschen Reichsbank, Hjalmar Schacht, besuchte. Schacht, der 1970 starb, kam im Auftrag von Enrico Mattei, dem damaligen Präsidenten der italienischen Erdölgesellschaft ENI. Er berichtete mir von Verhandlungen mit dem bayerischen Wirtschaftsministerium über den Bau von petrochemischen Anlagen bei Ingolstadt. Später lernte ich dann auch Mattei kennen und gewann einen kleinen Einblick in die dynamische Politik der ENI. Wir erhielten für dieses Projekt sehr schnell die lebhafte Unterstützung des bayerischen Wirtschaftsministers Otto Schedl, der sich um die Ansiedlung der Erdölwirtschaft in Bayern große Verdienste erwarb.

Schon 1955 wurde mit der ENI die Süd-Petrol AG für Erdölwirtschaft in München gegründet. Die Raffinerie wird heute von der Erdöl-Raffinerie Ingolstadt AG, einer Tochter der ENI, betrieben. Bevor aber diese Anlage ihre Produktion aufnahm, entschlossen sich auch Esso und Shell, nach Bayern zu gehen. Auch diese beiden Raffinerien entstanden im Raum von Ingolstadt und liefen im Jahre 1963 an.

Riesige Rohrleitungen von Marseille, Genua und Triest schlossen die neuen bayerischen Raffinerien an die Mittelmeerhäfen an. Später wurden noch weitere Raffinerien bei Ingolstadt gebaut. Schließlich konnten wir auch die amerikanische Marathon dafür gewinnen, sich bei Burghausen niederzulassen.

Für die bayerische und die Hoechster Chemie stellte Ingolstadt zunächst keinen idealen Platz dar. Der Weg nach Gersthofen und Bobingen, den chemischen Betrieben der Farbwerke Hoechst in der Nähe von Augsburg, war zu weit. Doch die Entwicklung des Raffineriezentrums in Ingolstadt bildete den kraftvollen Auftakt zum modernen industriellen Aufschluß Bayerns. Dort gab es jetzt billiges Heizöl und Naphtha, das wir dringend für unsere Unternehmen brauchten.

1968 ist zu unserem bisherigen bayerischen Besitz noch die Süddeutsche Chemiefaser AG in Kelheim mit ihrer Polyacrylnitril- und Zellwolle-Fabrik hinzugekommen. Auch sie benötigte Rohstoffe, die nun aus der Raffinerie der Gelsenberg AG in Neustadt bezogen und in einer neuen Fabrik der Süddeutschen Kalkstickstoffwerke zum monomeren Acrylnitril verarbeitet werden.

So hat sich auf vielen Umwegen – gegründet auf die Petrochemie – eine wettbewerbsfähige Chemiekombination in Bayern entwickelt. Das ist um so bemerkenswerter, weil es in verhältnismäßig kurzer Zeit in einem Gebiet geschah, in dem bei Kriegsende Hunderttausende von Flüchtlingen die Barackenlager bevölkerten, in dem Landwirtschaft und Fremdenverkehr damals die einzigen schmalen Grundlagen der Volkswirtschaft bildeten.

Insgesamt hat die Entwicklung dieser neuen Rohstoffbasis in allen Teilen der Bundesrepublik viele Jahre gedauert, so daß wir selbstverständlich unsere alten Grundlagen nicht vollständig aufgeben konnten. Wir mußten zunächst in Knapsack auch die Produktion von Kalziumkarbid weiter ausbauen. Wichtige konstruktive Neuerungen und günstige Stromverträge ermöglichten es, das Karbid als Rohstoff lange Jahre konkurrenzfähig zu erhalten. Auch in Bayern mußten bei den Süddeutschen Kalkstickstoffwerken und bei der Wacker-Chemie neue Karbidkapazitäten geschaffen werden. Leider hat jetzt durch die Kokspreiserhöhung, die sich aus der Neuordnung der Kohle an der Ruhr ergab, die Karbidfabrikation als Basis für die Chemie wohl endgültig jede Wettbewerbschance eingebüßt. Wenn überhaupt, wird man in

Zukunft das Acetylen auf den neu gefundenen petrochemischen Wegen herstellen müssen.

Interessantes Neuland – die Oxochemie

Bei unseren Beratungen im Vorstand und in dem technischen Gremium erkannten wir bald die Notwendigkeit, andere neue Arbeitsgebiete zu finden. Das führte zu neuen Interessen und Partnerschaften an der Ruhr. In den 50er Jahren begann ein erfreulicher Gedankenaustausch mit den Firmen Mannesmann und HOAG, mit denen wir dann gemeinsam die Ruhrchemie AG in Oberhausen-Holten übernahmen. Grundgedanke war zunächst, daß uns die Partner an der Ruhr aus ihren Kokereien mit Kokereigas und Kohlewertstoffen versorgen sollten. Später mußten auch hier Produkte der Petrochemie an die Stelle der Kohle treten.

Eines der interessantesten Arbeitsgebiete, das wir in Oberhausen vorfanden, war die Oxochemie, die dort mit der Erfindung des Chemikers Otto Roelen im Jahre 1938 begann. Die Ruhrchemie, ursprünglich eine Gemeinschaftsgründung der Bergwerksgesellschaften an der Ruhr, hatte diese Oxosynthese gemeinsam mit der I. G. Farbenindustrie weiterentwickelt. Der Anteil, den die I.G. Farbenindustrie an diesen Erfindungen und Patenten besaß, war der BASF übertragen worden. Später wurde für uns die Beteiligung an der Ruhrchemie ein willkommener Anlaß, dort diese Chemie der Oxo-Alkohole aufzunehmen und zu einem Industriezweig zu entwickeln, der heute in aller Welt von großer Bedeutung ist.

Bei diesem Verfahren wird Synthesegas, nämlich Kohlenoxyd und Wasserstoff, mit geeigneten Katalysatoren und unter hohen Drucken zu einer Reaktion mit Olefinen, also ungesättigten Kohlenwasserstoffen, gebracht. Dabei entstehen Aldehyde und durch Reduktion schließlich Alkohole. Diese Alkohole spielen in der Lackindustrie und bei der Herstellung von Weichmachern eine große Rolle.

Gemeinsam mit den Aldehydsynthesen, die in der Zusammenarbeit mit der Wacker-Chemie zustande kamen, gelangte Hoechst in den Besitz von Verfahren und Synthesen in der Reihe der Alkohole, Aldehyde und Ketone auf der Basis von Äthylen, Propylen und höheren Kohlenwasserstoffen. Sie bilden heute ein geschlossenes Arbeitsgebiet in der Chemie und eine besonders wertvolle Grundlage für den Bereich der Kunststoffe, der Lackrohstoffe, aber auch der Lackherstellung selbst. In den letzten Jahren hat sich daraus für Hoechst und Uhde ein großes Tätigkeitsfeld eröffnet.

War es wirklich ein Wirtschaftswunder?

Von 1954 bis 1959 hatte sich der Umsatz infolge der nachhaltigen Investitionen und der Forschungsbemühungen auf alten und neuen Gebieten mehr als verdoppelt. Diese Entwicklung ging parallel mit der starken, vorher nicht geahnten Aufwärtsentwicklung der deutschen Wirtschaft. Es entstand in dieser Zeit das Schlagwort vom deutschen Wirtschaftswunder – ein Ausdruck, den ich immer für etwas unglücklich gehalten habe, und der unserer Wirtschaft eigentlich nur geschadet hat. Er rief lediglich ein Gefühl von Wundergläubigkeit und Selbstsicherheit hervor und erzeugte im Ausland Unbehagen und verstärkten Gegendruck.

Bald fehlte es auch nicht an theoretisierenden Diskussionen über Gesetzmäßigkeiten der Konjunkturentwicklung, über die angebliche Notwendigkeit der Steuerung, die Frage von Währungsparitäten und vieles andere. Angesichts der »Überheblichkeit« mancher Wirtschaftskreise und Politiker übersah man im Ausland gern, auf welch schwachen Beinen die deutsche Wirtschaft noch stand, und wieviel sie noch aufzuholen hatte.

Man stellte nicht in Rechnung, daß zum Beispiel der deutsche Anteil am Chemiegeschäft früher einmal sehr viel größer gewesen war. Wenn man den kleineren Wirtschaftsraum der Bundesrepublik berücksichtigte, dann betrug der Anteil an der Weltchemieproduktion, den wir im Jahre 1958 erreicht hatten, nur etwa 7 Prozent. Das entsprach lediglich der Hälfte der Vorkriegszeit. Im Bereich der Chemie entwickelte sich schnell eine harte Konkurrenz, wobei auch Rückschläge der Konjunktur in den Vereinigten Staaten nicht ohne Wirkung blieben.

Neben den Investitionen für die technische Entwicklung und

Forschung mußten vor allem große Anstrengungen unternommen werden, um das Geschäft im Ausland zu stärken. Dazu fehlte es zunächst an einer ausreichenden Zahl von Mitarbeitern. Es mangelte darüber hinaus aber auch an Erfahrung und vor allem an Kapital.

Unter unserem neuen Firmenzeichen – Turm und Brücke – und einem Firmennamen, der für Ausländer kaum auszusprechen war, mußten wir von der schmalen Inlandsbasis aus in der ganzen Welt eine vollständig neue Verkaufsorganisation errichten. Dazu gehörte neu eingestelltes Personal, das an den Exportplätzen zunächst völlig auf sich allein angewiesen war und sich erst bemühen mußte, langsam Freunde und damit eine tragfeste Ausgangsbasis zu erwerben.

Neue Produkte standen zunächst für den Verkauf nicht zur Verfügung. Die alten Warenzeichen waren zum Teil beschlagnahmt und auf fremde Firmen übergegangen. Andere besaßen auch, wie die Indanthrenmarke im Farbstoffgeschäft, keine Zugkraft mehr oder mußten erst wieder zurückgekauft werden, wie das bei den altberühmten pharmazeutischen Produkten ebenfalls der Fall war.

Es bedurfte in den ersten Jahren eines großen Geschicks unserer Kaufleute, mit diesem veralteten Verkaufssortiment wieder in der Welt Fuß zu fassen. Erst ganz langsam gab es in Hoechst neu entwickelte Produkte, wie das Antibiotikum »Reverin«, ein Umsetzungsprodukt des Tetracyclins, das sich schnell einen großen Markt sicherte, und die oralen Diabetika wie »Rastinon«. Letztere wurden gemeinsam mit Boehringer in Mannheim gefunden und stellten die erste wirkliche Neuschöpfung der deutschen Arzneimittelindustrie nach dem Kriege dar.

Auf dem Gebiet der Farbstoffe hatten wir gemeinsame Sortimente mit den anderen deutschen Chemiefirmen, die zunächst auch an vielen Stellen der Welt gemeinsam verkauft werden mußten. Es wäre in Produktion und Vertrieb vorerst zu kostspielig gewesen, diese in der I. G.-Zeit geschaffene Organisation zu verändern. Erst allmählich entstanden auch neue Produkte, die jedes Unternehmen auch für sich allein verkaufen konnte.

So wurden von Hoechst die Remazolfarbstoffe herausgebracht. Es handelte sich dabei um eine neue Farbstoffklasse, die mit den Fasern echte chemische Reaktionen einging. Sie besaß wertvolle neue Eigenschaften und erlaubte neue Färbemethoden. Organische Pigmente wurden entwickelt und zum Bedrucken von Textilien, besonders aber auch im Anstrichsektor und zum Färben von Kunststoffen, verwendet. Heute findet der größere Teil unseres Farbstoffumsatzes außerhalb des Textilsektors seine Abnehmer. Damit ist das Farbstoffgeschäft auch von der krisenanfälligen Textilindustrie etwas unabhängiger geworden.

Von großem Vorteil war, daß wir von Beginn an für die Verkaufsorganisation einen geeigneten und klaren Aufbau gefunden hatten, der von dem der alten I. G. Farbenindustrie weitgehend abwich. Es wurde schon unmittelbar nach der Neuordnung eine gemeinsame Verkaufsspitze unter Walther Ludwigs und nach dessen Pensionierung im Jahre 1954 unter Kurt Lanz geschaffen. Sie war für alle Produkte des weitgestreuten Sortiments, für alle Arbeitsbereiche der Firma und für alle Regionen der Welt im In- und Ausland gleichermaßen zuständig. Selbstverständlich konnte sie ihre Aufgabe nur erfüllen, wenn ihr eine stark besetzte Stabsabteilung, die sogenannte Verkaufsleitung, zur Verfügung stand.

Von dem 1954 innerhalb kürzester Bauzeit errichteten und deshalb mit mancherlei Mängeln behafteten Verkaufsgebäude strahlte bald eine kräftige Aktivität aus. Mit nur wenigen erfahrenen Mitarbeitern aus der alten Zeit, aber mit viel jugendlichem Elan, ging es an die Aufgabe, einen neu entstandenen Weltmarkt zu erobern. Dabei mußte oft beträchtlicher Widerstand überwunden werden.

Im eigenen Hause waren bei weitem nicht alle – ob im Vorstand oder in anderen Instanzen – davon überzeugt, daß man soviel Geld in den Export hineinstecken und auch in manchen Ländern investieren sollte, deren politische Stabilität häufig recht zweifelhaft erschien. Bei all diesen Überlegungen und Zweifeln wirkte auch noch nach, daß wir viele Jahre von der Welt abgeschlossen gewesen waren. Solche sorgenvollen Gedanken, die mich auch persönlich sehr bewegten, bildeten den hauptsächlichen Anlaß für viele große Reisen, die ich mit Kurt Lanz unternahm.

Schwierig gestaltete sich auch von Beginn an der Aufbau der sogenannten Anwendungstechnik, also technischer Laboratorien, die erst die von der chemischen Forschung gefundenen neuen Produkte auf ihre verschiedensten Anwendungsmöglichkeiten hin überprüfen und die Ergebnisse dann den Kunden in aller Welt vermitteln mußten.

Gerade dieser Aktivität verdankte die deutsche Teerfarbenindustrie mit ihrer coloristischen Tradition einst zu einem wesentlichen Teil ihre Weltgeltung. Das Arbeitsprinzip, mit technischen Hilfsmitteln dem Kunden an die Hand zu gehen, mußte nun vom Bereich der Farbstoffe aus auf alle anderen Gebiete ausgedehnt werden. Es war unumgänglich, einen neuen Kunststoff oder eine neue Faser dem Handwerker oder dem Verbraucher näherzubringen, der ja nun plötzlich anstelle von Holz oder Metall einen bisher unbekannten Kunststoff oder anstelle der jahrhundertelang bewährten Seide »Trevira« verwenden sollte. Heute gilt eine solche Service-Organisation überall als wichtigstes Werkzeug der Kundenwerbung, und ihre Notwendigkeit wird längst allgemein anerkannt.

Diese anwendungstechnischen Abteilungen boten immer Anlaß zu lebhaften internen Diskussionen, denn sie kosteten viel Geld. Umstritten blieb auch stets die Frage, ob diese mit Naturwissenschaftlern und Technikern besetzten Laboratorien den Kaufleuten oder den Technikern näher stünden und deswegen der einen oder der anderen Seite des Unternehmens unterstellt werden sollten.

Wir lösten dieses Problem zunächst einmal rein räumlich. Die neuen Laboratorien wurden in unmittelbarer Nähe des zentralen Verkaufsgebäudes errichtet. Die Zahl der in ihnen beschäftigten Chemiker, Physiker, Ingenieure und des technischen Personals wuchs ständig. Um so mehr mußten wir darauf achten, daß die Anwendungstechnik einerseits der Wissenschaft verbunden blieb, andererseits aber auch mit dem kaufmännischen Bereich eng vertraut war.

Wenn man bedenkt, daß schließlich im Jahre 1970 etwa 17 500 Menschen für Hoechst im Verkauf des In- und Auslands sowie 3 600 Mitarbeiter in den anwendungstechnischen Abteilungen tätig waren, wobei die Gesamtbelegschaft in der ganzen Welt rund 139 000 Mitarbeiter umfaßte, so erhält man einen Eindruck von Bedeutung und Gewicht einer solchen Organisation.

Zentrum für tausend Forscher

Allmählich hatten sich die Verhältnisse in Hoechst soweit konsolidiert, daß wir mit der Errichtung eines großen Forschungszentrums beginnen konnten. Mit Unterstützung des hessischen Staates war es gelungen, auf der südlichen Mainseite ein großes Areal von mehr als zwei Quadratkilometern zu erwerben, das dem alten nördlichen Werksgelände angefügt wurde.

Als ersten entscheidenden Schritt zur Neuorganisation unseres wissenschaftlichen Bereiches gründeten wir wieder ein Hauptlaboratorium, wie es zu einem jeden solchen naturwissenschaftlichen Gefüge gehören sollte. Man hatte diese Institution im Jahre 1931 aufgelöst. Damals befand sie sich mitten in der Fabrik in der sogenannten Löwen-Apotheke – allen alten Chemikern unter diesem Namen bekannt, weil vor dem ehrwürdigen Bau zwei grimmige Löwen Wache hielten. Man hatte dann in jener Zeit der Uneinigkeit die Forschung dezentralisiert und sich nicht mehr auf eine einheitliche Führung einigen können.

Im Jahre 1957 übernahm Werner Schultheis die Aufgabe, vier dazu geeignete große Forschungsabteilungen zu einem wissenschaftlichen Hauptlaboratorium zusammenzuschließen. Im Herbst 1958 wurde dem Aufsichtsrat über die Pläne für das neue Forschungszentrum berichtet. Es sollte sogar eine werkseigene Brücke über den Main gebaut werden, um den alten Hoechster Komplex im Norden mit dieser neuen Forschungsstätte zu verbinden.

Bei der Planung des Zentrums lehnten wir uns stark an ausländische Vorbilder an. Wir hatten in den Vereinigten Staaten die Notwendigkeit erkannt, große Laboratorien verschiedener Wissensgebiete, von der Medizin über die Biologie, Chemie und Physik bis zum Ingenieurwesen, möglichst gemeinsam an einer Stelle anzusiedeln; andererseits schien es uns erforderlich, diese Arbeitsstätte nicht zu weit von den Produktionsanlagen und der Verwaltung entfernt zu errichten. So bot der Platz auf der südlichen Mainseite eine ideale Lösung.

Walter Henn von der Technischen Hochschule in Braunschweig schuf die architektonische Konzeption für eine große Zahl von Gebäuden, in denen letzten Endes etwa tausend Naturwissenschaftler mit ihrem Laboratoriumspersonal Platz finden sollten. Bis zur Fertigstellung rechneten wir mit Kosten von 250 Millionen DM.

Blick auf das nächste Jahrzehnt

Da die Chemie in der ganzen Welt große Fortschritte machte, wurden ihre Wachstumsmöglichkeit und Ertragskraft auch von international bekannten Fachleuten zuweilen als unermeßlich angesehen und oft überschätzt. Um so leichter treten zuweilen Rückschläge ein, die manchmal ein gefährliches Ausmaß annehmen können. Dieser große Optimismus ließ Überkapazitäten entstehen, die dann bei wechselnder Konjunkturlage nicht voll ausgelastet waren, was starke Preisunterbietungen zur Folge hatte. Das ist bis heute ein sich in der Chemie ständig wiederholendes Wechselspiel, das man immer neu erlernen muß. Es führt aber schließlich auch immer wieder dazu, daß die sinkenden Preise den Absatz neu beleben. Somit eröffnen letzten Endes die vergrößerten Kapazitäten doch wieder neue Ertragsmöglichkeiten.

In einem so zukunftsträchtigen Industriezweig mit ständig neuen Produkten muß man sich wohl mit einem solchen Wechsel abfinden, der bisher auch immer ein wirtschaftliches Gleichmaß zwischen Preisen und Kosten hervorgebracht hat. In unserer chemischen Industrie gelten nur mit großer Einschränkung die allgemeinen Grundsätze der Volks- und Betriebswirtschaft. Sie können ja niemals berücksichtigen, wie stark sich bereits bestehende Produkte und die vorhandenen Märkte verändern, und wie ganz neue Erzeugnisse und neue Absatzmöglichkeiten vollständig andere Voraussetzungen für den Handel schaffen.

Gerade in den ersten zehn Jahren nach unserem Neubeginn befanden wir uns in einer solchen spezifischen und ungewöhnlichen Situation, in der uns allgemeine Regeln nichts nützten. Nahezu die Hälfte der Produkte, die wir jetzt verkauften, waren erst in diesem Zeitraum entstanden. Darüber hinaus gab es große Teile der Erde, in denen wir noch gar nicht tätig werden konnten, oder in denen der Markt für chemische Produkte überhaupt noch nicht erschlossen war. Es mußten deshalb eigene Wege beschritten werden, die den besonderen Voraussetzungen unseres Unternehmens entsprachen.

Andererseits aber war die deutsche Industrie noch recht empfindlich gegenüber Konjunkturschwankungen. Kleinere Rezessionen, wie sie in den Vereinigten Staaten etwa 1956 eintraten und dort die Investitionsneigung der großen und kapitalstarken Unternehmen nur wenig beeinflußten, wirkten auf uns weit fühlbarer zurück und lösten schnell einen allgemeinen Pessimismus aus.

Das war verständlich, wenn man berücksichtigt, daß die amerikanischen Unternehmen damals nur etwa 20 Prozent ihres Gewinnes an die Aktionäre ausschütteten und die restlichen 80 Prozent zu ihrer Eigenfinanzierung verwenden konnten. Zugleich aber lag in Deutschland das Zinsniveau für langfristiges Geld beinahe doppelt so hoch wie in Amerika und der Schweiz.

Die 1958 zustande gekommene EWG ist in Deutschland von allen weitsichtigen Beobachtern sehr begrüßt worden. Sie hat uns aber in diesen allerersten Jahren auch viel Sorge bereitet. Es drohten Spannungen mit den westeuropäischen Ländern, die der EWG nicht beitraten. Dazu gehörten Großbritannien, Dänemark, Norwegen, Schweden, die Schweiz, Österreich und Portugal, die sich nun ihrerseits zu der sogenannten EFTA, der Freihandelszone, zusammenschlossen. Gerade mit diesen Staaten aber pflegte Deutschland und besonders Hoechst einen regen Warenaustausch.

Hinzu kam, daß zu Anfang die Zölle der Bundesrepublik nur etwa halb so hoch waren wie die der übrigen EWG-Länder. Diese Vorleistung, wohl notwendig, um überhaupt einen ersten Schritt zur europäischen Integration zu ermöglichen, brachte uns in den ersten Jahren viele Nachteile.

Im Jahre 1958 ging die Industrieproduktion in Deutschland zurück. Viele Unternehmen senkten ihre Dividende. In Hoechst betrug der Umsatzzuwachs entgegen unseren weit höheren Erwartungen nur 6 Prozent. Andere Chemieunternehmen hatten sogar eine Umsatzeinbuße zu verzeichnen. Unsere Investitionspolitik wurde sowohl von den Aktionären als auch von den Gewerkschaften kritisiert. Deshalb war es notwendig, sich eine eigene Vorstellung von der ferneren Zukunft zu machen, die zuverlässiger war als all das, was uns mehr oder weniger wohlgesonnene Theoretiker an Lehren und Ratschlägen anboten.

Die neue Datenverarbeitung und die Stäbe, die dem Vorstand für solche Arbeiten zur Verfügung standen, unternahmen die ersten Versuche, eine langfristige Planung aufzustellen. Seit dieser Zeit wird in den Farbwerken Hoechst regelmäßig eine Vorausschau ausgearbeitet, die das laufende Jahr mit einschließt und einen Zeitraum von 10 Jahren umfaßt. Sie ist jeweils mit einem Investitionsprogramm für 5 Jahre verbunden, das sich am Ende des 10jährigen Betrachtungszeitraumes in Umsatz und Ertrag voll auswirken soll. Der Zehnjahresplan wird alljährlich überprüft und jeweils um ein weiteres Jahr erweitert.

Die Erkenntnisse und Erfahrungen, die wir damit gesammelt haben, waren recht wertvoll, wenn auch anfangs die Erarbeitung der Prognosen bei einem großen Teil der angesprochenen Mitarbeiter auf manchen Widerstand stieß.

Die dabei angestellten Überlegungen beschäftigten weite Kreise des Unternehmens und regten auch zum Nachdenken über den Sinn der täglichen Arbeit, besonders aber zum Gedankenaustausch an. Es begann damit, daß die Meister in der Fabrik von ihren Vorgesetzten gefragt wurden, wie leistungsfähig ihre Werkstatt sein konnte. In den Betrieben gab es Diskussionen über die jeweilige Kapazität, und an welchen Stellen sie am zweckmäßigsten zu erweitern sei. Die Kaufleute mußten die Marktforschung verstärken und konkrete Verkaufsschätzungen vornehmen, obwohl in diesem Bereich langfristige Vorausplanungen am schwierigsten sind.

Eine besonders große Unsicherheit bei solchen Schätzungen ergibt sich in der Forschung. Hier stellen sich einer Prognose auch heute noch große Hindernisse entgegen. Wenn in der Vergangenheit 30 bis 40 Prozent der verkauften Produkte jeweils erst in den zurückliegenden 10 Jahren von der Forschung entwickelt worden waren, so kann man einen ähnlichen Effekt auch für die Zukunft erwarten. Die Forschung wird weiterhin erheblich zum Wachstum der Chemie beitragen.

Es muß deshalb sehr sorgfältig in jedem einzelnen Bereich der Naturwissenschaften geprüft werden, ob überhaupt Wachstumsmöglichkeiten bestehen, und wo in einem so großen Zeitraum neue Entwicklungen zu erwarten sind. Auch die Forschung bedarf deshalb der Prognosen für ihre Arbeitsgebiete, obwohl die Resultate hier noch am wenigsten vorhersehbar sind. Aber sie wird dadurch zur ständigen kritischen Überprüfung ihrer Arbeit angeregt, hat ihren Teil an der Gesamtverantwortung für die Firma zu übernehmen und muß ihre finanziellen Ansprüche überzeugend begründen können.

Die beträchtlichen Investitionen, die sich aus einem solchen umfassenden Plan ergeben, verlangen viele Jahre der Vorbereitung. Der geeignete Standort muß bestimmt, die notwendigen Grundstücke müssen gekauft, die Rohstoff- und Energieversorgung geregelt und die Verkehrsprobleme gelöst sein. Gibt es genügend Arbeitskräfte, die für sie erforderlichen Wohnungen? Wie ist überhaupt die sozialpolitische Lage – diese und viele andere Fragen sind vorab zu klären. Stabsabteilungen aus dem naturwissenschaftlichen, kaufmännischen und betriebswirtschaftlichen Bereich arbeiten ständig an diesem Planungssystem, das mit Hilfe von Rechnungswesen und Finanzabteilung zu einem überschaubaren Bild zusammengefaßt wird.

Eine derartige langfristige Planung birgt natürlich viele Risiken. Der Erfolg ist auch von einer Vielzahl äußerer Faktoren abhängig, die sich dem Einfluß des Unternehmens entziehen. Die früher beschriebenen, jährlichen Etatfestsetzungen geben die Chance zur zwischenzeitlichen Korrektur, da ja niemals alle Entscheidungen zum gleichen Zeitpunkt getroffen werden. Es ist auch gar nicht so ausschlaggebend, ob das gesetzte Ziel wirklich schon nach zehn Jahren erreicht wird. Auch wenn es elf oder zwölf Jahre dauern sollte – das viele Nachdenken und Rechnen wird niemals vergeblich gewesen sein.

Bei unserer ersten Prognose im Jahre 1958, in dem die wirtschaftliche Situation keineswegs zu übermäßigem Optimismus Anlaß gab, kamen wir zu dem Ergebnis, daß mit dem bereits vorliegenden Verkaufsprogramm von Hoechst der Umsatz nachhaltig um 7–8% jährlich gesteigert werden könnte. Die Erfolge in unseren neuen Arbeitsgebieten gaben uns dabei viel Hoffnung. Andererseits zeigte sich zwingend, daß Lohnsteigerungen und anhaltender Preisdruck ein solches Mengenwachstum auch erforderten, wenn es nicht zum Stillstand oder gar Rückschritt kommen sollte.

Daraus folgte, daß in Hoechst das Investitionsvolumen, das in den letzten Jahren gleichbleibend bei etwa 270 Millionen gelegen hatte, auf 450 bis 500 Millionen jährlich gesteigert werden mußte.

Im September 1958 war übrigens die Rezession, die soviel Pessimismus verbreitet hatte, wieder überwunden. Die Einweihung des Hauptlaboratoriums und der Brücke über den Main fiel zusammen mit weitreichenden Beschlüssen unseres Aufsichtsrates. Südlich des Mains kauften wir in der Gemarkung von Kelsterbach und Raunheim ein Gelände von etwa 400 Hektar, das etwa ebenso groß war wie das bisherige Hoechst nördlich und südlich der Mainufer. Dort siedelte sich später die Caltex-Raffinerie an, die Hoechst aufgrund eines langfristigen Vertrages mit allen petrochemischen Rohstoffen versorgen sollte. Sie wurde übrigens mit einer Ölleitung an die Nordseehäfen angeschlossen.

Die dankenswerte Unterstützung der hessischen Landesregierung, die uns einen großen Teil des erforderlichen Geländes aus Staatsbesitz verkaufte, ermöglichte es endgültig, mit den modernen Chemiezweigen der Petrochemie und ihrer Folgeprodukte an den alten Fabrikationsstätten in Hessen zu bleiben. Wir konnten Hoechst zu einem modernen Werk gestalten, in dem noch für die Entwicklung vieler Jahrzehnte Raum zur Verfügung steht.

Im September 1958 setzten wir den Aufsichtsrat auch in Kenntnis von einem langfristigen Vertrag mit der UK-Wesseling, die für die Belieferung von Knapsack eine Crackanlage errichtete. Auch in Knapsack waren größere Geländekäufe und Aufschlußarbeiten notwendig. Anschließend wurde dann eine 180 km lange Äthylenleitung zwischen Knapsack und Hoechst verlegt.

Einen Monat später gab ich dem Aufsichtsrat eine umfassende Darstellung über die wirtschaftliche Situation der Bundesrepublik. Ich führte damals u. a. aus:

»13 Jahre nach Ende des Krieges beginnen die Prinzipien wirksam zu werden, die sich die Bundesrepublik Deutschland für ihre Wirtschaftspolitik gesetzt hat. Im Grunde genommen merken wir die ersten Folgen der Liberalisierung erst in dem Augenblick, wo sich die Konjunktur der in der westlichen Welt miteinander lebenden Völker nicht mehr absolut im gleichen Sinn entwikkelt.

Erst in dem Augenblick, wo es an einzelnen Stellen wirtschaftliche Krisen wie in den USA oder politische Krisen wie in Frankreich gibt, empfinden wir die Folgen der Liberalisierung, die wir selbst zwar wollen und auch recht weit auf uns angewandt haben, die aber bei der Mehrzahl unserer großen Handelspartner noch recht in den Anfängen steckt. Die ungesunde Mischung von Freihandel auf der einen und nicht mehr zeitgemäßen Schranken auf der anderen Seite erzeugt ein Zwielicht, das uns zur Zeit große Schwierigkeiten macht. Die Europäische Wirtschaftsgemeinschaft wird, so hoffen wir, uns diese Schwierigkeiten erleichtern helfen. Wir werden am Ende sicher nur Vorteile von ihr haben, wenn wir nur die Zwischenphasen überwunden haben.

Wenn die Welt Frieden behält, werden sich unsere Handelsmöglichkeiten erweitern. Bei allen Wetterwolken und aller momentanen Abgeschlossenheit gegen die andere Hälfte der Welt sollten wir optimistisch sein. Wir haben zum ersten Mal in diesen Monaten durch Delegationen, die wir nach China und Rußland senden konnten, persönliche Kontakte bekommen. Dieser Anfang, so bescheiden er ist, scheint mir einer der großen Aktivposten dieses Jahres. Langsam, aber sicher wird sich mit diesen Räumen ein Waren- und Erfahrungsaustausch anbahnen, wenn vielleicht auch in ganz anderen Bahnen, als wir es von früher gewöhnt sind. Solche weiten Horizonte und eine solche Freizügigkeit im Zeichen eines vollständigen Freihandels, wenigstens auf unserer Seite, haben wir seit vielen Jahrzehnten nicht mehr gekannt, im Grunde genommen nicht mehr seit 1914.

Es sind nur wenige unter uns, die eine solche Freizügigkeit des Handels im Zeichen einer international festen Währung noch aus eigener Erfahrung kennen. Wenn im Inlandsgeschäft der steigende Lebensstandard der Bevölkerung eine gute Entwicklung zeigt, so berühren uns hier innerhalb der Bundesrepublik andere Probleme. Z.B. wird das so lange erwartete Arzneimittel- und Lebensmittelgesetz für uns eine große Bedeutung haben. Auch die gesetzlichen Bestrebungen über die Reinhaltung von Luft und Wasser berühren uns stark. Diese Aktivität der Öffentlichkeit zeigt, daß man sich in steigendem Maße mit den Folgen der Technik auseinandersetzt. So wünschenswert solche Regelungen im Interesse des einzelnen sind, so sehr können uns durch unsachverständige Verordnungen und Forderungen große Kosten und allgemeine Schwierigkeiten entstehen.«

In die Aufsichtsratssitzung vom September 1960 fiel die Entscheidung, zum hundertjährigen Jubiläum der Hoechster Farbwerke einen großen Bau zu errichten, ein Zentrum für die Belegschaft, die Versammlungen der Aktionäre und für die kulturell interessierte Bevölkerung des Rhein-Main-Gebietes. Wir standen ohnedies vor der Frage, ein Kasino und ein Restaurant als weitere Verpflegungsmöglichkeiten für die Angestellten des Unternehmens und auch für die Gäste der Verwaltung einzurichten. Mit Hilfe einer internationalen Jury wurde aus einer Reihe von Vorschlägen der Entwurf von Friedrich Wilhelm Kraemer (Braunschweig) ausgewählt und in den nächsten Jahren Schritt für Schritt ein großer Gebäudekomplex mit einer Versammlungshalle für 4000 Personen und großen Nebenanlagen geschaffen.

Während wir so weittragende und optimistische Beschlüsse zum Ausbau unseres Unternehmens faßten, hatte sich der weltpolitische Horizont verdüstert. Als wir im Juni 1960 aus Staatsbesitz die Spinnstoffabrik Zehlendorf in Berlin als weiteren Stützpunkt für unsere Fasersparte erwarben, rückte die geteilte Stadt wieder einmal in den Mittelpunkt der internationalen Schlagzeilen. Chruschtschow, der damalige sowjetische Ministerpräsident, begann sein kritisches und gefährliches Spiel um Berlin. Lange Zeit herrschte wieder einmal Kriegsgefahr in der Welt, bis schließlich die konsequente Haltung des Westens den cholerischen Sowjetpremier überzeugte, daß seine Pläne, Berlin zu einer »freien Stadt« zu machen, zum Scheitern verurteilt waren.

Im März 1961 entschloß sich die Bundesregierung entgegen allen Erwartungen und Warnungen zu einer Aufwertung der DM um 5 Prozent. Theoretiker der Wirtschaft, die das Gespenst einer angeblich überhitzten Konjunktur bannen wollten, hatten sich durchgesetzt. Diese Maßnahme erschien um so unverständlicher, als man die deutsche Wirtschaft noch wenige Wochen vorher zu einer Investitionsanleihe aufgerufen hatte, um eine so tiefgreifende Änderung des Wechselkurses zu vermeiden. Zum ersten Mal seit der Währungsreform im Jahre 1948 verlor die DM ihre so mühsam gewonnene, von den anderen Staaten so beneidete Stabilität. Damit begann wieder eine Phase der Labilität, die seitdem die deutsche Wirtschaft beeinträchtigte und im November 1969 wieder erneute Unruhe mit sich brachte.

Da wir im Jahre 1961 mit unseren weitreichenden Entschlüssen eine lange Phase starker Expansion eingeleitet hatten, brachte uns diese Entscheidung in große Schwierigkeiten. Der Ertrag des stark ausgeweiteten Exports wurde durch die Aufwertung nahezu im vollen Wert der 5 Prozent beeinträchtigt, denn der internationale Wettbewerb erlaubte es keineswegs, die Preiserhöhungen an den Kunden im Ausland weiterzugeben. Unsere noch kleinen Auslandsgesellschaften konnten hier auch keinen Ausgleich bringen.

Die völlig überraschende Aufwertung hatte unsere sorgfältige Planung für mehrere Jahre in Frage gestellt. In Pressekonferenzen und auch in Hauptversammlungen gab es bohrende Fragen über die Ertragslage von Hoechst. Wir konnten zwar immer eine angemessene, nachhaltig steigende Dividende für unsere Aktionäre verdienen. Zu der so notwendigen Eigenfinanzierung reichte es indes in jenen Jahren kaum.

Diese angespannte Zeit, in der wir die Folgen der DM-Aufwertung überwinden mußten, dauerte drei bis fünf Jahre. Sie wurden für uns zu einer harten Probe. Zum ersten Mal mußte sich all das bewähren, was wir nach dem Neubeginn und in den Jahren der Entscheidung geschaffen hatten.

Kapitel VIII

Wissenschaft und Wirtschaft – zwei gute Partner

Einmal mußte es passieren: Ich stand als Präsident der Dechema bei der Abschlußveranstaltung 1970 vor dem Rednerpult. Einer Betrachtung über den Stand der Chemischen Technik, wie er sich bei der Ausstellungstagung präsentiert hatte, wollte ich grundsätzliche Bemerkungen zu Ausbildungsfragen und dem Berufsbild des in der Technik tätigen Chemikers und Ingenieurs hinzufügen. Der übliche, höfliche Antrittsapplaus war verklungen. Ich begann meine einleitenden Sätze, dann nahm ich das Manuskript zur Hand. So viele Reden ich in meinem Leben auch schon frei gehalten hatte – bei Vorträgen, die einen exakt formulierten Inhalt hatten, wollte ich auf den vorbereitenden Text nicht verzichten.

Doch beim ersten Blick merkte ich: Vor mir lag ein falsches Manuskript. Es war stattdessen ein Vortrag über »die Chemie und die Kerntechnik«, den ich in diesen Tagen in Frankfurt schon gehalten hatte.

Für einige Sekunden war ich ratlos. Meine Frau, die in der ersten Zuhörerreihe saß, warf mir einen überrascht-besorgten Blick zu. Offenbar hatte sie sofort begriffen, was geschehen war. Nun hatte ich aber meinen leichten Schock auch schon überwunden; es blieb mir gar nichts anderes übrig, als meine Rede aus dem Gedächtnis zu rekonstruieren. Daß dies dann einigermaßen gelang und auch noch ungefähr mit dem gleichzeitig an die Wand projizierten englischen und französischen Text übereinstimmte, hing wohl damit zusammen, daß bei diesem Thema Grundfragen angesprochen wurden, die mich seit meinen Studienjahren gefesselt hatten: die enge Gemeinsamkeit von Wissenschaft und Wirtschaft im Rahmen der Chemischen Technik.

Einweihung des Carl-Bosch-Hauses in Frankfurt a. M. 1957
Oben v. l. n. r.: Georg Schreiber, Richard Kuhn, Karl Winnacker, Otto Hahn, Frau Else Bosch

Unten v. l. n. r.: Carl Wurster, Ulrich Haberland, Karl Winnacker, Oberbürgermeister Werner Bockelmann, Frau Else Bosch, Burckhardt Helferich, Theo Goldschmidt, Bürgermeister Walter Leiske

Pressekonferenz. Oben v. l. n. r.: Hans Reintges, Rolf Sammet, Karl Winnacker, Kurt Lanz

Unten: Blick auf die Journalisten

Einweihung der Kunststoffabrik in Bombay

Oben vorn rechts: Unser indischer Partner Arvind N. Mafatlal
Unten: Blick auf das Fabrikgelände

Empfang beim Foratom-Kongreß 1965
V. l. n. r.: Heinz Göschel, Frau Gertrud Winnacker, Karl Winnacker, Otto Hahn

Diese Symbiose findet seit langem in der Achema, der Ausstellung für Chemisches Apparatewesen, ihren starken Ausdruck. Gerade die Achema 1970 war nach dreijähriger Pause wieder einmal eine gelungene Dokumentation aller der Kräfte und Wissensbereiche gewesen, die in der Chemischen Technik zusammenwirken. Auch auf befreundete Vereinigungen übte die Achema eine große Anziehungskraft aus: Die Gesellschaft Deutscher Chemiker, der Verein Deutscher Ingenieure mit seiner Gesellschaft für Verfahrenstechnik hatten während der achttägigen Dauer dieser Veranstaltung Vortragstagungen, auch das Deutsche Atomforum hatte eine Arbeitssitzung abgehalten und sich mit einer speziellen Ausstellung beteiligt.

Den Mittelpunkt der Achema bildete wieder die Ausstellung Chemischer Apparate. Über 2000 Firmen hatten sich daran beteiligt; über ein Drittel von ihnen stammten aus dem Ausland. Die Zahl der gezeigten Apparate und die dafür notwendige Ausstellungsfläche waren Jahr für Jahr gewachsen – das Frankfurter Messegelände hatte vergrößert werden müssen. Mehr als 20000 Fachkollegen besuchten Ausstellung und Vorträge. Insgesamt verzeichnete die Achema 1970 über 150000 Interessenten.

Bei der festlichen Schlußsitzung gab ich den Vorsitz der Dechema, den ich seit 1955 innegehabt hatte, an Hellmut Ley, den Vorstandsvorsitzenden der Metallgesellschaft, ab. Ich kenne Ley schon aus der gemeinsamen Studienzeit in Darmstadt und weiß mich mit ihm eins in dem Interesse an der Entwicklung der Chemischen Technik.

Gelegentlich dieser 16. Achema erinnerten wir uns daran, daß 50 Jahre vergangen waren, seit die Veranstaltung im Jahre 1920 zum ersten Mal stattgefunden hatte. Von Max Buchner, einem Fabrikanten aus Hannover, stammte die glückliche Idee, Apparatebauer und Maschineningenieure zu einer Ausstellung aufzufordern. Aussteller und Konstrukteure sollten, wie er es formulierte, unmittelbar am Ausstellungsobjekt, also am chemischen Apparat, mit den Chemikern und Ingenieuren aus Wissenschaft und Technik diskutieren können. Eine einmalige Gelegenheit für den Erfahrungsaustausch zwischen Herstellern und Benützern solcher Apparaturen.

Dieser Gedanke erwies sich als außerordentlich nützlich. Nach einigen Anfangsschwierigkeiten und Unterbrechungen durch Wirtschaftskrisen und Krieg wurde die Achema zu einem regelmäßigen internationalen Treffpunkt, wo Wissenschaftler aus allen Bereichen der chemischen Technik zusammenkamen.

Chemie und chemische Technik, soweit sie sich auf Ergebnisse der exakten Naturwissenschaften stützen konnten, waren in der Mitte des vorigen Jahrhunderts in wenigen Jahrzehnten entstanden und hatten die Grundlage einer blühenden Industrie geschaffen. Fortschritte der Naturwissenschaften lösten immer wieder neue Entwicklungen in der chemischen Industrie aus, die so zu einem bedeutenden Wirtschaftszweig heranwuchs.

Jede Achema war in ihrer Art ein Gradmesser des jeweiligen Standes der Technik. An den Begegnungen der Techniker aus dem Apparatebau und den Chemikern und Ingenieuren der Industrie nahmen immer mehr Menschen aus diesen Wissensbereichen teil, um Möglichkeiten und Notwendigkeiten von Forschung und Lehre auch mit den Hochschullehrern zu diskutieren. So war ein wesentlicher Themenkreis dieser Tagungen auch stets die Gestaltung der beruflichen Ausbildung, die selbstverständlich der schnellen technologischen Entwicklung angepaßt werden mußte.

Am Beispiel Liebigs . . .

Schon als Student in Darmstadt hatten mich die Geschichte der Naturwissenschaften und ihre wirtschaftlichen Konsequenzen lebhaft beschäftigt. Unser Lehrer Berl schenkte der Geschichte der Chemie und ihren Anfängen unter Justus von Liebig und August Kekulé große Beachtung und verknüpfte die historische Entwicklung der Chemie mit seinen vorzüglichen Technologie-Vorlesungen. Die Geschichte der Chemie lehrt, daß gerade in diesem Bereich Wissenschaft und Wirtschaft von Beginn an in einer Schicksalsgemeinschaft miteinander verbunden waren.

Unvergeßlich sind mir in diesem Zusammenhang die Exkursionen zum Liebig-Museum in Gießen, die Berl häufig mit seinen Studenten unternahm. Das Museum, das dem Publikum noch heute offensteht, war ursprünglich die Wachstube einer Kaserne, die nach der Verlegung der Soldaten vom damaligen Großherzog Ludwig I. von Hessen der Gießener Universität zur Verfügung gestellt wurde. In diesem Wachhaus richtete Liebig 1824 im Alter von 21 Jahren, gerade zum außerordentlichen Professor ernannt, sein chemisches Laboratorium ein. Es war das erste seiner Art in Deutschland. Später wurde es erweitert und umfaßte schließlich zwölf Räume und die im ersten Stockwerk gelegene Wohnung Liebigs.

Mit den zeitgenössischen Laboratoriumseinrichtungen und Apparaten, den noch von Liebig selbst benutzten Möbeln, den zahlreichen Bildern, Dokumenten, Schriften und Büchern vermittelt das Museum einen lebendigen Eindruck von dieser ersten präparativen Schule der Chemie aus der Mitte des vorigen Jahrhunderts. Ihr Unterricht und ihre Methodik sind bis heute Vorbild für die Lehre der Chemie an den deutschen Universitäten geblieben. Aus dem Gießener Laboratorium gingen neben so berühmten Schülern wie August Wilhelm von Hofmann, Adolf von Baeyer und anderen auch manche Gründer der großen deutschen Teerfabriken hervor, unter ihnen zum Beispiel Gustav von Brüning (Farbwerke Hoechst) und Heinrich Caro (BASF Ludwigshafen).

Wir Studenten des zwanzigsten Jahrhunderts standen neben unseren Lehrern in diesen alten Räumen mit ihren Ziegelöfen, auf denen Retorten, Tiegel und Zangen ausgebreitet sind. Wir begutachteten im »Pharmazeutischen Laboratorium« den Verflüssigungsapparat für Kohlendioxid mit dem eisernen Handrad oder den Destillier-Apparat mit Liebig-Kühler und sahen im Arbeitszimmer den schlichten Schreibtisch, an dem Liebig manche seiner wissenschaftlichen Schriften verfaßt hatte.

Liebig selbst ist ein exemplarisches Symbol für die Notwendigkeit einer engen Symbiose zwischen Wissenschaft und Wirtschaft in der Chemie geworden. Zwar hatte er stets gewarnt, wie schädlich es sei, »wenn der Materialismus oder die Nützlichkeitsprinzipien in irgendeiner Lehranstalt Wurzel fassen«. Doch setzte er sich ebenso unermüdlich für die praktische Anwendung der von ihm gewonnenen Erkenntnisse ein. Liebig war auch ein erbitterter Feind der Naturphilosophie, die damals in Deutschland dem naturwissenschaftlichen Fortschritt noch viel Widerstand entgegensetzte.

Als Begründer der Agrarchemie hat er Leistungen vollbracht, die sich für die Landwirtschaft außerordentlich segensreich ausgewirkt haben. Im Gießener Museum ist noch der Original-Lageplan der sogenannten Liebighöhe zu sehen, auf der er seine ersten Versuche mit Mineraldüngern machte. Es war nicht unter seiner Würde, Vorschriften für mancherlei praktische Dinge auszuarbeiten, so auch z.B. für die Herstellung von Silberspiegeln oder von Backpulvern. Nicht zu vergessen ist auch seine Anweisung zur Herstellung des Liebigschen Fleischextraktes, der noch in meiner Kindheit in unserem Haushalt eine große Rolle spielte.

Seit Liebigs Zeiten und den folgenden Gründerjahren der deutschen chemischen Industrie wären die wirtschaftlichen Erfolge der Chemieunternehmen nicht denkbar gewesen ohne den ständigen Kontakt mit der Wissenschaft.

Auch bei dem Wiederaufbau einer deutschen chemischen Industrie nach 1945 hätten weder die angestrengten Bemühungen der dabei Beteiligten noch die beträchtlichen Investitionen allein zu dem gewünschten Resultat geführt. Der notwendige Nährboden neuer naturwissenschaftlicher Erkenntnisse konnte nur gewonnen werden, wenn sich die wiedererstehende Wirtschaft neben der Aufbauarbeit zugleich um diejenigen Institutionen bemühte, die erst die Voraussetzungen für die konkurrenzfähige wirtschaftliche Aktivität liefern mußten.

Wer in der Zeit zwischen den beiden Weltkriegen sein Studium absolvieren konnte und dann in die chemische Industrie übergewechselt war, hatte sowohl von seinen Lehrern auf der Universität als auch von den leitenden Männern der Industrie gelernt, wie wertvoll eine enge Symbiose von Wissenschaft und Wirtschaft war, und wie hoch eine geistige und organisatorische Gemeinschaft von beiden Seiten geschätzt wurde.

Nach dem Ersten Weltkrieg war eine solche enge Zusammenarbeit um so notwendiger, als die damalige Situation – ebenso wie fünfundzwanzig Jahre später – geprägt war von Mangel und Not. Durch Initiative des preußischen Kultusministers wurde 1920, also im Jahr der ersten Achema, in Berlin die Notgemeinschaft der deutschen Wissenschaft gegründet. Sie widmete sich vor allem der Förderung des wissenschaftlichen Nachwuchses, der Zusammenarbeit unter den Forschern und der Unterstützung einzelner Forschungsvorhaben. Sie war die Vorläuferin der heutigen Deutschen Forschungsgemeinschaft. Sie vergab auch die sogenannten Liebig-Stipendien, die dann während der Wirtschafts- und Währungskrisen der zwanziger und beginnenden dreißiger Jahre unter den Studenten sehr begehrt waren.

Zwischen den Kriegen erlebte auch die Kaiser-Wilhelm-Gesellschaft ihre Blütezeit. Aus Anlaß des einhundertjährigen Jubiläums der Berliner Universität im Herbst 1910 hatte Kaiser Wilhelm II. zu ihrer Gründung aufgerufen. Die ursprünglichen Überlegungen dazu waren von dem evangelischen Theologen Adolf von Harnack ausgegangen, dem ersten Präsidenten der Gesellschaft, sowie von dem 1908 verstorbenen Leiter der Hochschulabteilung im preußischen Kultusministerium Friedrich Althoff und dem Ministerialdirektor Friedrich Schmidt-Ott, dem späteren preußischen Kultusminister (1917/18) und ersten Präsidenten der Notgemeinschaft.

Das Interesse der deutschen Wirtschaft war schnell geweckt, so daß es noch im Januar 1911 zur Gründung der Kaiser-Wilhelm-Gesellschaft kam, die von der Wirtschaft und anderen freigiebigen Stiftern mit erheblichen finanziellen Mitteln ausgestattet wurde. Zwanzig Millionen Goldmark als Stiftungskapital und die Zusage einer jährlichen Zahlung von 6 Millionen Goldmark waren für die damalige Zeit eine gewaltige Summe, die eine gute Voraussetzung für eine weitere naturwissenschaftliche Entwicklung bot.

Das Ziel der Gesellschaft war die Pflege der naturwissenschaftlichen Forschung. Zu diesem Zweck wurden selbständige Forschungsinstitute gegründet, die weder dem Staat noch der Wirtschaft gehörten, obwohl ihre Mittel weitgehend von der Wirtschaft aufgebracht wurden. Aus der Gesellschaft gingen viele berühmte Gelehrte und Nobelpreisträger hervor. Zu den ersten Institutsdirektoren zählten Otto Hahn, Lise Meitner und Fritz Haber. Die Kaiser-Wilhelm-Gesellschaft wurde zum Vorbild mancher Stiftungen in den Vereinigten Staaten. Heute hat ihr materielles und geistiges Erbe die Max-Planck-Gesellschaft übernommen. In die gleiche Zeit (1903) fällt die Gründung des Deutschen Museums in München durch Oskar von Miller. Es wurde in der Zeit zwischen den Kriegen von der Wissenschaft und der Industrie aufgebaut, eine lebendige Dokumentation der Geschichte der Technik. Nach weitgehender Zerstörung im Kriege wurde es im gemeinsamen Bemühen wieder errichtet und ist vortrefflich geeignet, die Jugend für die Technik zu begeistern. Mein erster Besuch im Deutschen Museum im Jahre 1921 ist mir ein unvergeßliches Erlebnis geblieben.

In derartigen Institutionen manifestierte sich für uns Chemiker die Gemeinschaft von Wissenschaft und Wirtschaft. Bci unseren studentischen Exkursionen, auf Ausstellungen, in Kolloquien und bei den Jahrestagungen der wissenschaftlichen Gesellschaften sahen wir unsere akademischen Lehrer vereint mit den leitenden Persönlichkeiten der chemischen Industrie, mit Männern wie Carl Duisberg von Leverkusen, Carl Bosch von Ludwigshafen oder auch Paul Duden, der in Hoechst die Acetylenchemie geschaffen hatte.

Wohl in keinem anderen Industriezweig war von Beginn an die Geistesverwandtschaft von Forschung und Lehre an den Universitäten mit den führenden Repräsentanten der wirtschaftlichen Unternehmungen so ausgeprägt wie in der Chemie. Das zeigte schon die Tatsache, daß an der Spitze der immer stürmischer wachsenden Firmen der Großchemie fast ausschließlich Naturwissenschaftler standen. In den immer zahlreicher werdenden Laboratorien der chemischen Industrie arbeiteten Hunderte von Chemikern und Physikern.

Diese Naturwissenschaftler blieben – vor allem, wenn sie von der Führung ihrer Unternehmen dazu angehalten wurden – auch weiterhin mit ihren Lehrern und den Hochschulen verbunden, aus denen sie gekommen waren und zu denen sie auch zuweilen zurückkehrten. Einer der tiefen Gründe für das gute Gedeihen der chemischen Industrie in Deutschland ist wohl, daß sie im Wissen um die Notwendigkeit der Forschung verwurzelt ist und immer mit den Universitäten, dem wissenschaftlichen Vereinswesen und den wissenschaftlichen Gesellschaften, in denen sich die jeweiligen Fachkollegen zusammengeschlossen haben, verbunden blieb.

Auch in der Zeit der I. G. erhielten wir jungen Mitarbeiter großzügige Anregungen und Unterstützung zum Besuch von wissenschaftlichen Tagungen. In den Hörsälen unserer Werke gab es ständig Vorträge bedeutender Wissenschaftler des In- und Auslandes. Jedem, der dafür aufgeschlossen war, wurde immer wieder aufgezeigt, wie eng Wissenschaft und Wirtschaft zusammengehören und sich gegenseitig helfen und befruchten müssen.

Dabei haben sich die Gewichte von Zeit zu Zeit immer wieder verlagert. Die grundsätzlichen Theorien von Walther Nernst und Fritz Haber fanden ihre technische Realisierung durch die Industrie in der Haber-Bosch-Synthese, der Synthese des Ammoniaks aus der Luft. Andererseits bildete die pharmazeutische Industrie die Quelle großer Entwicklungen im Bereich der Arzneimittel und der modernen Medizin. Gedanken und Erfindungen wurden von beiden Seiten freimütig ausgetauscht. Die materielle Seite, die Übermittlung von Spenden, die Entgegennahme von Erfindervergütungen und das Entgelt für gute Ratschläge waren dabei Selbstverständlichkeiten, ohne daß die Freiheit der Forschung darunter gelitten hätte.

Der Staat nahm damals eine sehr zurückhaltende Stellung ein. Er steuerte vorsichtig das Leben der Hochschulen. Er übernahm das Protektorat der großen Stiftungen wie der Kaiser-Wilhelm-Gesellschaft, die in gemeinsamer Selbstverwaltung von Wissenschaft und Wirtschaft geleitet wurde.

Die Folge dieses großzügigen liberalen Verhaltens war eine wahre Blütezeit der Naturwissenschaften in der Weimarer Republik. Die Erfolge der Forschung, besonders an den Instituten der Kaiser-Wilhelm-Gesellschaft, fanden durch die Zuerkennung vieler Nobelpreise an deutsche Wissenschaftler internationale Anerkennung. Manche der neuen Entdeckungen und Erfindungen waren vor allem für die chemische Industrie, die gerade in diesen Jahren schwer zu kämpfen hatte, von großem Wert. Das um so mehr, als die deutsche Industrie am Ende des Ersten Weltkrieges ihren gesamten Patentbesitz an die Siegermächte verloren hatte und nun darauf angewiesen war, diese Lücke wieder aufzufüllen.

Mit dem Beginn des NS-Regimes im Jahre 1933 wurde die in so schwerer Zeit bewährte Gemeinsamkeit von Wissenschaft und Wirtschaft ihrer härtesten Belastungsprobe ausgesetzt. Unerwartet schnell griffen die neuen Machthaber tief in das Geschehen an den Universitäten ein. Dabei handelte es sich nicht um eine sachdienliche Hochschulreform, sondern um die Verwirklichung von rein nationalsozialistischen Zielen. Diese Bestrebungen waren im Parteiprogramm zwar niedergelegt, aber in ihren radikalen Konsequenzen selbst von der Mehrheit der Parteianhänger nicht erkannt worden. Sogar diejenigen Studenten, die dem Nationalsozialismus nahestanden, waren entsetzt, als angesehene Universitätslehrer nur auf Grund ihrer Rassenzugehörigkeit brutal von ihren Posten entfernt wurden.

Forschung und Lehre erlitten einen schweren Aderlaß, der in Jahrzehnten nicht wieder ausgeglichen werden konnte. Zahlreiche unersetzbare und weltberühmte Naturwissenschaftler sind damals ausgewandert. Manche andere brachen unter dem Druck von Demütigung und Enttäuschung zusammen. Die Wirtschaft, die mit ihnen und ihrem Lebenswerk verbunden war, konnte dabei nur in wenigen Fällen helfen. Sie war selbst von den gleichen Einwirkungen bedroht. Es gelang ihr allerdings, manche Härte zu mildern und die Einwirkung des Staates einzudämmen. In der chemischen Industrie gab es, was heute oftmals vergessen wird, erheblichen Widerstand.

Auch Carl Bosch war ein erbitterter Gegner des NS-Regimes. Die Audienz bei Hitler, während der Bosch vor den Folgen der rigorosen Entlassung jüdischer Wissenschaftler warnte, ist ebenso verbürgt wie Hitlers Antwort: »Dann arbeiten wir eben einmal hundert Jahre ohne Physik und Chemie.« Es sei in diesem Zusammenhang auch erinnert an die Gedächtnisfeier für den rassisch diskriminierten Fritz Haber am 21. Januar 1935. Sie wurde von Carl Bosch veranstaltet. Gegen den ausdrücklichen Befehl des Reichsministers für Wissenschaft, Erziehung und Volksbildung Bernhard Rust hielt damals Otto Hahn die Gedenkrede.

Die Gemeinschaft von Wissenschaft und Wirtschaft wirkte sich erneut aus, als nach der bedingungslosen Kapitulation der Aufbau wieder beginnen mußte. Die Zerstörungen des Krieges und die Aufteilung in vier Besatzungszonen hatten zunächst alles wissenschaftliche Leben erstarren lassen. Die Institute waren geschlossen; ihre Gebäude zertrümmert. Dem Verlust rassisch diskriminierter Forscher in der Zeit des NS-Staates folgte nun durch Inhaftierung und Auswanderung ein zweiter bedeutender Aderlaß.

Als die jungen Kriegsteilnehmer zurückkehrten und ihr Studium aufnahmen, haben die verbliebenen Professoren mit großer Einsatzfreude unter bescheidensten Umständen Lehre und Forschung wiederaufgenommen. Sie haben damals die Generation an Chemikern ausgebildet, die jetzt in unserer Wirtschaft das Steuer in die Hand genommen hat. Sie haben auch in diesen so schwierigen Jahren die Einheit von Forschung und Lehre aufrechterhalten und manches bedeutsame Forschungsergebnis erzielt.

Es sollte heute bei allen Diskussionen um die Erneuerung der Universitäten und die Hochschulreform nicht vergessen werden, daß in der kritischen Zeit nach dem Krieg die Universitäten noch einmal ihre Bewährungsprobe bestanden haben.

Sie waren auf Hilfe von allen Seiten angewiesen und haben sie auch erhalten. Das im Jahre 1949 von den Kultus- und Finanzministern der Länder abgeschlossene Königsteiner Abkommen schuf die Voraussetzung für die Finanzierung und den Aufbau der Universitäten. Die Stiftungskapitalien der Wirtschaft waren durch die Währungsreform wie schon bei der Inflation in den zwanziger Jahren verlorengegangen. So mußte der Staat helfen, bis die Industrie, die in ihrer Bewegungsfreiheit noch stark behindert war, wieder aktiv werden konnte. Unter dem Namen des greisen Max Planck, der das Kriegsende noch erlebte, wurde im Februar 1948 die ehemalige Kaiser-Wilhelm-Gesellschaft neu gegründet. Glücklicherweise gab es in der alten Generation Männer am Werk, die über den Verdacht nationalsozialistischer Sympathien erhaben waren und nicht angegriffen werden konnten. Für mich war es ein großer Gewinn, diesen Menschen, die eine ganze Generation älter waren und mit ihren Erfahrungen und Erinnerungen noch in das vorige Jahrhundert zurückreichten, zu begegnen.

Die Mitwirkung im Senat der Max-Planck-Gesellschaft sowie in mehreren Kuratorien ihrer neu entstehenden Institute bedeutete für mich eine große Bereicherung. Zwar konnte ich mich selbstverständlich nicht an der eigentlichen Arbeit der Institute beteiligen, kam aber in Fühlung mit den vielen Persönlichkeiten, die nun diese Gesellschaft wieder neu gestalteten.

So erinnere ich mich noch an einen Abend im Hoechster Kasino. Die Max-Planck-Gesellschaft war längst wieder eine angesehene und aktive Institution. Am Morgen des 27. November 1959 hatte eine Senatssitzung in Hoechst stattgefunden, bei der Adolf

Butenandt zum Nachfolger des achtzigjährigen Präsidenten Otto Hahn gewählt worden war. An einer kleinen Nachfeier nahmen u.a. Otto Hahn, Otto Warburg, Max von Laue und der katholische Theologe Georg Schreiber teil. Unser übereifriger Kasino-Chef präsentierte zur Weinprobe einen – wie er meinte – besonders erlesenen Tropfen. Nachdem Prälat Schreiber davon gekostet hatte, sagte er schmunzelnd: »Nun, junger Mann, davon kochen Sie später einmal Weinsuppe für die Belegschaft.«

Die Neugründung alter Institutionen und Gesellschaften bedurfte damals einer offiziellen Genehmigung der alliierten Besatzungsbehörde, die in der englischen Zone am schnellsten und großzügigsten erteilt wurde. Nach der Zusammenfassung der englischen und amerikanischen Besatzungsbereiche zur Bi-Zone kam es dann zu größeren Vereinigungen, die sich schließlich auch auf die französische Besatzungszone ausdehnen konnten.

Als sich im Dezember 1950 die einzelnen Chemieunternehmen im Verband der Chemischen Industrie zusammenschließen durften, waren die wirtschaftlichen Voraussetzungen für eine nachhaltige Wissenschaftsförderung schon wesentlich besser geworden. Unter dem Mitbegründer und langjährigen ersten Präsidenten, Wilhelm Alexander Menne, der später lange Zeit unserem Hoechster Vorstand angehörte, wurde im Februar 1950 der Fonds der chemischen Industrie geschaffen. Die Schirmherrschaft übernahm der damalige Bundespräsident Theodor Heuss.

Die Firmen der chemischen Industrie verpflichteten sich, je Belegschaftsmitglied und Arbeitsstunde monatlich einen festen Betrag zu stiften, der später von Jahr zu Jahr erhöht wurde. In den zwanzig Jahren seit dieser Gründung kamen so rund 200 Millionen DM zusammen, die zur Förderung der Forschung verwendet wurden.

Schon im September 1949 war die Gesellschaft Deutscher Chemiker als Zusammenschluß der Chemiker in Wissenschaft und Industrie gegründet worden. Es gelang dabei schon zu Anfang, so wie auch in früheren Jahren, die führenden Männer der chemischen Industrie für eine aktive Mitarbeit zu gewinnen. Wissenschaftler und Industrielle gehören dem Vorstand an und wechseln sich in der Präsidentschaft in zweijährigem Turnus ab.

Da der Verein sein Vermögen und seine Räumlichkeiten sowie seine Arbeitsmöglichkeiten in Berlin verloren hatte, mußten die materiellen Voraussetzungen für eine wirksame Tätigkeit vollständig neu geschaffen werden. Als ich Schatzmeister dieser Gesellschaft war, gelang es mit dankenswerter Unterstützung und Freigiebigkeit der Stadt Frankfurt, das Carl-Bosch-Haus zu errichten. Dort befindet sich nun neben den Geschäftsstellen der Gesellschaft Deutscher Chemiker und der Deutschen Bunsen-Gesellschaft außerdem die Redaktion der beiden chemischen Handbücher von Gmelin und Beilstein, die jedem Chemiker ein Begriff sind. Im Carl-Bosch-Haus entstand auch als Ersatz für die verlorengegangene August-Wilhelm-von-Hofmann-Bibliothek, die uns im Westen nicht mehr zugänglich war, eine umfassende chemische Zentralbibliothek, der wir den Namen des großen Liebig-Schülers Adolf von Baeyer gaben.

Sobald ich wieder im Bereich der Chemie tätig werden konnte, übernahm ich selbstverständlich die Pflichten, an der Organisation und Arbeit solcher Verbände und Gesellschaften mitzuwirken. Der industrielle Aufbau in Hoechst wäre nicht möglich gewesen, wenn wir uns nicht auch persönlich an diesem wiedererwachenden, wissenschaftlichen Leben beteiligt hätten.

Steckenpferd: Chemische Technologie

Meine speziellen Neigungen blieben stets meinem ursprünglichen Arbeitsgebiet, der Chemischen Technologie, zugewandt. Wann immer ich gefragt wurde, ob ich auch ein Hobby hätte, konnte ich stets ehrlich sagen, dies sei meine Chemische Technologie. Zu ihr fand ich immer wieder zurück, wenn mir eine Mußestunde blieb.

Es war eine glückliche Fügung, daß ich schon während meiner Studienjahre in Darmstadt einen Wissenszweig gewählt hatte, der so gut und so selbstverständlich zu meinem Lebensweg in der Industrie paßte, und es mir gestattete, meinem Lieblingsfach auch hauptamtlich treu zu bleiben. So konnte ich auch an den nun in Hoechst notwendigen technischen Entwicklungen in den Bereichen der Petrochemie, der Kunststoffe und der technischen Elektrochemie persönlich teilnehmen.

Eigene literarische Arbeiten und Vorträge, die sich daran

leicht und selbstverständlich anknüpfen ließen, haben meine industrielle Tätigkeit im In- und Ausland in glücklicher Weise ergänzt und mir in der Welt viele interessante Beziehungen und auch Kontakte geschaffen.

Nach meiner Entlassung in Hoechst 1945 hatte mich zunächst das Handbuch der Chemischen Technologie, das ich gemeinsam mit Ernst Weingärtner herausgab, wieder in die Chemie zurückgeführt. Der Aufenthalt bei der Duisburger Kupferhütte und die elektrochemischen Arbeiten bei Knapsack brachten neue und interessante Aspekte und erweiterten mein technisches Wissen.

Mir wurde in dieser Knapsacker Zeit auch die Gelegenheit geboten, einen Technischen Lehrstuhl anzunehmen und so zur Hochschule zurückzukehren. Aber ich war damals in Knapsack schon zu eng mit dem Wiederaufbau verbunden und konnte die einmal begonnene Arbeit nicht mehr im Stich lassen.

1953 bin ich der Berufung zum Honorarprofessor an der Universität Frankfurt gerne gefolgt. Ich habe seit dieser Zeit mit ganz wenigen Ausnahmen bis heute regelmäßig Vorlesungen über spezielle Kapitel aus der Chemischen Technologie gehalten. Eine wesentliche Ergänzung dazu bildeten Exkursionen, die sich oft über mehrere Tage hinzogen. Diese Tätigkeit hat mich außerordentlich befriedigt, wenn ich mir natürlich auch in Hoechst von meinen jungen Mitarbeitern durch mancherlei Vorarbeiten helfen lassen mußte.

Meiner akademischen Verpflichtung habe ich mich mit großer innerer Anteilnahme gewidmet. Ich wußte aus der eigenen Universitätszeit, wie wichtig es für junge Studenten ist, Repräsentanten jener Unternehmen zu begegnen, in deren Milieu viele von ihnen später einmal tätig sein würden.

Mit besonderem Interesse habe ich im Jahr 1955 den Vorsitz der Dechema, der »Deutschen Gesellschaft für Chemisches Apparatewesen«, übernommen.

Die ursprüngliche Hauptaufgabe, die Veranstaltung der Achema, war nach dem Zweiten Weltkrieg erneut aufgegriffen worden. In den Jahren 1950 und 1952 hatten, wenn auch noch in bescheidenem Rahmen, solche Ausstellungstagungen schon wieder stattgefunden. Im übrigen aber fehlte es an manchen Voraussetzungen, zum Beispiel an der vollständigen Wiederherstellung der im Krieg zerstörten Geschäftsstelle in Frankfurt. Noch schwieriger war es, das wissenschaftliche Leben der Gesellschaft den neuen Gegebenheiten der Nachkriegszeit anzupassen. Darum hatte sich die Dechema in den ersten Jahren nach der Neugründung zu wenig kümmern können. Sie lief jetzt Gefahr, das eigentliche Ausstellungswesen zu sehr in den Vordergrund zu stellen und sich dabei von den Aufgaben eines wissenschaftlichen Vereins allzu weit zu entfernen.

Die Chemiker und Ingenieure, aber auch die Apparatebauer und die chemische Industrie, die nun vor großen Investitionen stand, erhofften von der Dechema aufgrund ihrer Tradition wieder einen Kristallisationspunkt für ihre Zusammenarbeit. Sie waren aber aus unterschiedlichen Gründen mit der jetzigen Entwicklung unzufrieden und stritten miteinander, wie ihre Wissens- und Interessengebiete innerhalb der Dechema zur Geltung kommen sollten. Auch im Vorstand war es bei wichtigen Entscheidungen, sowohl über personelle Fragen als auch über die Auswahl neuer Arbeitsgebiete, zu Kampfabstimmungen gekommen.

In der chemischen Industrie stellten Art und Form der Zusammenarbeit von Chemikern und Ingenieuren schon immer ein Problem dar. Noch über die Jahrhundertwende hinaus bildete die präparative Chemie den Mittelpunkt des Geschehens in der Fabrik. Ihre großen Erfolge begründeten den hohen Leistungsstandard.

Erst um 1900 trat der Ingenieur gleichberechtigt an die Seite des Chemikers. Zu dieser Zeit wandte sich die Fabrikationstechnik von den bisherigen einfachen Methoden, die vielfach noch der Arbeitsweise in den klassischen organischen Laboratorien recht ähnlich gewesen waren, ab. Hochdruckverfahren und katalytische Reaktionen stellten neue Anforderungen an die Meß- und Regeltechnik, an die Konstruktionslehre sowie an die Werkstoffkunde. In der Zeit zwischen den beiden Kriegen war diese Umstellung noch in vollem Gange. Auch innerhalb der I. G. Farbenindustrie gab es große Unterschiede in der Methodik technischen Denkens. Auf der einen Seite befanden sich die klassischen Betriebe und Werke der Farbstoff- und Arzneimittelproduktion, auf der anderen die neuen Verfahren der Hochdrucktechnik, der Ammoniaksynthese und der Acetylenchemie und im Grunde genommen die gesamte anorganische Industrie, die immer stark ingenieurtechnisch beeinflußt gewesen war. Die Dechema hatte diese unterschiedlichen Interessen schon lange nicht mehr ausgleichen und in sich vereinigen können.

Im Jahre 1936 wurde durch Initiative von Friedrich Jähne, damals Chefingenieur in Hoechst und Vorsitzender der Ingenieurtechnischen Kommission der I. G., sowie von Rudolf Plank und Arnold Eucken, besonders aber auf Betreiben von Siegfried Kiesskalt die Gesellschaft für Verbrauchsgütertechnik gegründet. Sie setzte sich zum Ziel, die Ingenieure mit der Stoffumwandlung, also mit der Chemie, ihrer Thermodynamik, der Reaktionskinetik und vielem anderen vertraut zu machen. Man fand später den Namen Verfahrenstechnik für diesen neuen Wissenszweig.

Arnold Eucken, der damals zu den überragenden Persönlichkeiten der physikalischen Chemie zählte, schrieb unter Mitwirkung vieler Autoren ein Handbuch der physikalischen Arbeitsmethoden in chemischen und verwandten Industriebetrieben. Dieses Werk umriß, womit sich die Verfahrenstechnik zu befassen hatte. Sie sollte nach dem Willen der Gründer in erster Linie den Gesichtskreis der Ingenieure erweitern, deren Ausbildung und Denkweise sich in Deutschland allzusehr auf die klassische Ingenieurtechnik, auf die Konstruktion von Werkzeugmaschinen, Turbinen, Pumpen, Kompressoren etc. beschränkte. Die so verstandene Verfahrenstechnik durfte nicht nur auf die chemische Technik und deren Fabrikationsprozesse begrenzt bleiben, sondern mußte sich auf alle Industriezweige ausdehnen, in denen neue Arbeitsprozesse notwendig waren. Dazu gehörten die Transporttechnik, die Bergbau- und Aufbereitungstechnik, die Verpackungsindustrie und vieles andere.

Als nun in den fünfziger Jahren die wissenschaftlichen Aufgaben der Dechema neu fixiert werden sollten, standen sich Chemiker und Verfahrensingenieure mit unterschiedlichen Auffassungen und oft auch mit unüberbrückbar scheinender Rivalität gegenüber. Diese verschiedenartigen Vorstellungen wirkten sich selbstverständlich nicht im täglichen Berufsleben aus. In der Praxis war es längst zu einer vernünftigen Zusammenarbeit und einem realistischen Abschätzen der beiderseitigen Möglichkeiten gekommen. Jetzt ging es einfach darum, das Berufsbild des Chemikers und des Ingenieurs in der chemischen Industrie zu überprüfen und klar herauszuarbeiten.

Die Erdöltechnik der angelsächsischen Länder, die damals eine so große Rolle spielte und auch nach Europa ausstrahlte, hatte den Begriff des Chemieingenieurwesens geprägt. Dieses Berufsbild war durch eine Mischung von chemischen und ingenieurtechnischen Kenntnissen charakterisiert. Das paßte nicht so recht in die deutsche Situation. So hielt man denn auch im Grunde genommen in Deutschland an der Zweiteilung fest. Es blieb einerseits die chemische Technologie, die sich von ihren rein deskriptiven Verfahrensbeschreibungen aus erweiterte und sich der angewandten physikalischen Chemie zuwandte. Sie bildete Chemiker aus, die in den Betrieben ihren Platz finden konnten, aber gleichzeitig den Ingenieur und den Physiker in seiner Arbeit verstanden. Auf der anderen Seite behielt der Ingenieurbereich das Lehr- und Forschungsgebiet der Verfahrenstechnik, die auf der Grundlage des Ingenieurwesens aufbaut und sich in der Praxis mit dem Chemiker in der Beherrschung physikalischer und chemischer Vorgänge trifft.

Dem Fernstehenden mag eine solche Diskussion, die auch heute noch andauert, als Haarspalterei erscheinen. Für die chemische Industrie ist es ein wichtiges Problem, die richtige Abgrenzung zu finden, denn die Gestaltung ihrer technischen Entwicklung wird davon entscheidend beeinflußt.

In Deutschland schätzt die chemische Industrie gemischte Ausbildungswege wie den des Chemieingenieurs nach wie vor nicht übermäßig hoch ein. Zumindest werden sie nicht so bevorzugt wie in den Vereinigten Staaten und in England. Man will bei uns auch heute noch lieber dem vollständig ausgebildeten Chemiker den ebenso kompletten Ingenieur zur Seite stellen. Vereinfacht heißt das: anstelle von Chemieingenieuren wählt man die vernünftige Zusammenarbeit von einem hundertprozentigen Chemiker mit einem hundertprozentigen Ingenieur.

Die guten Erfolge der chemischen Technik in Deutschland zeigen, daß dieses System nicht schlecht ist. Man wird freilich seine Brauchbarkeit und Notwendigkeit immer wieder überprüfen müssen. Dies um so mehr, als in den letzten Jahren manche anderen Fakultäten die chemische Technik zunehmend beeinflußten.

Als die Probleme der Biologie, der Physik und durch den Computer auch die der Mathematik in verstärktem Maß auf den Chemiker zukamen, wurde allen klar, daß – ob man es will oder nicht – ein Zusammenspiel vieler Disziplinen unerläßlich war. Keiner konnte in all diesen Wissensgebieten gleichermaßen zu Hause sein.

Die Mehrzahl von uns glaubt aber auch heute noch, daß man die verschiedenen naturwissenschaftlichen Disziplinen nicht nur an ihren Grenzgebieten und ihren Berührungspunkten erlernen kann, sondern daß den jungen Naturwissenschaftlern zunächst einmal ein vollständiges Grundlagenstudium in einer der Disziplinen geboten werden muß, ehe sie sich einem Grenzgebiet zuwenden.

Für die Fülle der großen und kleinen Aufgaben in den Chemieunternehmen werden freilich immer auch Menschen notwendig sein, die in mehreren Wissensbereichen zu Hause sind.

Die Diskussionen, wie man von den verschiedenen spezialisierten Berufen her zusammenkommt, haben das wissenschaftliche Leben der Dechema außerordentlich gefördert und ihm starke Impulse gegeben. In Fachausschüssen und Arbeitskreisen der Gesellschaft, die wir neu gründeten, wurden aktuelle Themen der chemischen Technik von allen Seiten beleuchtet. Spezialisten der verschiedensten Fachrichtungen erarbeiteten gemeinsam Resultate, die sie in wegweisenden Veröffentlichungen und umfangreichen Tagungen darboten.

Als die finanziellen Voraussetzungen erfüllt waren, wurde im Jahre 1961 das Dechema-Institut gebaut. Neben einem Hörsaal beherbergt es Laboratorien, in denen spezifische Aufgaben wissenschaftlich bearbeitet werden, wie sie sich aus der Sicht der Dechema und ihrer Diskussionskreise ergaben.

So wurde die Dechema im Laufe der Zeit die angesehene Repräsentantin all der Kräfte, die für die Neugestaltung der chemischen Technik ausschlaggebend waren. Alle mit der Dechema verbundenen Industriezweige, also die eigentliche chemische Industrie, die Ingenieurfirmen, die in aller Welt chemische Anlagen errichten, vor allen Dingen aber der chemische Apparatebau, die Meßtechnik und die Elektrotechnik haben dabei mitgewirkt und zum allgemeinen Fortschritt beigetragen.

Mit der Gründung der Europäischen Föderation für das Chemieingenieurwesen im Jahre 1953 und wenig später mit einem ähnlichen Zusammenschluß einer Europäischen Föderation für Korrosion erreichten wir in der chemischen Technik sehr früh eine intensive internationale Zusammenarbeit, und zwar viel eher als im politischen und wirtschaftlichen Raum, in dem dies in so breiter Form bisher überhaupt nicht gelang.

In den westeuropäischen Ländern wurden die großen Veranstaltungen von übernationaler Bedeutung, darunter auch unsere Achema, zu Unternehmungen dieser gemeinsamen Europäischen Föderation. Sie gewannen dadurch beträchtlich an Gewicht sowie an Besuchern und Ausstellern. Westliche und östliche Industrieländer nehmen rege an ihnen teil. Diese Veranstaltungen waren von nun an der Treffpunkt der Chemie aus aller Welt. Sie boten Gelegenheit, über die Grenzen hinaus manche menschlichen und geschäftlichen Beziehungen anzuknüpfen.

Dieses Wirken der Dechema ist ein symbolhaftes Beispiel für die neue wissenschaftliche Arbeitsweise der Gegenwart. Die Zeiten, in denen einzelne Disziplinen für sich allein und aus eigener Kraft große Erfolge erringen konnten, sind endgültig vorbei. Unsere Technik ist so kompliziert geworden, daß sie alle daran Beteiligten zu engster Zusammenarbeit zwingt. Solche gemeinsamen Forschungen sind längst in aller Welt üblich geworden.

Ein überzeugendes Beispiel für eine neue Form interdisziplinärer Arbeit, wie man sie früher nur in Ausnahmefällen kannte, wurde später die friedliche Nutzung der Kernenergie. Mit ihren Problemen mußten wir uns auch in Deutschland intensiv befassen, wenn wir nicht in einen hoffnungslosen technologischen Rückstand geraten wollten.

Anfänge der deutschen Kerntechnik

Die Bundesrepublik Deutschland konnte sich mit der Kernenergie erst befassen, nachdem sie im Mai 1955 als Folge der im Vorjahr abgeschlossenen Pariser Verträge endgültig aus dem Besatzungsstatut entlassen und zu einem souveränen Staat geworden war.

Siebzehn Jahre zuvor hatten die Chemiker Otto Hahn und

Fritz Straßmann am Kaiser-Wilhelm-Institut in Berlin-Dahlem die Kernspaltung entdeckt und darüber am 6. Januar 1939 in der Zeitschrift »Die Naturwissenschaften« berichtet. Der unscheinbare Titel des so folgenschweren Aufsatzes hieß: »Über den Nachweis und das Verhalten der bei der Bestrahlung des Urans mittels Neutronen entstehenden Erdalkalimetalle«.

Otto Hahn teilte seine Ergebnisse in einem Brief seiner früheren Mitarbeiterin Lise Meitner mit, dic 1938 nach Schweden emigrieren mußte. Mit ihrem Neffen Otto Robert Frisch diskutierte Lise Meitner die Hahn'schen Experimente und kam zu der richtigen Erklärung des entdeckten Phänomens. In einem gemeinsamen Bericht an die englische Zeitschrift »Nature« prägten Meitner und Frisch den Ausdruck »Kernspaltung« oder »fission« und wiesen zugleich auf die bei diesem Vorgang freiwerdende große Energie hin.

In Deutschland veröffentlichte Siegfried Flügge, ein Mitarbeiter Hahns, drei Monate vor Kriegsbeginn einen Artikel, in dem er die Frage aufwarf, ob die Atomenergie in Zukunft technisch nutzbar gemacht werden könne.

Dieser wichtige Aufsatz erregte seltsamerweise kaum besondere Aufmerksamkeit. Es blieb in der Folgezeit in Deutschland still um die Fragen der Atomenergie. Die damalige Staatsführung stand naturwissenschaftlichen Möglichkeiten fremd gegenüber. Die Physiker um Hahn hatten glücklicherweise nicht den Ehrgeiz, eine Atomwaffe zu konstruieren. So konzentrierte man sich auf die technische Auswertung der neuen Atomenergie, also auf die Konstruktion eines Atomreaktors. Diese Arbeiten hatten allerdings nur ein recht bescheidenes Ausmaß.

In den USA dagegen erkannte man die kriegstechnischen Möglichkeiten einer Atombombe und förderte sie mit einem gewaltigen Programm. Ungeheure Kraftreserven wurden mobilisiert, um eine Atombombe zu schaffen. Das grauenhafte Ergebnis dieser Bemühungen, nämlich der Abwurf solcher Bomben auf Hiroshima und Nagasaki im August 1945, gehört inzwischen zu den tragischen Daten der Weltgeschichte.

Es war verständlich, daß Deutschland nach dem Krieg von den Alliierten jegliche Betätigung auf dem Gebiet der Atomenergie strikt verboten wurde. Darüber hinaus entsprach ein solches Verbot zunächst wohl auch den Wünschen der meisten Deutschen. Der Schrecken über die Vorgänge von Hiroshima und Nagasaki saß noch so tief in uns, daß leider die gesamte Kernphysik und ihre Anwendung zur Energieerzeugung suspekt geworden war.

Schließlich aber mußte man nach diesem schrecklichen Irrweg, den die Menschen mit der Atombombe gegangen waren, zurückkehren zu den nüchternen Überlegungen, daß sich hier der Welt in der Kernspaltung die Energiequelle erschloß, die sie für ihre Zukunft benötigte. Kein Land, das mit der weltweiten technischen Entwicklung und den wachsenden Lebensansprüchen der Bevölkerung überhaupt Schritt halten wollte, konnte sich von diesen Arbeiten ausschließen. So wurde letzten Endes auch von den westlichen Alliierten bereitwillig anerkannt, daß man der Bundesrepublik die Möglichkeiten zum Aufbau einer Kernenergie lassen mußte, zumal sie sich in den Pariser Verträgen von 1954 ausdrücklich dazu verpflichtet hatte, auf Herstellung, Entwicklung und Besitz atomarer Waffen in jeglicher Form zu verzichten.

In Hoechst befaßten wir uns bis 1954 überhaupt nicht mit Fragen der Kerntechnik. Die Fülle der Aufgaben, die bis dahin auf uns zugekommen waren, und das weite technische Neuland, das sich dabei der Chemie erschloß, hatten uns voll beansprucht. Ich selbst wußte nicht einmal von den bescheidenen deutschen Entwicklungsarbeiten für einen Atomreaktor während des Krieges, geschweige denn von den entsprechenden Vorarbeiten in der Nachkriegszeit.

Treffpunkt Genf

So geriet ich mit den Problemen der Kernenergie erst in Berührung, als die Vereinten Nationen auf Anregung des amerikanischen Präsidenten Dwight D. Eisenhower weltweit zu einer ersten wissenschaftlichen »Internationalen Konferenz über die friedliche Anwendung der Atomenergie« einluden, die im August 1955 in Genf stattfinden sollte. Schon im Dezember 1953 hatte Eisenhower in einer aufsehenerregenden Rede vor den Vereinten Nationen in New York seinen Plan »Atome für den Frieden« bekanntgegeben. Danach sollten die bisherigen Atommächte spaltbares Material einer noch zu gründenden »Internationalen Atomenergie-Kommission« zur Verfügung stellen. Die Kommission sollte das Material dann an Staaten, die es selbst nicht herstellten, für Forschungszwecke und als Kernbrennstoff liefern.

Als zur Genfer Atomkonferenz eingeladen wurde, war der breiteren deutschen Öffentlichkeit die Bedeutung des Themas kaum bewußt. Es zeigte sich aber, daß auch in Deutschland, allerdings in sehr bescheidenem Umfang, schon Vorarbeiten geleistet worden waren. Nach der Unterschrift unter die Pariser Verträge erfuhr ich von einer Initiative des Bundeswirtschaftsministeriums, die dann nach einigen Besprechungen zur Gründung einer Physikalischen Studiengesellschaft im November 1954 führte.

An ihr beteiligten sich zunächst sechzehn Firmen, darunter auch die Farbwerke Hoechst, mit einem Beitrag von je 100000 DM. Damit sollten Arbeiten gefördert werden, die im Rahmen der Max-Planck-Gesellschaft aufgenommen worden waren.

Das Projekt war eng verknüpft mit der Person Werner Heisenbergs, der zu den Begründern der Quantenmechanik gehört und für seine Arbeiten 1932 den Nobelpreis für Physik erhielt. Heisenberg, seit 1941 Direktor des Kaiser-Wilhelm-Instituts in Berlin-Dahlem, war an hervorragender Stelle in den letzten Kriegsjahren an den Bemühungen beteiligt, in dem süddeutschen Städtchen Haigerloch einen kleinen Reaktor zu bauen, der allerdings nicht mehr in Betrieb kam.

Nach dem Kriege hatte Heisenberg sein Berliner Institut, das nunmehr zur Max-Planck-Gesellschaft gehörte, nach Göttingen verlegt. Dort unternahm er es, die bescheidenen, in Haigerloch gewonnenen Erfahrungen zu rekonstruieren und den Bau eines größeren Reaktors theoretisch vorzubereiten. Von den westlichen Besatzungsmächten wurde für dieses Projekt vorerst nur eine Leistung von anderthalb KW zugestanden. Später wurde die Erlaubnis auf 5 KW erhöht. Nach Abschluß der Pariser Verträge 1955 fiel auch diese Beschränkung.

Die Physikalische Studiengesellschaft, die die Pläne Heisenbergs realisieren sollte, konstituierte sich unter dem Vorsitz des Düsseldorfer Bankiers Wilhelm Bötzkes, zugleich Vizepräsident der Max-Planck-Gesellschaft. In der Gründungssitzung am 8. November 1954 erfuhr ich zum ersten Mal von diesen Plänen. In den Ausschüssen hatte man errechnet, daß der Reaktor etwa vierzig Millionen DM kosten würde. Nun beschäftigten sich der Aufsichtsrat und ein technisch-wissenschaftlicher Beirat zunächst mit der Beschaffung der notwendigen Mittel und der Wahl eines Standortes. Auch die Entscheidung, ob man diesen mutigen Schritt zum Eigenbau überhaupt wagen oder stattdessen einen fertigen Reaktor in den Vereinigten Staaten oder in Großbritannien erwerben sollte, reifte erst allmählich heran.

Die unmittelbar Beteiligten neigten zu München als Standort des Reaktors. Dafür trat vor allem Heisenberg ein, der sein Göttinger Institut nach München verlegen wollte. Von der Seite der Industrie zeigten wir uns durchaus bereit, seinen Wünschen zu entsprechen, da er und seine Mitarbeiter für die Durchführung des Projektes von entscheidender Bedeutung waren. Zwischen den Ländern entwickelte sich ein lebhafter Wettbewerb um den Standort, wobei von den verschiedensten Seiten immer wieder neue Argumente angeführt wurden.

Schließlich war es Bundeskanzler Adenauer selbst, der die Entscheidung für Karlsruhe fällte. Zu unserer Überraschung begründete Adenauer dies mit dem Hinweis, München käme aus strategischen Gesichtspunkten nicht in Frage, da es zu nahe an der tschechischen Grenze läge. Wir nahmen diese Erläuterung bei aller Hochachtung vor dem Kanzler etwas belustigt entgegen, weil uns das Argument eines Unterschiedes von zwanzig Flugminuten zwischen München und Karlsruhe nicht sehr überzeugend erschien. Aber bei Adenauer war eben immer ein Stück unergründlicher Politik mit im Spiel, wenn er sein föderalistisches Orchester dirigierte.

Wir sind dann mit unserem Projekt recht gerne nach Karlsruhe gegangen, wo in der Nachbarschaft der Universitäten von Karlsruhe, Heidelberg und Stuttgart in Leopoldshafen mit Unterstützung der Stuttgarter Landesregierung ein guter Platz gefunden werden konnte.

Über diesem Vorgeplänkel rückte rasch der Zeitpunkt der Genfer Konferenz heran. Neben Otto Hahn, dem Heidelberger Physiker Wolfgang Gentner, dem Gesandten Carl-Friedrich Ophüls und dem Ministerialdirigenten Walter Hinsch aus dem

Bundeswirtschaftsministerium wurde ich zum Mitglied der offiziellen deutschen Delegation ernannt. So kam ich zum ersten Mal in meinem Leben nach Genf. Dort versammelten sich am 8. August 1955 im großen Saal des ehemaligen Völkerbundpalastes die Abordnungen von 73 Nationen zur feierlichen Eröffnungssitzung.

Jede Delegation saß wie in einem Kirchengestühl für sich. Direkt hinter den deutschen Vertretern war der Platz der vier riesengroßen und tiefschwarzen Delegierten aus Ghana, die mir wegen ihrer Freundlichkeit in Erinnerung geblieben sind. Sehr viel mehr als ich werden auch sie nicht verstanden haben von den äußerst komplizierten Konferenzthemen und den zahlreichen wissenschaftlichen Vorträgen, die schon bald sehr ins Detail gingen. Verhandlungssprachen waren Englisch, Französisch, Russisch und Spanisch.

Außerordentlich groß war die Zahl der Besucher in Genf, die nicht zu den offiziellen Delegationen gehörten. Auch aus der Bundesrepublik hatten sich Hunderte von Repräsentanten aus dem öffentlichen Leben, von Presse, Wissenschaft und Industrie als Schlachtenbummler eingefunden. Im schönen Sommerwetter von Genf entwickelte sich die Tagung zu einem unvergleichlichen Ereignis.

Wir Deutsche spielten als Neulinge in dem internationalen Konzert naturgemäß nur eine sehr bescheidene Rolle. Am meisten zu bieten hatten die Vereinigten Staaten von Amerika. An ihrem Stand auf der umfangreichen technischen Ausstellung, die mit der Konferenz verbunden war, fanden sich die Bilder berühmter Atomphysiker. Allerdings mit einer Ausnahme: es fehlte das Bild von Otto Hahn, der die Kernspaltung überhaupt erst entdeckt hatte. Die jungen amerikanischen Physiker und Naturwissenschaftler, die diesen Stand betreuten, wußten auf Anfrage zunächst nicht einmal, wer Otto Hahn war. Erst nach mehrmaligem freundlichen Zureden erschien dann auch sein Bild. Es ist den amerikanischen Physikern damals sicherlich nicht ganz leicht gefallen, das Porträt eines deutschen Chemikers in Genf zu präsentieren.

Mit seinem Humor und seiner großen menschlichen Sicherheit gewann Otto Hahn auf der Genfer Konferenz schnell an Terrain, was uns übrigen Mitgliedern der deutschen Delegation sehr zugute kam. Wir gingen sogar zu dem offiziellen sowjetischen Empfang, auf dem wir uns ebenfalls im wissenschaftlichen Ruhm Hahns sonnen konnten. Dieser Besuch fand allerdings gegen den Widerstand des Repräsentanten des Auswärtigen Amtes statt, denn die Bundesrepublik unterhielt mit Moskau noch keine diplomatischen Beziehungen.

Im übrigen waren die zwölf Konferenztage von morgens bis in die Nacht hinein voll ausgefüllt. Vorträge, deren Inhalt zuweilen wahrhaft sensationell war, lösten sich mit Empfängen und Einzelgesprächen ab. Die Repräsentanten der Atommächte wetteiferten miteinander in der Preisgabe bisher geheimgehaltener Informationen. Allein die Vereinigten Staaten steuerten zu der Konferenz 512 wissenschaftliche und technische Arbeiten bei; das waren 48% aller eingereichten Beiträge. Aus den gesamten Einsendungen hatten die Vereinten Nationen 450 Arbeiten für den mündlichen Vortrag und die Diskussion auf der Tagung selbst ausgewählt. Hiervon stammten 176 von den USA.

Als Sensation empfanden wir es, als wir in Genf zum ersten Mal vor einem »Schwimmbad-Reaktor« standen. Bei diesem Typ, der sich vor allem für Unterrichts- und Forschungszwecke bewährt hat, dient Wasser zugleich als Kühlmittel, Strahlenabschirmung und Moderator für das angereicherte Uran, das als Brennelement verwendet wird. Der Reaktor war aus den Vereinigten Staaten mit zwei Transportmaschinen der amerikanischen Luftwaffe herübergeflogen und in einem eigens errichteten Bau auf dem Gelände des Völkerbundpalastes wieder zusammengesetzt worden.

Solange er nicht in Betrieb war, wurde der »Swimming-pool« durch eine Unterwasserbeleuchtung erhellt. Jede Viertelstunde aber wurde er auf seine volle Leistung von hundert Kilowatt gebracht. Dann stellte sich ein Effekt ein, den der sowjetische Physiker und Nobelpreisträger Pawel Tscherenkow 1934 entdeckt hatte: wenn sich Elektronen in einem bestimmten Medium – in diesem Falle Wasser – so schnell bewegen, daß sie die Lichtgeschwindigkeit in diesem Medium übertreffen, dann tritt eine elektromagnetische Strahlung auf. Das blaue Leuchten dieser Tscherenkow-Strahlung erschien uns hier in Genf wie das Leuchten von Aladdins Wunderlampe.

Nach der Konferenz, während der sechzigtausend Menschen den Reaktor besichtigten, wurde er von den Amerikanern an die Schweizer Regierung abgegeben und fand endgültig seinen Platz in dem Schweizer Kernforschungszentrum Meyrin nahe Genf.

Unter dem Eindruck der ersten Stunden telefonierte ich nach Hoechst und löste damit einen zusätzlichen Besucherstrom aus unserem Unternehmen aus. Angesichts der Fülle von Informationen, die auf uns einstürmten, überkam uns zuweilen eine gewisse Ratlosigkeit. Die Aussichten, auf diesem Gebiet noch etwas zu erreichen, erschienen zunächst nicht sehr groß. Von anderen Konferenzteilnehmern und auch von der Presse wurden uns Deutschen tatsächlich nicht allzuviel Chancen eingeräumt.

Durch die Vermittlung meines Vorstandskollegen Menne hatte ich Gelegenheit, den Vorsitzenden der amerikanischen Atomenergiekommission Admiral Lewis Strauss in seinem Hauptquartier im Hotel Monopol zu besuchen, in dem er mit den 327 offiziellen Mitgliedern und Begleitern der amerikanischen Delegation residierte. Der Empfang war höflich, aber doch recht kühl. Die Distanz blieb sehr groß, wahrscheinlich aus politischen Überlegungen und auch aus dem Bewußtsein der überwältigenden wirtschaftlichen und technischen Überlegenheit der USA. Die Bundesrepublik war politisch, wirtschaftlich und wissenschaftlich noch recht unbedeutend.

In seinen später aufgezeichneten Erinnerungen, die bis 1961 reichen, hat Strauss Deutschland in Zusammenhang mit nuklearen Fragen nicht einmal erwähnt. Eine engere Partnerschaft zwischen der Bundesrepublik und den Vereinigten Staaten entwickelte sich auf dem Gebiet der Atomforschung nur langsam, wenn auch bei einzelnen amerikanischen Wissenschaftlern die Hilfsbereitschaft von Anfang an außerordentlich groß war.

Was ich in Genf sah und erlebte, hat mich stärker bewegt als manche anderen Ereignisse in meinem Leben. Es waren nicht nur die naturwissenschaftlichen Perspektiven, die uns dort zum ersten Mal greifbar vor Augen geführt wurden. Sie zeigten uns, welche segensreichen Konsequenzen die Nutzung der Kernenergie für die Menschen haben könnte.

Ebenso bewegend war das Erlebnis einer Konferenz, bei der zum ersten Mal auf internationaler Ebene die friedliche Anwendung von Kräften diskutiert wurde, die zuvor eine Zerstörung hervorgerufen hatten, wie sie in der Geschichte der Menschheit einmalig war. Hinter aller Offenherzigkeit der Atommächte spürte man allerdings auch stets die politische Brisanz der abgehandelten Themen. Wir Deutschen erhielten dabei die große Chance, unsere aktive Mitarbeit in einem Augenblick zu beginnen, in dem auch die Atommächte bei der zivilen Nutzung der Kernenergie noch nicht allzu weit über die ersten Schritte hinausgekommen waren.

Die tiefere Bedeutung dieser ersten Genfer Konferenz lag wohl darin, daß hier zum ersten Mal nach dem Krieg ein weltweiter Gedankenaustausch zwischen Naturwissenschaftlern stattfand. Trotz Kalten Krieges und vielfacher späterer Störungen auf der Welt ist er niemals wieder abgerissen und hat sich auch auf andere Bereiche ausgedehnt. Es sei in diesem Zusammenhang an das Internationale Geophysikalische Jahr vom 1. Juli 1957 bis zum 31. Dezember 1958 erinnert. Es scheint jedenfalls so, daß naturwissenschaftliche und technische Probleme sich mehr als andere dazu eignen, die Menschen zum friedlichen Gedankenaustausch zusammenzuführen.

Als die Deutschen mit ihren Bemühungen in der Kerntechnik begannen, hatten sie überdies den Vorteil, daß die bürokratischen Geleise in der eben erst souverän gewordenen Bundesrepublik noch nicht allzu sehr ausgefahren waren, so daß relativ schnell und flexibel gehandelt werden konnte. Aus der Stimmung von Genf heraus gelang es rasch, auch für die Kerntechnik in der Bundesrepublik ein passendes Organisationssystem zu schaffen.

Die Deutsche Atomkommission

Vor allen Dingen war uns klar, daß eine Deutsche Atomkommission als Gesprächspartner der schon existierenden Kommissionen in den anderen Industrieländern entstehen mußte. Im Gegensatz zu den ausländischen Institutionen sollte aber die deutsche Kommission keine staatliche Weisungsbefugnis besitzen, da sie wegen des Verzichtes der Bundesrepublik auf Herstellung oder Verwendung atomarer Waffen nicht, wie in vielen anderen Ländern, militärische Funktionen auszuüben hatte. Sie sollte vielmehr ein Gremium sein, dessen Mitglieder ein gewisses persönliches Ansehen genossen, so daß ihre Stimme, auch wenn die Kommission nur beratend tätig sein konnte, nicht überhört werden durfte.

Um dieses Gremium und seine Arbeit gegen das allgemeine Mißtrauen zu sichern, das viele Menschen gegenüber der Nutzung der Kernenergie verständlicherweise hegten, mußte die Atomkommission vom Vertrauen der deutschen Öffentlichkeit getragen werden. Deshalb war es notwendig, daß ihr neben Vertretern von Wissenschaft und Industrie, denen naturgemäß die Hauptlast der Arbeit zufallen mußte, auch Repräsentanten der Politik und der breiten Öffentlichkeit angehörten. Auch durfte innerhalb dieser Gruppen keine einseitige parteipolitische Orientierung vorherrschen.

Schließlich aber war es notwendig, daß der Kommission ein Verhandlungspartner im Kabinettsrang gegenüberstand, der etwaige Vorschläge und Anregungen auch mit entsprechendem Nachdruck vertreten und realisieren konnte. Die Bundesregierung kam diesem Wunsch sehr schnell entgegen und ernannte schon im Oktober 1955 Franz Josef Strauß zum Bundesminister für Atomfragen. Strauß hat sich in sehr kurzer Zeit mit dem neu geschaffenen Amt und seiner schwierigen Materie vertraut gemacht.

Als er dann nach kurzer Zeit 1956 das Bundesverteidigungsministerium übernahm, folgte ihm im Oktober dieses Jahres Siegfried Balke als Atomminister. Balke, der als Chemiker beachtliche fachliche Voraussetzungen für dieses Amt mitbrachte, hatte es bis 1962 inne. Er hat sich später als Präsident der Bundesvereinigung der Deutschen Arbeitgeberverbände und als eines der ältesten Präsidialmitglieder des Verbandes der deutschen chemischen Industrie um die Entwicklung der Chemie in Deutschland sehr verdient gemacht.

Unter ständiger Erweiterung der Kompetenzen wurde das Atomministerium später in das heutige Bundesministerium für Bildung und Wissenschaft umgewandelt. Diese Entwicklung zu einer zumindest teilweisen Bundeskompetenz in den so überaus wichtigen Fragen der Forschungs- und Bildungspolitik war sicherlich für die Bundesrepublik ein wichtiges Nebenergebnis des Starts im Bereich der Kernenergie. Es hatte allerdings übermäßig lange gedauert, bis man in Deutschland erkannte, daß der Föderalismus in diesem Sektor einer Korrektur bedurfte.

Am 26. Januar 1956 trat die Deutsche Atomkommission unter dem Vorsitz von Minister Strauß im Bonner Palais Schaumburg, dem Amtssitz des Bundeskanzlers, zum ersten Male zusammen. Anschließend empfing uns Konrad Adenauer. Bei der Wahl der drei stellvertretenden Vorsitzenden kam es, wie immer, wenn Otto Hahn dabei war, zu launigen Episoden. Auf den Vorschlag, Hahn zu einem der Stellvertreter zu wählen, erklärte dieser recht bestimmt, er sei für ein solches Amt viel zu alt. Strauß erwiderte, im Palais Schaumburg habe man vom Alter völlig andere Vorstellungen. Nach einiger Diskussion gab sich Hahn geschlagen und beugte sich, wie er sich ausdrückte, der »Hartnäckigkeit« des Ministers. Darauf erwiderte Strauß: »Auch von Hartnäckigkeit haben wir hier im Haus andere Vorstellungen.«

Das Präsidium der Kommission bestand neben Strauß aus Hahn, dem im April 1971 verstorbenen Staatssekretär Leo Brandt aus Düsseldorf und mir. Die Kommission legte eine Geschäftsordnung fest und gründete Fachkommissionen, die ihrerseits wiederum Arbeitskreise einsetzten. Die Beamten des Ministeriums, deren es zunächst nur wenige gab, wirkten in allen diesen Gremien mit. Ihre Zusammensetzung hatte den Vorteil, daß ständig mehrere hundert ehrenamtliche Mitarbeiter zur Verfügung standen.

Dieses System bewährte sich vortrefflich. Es ermöglichte eine offene und wirklich demokratische Zusammenarbeit vieler Sachverständiger. Die Berufungen in die Arbeitsausschüsse erfolgten in offizieller Form und wurden nach einem Beschluß des Präsidiums vom Minister ausgesprochen. Damit wurde den Gremien eine gewisse Autorität zuteil, obwohl sie keinerlei Weisungsbefugnis besaßen. Im übrigen aber waren wir immer bestrebt, Menschen verschiedenster Auffassungen zu berufen, um möglichst viele Gesichtspunkte berücksichtigen zu können.

Die Deutsche Atomkommission besteht bis heute in ihrer ursprünglichen Form, wenn auch mit abgeänderten Aufgaben. Plenarsitzungen waren selten und fanden höchstens einmal im Jahr statt. Die eigentliche Arbeit wurde von den Fachkommissionen und Arbeitskreisen in ständigem Zusammenwirken mit den Beamten des Ministeriums geleistet. Mehr als 600 Sitzungen haben bis Anfang 1971 stattgefunden, an denen in Fachkommissionen und Arbeitskreisen mehr als 400 Sachverständige aus wechselndem Personenkreis teilnahmen. Wenn man jetzt in Bonn an eine vollständige Umgestaltung des Beratungswesens herangeht und dabei auch das System der Atomkommission verändert, so wird man darauf achten müssen, daß nicht anstelle eines unabhängigen Beratungsgremiums eine bürokratische Organisation tritt, die sich leicht der öffentlichen Kritik entzieht.

Bei den ersten Diskussionen zeigten sich noch weit auseinanderstrebende Interessen. Überdies enthielten die Probleme der Kernenergie und ihrer Anwendung viel politischen Zündstoff. Die Wissenschaftler, die ja zunächst allein die Voraussetzungen für die beginnende Arbeit schaffen konnten, bangten um die Freiheit der Forschung, wenn diese in das Reglement und das Bewilligungssystem einer vom Staat berufenen Kommission eingebaut wurde. Die wissenschaftlichen Selbstverwaltungsorganisationen, besonders die Max-Planck-Gesellschaft, deren Senat ich später angehörte, sahen hier große Forschungsmittel gebunden, auf deren Verwendung sie keinen Einfluß mehr ausüben konnten. In Wirklichkeit aber erfuhren auch die Max-Planck-Institute eine bedeutsame Förderung durch das erwachende staatliche Interesse.

Man sah nach anfänglich großer Skepsis schnell ein, daß es sich bei der friedlichen Nutzung der Kernenergie nicht allein um wissenschaftliche Probleme handelte, sondern um eine weiträumige, technisch-wirtschaftliche Aufgabe, deren Umfang die Möglichkeiten und Arbeitsmethoden rein wissenschaftlicher Institute weit übertraf. In dem begrenzten Rahmen eines wissenschaftlichen Institutes hätten sich solche Aufgaben niemals bewältigen lassen.

Schließlich haben auch alle Wissenschaftler mit großer Bereitwilligkeit in dieser Organisation mitgewirkt. Für die aktive Arbeit mußten in Form der Kernforschungszentren, wie z.B. eines in Karlsruhe entstand, neue Wege gefunden werden. Dabei war wiederum die Zusammenarbeit von Wissenschaft und Wirtschaft von entscheidender Bedeutung.

So hat das Atomprogramm der deutschen Forschung letzten Endes viele Vorteile gebracht. Schon in der ersten Zeit wurden von den USA und Großbritannien mehrere Forschungsreaktoren gekauft. Ohne die großzügige finanzielle Unterstützung der neuen Organisation hätten sie wohl kaum angeschafft werden können. Auch die Hochenergiephysik erfuhr ebenso wie die allgemeine Kernphysik innerhalb des breit angelegten Programmes einen lebhaften Auftrieb.

Zweifellos waren manche Wissenschaftler nicht ganz frei von der Sorge, die Industrie könne dieses Arbeitsgebiet an sich reißen, falls sie die Führung in den zu gründenden Kernforschungszentren in die Hand bekäme. Ich erinnere mich vieler derartiger Unterhaltungen mit den maßgebenden Forschern. Nur mühsam konnten wir sie von unserem ehrlichen Willen überzeugen, uns strikt auf die allgemeine Förderung der friedlichen Anwendung der Kernenergie zu beschränken. Selbstverständlich war es das erklärte Ziel, eines Tages zu einer wirtschaftlichen Nutzung zu kommen.

Erst allmählich schwand die ursprüngliche Skepsis. Andererseits wuchs immer stärker die Erkenntnis, daß zur praktischen Nutzung der Atomenergie unzählige technische Erfahrungen gesammelt werden mußten. Sie konnten nach Lage der Dinge wiederum nur aus der Industrie kommen. Was schließlich alle Beteiligten überzeugte, war die Offenheit, mit der sämtliche Probleme behandelt wurden. Im Bereich der Atomkommission und ihrer Fachausschüsse gab es keine Geheimhaltung.

1957 wurde in der Bundesrepublik viel Staub aufgewirbelt. Achtzehn Physiker, darunter so weltbekannte Persönlichkeiten wie Otto Hahn, Werner Heisenberg, Max von Laue, Fritz Straßmann und Carl Friedrich von Weizsäcker, wandten sich an die Öffentlichkeit mit einem gemeinsamen Appell gegen eine mögliche atomare Bewaffnung der Bundeswehr. Keiner der Unterzeichneten, so hieß es darin, sei bereit, sich an der Herstellung, der Erprobung oder dem Einsatz von Atomwaffen in irgendeiner Weise zu beteiligen. Anlaß zu diesem besorgten und scharfen Schritt waren Nachrichten, nach denen die Bundesregierung zwar nicht die Herstellung, aber die Lagerung von Atomwaffen auf deutschem Boden befürworten wolle. Dies erschien den Wissenschaftlern als ein erster Schritt zu einer Abkehr von dem in den Pariser Verträgen ausgesprochenen Verzicht der Bundesrepublik auf atomare Bewaffnung.

Die Tätigkeit der Deutschen Atomkommission wurde von dieser ausschließlich gegen die Politik der Bundesregierung gerichteten Erklärung der Physiker in keiner Weise berührt. Im Gegenteil unterstrichen die Wissenschaftler im letzten Satz ihres Appells ausdrücklich: »Gleichzeitig betonen wir, daß es äußerst wichtig ist, die friedliche Verwendung der Atomenergie mit allen Mitteln zu fördern, und wir wollen an dieser Aufgabe wie bisher mitwirken«.

Lediglich um diese friedliche Nutzung aber ging es und geht es bei der Arbeit aller, die sich nun diesem Problem widmeten.

Die Industrie war entschlossen, für diese Entwicklung auch erhebliche Mittel bereitzustellen. Sie versprach sich davon vor allem auch eine Auflockerung der in der Bundesrepublik völlig unbeweglich gewordenen Energiepolitik. Gerade 1955 gab es eine Kohlenkrise, und zwar – was man heute schon längst wieder vergessen hat –, weil nicht genügend Kohle verfügbar war. Damals mußten große Mengen aus Amerika eingeführt werden. Im übrigen lagen die Energiepreise in der Bundesrepublik im Vergleich zu den industriellen Nachbarstaaten viel zu hoch, so daß auch daraus wieder eine Zwangslage entstand.

Selbstverständlich wollte die Industrie in Zukunft auch einmal die Möglichkeit haben, Atomkraftwerke zu exportieren, wie sie dies bisher mit konventionellen Kraftwerken getan hatte. Deswegen setzte sie sich für eine möglichst liberale Gesetzgebung bei der Kernenergie ein. Gleichzeitig erwartete sie aber vom Staat beträchtliche Mittel für die Förderung der Kernforschung und Zuschüsse zur Errichtung großer Forschungsanlagen mit ihren umfangreichen technischen Apparaturen. Es war unvermeidlich, daß daraus ein Zwiespalt entstand.

Die Bundesregierung und das Parlament pochten angesichts des von ihnen verlangten Geldes auf ihre Haushaltsrechte. Außerdem waren sich Bund und Länder nicht über die einzuschlagende Marschroute einig. So hat sich das Haushaltsrecht in unserer Forschungs- und Bildungspolitik bis heute als sehr zweischneidig erwiesen. Es ist vielleicht auch eine der Ursachen dafür, daß auf diesen Gebieten in der Bundesrepublik so viele Schwierigkeiten bestehen.

Innerhalb der staatlichen Ämter und auch der Parlamente

drehten sich die Diskussionen zunächst um politische Fragen. Weite Kreise neigten dazu, die Beschäftigung mit der »gefährlichen« Kernenergie von vornherein ausschließlich dem Staate vorzubehalten oder doch wenigstens, wie dies in manchen anderen Ländern der Fall war, den Besitz von Kernbrennstoffen nur dem Staat zu gestatten.

Bei einem solchen Vergleich mit ausländischen Verhältnissen wurde allerdings übersehen, daß die Kernforschungsprobleme in den meisten Ländern der Welt fast immer mit militärischen Aspekten verknüpft waren; außerdem hatte sicherlich das Argument viel für sich, daß nichtstaatliche Institutionen einer Kontrolle und Überwachung durch die Öffentlichkeit und damit durch staatliche Stellen leichter zugänglich sind als der Staat selbst.

Schließlich oblag es der Bundesregierung, dieses mit so viel Zündstoff ausgestattete Problem der deutschen Kernenergiepolitik in der richtigen Weise in die Europapolitik einzufügen, die damals besonders aktiv betrieben wurde.

Insgesamt mußten wir uns also auf einem glatten und tückischen Parkett bewegen. Eine erfolgreiche Arbeit war nur möglich, wenn alle Überlegungen und Entscheidungen rückhaltlos und öffentlich diskutiert wurden, und zwar sowohl von den vielen Mitarbeitern der Atomkommission und von der Wirtschaft als auch von den Behörden und vor allem von der Presse, die sich dieses interessanten Gebietes auch mit großem Eifer annahm. Viele Zeitungen und Zeitschriften haben unsere Bemühungen vorbildlich gefördert, wenn auch nicht immer alle Berichte und Kommentare völlig den Meinungen der Naturwissenschaftler und Techniker entsprechen konnten.

Zu den ersten Aufgaben der Atomkommission gehörte die intensive Mitwirkung bei der Konzeption und Formulierung eines deutschen Atomgesetzes. Es war erstaunlich, daß dieses wichtige Gesetz, das in manchen Punkten von den Vorbildern anderer Länder stark abwich, schon im Dezember 1959 vom Bundestag verabschiedet werden konnte. Dies war um so bemerkenswerter, als dazu eine verfassungsändernde Mehrheit gefunden werden mußte.

Das Gesetz griff in die im Grundgesetz festgelegten Kompetenzen der Länder ein. Heute kann dies als der Anfang einer mühsamen Entwicklung betrachtet werden, die dem Bund Schritt für Schritt gewisse Zuständigkeiten im Bereich der Forschung und des Universitätswesens einräumte. Auch hier hat die Atomenergie richtungweisend gewirkt. Das Atomgesetz räumte dem Atomminister auch die Möglichkeit ein, eine Strahlenschutzverordnung zu erlassen, die für die weiteren Arbeiten unerläßlich war.

Bau des Karlsruher Reaktors

Die Physikalische Studiengesellschaft konzentrierte sich 1955 auf den Eigenbau des Reaktors in Karlsruhe, der nun nicht mehr umstritten war. Einzelne Persönlichkeiten aus der Industrie haben sich um die Realisierung des Projektes besonders verdient gemacht. Ich erinnere mich lebhaft der vielen Vorbesprechungen, an denen vor allen Dingen Hermann Winkhaus von Mannesmann, Hans Reuter von der Demag, Paul Reusch von der Gutehoffnungshütte, Hans-Constantin Boden von der AEG, Carl Knott von Siemens, Alfred Petersen von der Metallgesellschaft, Hermann Schlosser von der Degussa und schließlich Ulrich Haberland von Bayer und ich regelmäßig teilnahmen.

Es war ein inoffizieller, recht oft tagender Kreis, der für die Entwicklung der Kernenergie die entscheidende Initiative ergriff. Als Gegenleistung für eine Mitsprache der Industrie bei Planung und Bau des Reaktors verlangte der Bund von ihr eine Beteiligung von 50 Prozent an der Finanzierung.

So fand im Juli 1956 in Hoechst die Gründungsversammlung einer Kernreaktorfinanzierungsgesellschaft statt. Nicht weniger als 56 deutsche Unternehmen beteiligten sich daran. Das Kapital der neuen Gesellschaft betrug zunächst 15 Millionen DM. Der Bund steuerte die gleiche Summe bei. Vierzehn Tage später wurde die Kernreaktor-Bau-Betriebsgesellschaft mit einem Gesamtkapital von 30 Millionen DM gegründet. Sie errichtete dann den Karlsruher Reaktor. Ihr Kapital mußte später auf 40 Millionen DM aufgestockt werden, da der Bau weitaus teurer wurde als man zunächst erwartet hatte.

Wenn auch das Projekt zu einem vollen wissenschaftlichen und technischen Erfolg wurde, so gestaltete sich rein formal die Zusammenarbeit mit Bund und Land in dieser Partnerschaft zu gleichen Anteilen doch recht schwierig. Die liberale Atompolitik mußte mit einer uns oft arg kleinlich erscheinenden Haushaltspolitik erkauft werden. Die Vertreter der öffentlichen Hand, besonders diejenigen des Finanzministeriums, waren eben bei allem guten Willen einfach an ihre Bestimmungen gebunden.

So erlebten wir ein Beispiel bürokratischer Schwierigkeiten, die einer wirksamen staatlichen Initiative im Wege stehen können. Als schließlich zum Ausbau der Station in Karlsruhe immer mehr Geld benötigt wurde, mußte die industrielle Gruppe ihre Beteiligung aufgeben. Sie verschenkte deshalb 1963 ihren Kapitalanteil von 20 Millionen DM an Bund und Land. Das war immerhin eine generöse Stiftung von privater Hand, wie sie nach dem letzten Krieg nur selten vorgekommen ist. Der Dank war jedoch gering. Die Industrie hatte von nun an wenig Einfluß in Karlsruhe. Sie behielt letzten Endes nur noch das Recht, zwei Repräsentanten im Aufsichtsrat der nunmehr als GmbH zwischen Bund und Ländern geführten Gesellschaft zu stellen.

Doch unbeschadet der vielen kleinen Ärgernisse, die aus bürokratischem Vorgehen erwuchsen, ging der Bau der Reaktorstation recht flott voran. Die Industrie beteiligte sich dabei intensiv, ob nun mit oder ohne Stimmrecht und Geschäftsordnung. Einschließlich der Erstausstattung mit Brennstoff kostete der Reaktor 75 Millionen DM. Er wurde Anfang März 1961 nachts um 3 Uhr erstmals kritisch und erreichte nach Überwindung einiger technischer Schwierigkeiten im Dezember 1962 seine volle Leistung von 12000 Kilowatt. Aber gerade diese Schwierigkeiten bestärkten die Industrie in ihrer Mitwirkung an dem Projekt und boten ihr zugleich Gelegenheit, an diesem Eigenbau zu lernen und ihre Mitarbeiterstäbe zu schulen.

Das Projekt hatte die Bezeichnung Forschungsreaktor FR 2. Der FR 2 war die erste derartige Anlage im Kernforschungszentrum Karlsruhe, das inzwischen drei weitere Reaktoren sowie ein Zyklotron und mehrere andere Anlagen besitzt. Es sind dort Institute für Neutronenphysik und Reaktorentechnik, für angewandte Reaktorenphysik, für Reaktorbauelemente, für heiße Chemie, Radiochemie und Strahlenbiologie u.a. errichtet worden. Zum Zentrum gehört auch eine Schule für Kerntechnik und das

Europäische Institut für Transuran. In Nordrhein-Westfalen entstand, unabhängig von Karlsruhe, durch die Bemühungen von Leo Brandt ein zweites Kernforschungszentrum. Seine Basis bildeten zwei in England gekaufte Reaktoren.

Hoechster Aktivität in der Kerntechnik

Auch unabhängig von Karlsruhe entwickelten die Unternehmen der deutschen Industrie, je nach ihrem Arbeitsfeld, eine lebhafte Tätigkeit im Bereich der Kerntechnik. Hoechst entfaltete dabei große Aktivität, die beträchtliche Mittel erforderte. In unserer Ammoniakfabrik errichteten wir eine Versuchsanlage zur Herstellung von schwerem Wasser durch Destillation flüssigen Wasserstoffs. Sie wurde von der Firma Linde projektiert und arbeitete zu voller Zufriedenheit. Die Jahreskapazität betrug vier Tonnen. Angesichts des relativ niedrigen Preises für schweres Wasser aus den Vereinigten Staaten, der schwerlich allein nach wirtschaftlichen Gesichtspunkten kalkuliert wurde, sondern mehr oder weniger willkürlich festgesetzt worden war, erwies sich unser Produkt aber als viel zu teuer.

Hoechst stellte insgesamt nur 5 oder 6 Tonnen schweres Wasser her. Danach wurde die Anlage stillgelegt und später abgebrochen. Das Haushaltsrecht gestattete es Bund und Ländern nicht, uns das schwere Wasser zu dem recht hohen Preis abzukaufen. Wir wiederum wollten es nicht unter unseren Gestehungskosten abgeben. Die Hoechster Produktion diente später als Muster für eine ähnliche Anlage in Indien. Unsere Ingenieurfirma Uhde arbeitete an der Herstellung von schwerem Wasser durch Austausch mit normalem Wasser noch einige Zeit weiter. Dann erlahmte in Deutschland das Interesse an diesem Produkt, da man von dem mit Natururan als Brennstoff arbeitenden Reaktortyp abkam, der schweres Wasser benötigte.

Im übrigen stifteten die Farbwerke Hoechst dem Institut für Kernphysik der Universität Frankfurt einen kleinen Forschungsreaktor mit einer Leistung von 50 Kilowatt. Er wurde von einer amerikanischen Firma erworben und schon im Jahre 1958 in Betrieb genommen. Schließlich begannen wir mit dem Bau eines radiochemischen Laboratoriums in unserem Werk Griesheim, das dann Jahr für Jahr erweitert wurde. Es dient heute der Herstellung nuklear-medizinischer Präparate sowie verschiedenen wichtigen Forschungsaufgaben. Das Laboratorium, das in Hoechst organisatorisch der angewandten Physik angehört, befaßte sich auch mit der Wiederaufbereitung von Brennelementen und erarbeitete die Grundlagen für die inzwischen errichtete Wiederaufbereitungsanlage Karlsruhe (WAK). Die Sigri, die jetzige Sigri Elektrographit GmbH, beschäftigte sich mit der Herstellung von Graphit, der für die Zwecke der Kernenergie besonders rein sein mußte.

Neben Karlsruhe und Jülich entstanden in der Bundesrepublik noch mehrere Kernforschungsanlagen, so daß Arbeits- und Ausbildungsmöglichkeiten aller Art für Kerntechniker und -physiker zur Verfügung stehen. In den ersten Jahren mochten diese Aktivitäten durchaus ein wenig planlos erschienen sein. In der Tat wurde unter diesem Gesichtspunkt auch keineswegs mit Kritik gespart. Es kam aber damals darauf an, erst einmal an den verschiedensten Stellen Initiativen zu wecken, wo immer sich dafür nur die geringsten Chancen boten. Nur so konnten wir hoffen, den beträchtlichen ausländischen Vorsprung in der Kerntechnik aufzuholen.

Während der Zweiten Internationalen Konferenz über die friedliche Anwendung der Atomenergie in Genf im Jahre 1958 besichtigte ich nahe der Stadt Genf die Baustelle des Kernforschungszentrums der Europäischen Organisation für Kernforschung (CERN), der neben zwölf anderen westeuropäischen Staaten auch die Bundesrepublik angehört. Hier entstand mit einem Kostenaufwand von etwa 120 Millionen DM ein riesiges Protonen-Synchrotron mit einem Durchmesser von etwa zweihundert Metern. Bei CERN handelt es sich um die bedeutendste internationale Zusammenarbeit im Bereich der Kernphysik. Nur durch derartige gemeinsame Anstrengungen mehrerer Nationen können die hier zu bewältigenden gewaltigen Forschungsaufgaben gelöst werden. CERN könnte und sollte für viele andere naturwissenschaftliche Arbeitsgebiete, auf denen man sich noch nicht zu internationalen Partnerschaften dieses Ausmaßes zusammengefunden hat, als Vorbild dienen.

Im Herbst 1957 kam die Fachkommission III der Deutschen Atomkommission zu einer Klausurtagung ins Gästehaus der

Farbwerke Hoechst in Eltville. Dabei wurde ein erstes deutsches Atomprogramm, das sogenannte »Eltviller Programm«, entworfen, das den Rahmen für die weiteren deutschen Bemühungen bilden sollte. Es war ein großzügiger Plan, der auch außerhalb der deutschen Grenzen stark beachtet wurde, weil er von bestehenden Programmen anderer Länder stark abwich.

Das deutsche Programm befaßte sich vor allem mit der Entwicklung von Leistungsreaktoren. Der Bau eines gasgekühlten Hochtemperaturreaktors in Jülich, eines Mehrzweckforschungsreaktors in Karlsruhe und des Kernkraftwerkes Lingen gehen auf das Eltviller Programm zurück. Bei der 25. Sitzung der einschlägigen Fachkommission, die im April 1970 ebenfalls in Eltville stattfand, haben wir der recht wichtigen Vorschläge von damals gedacht. An dieser Gedenksitzung nahm auch noch einmal Ministerialdirektor Joachim Pretsch teil, einer der Begründer der deutschen Atompolitik, der leider bald danach gestorben ist.

In diesen Anfangsjahren der deutschen Kerntechnik war für uns auch die Frage wichtig, auf welche Weise wir an der internationalen Zusammenarbeit teilnehmen könnten. Wir waren auf solche Zusammenarbeit dringend angewiesen, mußten aber auch befürchten, daß damit unsere Handlungsfreiheit eingeschränkt würde, zumal sich unsere Situation von derjenigen der anderen Industrienationen völlig unterschied. Aber schon 1956 und 1957 wurden großzügige bilaterale Abkommen mit Großbritannien, Kanada und den USA abgeschlossen, in denen uns diese Mächte viele ihrer Erfahrungen zur Verfügung stellten. Die Bundesrepublik trat selbstverständlich auch bald der auf amerikanische Anregung im Herbst 1956 von den Vereinten Nationen gegründeten Internationalen Atomenergie-Organisation (IAEO) bei. Sie hielt ein Jahr später im Oktober 1957 in Wien ihre erste Sitzung ab und residiert seither in der österreichischen Hauptstadt.

Mit besonderer Energie betrieb die damalige Bundesregierung die Pläne zur Integration Europas. Zu ihr gehörte auch der Abschluß der Euratom-Verträge 1957. Diese Europäische Atomgemeinschaft kümmerte sich nicht allein um gemeinsame Forschungsvorhaben, sondern sorgt vor allem durch ein strenges Überwachungssystem dafür, daß die für friedliche Zwecke bestimmten spaltbaren Materialien nicht mißbraucht werden können. Im übrigen ließen uns diese Verträge, entgegen unseren ursprünglichen Befürchtungen, genügend Raum für eigene Entwicklungen.

Die offizielle Zusammenarbeit in Euratom gestaltete sich allerdings recht schwierig, vor allem, weil Frankreich im Gegensatz zu den übrigen fünf Mitgliedsländern die Errichtung einer eigenen militärischen Atommacht anstrebte und deshalb abweichende Interessen verfolgte. Man berief mich in die Beratende Kommission von Euratom in Brüssel, aus der ich aber bald wieder ausschied. Ihre langwierige Arbeitsweise nahm für mich angesichts der vielen Aufgaben, die ich auf anderen Gebieten übernehmen mußte, zu viel Zeit in Anspruch.

Es erschien mir außerdem wichtiger, an der Konsolidierung der deutschen Entwicklung mitzuarbeiten. Ohne sie war auch eine wirksame Beteiligung an den Arbeiten von Euratom nicht möglich. In der Bundesrepublik gab es inzwischen außerhalb der Deutschen Atomkommission eine Reihe von Gesellschaften und Vereinigungen, die sich aus den verschiedensten Beweggründen der Förderung der Kerntechnik widmeten. Zu Anfang war jede Einzelinitiative hochwillkommen, denn es mußten möglichst weite Kreise der Bevölkerung dafür gewonnen werden. Inzwischen aber war dieses Stadium abgeschlossen; eine engere Koordination der verschiedenen Bestrebungen wurde notwendig. Die einzelnen Institutionen und Vereinigungen, die sich mit der Kerntechnik beschäftigten, mußten zusammengeführt werden.

Im Mai 1959 gelang die Gründung des Deutschen Atomforums, das nicht nur seinen Namen, sondern ebenso seine Zielsetzung Vorbildern in anderen Ländern entlehnte. Parlamentarier aller im Bundestag vertretenen Parteien, Mitglieder vieler öffentlicher Körperschaften, Industrieunternehmen und wissenschaftliche Gesellschaften vereinigten sich in diesem Atomforum. Ich wurde zum Präsidenten dieser Gemeinschaft berufen, die den Boden für die friedliche Nutzung der Kernenergie erschließen wollte. Diese Arbeit hat uns in den folgenden Jahren sehr befriedigt und auch interessante Hinweise für die Propagierung anderer wissenschaftlicher Fragen in der Bundesrepublik gegeben.

Das Atomforum, das sich bald der internationalen Foratomorganisation anschloß, wurde ein wichtiger Faktor der öffentlichen

Meinungsbildung. Wie in der Atomkommission gab es auch hier keine Geheimhaltung. Über alle Fragen wurde öffentlich berichtet und diskutiert. Jeder Beteiligte, ob nun mit oder ohne naturwissenschaftliche Vorbildung, trug das Seine dazu bei, das gemeinsame Anliegen zu fördern und eine Art öffentlichen Gewissens darzustellen. In den nunmehr über zehn Jahren seiner Tätigkeit hat sich das Deutsche Atomforum gut bewährt.

Zwangsläufig traten bei der weiteren Entwicklung auch Rückschläge ein. Außerdem verlangsamte sich das Tempo. Das zeigte sich deutlich 1958 auf der zweiten Genfer Konferenz. Zwar war die mit ihr verbundene Ausstellung hochaktuell und der gewaltige apparative Aufwand aus Elektro- und Hochvakuumtechnik imponierend. Zumindest vorübergehend entstand sogar der Eindruck, als sei man der Lösung des Problems der Kernfusion schon sehr nahe gekommen. Im Gegensatz zu den bisher technisch genutzten Reaktionen der Kern»spaltung« in zwei oder mehrere Teile handelte es sich dabei um eine Fusion, eine »Verschmelzung« von zwei Atomkernen zu einem schwereren Kern.

Der Vorteil der Kernfusion gegenüber der Kernspaltung liegt unter anderem darin, daß dafür lediglich schweres Wasser benötigt wird. Es kann in großen Mengen verfügbar gemacht werden. Darüber hinaus ließen sich auf diese Weise enorme Energiemengen freisetzen. Außerdem liefert ein solcher Prozeß keine radioaktiven Abfallprodukte. Man bedient sich der Kernfusion längst bei den Wasserstoffbomben. Bei der friedlichen Anwendung aber ist das große Problem, diese unkontrollierte Reaktion in eine technisch nutzbare kontrollierte umzuwandeln.

Was in diesem Zusammenhang 1958 in Genf zu sehen war, ging jedoch in Wirklichkeit über das Stadium eines Wunschtraumes noch nicht hinaus. Erst nach der Konferenz begann – und zwar auch in der Bundesrepublik – eine sehr viel intensivere Erforschung dieser Probleme. Wichtige Beiträge zu dieser sogenannten Plasmaphysik konnte Heisenbergs Münchner Institut leisten. 1970 glaubte man schließlich, die Grundvorstellung für einen Fusionsreaktor so weit entwickelt zu haben, daß eine erste Planung möglich werden könnte.

Auch die dritte Genfer Atomkonferenz 1964 brachte nichts grundsätzlich Neues. Allerdings konnten Unternehmen aus der

Bundesrepublik nun zum ersten Mal Entwicklungen präsentieren, die international konkurrenzfähig waren. Die Öffentlichkeit aber – und das kam in der Presse klar zum Ausdruck – zeigte sich im Grunde genommen enttäuscht. Nach dem anfangs so überschwenglichen Enthusiasmus war man nicht auf eine weitere langwierige Entwicklungsarbeit vorbereitet. Man mußte sich erst daran gewöhnen, daß wissenschaftliche und auch technische Fortschritte oft geraume Zeit zur Reife brauchen, daß Hindernisse überwunden und Irrwege in Kauf genommen werden müssen.

Hinzu kam, daß in Forschungsstätten so großen Ausmaßes, wie sie in der Kernphysik und den ihr angeschlossenen Disziplinen nun einmal unumgänglich sind, auch Meinungsverschiedenheiten auftreten. In einer Demokratie aber müssen sie öffentlich diskutiert werden. Neben den weit überwiegenden Vorteilen einer demokratischen Arbeitsweise sind eben auch die Nachteile in Kauf zu nehmen.

Zusammenfassend läßt sich feststellen: die deutsche Nachkriegsentwicklung in der Kerntechnik bietet ein gutes Beispiel dafür, wie durch die Synthese aus exakter naturwissenschaftlicher Forschung, zielbewußtem und nüchternem wirtschaftlichen Denken sowie staatlicher Aufgeschlossenheit ein allseits anerkannter Erfolg erzielt werden kann. Die vierte Genfer Atomkonferenz 1971 zeigt, daß der Weg zur immer intensiveren Nutzung der Kernenergie nun klar übersehbar geworden ist. Ich bin überzeugt, daß sie zu einer befriedigenden Lösung des weltweiten Energieproblems führen wird.

Der Marburger Universitätsbund

Seit der Gründung im Jahre 1920 war der Marburger Universitätsbund eng mit den Behringwerken in Marburg und mit Hoechst verknüpft. Er sah zu Beginn seine Aufgabe darin, die damals stark gefährdete Universität in allen ihren Zielen von Forschung und Lehre zu erhalten und zu fördern. Es kam nicht ganz überraschend, als man mir im Jahre 1957 den Vorsitz in diesem Bund antrug. Ich hatte zwar nicht in Marburg studiert und besaß auch kaum andere persönliche Beziehungen zu der Stadt oder ihrer

Universität, wenn ich einmal davon absah, daß mein Vater in den achtziger Jahren des vorigen Jahrhunderts dort Mathematik und Physik studiert hatte.

Die Teilnahme am Universitätsleben, die Bekanntschaften und angeregten Diskussionen mit Professoren und Freunden der Marburger Alma mater und die Begegnungen mit der dortigen akademischen Jugend stellten für mich eine Bereicherung dar und haben die dafür aufgewendete Zeit reichlich gelohnt.

1957 bewegte sich die Universität und mit ihr der Bund noch ganz in traditionellen Gleisen. Die Gewitterwolken, die sich später über der akademischen Szene zusammenbrauten, waren noch nicht zu ahnen. Wir von der älteren Generation hatten an den überkommenen Formen auch noch viel Freude, da sie für uns ein Stück eigener Vergangenheit bildeten. Wir haben deshalb beim Wiederaufbau nach dem Krieg zu ihrer Erhaltung beigetragen.

Dennoch war der Universitätsbund im Prinzip ein durchaus lebendiges und fortschrittliches Gremium, das sich keineswegs nur als Hüter der Überlieferung verstand. Viele Anregungen wurden gesucht und aufgenommen, die aus dem Förderkreis außerhalb der Universität auf uns zukamen. Unter Leitung seines damaligen begeisterungsfähigen Schatzmeisters und späteren Ehrenmitgliedes Friedrich A. Pinkerneil hatte der Bund auf der Grundlage alter Stiftungen ein beachtliches Vermögen angesammelt, das nun nutzbringend angewendet werden konnte.

Doch auch dieses Vermögen einschließlich der daraus anfallenden Zinsen und neuer Spenden hätte nur wenig ausrichten können, wenn wir es nach der Tradition zur Förderung der Universität und ihrer Lehr- und Forschungsaufgaben verwendet hätten. Die Anforderungen waren längst so umfassend geworden, daß nur der Staat für sie aufkommen konnte. Der Universitätsbund mußte sich hier auf gelegentliche Förderung von Forschungsreisen und studentischen Exkursionen sowie auf Zuschüsse zu wissenschaftlichen Arbeiten beschränken.

Wir suchten deshalb nach anderen Aufgaben und erblickten sie hauptsächlich in zwei Richtungen. Einerseits hielten wir es für wünschenswert, das Leben an der Universität aufzulockern, die Wohnverhältnisse und das Gemeinschaftsleben der Studenten zu verbessern und sie in einen engeren Kontakt mit ihren Lehrern zu bringen. So wurde aus Mitteln des Universitätsbundes sowie mit Darlehen und Beihilfen der öffentlichen Hand ein schönes Studentenheim gebaut, das Christian-Wolff-Heim in Marburg. Grundgedanke war, den Studenten in behaglichen Wohn- und Aufenthaltsräumen mit besserer Ausstattung, als sie damals in den übrigen Studentenheimen üblich war, und in einer freundlichen Umgebung die Vollendung ihres Studiums zu ermöglichen.

Später hat der Universitätsbund – wiederum mit eigenen Mitteln, öffentlichen Zuschüssen und umfangreichen Spenden der Industrie – im Walsertal ein Ski- und Sportheim errichtet. Es dient Skikursen und Exkursionen, an denen Professoren, Assistenten und Studenten gemeinsam teilnehmen können. Bis heute haben wir in beiden Heimen wenig von dem Unfrieden gespürt, der in den übrigen Einrichtungen der deutschen Universitäten das Leben so schwierig macht.

Unsere zweite Arbeitsrichtung beruhte auf der Überzeugung, daß die Universität stärker in das Bewußtsein der Öffentlichkeit treten mußte. Es war notwendig, aus der akademischen Reserve herauszugehen und in breiten Kreisen um Verständnis für die Probleme der Universität zu werben. Dazu konnten wir manchen, wenn auch bescheidenen Beitrag leisten. Wir begründeten eine Zeitschrift des Universitätsbundes, die »alma mater philippina«. Sie sollte nicht großen wissenschaftlichen Zielen dienen, sondern das Leben in Marburg und an der Universität schildern. Sicherlich ist es zu einem guten Teil dieser Zeitschrift zu verdanken, daß die Zahl der Mitglieder des Universitätsbundes, die anfangs nur einige hundert betrug, auf über dreitausend angewachsen ist. Zu ihnen gehören auch viele Studenten.

Mit der bereitwilligen Unterstützung von Universitätskollegen organisierten wir Vorträge in den hessischen Städten der Umgebung und gründeten dort Zweigstellen des Bundes, in denen sich eine erfreuliche Aktivität entwickelte.

Die gelungenste Neuschöpfung wurde das »forum philippinum«. Es entstand aus der Erinnerung an das historische Marburger Religionsgespräch von 1529, in dem die Reformatoren Luther und Zwingli ihre Auffassung vom Abendmahl diskutierten, ohne sich einigen zu können.

Wir wollten wichtige Probleme der Gegenwart, welche die Öffentlichkeit bewegen, vor dem Forum der Universität zur Diskussion stellen. Es sollte erreicht werden, daß die Universität mit ihrem universellen Sachverstand ihre Meinung zu den aktuellen Problemen beisteuert. Die Gesamtheit der Fakultäten und Fachbereiche mußte am ehesten in der Lage sein, solche wesentlichen technischen, gesellschafts- und wirtschaftspolitischen Probleme zu erörtern, die ja nicht nur, wie viele Studenten meinen, die akademische Jugend, sondern erst recht die Öffentlichkeit angehen.

Die Veranstaltungen des »forum philippinum«, die alle ein bis zwei Jahre stattfanden, jeweils etwa zwei Tage dauerten und mit einem öffentlichen Vortrag eingeleitet wurden, hatten großen Erfolg. Arzneimittelgesetzgebung, Aktienrechtsreform, Mitbestimmung oder das Problem der Freizeitgestaltung gehörten zu den Themen, die hier aufgegriffen wurden.

Das jüngste Forum befaßte sich mit den Fragen von »Genetik und Gesellschaft«. Auch für die Zukunft hat sich der Bund vorgenommen, in diesen Veranstaltungen möglichst umstrittene Themen aufzugreifen, die für eine öffentliche Diskussion in großem Kreis interessant sind.

Von den heißumkämpften Fragen der Hochschulreform hat sich der Universitätsbund nach Möglichkeit ferngehalten, weil uns hier zu einer Stellungnahme die sachliche und aktuelle Kenntnis der örtlichen Verhältnisse und Probleme fehlt. Wohl aber haben die Mitglieder des Bundes die Problematik der Hochschulreform durch ihre Arbeit von manchen Seiten aus kennengelernt.

So veranstalteten wir 1966 in Marburg eine Zusammenkunft aller Universitätsbünde und besprachen, in welchen Bereichen nützliche Beiträge zur Förderung der Universität geleistet werden können. Wir kamen dabei zu dem Schluß, daß es wohl auch in Zukunft eine der Aufgaben dieser Fördergesellschaften sein müsse, Verständnis für die Universitäten zu wecken. Wenn es gelingt, hier eine breitere Öffentlichkeit zu interessieren, dann kann den Universitäten vielleicht auch bei der Suche nach dem richtigen Weg in die Zukunft geholfen werden, den sie aus eigener Kraft anscheinend kaum mehr zu finden vermögen.

Wer aufgrund der Erfahrungen, wie wir sie im Bund gesammelt haben, die gegenwärtige Situation an den Universitäten betrachtet, der wird sich eine Entscheidung über die einzuschlagende

Richtung sicher nicht leicht machen können. Ein großer Teil der derzeitigen Probleme ließe sich allerdings lösen, wenn die Universitäten zunächst einmal mit ausreichend arbeitsfähigen Verwaltungen ausgestattet würden. Dazu gehören jedoch die entsprechenden materiellen Voraussetzungen.

Umfangreiche Institutionen, wie sie unsere heutigen Universitäten mit den vielen Studenten, dem großen Lehrkörper und dem zahlreichen technischen Personal darstellen, können nicht mehr mit einer Handvoll Menschen nach veralteten behördlichen Vorschriften verwaltet werden. Eine Reform auf diesem Gebiet würde viel Unmut aus der Welt schaffen. Dieser oft geäußerte Vorschlag mag allen einfach und selbstverständlich erscheinen. Ich bin auch heute noch der Meinung, daß in der unzulänglichen Verwaltung und der mangelnden Ordnung des Zusammenlebens so vieler unterschiedlicher Menschen eine wesentliche Ursache für die fehlende Harmonie in der Zusammenarbeit liegt.

Andererseits ist nur schwer zu entscheiden, wie weit die Gärung an den akademischen Institutionen lediglich dem natürlichen und nützlichen Sturm und Drang der Jugend zuzuschreiben ist, der zuweilen über das Ziel hinausschießt, oder wie weit es sich dabei tatsächlich um grundsätzliche Angriffe auf das demokratische Gesellschaftssystem handelt.

Daß aber für Lehre und Forschung an den Universitäten eine zeitgemäße Form gefunden werden muß, steht außer Zweifel. Die baldige Lösung dieser Aufgaben wird für unsere gesamte gesellschaftliche Ordnung von Bedeutung sein.

Kapitel IX

Hoechst feiert Geburtstag

Das Orchester spielte Beethovens 5. Symphonie, die ich mir zur Feier des hundertjährigen Geburtstages unseres Unternehmens gewünscht hatte. Es war der 11. Januar 1963, ein heller Wintertag. Im Werk ruhte die Arbeit, dafür war unter der mächtigen Kuppel unserer neuen Jahrhunderthalle eine festliche Gesellschaft zusammengekommen. Abordnungen der Belegschaft und Vertreter aller unserer Auslandsgesellschaften vereinigten sich mit den Repräsentanten aus Wissenschaft, Wirtschaft und den öffentlichen Institutionen sowie mit den Freunden unseres Unternehmens. Wer nicht ganz unempfänglich oder abgeklärt war, der empfand wohl etwas von der Bedeutung der Stunde, der »Schicksalssymphonie«, der an Höhen und Tiefen reichen Geschichte eines Werkes, die so viele Generationen umschlossen hatte.

Die Auswahl der Redner hatten wir uns sorgfältig überlegt. Wir wollten möglichst unter uns bleiben. Für die Öffentlichkeit sprach als einziger der Ministerpräsident von Hessen, Georg August Zinn, mit dem uns seit der Zeit des Wiederaufbaus freundschaftliche Zuneigung verband. Für den Aufsichtsrat nahm Friedrich Jähne das Wort. Er wirkte wie ein Stück verkörperter Hoechster Geschichte, als er mit seinen 83 Jahren tief bewegt am Rednerpult stand. Mehr als 60 Jahre seines Lebens hatte er in der chemischen Industrie verbracht, über die Hälfte davon in Hoechst.

Für die Belegschaft sprach der Betriebsratsvorsitzende Hans Bassing. Er stammte aus einer alten Hoechster Arbeiterfamilie, die dem Werk über viele Generationen verbunden war. Er besaß eine von allen Seiten unangefochtene Autorität und gehörte zu jenen verdienstvollen Männern der Gewerkschaft, ohne die man sich heute die Jahre des Neubeginns überhaupt nicht vorstellen kann. Meine eigene Jubiläumsrede ist auf Seite 489 dieses Buches abgedruckt.

Es lag nahe, daß bei einem solchen Fest die Gedanken um das Schicksal des Hauses kreisten. Nach den stürmischen Jahren der Neugründung hatte das herannahende Jubiläum der Farbwerke Hoechst Anlaß zur Selbstbesinnung gegeben. Auch wenn wir vollauf damit beschäftigt waren, unsere großen internationalen Aufgaben zu lösen, lohnte es sich, in die Geschichte der chemischen Industrie zurückzublenden, die ja ebenfalls die letzten hundert Jahre umfaßte.

In den sechziger Jahren des vorigen Jahrhunderts waren, dem damaligen Stand der Naturwissenschaften entsprechend, von unternehmungslustigen Industriellen und Wissenschaftlern in dem kurzen Zeitraum von zwei oder drei Jahren alle jene chemischen Firmen gegründet worden, die noch heute die chemische Industrie in Deutschland zu einem wesentlichen Prozentsatz repräsentieren. Als erstes dieser Unternehmen war Hoechst entstanden. Schon 1863 hatten Wilhelm Meister, August Müller, Eugen Lucius und Adolf Brüning – letzterer stammte aus der Schule Justus von Liebigs – ihre kleine Farbenfabrik am Mainufer von Hoechst angesiedelt. Bald danach wurden ähnliche Fabriken in Elberfeld und Ludwigshafen gegründet.

So bestand aller Anlaß, zugleich mit unserem Jubiläum auch die Geschichte dieses Zeitalters zu erfassen. Wir gewannen als Autor für das Buch »Ein Jahrhundert Chemie« den Journalisten Ernst Bäumler. Nach Archivunterlagen und aufgrund vieler Unterhaltungen mit der Hoechster Verwaltung entstand ein fesselndes Werk, das wir am Jubiläumstag jedem Mitarbeiter unseres Unternehmens und vielen Freunden unseres Hauses überreichten. In ihm wird nicht nur von jenen Entdeckungen und Entwicklungen berichtet, die den Namen der deutschen chemischen Wissenschaft in alle Welt hinaustrugen, wie etwa von der Herstellung des ersten synthetischen Indigos oder vieler berühmter Heilmittel. Das Buch erzählt auch von den zahlreichen Rückschlägen und Schwierigkeiten, die auf dem Weg in naturwissenschaftliches und industrielles Neuland nicht erspart blieben.

Fest im neuen Stil

Die Jubiläumsfeier sollte das neue Lebensgefühl zum Ausdruck bringen, das in der Periode des Wiederbeginns erwacht war. Sie sollte zugleich geprägt sein von neuen Erkenntnissen in Naturwissenschaft und Technik, in der internationalen Wirtschaftspolitik, und vor allem im sozialen Zusammenleben unserer Industriegesellschaft. Mit großer Begeisterung haben sich viele Angehörige des Unternehmens an diesen Vorbereitungen beteiligt. Das Ereignis, das wir feierten, und die Art, in der wir es gestalten wollten, sollte in klarem Gegensatz zu dem Bild stehen, das sich 25 Jahre vorher, beim 75. Jubiläum im Jahre 1938, geboten hatte.

Damals war Hoechst Bestandteil der I. G. Farbenindustrie, ein bescheidener Teil eines durch Rezession und Zwangswirtschaft eingeengten Unternehmens, in dem Hoechst noch dazu keine glückliche Entwicklung genommen hatte. Die gesamte deutsche Chemie war weitgehend von der Außenwelt abgeschlossen; unser Land stand unter der Herrschaft eines Regimes, das es einem neuen Krieg entgegenführte. In diesem Geschehen spielte zwar die Chemie nur eine geringe Rolle, sie wurde aber von seinen Folgen ungewöhnlich hart getroffen.

Die Werksangehörigen, die 1938 teilnahmen, und die Gäste, die zu diesem Anlaß erschienen, waren zum großen Teil andere als 1963. Erst recht aber unterschieden sich die Formen solcher Feiern in der damaligen Zeit von den heutigen. Neben bescheidenen, kaum erwähnenswerten Geschenken an die »Gefolgschaft« hatte der I. G.-Vorstand seinerzeit ein Gemeinschaftshaus gestiftet, für das wie für so manche Projekte feierlich ein Grundstein gelegt wurde. Gebaut wurde dieses Gemeinschaftshaus aber nie.

Die Jahrhunderthalle

Schon gegen Ende des Jahres 1962 war unsere Halle fertig geworden, die erst allmählich im Volksmund und dann auch offiziell den Namen »Jahrhunderthalle« erhielt. Sozusagen als

Hauptprobe wurde sie Weihnachten 1962 bei der Jubilar- und Pensionärfeier zum ersten Male benutzt. Im Kreise der Belegschaft genossen wir die Größe und Harmonie des wohlgelungenen Raumes.

Wir hatten den Plan zum Bau dieser Halle 1960 gefaßt und eine internationale Ausschreibung für den Entwurf veranstaltet. Eine internationale Jury von Architekten hatte mehrere Pläne preisgekrönt. Der erste Preis fiel an den französischen Architekten Bernard H. Zehrfuß. Wir wählten zur Ausführung den mit dem zweiten Preis ausgezeichneten Entwurf, der von dem Braunschweiger Friedrich Wilhelm Kraemer stammte und uns besser geeignet schien, weil er auch unseren Kostenvorstellungen mehr entsprach.

Es war wohl einzigartig in der Geschichte deutscher Industrieunternehmen, daß eine Belegschaft sich solch ein Haus aus den Mitteln der Pensionskasse errichtete. Bis zur endgültigen Fertigstellung – mit dem Restaurant für Gäste samt einem Kasino für täglich etwa zweitausend Belegschaftsmitglieder – waren immerhin rund 30 Millionen Mark erforderlich. Mit den fast 4000 Sitzplätzen – einem Fassungsvermögen, das den größten Versammlungsräumen in der Bundesrepublik gleichkommt – wurde die Halle bald zum gesellschaftlichen und kulturellen Mittelpunkt für die Bevölkerung aus der Umgebung des Werkes Hoechst. Betriebs- und Aktionärsversammlungen, wissenschaftliche Tagungen, Opern, Konzerte, Schauspielaufführungen, Ballettabende, Ausstellungen und sportliche Veranstaltungen machten die Halle zu einem Zentrum, das mit seinem Programm inzwischen ein hohes und überall anerkanntes Niveau erreicht hat.

Ein hundertjähriger Geburtstag verpflichtet in vielfacher Hinsicht. Zunächst ging eine Spende von einigen Millionen Mark an wissenschaftliche Verbände und Universitäten. Überdies ließen wir Goldmünzen vom Gewicht eines ehemaligen Zwanzig-Mark-Stückes prägen. Jedes Belegschaftsmitglied erhielt eine solche Münze, die auch an unsere Gäste und Freunde verteilt wurde. Schließlich bekam jedes Belegschaftsmitglied, unabhängig von seiner Stellung im Werk, eine Hoechster Aktie im Nennwert von DM 100,—. Das entsprach damals einem Kurswert von etwa 450

Mark. Wer mehr als 25 Jahre bei uns war, dem wurden zwei Aktien übereignet.

Für die Übermittlung dieser Aktien hatten wir uns etwas Besonderes ausgedacht. Wir wollten dem Empfänger das Original zustellen. Jeder sollte, was ja sonst sehr selten vorkommt, eine Hoechster Aktie auch einmal wirklich in der Hand gehabt haben. Es entstanden dadurch einige Probleme auf dem Postamt in Höchst, als an einem einzigen Tag mehrere tausend Einschreibebriefe aufgegeben werden mußten.

Die Empfänger wurden darauf aufmerksam gemacht, mit diesem wertvollen Papier vorsichtig umzugehen und es bald bei einem Geldinstitut zu deponieren. Daraus entstand in der ersten Zeit einige Verwirrung an den Schaltern der Banken und Sparkassen. Als wir nach der Jubiläumsfeier zu einem Empfang im alten Kasino zusammenkamen, erhielten ein paar Gäste von den Banken die Nachricht, daß sich bei ihnen vor den Schaltern Schlangen bildeten. Glücklicherweise handelte es sich dabei nicht um Menschenmassen, die plötzlich ihr Geld abheben wollten, sondern lediglich um die neuen Hoechster Aktionäre. Sie benutzten den freien Arbeitstag, um ihre Aktien sofort in Verwahrung zu geben.

Zu den Ehrungen dieses Tages gehörten auch Ordensverleihungen an zahlreiche bewährte Mitarbeiter. Im kleinen Kreise hatte mir Ministerpräsident Zinn am Vortage das Große Bundesverdienstkreuz mit Stern und Schulterband überreicht. Ich habe es gerne entgegengenommen und erwähne es hier, weil diese Ehrung wohl mehr dem Gesamtunternehmen als mir zugedacht war. Die Stadt Frankfurt schenkte uns die wertvolle Plastik »Frühling« von Gerhard Marcks. Sie hat im Innenhof der Jahrhunderthalle ihren Platz gefunden.

Sorgen nach dem Jubiläum

Dann aber begann wieder der Alltag. Er stand leider gar nicht so recht im Einklang mit dem sonnigen Fest. Das Geschäftsjahr 1962, dessen Abschluß nun fertiggestellt werden mußte, war enttäuschend verlaufen. Die Folgen der DM-Aufwertung im Frühjahr 1961 und starke Lohnerhöhungen, die von der Geschäftsentwicklung her eigentlich nicht gerechtfertigt waren, drückten auf das Ergebnis.

Die damalige Situation zeigte manche Parallele zu 1970 nach der zweiten DM-Aufwertung. Der Umsatz war 1961 nur um 6,4, im Jahre 1962 nur um 7,1 Prozent gestiegen. Das war im Verhältnis zu den großen Investitionen der damaligen Zeit viel zuwenig. Erhebliche Preiseinbußen hatten ebenfalls hingenommen werden müssen. Die endgültige Abrechnung ergab, daß der Ertrag des Jahres 1962 gerade gestattete, den Dividendensatz von 18 Prozent aufrechtzuerhalten. Es konnten zwar alle steuerlich möglichen Abschreibungen vorgenommen werden. Zuweisungen zu den Rücklagen aber erlaubte das magere Ergebnis nicht. Da wir 1962 das Kapital erhöht hatten, lag allerdings der ausgeschüttete Betrag wesentlich über dem des Vorjahres.

Die Aktionäre reagierten auf diesen Abschluß recht negativ. Bei der Hauptversammlung in der neuen Jahrhunderthalle im Juni 1963 herrschte unter den annähernd dreitausend Menschen keine Jubiläums-, sondern viel eher Gewitterstimmung. Die Aktionäre erhielten keinen Jubiläumsbonus. Dafür hätte das Ergebnis auch gar nicht gereicht. Nach unserer Meinung hatten die Aktionäre so oft gewechselt, daß eine enge Verbindung mit dem Unternehmen und seiner hundertjährigen Geschichte bei der Mehrzahl von ihnen damals gar nicht bestand.

Leer ausgegangen, hielten einige Aktionärssprecher mit Kritik nicht zurück. Vor allem beanstandeten sie die Aufwendungen für die wertvolle Halle und die Dotation an die Belegschaft. Es gab heftige Diskussionen. Der Bau der Halle hatte zwar das Jahresergebnis nicht belastet, aber Tatsache blieb: das Ergebnis war mäßig, auch wenn man die Kosten für das Jubiläum von etwa 15 Millionen DM noch in Rechnung stellte. So kam es zu harten Wortgefechten zwischen einigen Aktionären und der Verwaltung. Ich glaube, beide Seiten sind sich dabei nichts schuldig geblieben.

Im folgenden Jahr war die Stimmung wesentlich günstiger. Wir hatten bei einem Umsatz von 3,742 Milliarden DM ein sehr viel besseres Geschäftsergebnis erzielt. Es war zwar immer noch bescheiden, gestattete aber bei gleichem Dividendensatz von 18 Prozent zum ersten Mal seit der Neugründung die Bildung einer kleinen Rücklage über die Dividende hinaus. Die Aktionäre waren zufriedener, weil wir ihnen am gleichen Tag eine Kapitalerhöhung zum Beschluß vorlegten, die außerordentlich günstige Bedingungen aufwies.

Damals, im Sommer 1963, hingegen war neben den Aktionären auch die Belegschaft unzufrieden. Man hatte angesichts der sehr hohen Anhebung der Tariflöhne im Frühjahr mit der Gewerkschaft verabredet, daß 4 Prozent dieser Erhöhung auf die außertariflichen Zulagen angerechnet werden sollten. Es war damals schon genauso wie jetzt. Solche Vereinbarungen, die man heute als Vorweganhebung bezeichnet, lassen sich zwar mit der Gewerkschaft abschließen. Sie erzeugen aber viel Unwillen und Ungerechtigkeit im sozialen Innenleben des Unternehmens und können deshalb kaum konsequent durchgeführt werden.

Im Kreuzfeuer dreier Fronten

So warf das Jubiläum ein grelles Schlaglicht auf die kritische Situation, in der sich die deutsche Wirtschaft und mit ihr die Hoechster Farbwerke von jetzt an befanden. Je mehr sich die allgemeinen Lebensverhältnisse verbessert hatten, desto klarer sahen sich die Unternehmensleitungen drei Fronten gegenüber. Jede dieser Fronten hatte eine verschiedene Zielsetzung. Wir standen mitten im Kreuzfeuer.

Die Firmen mußten sich zunächst einmal auseinandersetzen mit der Wirtschafts- und Steuerpolitik des Staates, zum anderen mit dem für die Verhältnisse in Deutschland völlig neuen Bestreben der Aktionäre nach intensiver Mitsprache und zum dritten mit den verstärkten Ansprüchen der Belegschaft. Ihre Wünsche und Interessen wurden von der Gewerkschaft energisch vertreten, obwohl sie zuweilen mit den gewerkschaftlichen Vorstellungen gar nicht übereinstimmten.

Der Staat

Die außerordentlich komplizierte Steuergesetzgebung führt in unseren großen Unternehmen zu einer nahezu permanenten Anwesenheit von Steuerprüfern, die mit allen Maßnahmen und Entscheidungen der Verwaltung vertraut werden. Wir haben viele Jahre vor den Verwaltungsgerichten prozessiert, weil das Finanzamt sogar unsere Vorstandsprotokolle ausgehändigt haben wollte. Da die Abschlüsse solcher Prüfungsperioden dann wegen der umständlichen Prozedur viele Jahre zurückliegen, befindet sich das Unternehmen unter ständiger Kontrolle, und das Ergebnis ist in keinem Augenblick ganz sicher abzusehen. Das ist eine außerordentlich leidige Situation. Es ist nur zu hoffen, daß sie durch die so oft versprochene Steuerreform gebessert wird.

Die Aktionäre

Nachdem die deutsche Wirtschaft die erste Phase des Wiederaufbaus und der Konsolidierung hinter sich und die Bevölkerung wieder einen etwas besseren Lebensstandard erreicht hatte, erwachte mit einem bemerkenswerten Sparwillen auch ein erfreuliches Interesse am Kapitalmarkt. Die deutschen Aktiengesellschaften bemühten sich, das Verständnis für die Aktie zu wecken, das bis dahin in Deutschland verhältnismäßig schwach gewesen war und sich auf vermögendere Bevölkerungsschichten beschränkt hatte – ganz im Gegensatz zu den Vereinigten Staaten. Hinzu kam, daß die deutschen Aktionäre, speziell die der I. G. Farbenindustrie, in den vergangenen Jahren viele Verluste hinnehmen mußten. Sie hatten zwar nach der Entflechtung schließlich den größten Teil des Wertes ihrer Aktien wieder erhalten, aber Dividenden waren viele Jahre lang ausgeblieben. Deswegen wurde die Dividendenpolitik nun ein selbstverständliches, oft recht heißes Thema unserer Hauptversammlungen.

Der Staat förderte den Aktienkauf und erleichterte die Dividendenzahlung. In der Bundesrepublik wurde der gespaltene Körperschaftssteuersatz eingeführt; danach wird der als Dividende ausgeschüttete Gewinn geringer besteuert als der Teil des Ertrages, den das Unternehmen in seine Rücklagen einbringt.

Das öffentliche Interesse am Kapitalmarkt stieg um so mehr, als die neu entstandenen Aktiengesellschaften nun fortwährend große Investitionssummen benötigten, die sie durch Eigenfinanzierung nicht bereitstellen konnten. Dabei ging die Chemie mit ständigen Kapitalerhöhungen allen anderen voran.

Die Modalitäten solcher Kapitalerhöhungen und die Höhe der Bezugsrechte, also der Wert der Vorzugsrechte oder Vergünstigungen, die ein Aktionär erhielt oder nicht, waren in Deutschland weitgehend unbekannt, weil nahezu 30 Jahre lang keinerlei praktische Erfahrung im Aktiengeschäft gesammelt werden konnte. Nun erwachte bei den Aktionären der berechtigte Wunsch nach Einblick in die Rentabilität des Unternehmens, das so schnell und unübersichtlich wuchs. Man begnügte sich nicht mehr mit Feststellungen und Beschlüssen, die in früheren Hauptversammlungen nur wenige Minuten in Anspruch genommen hatten.

Die neue Art der Zusammenarbeit zwischen Unternehmen und kritischen Aktionären, deren Zahl im Jubiläumsjahr schon etwa 210 000 betrug und sich bis 1970 auf etwa 370 000 erhöhte, mußte erst gelernt werden. Das galt für die Aktionäre und ihre Vertreter in den Hauptversammlungen; es galt aber erst recht für die Verwaltung.

Nach jahrelangen Vorbereitungen und Diskussionen trat 1965 ein neues Aktiengesetz in Kraft. Es verlangte von den Publikumsgesellschaften verstärkte Publizität und hat dadurch manche Wünsche der Anleger erfüllt. Eine Reihe von wichtigen Fragen blieb aber auch in dem neuen Gesetzeswerk unbeantwortet. Eines der schwierigsten Probleme ist wohl immer, wie eine große Zahl von Aktionären auf demokratischem Weg ihre Meinungen und Entscheidungen zum Ausdruck bringen kann. In jeder Hauptversammlung kommt dieses Thema zur Sprache.

In der Bundesrepublik ist man schließlich, wie in vielen anderen Ländern, bei dem sogenannten Depotstimmrecht geblieben. Der Aktionär kann die Banken oder andere Institutionen, die seine Aktien verwalten, mit seiner Vertretung auf der Hauptversammlung beauftragen. Immerhin aber ist die Zahl der Aktionäre, die sich die Mühe machen, selbst Hauptversammlungen ihres Unternehmens zu besuchen oder den Banken Anweisungen zur Ausübung des Stimmrechts zu geben, in den letzten Jahren erfreulich angewachsen.

An einer Hoechster Hauptversammlung nehmen heute etwa

3000 bis 4000 Aktionäre teil. Solche Veranstaltungen müssen von der Verwaltung des Unternehmens gewissenhaft vorbereitet werden. Sie sind für den Vorstand der wichtigste Tag des Jahres, an dem man sich selbstverständlich bemüht, jede noch so schwierige, manchmal auch provozierende Frage gründlich und eingehend zu beantworten. Leider erfordern es manchmal auch geschäftliche Rücksichten, die Antwort zu verweigern. Dann gibt es Proteste und im schlimmsten Fall auch Prozesse, wie wir sie in Hoechst glücklicherweise bis heute nie erlebt haben.

Im Laufe der Jahre haben beide Seiten viel gelernt. Von seltenen Ausnahmen abgesehen, sind die Diskussionen sachlich und produktiv geworden. Die Verwaltungen haben sich bemüht, ihr Verhalten durchsichtiger zu machen, sei es mit Hilfe von Pressekonferenzen, Aktionärsbriefen, Zwischenberichten oder Filmen. Es hat ihnen sicher nichts geschadet, daß sie das riesige Zahlenwerk und die Fülle der Entschlüsse eines ganzen Geschäftsjahres stundenlang verständlich und so offen wie möglich diskutieren mußten. Diese Aussprachen und die allmähliche Vertrautheit mit dem Aktionärskreis und seinen Sprechern haben im Grunde genommen viel Positives gebracht.

Aber all diese erfreuliche Publizität hat natürlich auch Nachteile. Sie gibt Sachverständigen in der Öffentlichkeit und damit den Gewerkschaften ein völlig ungeschminktes Bild der Unternehmensverhältnisse. Wenn sie gut sind, führt das zu lebhaften und verstärkten Forderungen der Aktionäre wie der Gewerkschaften. Solche Forderungen können von den Verwaltungen, die stets auch die Zukunft des Unternehmens im Auge behalten müssen, nicht immer erfüllt werden. Ist andererseits die Situation eines Unternehmens zeitweise einmal weniger gut, so kommt es oft voreilig zu massiver und lautstarker Kritik. Das kann der Firma an der manchmal überempfindlich oder gar irrational reagierenden Börse weiteren Schaden zufügen.

Im Verhältnis zur Öffentlichkeit und zu den Aktionären spielt der Aufsichtsrat eine wichtige Rolle. Seine Wahl erfolgt, soweit es die Aktionärsvertreter betrifft, durch die Hauptversammlung. Vorschläge zur Wahl werden vom Aufsichtsrat und Vorstand gemeinsam gemacht. In Hoechst bestand der Aufsichtsrat nach der Neugründung zunächst aus zehn Mitgliedern. Als im Oktober

1952 das Betriebsverfassungsgesetz in Kraft trat, kamen fünf Vertreter von Belegschaft und Gewerkschaft hinzu. Der erste Aufsichtsrat kam 1951 aufgrund von Verhandlungen zwischen amerikanischer Kontrollbehörde, Bundesregierung und Persönlichkeiten des öffentlichen Lebens zustande. Er wurde von den fünf Neugründern der Farbwerke Hoechst berufen. Der Vorstand, der damals erst entstand, hat dabei kaum mitgewirkt.

Auch im Aufsichtsrat entwickelte sich eine für Hoechst spezifische Arbeitsmethode, die von Beginn an sorgfältig überlegt wurde. Man hatte aus dem Plenum heraus Ausschüsse gebildet. Es gab einen Finanzausschuß, einen Technisch-Wissenschaftlichen Ausschuß und einen Sozialausschuß. Alle Aufsichtsratsmitglieder waren an irgendeiner Stelle an dieser Ausschußarbeit beteiligt. Es entstand auf diese Weise ein Beratungssystem, das über die normalen Verpflichtungen, die das Aktiengesetz festlegt, wohl weit hinausging. In den Ausschuß-Sitzungen wurden von Vorstandsmitgliedern und leitenden Angestellten Referate gehalten, die eine eingehende Information ermöglichten.

Die Zusammensetzung des Aufsichtsrates wurde nach den Vorschlägen der Verwaltung mit jeweiliger Zustimmung der Aktionäre den vielseitigen Erfordernissen des Unternehmens angepaßt. Der Aufsichtsrat besteht bis heute vorwiegend aus Sachverständigen, die dem Vorstand wirklich nützen können. Repräsentanten des Finanz- und Bankwesens sowie der Wissenschaft gehören ihm ebenso an wie Persönlichkeiten aus dem öffentlichen Leben und dem Ausland, die für die weltweiten Verbindungen des Unternehmens wichtig sind. Hinzu kamen immer ein oder zwei Vertreter befreundeter Firmen. Es hat auch der Zusammenarbeit gedient, daß ihm jeweils ein oder zwei ehemalige Vorstandsmitglieder angehörten.

In den Hauptversammlungen entwickelten sich oft lebhafte Diskussionen über die Zusammensetzung des Aufsichtsrates. Immer wieder fordern Aktionärsgruppen eine spezifische Vertretung; auch wird immer wieder auf eine mögliche Interessenkollision hingewiesen. Außenstehende haben von der Arbeit und Funktion eines solchen Aufsichtsrates zuweilen falsche Vorstellungen. Seine wichtigste und unumstrittene Aufgabe ist die Bestellung des Vorstandes. Mit der richtigen Auswahl der Führungsspitze trägt er die Verantwortung für die Zukunft des Unternehmens.

Der Aufsichtsrat hat die großen Entwicklungslinien mitzubestimmen und mitzuverantworten. Er wird aber andererseits nie in der Lage sein – und sollte es nicht tun –, die Regierungsgeschäfte des Vorstandes lückenlos zu überprüfen. Wichtiger als Kontrolle ist sein Rat – unter der Voraussetzung, daß ein wahrhaftes Vertrauensverhältnis zwischen Vorstand und Aufsichtsrat besteht. Bei der großen Verantwortung, die der Vorstand eines Unternehmens trägt, kann er auf die Rückendeckung des Aufsichtsrates nicht verzichten. Er ist der wichtigste Helfer bei den bedeutsamen Entscheidungen.

Das heißt aber, daß er stets regelmäßig und eingehend informiert werden muß. Nur so kann er als wirklicher Sachverwalter der Aktionäre fungieren. Er bildet außerdem eine Brücke von der Verwaltung zu den verschiedensten Wirtschaftszweigen und Persönlichkeiten des wirtschaftlichen und politischen Lebens. So erweitert sich durch ihn der Gesichtswinkel, von dem aus die Entschlüsse gefaßt werden. In Hoechst spielt der Aufsichtsrat eine wichtige Rolle; er ist im Laufe der Zeit trotz oder gerade wegen des Wechsels einzelner Mitglieder zu einem wertvollen Bestandteil der Verwaltung geworden. Das reibungslose Funktionieren zwischen Aufsichtsrat und Vorstand ist eine Lebensfrage für jedes Unternehmen. Der Erfolg von Hoechst wäre ohne diese reibungslose Zusammenarbeit nicht möglich gewesen.

Es blieb nicht aus, daß ich in eine größere Zahl von Aufsichtsräten anderer Unternehmen berufen wurde. Der Anlaß dazu waren stets geschäftliche Verbindungen, die eine solche Mitwirkung angezeigt erscheinen ließen. In diesen Gremien, sei es im Bank- und Versicherungswesen, sei es in Industrieunternehmen, gab es interessante Probleme, an deren Lösung ich mitarbeiten konnte.

Auch die persönlichen Bekanntschaften, die hier zustande kommen, sind für das Gedeihen der deutschen Wirtschaft und damit jedes einzelnen Unternehmens von großem Wert. Die Vertreter der Belegschaft spielen dabei eine wichtige Rolle. Auf ihren Rat kann nicht verzichtet werden, wenn auch ihre Rechte und Pflichten in der täglichen Arbeit im Betriebsrat viel wirksamer wahrgenommen werden können. Das Gesetz gibt ihnen dort nämlich wesentlich mehr Möglichkeiten, als sie dem Aufsichtsrat überhaupt offenstehen.

Die Belegschaft

Es ist begrüßenswert, daß die Öffentlichkeit dank der sich ständig erweiternden Publizität über das Geschehen in den Unternehmen eingehend informiert wird und immer mehr Verständnis gewinnt für die Zusammenhänge einer internationalen Wirtschaftspolitik. Vor allem aber sollte die Belegschaft einen offenen Einblick erhalten, damit sie mit diesen Vorgängen besser vertraut wird. Dies ist ein ganz wesentlicher Faktor des neuen sozialpolitischen Klimas, das sich nun in unseren Gesellschaften ausbildet.

Die deutsche Industrie mußte in den Jahren des Wiederaufbaus auch für ihre sozialpolitische und arbeitsrechtliche Ordnung neue Formen finden. Weder die aus dem »Dritten Reich« übrig gebliebenen Regelungen noch die relativ weit zurückliegenden Institutionen der Weimarer Republik boten dafür ein geeignetes Vorbild. Die gesetzliche Grundlage für die Neuordnung der Verhältnisse innerhalb der Unternehmen und der Beziehungen zwischen Belegschaft und Verwaltung konnte im Jahre 1952 durch das Betriebsverfassungsgesetz geschaffen werden.

Die Montanindustrie wurde Sonderbestimmungen unterworfen. Sie entstammten einer englischen Initiative in der einstigen britischen Besatzungszone. Es wurde die sogenannte paritätische Mitbestimmung eingeführt. Hier wählen Aktionäre und Arbeitnehmer je eine gleich große Zahl von Aufsichtsratsmitgliedern, die dann wiederum gemeinsam eine weitere sozusagen »neutrale« Person in den Aufsichtsrat berufen. Außerhalb der Montanindustrie hingegen, so auch bei Hoechst, wählen die Aktionäre zwei Drittel, die Arbeitnehmer ein Drittel des Aufsichtsrates.

Die Grundlage der sozialen Initiative, die wir nun entwickeln mußten, war das Gefühl menschlicher Zusammengehörigkeit, das wir unter den ungewöhnlichen Umständen der Nachkriegszeit und erst recht bei den denkwürdigen Ereignissen der Neugründung gewonnen haben. Jeder von uns hatte in diesen Zeiten gelernt, wie wertvoll eine solche Bindung zum Werk war. Die Mehrzahl von uns schätzte sich sicher glücklich, wieder in einem Unternehmen zu Hause zu sein, dessen Zukunft nun wesentlich hoffnungsvoller erschien. Dieses Gemeinschaftsgefühl hat der Firma in den ersten schwierigen Jahren sehr geholfen.

Die Fragen der Tarifsysteme, der Tariflöhne und der Ordnung der allgemeinen Arbeitsverhältnisse wurden über die neugeschaffenen Organisationen der Gewerkschaften und der Arbeitgeberverbände geregelt. Darüber hinaus war entscheidend, was wir innerhalb dieses allgemein gültigen Rahmens zusätzlich als spezifischen Beitrag von Hoechst leisten konnten und mußten, um mit der immer mehr wachsenden Belegschaft ein harmonisches Verhältnis herzustellen.

Der Gesprächspartner für alle diese internen Probleme ist nach dem neuen Gesetz der Betriebsrat. In dem schnell wachsenden Unternehmen war dessen Organisation wie auch die Zusammenarbeit mit ihm ein Problem für sich. Es konstituierte sich ein Gesamtbetriebsrat der eigentlichen Kerngesellschaft, also der Farbwerke Hoechst AG, der sich seinerseits mit den entsprechenden Gremien der Tochtergesellschaften abstimmen mußte. Schließlich wurde an der Spitze ein Ausschuß von sechs Vertretern des Betriebsrates gebildet, der mit sechs Vorstandsmitgliedern in einem Sozialausschuß, dem »Soa«, zusammentrat.

Schon in den ersten Monaten hatten wir uns gemeinsam dieses im Gesetz nicht vorgesehene Ordnungssystem ausgedacht, das bis heute die Grundlage unserer sozialpolitischen Zusammenarbeit ist. Im Bereiche der Sozialpolitik ist im Unternehmen nichts Grundsätzliches geschehen, was nicht in diesem »Soa« erarbeitet und gebilligt wurde. Während dieses Gremium für die generellen und zentralen Entscheidungen zuständig ist, entstanden in den einzelnen Werken vergleichbare Ausschüsse. Sie dienten vor allem der kontinuierlichen Klärung der örtlichen Fragen.

So wurde auch auf sozialpolitischem Gebiet ein Ordnungsprinzip geschaffen, mit dem alle großen und kleinen Beanstandungen schnell und gründlich bereinigt werden konnten. Dieses Verfahren wurde bald von der Belegschaft anerkannt und verstärkte das Gefühl, nicht ein willenloses Werkzeug, sondern Mitglied einer ausgewogenen Gemeinschaft zu sein und darin auch die eigenen Probleme zur Sprache bringen zu können.

Da jede Entscheidung in der Sozialpolitik meist finanzielle Konsequenzen hat, wurden in allen diesen Gremien auch wirtschaftliche Fragen diskutiert. Die jeweilige Situation des Unternehmens wurde stets offen und eingehend erörtert. So entstand ein Informationssystem, das über jenes des Betriebsverfassungsgesetzes und der dort vorgesehenen Mitwirkung der Belegschaft im Aufsichtsrat und im Wirtschaftsausschuß weit hinausging. Dieses System hat schon allein durch das häufige Zusammentreffen zu guten und freundschaftlichen Beziehungen zwischen den Sozialpartnern geführt. Den Stunden der Arbeit folgten oft solche der Geselligkeit. An persönlichen Gedenktagen, wie Jubiläen und Geburtstagen, habe ich es stets dankbar empfunden, wie sehr man in einer solchen Organisation zu Hause sein und einander näherkommen kann.

Dabei haben alle Beteiligten – das gilt sowohl für die Mitglieder der Sozialabteilung und des Betriebsrates als auch für die Belegschaft – für diese Zusammenarbeit immer neue Verbesserungen gefunden. Ein solcher Fortschritt war – weil Betriebsversammlungen in einem so großen Unternehmen nicht möglich sind – die Einführung eines Vertrauensmännersystems, das durch eine Betriebsvereinbarung sanktioniert ist. Dabei handelt es sich um ein Gremium von einigen hundert von der Belegschaft der einzelnen Betriebe oder Abteilungen gewählten Vertretern. Diese Gruppe ist nicht zu groß, um sich nicht noch in einem einzigen Raum versammeln zu können.

Innerhalb dieser Ordnung wurden dann in gemeinsamer Verantwortung alle Aufgaben bearbeitet, von denen die Belegschaft unmittelbar berührt wird und die sozusagen ihren Alltag betreffen. Es entstanden Kommissionen für die Betriebssicherheit, die Kleiderordnung, das Akkord- und Zuschlagwesen, für die Wohnungsverteilung und vieles andere.

Probleme des Alltags

Im Vordergrund der eigentlichen praktischen Sozialarbeit standen zunächst einmal ganz einfache, dafür aber um so wichtigere Probleme des täglichen Lebens. Viele Menschen hatten damals keine

Wohnung oder lebten von ihrer Familie getrennt. In den Betriebsstätten fehlte es an zeitgemäßen Einrichtungen wie Wasch- und Umkleideräumen, Küchen und anderen Dingen.

Hier galt es, so schnell es ging und so weit es unsere wirtschaftlichen Möglichkeiten zuließen, Abhilfe zu schaffen. Als der Ausbau in Hoechst begann, mußten wir zudem viele hundert Wohnungen in uns liebgewordenen, jedoch völlig überalterten Siedlungen ersetzen. Die Bereitstellung von Mitteln für solche Projekte war immer ein wesentlicher Bestandteil unserer Investitionspläne.

Wir hatten jährlich 500 bis 1000 Wohnungen zu bauen. Aber nur zum Teil standen dafür öffentliche Gelder zur Verfügung. Auch waren die damit zusammenhängenden Fragen der Raumplanung, des Ankaufs von geeignetem Gelände, des Straßenbaus und vieler anderer Details für ein Chemieunternehmen Neuland. Darüber hinaus mußten wir in der näheren Umgebung der Werke an vielen Stellen dazu beitragen, daß Krankenhäuser, Schulen, Kirchen, Schwimmbäder und Sporteinrichtungen, Kindergärten und andere Einrichtungen errichtet werden konnten.

In dieser Zeit fanden sich in der Verwaltung, im Betriebsrat und in der Belegschaft manche bisher unentdeckte Talente, die dafür sorgten, daß es bei der Erfüllung der vielen Wünsche gerecht, vernünftig und ökonomisch zuging. Nur selten war für mich mit solchen Fragen Ärger oder Verdruß verbunden. Es machte mir im Gegenteil viel Freude zu erleben, mit welcher Selbstverständlichkeit und Tatkraft hier Lösungen gefunden wurden, deren segensreiche Wirkung heute kaum mehr richtig bewertet wird. Die Menschen damals waren allerdings wohl auch weniger anspruchsvoll als heute in unserer saturierten Gesellschaft. Jeder freute sich über den kleinsten Fortschritt, den er erzielen konnte.

Nachdem das Gröbste getan war, mußten wir uns überlegen, wie die Mitarbeiter auf neuen Wegen noch intensiver mit dem Unternehmen verbunden werden konnten. Zugleich mußten Grundlagen für eine gesicherte Existenz des einzelnen gefunden werden. Dazu gehörte die Möglichkeit der Vermögensbildung. Sicherung für das Alter war einer der wichtigsten Gesichtspunkte, wenn uns auch nach einiger Zeit der Staat einen großen Teil der Verantwortung auf diesem Gebiet abnahm. Dabei galt es zu berücksichtigen, daß die so heterogene Belegschaft mit ihrer großen Zahl von leitenden Angestellten und Naturwissenschaftlern vom Staat bei der Alterssicherung doch sehr unterschiedlich behandelt wird und deshalb dem Unternehmen nach wie vor beachtliche Pflichten bleiben.

Gastarbeiter kommen ins Haus

Die Sorge um den Arbeitsplatz, die uns alle früher jahrzehntelang belastet hatte, wurde überraschend schnell hinfällig und wird hoffentlich nie wieder akut. Entlassungen wegen mangelnder Beschäftigung sind seit der Neugründung der Hoechster Farbwerke nie notwendig geworden. Schon ab 1958 setzte am Arbeitsmarkt sogar eine fühlbare Verknappung ein, so daß recht bald ausländische Arbeitskräfte eingestellt werden mußten. Die ersten kamen im Jahre 1960 und stammten zunächst hauptsächlich aus Italien. Inzwischen beschäftigen die Farbwerke Mitarbeiter aus vielen anderen europäischen Nationen, so aus Spanien, Jugoslawien, Griechenland und der Türkei.

Eine solche Verpflanzung in eine völlig fremde Umgebung bedeutet eine gewaltige Umstellung. Sie beginnt bei den sprachlichen Problemen, die bei Mißverständnissen in den Betrieben sogar zu gefährlichen Situationen führen können, und endet bei den alltäglichsten Fragen, wie sie sich bei der Anpassung an deutsche Lebensgewohnheiten ergeben. Da gilt es dann, durch mancherlei Hilfestellung den Übergang zu erleichtern. Im großen und ganzen haben wir aber diese Situation recht gut gemeistert. Im Jahre 1971 waren in unseren deutschen Werken 8400 Arbeitnehmer aus anderen europäischen Staaten beschäftigt. Ihre Zusammenarbeit mit den deutschen Mitarbeitern ist durchaus harmonisch.

Nachdem sich der Lebensstandard in der Bundesrepublik etwas gehoben hatte, stellte sich der berechtigte Wunsch nach mehr Urlaub und Freizeit ein. Schon im Herbst 1955 haben wir in Hoechst als eine der ersten deutschen Firmen den »freien Samstag« eingeführt. Das stand damals noch gar nicht im Zusammenhang mit den systematischen Bemühungen der Gewerkschaften um Arbeitszeitverkürzung. Ich hatte den freien Samstag und seine wohltätigen Auswirkungen auf meinen USA-Reisen kennengelernt. Wir brauchten etwa ein Jahr, um alle von seinen Vorteilen zu überzeugen. Schließlich erklärte sich die Belegschaft bereit, 40 Prozent des damit verbundenen Lohnausfalls selbst zu übernehmen, während die anderen 60 Prozent vom Unternehmen getragen wurden. Das war ein gutes Beispiel für ein vernünftiges Übereinkommen. Später wurde dieses Problem durch eine Regelung innerhalb der Tarifordnung mit vollem Lohnausgleich endgültig gelöst.

Eigenheime und Belegschaftsaktien

Schon früh beschäftigte uns die Frage, wie man die Belegschaft am wirtschaftlichen Erfolg des Unternehmens interessieren könnte. Auch hier bot die Vergangenheit wenig nachahmenswerte Beispiele. Die alten marxistischen Parolen des Klassenkampfes mit dem unversöhnlichen Gegensatz zwischen Kapital und Arbeit waren ebenso überholt wie die Schlagworte des NS-Staates von der »Brechung der Zinsknechtschaft«. Jeder in der Bundesrepublik war davon überzeugt, daß ein völlig neuer Anfang gemacht werden mußte.

Die I. G. Farbenindustrie hatte schon bald nach ihrer Gründung, wenn auch in recht ungenügendem Ausmaß, eine dividendenabhängige Prämie eingeführt. Ernst Kuss, von dem ich schon berichtet habe, hatte nach dem Krieg, während meiner Zeit bei der Duisburger Kupferhütte, wieder damit begonnen und im Ruhrgebiet viel Aufsehen erregt. Sein gutgemeintes System ließ sich, obwohl der Grundgedanke recht fortschrittlich war, nicht aufrechterhalten. Es stellte sich heraus, daß es für die Errechnung einer solchen Prämie bei den dortigen Verhältnissen keinen allgemein gültigen und verbindlich nachweisbaren Bezugspunkt gab, den alle Beteiligten verstehen und nachprüfen konnten. Die Erträge der Kupferhütte schlugen sich nämlich nicht nur in Dividenden, sondern auch in dem nach oben und unten schwankenden Schwefelpreis nieder. Es ist aber wohl das Wichtigste bei allen sozialen Zuwendungen, daß ihre Grundlage und ihre Bezugspunkte für jeden leicht begreiflich sind.

Zusammen mit dem Betriebsrat – von dem ab 1952 im Rahmen des Betriebsverfassungsgesetzes auch Vertreter in den Aufsichtsrat entsandt wurden – kamen wir zu einer Vereinbarung, die in den folgenden Jahren ständig verbessert wurde. Danach erhielt jedes Belegschaftsmitglied von 1953 an eine Jahresprämie oder Erfolgsbeteiligung. Deren Höhe ist abhängig von dem Dividendensatz, vom Dienstalter (bei der Jahresprämie) und vom Jahreseinkommen.

Der Grundgedanke war damals wie heute, von allen überholten und patriarchalischen Formen der Weihnachtsgratifikation und ähnlichem abzukommen, die noch dazu wie alle persönlichen Jahresvergütungen Jahr für Jahr ausgehandelt oder neu festgesetzt werden müssen. Statt dessen wollten wir die Interessen der Belegschaft mit denen der Aktionäre sinnvoll verflechten.

Die Summen, die alljährlich nach der Hauptversammlung fällig waren, stiegen bei dem höher werdenden Dividendensatz beträchtlich. Sie betragen weit mehr als ein Monatsgehalt. Die Aktionäre haben diese Regelung oft diskutiert und standen ihr anfangs skeptisch gegenüber. Inzwischen haben sie in steigendem Maß Verständnis dafür aufgebracht.

Durch dieses neue System wurde erreicht, daß alle Bezüge einschließlich der des Aufsichtsrats und des Vorstands in unterschiedlichem, aber recht wesentlichem Ausmaß von dem Dividendenbeschluß abhängig sind, den die Aktionäre in der Hauptversammlung aufgrund des Geschäftsberichtes fassen. Daraus entwickelte sich im Laufe der Zeit in der Belegschaft ein wachsendes Verständnis für die Dividenden. Es entstand ein bemerkenswerter Grad von Solidarität zwischen Aktionären und Belegschaftsmitgliedern. So kam es dann auch vor, daß sich Mitglieder der Belegschaft oder gar des Betriebsrates für eine Erhöhung des Dividendensatzes einsetzten. Das wäre früher gar nicht denkbar gewesen.

Das wichtigste aber war, daß nunmehr auch Arbeiter und Angestellte, deren Einkommen durch Tarife geregelt sind, jedes Jahr mit einer größeren Zahlung rechnen durften, mit der sie sich einen besonderen Wunsch erfüllen konnten. So erhält zum Beispiel ein Belegschaftsmitglied mit zwanzig Dienstjahren und 1000 DM Monatseinkommen am Tage nach der Hauptversammlung bei einer zwanzigprozentigen Dividende einen Betrag von 1676 DM, von dem 528 DM schon im Dezember des Vorjahres gezahlt werden.

Als der Bundestag ein Gesetz beschloß, nach dem jeder jährlich zunächst 312 DM und später 624 DM lohnsteuer- oder einkommensteuerfrei für längerfristige vermögenswirksame Anlagen verwenden konnte, genossen die Empfänger der Jahresprämie sogar noch eine ansehnliche Steuerersparnis, wenn sie einen Teil des Geldes auf diese Weise anlegten.

Das Unternehmen hat sich von Anfang an bemüht, die Belegschaftsmitglieder dabei richtig zu beraten und ihnen entsprechende Möglichkeiten zu eröffnen. Dazu gehörte die Aktion zur Errichtung oder zum Erwerb von Eigenheimen, mit der wir im Jahre 1953 begannen. Wer etwa 20 Prozent der Bausumme zur Verfügung hatte und sich dann mit dem Unternehmen auf einen langfristigen Zahlungsplan einigte, konnte Besitzer eines solchen Eigenheimes werden. Entsprechende Häuser wurden in mehreren Preisklassen angeboten.

Wir bildeten aus dem Kreise der Belegschaftsmitglieder eine Eigenheimkommission, die für möglichst gerechte Entscheidungen sorgte. Wir achteten auch darauf, daß sich keiner der Bauwilligen unerträglich verschuldete. Die Pensionskasse konnte hier mit Darlehen helfen.

Etwa 5600 Eigenheime sind bisher auf diese Weise entstanden. Es ist wohl das wichtigste für Glück und Wohlbefinden einer Familie, in den eigenen vier Wänden leben zu können, auch wenn sie sich dafür in den ersten Jahren etwas einschränken muß. Ich habe jedenfalls keine Gelegenheit versäumt, alle meine Gesprächspartner zum Bau von Eigenheimen anzuregen.

Als der wirtschaftliche Erholungsprozeß in der Bundesrepublik und der allgemeine Wohlstand weitere Fortschritte gemacht hatten, beschäftigten wir uns mit dem Problem der sogenannten Belegschaftsaktien. Wir wollten die Belegschaft dazu ermuntern, ihrerseits Aktien zu erwerben. Für die meisten Mitarbeiter verband sich mit der Aktie noch ein recht nebelhafter Begriff, obwohl mit der dividendenabhängigen Prämie bereits etwas mehr Verständnis dafür bestand.

Das Wünschenswerteste, das wir in unserer neuen Wirtschafts- und Gesellschaftsordnung zu erreichen vermochten, war eine Beteiligung der Mitarbeiter an dem Unternehmen, dem sie ihre Arbeitskraft zur Verfügung stellten. Der Besitz eines Eigenheimes und einiger Aktien der Firma gewährleistet wohl eine sehr viel intensivere Identifizierung und engere Verbundenheit mit dem Unternehmen und dem Arbeitsplatz als eine verstaatlichte und zentral gesteuerte Wirtschaft. Es bedeutete einen erfreulichen Fortschritt, als unsere Belegschaftsmitglieder mehr und mehr in den letzten Jahren die Aktionärsbriefe, den Wirtschaftsteil der Zeitung oder gar den Börsenzettel zu studieren begannen.

Selbstverständlich durften wir diesen Weg der Geldanlage nur jenen empfehlen, die ihre dringendsten Ansprüche befriedigt und auch eine gewisse Sparsumme als eiserne Reserve zurückgelegt hatten. Der Ausgabekurs solcher Aktien mußte auch so gestaltet sein, daß nach menschlichem Ermessen kein Risiko entstand, wenn etwa eine plötzliche Notlage in der Familie zum Verkauf zwang.

Im Jahre 1958 beschloß der Staat für einen solchen Erwerb Steuervergünstigungen und gestattete den Firmen, für derartige Zwecke eigene Aktien an der Börse zu kaufen. Daraufhin wurden von Hoechst in gewissen Abständen Belegschaftsaktien angeboten, und zwar jeweils im Nennwert von 100 DM je Belegschaftsmitglied. Der Bezugskurs entsprach im allgemeinen demjenigen, der im benachbarten Zeitraum auch den Aktionären geboten worden war. Ausdrücklich wurde immer betont, daß diese Ausgabe von Belegschaftsaktien mit Beschlüssen über eine Kapitalerhöhung der Gesellschaft nichts zu tun hatte.

Diese Art der Aktienausgabe stieß zunächst auf eine gewisse Skepsis sowohl bei den Mitarbeitern als auch bei den Gewerkschaften und in Unternehmerkreisen. Inzwischen ist man längst anderen Sinnes geworden und denkt sogar darüber nach, wie eine solche Vermögensbildung auch auf andere Weise gefördert werden könnte. Die Belegschaft beteiligt sich heute zu mehr als 40 Prozent an solchen Aktionen und ist an deren Wiederholung sehr interessiert. Es ergibt sich dabei ein finanzieller Vorteil von etwa 250 DM gegenüber dem Börsenkauf einer Aktie von 100 DM Nennwert. Wer von den Hoechster Firmenangehörigen alle Gelegenheiten seit 1960 wahrgenommen hat, besitzt heute 16 Aktien im Nennwert von je 50 DM einschließlich der beim Jubiläum geschenkten Aktien. Die Aktionäre mußten sich mit dieser neuen Maßnahme erst anfreunden, brachten aber allmählich das nötige Verständnis für sie auf.

Alle diese Schritte innerbetrieblicher Sozialpolitik konnten nur zum Erfolg führen, wenn wir uns mit der Gewerkschaft über die Bemessung von Lohn und Gehalt einig waren. Arbeitgeberverband und Gewerkschaft hatten sich frühzeitig auf ein Schlichtungssystem geeinigt, mit dem schwere Arbeitskämpfe vermieden werden konnten. Natürlich kam es schon bald zu Auseinandersetzungen über die Tariferhöhungen, von denen die beiden Sozialpartner wohl nie eine völlig einheitliche Vorstellung haben werden.

Gemeinsame Erinnerungen an die schwere Zeit des Wiederaufbaus haben auch in diesem Bereich menschliche Beziehungen entstehen lassen, die sich in kritischen Zeiten bewährten. Nur durch den guten persönlichen Kontakt konnten gelegentlich größere Schwierigkeiten überwunden werden. Trotz schlechter Erfahrungen in der Weimarer Republik – damals wurde man als junger Student gezwungen, sich zu einer gewerkschaftlichen Solidarität zu bekennen, wenn man in den Ferien arbeiten wollte – und auch trotz des Mißbrauchs in der NS-Zeit, in der solche Solidarität einfach befohlen wurde, bin ich immer ein Anhänger des Gewerkschaftsgedankens geblieben.

Es ist für die Unternehmer absolut notwendig, in den Gewerkschaften einen überbetrieblichen Gesprächspartner zu haben. Andererseits muß man aber bedenken, daß die Interessen der Gewerkschaft und der Belegschaft nicht in allen Fällen identisch sind. Den Belegschaftsmitgliedern geht es um den Lohn und um vernünftige Arbeitsbedingungen, während die Gewerkschaft als übergeordnete Organisation stets auch politische oder machtpolitische Interessen vertritt.

Ein solch starker Partner ist nicht immer bequem. Zuweilen erringt er Zugeständnisse, die an der äußersten Grenze des noch gerade Möglichen liegen. Auch bei uns gab es unter dem Druck der Situation Vereinbarungen, die stark auf die Kostenstruktur des Unternehmens drückten. Wir hatten dann jahrelang Mühe, durch Ausweitung des Geschäftes und gleichzeitige Rationalisierung das wirtschaftliche Gleichgewicht wiederherzustellen. Aber bisher ist jedenfalls in unserer Wirtschaftsordnung stets ein annehmbarer Ausgleich gefunden worden zwischen den Interessen des Unternehmens, der Aktionäre und der Belegschaft.

Das Betriebsverfassungsgesetz hat den Arbeitnehmern in der Bundesrepublik die Möglichkeit geschaffen, in allen sozialen und arbeitsrechtlichen Fragen entscheidend mitzuwirken. Dabei sind die Rechte des Betriebsrates für die Belegschaft in vieler Hinsicht wichtiger und effektiver als die Resultate, die durch die Mitarbeit im Aufsichtsrat erzielt werden können. Dieses Gesetz war von Beginn an fortschrittlicher als ähnliche Regelungen in der übrigen Welt, ganz zu schweigen von den kommunistischen Staaten, die den Arbeitern die primitivsten wirtschaftlichen Grundrechte wie etwa das Streikrecht vorenthalten.

In der Bundesrepublik hat im übrigen die allgemeine Tarifordnung, wie sie mit den Gewerkschaften ausgehandelt wurde, stets einen ausreichenden Spielraum für individuelle soziale Arbeit innerhalb des Unternehmens gewährt. Diese besonderen sozialen Bemühungen tragen nicht nur zum Arbeitsfrieden bei, sondern auch zum Wohlbefinden des einzelnen in seinem Verhältnis zum Unternehmen, in dem er einen großen Teil seines Lebens verbringt. Wenn jetzt eine neue Generation der Gewerkschaftsführung versucht, diese individuellen Zuwendungen und Vergünstigungen abzuändern und sie einem allgemeinen Tarifgeschehen einzuordnen, so kann man das im Hinblick auf die soziale Atmosphäre in den Betrieben nur bedauern.

Der Streit um die Mitbestimmung

In den letzten Jahren wurde die Auseinandersetzung um die erweiterte Mitbestimmung von den Gewerkschaften mit allen Mitteln in den Vordergrund gerückt, so daß sie nun auch Gegenstand der Diskussionen im Bundestag ist. Einige in diesem Zusammenhang präsentierte Modelle sind so einschneidend, daß sie im Falle ihrer Verwirklichung wohl eine grundsätzliche Veränderung unseres Wirtschaftssystems bewirken würden.

Das Muster für die meisten bisherigen Vorschläge ist die sogenannte paritätische Mitbestimmung, wie sie 1952 an der Ruhr eingeführt wurde. Danach benennt nicht nur der Betriebsrat für die Belegschaft Aufsichtsratsmitglieder, sondern unabhängig von ihm und in größerer Zahl auch die Gewerkschaft. Im Vorstand fungiert ein Arbeitsdirektor, der nur bestellt und abberufen werden kann, wenn die Mehrheit der Arbeitnehmervertreter im Aufsichtsrat zustimmt.

Der Aufsichtsrat ist mit den Vertretern der Anteilseigner und denen der Gewerkschaft und Belegschaft paritätisch besetzt. Bei ergebnisloser Abstimmung muß ein zusätzliches Aufsichtsratsmitglied, auf das sich beide Seiten geeinigt haben, die Verantwortung einer Entscheidung auf sich nehmen.

Wer die Verhältnisse in der Montanindustrie überblickt, kann nicht behaupten, daß die paritätische Mitbestimmung den Firmen wirtschaftliche Vorteile gebracht hat oder die dort beschäftigten Menschen besser gestellt hätte als in der übrigen Wirtschaft.

In den Jahren 1968 und 1969 verfaßte die nach ihrem Vorsitzenden benannte Biedenkopf-Kommission im Auftrag der damaligen Bundesregierung ein Gutachten über die Probleme der erweiterten Mitbestimmung. Aus diesem Anlaß veranstaltete sie sogenannte Hearings mit Repräsentanten der Wirtschaft. Dafür wählte man aus jenen Unternehmen, die nicht der paritätischen Mitbestimmung unterliegen, im Bereich der Chemie die Farbwerke Hoechst aus. Der Aufsichtsratsvorsitzende Hermann Richter, der Vorsitzende des Betriebsrates Erhard Klein und ich als Vorsitzender des Vorstandes wurden unabhängig voneinander vor dieses Gremium geladen.

Wir drei haben uns weder vorher noch nachher über unsere Aussagen unterhalten. Ich erhielt ausführlich Gelegenheit zu schildern, was wir in Hoechst auf diesem Gebiet unternahmen und inwieweit wir die Belegschaft an der Unternehmenspolitik teilnehmen lassen. Es kam in meinen Ausführungen und in dem folgenden lebhaften Gespräch zum Ausdruck, wie sehr bei uns die Entscheidungsbefugnis über den großen Kreis der rund viertausend leitenden Angestellten weitergegeben wird, und wie stark die Belegschaft und der Betriebsrat ihrerseits an der Verantwortung mittragen. Daß man diese Zusammenarbeit allerdings immer noch weiter zu entwickeln vermag und unser System auch noch verbessert werden kann, darüber sind wir nicht im Zweifel.

Wir sollten stets um eine solche Verbesserung des Zusammenlebens innerhalb der Betriebe und der Gesellschaft bemüht sein. Wir werden dabei auch immer noch Fortschritte machen können. Auf der anderen Seite darf nicht außer acht gelassen werden, daß jedes Unternehmen ein konkretes wirtschaftliches Ziel hat. Es muß den Aktionären die Rendite ihres Kapitals garantieren, es trägt mit seinem großen Liefer- und Kundenkreis – je größer es ist, um so mehr – vor der Öffentlichkeit eine außerordentliche volkswirtschaftliche Verantwortung. Schließlich hat es dafür zu sorgen, daß die Belegschaft ihre Arbeitsplätze behält und jeder Mitarbeiter ein angemessenes Auskommen findet.

Eine solche wirtschaftliche Verpflichtung aber muß von einem Gremium übernommen werden, das klar bestimmt und dessen Verantwortung eindeutig definiert ist. Was ich dazu vor der Biedenkopf-Kommission im Mai 1969 gesagt habe, ist im Grunde genommen schon in meinen Ausführungen auf der Hauptversammlung im Jahre 1968 enthalten. Dort heißt es:

»Bevor wir um ideologischer und theoretischer Vorstellungen willen unsere gesamte Wirtschaft so grundsätzlichen Änderungen unterwerfen, sollten wir sachlich und ehrlich prüfen, ob dieses System der paritätischen Mitbestimmung, das durch eine spezielle Situation entstand, sich wirklich bewährt hat. Es ist ein gefährlicher Irrtum, wenn man sich von dieser Form der erweiterten Mitbestimmung positive Auswirkungen für die sozialen Verhältnisse innerhalb unserer Werke, d. h. für die Belegschaft, verspricht. Wir sind in Sorge wegen der Gefahren, welche dieses System für die freie wirtschaftliche Entfaltung des Unternehmens und seine Handlungsfähigkeit im In- und Ausland mit sich bringt, und fürchten mit Grund, das mühsam wiedergewonnene internationale Vertrauen und unsere Kreditwürdigkeit in der Welt wieder zu verlieren.

Im Rahmen der bisher gegebenen gesetzlichen Möglichkeiten und weit darüber hinaus waren sich unsere Unternehmen ihrer sozialen Verpflichtungen immer bewußt. Auf vielen neuen Wegen, wie z. B. durch die dividendenabhängige Erfolgsbeteiligung und Jahresprämie oder Ausgabe von Belegschaftsaktien, aber auch durch Ausgestaltung einer freiheitlichen Selbstverwaltung in unserer inneren Organisation, haben wir die soziale Tradition unseres Hauses weiterentwickelt.

Darin sollten wir auch in Zukunft unsere Aufgaben sehen und sie in vernünftiger und bewährter Zusammenarbeit mit der Belegschaft, ihrer Vertretung und den gewerkschaftlichen Partnern bewältigen. Wir sollten aber nicht unsere Wirtschaft sachfremdem Einfluß und unternehmensfremder Steuerung aussetzen. Eine solche Entwicklung müßte – auch bei gutem Willen aller Beteiligten – zu einer Lähmung der unternehmerischen Entscheidung führen und damit die Weiterentwicklung unserer internationalen Geschäftstätigkeit, die vor so außerordentlich schwierigen Aufgaben steht, gefährden.

Die Zusammenarbeit in Gesellschaft und Wirtschaft – das gilt auch für unser Unternehmen – muß auch in der Zukunft getragen sein von Sachverstand und Verantwortung – von Sachverstand, der sich auf Begabung, Ausbildung und Lebenserfahrung begründet, und einer klaren, ungeteilten Verantwortung in der Führung unseres Unternehmens, mit der wir von den Eigentümern der Gesellschaft beauftragt und betraut sind.«

Privates im Jubiläumsjahr

In das Jubiläumsjahr 1963 fiel im September auch mein 60. Geburtstag. Ein solcher Tag bedeutet im Leben eines Menschen, ob man es nun wahrhaben will oder nicht, einen tiefen Einschnitt. Unter den Glückwünschen zu einem solchen Ereignis finden sich auch die der jüngeren Generation, die freundlich und herzlich zum Ausdruck bringen, daß man von nun an zu den »Alten« gehört. Die anderen, die diese Grenze schon überschritten haben, begrüßen es, daß man jetzt bei ihnen angekommen ist.

Ich habe zu diesem Tag viele gute Wünsche aus beiden Lagern entgegennehmen dürfen. Meine Stellung brachte es mit sich, daß ich Geschenke und Gratulationen in beinahe erdrückender Fülle erhielt. Natürlich habe ich mich sehr darüber gefreut, daß so viele Menschen aus all den vielen Bereichen, mit denen ich seit meiner Jugend in Berührung gekommen war, meiner gedachten.

Meine Kollegen und Freunde überzeugten mich davon, daß auf eine Geburtstagsfeier im Unternehmen nicht verzichtet werden könnte. Sie hatten aber dafür gesorgt, daß diese Feier in einem Rahmen blieb, der meinen Wünschen entsprach. Hermann Richter, der im Sommer 1963 nach Friedrich Jähne den Vorsitz im Aufsichtsrat übernommen hatte, und Erich Bauer, Senior im Vorstand und zugleich mein Stellvertreter, haben jenen Abend mit viel Liebe gestaltet und besonders freundliche Worte für mich gefunden. Das Unternehmen spendete eine größere Geldsumme und verstärkte damit einen Fonds, den man mir schon zu meinem 25. Dienstjubiläum im Jahre 1958 zur Verfügung gestellt hatte, um junge Dozenten in ihrer wissenschaftlichen Laufbahn zu fördern. Dabei berät mich ein wissenschaftliches Kuratorium.

Wir feierten diesen Geburtstag an einem großen Tisch in unserem alten Kasinosaal. Mit viel Verständnis für meine Neigungen und Interessen hatte man einen großen Teil der Menschen eingeladen, die zu meinen jetzigen und früheren Lebensbereichen gehörten. Aus dem Unternehmen waren es die Angehörigen der Verwaltung, der Direktion, der Betriebsvertretung und der engere Kreis meiner jungen Mitarbeiter. Neben Friedrich Jähne saß an der Spitze des Tisches die neunzigjährige Else von Meister, die Witwe des kurz nach seinem fünfzigjährigen Dienstjubiläum im Jahre 1913 verstorbenen Gründersohnes.

Viele Vorstandsmitglieder der alten I. G. waren gekommen, ebenso die Vorsitzenden der Vorstände von Bayer und der BASF. Für sie alle überbrachte Carl Wurster freundschaftliche Grüße und erinnerte an manche gemeinsamen Erlebnisse.

Aus dem wissenschaftlichen Kreis waren die Repräsentanten der Max-Planck-Gesellschaft, der Gesellschaft Deutscher Chemiker, der Dechema, der Universitäten, insbesondere von Frankfurt und Marburg, und viele andere erschienen. Der Senior unter ihnen war Otto Hahn, der inzwischen verstorbene Richard Kuhn sprach die Grußworte. Anstelle des an diesem Abend verhinderten hessischen Ministerpräsidenten Georg August Zinn überbrachte Finanzminister Albert Osswald, später Zinns Nachfolger, die Grüße der Landesregierung, mit der ich mich immer verbunden gefühlt habe. Der damalige Frankfurter Oberbürgermeister Werner Bokkelmann gratulierte für die Stadt Frankfurt.

Mein Mitarbeiter an der »Chemischen Technologie«, Leopold Küchler, hatte unter Mitwirkung meiner Kollegen ein Buch mit dem Titel »Chemie im Wandel der Zeiten« zusammengestellt. Es enthielt viele Veröffentlichungen über Arbeiten, die in meiner Zeit in Hoechst ausgeführt worden waren. Neben mir saß während der Feier meine Frau; auch einer meiner Söhne hatte Gelegenheit, an dem kleinen Fest teilzunehmen. Der Tag selbst wurde im Kreis der Familie begangen. Ich verbrachte ihn mit meiner Frau und den drei Kindern im Schwarzwald.

Die an einem solchen Tage eingehenden Glückwünsche, die Reden und Porträts in den Zeitungen halten dem Geburtstagskind einen Spiegel vor, in den es zwangsläufig hineinsehen muß, und der ihm zeigt, wie es von seiner Umgebung gesehen wird. Bei dieser Gelegenheit hält man dann Einkehr bei sich selbst. Der Sechziger sieht auf das herannahende Alter, dessen er sich nun deutlich bewußt wird.

Die Öffentlichkeit fragt bei derartigen Anlässen, wie sich denn das alltägliche Leben in einer solchen beruflichen Position überhaupt abspielt. Auch der Leser dieses Buches wird darüber etwas erfahren wollen. Wer beruflich so großer Publizität ausgesetzt ist, bemüht sich natürlich, möglichst viel von seiner privaten Existenz zu bewahren. In der Praxis aber kann man Beruf und Familie nicht völlig voneinander trennen. Will man nicht ein Doppelleben führen, so muß sich in der Realität wohl beides ein wenig mischen. Auch wird der Verkehr mit den Mitarbeitern und der Kollegen untereinander menschlicher, wenn zuweilen ein privater Ton anklingt. Man muß auch ein wenig von dem Privatleben der Menschen wissen, mit denen man täglich zusammen ist. Das gilt in beiden Richtungen, im Verhältnis von Mitarbeitern und Vorgesetzten. Allzu viele offizielle Gäste hat unser Haus in Königstein nicht gesehen. Mehr als ein Dutzend hätten wir in unserem Wohnzimmer auch gar nicht unterbringen können.

Wenn ich nicht verreist war, begann der Alltag werktags morgens um 6.45 Uhr mit einem gemeinsamen Frühstück, an dem auch die Kinder teilnahmen. Kurz nach 7.00 Uhr kam dann regelmäßig mein Fahrer Anton Hausmann. Er saß einige Minuten am Tisch mit uns und besprach den täglichen Fahrplan. Seit 1949, also seit mehr als zwanzig Jahren, hat er mich gefahren und tut dies auch heute noch. Mehr als 1,3 Millionen Kilometer haben wir in dieser Zeit zurückgelegt. Das sind mehr als 15 000 Stunden, also nahezu sieben ganze Jahre, wenn man ein Arbeitsjahr mit 2 000 Stunden rechnet. Damit kommt man natürlich in einem solchen Berufsleben nicht aus, denn der Arbeitstag hat oft zwölf Stunden.

Es gehört viel gegenseitige Rücksichtnahme dazu, eine so lange Zeit auf so kleinem Raum miteinander zu verbringen. Da ich selbst seit vielen Jahren nicht mehr am Steuer sitze, hatte Hausmann die Kommandogewalt über Abfahrtszeit, Route und Geschwindigkeit. Er stammt aus Köln, besitzt den Humor und die Schlagfertigkeit der Rheinländer. Wenn wir einmal nicht einig waren, konnte er im richtigen Augenblick stöhnen: »Immer die Kleinen!«

Die Bürozeit fing um 7.30 Uhr an. Der enge Kreis des Sekretariats bestand außer mir aus einem Sekretär und einer Sekretärin, die sich in die Arbeit teilten. Zu meinen unmittelbaren Mitarbeitern gehörte auch der Leiter der Technischen Direktionsabteilung, jeweils ein junger Naturwissenschaftler, mit seiner Sekretärin. Diese wenigen Menschen wußten Bescheid über alles, was mich anging. Sie hatten Zugang zu aller Post, auch wenn sie mich privat betraf oder gar familiären Charakter hatte. Sie erledigten alle Telefongespräche und sorgten für den Terminkalender. Dabei hat es niemals an der notwendigen Vertraulichkeit gefehlt.

Wenn ich mein Büro betrat, warteten schon meist einige Kollegen, die eilige Fragen klären wollten. Das waren Vorstandsmitglieder, junge und alte Angehörige von Stabsabteilungen, unabhängig von Rang und Namen. Im Hintergrund wurden diese Unterhaltungen wohl etwas gesteuert von meiner Sekretärin Tilly Dörr und dem langjährigen Sekretär Adam Blum, an dessen Stelle später Herbert Spahn trat.

Man kann bei einem so kurzen und ungezwungenen Zusammensein ohne präzise Verabredung vieles regeln. Diese Morgenstunde war die fruchtbarste unseres Arbeitstages. Später, meist gegen 9.00 Uhr (nur die Technische Direktionssitzung fing traditionell um 8.00 Uhr an), begannen dann die internen Sitzungen an feststehenden Wochentagen. Mittags empfing ich fast immer auswärtige Besucher, mit denen ich zu essen hatte. Die Büroarbeit setzte sich dann bis 7.00 Uhr abends fort. Dies war der Tagesablauf, wenn ich in Hoechst war. Oft aber standen Reisen innerhalb Deutschlands oder im europäischen und überseeischen Ausland auf der Tagesordnung.

Am Wochentag blieb nicht viel Zeit für das Privatleben. Nach dem Abendessen mußte noch die Post gelesen werden, damit man am anderen Morgen schon einige Themen besprechen konnte. Bei jedem, der an diesen frühen Unterhaltungen teilnahm, wurde vorausgesetzt, daß er über alle aktuellen Vorgänge im Bilde war.

Den Samstag und Sonntag jedoch habe ich mir nach Möglichkeit freigehalten. Meine Frau und ich verzichteten ausdrücklich auf nahezu jeden gesellschaftlichen Verkehr an Wochenenden. Diese habe ich, abgesehen von Dienstreisen, fast immer zu Hause verbracht. Dort wurde ich auch selten aus der Firma angerufen, denn alle Tagesaufgaben wurden in Hoechst zunächst einmal, bevor ich mich mit ihnen beschäftigen mußte, ressortmäßig auf meine Vorstandskollegen verteilt.

Dennoch blieb mir zu Hause noch viel Arbeit, etwa an der Post, an den Reden, Vorträgen und Publikationen. Dabei ließ ich die Tür meines Zimmers offen. Ich konnte auch gut arbeiten bei Schallplattenmusik, die wir zu Hause alle gern hören. Meine Frau und ich spielen kein Instrument. Um so lieber hörten wir jedoch, wenn unsere Kinder Klavier, Geige, Violoncello und Flöte spielten. An diesen Wochenenden war aber auch viel Zeit für gemeinsame Mahlzeiten, für Spaziergänge und ein Skat- oder Doppelkopfspiel nach dem Essen. Die Wochenenden und die Ferien reichten aus, um die Familie fest zusammenzufügen. Für Hobbys dagegen genügten die Mußestunden nicht.

Es gab viele Kollegen, die ihr Leben ähnlich einteilten. Wenn Lebensstil und Tagesrhythmus anders waren, bemühten wir uns trotzdem, eine gewisse Übereinstimmung zu erzielen. Mir nützte es viel, daß mein Büro immer über alles Bescheid wußte, und daß ich für jede Frage in meinem gesamten Geschäftsbereich jeweils eine voll legitimierte Vertretung im Vorstand bestimmt hatte. Auch erhielt ich selbst auf monatelangen Auslandsreisen und im Urlaub jede Woche einen kurzen allgemeinen Bericht aus Hoechst. Rückfragen waren aber nicht nötig, und nur ganz selten mußte ich ein Telefongespräch mit meinem Büro führen.

Das entsprach dem Grundsatz, daß man nur »regieren« kann,

wenn man sich an seinem Arbeitsplatz befindet und über die Möglichkeit der persönlichen Rücksprache mit seinen Mitarbeitern verfügt. Wenn man abwesend ist, muß man einen bevollmächtigten Vertreter seines Vertrauens haben. Es ist denn auch selbst nach wochenlangen Reisen nie vorgekommen, daß während meiner Abwesenheit eine Entwicklung ganz entgegen meinen Vorstellungen gelaufen wäre, auch wenn ich in dieser Phase bei den Entscheidungen nicht hatte mitwirken können.

Neue Männer im Vorstand

Das Jahr 1963 war für Hoechst, einmal ganz abgesehen von dem hundertjährigen Jubiläum, ein bedeutsamer Einschnitt. Geschäftlich ging es nun nach langen Jahren der Vorbereitung aufwärts. Der Umsatz stieg von 1963 bis 1970 von 3 Milliarden auf 12 Milliarden DM. Die technischen Entscheidungen der vorangegangenen Jahre begannen sich auszuwirken. Es kündete sich eine Periode großer internationaler Planungen an, für die nun auch die politischen Voraussetzungen bestanden.

Aber gerade zu diesem Zeitpunkt tauchten auch viele personelle Probleme auf. 1962 und 1963 gab es allein durch Erreichen der Altersgrenze manchen Wechsel in unserem Vorstand. Pensioniert wurden Konrad Weil, der leider bald darauf starb, und Emil Thiel, der Leiter der Farbensparte; auch Chefingenieur Josef Wengler trat in den Ruhestand. Im Alter von 62 Jahren starb Michael Erlenbach; Finanzchef Berthold Gamer verließ uns, weil er an anderer Stelle ein bedeutendes Wirkungsfeld fand.

Diese Verluste stellten eine große Belastungsprobe für unser Unternehmen dar. Es mußte sich nun zeigen, ob wir, so kurz nach der Gründungsperiode, aus dem Stadium der Improvisationen zu einer festgefügten Personalpolitik kommen konnten. Erschwerend machte sich bemerkbar, daß zwei ältere Kollegen im Vorstand vorübergehend durch ernste Erkrankung ausfielen. So mußten von Vorstand und Aufsichtsrat mutige Entschlüsse gefaßt werden.

Soweit es sich um Pensionierungen handelte, hatten wir vorgesorgt. An die Stelle von Emil Thiel trat Rudolf Frank, der aus unserer Technischen Direktionsabteilung hervorgegangen war. Hans Ohliger, der sich um den Aufbau des Trevira-Geschäftes große Verdienste erworben hatte, trat in die Verkaufsleitung ein. Den Ausfall von Michael Erlenbach konnten wir dadurch ausgleichen, daß Fritz Lindner, der ihm schon vorher bei der Leitung der Pharma-Sparte behilflich war, nun die Führung übernahm. Als Nachfolger für Josef Wengler als Chefingenieur war schon lange Helmut Wagner vorgesehen. Als uns Berthold Gamer verließ, mußten wir Robert Hegels bitten, von Knapsack überzusiedeln, um noch für den Rest seines Berufslebens in Hoechst die Verantwortung für Finanzfragen zu übernehmen. Seit 1966 leitet Hans Reintges das Ressort.

Als darüber hinaus, wie schon erwähnt, auch noch einige Kollegen krank wurden, ernannten wir 1962 Rolf Sammet im Alter von 42 Jahren und Jürgen Schaafhausen im Alter von 39 Jahren zu Vorstandsmitgliedern. Wir hatten für sie im Augenblick zwar kein Ressort, benötigten aber einfach zwei junge energische Persönlichkeiten, die überall eingreifen konnten, wo Not am Mann war. Später übernahm Sammet die Leitung des Werkes Hoechst und der Foliensparte, Schaafhausen wurde Spartenchef der anorganischen Produktion und übernahm als Sonderaufgabe den Aufbau einer Abteilung für Umweltschutz. Dies schien uns so wichtig, daß diese Aufgabe einem Vorstandsmitglied anvertraut wurde. Die Abteilung verfügte 1971 über rund 100 Mitarbeiter.

So waren am Ende des Jahres 1963 die Lücken im Vorstand wieder ausgefüllt. Das Unternehmen hatte auch diese Belastung gut überstanden, und wir empfanden alle etwas Stolz, daß wir dabei keine fremde Hilfe beanspruchen mußten. Die Voraussetzung bildete eine gute Organisation, wie wir sie in Hoechst von Anfang an besaßen. Es gehörte dazu aber auch eine vorausschauende und vorurteilslose Personalpolitik. Sechs Jahre später gab es dann bei meinem Ausscheiden abermals einen Generationswechsel im Vorstand. Diesmal glücklicherweise ohne Schicksalsschläge durch Erkrankung oder Tod.

Kapitel X

Der Weg zum multinationalen Unternehmen

Am 14. Januar 1963 sprach Charles de Gaulle, der große alte Mann Frankreichs, sein unerbittliches »Non« zum Eintritt Großbritanniens in die Europäische Wirtschaftsgemeinschaft. Am 29. Januar wurden die Verhandlungen in Brüssel unterbrochen. Ich befand mich in jenen Tagen gerade in London und fühlte an diesem Platz stärker als an jedem anderen die Tragweite und das Verhängnis einer Entscheidung, die ein Land von der politischen, zivilisatorischen und wirtschaftlichen Bedeutung Großbritanniens von dem so notwendigen europäischen Wirtschaftszusammenschluß fernzuhalten versuchte.

Zunächst waren es die Briten, die sich im Vollgefühl insularer Unabhängigkeit nur schwer an den Gedanken gewöhnen konnten, ihre Wirtschaft allzu eng mit jener des Kontinents zu verflechten. Als Folge dieser Haltung war als Gegenstück zur Europäischen Wirtschaftsgemeinschaft (EWG) die Europäische Freihandelszone (EFTA) entstanden, die ein wesentlich lockereres Gebilde darstellt und Großbritannien, Dänemark, Norwegen, Schweden, Österreich, die Schweiz und Portugal umfaßt. Eine wirtschaftliche Spaltung Europas hatte gedroht, die jeden nur in größte Besorgnis versetzen konnte. Doch jetzt, als die Vernunft zu siegen schien und London bereit war, zumindest auf wirtschaftlichem Gebiet den Weg nach Europa anzutreten, kam das Veto des Generals wie eine eiskalte Dusche.

An jenem 14. Januar hatten wir in Hoechst gelegentlich des 100jährigen Jubiläums eine Weltverkaufskonferenz veranstaltet. Nahezu 250 Leiter unserer Auslandsorganisation nahmen daran teil. Die frohe Jubiläumsstimmung wich schnell den ernsten Diskussionen über Stand und Umfang unseres Weltgeschäftes. Als alle Repräsentanten in der Festhalle zusammensaßen und von ihren unterschiedlichen Voraussetzungen her berichteten, was seit dem Neubeginn geschehen war, empfanden wir alle ein wenig von dem Selbstbewußtsein eines wieder zur Weltgeltung heranwachsenden Unternehmens.

Am gesamten Umsatz von 3,46 Mrd. DM hatte das Auslandsgeschäft trotz seiner ursprünglich sehr schwierigen Startbedingungen nun im Jahr 1962 einen Anteil von 38 Prozent erreicht. 1954, als wir noch kaum über eine Auslandsorganisation verfügten, hatte der Weltumsatz 1,14 Mrd. DM und der Anteil des Auslandsumsatzes 32 Prozent betragen. Den Bemühungen, die Verkäufe jenseits der deutschen Grenzen durch die Errichtung zusätzlicher Fabrikationen im Ausland selbst stärker zu beleben, waren gewisse Anfangserfolge vergönnt gewesen. Andere große Chemiefirmen, darunter auch die bedeutendsten deutschen Konkurrenten, hatten jedoch inzwischen einen prozentual sehr viel höheren Auslandsanteil erreicht.

Jetzt, im Jahre 1963, war auch klar zu erkennen, daß innerhalb des deutschen Binnenmarktes die weiteren Expansionsmöglichkeiten zumindest begrenzt sein und hier die Bäume nicht in den Himmel wachsen würden. Wir mußten deshalb um so angestrengter nach Wegen suchen, die Auslandstätigkeit spürbarer auszuweiten. Dazu war es in erster Linie notwendig, weitere Gebiete kaufmännisch zu erschließen, die bisher noch nicht nachhaltig bearbeitet werden konnten.

Andererseits entstanden gerade jetzt neue Chancen für unsere Kaufleute, weil sich die Fabrikationsprogramme ständig ausweiteten und neue Produkte, die durch die Erfolge von Forschung und Entwicklung in den Bereichen der synthetischen Fasern, der Kunststoffe und auch mancher Chemikalien geschaffen wurden, allmählich auch für den Export zur Verfügung standen. Dennoch konnten die Prognosen, die von der Verkaufsleitung im Januar 1963 für das Auslandsgeschäft aufgestellt wurden, angesichts der unübersichtlichen Situation jener Zeit nicht übermäßig optimistisch sein. Als Ziel für das Jahr 1970 wurde ein Export im Wert von 1,4 Milliarden DM ins Auge gefaßt. Es handelte sich bei dieser Voraussage um die erste wirklich langfristige Planung unseres

Weltgeschäftes. In der Tat erreichte der Export 1970 die weitaus höhere Summe von 3,9 Milliarden DM. Dieser Erfolg war das Ergebnis unserer damaligen Entscheidung, die Arbeit jenseits der Grenzen zu verstärken und grundsätzliche Schritte zur Verbesserung des Auslandsgeschäftes zu unternehmen.

Allerdings traute im Jahre 1963 der Chemie niemand ein solches Wachstum zu. Wir konnten nicht ahnen, welche Chancen sich uns bieten, aber auch welche Anforderungen auf dem weiteren Weg in den internationalen Markt gestellt würden. Die Resignation, die Anfang der sechziger Jahre in der gesamten Chemie herrschte, konnte durch die späteren Ereignisse vollständig überwunden werden.

Eine wichtige Rolle mußte dabei die Auslandsproduktion spielen. Doch gerade hier waren keine Prognosen möglich. Wir wußten lediglich, daß sich ein radikaler Wandel zu vollziehen hatte und wir unsere Bemühungen wesentlich steigern mußten. Es galt, völlig neue Ansatzpunkte zu suchen. So war es eine seltsame Mischung von Enttäuschungen und Hoffnungen, die damals in den Debatten auf der Vertreterkonferenz anklang.

Meine eigenen Ausführungen, die sich auf das Hoechster Unternehmen bezogen, endeten mit dem folgenden Resümee: »Unser Exportanteil ist zu klein, strukturgebunden aus der Vergangenheit. Wir wissen, daß wir viele große Arbeitsgebiete haben, in denen uns im Export Grenzen gesetzt sind. Wir haben auch neue Tätigkeitsbereiche erschlossen, aus denen wir noch nicht richtig exportieren können. Wir müssen daher die Ausfuhrorganisation verstärken. Wir müssen der Konsolidierung Europas Rechnung tragen. Wir müssen zusammenwachsen mit den Ländern Europas, ohne daß wir uns einbilden sollten, daß das Europa von morgen ein internationales Eintopfgericht wird. Wir werden auch in zehn bis zwanzig Jahren noch einen französischen, einen italienischen und einen englischen Wirtschaftsraum haben, die wir von unserem Unternehmen aus getrennt betrachten müssen. Die Wirtschaftsprozeduren in Deutschland werden in nächster Zeit nicht gleich jenen der Engländer oder der Italiener oder anderer europäischer Völker werden. Wir werden auch unsere gesamte europäische Politik individuell auf die einzelnen Länder beziehen müssen.

Der im Ausland erreichte Umsatz von 374 Millionen DM aus

eigenen Fabrikationen ist viel zu klein, und das ist vielleicht eine der Schwächen unseres Unternehmens. Über solche Produktionsstätten im Ausland, die den Export wirksam unterstützen, verfügen wir nur in geringem Maße, weil wir viel zu spät gekommen sind. Wir stoßen auf den Auslandsmärkten auf die kapitalkräftigen Amerikaner; und auf die Engländer, die schon lange vor uns da waren.« Am Schluß meiner Rede appellierte ich an die Teilnehmer der Weltverkaufskonferenz, sich in diesen Tagen auf die Frage zu konzentrieren, »wie wir stärker, intensiver und auch mit größerem Geldeinsatz den Weg in die Länder außerhalb Deutschlands gehen können«.

Vorher hatte Walter Hallstein, der Präsident der Kommission der EWG, ein faszinierendes Referat gehalten: »Der gemeinsame Markt in einer entscheidenden Phase«. Hallstein, der später nach zehnjähriger Präsidentschaft von seinem EWG-Amt zurücktrat und Mitglied unseres Aufsichtsrates wurde, zeichnete damals ein verhältnismäßig optimistisches Bild von der Lage in Brüssel. Für ihn, den begeisterten Europäer, waren Zoll- und Wirtschaftsunion keineswegs ein Schlußpunkt; dahinter stand ein noch größeres Ziel: die politische Union Europas.

Nach dem Einspruch de Gaulles schien es, als müßten die Hoffnungen auf ein wirtschaftlich und politisch integriertes Europa auf lange Zeit begraben werden.

Dramatische Stunden während der Kuba-Krise

Auf der anderen Seite hatte die Kennedy-Ära der gesamten westlichen Welt großen Auftrieb gegeben. Die herzerfrischende, weltoffene Politik des jungen Präsidenten, der einen völlig neuen Typ des Staatsmannes verkörperte, schien mit einem Male viele Probleme zu lösen, an denen die Welt seit Kriegsende krankte. Sogar eine bessere Verständigung mit der Sowjetunion glaubten viele Beobachter in Sicht. Gleichzeitig wurden Chruschtschow unmißverständlich die Grenzen aufgezeigt, die Kennedy gegenüber dem Weltkommunismus zu ziehen gewillt war. Im Herbst 1962 wurde die Welt durch die Kuba-Krise mit der unmittelbaren Gefahr einer atomaren Auseinandersetzung konfrontiert.

Diese Stunden, in denen der unmittelbare Zusammenprall der sowjetischen Raketen-Frachter für Kuba mit den amerikanischen Flotteneinheiten drohte, hatte ich an der Westküste der USA in Kalifornien miterlebt. Fern von zu Hause, wo unsere Familien in der Nähe des Werkes kaum hundert Kilometer von der Zonengrenze entfernt wohnten, empfanden wir die ungeheure Spannung der Situation vielleicht noch unmittelbarer und dramatischer als die Amerikaner.

Als meine Kollegen und ich nach einigen Stunden der Überlegung, in denen wir auch die sofortige Rückkehr diskutierten, unsere Reise wie geplant nach Japan fortsetzten, von wo der Weg nach Hause nicht weiter war als von Kalifornien, war die akute Krise vorüber. Die sowjetischen Frachter hatten in letzter Minute ihren Kurs geändert; die Welt war noch einmal mit dem Schrecken davongekommen. Wir konnten unsere Reise über Hongkong, Manila nach Australien und Neuseeland und schließlich über Singapur und Malaysia fortsetzen.

Nach dieser Machtprobe der Giganten begann einiges politisches Eis zu schmelzen, das die Jahre des kalten Krieges gebildet hatten. Für den Welthandel schien der »Trade Expansion Act« Kennedys die behinderten Handelswege zu öffnen; in Lateinamerika wurde 1960 mit der Gründung eines gemeinsamen Marktes begonnen, der die sogenannten ABC-Staaten, Argentinien, Brasilien und Chile, ferner Kolumbien, Mexiko, Paraguay, Peru und Uruguay umfaßte.

Die Welt war in turbulente Bewegung geraten, alte Strukturen wurden Zug um Zug abgebaut. Wir Deutschen konnten inmitten eines solchen Auftriebs nur gewinnen. Leider regten sich allzubald auch Gegenkräfte. Es zeigte sich, daß die Bestrebungen nach einem freieren Handel zwar sehr klug und gut gemeint waren, das erhoffte Tempo aber nicht durchgehalten werden konnte. Weder Europa noch die überseeischen Staaten waren reif für die großzügige Idee einer weitgehenden Liberalisierung.

Als ich später, nach der Ermordung Kennedys, das Buch »Die 1 000 Tage Kennedys« las, erlebte ich an der minuziösen Darstellung der kritischen Stunden noch einmal die Dramatik dieser Zeit. In Deutschland hatte der ermordete Präsident mehr Freunde gewonnen als in seiner Heimat. Seine Rede in der Frankfurter

Paulskirche während seiner Deutschlandreise im Jahre 1963 begeisterte ebenso durch ihr zündendes Bekenntnis zur Freiheit wie durch die jugendliche, strahlende Persönlichkeit, der man sich auch beim persönlichen Kontakt – es fand nachher ein Empfang im kleinen Kreis bei dem hessischen Ministerpräsidenten in Wiesbaden statt – nicht entziehen konnte.

Es gab kaum einen größeren Gegensatz als den zwischen ihm und General de Gaulle, dessen Eifersucht schnell erwachte. Sein Bewunderer André Malraux, ehemaliger Kultusminister Frankreichs, hatte de Gaulle unübertrefflich charakterisiert als »einen Mann des Tages vor gestern und des Tages nach morgen«.

Der General vergaß den Angelsachsen niemals die in seinen Augen demütigende Behandlung Frankreichs während der Verhandlungen in Jalta und Potsdam. 1958, nach Jahren der Zurückgezogenheit wieder aktiver Politiker und zum Staatsoberhaupt gewählt, begeisterte er seine Landsleute mit der beschwörenden Formel von der geschichtlichen Rolle, der Grandeur seiner Nation. Von ihm selbst stammen die bezeichnenden Sätze: »Während meines ganzen Lebens hatte ich eine bestimmte Idee von Frankreich. Für mein Gefühl war Frankreich natürlich die Märchenprinzessin oder die Madonna auf den Fresken, die einer hohen und außergewöhnlichen Bestimmung geweiht ist. Kurzum, nach meiner Ansicht kann Frankreich ohne Grandeur nicht Frankreich sein.«

Seine Autorität, die er sich nach den ständigen Regierungswechseln in Frankreich schnell erwarb, wuchs, weil es ihm gelang, den Algerien-Konflikt zu beenden. Es war eine staatsmännische Leistung, denn selbst unter seinen persönlichen Anhängern drohte damals der Aufstand. Nun hielt er sich für stark genug, die Rolle der USA als westliche Führungsmacht in Frage zu stellen. Er schreckte nicht einmal davor zurück, Frankreich aus der NATO auszuklammern und den Abzug aller Basen und des Hauptquartiers der westlichen Verteidigungsgemeinschaft durchzusetzen.

Das Verhältnis zwischen den USA und Frankreich verschlechterte sich rapid. De Gaulle träumte seinen Traum von einem Europa als dritter Kraft und – seine Möglichkeiten überschätzend – von einem französisch geführten Europa als Mittler zwischen Ost und West.

Gegensätze brechen auf

Eine bedeutende Rolle in dem sich verschärfenden Gegensatz spielte das mangelnde wirtschaftliche Gleichgewicht, die starke Aktivität der US-Firmen in Europa, kurzum: die Dollar-Invasion. Ihre Kapitalkraft erlaubte es den Amerikanern, ausgedehnte wirtschaftliche Stützpunkte in der Alten Welt zu errichten. Ihr eigener riesiger Binnenmarkt dagegen wurde durch ebenso antiquierte wie hohe Zollmauern geschützt.

Europa geriet angesichts einer solch aggressiven Wirtschaftspolitik in Sorge. Frankreich, gestern noch ein weitgehend von seiner Agrarwirtschaft bestimmtes Land, war gerade dabei, sich ein neues industrielles Profil zu geben. Seine Wirtschaftsentwicklung ging steil nach oben. Doch die Industrie krankte an der Aufsplitterung in zu viele kleine Unternehmen mit zumeist recht komplizierten Beteiligungsverhältnissen. Planwirtschaftliche Modelle engten die Bewegungsfreiheit ein. Der Staat hatte sich einen großen Einfluß auf Kohle, Erdöl und Energiewirtschaft gesichert. Von hier aus formierte sich der Widerstand gegen den Zugriff des amerikanischen Kapitals.

Die Situation in Großbritannien war in mancher Hinsicht vergleichbar, mochten dort im Prinzip auch ganz andere Voraussetzungen vorliegen. Obwohl Churchill schon 1946 sein großartiges und aufrüttelndes Bekenntnis zu Europa abgelegt hatte, hielt London in erster Linie den Blick auf sein Commonwealth gerichtet. Viele Briten konnten sich lange Zeit nur wenig mit dem Gedanken der europäischen Einigung befreunden. Kühle Distanz wurde zu Kontinentaleuropa gehalten. Erst Schritt für Schritt erwies es sich, daß – nicht zuletzt wegen manch verfehlter Verstaatlichungsexperimente – sowohl die politische als auch sozialpolitische Entwicklung in Großbritannien nicht den Forderungen der neuzeitlichen Industriegesellschaft entsprach.

Solche Voraussetzungen in Frankreich, Großbritannien und anderen Ländern erzeugten gegenüber dem politisch, wirtschaftlich und militärisch so unvergleichlich stärkeren Partner in Übersee erhebliche Minderwertigkeitskomplexe und Resignation. Es machte sich eine gewisse Hoffnungslosigkeit breit, die einst so überschäumende Europa-Begeisterung flaute ab.

Daß die europäische Wirtschaft überhaupt erst durch den amerikanischen Marshallplan und ERP-Kredite wieder zum Leben erwacht war, wurde vielfach übersehen. Der Wohltäter von gestern ist aber plötzlich nicht mehr nur der Freund von heute. Wir erkennen dies an dem unsinnigen Anti-Amerikanismus, der bei vielen Gruppen in den westeuropäischen Ländern sichtbar wurde. Der Vormarsch der amerikanischen Wirtschaftsmacht war oft zu robust und trug den europäischen Empfindlichkeiten zuwenig Rechnung.

Die Länder des alten Kontinents waren einfach überbeansprucht und deshalb im Begriff, in längst überholte politische Vorurteile zurückzufallen. Denn nicht nur die wirtschaftliche Herausforderung durch die USA drohte jetzt zu vielen Mißverständnissen zu führen, auch untereinander wurden sich die Europäer wieder fremder. Alte nationale Aversionen regten sich aufs neue.

Aber auch die USA fühlten sich überfordert von Ausmaß und Intensität ihres weltpolitischen Engagements, der militärischen Verstrickung auf weit entfernten Schauplätzen der Welt. Für die Lösung innerpolitischer Probleme blieb deshalb zuwenig Zeit. Die Stimmung im Land hatte sich verändert. Jeder Besuch zeigte dies in geradezu beklemmender Weise. Das ungelöste Rassenproblem erzeugte plötzlich eine fast unerträgliche Spannung. Sie entlud sich in den »langen, heißen Sommern« von 1967 und 1968 in Demonstrationen und blutigen Zusammenstößen.

Auch heute zeichnet sich keine wirklich befriedigende Lösung zwischen Schwarz und Weiß ab. Ein Harlem-Besuch ist für Weiße fast lebensgefährlich geworden. Jeder Freund der USA aber müßte diesem im Grunde so großzügigen und freiheitlichen Land sehnlichst einen Ausgleich wünschen.

Die deutsche Position

Die deutsche Wirtschaft mußte sich im internationalen Spannungsfeld wegen ihrer noch ungefestigten und anfälligen Position außerordentlich behutsam bewegen. Auch in der Bundesrepublik litten einige Wirtschaftszweige immer noch unter den Folgen des Krieges und der ersten Nachkriegszeit. So steckte damals zum

Beispiel die deutsche Kohle- und Stahlindustrie in großen Strukturproblemen. Und nicht nur in Frankreich, auch in der Bundesrepublik gab es viele kleinere und mittlere Unternehmen im Familienbesitz. Sie hatten sich zwar nach dem Kriege unter schwierigsten Verhältnissen wieder hochgearbeitet, waren aber nun den immer neuen und kostspieligeren Ansprüchen der technischen Entwicklung im internationalen Maßstab nicht gewachsen. Auch der zwangsläufige Generationswechsel, der nach dem Wiederaufbau an der Spitze vieler Firmen fällig gewesen war, wurde oft nur recht unzureichend überbrückt oder hinausgeschoben.

Firmen finden zusammen

Die deutsche Chemie war auf diese Situation der sechziger Jahre im großen und ganzen sogar besser vorbereitet als die Konkurrenz in den industriellen Nachbarländern. Sie hatte die Schäden und Behinderungen der ersten Nachkriegszeit schon recht gut überwunden. Neben den drei großen Chemiegesellschaften BASF, Bayer, Hoechst, die eine Art Schutzschild im internationalen Wettbewerb bildeten, gab es in der chemischen Industrie eine recht gesunde Struktur mit starken mittleren und kleineren Unternehmen. Aber selbst durchaus erfolgreiche mittlere Firmen konnten eine bestimmte Größenordnung aus eigener Kraft nicht überschreiten, weil ihnen die Mittel für die dafür erforderlichen Investitionen und für den Aufbau einer internationalen Verkaufsorganisation fehlten. Um so mehr erwachte bei ihnen die Furcht vor ausländischer Einflußnahme und Überfremdung, zumal einige kauflustige Firmen ihre Offerten recht lautstark verkündeten.

Doch die meisten solcher Firmen in der chemischen Industrie der Bundesrepublik zogen einen Anschluß an deutsche Unternehmen vor. Im ganzen gesehen hielten sich diese Konzentrationen in durchaus bescheidenen Grenzen, vor allen Dingen soweit es Hoechst betraf.

Solche Zusammenschlüsse sind inzwischen längst Thema öffentlicher Diskussionen geworden. Viele Stimmen plädieren auch immer wieder für eine staatliche Kontrolle. Aber auch ihre Befürworter können die Tatsache nicht ignorieren, daß innerhalb einer liberalen Wirtschaftsordnung kleinere Unternehmen das Bedürfnis nach Zusammenschluß oder Anlehnung an größere Partner verspüren. Größere Wirtschaftsräume, wie etwa die EWG, Strukturveränderungen in der Produktion, besonders aber Verschiebungen der Besitzverhältnisse führen immer wieder zu Fusionen. Die Alternative wäre höchstens eine staatliche Regelung des gesamten Wirtschaftsgeschehens, die nicht wünschenswert wäre und der deutschen Position im internationalen Wettbewerb nur Abbruch tun könnte.

Ein Außenstehender mag glauben, daß ein Großunternehmen sich in steter Versuchung befindet, seinen Bereich und seinen Einfluß auszudehnen. Die Möglichkeit, andere Unternehmen zu kaufen, ist heute größer als je zuvor.

Wir haben indessen in Hoechst an solche Pläne immer einen strengen Maßstab angelegt und positive und negative Momente sorgfältig gegeneinander abgewogen. Wir ließen uns im Prinzip von folgenden Leitlinien bestimmen:

1. Käufe und Zusammenschlüsse sind immer nur dann sinnvoll, wenn sie dem Unternehmen ein Arbeitsgebiet eröffnen, das eine wertvolle und wünschenswerte Ergänzung darstellt. Wir haben dabei stets darauf geachtet, daß wir nicht unsere Kunden aufkaufen oder in Bereiche eindringen, die bisher von unseren Lieferanten bearbeitet wurden.
2. Pläne und Aktionen der Konkurrenz können freilich zur Abwehr zwingen. Vielfach hat das Verhalten ausländischer, besonders aber amerikanischer Firmen von uns Maßnahmen erfordert, die wir aus eigener Initiative nicht ergriffen hätten.
3. Das ausdrückliche und vollständige Einvernehmen mit dem bisherigen Eigentümer, seinen etwaigen Partnern und vor allem der Leitung und Belegschaft des betroffenen Unternehmens sind unabdingbare Voraussetzungen. Es ist ohnedies schwierig genug, nach einer Fusion eine vorurteilslose Zusammenarbeit zu erreichen.

Hoechst hat – wie ich glaube – bei solchen Zusammenschlüssen innerhalb der Bundesrepublik, so wertvoll sie für uns auch waren, immer maßgehalten. Größere Akquisitionen wurden später im europäischen Ausland notwendig, als es galt, zu einem europäischen Unternehmen zu werden. Auch hierbei wurden die genannten Grundsätze gewahrt.

Albert kommt zu uns

Eine der ersten Erwerbungen waren Anfang der sechziger Jahre die traditionsreichen und hochangesehenen Chemischen Werke Albert. Der Enkel des Gründers, Alexander Albert, hatte schon viele Jahre mit uns in erfreulicher Weise zusammengearbeitet. Auch über einen Erwerb seiner Firma, deren Leitung er erst nach dem Kriege im Jahre 1959 übernommen hatte, war gelegentlich gesprochen worden. Zu konkreten Beschlüssen kam es allerdings nicht. Ganz plötzlich, im Frühjahr 1964, hatte ein amerikanisches Großunternehmen, dessen Namen wir erst später erfuhren, Albert in sehr massiver Form ein Angebot gemacht. Der stille, zurückhaltende, aber außerordentlich selbstbewußte und energische Alexander Albert besuchte mich unversehens in meinem Büro. Er erklärte, daß es seine Absicht sei, die Chemischen Werke Albert nun an Hoechst zu verkaufen. Wir sollten schnell verhandeln und ihm bald ein konkretes Angebot machen. Es gelang uns in der Tat, innerhalb weniger Wochen einen Überblick über die mit einem solchen Kauf zusammenhängenden Fragen zu gewinnen.

Als Rolf Sammet, der diese Verhandlungen geführt hatte, das Ergebnis im Vorstand vortrug, gab es zunächst durchaus keine einheitliche Meinung. Manche von uns waren von der Bedeutung dieses alten Unternehmens und seinem Wert für Hoechst nicht völlig überzeugt. Schließlich entschlossen wir uns aber prinzipiell zum Kauf und teilten das Alexander Albert mit. Seine Reaktion war ebenso vornehm wie merkwürdig. Er bat mich am Telefon, als wir nun die Verhandlungen über den Preis mit ihm aufnehmen wollten, um ein befristetes Angebot. Er erwarte es am nächsten Tag gegen 17 Uhr.

Ich rief daraufhin erneut die Vorstandskollegen zusammen. Wir überprüften die bisherigen Berechnungen. Mein Fahrer brachte am nächsten Nachmittag in einem verschlossenen persönlichen Brief unser Angebot zu Alexander Albert. Telefonisch kündigte er mir noch für den gleichen Abend seinen Besuch in meiner Wohnung an. Als ich ihm anbot, zu ihm zu kommen, war er recht abweisend und erklärte, er wolle lieber mich aufsuchen, und zwar mit seinem Aufsichtsratsvorsitzenden Gerd Stieler von Heydekampf.

Er kam dann auch am gleichen Abend, nahm nach kurzer Begrüßung Platz und erklärte ohne Umschweife, daß er unser Angebot akzeptiere. Damit war die Angelegenheit für ihn erledigt. Der endgültige Entschluß zum Verkauf hatte ihn wohl doch sehr mitgenommen. Wir tranken noch einen Whisky. Dann fragte ich ihn, ob nicht noch über steuerliche Probleme zu sprechen sei, weil mich mein Kollege Heinz Kaufmann darauf aufmerksam gemacht hatte. Nun wurde er recht unwillig. Er habe seine Entscheidung getroffen und sein letztes Wort gesagt, alles andere sei jetzt seine Privatsache.

So ist diese wichtige Transaktion in einer recht eigentümlichen und ungewöhnlichen Weise vollzogen worden. Eigentlich habe ich in der ganzen Zeit meiner Tätigkeit Geschäfte niemals ganz allein und noch dazu so unmittelbar abgeschlossen. Der unabhängige Unternehmer aus reicher Familie verlangte aber solche strikt persönlichen Verhandlungen und kurzfristigen Entschlüsse.

Als die Firma dann zu uns gehörte und wir mit Alexander Albert eng zusammenarbeiteten, zeigte sich, wie froh er war, daß er die Verantwortung hatte abgeben können. Er besaß viele Eigenheiten, die man bei einem Unternehmer kaum erwartet. So hatte er zum Beispiel niemals ein Gehalt bezogen. Diese Situation war mir dann recht unangenehm, weil Albert nach der Übernahme seiner Firma durch uns vorerst noch als Vorstandsvorsitzender tätig blieb. Ich mußte ihn bitten, ein Gehalt anzunehmen. Zunächst reagierte er wieder – wie so oft – etwas unwillig. Dann erklärte er sich bereit unter der Bedingung, daß er das Geld für einen sozialen Zweck zugunsten der Belegschaft verwenden könne. Er hatte auch schon zuvor im Werk viele soziale Maßnahmen aus privaten Mitteln finanziert.

Albert nahm in der Folge auch gern an unseren technischen Direktionssitzungen, zu denen ich ihn einlud, teil. Obwohl er selbst kein Techniker war, interessierten ihn diese Probleme lebhaft. Er fand auch Gefallen an den stürmischen Diskussionen und dem fröhlichen Ton, der bei diesen Sitzungen üblich war.

Als er sah, daß der Anschluß seines Unternehmens gut verlaufen war, eröffnete er uns ganz überraschend, daß er sich nun ganz zurückziehen wolle. Er fühle sich dem physischen und psychischen Kräfteverzehr des industriellen Lebens nicht mehr voll gewachsen. Das war sehr viel früher, als wir verabredet hatten. Als sehr sensible Persönlichkeit beabsichtigte er, sich geisteswissenschaftlichen Aufgaben zu widmen. Er hat in der Tat noch an der Universität Mainz sein Graecum gemacht, wollte dort Philosophie studieren und eine Doktorarbeit schreiben.

Der Tod machte seine Pläne viel zu früh zunichte. Alexander Albert ist 1968 in einem bayerischen Kloster, in dem er ein oft und gern gesehener Besucher war, an den Folgen einer Venenentzündung gestorben.

Kunstharze und die Konsequenzen

Die Chemischen Werke Albert hatten bei der Übernahme im Jahre 1964 einen Umsatz von 124 Millionen DM. Das war kein großer Betrag im Verhältnis zu Hoechst, das damals schon 4,5 Milliarden DM umsetzte. Um so wichtiger waren die Arbeitsgebiete, die wir durch den Kauf hinzugewannen. Der Gründer des Unternehmens, der Apotheker Heinrich Albert, hatte 1858 die Fabrikation begonnen, indem er in einer von ihm erfundenen Mühle Thomasschlacke vermahlte und sie als Düngerphosphat verkaufte. Daraus war eine Superphosphat-Fabrik und schließlich eine Produktion hochentwickelter Phosphate für mancherlei Zwecke entstanden. Diese Anlagen, besonders in ihrem sehr modernen Teil, waren für uns außerordentlich interessant.

Später schlossen wir sie organisatorisch eng an Knapsack an und begannen darüber hinaus eine sehr fruchtbare Zusammenarbeit mit dem auf ähnlichen Gebieten tätigen Ludwigshafener Unternehmen Joh. A. Benckiser. Das führte schließlich zur Gründung der Benckiser-Knapsack GmbH, in der wir seit vielen Jahren gemeinsam hochwertige Phosphate für Sonderzwecke herstellen und verkaufen.

Ein anderes Arbeitsgebiet bei Albert waren Arzneimittel. Das Unternehmen verfügte über eine kleine pharmazeutische Abteilung, die ein sehr modern eingerichtetes Laboratorium besaß. Eines der ersten Präparate, das diese Abteilung herausbrachte, stellte das auf Phosphatbasis beruhende Recresal dar. Andere interessante Arzneimittel folgten dem Recresal. Der Anschluß an Hoechst bot für diese noch kleine, aber qualitativ hochstehende Pharmaabteilung willkommene Möglichkeiten im Bereich der Forschung und des Verkaufs.

Als dann einige Jahre später, nämlich 1968, die Zusammenarbeit mit Roussel-Uclaf in Paris zustande kam, begründeten wir die Albert-Roussel Pharma GmbH. In dieser Gesellschaft werden Präparate von Albert und von Roussel sowie auch einige Produkte der Behringwerke gemeinsam vertrieben

Völlig neu war für uns in Hoechst das Gebiet der Lack- und Kunstharze, das Kurt Albert, der Vater von Alexander Albert, erschlossen hatte. Er legte 1910 mit den »Albertolen« die Grundlage für die ersten industriell erzeugten Kunstharze.

Im übrigen befindet sich die Firma Albert in unmittelbarer Nachbarschaft der Kalle AG in Wiesbaden-Biebrich, die wiederum nicht mehr genügend Ausdehnungsmöglichkeiten besaß. Nur eine Straße trennte die beiden Fabriken voneinander. So waren alle Voraussetzungen gegeben, die Energiebelieferung, die Vorratshaltung, die Werkstätten und andere Nebenbetriebe beider Tochtergesellschaften zu rationalisieren.

Aus der Übernahme der Kunstharze ergaben sich bedeutende unternehmerische Konsequenzen, die wir zunächst nicht vorgesehen hatten. Als erster Schritt vereinigten wir dieses Arbeitsgebiet mit dem der wäßrigen Kunstharzemulsionen, die von uns schon lange unter dem Namen Mowilith weltweit vertrieben wurden.

Durch die Verbindung mit Albert wurde die Reichhold Chemie AG in Hamburg für uns interessant, die damals einen Umsatz von rd. 67 Millionen DM hatte. Es mag als Kuriosität vermerkt werden, daß diese Firma enge historische Verbindungen zu Albert besaß, von denen kaum noch jemand etwas wußte. Die Brüder Otto und Henry Reichhold, die nach dem Ersten Weltkrieg eine Lackharzfabrik in Wien gegründet hatten, engagierten dort den österreichischen Chemiker Herbert Hönel. Er war einmal in Wiesbaden bei Albert tätig gewesen, dann aber in seine Heimat zurückgekehrt. Bei Reichhold in Wien rief Hönel nun einen weiteren Produktionsbereich ins Leben, als er mit der Entwicklung und Herstellung von Lackkunstharzen begann.

Henry Reichhold war inzwischen nach Amerika ausgewandert. Dort hatte er angefangen, Lackkunstharze zu importieren, und zwar zunächst von Albert, dann aus eigener Wiener Produktion. 1927 gründete er für die Herstellung dieser Harze eine eigene Firma in den USA.

Als sich das Geschäft in Wien und den USA gut entwickelte, bauten die Brüder Reichhold Herstellungsbetriebe für Kunstharze in England, Frankreich und Deutschland. Der deutsche Betrieb lag in Hamburg. Er wurde 1965 von Hoechst übernommen, nachdem sich Henry Reichhold ganz von dem Unternehmen zurückgezogen hatte.

Durch die Zusammenarbeit Albert-Reichhold wuchs unser Potential auf dem Gebiet der Kunstharze beträchtlich. Wir gewannen dadurch auch zusätzliche internationale Kontakte. Sie führten 1968 zum Erwerb der Vianova Kunstharz AG bei Graz in Österreich. Auch diese Firma verdankte Existenz und Erfolg dem schon erwähnten Reichhold-Chemiker Hönel. Er hatte das Ende des Zweiten Weltkrieges in Hamburg erlebt, dort aber angesichts der katastrophalen wirtschaftlichen Zustände nach 1945 zunächst keine rechte Arbeitsmöglichkeit mehr gesehen. Deshalb zog er nach Graz, wo er mit anderen Partnern die Vianova gründete. Von dort ging die Erfindung der wasserlöslichen Kunstharze aus, die nun in die neue Reichhold-Albert-Chemie AG eingebracht wurden.

Nachdem wir so unsere Interessen an den Lackrohstoffen wesentlich verstärkt hatten, stellte sich mit Nachdruck die Frage, ob wir auch auf dem Gebiet der weiterverarbeitenden Lackindustrie selbst tätig werden sollten. Bisher hatten wir uns immer gegen eine solche Erweiterung unserer Tätigkeit entschieden, denn wir wären damit ja in Konkurrenz zu unseren eigenen Kunden getreten.

Als sich dann aber andere große europäische Chemiefirmen Anteile an bedeutenden Lack- und Farbenunternehmen sicherten, konnten wir diesen Standpunkt nicht mehr aufrechterhalten. Wir waren sogar auf Pressekonferenzen schon gefragt worden, ob wir denn dieser Entwicklung tatenlos zusehen wollten. So unternahmen also auch wir entsprechende Schritte. Über die Vianova stellten wir eine Zusammenarbeit mit der Stollack AG in Wien her, die wasserlösliche Lacke und wichtige Lackierverfahren entwickelt hatte. Darüber hinaus erwarben wir die Lackfabrik Flamuco GmbH in München, die ein weites Netz von Niederlassungen und Einzelhandelsgeschäften in vielen bedeutenden Städten der Bundesrepublik aufgebaut hat.

Die umfassendste Aktion war schließlich Ende 1969 die Übernahme des britischen Farben- und Lackherstellers Berger, Jenson & Nicholson. Keimzelle dieses Unternehmens war im Jahre 1760 die Gründung des deutschen Einwanderers Ludwig Steinberger, der mit der Herstellung von Preußischblau begonnen hatte. Er änderte dann später seinen Namen in eine für englische Zungen einfachere Form, nämlich in Lewis Berger.

Heute ist Berger, Jenson & Nicholson (BJN) nach der größten britischen Chemiefirma, der ICI, der zweitgrößte Farben- und Lackhersteller Großbritanniens mit zahlreichen Produktionsstätten, vornehmlich in Ländern des Commonwealth. Nachdem es schon bei dem Erwerb von Reichhold zu einem öffentlichen Gegenangebot eines amerikanischen Konsortiums gekommen war, mußten wir nun auch an der englischen Börse gegen eine amerikanische Firma konkurrieren. Erst als wir unser Angebot beträchtlich erhöhten, trat dieser Wettbewerber zurück.

Beginnend mit dem Erwerb von Albert war so für uns ein neues Arbeitsgebiet im internationalen Maßstab begründet. Es umfaßt alle Bereiche der Lackrohstoffe und der fertigen Lacke. Dies war eine logische Kette von Entwicklungen, die sich zwar, wie so oft im unternehmerischen Leben, mehr oder weniger zufällig angebahnt hatte, dann aber Schritt für Schritt weitere folgerichtige Entscheidungen nach sich zog.

Mit Messer zur Tieftemperaturtechnik

Eine andere Entwicklung wurde durch den Zusammenschluß mit der Frankfurter Firma Messer ausgelöst. Dieses angesehene Familienunternehmen war 1898 von Adolf Messer gegründet worden. Es beschäftigte sich ursprünglich mit der Herstellung von

Acetylenbrennern für Beleuchtungszwecke. Später wandte sich Messer der Schweiß- und Schneidtechnik zu und baute als weiteren Arbeitsbereich die Tieftemperaturtechnik und damit die Luftzerlegung auf.

Mit der Familie Messer gab es schon in der I. G.-Zeit einen engen Kontakt. Nach dem Kriege entstanden Berührungspunkte mit der Knapsack-Griesheim AG, die u.a. in der Schweißtechnik tätig war.

Auch in diesem Bereich mußte wegen des wachsenden Drukkes der internationalen Konkurrenz die Wettbewerbsfähigkeit gesichert werden. Vor allem war es die Aktivität der französischen Air Liquide und des zweitgrößten amerikanischen Chemiekonzerns, Union Carbide, die den Zusammenschluß von Messer und Hoechst nahelegte.

Die Firma Messer hatte in den vergangenen Jahren unter ihrem jungen Leiter Hans Messer, dem Sohn des Gründers, eine lebhafte und expansive Politik in vielen Industrieländern betrieben, die sie aber von ihrer relativ beschränkten finanziellen Basis aus nicht intensiv genug fortsetzen konnte. Sie hatte damals einen Umsatz von etwa 85 Millionen DM.

Auf unserer Herbstpressekonferenz am 1. Oktober 1964 konnte ich die geplante Zusammenarbeit gemeinsam mit Messer bekanntgeben. Wir hatten beschlossen, eine neue Firma, die Messer Griesheim GmbH, zu gründen. Diese Gesellschaft sollte neben der bisherigen Adolf Messer GmbH das Frankfurter Werk Griesheim-Autogen und die Düsseldorfer Werksgruppe Sauerstoff der Knapsack-Griesheim AG umfassen.

So entstand am 1. Januar 1965 ein recht abgerundetes Unternehmen, das den Bau von Sauerstoffanlagen, Herstellung und Vertrieb von technischen Gasen und die Konstruktion von Schweiß- und Schneidanlagen in sich vereinigt.

Hoechst schuf sich damit das neue Tätigkeitsfeld der Tief- und Tiefsttemperaturtechnik. Vor allem die Luftzerlegung bei tiefen Temperaturen nimmt in der heutigen Technik eine wichtige Stellung ein. Der dabei gewonnene Sauerstoff wird in ständig steigenden Mengen in der chemischen Industrie, vor allem aber bei der Stahlerzeugung benötigt. Der gleichzeitig anfallende Stickstoff dient unter anderem zur Bearbeitung von extrem sauerstoffempfindlichen Metallen und Kunststoffen. Weiterhin werden in Kühlfahrzeugen und Kühlanlagen die zur Lagerung von Fleisch und anderen Nahrungsmitteln notwendigen tiefen Temperaturen durch Verdampfen von flüssigem Stickstoff erzielt. In entsprechenden Gefrieranlagen können Lebensmittel auf diese Weise schnell eingefrostet werden.

Vielfältige technische Verwendung finden schließlich die Edelgase wie Argon, das beim Schweißen und Hartlöten empfindlicher Metalle eingesetzt wird, das Neon, das der breiteren Öffentlichkeit von den Leuchtröhren her bekannt ist, oder das Krypton.

In die Welt der Tiefsttemperaturen, die bis nahe an den absoluten Nullpunkt heranreichen, führt das Helium. Mit seiner Hilfe werden zum Beispiel jene tiefsten Temperaturen erreicht, bei denen manche Metalle dem elektrischen Strom kaum mehr Widerstand entgegensetzen. Dieser Effekt ist als Supraleitung bekannt. Besonders wertvoll war der Stab spezialisierter Mitarbeiter, die bei uns eine Lücke ausfüllen konnten.

Georg Janning, der Leiter von Knapsack, hatte sich um das Zustandekommen dieser Verbindung besonders verdient gemacht. Er trat 1965 in den Vorstand von Hoechst ein, wo die Ingenieurfirma Uhde in Dortmund und die neue Messer Griesheim GmbH unter ihm zu einer neuen Sparte zusammengefaßt wurden.

Der Umsatz der Messer Griesheim GmbH betrug 1970 bei über 6000 Mitarbeitern rund 532 Millionen DM.

Neue Faser aus Kelheim

Durch den Erwerb der Berliner Spinnstofffabrik Zehlendorf im Jahr 1960 waren wir in den Bereich der Zellwolle eingedrungen. In der Zeit der Autarkie wurde die Herstellung dieser Viskosestapelfaser wegen des Mangels an Baumwolle forciert. Aber auch in Friedenszeiten entwickelte sich die Zellwolle zu einer nützlichen Faser, die besonders in Kombination mit den neuen vollsynthetischen Fasern interessant blieb.

In den dreißiger Jahren waren in Deutschland und Österreich Zellwollefabriken entstanden, die man im sogenannten deutschen

Zellwollering zusammengefaßt hatte. Besitzer waren die verschiedensten Unternehmen der Textilindustrie wie auch der chemischen Industrie. Die NS-Wirtschaftsbürokratie hatte dabei alle mit sanftem Druck zur gemeinsamen Arbeit angehalten. Nach dem Krieg erlebten diese Fabriken die verschiedensten Schicksale. Die in Lenzing (Österreich) ansässige Zellwollfirma kam zum Beispiel in den Besitz des Staates. Mit ihr, der Chemiefaser Lenzing AG, gründeten wir die Austria-Faserwerke GmbH und errichteten 1966 am gleichen Platz eine Trevira-Anlage.

Zu dem alten Zellwollering gehörte auch die Süddeutsche Chemiefaser AG in Kelheim. Das Werk liegt an der Donau in der Nähe von Regensburg. Die Geschäftsleitung, mit der unsere Faserspezialisten gut bekannt waren, hatte es verstanden, die Fabrik besonders wirkungsvoll zu rationalisieren und die Qualität der Ware so zu steigern, daß sie als eine der besten galt. Die Kelheimer hatten auch mit Erfolg eine Polyacrylnitrilfaser entwickelt, die unter dem Namen Dolan beachtlichen Erfolg errang. Damit besaß Kelheim eine recht gesunde Grundlage.

Die bayerischen Banken und Textilindustriellen, denen das Werk gehörte, begannen gleichwohl um die Wettbewerbsfähigkeit zu bangen, da sich die Hersteller auf dem Fasergebiet erbitterte Preisgefechte lieferten. Als dann von amerikanischer Seite 1968 plötzlich ein Kaufangebot gemacht wurde, kam es schnell mit wohlwollender Unterstützung der bayerischen Staatsregierung zu einer Übernahme durch Hoechst. Wir verfügten nun über ein breites und ausgewogenes Programm im Bereich der Chemiefasern. 1970 betrug unsere Gesamtkapazität 300000 Jahrestonnen; der Weltumsatz erreichte 1,4 Milliarden DM.

Start in die Kosmetik

Schon in der Zeit der Neugründung hatten wir uns darum bemüht, den Weg zur Kosmetik zu finden. Unsere Bemühungen, aus der Entflechtung der I. G. die Firma Curta zugeteilt zu erhalten, blieben jedoch erfolglos. Erst sehr viel später ist dieses Unternehmen über Cassella, dem es damals zugesprochen wurde, zu uns gekommen.

Frühzeitig waren wir uns im klaren, daß Probleme des Geschäfts auf dem Gebiete der Körperpflege und Kosmetik leicht durch unsere Aktivität im Pharmabereich gelöst werden konnten. Ergebnisse aus dem Bereich der Pharmakologie und Toxikologie können bei der Entwicklung von Produkten für die Kosmetik vorteilhaft verwendet werden. Auch Abfüllung und Verpackung sowie die Organisation des Verkaufs haben manche Berührungspunkte mit der Pharma, wenn auch natürlich der Kundenkreis und die Marktbedingungen eine besondere Erfahrung erfordern. Deswegen haben wir auch lange Zeit benötigt, um einen geeigneten Anfang zu finden.

Zunächst erwarben wir 1969 die Kosmetikfirma Marbert in Düsseldorf. Das Unternehmen beschäftigte 1970 rund 450 Mitarbeiter und erzielte einen Umsatz von knapp 29 Millionen Mark.

Als zweiter Schritt folgte ein Übereinkommen mit der Hamburger Firma Hans Schwarzkopf GmbH, auf Grund dessen wir den Vertrieb der Haar- und Körperpflegemittel dieser Firma in mehreren überseeischen Ländern übernahmen. Inzwischen sind wir mit fast 49 Prozent an der Hans Schwarzkopf GmbH beteiligt.

Schließlich übernahmen wir 1970 in Australien die »Prue Acton« Cosmetics, die in einer modernen Anlage in Melbourne vor allem Kosmetika für jugendliche Kundinnen herstellt.

Aus diesen kleinen Anfängen muß sich erst in Zukunft ein Geschäft entwickeln, das dem großen Umfang der Kosmetik in unserem Leben entspricht.

Hoechst als europäisches Unternehmen

Die Verstärkung der inländischen Position und die Abwehr von Großaufkäufen der Konkurrenz konnten nur die eine Antwort auf die Herausforderung des internationalen Wettbewerbs sein, der nun auf den Chemiemärkten mit Macht einsetzte.

Die europäischen Nachbarländer befanden sich im Grunde genommen in der gleichen Situation. Sie alle stießen an die Grenzen ihrer Heimatmärkte und mußten sich der weltweiten Konkurrenz stellen. Sie wurden einerseits bedrängt von dem mächtigen Handelspartner USA und standen andererseits dem geschlossenen, schwer zugänglichen Wirtschaftsblock des Ostens gegenüber. Gleichzeitig rüsteten sich die Japaner zu einer Offensive in Europa.

Die Länder Westeuropas durften sich nicht wie zwischen den Kriegen voneinander abkapseln und ihre Märkte und Exportwege durch Kartelle und Konventionen regeln. Der Zweite Weltkrieg hatte die Macht- und Vorrangstellung Europas endgültig zerstört.

Sieger, Neutrale und vor allem die Besiegten erkannten erstaunlich schnell, daß sie in einem Boot saßen und aufeinander angewiesen waren. Den Amerikanern kommt nicht nur das Verdienst zu, in den ersten fünf bis zehn Jahren nach dem Kriege Europa mit großen Geldmitteln geholfen zu haben. Sie benutzten ihren politischen Einfluß dazu, daß nicht endlose Wiedergutmachungsüberlegungen aufkamen.

Bemerkenswert selbstlos förderten sie jede Bemühung zu einer europäischen Zusammenarbeit. Widerstände und Meinungsverschiedenheiten gab es erst, als Europa stärker geworden war und seinerseits wieder zu einer erheblichen Wirtschaftsmacht heranwuchs. Um dieses Ziel zu erreichen, mußten aber manche Schwierigkeiten überwunden werden, an die heute kaum mehr gedacht wird.

Die europäischen Völker hatten sich in der Vergangenheit in mancherlei Konflikten voneinander entfernt. Weltkrieg und wirtschaftliche Erschütterungen trugen ein gerüttelt Maß zu dem gegenseitigen Mißtrauen bei. Die Europäer waren sich fremd geworden.

Ich selbst war ein typisches Beispiel für die mangelnde Kenntnis der Nachbarnationen. Die bescheidenen Familienverhältnisse, die sorgenvolle Studienzeit und die Abgeschlossenheit des NS-Staates, die Durchschnittsbürgern Reisen in das Ausland nahezu unmöglich machte, brachten es mit sich, daß ich Deutschland kaum jemals verlassen hatte. Als junger I. G.-Chemiker hielt ich mich einmal für wenige Stunden in London und Paris auf. Ein anderes Mal hatte ich im Krieg eine kurze Dienstreise zu einer chemischen Fabrik in Italien unternehmen müssen. Das war alles, was ich von der Welt jenseits der deutschen Grenzen kannte, als ich im Alter von 48 Jahren mein neues Amt übernahm.

Erfahrungsschatz: Auslandsreisen

Was ich nun zu sehen bekam, jede Reise, die ich antrat, wurde neben dem beruflichen zugleich auch zu einem starken menschlichen Erlebnis. Selbstverständlich lag die Verantwortung für das Auslandsgeschäft vor allem bei der kaufmännischen Leitung. Aber es war doch von großem Wert, daß ich auch selbst oft auf Reisen ging. Die ausländischen Geschäftspartner wie auch die Mitarbeiter, die draußen wirkten, lernten mich nicht nur von knappen Gesprächen in Hoechst kennen, sondern viel besser noch durch die Besuche, die ich ihnen an Ort und Stelle abstattete. Bei allen Reisen, die zunächst meist in die europäischen Nachbarländer führten, habe ich stets dafür gesorgt, daß uns einige knappe Stunden für Besichtigungen in ortskundiger Begleitung blieben. Diese außerdienstlichen Kontakte haben uns oft unseren ausländischen Geschäftspartnern nähergebracht als manche geschäftlichen Verhandlungen.

Sobald es möglich war, bin ich auch mit meiner Familie ins Ausland gereist, in die Hauptstädte Europas, nach Italien, Spanien und Portugal. Meine Frau hat zwischendurch mit den Kindern kleine Fahrten nach Belgien und Holland unternommen.

Jeden drängte es damals, wieder Verbindung zu einer Welt aufzunehmen, die uns Deutschen seit Jahren verschlossen gewesen war. Außerdem hatten wir zu Hause viele Zeugnisse der Kultur verloren. Unsere Städte waren zerstört und würden nie in der historischen Vielfalt von einst wieder erstehen können. Auch war die Kontinuität unseres Geschichtsbewußtseins abrupt unterbrochen worden. Jetzt mußten wir wieder einen festen Standpunkt gewinnen. Die rechte Abschätzung von Wert und Unwert in Vergangenheit und Gegenwart war aber ein Problem, das jeder nur für sich selbst lösen konnte. Um so heftiger erwachte der Wunsch, sich draußen zu orientieren. Jede Reise ins Ausland, auch in die unmittelbaren europäischen Nachbarstaaten, war ein Weg in ein Wunderland. Viel Unglück und Leid war durch uns in diesen

Nachbarländern verursacht worden. Die äußeren Schäden hatte man zu der Zeit, als ich über die Grenzen kam, meist schon beseitigen können. So erlebte ich in diesen Ländern mit Genuß Schönheit und Tradition Europas, so wie sie sich in den Städten mit ihren zahlreichen Kulturdenkmälern widerspiegeln. Bei den meisten unserer Nachbarn war das Nationalbewußtsein unversehrt geblieben. Andere hatten es sehr schnell wiedergewonnen. Deshalb begegnete man auch recht unterschiedlichen Einstellungen zu den Plänen für ein neues Europa. Die Begeisterung hing stark davon ab, wie die einzelnen Völker ihre eigene Lage beurteilten. In Deutschland war der Drang nach europäischer Gemeinsamkeit zweifellos am stärksten.

Wenn ich mit Geschäftspartnern aus den anderen europäischen Staaten verhandelte, waren meist schon umfangreiche Vorbesprechungen auf den verschiedensten Ebenen vorausgegangen, so daß wir uns nicht völlig unvorbereitet gegenübertraten. Trotzdem habe ich lange gebraucht, bis ich bei solchen Begegnungen wirklich unbefangen war und keinerlei Hemmungen empfand, vor allem gegenüber Menschen, von denen ich wußte, daß sie und ihre Familien während des NS-Regimes persönlich viel erlitten hatten. Die gleiche Scheu mußte ich überwinden, wenn ich Länder besuchte, denen von deutscher Seite in den Kriegsjahren besonderes Unrecht zugefügt worden war.

Rückblickend ist es erstaunlich, daß sich das Interesse an einer Zusammenarbeit doch stets als viel stärker erwies als alle Erinnerungen an die dunkle Zeit des »Tausendjährigen Reiches«. Viele Europäer verspürten wohl in diesen Jahren zum ersten Mal das Gefühl einer gewissen Schicksalsgemeinschaft. Außerdem wurde uns Älteren die Begegnung mit den europäischen Kollegen sehr erleichtert durch die heranwachsende Generation. Sie trug nicht mehr an der Last der Vergangenheit und konnte sich viel vorurteilsloser der Idee eines neuen Europa verschreiben.

Randgebiete suchen Industrien

Die Voraussetzungen für eine künftige Partnerschaft waren allerdings von Land zu Land ganz verschieden. Deshalb hing auch unser Vorgehen in den einzelnen europäischen Nachbarländern anfangs von mancherlei Zufälligkeiten ab, je nach den jeweiligen menschlichen Beziehungen und wirtschaftlichen Gegebenheiten.

Heute ist unsere Aktivität in Europa so umfangreich, daß es schwerfiele, zu sagen, welches Land uns am nächsten steht. Ob es nun im einen oder anderen Fall zu einem ausgedehnten Handelsgeschäft, zum Erwerb von Beteiligungen, zu Verträgen über einen Erfahrungsaustausch, zu Abkommen über gemeinsame Forschung oder zum Bau eigener Fabriken kam, hing von der örtlichen Situation ab und von dem Zeitpunkt, zu dem wir mit unserer Tätigkeit beginnen konnten. Außerdem gab und gibt es auch in Europa Zonen mit speziellen Entwicklungsschwierigkeiten.

Vor allem in den verkehrsmäßig ungünstig gelegenen europäischen Randgebieten ähneln sich die Strukturprobleme. Das galt etwa für Irland, Schottland, Spanien, Süditalien oder auch für die Gegenden der Bundesrepublik, die durch den »Eisernen Vorhang« von ihren natürlichen Wirtschaftsbereichen abgeschnitten sind. Auch das Saargebiet gehörte in diese Reihe. Die betreffenden Regierungen und Behörden waren an Industrieniederlassungen lebhaft interessiert. Sie suchten deshalb solche Ansiedlungen durch besonders vorteilhafte Angebote zu begünstigen. Für die Industrie wiederum war es oft nicht leicht, für neue Anlagen zur rechten Zeit den geeigneten Standort zu finden und die richtige Entscheidung zu treffen.

Bei all den Widrigkeiten, die den europäischen Gedanken hemmten, gab es doch auch viele Fortschritte. Man muß nur immer wieder berücksichtigen, von welch ungünstiger Lage ausgegangen worden war.

Freundschaft mit Frankreich

Das eindrucksvollste Beispiel dafür bieten die Beziehungen zwischen Frankreich und Deutschland. Daß es gerade zwischen diesen beiden Ländern, die sich in ihrer Geschichte so oft in blutigen Konflikten gegenüberstanden und zeitweilig in einer Art Erbfeindschaft lebten, so schnell nach dem letzten Krieg zu einer Verständigung kam, war gerade für uns von der älteren Generation ein kleines Wunder.

Als ich in meinem neuen Amt als Vorstandsvorsitzender 1953 zum ersten Mal zu Besprechungen nach Paris fuhr, besuchte ich auch die Schlachtfelder von Verdun, auf denen mein Bruder zwei Jahre am Fort Douaumont gekämpft hatte, bevor er 1918 in Flandern fiel. Hier empfand ich den tiefgreifenden Wandel besonders stark.

Hoechst hatte in Frankreich eine ausgesprochen glückliche Hand. Es stand ihm allerdings auch ein guter Mittler zur Verfügung. Paul Neumann, ehemaliges Vorstandsmitglied der Scheringgruppe, in der NS-Zeit von Berlin aus emigriert, hatte in Paris während der Besatzungszeit unter entwürdigenden und bedrohlichen Umständen leben müssen, aber dennoch seine Liebe zur Heimat nicht verloren. Er gründete mit französischen Freunden 1950 die Peralta – eine an unseren Namen Hoechst erinnernde Latinisierung –, die für viele Jahre Mittelpunkt unserer Aktivität in diesem westlichen Nachbarland wurde. Wir unternahmen in dieser Zeit wohl keinen Schritt in Frankreich, ohne Neumann um Rat zu fragen. Er starb 1970 im Alter von 86 Jahren.

Nach dem Geschäftsbeginn über die Peralta kamen später auch direkte Beziehungen zu größeren französischen Firmen zustande. Raoul de Vitry, langjähriger Präsident der französischen Chemiegesellschaft Péchiney, hatte nach dem Kriege zwei Brüder Dorrer, Söhne eines alten Ludwigshafener Chemikers, aufgenommen. Einer von ihnen, Eugen Dorrer, blieb bis zu seinem Lebensende in Frankreich; der andere, Otto Dorrer, kam frühzeitig nach Hoechst und wurde zu einem meiner engsten Mitarbeiter. Als Reisebegleiter war er mir wegen seiner ungewöhnlichen Sprachkenntnisse in Französisch, Englisch und Italienisch besonders wertvoll. Die beiden Brüder – Organisation Dorrer frères, wie wir im Scherz oft sagten – vermittelten eine lang andauernde Freundschaft mit de Vitry.

In seiner Begleitung lernte ich einen guten Teil Frankreichs kennen. Unsere Firmen pflegten manchen interessanten Gedankenaustausch, ob es sich dabei um technisch-wirtschaftliche, energiepolitische oder auch sozialpolitische Betrachtungen handelte. Durch unsere Beziehungen kamen bilaterale Gespräche zwischen der französischen und deutschen chemischen Industrie zustande, wie sie mit keinem anderen Land freundschaftlicher und fruchtbarer sein konnten. Enge Kontakte gab es auch zwischen der Dechema in Frankfurt und der Société de Chimie Industrielle.

Mit dem ehemaligen französischen Botschafter in Bonn François Seydoux waren wir in Hoechst besonders eng verbunden. Seydoux kam z.B. zu einer französisch-deutschen Kulturwoche nach Hoechst und hielt einen Vortrag über seine positiven Vorstellungen von einer europäischen Integration.

Im Herbst 1969 fuhr ich nach Lyon, wo mich der Promotionsjahrgang der dortigen École Supérieure de Commerce et d'Administration des Entreprises zum Paten ernannt hatte. Ich freute mich außerordentlich über die Deutschfreundlichkeit und über die Begeisterung der französischen Jugend für Europa. Es war sehr eindrucksvoll, als dort hundert junge Menschen in festlicher Kleidung wie zu einem Ritterschlag niederknieten und nicht etwa vom Rektor, sondern vom Vorsitzenden ihrer eigenen Studentenschaft feierlich verpflichtet wurden, sich für Frankreich und Europa einzusetzen. Am Abend nahm ich dann teil an einem temperamentvollen Studentenfest, das mit all dem sprühenden Charme, der den Franzosen eigen ist, inszeniert worden war.

In der Atmosphäre der deutsch-französischen Freundschaft gelang es unserer kaufmännischen Leitung, vor allem Kurt Lanz, der eine besondere Liebe zu Frankreich hat, dort bald eine vielfältige und enge Zusammenarbeit zu entwickeln. Sie umfaßt sowohl traditionelle als auch neue Tätigkeitsgebiete des Unternehmens. Wie in vielen anderen Ländern, begann es auch hier zunächst mit einer kleinen pharmazeutischen Anlage. Zu ihr gesellten sich dann zwei Gemeinschaftsunternehmen mit französischen Chemiefirmen auf dem Gebiet der Kunststoffe und der Lösungsmittel. Die wichtigste Verbindung wurde im Sommer 1968 mit dem französischen Pharmaunternehmen Roussel-Uclaf angeknüpft. Sie bezog sich auf gemeinsame Aktivitäten in Forschung, Produktion und Vertrieb. Als Grundlage dafür diente eine Minderheitsbeteiligung von Hoechst an der Familiengesellschaft Chimio, die eine Mehrheit an Roussel-Uclaf besitzt.

Die Verhandlungen und der Vertragsabschluß mit Jean-

Claude Roussel, die in die Zeit der schweren Maiunruhen in Frankreich im Jahr 1968 fielen, vollzogen sich unter schwierigen Begleitumständen. Begreiflicherweise waren auch andere Unternehmen an der Zusammenarbeit mit dieser großen Pharmafirma interessiert, die einen Jahresumsatz von etwa 1,5 Milliarden Francs erzielte. Zunächst traten amerikanische Bewerber auf, in der letzten Phase trafen wir auf die Konkurrenz einer europäischen Gesellschaft.

Als wir uns schließlich mit Roussel einig waren, benötigten wir die Zustimmung der französischen Regierung. Das bedeutete bei einem so großen Objekt, daß sich de Gaulle selbst die Entscheidung vorbehalten würde. Der General hatte sich damals gerade gegen eine Partnerschaft von Fiat und Citroën gewandt. Der deutsche Wirtschaftsminister Karl Schiller wiederum verhinderte zur gleichen Zeit mit seinem Veto den Erwerb eines Aktienpaketes der GBAG, der Gelsenkirchener Bergwerks-AG, durch die französische Erdölgesellschaft Compagnie Française des Pétroles. Die Situation war also recht kritisch.

Die Presse als wichtiger Partner

In diesem Zusammenhang sei kurz von einem kleinen Erlebnis berichtet, an das ich mich unter den vielen erfreulichen Begegnungen mit der Presse besonders gerne erinnere. Kurz nachdem wir uns mit der Familie Roussel über unsere Beteiligung einig geworden waren, sollte in Hoechst eine unserer großen Pressekonferenzen stattfinden. Wir wollten dabei wie stets im Herbst einen Überblick über das Geschäft des zu Ende gehenden Jahres und die Abwicklung der Investitionen geben. Natürlich war den Journalisten auch schon einiges von unserem Abkommen mit der zweitgrößten französischen Arzneimittelfirma zu Ohren gekommen. Ich war darauf vorbereitet, ihnen darüber ausführlich zu berichten.

Doch wenige Stunden vor unserer Pressekonferenz kam die Nachricht, daß Staatspräsident de Gaulle nach Bonn reisen werde. Wie würde der General, dessen Erlaubnis zu unserem Erwerb noch nicht eingeholt worden war, reagieren, wenn er von der geplanten Zusammenarbeit zum ersten Mal in deutschen Zeitungen in der Hauptstadt der Bundesrepublik lesen würde?

Nicht nur unsere französischen Freunde hatten unter diesen Umständen Bedenken, das Projekt bekanntzugeben. Auf der anderen Seite konnte ich, wenn offiziell von einem der Journalisten die Frage nach Roussel-Uclaf aufgeworfen würde, nicht mehr ausweichen oder gar die Unwahrheit sagen. Es durfte also nicht passieren, daß dieses Thema während der gesamten Pressekonferenz überhaupt zur Sprache kam. Dies zu verhindern, war die große Bewährungsprobe in unseren Beziehungen zur Presse. Jedenfalls erreichten wir es, daß mich keiner der über achtzig Journalisten auf Roussel ansprach. Zwei Wochen später, als der General nach Frankreich zurückgekehrt war und seine Zustimmung gegeben hatte, veröffentlichten wir natürlich sofort unser Abkommen mit Roussel-Uclaf.

Ich glaube, das verständnisvolle Schweigen der deutschen Presse wäre nicht möglich gewesen, wenn wir nicht im Laufe der Jahre einen sehr engen Kontakt zur Presse, ob Fach- oder Wirtschaftspresse, aufgebaut hätten. Wir haben dabei gelernt, daß man mit sehr vielen Anliegen zu den Journalisten kommen und immer mit einer objektiven und verständnisvollen Berichterstattung rechnen kann, wenn man die Presse offen und rechtzeitig informiert. Sie muß über die Unternehmenspolitik orientiert sein, die Motive und Entscheidungen verstehen und wissen, daß wir nicht erst an sie herantreten, wenn wir sie einmal brauchen. Vielfach wird wohl der Fehler gemacht, daß man sich erst dann an die Journalisten wendet, wenn es schon irgendwo »brennt«.

Der Verkehr mit den Berichterstattern und das Frage- und Antwortspiel bei Pressekonferenzen gehörten zu dem vielen Neuen, das ich hatte lernen müssen. Früher, also im Wirtschaftsleben vor dem Krieg, waren solche Begegnungen in Deutschland überhaupt nicht üblich gewesen. In der Zwischenzeit hat sich das völlig gewandelt. Kein großes Unternehmen kommt aus ohne eine Abteilung für Öffentlichkeitsarbeit, die mit der Fach- und Wirtschaftspresse, dem Funk und Fernsehen in ständigem Kontakt steht. Sie wird ihre Aufgabe allerdings nur erfüllen können, wenn sie über alle Vorgänge innerhalb des Unternehmens schon in den Anfangsphasen voll informiert ist.

Mir selbst hat die Zusammenarbeit mit der Presse des In- und Auslands immer viel Freude bereitet. Es ist mir auch selten passiert, daß jemand etwas Bösartiges oder Kränkendes über mich geschrieben hat. Bei meinen ungezählten Begegnungen mit Journalisten habe ich übrigens immer wieder festgestellt, daß die Verhältnisse überall ähnlich sind. Deutschen, englischen, französischen oder italienischen Journalisten war stets gemeinsam, daß für sie in erster Linie die sachliche, ungeschminkte Information zählt. Wird diese dazu noch mit ein wenig Humor und Schlagfertigkeit serviert, so trägt dies zu dem gegenseitigen Einvernehmen und der gegenseitigen Achtung ohne Zweifel bei.

Doch zurück zu Frankreich: Neben Roussel-Uclaf, deren Arzneimittel-Sortiment in der Bundesrepublik heute zusammen mit dem von Albert in der 1969 gegründeten Albert-Roussel Pharma GmbH verkauft wird, bestehen in Frankreich viele alte Partnerschaften mit französischen Firmen der Faser- und Folienindustrie. So hat Hoechst sicherlich einen spürbaren Beitrag zu einer europäischen Konsolidierung auf der Basis einer engen französisch-deutschen Freundschaft geleistet.

Es soll allerdings nicht der Eindruck entstehen, wir hätten uns einseitig nach Frankreich hin orientiert. So konnten wir auch mit der traditionsreichen Basler Chemie schon sehr früh wieder harmonische menschliche und wirtschaftliche Verbindungen knüpfen, die durch kontinuierliche gegenseitige Besuche gepflegt und verstärkt wurden. Dieser Kontakt hat feste historische Wurzeln, denn schon in den Anfängen der chemischen Industrie stand die Basler Chemie mit der deutschen sowohl in fairer Konkurrenz als auch in freundschaftlicher Verbindung.

Mich binden überdies familiäre Beziehungen an die Schweiz. Aus anhänglicher Erinnerung an meinen Lehrer Berl, der vor seiner Darmstädter Zeit an der Eidgenössischen Technischen Hochschule in Zürich tätig gewesen war, ließ ich meinen Sohn dort studieren. Dabei ergab sich dann, daß er eine junge Züricherin heiratete.

Eine der ersten ausländischen Beziehungen bahnte sich in Spanien an. Dort hatte in Flix bei Tarragona schon vor der Jahrhundertwende die Chemische Fabrik Griesheim Elektron an einem Staudamm am Ebro, der noch aus der Maurenzeit stammte, eine Elektrolyse gebaut. Sie war während des Zweiten Weltkrieges ganz in den Besitz des spanischen Unternehmens Cros übergegangen. Bald nach der Neugründung von Hoechst konnten wir aber eine Beteiligung zurückerwerben. Der Präsident von Cros war damals Francisco A. Ripoll, ein Grandseigneur alter spanischer Prägung, der bis in sein hohes Alter große Sympathien für uns hegte. In der letzten Zeit verlagerten sich die Interessen der beiden Partner, so daß im Rahmen einer freundschaftlichen Vereinbarung Hoechst aus der Partnerschaft mit Cros ausschied.

In Österreich und Italien entwickelte sich ebenfalls eine leistungsfähige chemische Industrie, zu der wir interessante Kontakte aufnehmen konnten. Der österreichische Bundeskanzler Julius Raab stattete kurz nach dem Abschluß des österreichischen Staatsvertrages im Jahr 1955 während einer Reise in die Bundesrepublik auch Hoechst einen Besuch ab. Daraus erwuchsen uns gute Beziehungen zu Österreich, die sich schnell verstärkten.

Drehscheibe Wien

Als ich kurz nach dem Abmarsch der russischen Truppen 1955 in Erwiderung des Besuches von Raab einige Tage auf dem Semmering weilte, begegneten mir noch überall die Spuren und Auswirkungen der schweren Zeiten, die für Österreich ja eigentlich schon mit dem Auseinanderfallen der Donaumonarchie am Ende des Ersten Weltkrieges begonnen hatten. Nach einigen Jahren der Erholung wurde Wien dann aber wieder die Weltstadt mit der vorzüglichen Oper und dem beliebten Burgtheater. Es war Hauptstadt eines klein gewordenen Landes. Doch dank seiner reichen Kulturgüter und seiner liebenswerten Menschen übt es eine große Anziehungskraft aus. Seine geographische Lage und die aus seiner geschichtlichen Vergangenheit stammende Affinität zu Osteuropa machen es überdies zu einem wichtigen Ausgangspunkt und einer Drehscheibe für die Handelsbeziehungen mit dem Osten.

Nach dem Abschluß des österreichischen Staatsvertrages ist viel darüber diskutiert worden, ob es wirklich notwendig war, so manche bitteren Bestimmungen und diskriminierenden Regelungen in Kauf zu nehmen. An der ständig prekären Situation von

Berlin läßt sich leicht ablesen, wie segensreich es war, daß Julius Raab und sein Außenminister Leopold Figl in einer glücklichen Stunde diesen Weg für Österreich beschritten, der uns in Berlin leider nicht eröffnet wurde. Auch Figl lernte ich kennen, als er mich im Palais am Ballhausplatz empfing, in dem einst schon Fürst Metternich die Fäden europäischer Politik kunstvoll geknüpft hatte.

Je aktiver Hoechst in allen europäischen Ländern wurde, um so vielfältiger gestalteten sich die organisatorischen Probleme. Es mußte für eine einheitliche Geschäftspolitik der Unternehmen gesorgt werden, die so verschiedenen Traditionen entstammten, und in denen neben wenigen deutschen Angestellten eine große Zahl örtlicher Mitarbeiter tätig war. Die einzelnen Firmen mußten aber auch allmählich miteinander vertraut und bekannt werden. Deshalb begannen wir, Europakonferenzen abzuhalten. Es zeigte sich, daß der gegenseitige Kontakt intensiver wurde, wenn diese Tagungen nicht in Hoechst stattfanden. So trafen wir uns im Herbst 1960 zum ersten Mal in der Schweiz, wo die Firma Plüss-Staufer, unsere erste und älteste Vertretung, ihren Sitz hatte.

Eine zweite Europakonferenz hielt Hoechst 1966 in Wien ab. Dort konnten wir über zwei entscheidende Schritte berichten, die zu größeren Engagements an der holländischen Nordseeküste führten. Die Beneluxländer hatten bei den Bemühungen um eine europäische Integration von Anfang an eine zentrale Position eingenommen. Luxemburg ist Sitz des Europäischen Gerichtshofes, von Dienststellen der Kommission der Europäischen Gemeinschaften und beherbergt eine immer noch zunehmende Zahl von Holding- und Finanzierungsgesellschaften. In Brüssel siedelten sich die Kommission der Europäischen Wirtschaftsgemeinschaft und die Euratombehörde an. Zwangsläufig unternahmen wir auch viele Reisen zu diesem europäischen Mittelpunkt. Unsere belgischen Partner erzielten von Beginn an gute Geschäftserfolge, wobei ihnen überdies die traditionellen belgischen Beziehungen zu Afrika zugute kamen.

Von besonderer wirtschaftlicher Bedeutung aber war und blieb die Nordseeküste, sozusagen als Einzugsgebiet und Hafen von Westeuropa. Die deutschen Häfen Hamburg und Bremen besitzen leider keine optimalen Verbindungen zu den Standorten der Hoechster Produktion in Deutschland. Eine vorteilhaftere

Verbindung bot die holländische Nordseeküste, zumal es die Holländer mit der ihnen eigenen zähen Zielstrebigkeit rechtzeitig verstanden hatten, ihr Land zu einem offenen Tor für die ganze Welt werden zu lassen. Der Wiederaufbau des im Kriege zerstörten Rotterdam machte diese Stadt zu einem noch bedeutenderen Umschlagplatz als zuvor. Ihr Hafen ist inzwischen wohl der größte der Welt geworden.

In Hoechst mußten wir erkennen, daß wir an unserem Standort am Main trotz erfolgreichen Ausbaus auf lange Sicht doch starken Beschränkungen unterworfen sein würden. Wir waren deshalb gezwungen, uns nach einem zusätzlichen Platz umzusehen, der günstige internationale Verbindungen bot, die nötigen fabrikatorischen Voraussetzungen erfüllte, von Frankfurt aus gut erreichbar war und einen einfacheren Transportweg in alle Welt eröffnete.

Die Verbindung über Main und Rhein ist mannigfaltigen Störungen ausgesetzt. Viele Wochen im Jahr sind wir mit unseren Gütern auf den Schienenweg angewiesen. Die Entfernung zur Küste ist weit und verursacht hohe Frachtkosten. Zudem sind am Main, durch die mannigfache Belastung des Flusses, die Abwasserprobleme bei neuen Produktionen immer schwieriger zu lösen.

So beobachteten wir schon frühzeitig mit starkem Interesse die Chancen, die sich an der Nordseeküste und insbesondere in Holland boten. Dort hatte sich durch umfangreiche Erdgasfunde auch die Energiesituation äußerst günstig entwickelt. In Deutschland hingegen war die Energiepolitik in den sechziger Jahren in eine sehr schwierige Phase geraten. Als wir uns damals durch langfristige Verträge die Versorgung mit zusätzlichen größeren Mengen elektrischen Stroms sichern wollten, bot sich dafür in der Bundesrepublik keine ausreichende Möglichkeit.

Hoechst an der Scheldemündung

Deshalb unternahm ich mit mehreren Mitarbeitern im Herbst 1966 eine mehrtägige »Expedition« an die Nordseeküste, um die geographische und wirtschaftliche Situation eingehend zu untersuchen. Mit Hubschraubern, Autos und kleinen Charterflugzeugen erkundeten wir das Terrain, nachdem unsere kaufmännischen Freunde in Amsterdam und Brüssel die Vorarbeiten geleistet hatten. Wir besichtigten den neuentstandenen Hafen von Rotterdam und diskutierten die Möglichkeit einer Ansiedlung in Europoort. Wir besuchten auch den Hafen von Antwerpen und die Plätze, an denen dort schon viele andere europäische Firmen Industriewerke errichtet hatten.

Schließlich wählten wir Vlissingen an der Scheldemündung als Standort für ein neues Werk. Wir bedienten uns dabei dankbar der weitgehenden Unterstützung der niederländischen Regierung, die uns überaus gastfreundlich aufnahm und uns mancherlei Hilfe gewährte. Die Energieversorgung mußte zufriedenstellend geregelt werden. Vor allem brauchten wir ein umfangreiches Gelände, das einen etappenweisen Ausbau über mehrere Jahrzehnte gestattete. Wir arbeiteten dann einen langfristigen Plan für das Werk Vlissingen aus, der alljährlich beträchtliche Investitionen vorsieht.

Zunächst wurde eine Phosphorproduktion mit zwei großen Öfen und einer Salzanlage errichtet. Prinz Bernhard der Niederlande kam im August 1968 zur Einweihung. Inzwischen ist ein neuer Phosphorofen ebenso im Bau wie eine Anlage für DMT, das Vorprodukt der »Trevira«-Faser. Nach und nach sollen weitere Produktionen in Vlissingen entstehen. Die dortige Energieversorgung beruht inzwischen nicht mehr allein auf den reichen Erdgasvorkommen, sondern ist noch um ein atomares Kraftwerk bereichert worden. Andere Industrien sind seither dem Hoechster Beispiel gefolgt und haben sich ebenfalls in Vlissingen angesiedelt.

Das andere wichtige Ereignis betraf gleichfalls die Niederlande. Die amerikanische Gesellschaft Foster Grant besaß in Breda eine kleine Polystyrolfabrik, an der wir uns zunächst zur Hälfte beteiligten, um sie später mit vollem Einverständnis der Amerikaner ganz zu übernehmen. Inzwischen ist auch daraus eine umfangreiche Produktionsstätte entstanden. Schon vorher hatten wir in Weert in der Provinz Limburg eine Folienfabrik erworben.

Im Atomium in Brüssel

Im Herbst 1969 hielten wir unsere dritte Europakonferenz ab. Dieses Mal in Brüssel. Die kaufmännische Leitung des Unternehmens hatte dafür das Atomium gemietet, das ursprünglich zur Weltausstellung gebaut worden war. Der Tagungsort sollte mich wohl an meine Verbundenheit mit der Atomenergie erinnern.

Wenige Monate vorher hatte ich den Stuhl des Vorstandsvorsitzenden mit dem des Aufsichtsratsvorsitzenden vertauscht. Die Konferenz war deshalb für mich von besonderer Bedeutung. Doch von diesen persönlichen Aspekten abgesehen, markierte sie auch für Hoechst einen wichtigen Entwicklungsabschnitt.

Als wir uns 1963 zum Jubiläumsfest mit unseren Auslandsvertretungen trafen, hatten wir in unserer internationalen und europäischen Organisation erst einen bescheidenen Anfang gemacht. Viele Sorgen beschäftigten uns, und wir wußten nur in Grundzügen, welchen Weg wir einschlagen wollten. Wohin er führen würde, konnte noch niemand vorhersagen.

Jetzt dagegen waren wir in der Tat zu einem europäischen Unternehmen geworden, das nicht nur in allen Ländern des freien Europa Niederlassungen hatte, sondern in vielen Staaten auch Produktionsbetriebe unterhielt. 75 Prozent unseres Weltgeschäftes von mehr als 9 Milliarden DM entfielen auf Europa. Um so mehr mußten wir uns nun in Brüssel mit den vielfältigen Organisationsfragen befassen, bei denen komplizierte Probleme zu lösen waren.

Probleme der europäischen Integration

Nach der Gründung der Montanunion und der EWG hatte die Integration anfänglich große Fortschritte gemacht. Der Abbau der Zölle ließ das Volumen des Warenaustausches zwischen den Mitgliedstaaten außerordentlich wachsen.

Im Jahr 1969 war die Situation doch recht enttäuschend. Einsprüche von allen Seiten, besonders aber von Frankreich, hatten entscheidende Fortschritte verhindert. Man fand sich weder in

Brüssel noch im Straßburger Europarat zu grundlegenden Lösungen bereit. Endlos währte der Streit um Fragen, die außer den Fachleuten kaum noch jemand verstehen konnte. Gegenüber den divergierenden Auffassungen über die Kontingente an Butter, Eiern oder Wein gab es nur wenige einigende Faktoren. Das Bild in Brüssel entsprach in keiner Weise den Erwartungen und Hoffnungen der europäischen Völker, und vor allen Dingen nicht denen der Jugend.

Die rechtlichen, handelsrechtlichen und wirtschaftspolitischen Voraussetzungen waren für ein wahrhaft europäisches Unternehmen wie Hoechst immer noch unzureichend. Nach wie vor existierten die alten Widerstände gegen eine Erweiterung der Europäischen Wirtschaftsgemeinschaft auf andere Länder. Aber auch innerhalb der EWG bestanden weiterhin die Beschränkungen eines unterschiedlichen Gesellschaftsrechts.

Zur Zeit unserer Brüsseler Konferenz waren die währungspolitischen Diskrepanzen in der Gemeinschaft wieder einmal auf einem Höhepunkt angelangt. Wir mußten immer wieder überlegen, wie unter derartigen Bedingungen ein europäisches Unternehmen mit Aussicht auf Erfolg geführt werden konnte. Wir hatten Jahr für Jahr mehr und mehr Firmen in den verschiedensten europäischen Ländern gegründet. Doch selbst dort, wo mehrere dieser Tochtergesellschaften innerhalb der gleichen Staatsgrenzen existierten, besaßen sie oft unterschiedliche vermögensrechtliche Voraussetzungen und konnten aus steuerrechtlichen Gründen nicht vereinigt werden. Solche Fragen standen im Mittelpunkt unserer Tagung.

Im Sommer 1969 war ich beauftragt worden, zusammen mit dem englischen Industriellen und früheren Präsidenten der britischen Atombehörde Lord Edwin N. Plowden einen Bericht über die technischen Gemeinsamkeiten und Erfordernisse eines integrierten Europas abzufassen. Wir kamen gemeinsam zu der Meinung, daß die Zusammenführung der industriellen Kräfte Westeuropas ein auch den USA gegenüber konkurrenzfähiges Wirtschaftspotential schaffen könnte. Dabei sollten nicht nur einheitliche Steuern und Zölle angestrebt werden, sondern mehr noch eine gemeinsame Ordnung des technischen Warenverkehrs, ein allgemeingültiges Arzneimittel- und Lebensmittelgesetz, uniforme Sicherheitsvorschriften oder Beschaffungsbedingungen und anderes mehr. All dies sind eben unabdingbare Voraussetzungen für einen wirklich gemeinsamen Binnenmarkt.

Dieser Bericht wurde im Juli 1969 dem Monnet-Komitee vorgelegt. Ich hatte in diesem Zusammenhang Gelegenheit, Jean Monnet, den begeisterten Europäer – Zeitgenosse von Robert Schuman und Konrad Adenauer –, in seinem Heim in einem Pariser Vorort aufzusuchen. Monnet war 1952 der erste Präsident der Montanunion und erfüllt von Erinnerungen an den Elan dieser frühen Periode des werdenden Europa.

Inzwischen ist wieder einige Zeit verstrichen, ohne daß wir dem Ziel merklich nähergekommen wären. Nicht nur für Hoechst, sondern für die gesamte chemische Industrie und ebenso für die anderen Industriezweige unseres Kontinents ist aber ein gemeinsames Europa mit einheitlichen wirtschaftspolitischen Voraussetzungen eine absolute Notwendigkeit. Die Widerstände dagegen sind nachgerade anachronistisch. Sie werden vor allem von der europäischen Jugend nicht mehr verstanden.

Das Fehlen eines europäischen Zusammenschlusses erschwert auch unser Verhältnis zur übrigen Welt, besonders zu dem Machtblock des Ostens und dem wirtschaftlich so potenten Amerika. Die Zollverhandlungen der Kennedy-Runde liefen 1967 aus. Bei einem Kongreß, den ich als damaliger Präsident des Verbandes der deutschen chemischen Industrie in Kronberg im Taunus abhalten konnte, einigten sich die Vertreter der EWG-Länder zum ersten Mal über eine gemeinsame Haltung bei den kommenden GATT-Verhandlungen.

Der amerikanische Unterhändler, der neben politischen und wirtschaftlichen Repräsentanten der westeuropäischen Länder an dieser Kronberger Tagung teilnahm, hatte bei aller Freundschaftlichkeit des Tons, der die Diskussion bestimmte, einen schweren Stand. Es ging um den »American Selling Price«, eine Schutzbestimmung aus der Zeit nach dem Ersten Weltkrieg. Organische Farbstoffe und alle ihre Vorprodukte sowie allgemein aromatische Verbindungen werden danach einem nirgends sonst in der Welt üblichen Zollsystem unterworfen, das nicht von dem tatsächlichen Wert der Ware im Herstellungsland ausgeht. Der Zoll wird vielmehr von Fall zu Fall nach dem meist höheren Preis berechnet, zu dem das entsprechende Produkt in den USA von den amerikanischen Konkurrenzfirmen verkauft wird. Es konnten und können dabei Zölle von 100 Prozent und mehr festgesetzt werden.

Auch die folgenden GATT-Verhandlungen in Genf brachten für die europäischen Länder ein nur bescheidenes Ergebnis. Immerhin traten die EWG-Länder hier zum ersten Mal gemeinschaftlich als Verhandlungspartner auf. Die Abschaffung dieses prähistorischen Zollsystems der Amerikaner ist aber bis 1971 noch nicht gelungen.

Lateinamerika: Armut und Reichtum

Ein traditioneller Markt für deutsche Erzeugnisse war von jeher Lateinamerika. Das galt auch für die Produkte der deutschen chemischen Industrie. So lag es nahe, daß eine erste große Reise, die ich über die Vereinigten Staaten hinaus unternahm, 1957 auch in diese Länder führte.

Die Hoechster Delegation, die auch später bei derartigen größeren Reisen meist die gleiche Zusammensetzung aufwies, bestand aus unserem Verkaufsleiter Kurt Lanz, Otto Horn, einem unserer wissenschaftlichen Abteilungsleiter, der sich im Laufe der Zeit große Verdienste um unsere internationale Zusammenarbeit erwarb, und mir. Wir haben uns trotz unserer unterschiedlichen Interessen überraschend schnell auf einen gemeinsamen Reisestil und eine Programmgestaltung geeinigt, die uns bei möglichst geringem Zeitaufwand einen allgemeinen Einblick in das kulturelle Leben der besuchten Länder, in ihre wirtschaftlichen Gegebenheiten, ihr Bildungs- und Universitätsleben, aber auch in ihre politischen Verhältnisse verschafften. Dazu benötigten wir eine exakte Vorbereitung durch eine ausführliche Korrespondenz mit unseren anfangs noch bescheidenen ausländischen Niederlassungen und durch sehr sorgfältige Studien unserer volkswirtschaftlichen Abteilung in Hoechst.

Wenn wir dann endlich losfuhren, gab es ein genau detailliertes Programm, vollgestopft mit Terminen und Besichtigungen. Es handelte sich wahrhaftig nicht um Erholungsreisen. Bei der Rückkehr brachten wir stets eine Fülle von Ideen und Erfahrungen mit,

Einweihung Vlissingen 1968 mit Prinz Bernhard der Niederlande

Nächste Seite: Werk Hoechst 1969

ARBWERKE HOECHST AG

Investitionsschwerpunkt USA

Oben: Einweihung der Trevira-Fabrik in Spartanburg, South Carolina
Von rechts: Max E. Klee, Hermann Rossow, Robert Zoller
Unten: Blick auf das Fabrikgelände

die unseren weiteren Entscheidungen zugute kamen. Selbstverständlich gesellten sich der erwähnten »Kerntruppe« je nach Bedarf zwei oder drei weitere Mitarbeiter von Hoechst hinzu. So haben wir nach und nach alle Erdteile besucht und einzelne Reiseabschnitte auch später wiederholt, um begonnene Projekte weiterzuführen.

Die lange Unterbrechung der Handelswege durch den Krieg und der folgende Niedergang des wirtschaftlichen Lebens hatte in den Ländern Lateinamerikas zu Emanzipationsbestrebungen geführt. Man wollte sich von ausländischen Einflüssen auf das politische und wirtschaftliche Leben befreien. Überall war der Nationalstolz erwacht, der es nicht mehr zuließ, in den bisherigen Abhängigkeiten zu verharren. Man erhoffte sich von einer größeren wirtschaftlichen Selbständigkeit auch eine Verbesserung der sozialen Situation, die noch immer von einem starken Unterschied zwischen arm und reich gekennzeichnet war.

Der amerikanische Einfluß war in Kriegs- und Nachkriegszeiten, besonders im Norden, also in Mexiko und Venezuela, übermächtig geworden. Als Reaktion darauf kam es in den lateinamerikanischen Staaten zu Enteignungen, hin und wieder auch zu nationalistischen Bewegungen. Ein Beispiel war die Diktatur Juan Peróns in Argentinien, die damals gerade wieder ihr Ende gefunden hatte. Später schlug, von Kuba ausgehend, das Pendel zur kommunistischen Seite aus. Die Armut, die großen sozialen Gegensätze, die Bevölkerungszunahme und die schier unaufhaltsame Zuwanderung vom Lande in die Städte verschärften die Lage und lösten in diesen Ländern Revolutionen aus.

Trotzdem war unser erster Eindruck überwältigend. Wir erkannten die Fülle der wirtschaftlichen Möglichkeiten und die offenkundige Bereitwilligkeit der Regierungen, mit deutschen Partnern zusammenzuarbeiten. Überall trafen wir noch auf lebhafte Erinnerungen an die früheren Geschäftsbeziehungen zu Deutschland. Inzwischen hatten wir auch in fast allen Ländern, denen unser Besuch galt, wieder unsere Vertretungen aufgebaut. Es war von allem Anfang an eine freudige Überraschung, daß deutsche Geschäftsleute hier nach wie vor eine gewisse Rolle spielten und sich einen Platz im geschäftlichen Leben hatten bewahren können.

Für die Nachfolger der I. G. Farbenindustrie war der Ansatzpunkt zur Wiederherstellung der einstigen Geschäftsverbindungen wohl in allen Fällen zunächst der Import von Farbstoffen. An diesen Produkten hatte im Kriege ein ausgesprochener Mangel geherrscht, soweit der Markt nicht durch Schweizer Chemieunternehmen versorgt worden war. Deshalb konnten wir hier schnell wieder Fuß fassen. Um dabei nachhaltigen Erfolg zu haben, wurde es notwendig, wieder Koloristen und technische Berater zu den Kundenfirmen zu schicken und schließlich in den einzelnen Ländern auch wieder anwendungstechnische Laboratorien zu errichten.

Der andere große Bereich, der für Hoechst erneut Chancen bot, war der Vertrieb von Arzneimitteln. Hoechst stand dabei in Lateinamerika – wie überall sonst in der Welt – vor der Aufgabe, eine selbständige Organisation aufzubauen. In der I. G.-Zeit wurden – wie schon erwähnt – auch die in Hoechst entwickelten und produzierten Medikamente unter dem gemeinsamen Bayer-Kreuz verkauft. Angesichts der freundschaftlichen Beziehungen, die Hoechst stets mit Leverkusen unterhalten hatte, und der großen Kosten, die ein eigenständiges Verkaufsnetz mit sich bringen würde, war zunächst die Versuchung groß, wenigstens in Ländern mit vorerst noch begrenzten Marktchancen den Aufbau eines gemeinsamen Vertriebes zu erwägen. Letzten Endes aber mußten wir auf beiden Seiten erkennen, daß jedes unserer Unternehmen den weiten und schwierigen Weg in die Zukunft auch in diesem Bereich allein zu gehen hatte. Das stellte eine der bedeutsamsten und wichtigsten Entscheidungen dieser Reise dar.

Wir konnten aber im pharmazeutischen Bereich in Lateinamerika erst Fuß fassen, nachdem uns die dortigen Regierungen mit durchaus unterschiedlicher Bereitwilligkeit wieder die Verfügung über unsere Warenzeichen zurückgegeben hatten. Ihr vorübergehender Verlust erwies sich überhaupt als der größte Schaden des Krieges. Diese Warenzeichen sind als Folge des Krieges beschlagnahmt worden. Namen wie das Aspirin von Bayer, Pyramidon oder Novalgin von Hoechst besaßen eben unschätzbaren Wert, zumal neue Heilmittel zunächst nicht zur Verfügung standen.

Die alte Bayer-Organisation hatte in vielen dieser Länder

Konfektionierungs- und Abfüllvorrichtungen für Arzneimittel besessen. Sie mußten gleichfalls zurückgekauft werden, wenn sie auch zum Teil recht überaltert waren. Hoechst entschloß sich auch hier, eine eigene Route einzuschlagen und einen entsprechenden medizinischen und pharmazeutischen Stab aufzubauen. Wir hatten überdies das Glück, daß sich bei dieser Gelegenheit manche Mitarbeiter der ehemaligen Bayer-Organisation für uns entschieden. Ein wenn auch bescheidenes Aktivum für Hoechst waren die Behring-Institute, die zwischen den beiden Kriegen in einigen Ländern entstanden waren. Wir konnten sie teilweise zurückerwerben und als Basis unserer Niederlassung verwenden.

Im übrigen war es schwierig, allgemeine Chemikalien, wie zum Beispiel Düngemittel, angesichts der Konkurrenz benachbarter amerikanischer Firmen und der beginnenden Eigenerzeugung zu importieren. Man mußte sich auf Spezialitäten beschränken.

Industrialisierungsbestrebungen bildeten schon bei diesen ersten Reisen ein ständiges Gesprächsthema. Es wurde deutlich, wie sehr man dabei auf eine möglichst aktive Mitwirkung von deutscher Seite hoffte. Die Lateinamerikaner schätzten deutsche Ingenieure und ließen gern Pläne von uns ausarbeiten, um auf diese Weise schnell mit dem neuesten Stand der Technik vertraut zu werden.

In diesem Zusammenhang erlangte unsere Firma Friedrich Uhde, Dortmund, rasch große Bedeutung. Der Bau von Ammoniak- und Düngemittel-Anlagen gehörte zum traditionellen Arbeitsprogramm dieser Gesellschaft. Sie konnte deshalb kurzfristig Angebote machen und kam dadurch auch schnell ins Geschäft. Nicht nur in Lateinamerika, sondern fast in der ganzen Welt begann damals eine lebhafte Nachfrage nach Chemieanlagen. Es entstand ein neuer Geschäftszweig, den es in diesem Sinn früher nicht gegeben hatte: der Handel mit Chemieanlagen und dem zu deren Betrieb erforderlichen Erfahrungsgut, dem sogenannten Know-how.

Die internationalen Chemiefirmen hatten sich früher ängstlich davor gehütet, ihren Patentbesitz und ihre Betriebserfahrungen bekanntzugeben oder zu verkaufen. Wenn sie es in seltenen Fällen dennoch taten, dann nur im Austausch gegen gleichwertige Kenntnisse oder zu einem außerordentlich hohen Preis.

Ausgehend von der Erdölindustrie entwickelte sich nun in den Nachkriegsjahren ein beinahe unbegrenztes Anlagengeschäft. Daran beteiligten sich neben den schon auf dem Markt tätigen, in der Mehrzahl angelsächsischen Ingenieurfirmen nun auch Chemieunternehmen aus Europa. Dieser sehr offenherzige Austausch hat die Expansion der chemischen Industrie in der Welt sehr gefördert, wenn auch viele Unternehmen den Gedanken, ihre auf kostspieligem Wege erworbenen Erfahrungen frühzeitig bekanntzugeben, zunächst weit von sich wiesen.

Auch in Hoechst hat man zu Beginn den Bemühungen der zu uns gehörigen Firma Uhde, unser Know-how für derartige Anlagen zur Verfügung gestellt zu bekommen, einen gewissen Widerstand entgegengesetzt. Man befürchtete, das soeben Erarbeitete allzu früh aus der Hand zu geben. Wir haben schließlich in Hoechst eine spezielle Organisation geschaffen, die gemeinsam mit Uhde von Fall zu Fall entschied, welche Verfahren freigegeben werden durften. Als unsere Forschung auf neuen Gebieten der Petrochemie und ihrer Folgeprodukte, des Hostalen und der Polyesterfasern, mehr und mehr Fuß faßte, eröffnete sich daraus auch ein beachtliches und gewinnbringendes Tätigkeitsfeld für Uhde.

Mit Uhde und vor allen Dingen seinem Gründer Friedrich Uhde kamen wir in den Jahren der I. G.-Entflechtung in Verbindung. Damals handelte es sich um ein kleines Ingenieurbüro mit etwa 550 Angestellten, das vorher eng mit den Leunawerken bei Halle verbunden gewesen war und nun Anschluß an ein Chemieunternehmen suchte. Die zunächst gar nicht voraussehbare expansive Entwicklung des Chemieanlagengeschäftes hat der Firma, die neben Dortmund jetzt eine große Niederlassung in Bad Soden nahe Hoechst besitzt, große Bedeutung verliehen. Mehr als 2300 Menschen sind bei Uhde tätig. Das weltweite Anlagengeschäft erreichte 1970 einen Umsatz von etwa 345 Millionen DM.

Unsere Auffassung über die Zweckmäßigkeit der Vergabe von Patent- und Verfahrenslizenzen hat sich in dieser Zeit entscheidend gewandelt. Die Lizenzbilanz, also das Verhältnis zwischen Lizenzausgaben und -einnahmen, ist nicht nur von finanzieller Bedeutung. Sie wird vielmehr von Außenstehenden als einer der Maßstäbe für das Forschungspotential eines Unternehmens betrachtet. Wir wurden in den Hauptversammlungen und auch in der Öffentlichkeit oft nach unserer Lizenzbilanz gefragt.

Als wir die wichtigen Lizenzen für Hostalen und Trevira erwarben und im großen Stil nutzten, war für Hoechst diese Bilanz negativ. Das hat sich später grundsätzlich geändert, nachdem die eigene Forschung immer mehr Erfolge erzielte.

Ich möchte aber betonen, daß entgegen einer weitverbreiteten Meinung allein aus der Lizenzbilanz keine eindeutigen Schlüsse auf die wissenschaftliche Leistung eines Unternehmens zu ziehen sind. Wenn der günstige Kauf einer wertvollen Lizenz zur Entwicklung großer eigener Arbeitsgebiete führt, wie das Hoechst bei den Kunststoffen und den synthetischen Fasern gelang, dann sind solche Aufwendungen für das Unternehmen sehr nützlich.

In der Heimat der Inkas und Lamas

Auch unsere Auslandsvertretungen erhielten dadurch eine lebhafte Unterstützung und Kontakt mit der Industrie des jeweiligen Landes. Die neu entstehenden Chemieproduzenten waren ja stets auch potentielle Kunden. Wir lernten überhaupt in diesen Jahren internationaler Expansion, daß das Chemiegeschäft um so besser gedeiht, je mehr es in Ländern betrieben werden kann, in denen schon eine chemische Industrie existiert. Andererseits aber zeigte sich schon in Lateinamerika, wie weit der Weg zu einer Chemiewirtschaft ist, wenn er sozusagen auf der grünen Wiese angetreten werden muß.

Unsere Reise führte 1957 von Mexiko aus mit kurzen Zwischenaufenthalten in den sogenannten mittelamerikanischen Kaffee- und Bananenländern Guatemala, El Salvador, Honduras, Nicaragua und Costa Rica, in denen wir zunächst noch keine Niederlassungen hatten, über Panama nach Venezuela. Hier besichtigten wir die Erdölaufschlußarbeiten und lernten das Leben in den Erdölcamps kennen, in denen sich manche interessante Absatzmöglichkeiten boten. Wir besuchten auch die Erzaufschlußanlagen am Orinoko. Über Kolumbien und Peru ging es dann nach Chile. Dort sahen wir die Salpeteranlagen und machten auch den berühmten Abstecher nach Cuzco und Machúpichú, Zufluchtstätte der Inkas und Heimat der Kartoffeln und der Lamas. Mitten in den peruanischen Anden hat später die Firma Uhde eine Düngemittelfabrik errichtet.

Weit im Süden bei Puerto Montt überquerten wir die Anden und erreichten in Südargentinien Bariloche. Über Buenos Aires und Montevideo kamen wir dann nach Rio. Hier, wie überall, wurden wir von den vielen Deutschen, aber auch von den Einheimischen, Geschäftsleuten und Regierungen herzlich aufgenommen. In der Nähe von São Paulo war damals schon eine chemische Fabrik angelaufen, die wir gemeinsam mit der amerikanischen Firma Grace errichtet hatten. In dieser ersten Auslandsproduktionsstätte von Hoechst werden Pflanzenschutzmittel, Chlor und Natronlauge, Waschmittel, Lösungsmittel und Frigen hergestellt.

Sechs Wochen nach Antritt der Reise kehrten wir nach Hause zurück. Beladen mit Photos und Filmen, mit Geschenken und Raritäten aller Art, darunter Skorpione und Vogelspinnen aus der Schlangenfarm im brasilianischen Instituto Butantan – das alte Beziehungen zu den Behringwerken hatte –, wurden wir daheim neugierig und lebhaft begrüßt. Wir steckten voller Ideen, deren Realisierung natürlich auch Geld kostete. Manche dieser Überlegungen wurden zunächst wieder als verfrüht und übereilt verworfen. Stets aber haben diese Reisen den Ausgangspunkt für eine langfristige Geschäftspolitik gebildet.

Später bin ich selbstverständlich noch oft in Lateinamerika gewesen. Es ging dort alles etwas langsamer voran, als wir ursprünglich gehofft und erwartet hatten, doch verzeichneten wir von Jahr zu Jahr stetige Fortschritte. 1959 weihten wir unser Geschäftsgebäude in Mexiko ein und hielten dort zugleich unsere erste Lateinamerika-Konferenz ab. 1966 beschlossen wir auf einer ähnlichen Konferenz die Gründung einer Hoechst-Organisation in den mittelamerikanischen Ländern unter Einschluß der karibischen Inseln. Als Zentrum wählten wir Guatemala.

1969, als ich schon aus dem aktiven Dienst ausgeschieden war, konnten wir in Guatemala, dessen landschaftliche Schönheiten und indianische Kultur auf uns einen tiefen Eindruck machten, auch eine pharmazeutische Fabrik und eine Polyvinylacetatanlage einweihen. Wir erlebten einen harmonischen Abend im Heim des

Deutschen Botschafters Graf von Spreti, der kurz danach von Rebellen als Geisel entführt und ermordet wurde.

Japan im Wandel

Die Weltausstellung 1970 zeigte allen ihren Besuchern Japan in einem Rausch von Wachstum und Fortschritt. Die Tausende von Europäern und Amerikanern, die täglich das imposante Ausstellungsgelände durchwanderten, waren kaum noch zu bemerken unter den Millionen von Japanern, die diese Zukunftsvision fast wie einen Wallfahrtsort betrachteten. Die einfachen Bauern, die mit Frauen und Kindern andächtig einhermarschierten, waren ebenso fasziniert wie die uniformierten Schulklassen, denen die Begeisterung an den Augen abzulesen war.

Dieses Japan hat seine einstige Zurückhaltung und seine Haltung als wißbegieriger Schüler der westlichen Industrienationen aufgegeben und befindet sich auf einem Siegesmarsch in die Zukunft. Nicht mit Waffen und Soldaten, sondern mit einem Industriepotential, dessen Wachstum nachhaltig alles übertrifft, was wir jemals in den Jahren des deutschen Wirtschaftswunders erlebt haben.

Bei meinem ersten Besuch in Japan war das alles noch ganz anders. Im Spätherbst 1958 führte uns eine fast fünfwöchige Reise in den Fernen Osten. Der Flug von Kopenhagen über Anchorage in Alaska bis zum Reich des Tenno dauerte 35 Stunden. Es war das erste Mal, daß wir eine Welt sahen, die völlig außerhalb des europäischen Kulturkreises liegt, völlig verschiedene Sitten aufweist und auf einer ganz anderen Denkweise begründet ist.

Selbstverständlich hatte Hoechst in Tokio wie auch in dem japanischen Textilzentrum Osaka eine – wenn auch bescheidene – Organisation aufgebaut, die in diesem hochindustrialisierten Land schon beachtliche Exporterfolge aufzuweisen hatte, wenn sie sich auch andererseits dem dortigen Wirtschaftsdirigismus unterordnen mußte. Wie bescheiden diese erste Organisation war, mag man an folgendem erkennen: Als wir uns am letzten Abend danach erkundigten, womit wir ihnen ein Geschenk machen könnten, wünschten sie sich für die Ärztebesucher zwei Motorroller.

Bei ihren Erfolgen war die Hoechster Vertretung wohl auch Nutznießer alter Verbindungen und Sympathien, wie sie sich in Japan sehr lange halten. Vor dem Ersten Weltkrieg hatten Paul Ehrlich und sein japanischer Mitarbeiter Sahachiro Hata in Zusammenarbeit mit den Farbwerken Hoechst das Salvarsan entdeckt und entwickelt. Emil von Behrings engster Mitarbeiter wiederum war Shibasaburo Kitasato. Diese alten Erinnerungen boten die Grundlage für eine weitere gemeinsame Arbeit mit japanischen Wissenschaftlern.

In Japan war man sich dieser weit zurückliegenden Vergangenheit in erstaunlichem Maße bewußt. Die dortige Medizinische Gesellschaft nahm uns deshalb mit großer Gastfreundschaft auf. Ihr damaliger Leiter und jetziger Alterspräsident Choei Ishibashi hat sich seither ständig bemüht, diese Freundschaft zu vertiefen. Nahezu jedes Jahr besucht er Hoechst. Von seiner echt japanischen Freude am Schenken zeugt ein japanischer Garten am Eingang des Restaurants unserer Jahrhunderthalle, für den er immer wieder ein neues Stück mitbringt.

Die Gartenkunst ist eines der Symbole japanischer Denkart. Völlig abseits von ihrer nüchternen und bienenfleißigen Aktivität pflegen die Japaner in den Gärten die gefühlsbetonte und mystische Seite ihrer Weltanschauung. Manche Symbolik ist für Europäer nur schwer verständlich, läßt aber die dahinterliegenden Werte ahnen.

Von solcher Tradition war 1958 auch noch das Bild des öffentlichen Lebens in den großen Städten Japans durchdrungen. Gerade die Niederlage im Krieg hatte wohl zu einer Selbstbesinnung geführt. Andererseits wurden die amerikanischen Einflüsse aus der Besatzungszeit schnell überwunden. Zum Beispiel hatte man in der verwirrenden Riesenstadt Tokio die amerikanische Neuerung der Straßenbeschilderung, wie sie in jeder westlichen Stadt selbstverständlich ist, kurzerhand wieder abgeschafft. Wurde einem Besucher die seltene Ehre zuteil, eine private Einladung in ein japanisches Heim zu erhalten, so war es für einen Europäer sehr umständlich, ohne die gewohnte Hilfe von Straßennamen die angegebene Adresse zu finden.

Im Stadtbild herrschte bei den Frauen damals noch der Kimono vor. Kleinkinder wurden von der Mutter auf dem Rücken getragen. Kinderwagen sind meines Wissens in Japan auch heute noch kaum anzutreffen.

Voller Kontraste war auch die Szenerie in den großen Tempelstädten von Nikko, Nara oder Kyoto. Neben wenigen alten Menschen, die voll religiöser Verehrung die Heiligtümer besuchten und dort ihre Gaben spendeten, sah man vor allem zahllose Jugendliche. Meist waren es uniformierte Schulklassen. Wir Europäer hatten den Eindruck, daß sie diese Tempel weniger mit religiösen als mit nationalen Gefühlen betrachteten, sichtlich stolz auf die Zeugnisse ihrer nationalen Tradition.

Äußerliche Kontraste zwischen jahrhundertealter Überlieferung und moderner Zivilisation waren und sind charakteristisch für dieses Land. So bestand auch das inzwischen abgerissene Hotel Imperial, in dem wir damals in Tokio wohnten, aus einem alten und einem neuen Teil. Im alten Trakt war noch vieles im ursprünglichen Landesstil gehalten, mit echt japanischer Einrichtung und Bewirtung.

Man erlebte die Teezeremonie und die Geisha-Parties in ihrer herkömmlichen, unverfälschten Art, noch völlig unberührt von der sonst schon überall vordringenden Emanzipation. Diese Geisha-Parties waren damals noch eine gebräuchliche Ehre für hochgeachtete Gäste. Sie begannen sehr würdevoll und feierlich, begleitet von Musik und Gesängen. Dann mündeten sie in kindliche Heiterkeit und Spielfreude, in denen sich die Naivität mit der Reverenz gegenüber dem geehrten Gast eigentümlich mischte. Dabei beeindruckte uns auch die den Japanern eigene, formvollendete Darbietung von Geschenken, die von uns Europäern erst erlernt werden muß.

Gern nahm man für solche Erlebnisse die Beschwerlichkeit stundenlangen Sitzens auf der Erde in Kauf. Für diese Prozedur ist der Körper eines Europäers nicht trainiert, sie wird ihm aber durch den Gastgeber mit einigen Hilfsmitteln erleichtert.

Bei solchen Geisha-Parties wurde auch viel gesungen. Ich erinnere mich noch heute mit Vergnügen daran, wie unser damaliger Repräsentant in Japan, auf der Erde kniend, Volkslieder aus einem deutschen Liederbuch vortrug. Deutsche Volkslieder und Musik sind in Japan sehr beliebt, während unserem Ohr japanische Weisen ungewohnt und fremd klingen.

Auf dieser Reise habe ich auch Hiroshima besucht. Dort hält eine betont nüchterne Ausstellung das entsetzliche Ereignis des Atombombenabwurfs von 1945 in vielen Einzelheiten fest, ein bleibendes Mahnmal für alle zukünftigen Generationen.

Eine junge Industrienation

Neben den traditionellen Seiten des japanischen Alltags sahen wir aber auch das andere Gesicht des Landes, das Antlitz einer Industrienation und den harten, energischen, rastlosen Einsatz im täglichen Berufsleben. Die Industrialisierung hatte schon große Fortschritte gemacht. Die Japaner waren aber noch beherrscht von dem Gefühl, unermüdlich lernen zu müssen, um den Anschluß an den Stand der westlichen Technologie zu erreichen. Trotz aller ausgeprägten Höflichkeit wurde man deshalb eindringlich über technische Entwicklungen befragt. Die japanischen Fachleute interessierten sich für jedes Detail, waren unermüdlich im Gespräch und stets bereit, über alles zu verhandeln.

In den ersten Tagen meines Aufenthaltes in Tokio hielt ich einen Vortrag vor der japanischen Chemischen Gesellschaft. Die Veranstaltung war stark besucht; der Vortrag dauerte etwa drei bis vier Stunden, da ein Dolmetscher mühselig und zeitraubend Satz für Satz übersetzen mußte. Danach fand eine ausführliche Diskussion statt, die nur durch die unendliche Geduld und Ausdauer der Zuhörer möglich war.

Am gleichen Tag gab ich auch eine Pressekonferenz. Sie war äußerst rege, und die japanischen Journalisten stellten eine wahre Flut zupackender Fragen. Viele davon wurden ausgelöst durch den Besuch von Bundeswirtschaftsminister Ludwig Erhard, der zufällig zur gleichen Zeit in Japan weilte. Erhards freie Marktwirtschaft, die den Aufstieg der Bundesrepublik in der Nachkriegszeit ermöglicht hatte, fand in Japan damals wie heute überraschend wenig Anklang.

Den Japanern waren zwar im Friedensvertrag von 1951 sehr harte Bedingungen auferlegt worden. Im Gegensatz zu Bundesrepublik jedoch hatten die Amerikaner hier den Besiegten einen eng begrenzten, doch klaren Bewegungsspielraum gelassen. Die Japaner verstanden diese Chance unauffällig, aber energisch zu nutzen. In kurzer Zeit entstand eine den neuen Verhältnissen angepaßte Wirtschaftsordnung. Dabei wurde soviel wie möglich von der ursprünglichen Struktur beibehalten. Kennzeichnend für die japanische Wirtschaft waren nach wie vor die großen Konzerne. Auch deren Entflechtung hatten die Amerikaner zunächst mit viel Eifer, aber meist vergeblich versucht. Die japanischen Konzerne sind ganz anders geartet und organisiert als in den Vereinigten Staaten oder Europa. Sie ähneln weit mehr den heute auch in den USA wieder modern werdenden »Conglomerates« oder Kombinationen, wie sie nach dem Ersten Weltkrieg beispielsweise in Form des Stinnes-Konzerns in Deutschland vorübergehend entstanden waren.

Unter Führung einer Bank-Holding sind in solch großen japanischen Konzernen wie Mitsui oder Mitsubishi und vielen anderen die unterschiedlichsten Branchen zusammengefaßt. Die Spannweite reicht dabei von chemischen Produkten und Textilien bis zu Stahl und Schiffbau. Auch die Art der Verkaufsorganisation weicht in Japan von der westlichen ab. Es gibt mächtige Händler, ohne die man an den Markt schwer herankommt.

Die staatliche Beaufsichtigung der Wirtschaft einschließlich der Devisenbewegung und des Abschlusses internationaler Verträge und Beteiligungen ist auch heute, im Jahre 1971, noch sehr stark. Dieser Dirigismus wird anscheinend von der Wirtschaft als erträglich empfunden, da sie selbst dabei mitwirken kann und wohl auch ein enger Kontakt zwischen Industrie und Ministerien besteht. In eben dem Maße, wie sich die japanische Konkurrenz auf dem Weltmarkt bemerkbar macht, wird diese Art der Wirtschaftslenkung aber im Ausland beanstandet.

Wir konnten feststellen, daß man gerade deutschen Unternehmen gegenüber für Pläne industrieller Zusammenarbeit sehr aufgeschlossen war. Schon bei diesem ersten Kontakt ergaben sich Berührungspunkte, die bald zu entsprechenden Projekten führten. Zum Beispiel konnte unsere Ingenieurfirma Uhde in den nächsten Jahren zahlreiche Aufträge zum Bau von Produktionsanlagen für Aldehyd und Aceton nach dem Wacker-Hoechst-Verfahren ausführen. Enge Verbindungen wurden auch geknüpft auf dem Gebiet der Kunststoffe und synthetischen Fasern, auf dem die japanische Industrie damals schon sehr aktiv war. Sie hatte überhaupt die Fähigkeit, voraussetzungslos alles Neue zu übernehmen und es dann mit erstaunlichem Geschick weiterzuentwickeln. So kam es schnell zu einem für alle Beteiligten interessanten Erfahrungsaustausch.

1962 machte ich während einer Reise nach Australien wieder in Japan Station. Wir hatten bereits ein gemeinsames Projekt mit dem japanischen Chemieunternehmen Nippon Gosei verwirklicht. Es handelte sich um eine Polyvinylacetat-Produktion. Für die Fabrikation von Farbstoffen, mit denen im vergangenen Jahrhundert das Japangeschäft von Hoechst überhaupt begonnen hatte, wurde später mit Mitsubishi Chemicals, dem größten japanischen Chemiekonzern, eine gemeinsame Gesellschaft gegründet. Diese Kasei Hoechst betreibt eine Fabrik in Ohamamachi zwischen Tokio und Osaka.

In den vier Jahren seit unserem ersten Aufenthalt war die Emanzipation des Landes viel schneller fortgeschritten als in den meisten anderen Teilen der Welt. Auf den Straßen sah man bedeutend weniger Kimonos. Geisha-Parties waren seltener geworden. Europäischer Lebensstil drängte immer mehr in den Vordergrund. Kinos und Theater wurden von der westlichen, vor allem der amerikanischen Sensationslust beherrscht, wenn sich auch zum Teil noch japanische Sitte und Brauchtum erhalten konnten.

Was die Wirtschaft betrifft, so ist es ausländischen Firmen auch heute noch nicht erlaubt, Produktionen vollständig in eigener Regie aufzubauen. Statt dessen muß stets eine fünfzigprozentige Beteiligung japanischer Partner sichergestellt sein. Hat man aber in diesem Land erst einmal Fuß gefaßt und wird als verläßliches Unternehmen geschätzt, so ist es durchaus möglich, beständige und zuverlässige Freundschaften zu schließen. So entwickelte sich unser dortiges Geschäft denn auch langsam, aber stetig und erfolgreich.

1967 war ich zum drittenmal in Japan. Zu diesem Zeitpunkt hatte sich unsere Partnerschaft mit der einheimischen Chemie weiter verstärkt. Dies galt vor allem für Pharmazeutika, wo wir inzwischen ein gemeinsames Unternehmen mit Mitsui Petrochemicals Co. gegründet haben. Pharmazeutika befinden sich in einem ununterbrochenen Aufstieg. Seit einigen Jahren ist Japan nach

Italien und den USA – was den Hoechster Umsatz im Land anbelangt – der drittgrößte Auslands-Pharmamarkt der Farbwerke. Hatten wir im Jahre 1955 in einem Büro von 14 Quadratmetern mit zwei Mitarbeitern begonnen, so waren 1970 bereits mehr als 700 Menschen in Produktion und Vertrieb für das Hoechster Pharmageschäft in Japan tätig.

Immer deutlicher empfanden wir angesichts der Mischung aus Tradition und Emanzipation die große Assimilationskraft dieses Volkes, dessen Energie sich längst in einer unermüdlichen Aktivität in nahezu allen Teilen der Erde auswirkt. Schon ist sogar in Europa das Schlagwort von der japanischen Herausforderung aufgetaucht.

Das Tor zu China

Die nächste Station unserer Fernost-Reise im Jahre 1958 hieß Hongkong, wo die politischen Spannungen gerade einen Höhepunkt erreicht zu haben schienen. Von einem Besuch Formosas hatten wir abgesehen. Die deutschen Zeitungen berichteten gerade eingehend über Beschießungen der dem chinesischen Festland vorgelagerten Inselgruppe von Quemoy. Das ließ uns an eine ernsthafte Krise um Nationalchina glauben. Erst an Ort und Stelle wurden uns die großen Entfernungen deutlich, um die es sich hier handelte. Wir merkten, welche untergeordnete Rolle solche Ereignisse in einem Abstand von einigen tausend Kilometern spielten.

Über Hongkong ergoß sich damals ein mächtiger Strom von Flüchtlingen aus Rotchina. Sie kamen meist über das portugiesische Macao in die britische Kronkolonie. Die Stadt war geprägt von chinesischem Kolorit und den Reminiszenzen an die Glanzzeit des englischen Imperiums. Gleich daneben aber wuchsen moderne Wolkenkratzer und Luxushotels empor, und mitten in dieser Umgebung stand schon als solider Machtblock die rotchinesische Bank.

Von Hongkong aus – und das ließ diesen Handelsplatz besonders interessant erscheinen – konnten unsere Geschäftsfreunde noch nach Kanton reisen und dann von ihren dortigen Eindrücken berichten, die zwar schon recht sorgenvoll waren, die spätere Entwicklung aber bei weitem noch nicht klar erkennen ließen. Noch 1964 durfte nach sorgfältiger Abstimmung mit der rotchinesischen Botschaft in Bern eine Hoechster Delegation von sieben Technikern und Kaufleuten eine aufschlußreiche Reise durch das maoistische China machen. Unmittelbar nach der Kulturrevolution 1966 war ein solches Unternehmen völlig unmöglich geworden. Neuerdings bestehen aber durchaus wieder Chancen einer Öffnung Rotchinas für Gespräche mit der westlichen Welt.

Hongkong hingegen ist zu allen Zeiten ein wichtiger Platz geblieben, von dem aus ungewöhnliche Verbindungen aufrechterhalten werden können. Hongkong ist wohl als Kontaktstelle für Rotchina ebenso interessant und wertvoll wie für die übrige Welt und deshalb für den Handel im Fernen Osten von großer Bedeutung.

Von Hongkong flogen wir nach den Philippinen, die sich noch ganz in einer Nachkriegssituation befanden. Der amerikanische Einfluß war nirgends zu übersehen. Das Leben stand unverändert unter dem Eindruck der Kriegsereignisse, der japanischen Besatzung und schließlich des Einmarsches der Amerikaner. Geschäftliche Möglichkeiten eröffneten sich erst langsam, zeigten dann aber hoffnungsvolle Aspekte.

Auch in Burma, der nächsten Station, waren die politischen Verhältnisse noch gespannt und unklar. Pracht und Reichtum der goldenen Dächer des zentral-buddhistischen Heiligtums in Rangun standen in krassem Gegensatz zu der grenzenlosen Armut des vom Krieg schwer gezeichneten Landes.

Im Land des Weißen Elefanten

Ganz andere Eindrücke vermittelte anschließend ein Aufenthalt in Bangkok. Thailand, das frühere Siam, ist wohl das einzige Gebiet im Fernen Osten, das über Jahrhunderte von Kolonisation und Revolution verschont geblieben war. Es erschien als eine Insel des Friedens und der Freiheit. Neue Bilder aus dem mannigfaltigen Kaleidoskop Asiens zeigten sich uns: die Tempelstädte, die schon am frühen Morgen durch die Straßen wandelnden buddhistischen Mönche, die meditierenden Menschen in den Tempelhöfen, in die sich für einige Wochen zurückzieht, wer einen neuen Lebensabschnitt beginnt, den Beruf wechselt oder eine Krankheit überwunden hat.

Unvergeßlich bleiben wird mir ein von Thailand aus unternommener Ausflug nach Angkor Wat in Kambodscha. Diese vom Dschungel überwucherte Stätte alter khmerischer Kultur war damals ein beliebtes Reiseziel. Man wohnte in einem verhältnismäßig gutgepflegten, von einem Schweizer betriebenen Hotel und saß dann am Rande des Urwalds in Gesellschaft unzähliger Affen und exotischer Vögel. Heute liegt dieses Kleinod wohl mitten in der Kampfzone zwischen den Vietcong und kambodschanischen Truppen.

In den Bazaren Bangkoks begegnete man Hoechster Farbstoffen und auch unseren Arzneimitteln, die dort als Tabletten einzeln verkauft wurden. Erst nach solchen Erfahrungen kann man ermessen, wie mühselig es ist, hochentwickelte Produkte unserer Zivilisation in einem so weit entfernten und unserer Kulturzone wenig verwandten Land zu vertreiben.

Acht Jahre später, als ich bei meinem nächsten Besuch in Bangkok von meiner Frau begleitet wurde, war die Situation schon völlig verändert. Hoechst hatte mittlerweile in Thailand eine sehr ansehnliche und vorbildliche Pharmafabrik errichtet. König Bhumibol und seine schöne Gemahlin Sirikit gewährten uns eine Audienz in ihrem Märchenpalast, in dem sich unsere einheimischen Begleiter noch auf den Knien vor dem Königspaar bewegten. Doch im Hintergrund ahnte man die allerdings weit entfernte Kampffront von Vietnam.

Inzwischen war viel Geld nach Bangkok geflossen. Noch konnte man die alten Tempel besichtigen und die Klongs mit ihren malerischen Hütten betrachten, die ganz nahe am Wasser stehen. Das Getriebe der Stadt hatte sich aber entscheidend verändert. Große Hotels und eindrucksvolle Hochhäuser schossen wie Pilze aus dem Boden. Das Zentrum von Bangkok machte den Eindruck einer üppigen Etappenstadt des Krieges.

Unruheherd Nahost

Nach unserer ersten Bekanntschaft mit der Hauptstadt Thailands 1958 flogen wir von dort aus über Kairo zurück nach Europa. Die Suezkrise war gerade vorübergegangen. Die Engländer und Franzosen hatten durch ihr unentschlossenes Verhalten ein gutes Stück ihres Ansehens eingebüßt und unter dem gemeinsamen Druck der Amerikaner und der Sowjets einen schmerzlichen Rückzug aus ihrem militärisch und psychologisch schlecht vorbereiteten Abenteuer hinnehmen müssen. Das Kabinett Eden war zurückgetreten, und die Karriere eines der großen englischen Diplomaten hatte ein jähes Ende gefunden. Die Diskussionen um eine westliche Hilfe beim Bau des Assuandammes waren unter dem Aspekt des Kalten Krieges abgebrochen worden. Assuan wurde später dank der sowjetischen Unterstützung zu einem kommunistischen Symbol in den arabischen Ländern.

Noch bemühte sich der ägyptische Staatschef Gamal Abd el Nasser, gute Beziehungen mit Ost wie mit West in einem geschickten Interessenspiel aufrechtzuerhalten. Der eindeutig pro-sowjetische Kurs der späteren Jahre war 1958 nur in Ansätzen erkennbar. Es ging vordergründig nur um rein nationale Bestrebungen. Ägypten war auch durchaus noch gewillt, amerikanische und westliche Unterstützung anzunehmen, soweit man ihrer bedurfte. Es gärte im Lande aber schon unter den arabischen Nationalisten und Minderheiten. Unsere ägyptischen Partner, die zur christlichen Minderheit des Landes gehörten, mußten ihre Heimat verlassen.

Trotz der zunehmenden politischen und wirtschaftlichen Unsicherheit beschlossen wir, 6 bis 7 Millionen DM für den Bau einer pharmazeutischen Fabrik aufzuwenden. Aus ihr wurde ein wahres Schmuckstück. Die Regierung Nasser billigte uns schon vor Baubeginn ausdrücklich eine Mehrheitsbeteiligung zu. Auch bei der feierlichen Einweihung, die 1960 in Anwesenheit vieler offizieller Gäste stattfand, gab uns der Stellvertreter Nassers die Zusage, daß unsere Mehrheitsbeteiligung und die sich daraus ergebende Verfügungsberechtigung nicht angetastet würden. Dieses Versprechen ist auch bis zum heutigen Tage gehalten worden. Der Betrieb der Anlage ist allerdings außerordentlich schwierig, weil nicht genügend Devisen zur Einfuhr der nötigen Vorprodukte zur Verfügung stehen.

Ägypten war für Hoechst schon immer ein interessanter Gesprächspartner gewesen. Unsere Ausfuhr nach diesem Land reduzierte sich aber in den folgenden Jahren rapide. Besonders der Handel mit Düngemitteln schrumpfte, je mehr eigene Produktionsstätten Ägypten errichtete. An dem Bau dieser Anlagen war die Firma Uhde allerdings stark beteiligt. Über weitere Projekte einer Zusammenarbeit wurde immer wieder verhandelt. Bis jetzt konnten wir freilich größere Objekte nicht verwirklichen. Als wir 1966 von Kairo aus eine Reise durch alle arabischen Staaten des östlichen Mittelmeeres unternahmen, waren die diplomatischen Beziehungen zwischen diesen Ländern und der Bundesrepublik schon abgebrochen. Gleichwohl herrschte überall, ob in Ägypten, Jordanien, Kuweit, dem Libanon oder Syrien, gegenüber den Deutschen noch eine recht freundliche Stimmung. Wir stellten jedoch fest, daß uns der herannahende Nahost-Konflikt mit seinen Spannungen eine aussichtsreiche Betätigung mehr und mehr erschwerte.

Von dieser Nahostreise blieb die etwas wehmütige Erinnerung an die imponierende Baustelle des Assuandammes und an die Kulturgüter und Baudenkmäler aus der Vergangenheit der ägyptischen und römischen Welt, die zugleich die Vorgeschichte des Christentums und seiner Anfänge in Jerusalem umfaßt.

Die dritte Welt im Blickpunkt

Je mehr sich in der Welt nach Überwindung der Kriegsfolgen wieder ein allgemeiner internationaler Gedankenaustausch entwikkelte, je enger dank moderner Nachrichten- und Verkehrsmittel die Kontakte wurden, um so stärker traten auch die zwischen den einzelnen Ländern bestehenden Unterschiede in Lebensstandard und industrieller Entwicklung hervor. Zwei Weltkriege und ihre Folgen hatten dazu geführt, daß die daran beteiligten Nationen ihre gesamte Energie auf ihre eigenen Bedürfnisse konzentrieren und dabei einen gewaltigen Kräfteverschleiß hinnehmen mußten. Weite Gebiete der Erde wie Lateinamerika, ein großer Teil Afrikas, Indien und auch fernöstliche Länder blieben zwar vom eigentlichen Krieg verschont, litten aber schwer darunter, daß sie von den industriellen Versorgungsquellen abgeschnitten waren und für ihre Rohstoffe keine ausreichenden Absatzmärkte fanden.

Die Spaltung zwischen westlichem und östlichem Machtblock ließ eine dritte Welt übrig, die diesem gefährlichen Spannungsfeld ausgesetzt war und sich nach der Auflösung der Kolonialreiche vor allem dem Problem gegenübersah, nun mit der so heißersehnten Unabhängigkeit fertig zu werden. Die jungen Nationen, die gerade ihre Freiheit erlangt hatten, mußten sich ihre staatliche Organisation und Verwaltung schaffen und eine lebensfähige Wirtschaft aufbauen. Diese ungeheuren Aufgaben konnten sie aus eigener Kraft kaum bewältigen. Es ist kein Wunder, daß sie aus Mangel an Erfahrung bei so manchen Projekten auch Schiffbruch erlitten.

Diese dritte Welt trat mit ihren Nöten und Forderungen auf dem internationalen Parkett mehr oder weniger geschlossen auf und wurde zu einem maßgeblichen politischen Faktor. Sie beeindruckte zwar nicht durch militärische Macht, aber durch gewaltige Bevölkerungszahlen. Wurde der berechtigte Wunsch dieser Menschenmassen nach einem einigermaßen erträglichen Lebensstandard nicht erfüllt, so würde über kurz oder lang der Weltfriede bedroht sein.

Die westlichen Staaten unter Führung der USA haben dies frühzeitig erkannt. Teils aus politischen Überlegungen, teils auf Grund wirtschaftlicher Erwartungen, aber auch aus idealistischen Motiven begannen sie, diesen Nationen zu helfen.

Glücklicherweise wurde der damals für diese hilfebedürftigen Staaten geprägte Begriff der unterentwickelten Länder bald in die Bezeichnung Entwicklungsländer umgewandelt. Aber auch in dieser pauschalen Zusammenfassung aller Völker, die in ihrer industriellen Entwicklung zurückgeblieben waren, lag eine unvertretbare Überheblichkeit und eine allzu primitive Vereinfachung. Die verschiedensten Regionen wurden dadurch in einen Topf geworfen ohne Berücksichtigung der unterschiedlichen Geschichte und Leistungskraft ihrer Bewohner.

Das kulturell den Europäern so nahestehende Lateinamerika

hatte ganz andere Bedürfnisse als die nun nach und nach zur Selbständigkeit drängenden Völker Afrikas und Asiens.

Wir Deutschen waren nicht mit dem Odium einer kolonialen Überheblichkeit belastet. Aber auch wir mußten begreifen, daß es nun galt, völlig unvoreingenommene Erfahrungen in den Beziehungen zu den Entwicklungsländern zu sammeln. Natürlich war unsere Basis dabei weitaus schmaler als die der Großmächte oder auch mancher unserer europäischen Nachbarn.

Ein Industrieunternehmen wie Hoechst mußte dabei nüchtern seine Interessen in Rechnung stellen und seine Möglichkeiten kritisch einschätzen. Als Chemieunternehmen hatten wir allerdings einiges zu bieten, gerade weil in diesen Ländern der Bedarf nach unseren Produkten sehr groß war. Überall fehlte es an Arzneimitteln, an Düngemitteln und vielen anderen chemischen Erzeugnissen.

Doch die Entwicklungsländer verfügten nur über wenig Devisen und wiesen negative Zahlungsbilanzen auf. Das begrenzte auch die Lieferung von Industrieanlagen durch unsere Firma Uhde, wenngleich auch die Regierung der Bundesrepublik manche Hilfe gewährte. Dies geschah durch Krediterleichterungen, ERP-Kredite und wirtschaftliche Absicherungen. Diese staatliche Unterstützung war aber gering im Vergleich zu anderen Ländern wie den USA. Dort wurde die Wirtschaft durch günstige Abschreibungsmöglichkeiten und Übernahme des politischen Risikos bei Geschäften mit Entwicklungsländern weit stärker gefördert. Ein klassisches Beispiel ist das Prinzip der »American aid«. Danach stellt die amerikanische Regierung den hilfebedürftigen Nationen nur dann öffentliche Gelder zur Verfügung, wenn sie sich verpflichten, dafür Maschinen und Anlagen ausschließlich in den USA zu kaufen.

In der Bundesrepublik konnte man sich zu einem solchen Junktim nicht entschließen, weil man wohl befürchtete, materieller Hintergedanken bezichtigt zu werden. Wir Deutschen sind nun einmal darauf bedacht, als Idealisten zu gelten. Der deutschen Wirtschaft sind auf diese Weise große Chancen entgangen. Sie mußte auf Lieferungen bei Projekten verzichten, die mit dem Geld des deutschen Steuerzahlers finanziert wurden.

Es war also mutig und kostspielig für das junge Hoechst, nach und nach in nahezu allen Gebieten der Erde tätig zu werden. Große Mittel mußten aufgebracht werden, um die dafür notwendigen Verkaufsorganisationen in den einzelnen Ländern zu schaffen. Oft vergingen viele Jahre, bis die dabei entstandenen Kosten durch Gewinn aufgewogen waren. Immer wieder hatten wir auch Abschreibungen vorzunehmen. Erst recht galt dies für die Produktionsanlagen.

Wir haben diese Kosten Jahr für Jahr überprüft und entschieden, ob sie wirtschaftlich zu verantworten waren. In keinem einzigen Fall sind bis heute Totalverluste eingetreten, weder durch politische noch durch wirtschaftliche Ereignisse. Als Resümee läßt sich feststellen, daß der Aufbau eines so internationalen Geschäftes von Beginn an absolut notwendig war. Nur so lohnten sich die großen zentralen Einrichtungen der Forschung, der kaufmännischen und anwendungstechnischen Abteilung und auch der Ingenieurtechnik.

Selbstverständlich konnten Fehler nicht immer vermieden werden. Schließlich mußten wir in jedem Land von neuem lernen, den dortigen Eigenarten Rechnung zu tragen, auf geschichtliche Besonderheiten und auch auf die Mentalität der jeweiligen Bevölkerung Rücksicht zu nehmen. Die chemische Industrie benötigt zu ihrem Aufbau zudem weit mehr Voraussetzungen als andere Industriesparten. Eines dieser Erfordernisse ist zum Beispiel ein hoher Stand der technischen Entwicklung im Lande und die Existenz verarbeitender Industriezweige. Auch in den europäischen Industrieländern konnte sich die Chemie erst breit entwickeln, als diese Grundbedingung, zum Beispiel eine hochentwickelte Maschinenindustrie, erfüllt war. Weiterhin braucht die chemische Industrie hochqualifizierte Handwerker. In vielen Ländern fehlten sie ganz und mußten erst in langwieriger Schulung herangebildet werden. So sehr sich die Probleme in vielen Ländern gleichen mögen, so sind sie doch nirgendwo völlig identisch und fordern ständig individuelle Antworten. Dies zeigten mir die vielen Reisen, die mein Amt als Vorstandsvorsitzender erforderte. Einen der stärksten Eindrücke vermittelte mir der Subkontinent Indien, der mit seinen etwa fünfhundert Millionen Einwohnern einen bedeutenden Faktor im weltpolitischen Geschehen darstellt.

Heilige Kühe neben modernen Fabriken

Schon als Bestandteil des britischen Empires war Indien für die deutsche chemische Industrie ein wertvoller Absatzmarkt für Farbstoffe und Arzneimittel. Deshalb gab es viele Mitarbeiter der Verkaufsorganisation der ehemaligen I. G., die in Indien tätig gewesen waren. Nach dem Krieg, zum Teil nach jahrelanger Internierung in englischen Lagern, hatten sie wieder begonnen, sich der deutschen Geschäftsinteressen im Lande anzunehmen.

Trotzdem fehlte uns ein detaillierter Überblick. Wir beschlossen im Jahre 1960, uns einen umfassenden Eindruck von den wirtschaftlichen Chancen Indiens und seiner politischen Situation zu verschaffen. Im Spätherbst landeten wir mit einer Linienmaschine in Bombay. Von dort flogen wir mit einer kleinen Chartermaschine durch das Land. Die Reise ging von Bombay nach Delhi, Kalkutta und Chittagong in Ost-Pakistan. Von Kalkutta aus unternahmen wir einen Abstecher nach Darjeeling und Benares. Dann flogen wir über Rourkela nach dem Süden, besuchten Madras und fuhren von dort mit dem Auto an die Malabar-Küste. Über Cochin und Kalikut, wo Vasco da Gama zuerst im Jahr 1498 die Westküste Indiens erreicht hatte, kehrten wir schließlich nach Bombay zurück. Auf der Rückreise machten wir noch Aufenthalt in Karatschi, West-Pakistan.

In Indien standen wir vor großen Problemen. Zusammen mit einheimischen Partnern hatten wir eine erste Pharma-Niederlassung in der Umgebung von Bombay errichtet. Es war uns gelungen, eine bescheidene Verkaufsorganisation für Farbstoffe und Chemikalien aufzubauen und eine Beteiligung an einer Farbstofffabrik zu erwerben. Diese war von den Farbenfabriken Bayer mit indischen Partnern in der Nähe von Bombay gebaut worden.

Als Indien sich 1947 aus der englischen Abhängigkeit löste und der letzte Vizekönig Lord Mountbatten an dem berühmten Gate in Bombay das Land verließ, existierte schon eine funktionsfähige Regierung. Sie konnte sich auf ein demokratisches, parlamentarisches System stützen. Gerichtsbarkeit, Universitäten und Bildungswesen waren unter englischem Einfluß weit entwickelt, eine neue Oberschicht mit starkem Selbstgefühl hatte sich herausgebildet.

Die Indische Union war zuvor unter blutigen inneren Auseinandersetzungen geboren worden. Der mohammedanische Teil der nordindischen Bevölkerung hatte einen eigenen Staat Pakistan gegründet, dessen östliche und westliche Landesteile mehr als zweitausend Kilometer voneinander entfernt liegen und keine Landverbindung besitzen. Daraus entstanden nicht nur zwischen Pakistan mit seinen etwa hundert Millionen Einwohnern und Indien Spannungen. Auch West- und Ost-Pakistan wuchsen nur mühsam zu einem Staatsgebilde, in dem ständig scharfe Gegensätze aufbrechen. Darauf warf 1971 der erfolglose Versuch Ost-Pakistans, sich von West-Pakistan zu trennen, ein grelles Schlaglicht.

Fragestunde mit Nehru

Bei unserem Besuch im Jahr 1960 hatte Jawaharlal Nehru die Leitung Indiens in der Hand. Seine Kongreßpartei verfügte im Parlament über eine große und stabile Mehrheit. In ihrer Führung dominierten noch Männer, die mit Hilfe von Gandhis Politik der Gewaltlosigkeit dem Lande die Freiheit erkämpft hatten und dadurch große Autorität besaßen.

Wir konnten an einer Fragestunde in dem wundervollen Kongreßgebäude in Delhi teilnehmen. Sie unterschied sich – wenn man von Äußerlichkeiten absieht – kaum von den Fragestunden in europäischen Parlamenten. Nehru ergriff mehrmals das Wort. Er sprach entweder ein elegantes Englisch oder er antwortete auf Hindi, das man als Landessprache durchsetzen will, obwohl es nur von einem kleinen Teil der Inder verstanden wird.

In Nehru brannte großer politischer Ehrgeiz. Er sah sich als internationalen Vermittler, gelegentlich wohl sogar als Schiedsrichter zwischen den großen Machtblöcken. Zweifellos hat er in dieser selbstgewählten Rolle viel geleistet, mußte darüber freilich auch die ungeheuer schwierige innenpolitische Problematik seines Landes zuweilen vernachlässigen.

Ich habe Nehru auch bei seinem Besuch in Deutschland im Jahr 1960 getroffen. Damals trat er als der selbstbewußte Repräsentant einer blockfreien Welt auf und sah Deutschland durch die englische Brille, also nicht durch eine kontinental-europäische. So war er kein Freund der EWG. Er befürchtete, daß mit ihrer Hilfe zumindest Teile der französischen Kolonialherrschaft in Afrika verewigt werden könnten.

Nehrus Politik des Friedens und der Gewaltlosigkeit litt oft unter geradezu tragischen Widersprüchen. Kurz nach unserem Indienaufenthalt besetzten 1961 bewaffnete indische Einheiten mitten im Frieden kurzerhand die kleine portugiesische Kolonie Goa. Die blutigen Ereignisse, als sich West- und Ost-Pakistan aus der indischen Einheit lösten, waren noch nicht vergessen. Auch Indien mußte mehr und mehr lernen, daß es von Grenzkonflikten und Gewalttätigkeiten nicht verschont bleiben konnte.

Am Fuße des Himalaja

Als wir damals von Darjeeling, dem einstigen Erholungsort der englischen Verwaltung, in früher Morgenstunde zu den Tiger Hills hinausfuhren, begegneten wir Scharen von tibetischen Flüchtlingen. Sie standen unbewegt in der einsamen Landschaft und schauten still und sehnsüchtig auf die gewaltigen Berge des Himalaja, wo ein Paß in die verlorene Heimat führte. Das Grenzproblem mit China ist durch die Barriere der nahezu unüberwindlichen Bergkette in Wirklichkeit nicht gelöst. Später sahen wir ein ähnliches Bild, als wir Tibeter in Katmandu in Nepal ebenfalls als Heimatlose antrafen.

Die herrschende Schicht in Indien ist englisch geschult, sympathisch und gebildet. Man findet konservative, orthodox denkende Inder neben weltoffenen, gut informierten, lebhaften und modernen Menschen. Viele von ihnen demonstrieren eine Art von Selbstbewußtsein, das die Zusammenarbeit mit den Europäern und den westlichen Völkern nicht immer erleichtert. Der Verwaltungsapparat ist recht umfangreich und bürokratisch. Ohne eine gelenkte Wirtschaft und einen entsprechenden Apparat kommt Indien, das auch auf diesem Gebiet erst seine Erfahrungen sammeln muß, vorderhand nicht aus.

Überall wurden wir von den an einer Zusammenarbeit interessierten Indern freundlich aufgenommen. Die Unterstützung durch die indische Regierung war außerordentlich gut. Auf ihre Einladung wurden wir in Benares, dem großen Heiligtum, unter der Obhut eines jungen deutschen Dozenten durch Universität und Tempel geführt. Keiner von uns konnte sich dabei dem starken Eindruck entziehen, den die tiefe Religiosität und die Philosophie der Inder hinterlassen.

Ihr Verhältnis zu uns Deutschen ist sehr differenziert. Sie achten unsere wissenschaftlichen und industriellen Erfolge. Besondere Hochschätzung gilt der Tatsache, daß es deutsche Gelehrte waren, die ihnen das Sanskrit erschlossen und damit wieder die Grundlage für ein indisches Geschichtsbewußtsein geschaffen haben.

Bei unserem Aufenthalt in Benares erlebten wir die Stätten, an denen die Inder schon im Morgengrauen ihre Toten verbrennen und die Asche dem Ganges übergeben. Der Mystik indischen Wesens, die uns als junge Menschen nach dem Ersten Weltkrieg schon einmal in den Gedichten des Nobelpreisträgers Rabindranath Tagore gefesselt hatte, kann man sich nur schwer entziehen. Nirgendwo auf der Welt erahnt man stärker als in Indien die Uranfänge von Geschichte und Kultur.

Indien verlangt ein Umdenken der europäischen Gehirne. Man steht einer Kultur gegenüber, die sich nur zögernd erschließt. Der Fremde muß Weite und Andersartigkeit eines Landes mit fünfhundert Millionen Menschen begreifen lernen. Die Inder selbst sind in Religion, Sitte, Sprache und Lebensweise voneinander extrem verschieden. Es kann geschehen, daß die Einwohner von Madras jene an der Westküste nicht mehr verstehen. Im Vergleich zu Europäern erscheinen sie dennoch als Einheit. Wir müssen die Geduld und Leidensfähigkeit dieses Volkes verstehen, sein Festhalten an geheiligten Traditionen, von dem noch immer stark ausgeprägten Kastenwesen bis zu den heiligen Kühen. Die indische Regierung und die Reformer müssen ihr Land sehr behutsam in die moderne Zeit führen, wenn es nicht vor dem Ziel in Anarchie versinken soll.

Entsetzliches Elend existiert neben beachtlichem Wohlstand. Religiöser Fatalismus und erstarrte Gewohnheiten stehen neuzeitlicher Hygiene oft als unüberwindliche Hindernisse im Wege. Daß diese Tatsache kaum zu größeren Seuchenkatastrophen führt, ist ein Phänomen, das die Religiosität vieler Inder nur noch fördert. Andererseits widmen Regierung und Provinzialbehörden dem Medizinalwesen und der Hygiene große Aufmerksamkeit. Die medizinische Wissenschaft wird sehr gefördert und steht in hohem Ansehen.

Der Besuch in einem großen Spital in Madras machte auf uns einen tiefen Eindruck. Das Krankenhaus verfügte über 1700 Betten und war stark überfüllt. Etwa 300 Menschen waren sehr sauber auf dem steinernen Fußboden untergebracht. Dies machte den Kranken kaum etwas aus, weil offensichtlich die meisten von Hause aus gewöhnt waren, auf dem nackten Boden zu liegen. Der Chefarzt, natürlich ein Inder, war ein ausgezeichneter Mediziner aus englischer Schule. Mit ihm wanderten wir mehr als zwei Stunden durch alle Korridore und Zimmer. Die Patienten, zum Teil von ihrer Krankheit schwer gezeichnet, erblickten in ihm nicht nur den väterlichen Helfer, sondern beinahe einen Heiligen.

Jeden Morgen drängen an die 4000 Menschen zu einer ambulanten Behandlung in die Poliklinik dieses Krankenhauses. Unter ihnen müssen die am schwersten Erkrankten, die unter allen Umständen ins Spital gehören, ausgesucht werden. Eine einigermaßen menschenwürdige Behandlung dieser 4000 Patienten in einem einzigen Raum ist außerordentlich schwierig. Bei einem Einkommen von durchschnittlich 100 Rupien im Jahr – das entsprach etwa 70 Mark – muß die Behandlung zwangsläufig kostenlos sein. Sie erfolgt trotzdem mit den modernsten pharmazeutischen Mitteln. Selbst in einer primitiven Apotheke hoch im Norden in den Vorgebirgen des Himalajas entdeckten wir neueste Hoechster Präparate.

In Indien, wo die Gegensätze zwischen Gestern und Heute noch tief ausgeprägt sind, konnte man vor zehn Jahren industrielle Unternehmen nicht einfach nach europäischen Gesichtspunkten betreiben. Zu dieser Überzeugung kamen wir sehr schnell. Auf Initiative der Farbenfabriken Bayer war ein kühnes Projekt ausgearbeitet worden. Es zielte darauf ab, eine universelle Fabrikationsstätte der wichtigen organischen, aromatischen Kohlenwasserstoffverbindungen zu schaffen, um der gesamten indischen Chemie eine breite Grundlage zu geben.

Ulrich Haberland, der zwei Jahre vor mir im Land gewesen war, hatte in Leverkusen diese Idee entwickelt. Er hoffte, daß mit der Errichtung einer solchen zentralen Fabrik von Grundchemikalien die meisten Probleme der chemischen Industrie in Indien mit einem Schlag gelöst werden könnten. Als er uns Hoechstern von diesem Plan erzählte, waren wir von ihm durchaus angetan. Auch wir sahen in diesem Projekt eine Möglichkeit, dem Land eine Ausgangsbasis für die Produktion von Farbstoffen, Arzneimitteln und Pflanzenschutzmitteln zu schaffen. Bayer, Hoechst und BASF waren auch bereit, das technische Know-how und die ganze Planung kostenlos zur Verfügung zu stellen. Selbstverständlich rechneten wir damit, daß dieses aus öffentlichen Mitteln zu finanzierende Projekt und die Produkte auch unseren Plänen in Indien zugute kommen könnten.

Leider ist dieser Plan nie Wirklichkeit geworden. Er scheiterte nicht an Finanzierungsfragen, sondern an dem damals für Indien noch zu frühen Zeitpunkt. Eine solche Anlage mit ihren komplizierten chemischen Zusammenhängen und der Verflechtung von Neben- und Endprodukten war nämlich ein Abbild der Fabriken, dic bei uns in der Phase des Wiederaufbaus nach dem Krieg errichtet worden waren. Das Projekt stellte das Resultat jahrzehntelanger Erfahrungen dar, wie sie die junge chemische Industrie Indiens noch nicht gesammelt hatte. So kam es zu ermüdenden Diskussionen mit den dortigen Technikern, die solche Erkenntnisse nicht kritiklos übernehmen wollten. Vielleicht hat dabei auch der im Lande allmählich erwachende Wunsch nach eigener Initiative eine Rolle gespielt.

Wir haben den Plan nach einigen Jahren im Einvernehmen mit der indischen Regierung ohne allzuviel Ärger oder Enttäuschung beiseite gelegt. Er war gut gemeint gewesen, entsprach aber nicht der dortigen Situation.

Ein Beispiel, wie schwierig in den fünfziger Jahren eine industrielle Betätigung in Indien war, erlebte ich bei der Besichtigung des Stahlwerkes Rourkela. Als Aufsichtsratsmitglied der Demag war ich mit diesem Projekt vertraut und hatte deswegen auch den Wunsch geäußert, Rourkela besichtigen zu können. Von einem Konsortium deutscher Firmen unter Führung der Demag errichtet, handelt es sich um das modernste Werk seiner Art in der ganzen Welt. Es war erst vor einem Jahr der indischen Regierung übergeben worden. Eine wichtige Phase auf dem Weg Indiens zum modernen Industrieland schien begonnen zu haben.

Doch nach kurzer Zeit mußte das Werk stillgelegt werden. Angeblich waren beim Bau technische Fehler gemacht worden; die Anlage funktionierte nicht richtig. Es entstand außenpolitischer Ärger, und auch in deutschen Zeitungen wurde heftige und ungerechte Kritik geübt. Deshalb war ich äußerst begierig, an Ort und Stelle die Hintergründe zu erfahren.

Als wir ankamen, war die Krise im Grunde genommen schon überwunden. Die Schuld an ihr trug keineswegs ein technisches Versagen der deutschen Konstrukteure. Das Konsortium der deutschen Firmen hatte sich vielmehr nicht genügend abgesichert und sich nicht genug Einfluß auf die Inbetriebnahme des Werkes und die Auswahl von ausreichend geschultem Personal ausbedungen. Statt dessen war das vollautomatische und hochmoderne Stahlwerk den Indern einfach zu früh und ohne entsprechend ausgebildete Mannschaft übergeben worden.

Mit Stolz, aber auch verständlicher Überschätzung ihrer technischen Kräfte übernahmen die Inder das neue Werk. Aus den unvermeidlichen technischen Pannen entwickelten sich politische Kontroversen, die viel von dem industriellen Prestige in Frage zu stellen drohten, das die Deutschen in Indien besaßen. Glücklicherweise konnten die Meinungsverschiedenheiten beigelegt werden. Das Stahlwerk Rourkela kam allmählich in Betrieb und wurde später vergrößert. Bundespräsident Heinrich Lübke stattete ihm bei seiner Indienreise einen Besuch ab. Es ist heute ein Paradestück deutscher Ingenieurkunst in Asien.

Am Rande von Bombay

Ganz unabhängig von dem erwähnten Gemeinschaftsprojekt mit Bayer und der BASF überlegten wir uns in Hoechst noch einen eigenen indischen Plan im Bereich der Kunststoffchemie. Wir standen dabei in Kontakt mit der Industriellenfamilie Mafatlal. Sie gehört zu den großen indischen Unternehmerfamilien und war bis zu diesem Zeitpunkt hauptsächlich im Textilgewerbe tätig. Wir wurden von den Mafatlals in Bombay in einem geradezu fürstlichen Palast empfangen. Dort lebten vier Familienzweige, drei Brüder und ein Vetter, unter dem Patronat oder besser dem Matriarchat der Mutter. Der Vater war vor einigen Jahren gestorben. Sie lebten mit vielen Kindern und zahlreichem Personal in einem Stil, wie er in Europa wohl nur an reichen Fürstenhöfen denkbar war.

Mit ihnen fanden wir zu einer angenehmen Zusammenarbeit, die allerdings von beiden Seiten viel Verständnis erforderte. Es handelte sich um ein bedeutendes Vorhaben: wir wollten auf der Basis von Äthylen oder auch Äthylalkohol die Äthylenchemie aufbauen, mit der wir in Hoechst vertraut waren. Aus ihr sollte das ganze Sortiment der Produkte bis hin zum Polyäthylen entwickelt werden. Weil das einige hundert Millionen Mark kostete, benötigten wir schon von der finanziellen Seite her in Indien potente Partner. Überdies ist es ausländischen Unternehmen dort ohnehin nur gestattet, einen verhältnismäßig kleinen Anteil an einer neuen Firma zu erwerben.

Auch dieses Projekt erwies sich bald als zu umfangreich. Es dauerte lange, bis wir es auf das richtige Maß zurückgeführt hatten. Es wurde in mehrere Einzelvorhaben aufgelöst. So konnten wir, allerdings erst acht Jahre später, im Jahre 1968 eine »Hostalen«-Fabrik in der Nähe von Bombay mit einer Anfangskapazität von jährlich 24000 Tonnen Polyäthylen einweihen. Wir hatten dazu über hundert namhafte Journalisten aus den meisten europäischen Ländern eingeladen. Dies sollte einerseits einer breiten Berichterstattung über Hoechst in Tageszeitungen und Fachzeitschriften dienen. Andererseits stand aber auch der Wunsch Pate, der deutschen Öffentlichkeit eingehende Informationen aus erster Hand über Indien zu vermitteln. Zugleich beabsichtigten wir, für deutsche Unternehmerinitiative in diesem Land zu werben.

In einem Außenbezirk von Bombay war ein moderner Fabrikkomplex entstanden. Die Einweihung wurde nach indischem Ritual und zu einer von Astrologen vorbestimmten Zeit mit all der Festlichkeit und Farbenpracht vollzogen, die Indien bei einer solchen Gelegenheit bieten kann. Die Fabrik hat sich im übrigen gut entwickelt, wenn auch die Einführung eines neuen Kunststoffes mangels Verarbeitungsmöglichkeiten und geeigneter Verbrauchsgewohnheiten eine gewisse Zeit in Anspruch nimmt.

Seit acht Jahren hatte ich die Hoechster Unternehmen in Indien nicht mehr gesehen. Unsere inzwischen stark erweiterte pharmazeutische Fabrik in Mulund bei Bombay war ein echtes Schmuckstück geworden. In ihr wird ein großer Teil des pharmazeutischen Sortiments der Farbwerke Hoechst auf der Basis importierter Grundstoffe hergestellt. Die Anforderungen an Qualität und Sicherheit unserer Arzneimittel werden dabei genau so streng wie in Deutschland überwacht. Seit 1971 verfügt die Fabrik auch über ein eigenes Forschungslabor, das sich besonders der Prüfung von Pflanzenalkaloiden und dem Studium einheimischer Krankheiten widmen soll.

Besonders beeindruckend in Mulund war die Lehrlingswerkstatt. Der Leiter der Fabrik hatte frühzeitig erkannt, daß er stets viele geschickte Handwerker brauchen würde. Nun sind die Inder ohnehin manuell und technisch besonders begabt. So entstand eine große Lehrlings- und Schlosserwerkstatt. In ihr können nahezu alle komplizierten pharmazeutischen Verpackungsmaschinen hergestellt werden. Auch für die weitere technische Entwicklung der Betriebe von Mulund ist diese Werkstatt sehr wichtig.

Wir flogen von Bombay weiter nach Delhi, um Gespräche mit der Regierung zu führen. Zusammen mit Herrn Mafatlal konnten wir dem ehrwürdigen Staatspräsidenten Zakir Husain einen Besuch abstatten. In dem kostbaren Palast des ehemaligen Vizekönigs traf ich einen vornehmen alten Herrn, der in Heidelberg und Berlin Philosophie studiert hatte und begeistert von Deutschland sprach, dessen Probleme ihn lebhaft interessierten. Leider war er wohl damals schon sehr krank. Husain ist ein halbes Jahr nach unserer Unterhaltung gestorben. Deutschland hat mit ihm einen wahren Freund verloren.

Indien – der Subkontinent der Kontraste, der dreizehnmal so groß ist wie die Bundesrepublik – wird noch lange Zeit mit seinen Problemen, darunter Armut und Bevölkerungsexplosion, ringen müssen. Seit 1968 hat sich die Situation nicht entscheidend verbessert. Die ehemals starke und auch mit Autorität geleitete Kongreßpartei schien vorübergehend auseinanderzufallen. Niemand vermag zu sagen, ob die innen- und außenpolitischen Bedrohungen gemeistert werden können.

Für Hoechst ist Indien mit seinem großen Bedarf an Waren aller Art inzwischen zu einem wichtigen Geschäftspartner geworden.

Afrikanische Erkundungsreise

In Afrika boten sich nach dem Ende des Zweiten Weltkrieges erst spät geschäftliche Möglichkeiten. Der aus vielen Kolonialbereichen bestehende Kontinent geriet, als die Kolonialmächte zu ganz unterschiedlichen Zeitpunkten und unter ganz verschiedenen Bedingungen ihre Herrschaft abtraten, in eine Reihe von Krisen, die immer noch kein Ende gefunden haben.

Viele dieser Krisen entstanden, weil in Afrika die Grenzen der nunmehr selbständigen Staaten ursprünglich ganz willkürlich von den Besitz ergreifenden Europäern festgelegt worden waren. Der Kontinent hat keine gemeinsame anthropologische oder ethnologische Geschichte. Durch die Trennungsstriche, von der Küste her bis tief ins Innere hinein wie mit dem Lineal gezogen, entstanden innerhalb eines solchen künstlich geschaffenen Verwaltungsgebietes große Stammesunterschiede und Sprachdifferenzen. Sie bereiten heute in den nunmehr unabhängigen afrikanischen Ländern erhebliche Sorgen. Hierin liegt wohl die Hauptursache der ständigen inneren Unruhen, die dort immer wieder ausbrechen.

Die einzelnen Kolonialmächte hatten sich in ihren Besitzungen sehr unterschiedlich verhalten und auch deren Freigabe ganz verschieden gehandhabt. Man gewinnt den Eindruck, daß die Franzosen ihre Kolonien auf eine Selbstverwaltung am besten vorbereitet haben. Bei seiner historischen Afrikareise im Jahr 1958 stellte General de Gaulle diese Länder vor die Entscheidung, ob sie nach ihrer Unabhängigkeitserklärung mit Frankreich weiter zusammenarbeiten wollten oder nicht.

Mit großer Härte wurden dann klare Verhältnisse geschaffen. Wo die Antwort »Nein« lautete, wie zum Beispiel in Guinea, hat Frankreich jede Hilfe abgelehnt und sich aus der Verwaltung so plötzlich zurückgezogen, daß ernstliche Schwierigkeiten die Folge waren. Die ehemaligen französischen Kolonien, die sich für eine Zusammenarbeit im Rahmen der sogenannten »Communauté«

zur Verfügung stellten, schlossen sich später meist mit einem Assoziationsvertrag der EWG an.

Auch die Schulung der Eingeborenen und die Heranbildung einer führenden Schicht war in den einzelnen Ländern unterschiedlich weit fortgeschritten. In den französischen Kolonien gab es schon eine Elite von afrikanischen Beamten, Ärzten und Richtern, die größtenteils französische Universitäten besucht hatten und nun die Regierung übernehmen konnten.

Im früheren belgischen Kongo aber und in den ehemaligen englischen Kolonien waren und sind die Verhältnisse ungeklärter. So wird es wohl noch lange dauern, bis Afrika zur Ruhe kommt. Die inneren Spannungen werden außerdem immer wieder durch Einwirkungen von außen beeinflußt. Das geschieht besonders von der Sowjetunion und von Rotchina, zuweilen aber auch von westlicher Seite.

Als wir Hoechster 1964 unsere erste Afrikareise unternahmen, waren unsere Niederlassungen in den verschiedenen Ländern noch sehr schwach; zum Teil wurden wir lediglich durch selbständige afrikanische oder dort ansässige europäische Geschäftsleute vertreten. Die Reise sollte zeigen, ob wir uns nun stärker engagieren konnten.

Eine Ausnahme bildete nur Südafrika, wo wir schon länger tätig waren, und das ich auch erst später besucht habe. In diesem Land war, durch englische Initiative ausgelöst, schon in der Zeit seiner Zugehörigkeit zum Commonwealth das wirtschaftliche Leben stark entwickelt. Mit seinem großen Reichtum an Erzen aller Art, vor allem an Platin, Silber, Gold, Chrom und Uran, stand Südafrika früh im Mittelpunkt des internationalen Interesses. Die wirtschaftliche Blüte hält auch heute noch an. Die südafrikanische Politik der strikten Rassentrennung hat aber eine tiefe Kluft aufgerissen.

Das Ziel unseres ausgedehnten Charterfluges von 1964 war hingegen das sogenannte schwarze Afrika. Mit Ausnahme von Libyen wurde die afrikanische Mittelmeerküste mit den Ländern Marokko, Algerien, Tunesien und Ägypten nicht berührt. Auf dieser Reise habe ich, in Dakar und Westafrika beginnend, nahezu alle wichtigen Plätze des Kontinents besucht und dabei auch einige Abstecher in das Innere des Erdteils gemacht. Der Höhepunkt der

Kongokrise schien damals gerade überschritten; Léopoldville aber bot in diesem Augenblick noch einen recht trostlosen Eindruck, trotz mancher europäischer Bauten und Einrichtungen. Die Hoechster Geschäfte liefen über unsere Niederlassung in Brüssel und lagen lange Zeit brach. Inzwischen hat sich die Situation deutlich gebessert.

Vielen Machthabern der jungen afrikanischen Staaten konnten wir Besuche abstatten; darunter Léopold Sédar Senghor in Senegal, der 1968 den Friedenspreis des Deutschen Buchhandels in der Frankfurter Paulskirche erhielt. Ich sprach mit Sekou Touré in Guinea, der schon einmal in Hoechst gewesen war, und dem Staatspräsidenten Félix Houphouet-Boigny an der Elfenbeinküste. Sie alle waren stolze, in europäischen Schulen vorzüglich ausgebildete, geistig äußerst lebendige Persönlichkeiten, die der Kolonialherrschaft mit sehr unterschiedlichen Gefühlen gedachten. Die Spannweite der Einstellung zu Europa und zu den Weißen überhaupt reichte von ausgesprochener Dankbarkeit bis zu tiefgehendem Haß. Gegenüber Deutschland war die Stimmung durchaus freundlich. Die Erinnerungen an die deutsche Kolonisierung, die ja mit dem Ersten Weltkrieg zu Ende ging, liegen weit zurück. Sie sind meist positiv, weil damals preußische Gründlichkeit die Landwirtschaft mit solchem Erfolg gefördert hatte, daß die wohleingerichteten, gut organisierten Plantagen aus jener Zeit zum Teil heute noch florieren.

Für Hoechst waren die geschäftlichen Möglichkeiten noch gering. Es gab einen bescheidenen Farbenabsatz; vor allem die bunten Naphtholfarben mit dem sogenannten Afrikaartikel, die ich von meiner Zeit in der Farbstoffsparte her noch kannte, erfreuten sich großer Beliebtheit. Weitere Anknüpfungspunkte boten die Pharmazeutika, die Medikamente für die Veterinärmedizin und schließlich die Erzeugnisse für die Landwirtschaft. Uns wurde klar, daß wir eine Versuchsfarm einrichten mußten. Nur so konnten wir unsere Düngersorten, Pflanzenschutz- und Schädlingsbekämpfungsmittel sowie Futterzusätze unter den unterschiedlichen Vegetationsbedingungen Afrikas testen. Diese Erkenntnis konnte allerdings erst 1969 durch Errichtung einer Versuchsfarm verwirklicht werden.

Für eine größere Produktion bot Zentralafrika 1964 noch wenig Chancen. Es gab fast nur in den Hafenstädten und an der Küste winzige Fabrikationsanlagen. Die Bevölkerung wuchs zwar sprunghaft, das Sozialprodukt stieg aber nur sehr langsam an.

Ich erinnere mich noch an den Besuch des so überaus freundlichen, 1963 ermordeten Präsidenten von Togo, Sylvanus Olympio, in Hoechst. Er war in einer deutschen Missionsschule erzogen worden und schätzte Deutschland sehr. In unserer anwendungstechnischen Abteilung bewunderte er eine Spritzgußmaschine, die unzählige Kunststoffbecher in Minutenschnelle produzierte. Wir haben ihm diese Maschine geschenkt. Hessens Ministerpräsident Georg August Zinn, der bei dem Besuch Olympios dabei war, stiftete als Antrieb einen Dieselmotor. Es hat viele Mühe gekostet, die noch sehr kleine, aber erste Produktion von Kunststoffartikeln in Togo in Gang zu bringen. Sie wirkte dort schließlich wie ein kleines Wunderwerk modernster Technik.

Ernstliche, sichtbar zutage tretende Gegensätze zwischen Schwarz und Weiß bestehen eigentlich nur noch in Südafrika. In den übrigen Ländern scheint, von wenigen Ausnahmen abgesehen, der Vorbehalt gegen die Weißen im Schwinden zu sein. Amerikaner sind kaum anzutreffen, mit Europäern arbeitet man gerne zusammen. Eine starke Antipathie gegenüber den eingewanderten Chinesen und Indern besteht an der Ostküste Afrikas.

Der südlichste Punkt unserer Reise war Madagaskar. Seine Bevölkerung, seine Flora und Fauna sind eigentlich gar nicht afrikanisch. Über den Indischen Ozean ist sehr starker malaiischer Einfluß eingedrungen. Das Land ist wohlhabend, landwirtschaftlich fruchtbar und bemüht um eine sehr konsequente wirtschaftliche Entwicklung. Der Besuch des Botanischen Gartens in der Hauptstadt Tananarivo ist ebenso lohnend wie derjenige des Botanischen Gartens in Melbourne in Australien. An beiden Stellen sieht man eine Pflanzenwelt versammelt wie nirgends sonst auf der Welt.

Der Rückflug führte entlang der afrikanischen Ostküste über Kenia, wo wir auch die Möglichkeit hatten, einige Tierparks zu besuchen, nach Addis Abeba und über Khartum nach Libyen, dem Endpunkt der Reise.

Inzwischen sind viele Jahre vergangen, und in den meisten dieser Länder konnte Hoechst seine Position verstärken. Zahlreiche pharmazeutische Abfüllstellen und Konfektionierungsanlagen wurden errichtet. Auch das Chemikaliengeschäft hat gewisse Anfangserfolge erzielt. Insgesamt entfielen 1970 auf Afrika drei Prozent des Hoechster Weltumsatzes. So langsam sich die Entwicklung auch vollzieht, zweifelt doch niemand an den auf lange Sicht großen Chancen einer Industrialisierung Afrikas. Vor allem bietet sich auch die Mitwirkung bei der Gewinnung mineralischer Rohstoffe an.

»Hostalen« in vier Erdteilen

Als wir 1963 bei unserem Jubiläum Bilanz über unsere ausländischen Fabrikationsstätten zogen, standen wir an einem Wendepunkt. Zur Unterstützung der sich immer stärker ausweitenden Verkaufsorganisation war schon eine ganze Anzahl von Produktionsstätten errichtet worden. Bis 1970 bauten wir in 28 Ländern 33 Anlagen für Hoechster Arzneimittel. Durch diese Anlagen und unsere Exporte wurden 1970 etwa 70 Prozent unseres Pharma-Weltumsatzes erzielt.

Gleichzeitig begannen wir, ein Netz von Polymerisationsanlagen für Mowilith über den Globus zu ziehen. Diese Kunststoffdispersionen bildeten eine der Voraussetzungen für die spätere ausgedehnte Tätigkeit auf dem Arbeitsgebiet der Lackrohstoffe und der Lacke selbst. Bis 1970 wurden es 24 Produktionsanlagen mit einer Gesamtkapazität von 150000 Jahrestonnen. Auch befanden sich große und kleine Fertigungsstätten zur Herstellung von Teerfarbstoffen und Textilhilfsmitteln in Betrieb oder im Bau. Schließlich war unsere Tochtergesellschaft Kalle auf ihrem alten Ozalidgebiet auch international an vielen Stellen aktiv geworden. Alle diese Produktionsstätten waren zunächst jedoch mehr oder weniger nur Weiterverarbeitungsbetriebe. Um eine chemische Industrie in unserem Sinne handelte es sich noch lange nicht.

Dazu kam es erst, als in Hoechst neue Entwicklungen so weit gediehen waren, daß wir mit ihnen auch ins Ausland gehen konnten. Unsere Verkäufer hatten so bald wie möglich begonnen, diese neuen Produkte auch jenseits der Grenzen anzubieten. Mit dem Hoechster Niederdruckpolyäthylen »Hostalen« war das in den meisten Ländern schon in einem sehr frühen Stadium geschehen. Deshalb errangen wir bald beachtliche Marktanteile, die auf lange Sicht nur gehalten werden konnten, wenn wir auch rechtzeitig im Lande selbst fabrizierten. Das war eine der wichtigsten Aufgaben in den sechziger Jahren.

Voraussetzung für die »Hostalen«-Fabrikation bildete eine entsprechende Petrochemie an Ort und Stelle, von der das erforderliche Äthylen bezogen werden konnte. Wir selbst konnten uns nicht mit der Errichtung von Raffinerie- oder Crackanlagen befassen, da unsere Investitionsmittel dafür nicht ausgereicht hätten.

Einer der ersten Standorte, der sich für eine »Hostalen«-Fabrik anbot, war Australien. Gegen harte Konkurrenz der Japaner und selbstverständlich auch der Engländer hatten wir dort frühzeitig einen Markt aufbauen können. Der große, menschenarme Kontinent bot zahllose Anwendungsmöglichkeiten für Rohrleitungen aus Kunststoffen. Bald aber reichte importiertes Material dazu nicht mehr aus. Wir mußten im Lande selber fabrizieren, was angesichts des überwältigenden Einflusses der englischen Industrie nicht ohne Risiko war.

Schon 1962 hatte ich Australien sowie Neuseeland besucht, um einen Eindruck von den dortigen Chancen für Hoechst zu gewinnen. In Australien kontrastiert das dünnbesiedelte Binnenland, in dem weite Gebiete unbewohnbar sind, mit den modernen und hochentwickelten Städten wie Sydney und Melbourne an der Küste. Interessant war für uns auch die Schafzucht mit ihren Absatzmöglichkeiten für unsere Veterinärprodukte. Bei einem Besuch auf einer Schaffarm in den Snowy Mountains bei Canberra habe ich einmal ausgerechnet, daß dort in der hochrationalisierten Viehwirtschaft pro Kopf der Belegschaft der gleiche Umsatz erzielt wurde wie in unserer Trevira-Anlage in Bobingen. Das war doch recht überraschend.

Einen ähnlichen Eindruck von der Konkurrenzfähigkeit der Naturstoffe vermittelte übrigens ein anschließender Besuch in Malaysia mit seiner Hauptstadt Kuala Lumpur. In ihrer Nähe konnten wir auf den Kautschukplantagen kalkulatorische Vergleiche mit unserer neuen Bunaerzeugung anstellen. In Neuseeland schauten wir an dem Platz, von dem aus 1929 der amerikanische Admiral Richard Evelyn Byrd zu seinem Flug über den

Südpol gestartet war, in Richtung Antarktis. Sie ist übrigens der einzige Kontinent geblieben, den ich bei meinen Reisen nicht habe besuchen können.

Als Resultat unseres Fluges nach Australien suchten wir in Melbourne ein Gelände aus, auf dem eine universelle chemische Fabrik errichtet werden sollte. Zuerst bauten wir eine Farbstoffpigmentanlage, eine »Mowilith«-Fabrikation und auch eine Pharmafertigung. 1967 kam dann eine »Hostalen«-Produktion, die bis Mitte 1972 eine Kapazität von 46000 Jahrestonnen erreicht haben wird. Während wir 1964 in Australien noch mit den anderen Nachfolgegesellschaften der I. G. Farbenindustrie eine gemeinsame Vertretung unterhielten, die für die damaligen Verhältnisse ausreichte, verfügen wir dort jetzt längst über eine eigene Organisation mit einem Stab von etwa 500 kaufmännisch, wissenschaftlich und technisch qualifizierten Mitarbeitern.

Die nächste Möglichkeit für eine »Hostalen«-Fabrikation bot sich in Indien, sobald dort in der Nähe von Bombay ein Äthylen-Lieferant entstanden war. Ein dritter Standort wurde in jüngster Zeit in Südafrika bei Sasolburg begründet. Die neue Anlage wird 1972 in Betrieb genommen.

In allen diesen Ländern mußten wir besonders sorgfältig darauf achten, daß die Anlagen die richtige Größe hatten. Zu Beginn waren die Märkte immer klein. Die Produktionen mußten aber aus betriebswirtschaftlichen Gründen sehr viel größer ausgebaut werden. Das war auch notwendig, um später einen Export zu ermöglichen, auf den die Regierungen der betreffenden Länder in steigendem Maße Wert legten. Andererseits mußten wir jederzeit in der Lage sein, uns gegen die Importe aus Drittländern zu behaupten.

Weltmarke »Trevira«

Das andere große Arbeitsgebiet, auf dem wir eine internationale Aktivität entfalten mußten, war unsere Polyesterfaser »Trevira«. Alle Produzenten in der Welt, besonders die in den Vereinigten Staaten und Europa, waren Lizenznehmer der englischen ICI. Produktions- und Verkaufsmöglichkeiten wurden durch die Patentlage und die Lizenzvereinbarungen in den ersten Jahren geographisch begrenzt. Alle Produzenten warteten auf den Ablauf der Patente, um dann auch außerhalb des ihnen bisher zugeteilten Gebietes tätig zu werden.

In den Jahren 1963–1968 war es dann soweit. Die Patente liefen ab, wobei die Termine in den einzelnen Ländern etwas unterschiedlich waren. Wir mußten damit rechnen, daß auch die anderen großen Unternehmen nicht nur in Übersee, sondern auch in Europa und vor allen Dingen in Deutschland auf den Plan treten würden. Es galt also für Hoechst, die jeweiligen Märkte so bald wie möglich vorzubereiten und dann die richtigen Standorte für die Polyesterfabrikationen zu finden.

Die erste derartige Anlage entstand im österreichischen Lenzing als Gemeinschaftsunternehmen mit der dortigen Zellwollefabrik. Zwei weitere Anlagen wurden bald darauf in Chile und in Südafrika gebaut. Diese ersten Polyesterfabriken im Ausland waren verhältnismäßig klein und wurden mit Vorprodukten und Polymerisaten aus unseren deutschen Fabrikationsstätten in Offenbach und Gersthofen beliefert. Schließlich errichteten wir in den letzten Jahren eine größere Produktion in Nordirland, wo die Regierung für eine solche Ansiedlung besondere Vergünstigungen bot.

Die gewichtigste und bedeutsamste Entscheidung aber mußte in den Vereinigten Staaten getroffen werden. Die USA waren nun einmal der größte Verbraucher von Textilwaren und auch von synthetischen Fasern. Wir konnten diesen wichtigen Markt nicht unberücksichtigt lassen.

Frühzeitig wurde bekannt, daß neben der englischen ICI auch die mächtigen Faserhersteller der Vereinigten Staaten, besonders Du Pont, in der Bundesrepublik Produktionen aufbauen würden. Du Pont tat dies dann auch bei Unna in Westfalen. Die ICI errichtete ihre Produktion in Östringen bei Bruchsal. So war es zwingend, auch unsererseits nach einem Stützpunkt in Amerika Ausschau zu halten. Angesichts der großen Finanzkraft der amerikanischen Konkurrenten durfte es nicht dazu kommen, daß wir – wie ich es einmal bei einer Pressekonferenz ausdrückte – schließlich in Indien und Afrika verkauften, während die Amerikaner den europäischen Markt und den unsrigen versorgten.

Der »Sprung in die Höhle des Löwen«, nach Amerika, wie ich es einmal nannte, war ein riskantes Unterfangen. Die Anlage mußte groß genug sein, um einen lohnenden Anteil des Polyesterumsatzes in dem riesigen Binnenmarkt der USA an sich binden zu können. Dazu waren, von der Versorgung mit Vorprodukten ganz abgesehen, Investitionen in Höhe von mehr als 100 Millionen Dollar notwendig. Außerdem mußte eine Verkaufsorganisation aufgebaut werden, die den Namen »Trevira« in den USA bekanntmachen konnte.

Während man es in Europa mit einigen hundert Textilkunden zu tun hat, ist in den Vereinigten Staaten die Textilindustrie in wenigen großen Konzernen zusammengeschlossen, die, gemessen an europäischen Maßstäben, riesige Rohstoffmengen verarbeiten. Diese Großkunden sind sehr anspruchsvoll, verlangen fast unbegrenzte Lieferkapazitäten und würden sich wohl nur allmählich entschließen, das neue und ausländische Produkt »Trevira« einzuführen.

Wir entschlossen uns, dieses Projekt in Partnerschaft mit einer amerikanischen Gesellschaft zu realisieren. Dafür schien uns der Chemiekonzern Hercules in Wilmington am besten geeignet. Wir hatten mit Hercules auf dem Gebiet des Niederdruck-Polyäthylens gut zusammengearbeitet. Besonders bestechend erschien uns, daß Hercules der größte Hersteller des Polyester-Vorproduktes DMT (Dimethylterephthalat) in den USA ist und sich bereit erklärte, eine seiner modernen DMT-Anlagen in diese junge Firmenehe einzubringen.

Bei einer Amerikareise im Jahre 1965 wurden die ersten Verhandlungen geführt. Die endgültige Entscheidung fiel uns keineswegs leicht, handelte es sich doch um ein Engagement in einem Ausmaß, wie wir es bisher bei ausländischen Projekten noch nicht kannten.

Der damalige USA-Aufenthalt bot mir nebenbei Gelegenheit, mit meinen Reisegefährten und meinen beiden erwachsenen Söhnen einen Gemini-Start in Kap Kennedy zu erleben. Wir nahmen uns die Zeit, anschließend der NASA in Huntsville, Alabama, einen Besuch abzustatten. Dort gaben uns Wernher von Braun und seine Mitarbeiter eingehende Informationen über das Apollo-Programm. Wir sahen aus nächster Nähe die riesige Rakete in einem zweihundert Meter hohen Montagegerüst und bestiegen sogar ein Prototyp-Modell der späteren Mondfähre.

Es war beeindruckend, so viele deutsche Wissenschaftler anzutreffen. Sie waren nach Kriegsende nach Huntsville gekommen und hatten später viele junge Mitarbeiter nachgezogen. Bedauerlich ist, daß diese begabten Physiker und Ingenieure nur in den USA interessante Aufgaben in der Raumfahrtindustrie finden können, weil es den europäischen Staaten bis heute nicht gelang, ein gemeinsames Raumfahrtprogramm von Bedeutung zu entwikkeln. Auch hier mangelt es an europäischer Integration.

Nach unserem Besuch bei der NASA verfolgte später jeder von uns den ersten Mondflug der Amerikaner im Jahre 1969 mit besonderer Anteilnahme.

Weichenstellung für USA

Die »Trevira«-Fabrik wurde später in Spartanburg in South Carolina, dem Herzen der amerikanischen Textilindustrie, errichtet und im Jahre 1968 feierlich eröffnet. Damals hielt Hoechst im New Yorker Plaza-Hotel seine erste Pressekonferenz in Amerika ab. Bis dahin hatten wir eine gewisse Scheu vor Pressekonferenzen in den USA, weil uns bekannt war, daß amerikanische Journalisten besonders pointierte und zuweilen auch unangenehme Fragen stellen. Dies geschieht zwar auch in Deutschland, aber der jahrelange kontinuierliche Kontakt mit den Berichterstattern hat in der Bundesrepublik ein gegenseitiges Vertrauensverhältnis geschaffen, das in New York noch keineswegs bestehen konnte.

Es stellte sich aber auch in New York heraus, daß mit den amerikanischen Journalisten eine fruchtbringende Diskussion geführt werden konnte. Wir haben uns von nun an alljährlich getroffen und bei kleinen Presseempfängen und Interviews zahlreiche interessante Gespräche geführt.

In die gleichen Jahre fielen andere wichtige Entscheidungen in den Vereinigten Staaten. Mit der Stauffer Chemicals begründeten wir im Staate Delaware eine Folienfabrik, um dort die Erfahrungen von Kalle und Gendorf zu nutzen. So war, als wir 1970 unseren Verwaltungskomplex in Bridgewater im Staat New Jersey einweihten, ein umfangreiches und aussichtsvolles Geschäft in den USA entstanden.

Da sich inzwischen die Wirtschaftslage in den Vereinigten Staaten schwieriger gestaltete und die Anlaufkosten der neuen Fabriken größer waren, als wir mit unsern Partnern ursprünglich errechnet hatten, haben wir uns sowohl mit Hercules als auch mit Stauffer freundschaftlich geeinigt: Hoechst erwarb deren jeweilige Anteile an den Gemeinschaftsunternehmen und wurde alleiniger Besitzer. Es zeigte sich dabei, daß trotz aller Bereitwilligkeit zur Zusammenarbeit amerikanische und deutsche Partner bei einem gemeinsamen Projekt unterschiedlichen Geschäftsprinzipien folgen.

Diese Entscheidungen weiteten in den letzten Jahren unseren Auslandsbesitz so beträchtlich aus, daß das Geschäft draußen wesentlich stärker wuchs als im Inland. Sie haben aber auch große Geldmittel gebunden und hohe Anlaufkosten verursacht. Es wird noch lange dauern, bis alle diese Unternehmen sich ohne Zuschuß selbst tragen und sich aus eigener Kraft fortentwickeln können. Dieser Weg ins Ausland war aber die einzige Möglichkeit, Hoechst eine wettbewerbsfähige Position in der rasch wachsenden Chemie der Welt zu sichern.

Die heimische Organisation mit ihrer Forschung und Verwaltung sowie ihrem ausgedehnten Verkaufsapparat kann nur getragen werden, wenn sie sich in Europa auf ausreichend große und rationelle Betriebsstätten stützt, aus denen mit Gewinn exportiert werden kann. Andererseits muß dieser Export durch ein weltweites multinationales Potential abgesichert werden, das in den dafür in Betracht kommenden Ländern durch starke Produktionen mit der dortigen Wirtschaft verbunden ist.

Begegnung mit dem Osten

Unsere internationale Aktivität und ihr wachsender Erfolg konnten nicht darüber hinwegtäuschen, daß die Welt, in der wir uns heute bewegen, sehr viel enger geworden ist als vor dem Zweiten Weltkrieg. Damals, mehr aber noch um die Jahrhundertwende, unterhielt die deutsche Chemie auch in den uns jetzt nur schwer zugänglichen Gebieten, vor allem in Rußland, China und den Ländern der österreichisch-ungarischen Monarchie rege Beziehungen. So hatte in Moskau schon vor 1900 eine Hoechster Farbenfabrik bestanden.

Jetzt verlaufen nicht nur im politischen, sondern auch im wissenschaftlichen und wirtschaftlichen Bereich die trennenden Grenzen quer durch Deutschland. In der heutigen DDR befanden sich bei Kriegsende die modernsten Chemieanlagen der damaligen I. G. Farbenindustrie. Die Bunafabrik in Schkopau und das riesige Leunawerk bei Halle, die modernen Fabrikationsstätten für Leichtmetall in Bitterfeld, die Kunstseidenfabrik und die Farbenfabrikation in Wolfen gehörten zu den leistungsfähigsten Produktionsstätten, in die gerade in den Zeiten der Aufrüstung und des Krieges ein großer Teil der Investitionen geflossen war. Ihr Wert am Ende des Krieges war höher als derjenige der im Westen vorhandenen und schon recht veralteten Werke.

Ich habe die I. G.-Anlagen in Mitteldeutschland im Februar 1945 zum letztenmal besucht. Seitdem unterhielt ich – zumal die führenden Chemiker alle in den Westen gingen – kaum noch Beziehungen zu diesen ehemaligen I. G.-Werken. Zunächst kamen Fachkollegen aus der DDR noch zu unseren wissenschaftlichen Tagungen, bis dann auch solche Besuche immer seltener wurden.

Das war kein Hinderungsgrund für Hoechst, einen Warenaustausch mit der DDR zu beginnen. Durch Begegnungen auf der Leipziger Messe kamen auch persönliche Kontakte zwischen Hoechster Mitarbeitern und ostdeutschen Fachleuten zustande. Sie beschränkten sich aber im wesentlichen auf die Verkaufsorganisation oder auf unsere Firma Uhde mit ihren Ingenieurbüros. Fünfundzwanzig Jahre der Trennung haben eben doch ihre Spuren hinterlassen, um so mehr, als sich die beiden deutschen Chemieindustrien in so unterschiedlichen politischen Systemen entwickelten.

Es ist überraschend und verwunderlich, daß sich der Verkehr mit nahezu allen Ländern des Ostblocks – soweit er die Techniker und Naturwissenschaftler betrifft – sehr viel lebhafter gestaltete als mit dem anderen Teil Deutschlands. Für uns alle waren, neben dem kaufmännischen Warenverkehr, in diesen Ländern die Beziehungen im wissenschaftlichen und technischen Bereich am interessantesten und auch am leichtesten herzustellen. Ansatzpunkte dafür boten meine Tätigkeit auf dem Gebiet der chemischen Technik sowie meine Mitwirkung im Kreise der Dechema und die Zusammenkünfte bei der Achema. Eine wichtige Vermittlerrolle spielte auch immer wieder unsere Firma Uhde.

1964 hatte ich Gelegenheit zu einem Besuch in Warschau; 1965 war ich in Bukarest, dann 1966 in Budapest und 1967 in Prag. Alle diese Reisen wurden zu wesentlichen Erlebnissen. Nach eingehenden sorgfältigen Vorbereitungen durch unsere Kaufleute und die Dienststellen in Bonn verliefen diese Besuche besonders anregend. Meist wurde ich bei solchen Besuchen um einen Vortrag gebeten. Diesen Aufforderungen habe ich wie bei meinen Reisen in der westlichen Welt immer gern Folge geleistet. Gegenstand der Vorträge waren jeweils die jüngsten technischen Entwicklungen in der Chemie. Immer gab es etwas Neues zu berichten, zumal manche östliche Fachkollegen nur wenig Verbindungen mit der westlichen Welt hatten und ihnen auch Publikationen aus dem Westen mancherorts schwer zugänglich waren.

Diese Vorträge haben mir schon bei der Vorbereitung immer viel Freude gemacht und dann an Ort und Stelle manchen Anknüpfungspunkt zu interessanten Diskussionen geliefert. Der Empfang, sowohl bei den Regierungen als auch bei den Fachkollegen und der Bevölkerung, soweit man mit ihr in Berührung kam, war immer außerordentlich herzlich und führte zu unpolitischen, aber sehr erfreulichen und nachhaltigen menschlichen Beziehungen.

Bei diesen Besuchen wurde mir schnell wieder bewußt, daß es sich hier um europäische Hauptstädte handelte, mit denen wir durch jahrhundertealte kulturelle Bande verknüpft waren. Ich hatte alle diese Städte früher nie gesehen und kann deshalb nur unzureichend beurteilen, wie sie sich verändert haben. Es fällt aber auf, daß die osteuropäischen Länder viel von ihrer Eigenart bewahrt und auf den Kommunismus, dem sie gemeinsam unterworfen sind, doch recht unterschiedlich reagiert haben. Durchaus tröstlich ist dabei die Feststellung, daß die Verschiedenartigkeit der Menschen auch egalisierende Ideologien an Grenzen stoßen läßt.

In Warschau waren 1964 die Nachwirkungen des Krieges und des Elends, das er über die Polen gebracht hatte, noch überall zu beobachten und zu spüren. Die mit Hilfe von großzügigen Spenden aus aller Welt wieder aufgebaute Altstadt von Warschau wirkte noch ein wenig künstlich. Man hatte zwar die Straßen begradigt und stark erweitert und zu diesem Zweck sogar eine berühmte Kirche hydraulisch zur Seite gerückt und gedreht, im übrigen aber die Häuserfronten nach zeitgenössischen Bildern Canalettos – dem Merian Polens – authentisch so wiederhergestellt, wie sie vor dem Kriege ausgesehen hatten.

Am frühen Morgen drängte die Bevölkerung in die Kirchen, deren Einfluß immer noch beträchtlich ist. Am Zeitungskiosk konnten auch ausländische Blätter gekauft werden. Viele Schätze alter Kunstsammlungen waren, soweit sie die Kriegsereignisse überstanden hatten, im Königsschloß zu Wilamowitz am Rande Warschaus vereinigt worden. Die hier ausgestellten Gemälde zeugten von der bewegten Geschichte Polens, die vor allem durch die Auseinandersetzungen mit Rußland gekennzeichnet ist.

Hauptsächliches Gesprächsthema war in Warschau wie auch in den meisten übrigen Ostblockstaaten der Aufbau einer nationalen chemischen Industrie und unsere etwaige Mitwirkung. Polen hatte ja aus dem ehemaligen Besitz der deutschen Industrie in Oberschlesien moderne chemische Werke übernommen. Überdies war in Galizien damit begonnen worden, ein Elementar-Schwefelvorkommen von beachtlichem Ausmaß zu erschließen.

Ein Jahr später erlebte ich bei einem Besuch Rumäniens ein Land, dem seine ergiebigen Erdölvorkommen innerhalb des Ostblocks eine gewisse Handelsfreiheit und auch einigen Wohlstand gesichert hatten. Deshalb war in Rumänien der Lebensstandard zumindest in den Städten merklich höher als in den Nachbarländern.

Wir kamen auf unserer Reise nach Braşov, dem ehemaligen Kronstadt, und nach Sibiu, dem früheren Hermannstadt. Dort lebt noch ein Teil der alten deutschstämmigen Siebenbürger, die allerdings durch Krieg und anschließende Auswanderung stark dezimiert sind. Jedoch haben sie sich über Jahrhunderte hinweg ein Stück ihrer deutschen, protestantisch geprägten Kultur erhalten können.

Die Hauptstadt Bukarest verrät die Tradition einer großzügigen, französisch orientierten Metropole. Mein Vortrag an der Universität wurde mit viel Interesse aufgenommen; neben dem Rednerpult lag als aufmerksame Geste die rumänische Übersetzung der »Chemischen Technologie«.

Im Anschluß an diesen Besuch kam es zu einer lebhaften Zusammenarbeit mit der rumänischen Industrie. Der Handel wird allerdings bis heute durch die Devisenprobleme des Landes beeinträchtigt. Das fällt besonders ins Gewicht, weil wir dort nur wenig kaufen können, um vielleicht auf diese Weise einen Ausgleich im Güteraustausch zu erzielen. Ende 1970 fand in Bukarest eine Zusammenkunft zwischen Vertretern Hoechsts und der rumänischen Chemieindustrie statt, als die von uns in diesem Land errichtete »Trevira«-Fabrik in Betrieb genommen wurde. 1971 erfolgte ein Besuch des rumänischen Chemieministers Mihail Florescu in der Bundesrepublik und in Hoechst.

1966 lernte ich Ungarn kennen. Von Wien aus fuhren wir mit dem Auto durch das schöne Burgenland zum Plattensee und weiter nach Budapest. Dort genossen wir am Abend von der Zitadelle aus den herrlichen Blick auf die unter uns liegende Stadt, deren am Tag erkennbar werdende Wunden aus Kriegs- und Nachkriegsjahren man angesichts ihres reizvollen Charmes gern übersieht. Auch in den Begegnungen mit den Ungarn, die sich innerhalb des Ostblocks ihrer angestammten Eigenart durchaus bewußt sind, zeigte sich das große Interesse an Informationen über moderne chemische Entwicklungen und an einer Zusammenarbeit mit der Chemie des Westens.

Die Verbindungen all dieser osteuropäischen Staaten zur westlichen Welt bleiben jedoch nach wie vor relativ gering, weil der Bevölkerung nur wenig Gelegenheit geboten wird, in das westliche Ausland zu reisen. Wirtschaftspolitisch sind die Ostblockstaaten eng an die COMECON-Organisation gebunden. Das Ausmaß des Waren- und Erfahrungsaustausches in dieser Gemeinschaft ist aber mit dem innerhalb der westlichen Welt nicht zu vergleichen. Wohl weist die Kompaßnadel nach Moskau, wo alle wichtigen Fäden zusammenlaufen. Doch der Weg zum Kreml ist weit, und die Möglichkeiten eines direkten Handels zwischen den einzelnen Ostblockstaaten sind, ohne Einschaltung Moskaus, beschränkt. Das gilt auch für die Beziehungen Ungarns zu den übrigen Ländern des Balkans.

Die weitgerühmte ungarische Gastfreundschaft wird für mich stets verbunden bleiben mit den Klängen von Zigeunermusik, wie wir sie vor allem an einem speziell für uns veranstalteten Abend in unvergeßlicher Form dargeboten bekamen. Auch hier in Budapest erwuchs aus dem Besuch eine erfreuliche wissenschaftliche und technische Zusammenarbeit, die sich aus den Wurzeln einstiger ungarisch-deutscher Beziehungen und Gemeinsamkeiten nähren konnte.

Im September 1967 führte eine weitere Autoreise über Eger und Karlsbad nach Prag. Ich hatte die »Goldene Stadt« ebenfalls noch nie zuvor gesehen. Auf Schritt und Tritt begegnete man hier der Historie. In Prag tritt besonders die enge Verbindung mit der abendländischen und deutschen Geschichte hervor, die sich an anderen Orten kaum je so lebhaft und greifbar zeigt. Ich erinnere mich vor allem eines Besuches der Prager Burg und einer vollendeten Vorführung alter Fechtkunst mit mittelalterlichen Waffen. Den anschließenden Abend verlebten wir im historischen Wallenstein-Palais.

Noch war von den so kurz bevorstehenden aufwühlenden innenpolitischen Ereignissen, die die Welt in Atem halten sollten, nichts zu verspüren. Der Wenzelsplatz, das alte Rathaus und die ehrwürdige Brücke über die Moldau boten ein Bild festgefügter Tradition und waren erfüllt von pulsierendem Leben. Von einer Abneigung gegen die Deutschen, die man früher wohl empfunden haben mag, war nichts mehr zu merken. Im Gegensatz zu den anderen Ostblockländern hatte man in der ČSSR die Kontakte zum Westen durch den Austausch von wissenschaftlichen Informationen und die gegenseitige Teilnahme an Tagungen schon stärker ausgebaut. Durch den Zustrom von Touristen wurden sie noch weiter verstärkt.

Zudem hatte die industrielle Technik in der Tschechoslowakei schon vor dem deutschen Einmarsch im Jahre 1939 einen hohen Stand erreicht, der zum Teil gehalten und ausgebaut werden konnte. Ich nahm seinerzeit mehrfach an einem technischen Erfahrungsaustausch teil, der die britische ICI, die belgische Solvay-Gruppe, die I. G. Farbenindustrie und den Aussiger Verein umfaßte. Gerade für uns anorganische Chemiker verbindet sich der Name Aussig mit einer Fülle wertvoller technischer Entwicklungen, die dort ihren Ausgang nahmen.

Natürlich bestand nun auch in der ČSSR das Bedürfnis, den einstigen Waren- und Erfahrungsaustausch fortzusetzen. Während meines Besuches wurden dazu interessante Ausgangs- und Berührungspunkte gefunden. Wir sind glücklich darüber, daß diese Zusammenarbeit auch nach dem sowjetischen Einmarsch fortgesetzt werden konnte.

Erst später, im Jahre 1971, führte mich der Weg nach Belgrad, wo ein internationaler Chemie-Ingenieur-Kongreß stattfand. Man hatte mich zu einem Vortrag aufgefordert.

Hoechst hat auch mit Jugoslawien, das ja nicht mehr zum eigentlichen Ostblock gerechnet werden kann, gute wirtschaftliche Beziehungen. Für die Zukunft eröffnen sich hier aussichtsreiche Perspektiven. Der starke deutsche Touristenverkehr zu der Adriaküste und die große Zahl der ausgezeichneten jugoslawischen Gastarbeiter tragen dazu bei, daß die Völker immer mehr Verständnis füreinander entwickeln.

Als letzten der Ostblockstaaten besuchte ich schließlich im Mai 1969 auf Einladung des Moskauer Chemie-Ministeriums die Sowjetunion. Viele deutsche Industrielle und auch Kollegen von Hoechst waren vor mir dort gewesen; schon seit Jahren hatten wir gute Verbindungen zur russischen Chemie. Oft traf ich russische Chemiker und Ingenieure auf der Frankfurter Achema. Im Jahre 1964 hatten die chemische Industrie der Sowjetunion und die Farbwerke Hoechst Delegationen ausgetauscht. Folge dieser Kontakte war die Vergabe eines russischen Großauftrages an die Firma Uhde, die mit dem Bau einiger Phosphoröfen in Tschimkent in der Nähe von Taschkent betraut wurde. Zum Zeitpunkt meiner Reise hatte Uhde einen Teil dieser Arbeiten auch schon ausgeführt. Viele deutsche Ingenieure, Chemiker und Meister hielten sich dort lange Zeit auf.

Vor Antritt der mehr als zweiwöchigen Fahrt baten wir das Ministerium für Chemische Industrie in Moskau, über das eigentliche Arbeitsgebiet der Chemie hinaus ein möglichst vielseitiges Bild vom Leben in der Sowjetunion sowie seiner Wissenschaft und Kultur zu erhalten. Man hatte daraufhin ein ungewöhnlich umfassendes Programm aufgestellt, das wir mit einer Chartermaschine absolvierten.

Die Reise führte von Moskau über Kiew und Tiflis zur Uhde-Baustelle in Tschimkent, von dort über Samarkand nach Moskau zurück, wo abschließende Besprechungen stattfanden, und schließlich über Leningrad und Helsinki wieder in die Bundesrepublik. Ich hatte zuvor von Alexander Dumas, dem Autor des »Graf von Monte-Christo«, eine Beschreibung seiner Reisen um 1860 in Rußland und im Kaukasus gelesen. Rasch konnte ich feststellen, daß unsere russischen Begleiter diese außerordentlich anschaulichen Darstellungen ebenfalls gut kannten. Natürlich war unsere Reise weit bequemer und ungefährlicher als die Abenteuer von Dumas vor rund hundert Jahren.

In Moskau besichtigten wir den Kreml und alle anderen berühmten Sehenswürdigkeiten. Im Bolschoi-Theater und in der riesigen neuen Kongreßhalle des Kreml erlebten wir einige vorzügliche Ballettaufführungen. Wir hörten auch ein ausgezeichnetes Konzert der Leningrader Philharmoniker, die gerade in Moskau gastierten.

Ein Ausflug führte uns nach Dubna zu dem russischen Kernforschungszentrum, in dem Kernphysiker der Ostblockländer ähnlich eng miteinander zusammenarbeiten wie ihre westlichen Kollegen in der CERN-Organisation bei Genf. Ferner zeigte man uns ein modernes Krebsforschungszentrum mit angeschlossener Klinik, das in der Nähe Moskaus aufgebaut wurde.

Nach einem Vortrag in der Moskauer Universität über chemisch-technische Probleme ging es nach Kiew, wo uns Gennady Vilesow, der Minister der ukrainischen Chemie, besonders herzlich empfing. Ich wiederholte hier meinen Vortrag und wurde anschließend nach ukrainischer Sitte mit einem üppigen Essen und vorzüglichen Getränken bewirtet. Am Abend sahen wir im Stadttheater Verdis »Rigoletto«, der auf ukrainisch gesungen wurde.

Am nächsten Morgen brachte uns ein Tragflügelboot zu einem chemischen Kombinat in Tschernigow. Dort empfing uns der Chemieminister, der Deutschland übrigens sehr gut kannte, auch Hoechst schon besucht hatte und kurz nach Kriegsende längere Zeit in Schkopau gewesen war. Da ich den Aufbau dieses Werkes erlebt hatte, bot sich uns viel Gesprächsstoff.

Auf dem Rückweg nach Kiew sorgte der Minister für eine eindrucksvolle Überraschung. Nach einem Essen in Tscherkassy wurden uns Gastgeschenke überreicht. In einer kurzen, ernsten Rede erinnerte der Minister daran, daß Tscherkassy Mittelpunkt einer der blutigsten und unseligsten Kesselschlachten des Zweiten Weltkrieges gewesen war. Nach diesen Worten übergab er uns eine schön geschnitzte Tabakspfeife mit dem Wunsch, sie möge als Symbol für einen langanhaltenden Frieden dienen.

Wir hatten auf dieser Rußlandreise noch viele Gelegenheiten zu intensiven Gesprächen. Sie wurden nie durch einen Mißton gestört, selbst dann nicht, wenn man jene wichtigen politischen Probleme berührte, die zwischen der Sowjetunion und der Bundesrepublik noch ungelöst sind und durch den deutsch-sowjetischen Vertrag größte Aktualität erfahren haben.

Während des Wochenendes in Tiflis erhielten wir einen Eindruck von den alten Kulturen, die hier in der Nähe des Schwarzen Meeres heimisch sind. Wir genossen die Schönheiten der Vorgebirge des Kaukasus. Anschließend flogen wir, überwältigt von der Weite des Landes, nach Tschimkent, das in der Nähe von Taschkent für unsere Begriffe nicht allzu weit von der chinesischen Grenze entfernt liegt. In der dortigen Phosphorfabrik trafen wir die Kollegen von Uhde und Hoechst, die nun seit Jahren gemeinsam mit den Russen dabei waren, moderne chemische Anlagen aufzubauen. Der große Auftrag, der sich auf einen der schwierigsten chemischen Prozesse, nämlich die elektrothermische Herstellung von Phosphor bezog, wurde mit exakter Präzision und im besten Einvernehmen ausgeführt.

In Samarkand, der Hauptstadt des Mongolenreiches, das um 1400 unter dem Großkhan Tamerlan eine Schreckensherrschaft bis an die Grenzen Europas ausgeübt hatte, standen die großartigen Moscheen orientalischer Tradition neben den Zeugnissen moderner sowjetischer Pionierarbeit.

Ein Jahr vorher hatte ich einige hundert Kilometer weiter südlich jenseits des Hindukusch-Gebirges einige Tage in Kabul, der afghanischen Hauptstadt, verbracht. Dort gab es noch den wirklich malerischen Orient. Kamelkarawanen zogen nach Rußland und über den Khyberpaß nach West-Pakistan. Es war ein krauses Nebeneinander unterschiedlicher Kulturen und Staatsformen.

Die guten Erfahrungen von Tschimkent boten dann in Moskau Anlaß, über weitere Möglichkeiten der Zusammenarbeit zu sprechen.

Die von den Russen mit großer Sorgfalt vorbereitete Reise hatte unser Verständnis für die Probleme dieses riesigen und mächtigen Landes außerordentlich vertieft. Die Weite des Raumes stellt an die Wirtschaft des Landes besondere Ansprüche. Entfernungen, Transportwege, der gesamte Güteraustausch im Inland wie auch mit dem Ausland müssen dort wohl anders gesehen werden. Andererseits bietet der unendliche Reichtum an Rohstoffen aller Art und der gewaltige Bedarf an Verbrauchsgütern große Möglichkeiten, die schon in früheren Jahrzehnten zu engen wirtschaftlichen Beziehungen mit Deutschland geführt hatten.

Ein so mächtiger Wirtschaftsblock ist für ein Unternehmen wie Hoechst ein interessanter Gesprächspartner. Ein Warenaustausch, wie er zwischen den westlichen Industrieländern stattfindet, ist durch die Schwierigkeiten des Zahlungsausgleichs erschwert, zumal die unterschiedlichen Wirtschaftssysteme mit ihrer gänzlich verschiedenen Art der Planung viel gegenseitiges Verständnis erfordern. Wir kamen damals in Moskau zu dem Ergebnis, daß sich bei beiderseitigem guten Willen viele weitere Möglichkeiten der Zusammenarbeit ergeben, die nicht nur im Bereich des Warenverkehrs, sondern ebenso auf technisch-wissenschaftlichem Gebiet liegen. Die sich an unsere Reise anschließenden Gespräche haben zu einer guten Intensivierung der Verhandlungen geführt. Die im Mai 1971 eröffnete Möglichkeit, für Hoechst eine Niederlassung in Moskau zu gründen, werden diesen Bestrebungen sehr förderlich sein.

Nach den sachlichen Unterhaltungen nahmen wir dann in Leningrad, wo wir noch viele historische Bauten und die einmaligen Sammlungen des Winterpalais kennenlernten, Abschied von der Sowjetunion und begaben uns über Helsinki auf die Heimreise.

Es war meine letzte Reise als Vorstandsvorsitzender der Farbwerke Hoechst. Kurz darauf erstattete ich in dieser Eigenschaft der ordentlichen Hauptversammlung am 3. Juni 1969 noch den Jahresbericht. Dann legte ich den Vorstandsvorsitz nieder, den ich seit 1952 mehr als siebzehn Jahre lang innehatte.

Kapitel XI

Der Generationswechsel

Der 24. Januar 1969 war ein Freitag. Wie immer verließ ich mein Büro im 3. Stock unseres Vorstandsgebäudes gegen 18.30 Uhr und fuhr mit dem Fahrstuhl nach unten, wo am Eingang mein Wagen auf mich wartete. Es war ein Freitagabend wie jeder andere. So dachten vermutlich die jüngeren Mitarbeiter, denen ich begegnete, und die mir das obligate »schöne Wochenende« wünschten. Es wurde ein Wochenende, in dem sich das Gefühl der Befriedigung mit etwas Wehmut mischte.

Denn der 24. Januar war eben kein Arbeitstag wie jeder andere gewesen. Aufsichtsrat und Vorstand des Unternehmens hatten vielmehr eine außerordentlich wichtige Entscheidung getroffen. Die Wachablösung im Hoechster Vorstand war geregelt und eine ganze Reihe von Neubesetzungen beschlossen worden. Bald würde ein großer Teil der Männer, die seit 1952 zusammen mit mir die Geschicke des Unternehmens leiteten, durch die jüngere Generation ersetzt sein. Auch für mich waren nun die Tage als Vorstandsvorsitzender gezählt. Nach wenig mehr als vier Monaten würde ich dieses Amt abgeben.

Die Weichen für einen möglichst reibungslosen Übergang waren an diesem 24. Januar gestellt worden. Nachdem die Entscheidungen gefallen waren, zögerten wir nicht, sie sofort der Öffentlichkeit bekanntzugeben. Am folgenden Montag, dem 27. Januar, stellten wir der Presse sechs neue Vorstandsmitglieder vor, die im Laufe des Jahres berufen werden sollten. Es wurden benannt: Erhard Bouillon für das Sozialwesen, Enrique Hartung und Willi Hoerkens für den Verkauf, Hubertus Müller von Blumencron für die Auslandsproduktion, Josef Max Nowotny für die Fasern und

Klaus Weissermel für die Wissenschaft. Es war ungewöhnlich, eine so große Zahl von neuen Vorstandsmitgliedern öffentlich zu nominieren, obwohl einige von ihnen ihr Amt erst binnen Jahresfrist antreten sollten.

Gleichzeitig verkündeten wir eine grundsätzliche Neuorganisation des Konzerns. Sein starkes Wachstum hatte in den letzten Jahren den organisatorischen Rahmen gesprengt, den wir ihm 1951 bei der Neugründung gegeben hatten.

Der Generationswechsel war lange und sorgfältig vorbereitet worden. Wir wußten, daß 1968 und 1969 nicht weniger als sechs Kollegen die Altersgrenze von 65 Jahren erreichen würden. Nach den Regeln des Hauses mußten sie zu diesem Zeitpunkt aus dem Vorstand ausscheiden.

Schon in den vorangegangenen Jahren waren drei Vorstandsmitglieder in den Ruhestand getreten: 1965 mein Stellvertreter und Werksleiter Erich Bauer, 1966 der Chef der Pharmasparte, Fritz Lindner, und der Finanzchef Robert Hegels. An die Stelle von Lindner war Wolfgang von Pölnitz, an die Stelle von Hegels war Hans Reintges getreten.

Insgesamt bedeutete das also, daß innerhalb von vier Jahren weit mehr als die Hälfte des Vorstandes ausgewechselt wurde. Dabei fügte es ein glückliches Schicksal, daß dieses Gremium wenigstens in dieser Zeitspanne keine schweren Erkrankungen oder gar Todesfälle zu verzeichnen hatte. Durch die Häufung von meist einigermaßen gleichaltrigen Männern im Vorstand, die in kurzen Zeitabständen in Pension gehen würden, wurde das Unternehmen aber dennoch vor gewichtige Probleme gestellt. Jeder Generationswechsel kann Gefahren bringen, wenn er zu schlagartig und radikal geschieht.

Eine gleiche oder ähnliche Situation ergab und ergibt sich fast überall in unserem öffentlichen Leben. In Deutschland sind die Jahrgänge, die vom Ersten Weltkrieg gerade noch verschont blieben, besonders stark. Hingegen hat der Zweite Weltkrieg die folgenden Jahrgänge verhängnisvoll gelichtet. Es fehlt deshalb an Übergängen in den Altersstufen von 50 bis 60 Jahren.

Diese Folgen einer unglückseligen Vergangenheit bringen es mit sich, daß nun plötzlich die Menschen abtreten, von denen die Last des erfolgreichen Wiederaufbaus getragen worden ist. Viele

Unsicherheiten und Spannungen unserer gegenwärtigen Situation, aber auch die Unmöglichkeit, an manchen Stellen dieses Nachfolgeproblem richtig zu lösen, hängen mit dieser Altersstufung zusammen. Die Versuchung liegt nahe, diese Kluft zu überbrücken, indem man die Älteren zu längerem aktiven Dienst heranzieht. Das aber führt oft, besonders sichtbar in der Politik, zu Überalterung und zu Unzufriedenheit unter denen, die jetzt als 40- oder 50jährige zur Verantwortung drängen. Wir sollten nicht den Fehler machen, sie zu lange warten zu lassen. Sie haben das Kriegserlebnis hinter sich, besitzen reiche Berufserfahrung und sind in jeder Weise fähig, die leitenden Positionen zu übernehmen. Sie werden auch leichter den Kontakt zur Jugend finden, die heute in der ganzen Welt neue Orientierungen in allen Bereichen fordert, vor allen Dingen auf sozialem Gebiet.

Man kann über den rechten Zeitpunkt der Übergabe geteilter Meinung sein und eine schwierige Situation durch eine verlängerte Aktivität der Älteren zu überwinden versuchen. In einem so großen Wirtschaftsunternehmen wie dem unseren mußte aber jeder den gleichen Gesetzen unterliegen, wenn wir nicht ungerecht sein und damit Spannungen erzeugen wollten. So waren wir uns im Vorstand von jeher einig darin, die Regel des Hauses zu befolgen, nach der auch in diesem Gremium wie im ganzen Unternehmen niemand seinen 66. Geburtstag noch als Aktiver feiern sollte.

Weil wir dies lange voraussehen konnten, hatten wir uns gegenseitig dazu angehalten, rechtzeitig junge Mitarbeiter heranzuziehen und die Frage der Nachfolge im Vorstand ständig zu überdenken. Deswegen verfügten wir dann auch über eine größere Zahl geeigneter Persönlichkeiten und konnten hoffen, die kritische Phase ohne Schwierigkeiten oder gar Erschütterungen zu überstehen. Wir hatten auch dafür gesorgt, daß schon jüngere Kollegen mit einigen Jahren Vorstandserfahrung mitarbeiteten.

Solche Übergangsphasen bieten für ein Unternehmen aber auch Vorteile. Augenblicke des Personenwechsels sind am ehesten dazu geeignet, auch in der Organisationsform grundsätzliche »Umbauten« vorzunehmen. Wenn solche Korrekturen und Umstellungen mit einer Neuverteilung von Verantwortungsbereichen verbunden sind, so erzeugen sie stets Unruhe und können die Initiative und aktuelle Handlungsfähigkeit eines Unternehmens beeinträchtigen.

Eine derartige Neuorganisation und Umverteilung von Ressorts sollte am zweckmäßigsten noch von den Männern geschehen, die dabei sind, sich aus der aktiven Leitung zurückzuziehen. Sie haben die nötige Erfahrung und die erforderliche Autorität, die Änderungen ohne Reibungen durchzusetzen. Sie müssen allerdings die neue Generation dabei zu Rate ziehen. Deswegen schien es uns in Hoechst nötig, diese Nachfolger genau zu kennen, ehe wir die alte Ordnung änderten.

Individuelle Entscheidungen

Das »Hire-and-fire-System«, wie es auch heute noch in den Vereinigten Staaten zuweilen praktiziert wird, mag zwar die Menschen beweglich erhalten und die Organisation vor Überalterung schützen. Solche gewaltsamen Änderungen haben aber immer auch Nachteile. Ich habe derartige Eingriffe nur gefordert und ihnen, wenn sie von anderen verlangt wurden, nur zugestimmt, falls es die Situation unausweichlich machte. Dabei ist es unerläßlich, daß auch in solchen Augenblicken die Würde der Persönlichkeit und die materiellen Rechte gewahrt bleiben. Für alle diese Fragen wie auch für die Probleme der menschlichen Zusammenarbeit in erträglichen und nützlichen Organisationsformen gibt es keine Patentlösungen, obwohl man sie heute auf wissenschaftlicher oder besser auf mehr methodischer Grundlage immer wieder vorschlägt. Es gibt stets nur den Einzelfall, für den die individuell richtige Entscheidung gefunden werden muß.

Schon in der schwierigen Periode der Neugründung hatten wir uns in Hoechst – vielleicht sogar mehr als andere Firmen – mit Fragen der Unternehmensführung und den damit zusammenhängenden Organisationsproblemen befassen müssen. Das damals beschlossene System hatte sich in rund siebzehn Jahren bewährt. Nun aber mußte es den neuen Anforderungen eines auf das Zehnfache gestiegenen Geschäftsumfanges angepaßt werden. Zwischen Kontinuität und notwendiger Modernisierung einen vernünftigen Mittelweg zu finden, war die Aufgabe dieses Zeitabschnittes.

Schon 1952 hatten wir gelernt, wie schwierig es ist, Initiativen zu wecken und in einem so traditionsverbundenen Unternehmen, dem noch dazu lange Zeit die Handlungsfreiheit versagt worden war, die Grenzen alter Arbeitsgebiete zu überschreiten und neue Wege zu finden. Ein solcher Komplex besitzt ein beträchtliches Beharrungsvermögen. Das hat keineswegs nur negative Aspekte. Es basiert vielmehr auf den bedeutenden geistigen und materiellen Werten, die in einer großen Firma vorhanden sind. Allein die kostspieligen Forschungseinrichtungen und die Fabrikationsanlagen stellen in der Bilanz eines Chemieunternehmens einen gewichtigen Posten dar.

Besonders wertvoll aber sind die Menschen, die in ihm arbeiten. Nur mit ihrer Hilfe können Forschung, Produktion, Verkauf sowie Planung und Ausführung umfangreicher Investitionen, letzten Endes die ganze Geschäftspolitik betrieben werden.

Sowohl die hochqualifizierten Spezialisten als auch das materielle Betriebsvermögen sind aber nicht beliebig beweglich. Die großen inneren Reserven, die hier verborgen liegen, stellen Aktiva dar, die nicht mit Geld bewertet werden können. Ihr Nutzen hängt davon ab, wie sie der sich ständig wandelnden Welt und ihren Bedürfnissen angepaßt werden können. Alle diese Potentiale und Werte sind zunächst geprägt von dem ursprünglichen Zweck, auf den sie einmal ausgerichtet waren, also immer von der Vergangenheit. Sie sind nicht unbegrenzt wandlungsfähig. Was mit ihnen in der Zukunft geleistet werden kann, ist deshalb in jedem gegebenen Zeitpunkt und für jedes Unternehmen verschieden. Man kann weder beliebig oft die Richtung allzu stark wechseln, noch in allzu kurzen Abständen bremsen und wieder beschleunigen.

In den Augenblicken großer Entscheidungen steht man deswegen gerade in der chemischen Industrie vor speziellen Aufgaben, für die es eben keine allgemeingültigen Lösungen gibt. Man muß sich dieser individuellen Erbanlagen bewußt bleiben. Erbe und Tradition sind hier nicht verstanden im Sinne einer lästigen Geschichtsverkettung mit sentimentalen Bindungen, sondern als die Erfahrung, daß auch ein Unternehmen nicht aus seiner Haut heraus kann. Die großen Werte, die in ihm stecken, müssen individuell und spezifisch eingesetzt werden.

Diese Erkenntnis läßt sich an der Geschichte von Hoechst und derjenigen der anderen großen deutschen und internationalen Chemiewerke ablesen. Zwei Jahrzehnte nach der Fusion zur I. G. Farbenindustrie waren diese Unterschiede der Unternehmensstruktur sowie der Handlungsweise und der Zielsetzung der darin tätigen Menschen noch so deutlich, daß man auch von außen leicht feststellen konnte, von welcher der Gründungsfirmen, von Bayer, BASF oder Hoechst, eine bestimmte Anregung oder Aktivität innerhalb der I. G. ausging. Diese Verschiedenheit hat schließlich die Entflechtung mehr oder minder so vorgezeichnet, wie sie die Siegermächte dann vollzogen. Dabei bleibt es letzten Endes gleichgültig, ob dies der Einsicht der Alliierten zu verdanken ist, oder ob sie zwangsläufig so handeln mußten.

Im Jahre 1970, also zwanzig Jahre später, sind diese vorgegebenen Unterschiede immer noch deutlich sichtbar. Die drei großen deutschen Chemiegesellschaften haben sich sehr unterschiedlich verhalten und entwickelt. Jeder von ihnen sieht man ihre historischen Merkmale, mit denen sie einmal in die I. G. Farbenindustrie eingetreten ist, noch heute an. Fast das einzig Gemeinsame ist das annähernd gleiche Ausmaß an Geschäftsumfang, Weltgeltung und Fortschritt. Was sie aber unternommen haben, um ihren Platz unter den großen Weltfirmen wieder zu erringen, ist so unterschiedlich wie der Beginn und der Verlauf ihrer mehr als hundertjährigen Geschichte.

Aber auch bei den meisten anderen alten Chemieunternehmen in der Welt, ob groß oder klein, kann man heute noch erkennen, aus welchen Anfängen sie entstanden sind. Sie reagieren auch, wie eine längere Beobachtung zeigt, ganz charakteristisch und unterschiedlich auf neue Situationen und Problemstellungen, ob sie nun in Naturwissenschaft und Technik oder im kaufmännischen Bereich auftauchen.

Solche Erfahrungen und Erkenntnisse gilt es zu berücksichtigen, wenn Entscheidungen personeller und organisatorischer Art in einem Augenblick getroffen werden müssen, in dem die chemische Industrie und damit auch Hoechst vor der Aufgabe stehen, sich in den nächsten zehn Jahren auf das etwa Zweieinhalbfache, also jährlich um etwa 10 Prozent, zu vergrößern.

So lauteten jedenfalls in dieser Zeit die Schätzungen für den

Bedarf an chemischen Erzeugnissen in der Welt. Dieses Wachstum würde sich nicht bei allen Produkten mit gleicher Geschwindigkeit vollziehen. Hoechst mußte bedenken, welche seiner Arbeitsbereiche daran besonders beteiligt sein müßten, wenn es die inzwischen erworbene Stellung unter den großen Wettbewerbern halten wollte. Es mußte auch beachtet werden, daß der Nachholbedarf in der Bundesrepublik weitgehend befriedigt war und sich zudem die Voraussetzungen für die Chemieproduktion in Deutschland durch mancherlei einengende Bestimmungen, besonders aber wegen des Mangels an Arbeitskräften, verschlechterten.

In den Jahren 1967 bis 1969 waren in Hoechst außerordentliche Entscheidungen zu fällen. Es ging dabei nicht nur um die Weiterentwicklung laufender Programme, sondern um grundsätzliche Weichenstellungen. Sie stellten ein weiteres Beispiel dafür dar, daß ein Unternehmen in seiner Handlungsweise nicht frei, sondern an Entwicklungslinien gebunden ist, die sich aus seiner Vergangenheit ableiten. Dabei mußte auch, wenn wir uns nicht übernehmen wollten, auf vieles verzichtet werden.

So entschied sich Hoechst zum Beispiel ausdrücklich dafür, seine bisherige Politik in der Petrochemie fortzusetzen und sich nicht im Erdölgeschäft zu betätigen. Bei der Neuorientierung der deutschen Erdölgesellschaften bot sich die Möglichkeit von Zusammenschlüssen mit Wintershall oder etwa mit der GBAG. Solche Überlegungen waren damals keineswegs geheim, sondern wurden mehr oder weniger offen diskutiert. Wir haben dann in recht freundschaftlichen Unterhaltungen mit den möglichen Partnern auf derartige Zusammenschlüsse ausdrücklich verzichtet. Die beiden Erdölgesellschaften schlossen sich später der BASF bzw. dem Rheinisch-Westfälischen Elektrizitätswerk an. Hoechst sicherte gleichzeitig seine Erdölversorgung durch langfristige Lieferverträge mit der UK Wesseling und mit Gelsenberg.

Die Flurbereinigung wird vollzogen

Ähnliche Überlegungen lagen auch der Einigung mit Bayer über das Hülsproblem zugrunde. Hoechst hatte im Laufe der Zeit sein

Kunststoffsortiment durch die Produktion von Polyvinylchlorid und durch den Erwerb einer Polystyrolanlage in Holland vervollständigt. So war unser Interesse an Hüls geringer geworden. Andererseits legte Bayer gerade auf diese Kunststoffbereiche Wert, die bisher nicht zu seinem Produktionsprogramm gehörten. Außerdem lag die Kautschukproduktion von Hüls in der traditionellen Interessensphäre von Bayer.

So kam es zu der sogenannten Flurbereinigung, bei der Bayer mit der VEBA zusammen Hüls übernahm. Neben einer erheblichen Barzahlung erhielt Hoechst eine Mehrheit an Cassella, mit der es schon vor der I. G.-Zeit eng verbunden gewesen war.

Die Geldmittel, die damit und durch den Verzicht auf eine Raffineriebeteiligung zur Verfügung standen, konnten nun für spezifische Arbeitsgebiete verwendet werden, mit denen Hoechst besonders vertraut war, und auf denen es jetzt über die Landesgrenzen hinaus verstärkt tätig werden wollte. So entschieden wir uns zur Zusammenarbeit mit der französischen Gruppe Roussel-Uclaf und Nobel im Pharmabereich. In den Vereinigten Staaten wurde die Pharmaaktivität intensiviert und das Trevirageschäft stark vergrößert. Das gleiche geschah in England. Außerdem entschloß sich Hoechst, sich mit beachtlichen Mitteln das Gebiet der Kosmetika zu eröffnen. Auch das Gebiet der Lackrohstoffe wurde von diesem Zeitpunkt ab verstärkt ausgebaut. Das waren wichtige Entscheidungen. Ob sie richtig waren, wird sich erst in vielen Jahren zeigen. Jedenfalls erschienen sie uns damals aus der Situation und der Tradition des Unternehmens heraus sinnvoll.

Neue Spitze in Hoechst

Nach meinem 64. Geburtstag im September 1967 habe ich das Präsidium des Aufsichtsrates davon in Kenntnis gesetzt, daß ich in der Hauptversammlung 1969 von meinem Posten als Vorstandsvorsitzender zurücktreten würde. In überaus freundschaftlicher Weise erklärte sich Hermann Richter bereit, mir dann den Vorsitz im Aufsichtsrat zur Verfügung zu stellen. Gustav Ehrhart, der auf seinen 75. Geburtstag zuging, hatte schon vorher erklärt, er wolle aus dem Aufsichtsrat ausscheiden. So konnte ich der

Hauptversammlung zur Wahl in den Aufsichtsrat vorgeschlagen werden. Es ist wohl verständlich, daß ich Interesse und Freude daran hatte, noch im Aufsichtsrat tätig sein zu können, und deswegen für diese großmütigen Entscheidungen dankbar war.

Nach vielen Einzelunterhaltungen beschloß der Vorstand schließlich in seiner offiziellen Sitzung am 11. Juni 1968 einstimmig, dem Aufsichtsrat Rolf Sammet als zukünftigen Vorstandsvorsitzenden vorzuschlagen. In seiner konstituierenden Sitzung nach der Hauptversammlung im Juni 1968, also noch vor meinem 65. Geburtstag, faßte dann der Aufsichtsrat als zuständiges Gremium auf meinen Antrag den Beschluß, dieses Amt ein Jahr später an Sammet übertragen zu wollen. Die Veröffentlichung dieses Beschlusses, ein Jahr vor meinem Ausscheiden, hat alle weiteren Entscheidungen sowie die dazugehörigen Beratungen außerordentlich erleichtert.

Daß unsere Wahl auf Rolf Sammet gefallen war, hat im Unternehmen nicht allzusehr überrascht. Sammet, der bei uns 1949 eintrat und zunächst in einem wissenschaftlichen Laboratorium tätig war, bin ich schon recht früh begegnet.

In der Faserfabrik in Bobingen arbeitete er an der Einrichtung der neuen »Trevira«-Produktion maßgeblich mit. Später leitete er die Technische Direktionsabteilung. Als er im Jahre 1962 in den Vorstand berufen wurde, übernahm er die Sparte Folien. Mehrere Jahre amtierte Rolf Sammet als Werksleiter in Hoechst und war eine Art »Innenminister« unseres Unternehmens. Nur dadurch wurde es möglich, daß ich selbst mit unserem »Außenminister« Kurt Lanz so viel auf Reisen sein konnte.

Die Ernennung von Kurt Lanz zum stellvertretenden Vorstandsvorsitzenden war ebenso naheliegend. In einem internationalen Wettbewerb, wie es ihn früher niemals gegeben hatte, steht heute neben dem Naturwissenschaftler gleichberechtigt der Kaufmann. Kurt Lanz hatte schon 1949 den Aufbau des Außenhandelsbüros in Hoechst übernommen. Später war er Verkaufsdirektor und Leiter der Kaufmännischen Direktionsabteilung. Im Jahre 1956 wurde er mit 37 Jahren in den Vorstand berufen und trug seitdem die Hauptverantwortung für den Verkauf und den Ausbau des bedeutenden Auslandsgeschäftes.

Die Entscheidung über seinen Nachfolger und der Zeitpunkt,

zu dem dies geschieht, gehört wohl zu der größten Verantwortung, die man in seinem Berufsleben übernehmen muß. Von ihr hängt ein guter Teil des weiteren Schicksals eines Unternehmens ab. Ich war nie dafür gewesen, eine solche Entscheidung allzu früh zu fällen. Die »Kronprinzenzeit« sollte nicht zu ausgedehnt sein, weil eine langdauernde Anwartschaft zu Spannungen und vorzeitigem Verschleiß führt. Es ist aber für eine Firma unserer Größe lebensnotwendig, in den leitenden Gremien Personen zu haben, die im richtigen Augenblick auch berufen werden können.

Dabei geht es nicht allein um wissenschaftliche und technische Qualifikationen, um Intelligenz und Begabung. Sie sind eine Selbstverständlichkeit. Ebenso wichtig ist jedoch die psychische und physische Belastbarkeit. Die Inhaber von Spitzenpositionen müssen über eine außergewöhnlich gute Kondition verfügen, weil sie sonst den ständigen beruflichen Anstrengungen und vor allem den Beanspruchungen zäher und ausgedehnter Verhandlungen überhaupt nicht gewachsen wären.

Neben der seelischen und körperlichen Konstitution spielen unter Umständen auch die familiären Verhältnisse eine wichtige Rolle. Wer zu Hause in ruhiger und harmonischer Atmosphäre lebt, kann sich mit uneingeschränkter Energie auf die beruflichen Aufgaben konzentrieren. Auch solche Faktoren dürfen bei der Wahl von Kandidaten für führende Stellungen nicht ganz außer acht gelassen werden.

Familienfeier am Rhein

Meinen 65. Geburtstag verbrachte ich mit meiner Familie im »Hotel zur Krone« in Aßmannshausen am Rhein. Dort hatten meine Eltern kurz vor dem Tod meines Vaters im Jahr 1913 ihre Silberne Hochzeit gefeiert. Mit meiner Frau, mit dem Sohn Albrecht und der Tochter Lotte verlebten wir einen schönen Abend am Rhein, bei dem viel über die Geschichte der Familie gesprochen wurde. Leider fehlte der Sohn Ernst-Ludwig. Er war nach seiner Heirat mit einer Züricherin, die er während seines Studiums in der Schweiz kennengelernt hatte, vor kurzem nach Kalifornien gegangen. Dort wollte er nach seiner Promotion zwei Jahre am

Biochemischen Institut der Universität von Kalifornien in Berkeley verbringen.

Die Kinder waren alle auf einem sicheren Berufsweg. Albrecht, der Physiker, hatte seine Dissertation begonnen und arbeitete in einer Heidelberger Wissenschaftlergruppe an dem sogenannten FR 2, dem ersten in der Bundesrepublik selbstgebauten Reaktor in Karlsruhe. Inzwischen ist er nach erfolgreichem Abschluß seines Studiums gleichfalls in Berkeley. Unsere Tochter Lotte war begeisterte Medizinerin und steuerte schon auf ihr Physikum zu.

Als wir am Abend des nächsten Tages nach einer Dampferfahrt auf dem Rhein nach Hause zurückkamen, fanden wir uns mit Grüßen und Geschenken überhäuft. Später gab es noch eine Familienfeier im größeren Rahmen in Eltville.

In die Tage nach diesem Geburtstag fiel wieder eine Sitzung des Aufsichtsrates, der sich alljährlich um diese Zeit mit den Investitionen und Finanzplänen des kommenden Jahres befaßt. Die Rezession des Jahres 1967 war überwunden, die Geschäftslage günstig. So hatten wir weitreichende Pläne, die mit großem Selbstvertrauen und mit guter Hoffnung auf ein erfolgreiches Jahr 1969 diskutiert wurden.

Anschließend fand im alten Kasino mit Aufsichtsrat, Vorstand und einigen Freunden aus Wissenschaft und Wirtschaft sowie mit engeren Mitarbeitern des Hauses eine Geburtstagsfeier für mich statt. Der Kreis war allerdings kleiner und intimer als fünf Jahre zuvor bei meinem 60. Geburtstag. Für die Gesellschaft Deutscher Chemiker gratulierte Hellmut Bredereck. Hermann Richter und Werner Schultheis sprachen im Namen von Aufsichtsrat und Vorstand.

Eine besondere Freude machte mir die Einladung des Oberbürgermeisters von Frankfurt, Willi Brundert. Im Römer wurde meines 65. Geburtstags in einem kleinen Kreis gedacht. Danach habe ich Brundert nicht mehr oft gesehen. Er hatte im Jahre 1964 als Nachfolger von Werner Bockelmann das Amt des Oberbürgermeisters übernommen. Er war ein ernster und überzeugter Sozialdemokrat, dessen liebenswerte Eigenschaften die Frankfurter Bürger sehr schnell schätzen lernten. Sein schweres persönliches Schicksal mit einer langjährigen Haft im kommunistischen Teil

Deutschlands, die Härte der politischen Auseinandersetzungen, aber wohl auch die Bürde der Verwaltungsarbeit haben seine Lebenskraft frühzeitig aufgezehrt. Er starb im Frühjahr 1970 im Alter von 58 Jahren.

Die Zusammenarbeit mit der Stadt Frankfurt und ihren Repräsentanten war besonders fruchtbar. Es ist nicht immer einfach, die Interessen einer Großstadt und eines Großunternehmens aufeinander abzustimmen, das nicht nur seine zentrale Verwaltung, sondern auch zahlreiche Produktionsstätten und viele Mitarbeiter im Stadtgebiet hat. Ich war glücklich darüber, daß sich die meisten Probleme in freundschaftlicher Atmosphäre diskutieren ließen. Persönliche Zuneigung zu vielen leitenden Männern der Stadt Frankfurt haben mir diese Aufgabe sehr erleichtert.

Nach diesen Stunden des Feierns trat wieder der Alltag in sein Recht und mit ihm die Notwendigkeit, die Organisationspläne für die Zukunft zu entwerfen. Dazu hatte ich mir in den letzten Jahren viele Gedanken gemacht und sie auch mit den Kollegen und Mitarbeitern besprochen. Es gibt inzwischen viele Auffassungen und Theorien über die richtige Unternehmensführung. Aber wir hatten auch hier unsere eigenen Ansichten und bemühten uns um Lösungen, die der Eigenart und der Größe des Unternehmens gerecht werden sollten.

Verjüngter Vorstand

Selbstverständlich mußten aus Anlaß des bevorstehenden Generationswechsels alle alten Erfahrungen überprüft werden. Das galt für den Vorstand wie für alle anderen Verwaltungsgremien, in denen sich ja der gleiche Wechsel vollzog.

Die personelle Zusammensetzung eines solchen Vorstandes kann nicht von verallgemeinernden Regeln ausgehen. Sie wird durch die spezifischen Eigenarten eines Chemieunternehmens und durch die Struktur seines Arbeitsprogrammes bestimmt. Ihrem großen Gewicht entsprechend müssen Naturwissenschaft und Technik mit einer Zahl von Männern vertreten sein, die der Reichweite der Arbeitsgebiete Rechnung trägt. Das bedeutende wissenschaftliche Engagement in Forschungs- und Entwicklungsaufgaben erfordert, daß diese Führung internationales Niveau hat. Der internationale Verkauf in allen Ländern der Welt muß ebenfalls maßgeblich berücksichtigt sein. Hinzu kommt die sachkundige Verwaltung des Finanz- und Rechnungswesens.

Selbstverständlich müssen im Vorstand auch die Belange der Sozialpolitik durch ein Vorstandsmitglied wahrgenommen werden. Gerade in einem Chemieunternehmen mit seiner vielschichtigen Belegschaft erfordert die Sozialpolitik besondere Einfühlung und Sorgfalt. Der Vorstand muß überdies auch in der Lage sein, sich mit den vielseitigen juristischen Problemen auseinanderzusetzen, die in unserem komplizierten Wirtschafts- und Gesellschaftssystem nicht leicht zu überblicken sind.

Nach diesen Notwendigkeiten hat sich die Größe des Vorstandes zu richten. Wichtig ist, daß jeder bedeutende Aufgabenbereich vertreten ist und die Rechte und Pflichten eindeutig verteilt und übersehbar geordnet sind. Es sollte in einem Unternehmen jeder wissen, daß es im Vorstand einen Menschen gibt, der für sein Sachgebiet verantwortlich und auch – wenn nicht in jedem Detail, so doch generell – sachverständig ist.

Wir hatten uns in Hoechst von jeher vorgenommen, vor der großen Zahl keine Angst zu haben. Aus den Erfordernissen, die wir uns errechneten, ergab sich eine Zahl von etwa 15 bis 16 Vorstandsmitgliedern. Die Männer dieses Führungsgremiums dürfen selbstverständlich nicht nur Einzelinteressen vertreten. Sie müssen sich zu einer Gesamtverantwortung zusammenfinden, die nach innen und außen sichtbar wird.

Eine alle Einzelfunktionen übersteigende, gemeinsame Willensbildung ist in einem so umfangreichen Vorstand nicht leicht zu erzielen. Vor allem nicht, wenn wichtige Entscheidungen gefällt werden müssen, die hohe Geldbeträge erfordern und die Entwicklungslinien des Unternehmens für viele Jahre festlegen, manchmal sogar sein Schicksal für eine noch längere Zeitperiode bestimmen. Es müssen in solchen Augenblicken die unterschiedlichsten Temperamente und Sachinteressen, zugleich aber auch der verschieden ausgerichtete Sachverstand aufeinanderprallen. In solchen Entscheidungsstunden, denen nicht ausgewichen werden kann, ist es nicht immer möglich, ausschließlich mit parlamentarischen Methoden vorzugehen. In diesen Situationen sind die

Menschen nicht gleich und ihre Stimmen können auch nicht immer gleiches Gewicht haben.

Selbstverständlich wird niemand eine neue Pharmaentwicklung gegen den Repräsentanten des Pharmabereichs beschließen. Auch wird niemand den Investitionsplan des kommenden Jahres gegen die Bedenken des Rechnungswesens verabschieden. Es bleibt immer eine Frage des Stils und der Klugheit, den Augenblick zu finden, in dem eine Angelegenheit zur Entscheidung reif ist, wobei eine Beschlußfassung nicht immer einstimmig sein kann. Die Voraussetzung für eine solche Arbeitsweise ist aber, daß das Führungsgremium sowohl entscheidungsbefugt als auch entscheidungsbefähigt ist.

In dem Moment einer letzten wichtigen Entscheidung, wie sie gar nicht so oft erforderlich ist, sollte der Vorstand für sich alleine zusammentreten und die Verantwortung nicht auf Sachverständige abladen. Es ist in Hoechst übrigens selten vorgekommen, daß der Vorstand seine Entscheidungen nicht einstimmig gefällt hat. In schwierigen Fällen haben wir die Diskussion oft mehrmals vertagt. Auf einer der nächsten Vorstandssitzungen wurde dann schließlich eine Einigung erzielt.

Geschäftsbereiche werden geschaffen

Um im Vorstand für grundsätzliche Überlegungen und Entscheidungen frei zu sein, beschlossen wir, die Aufgaben mehr und sichtbarer als bisher zu delegieren. Unterhalb des Vorstandes wurde eine neue Ebene der Verantwortung geschaffen. Das gesamte Geschäft des Unternehmens wurde in 14 sogenannte Geschäftsbereiche unterteilt. Diese Geschäftsbereiche sollten für den Umfang des ihnen zugewiesenen Geschäftes weltweit voll verantwortlich sein. Die jeweilige Bereichsleitung besteht aus einer Gruppe von Wissenschaftlern und Technikern, Kaufleuten und Betriebswirtschaftlern, die so zusammengesetzt ist, daß sie die gesamte Geschäftspolitik des ihnen übertragenen Gebietes sachverständig überblicken kann. Die Aufgaben dieser Bereiche sind verhältnismäßig weit gespannt. Der jährliche Geschäftsumfang liegt jeweils zwischen 500 Mio und 1 Milliarde DM.

Die Verantwortlichkeit des Vorstandes wurde so aufgeteilt, daß entsprechend unserer bewährten früheren Arbeitsweise die eine Hälfte der Vorstandsmitglieder die Bereiche, die andere Hälfte die koordinierenden Ressorts betreut (siehe Schaubild Seite 505). Es sind also grundsätzlich je zwei Vorstandsmitglieder in der Lage, Einzelentscheidungen im Gesamtbereich des Unternehmens zu fällen und damit im Rahmen der Gesamtverantwortung dem Vorstand auch spezielle Aufgaben abzunehmen.

Eine solche Dezentralisation birgt die Gefahr, daß die Geschäftspolitik auseinanderläuft und sich in Einzelinteressen verliert. Dies um so mehr, als jeder Geschäftsbereich sein eigenes Ergebnis errechnet, wobei es von gravierender Bedeutung ist, wie die Bereiche gegenseitige Lieferungen zu vernünftigen Preisen, die vielfach keine Marktpreise sein können, untereinander abrechnen.

Die Zusammenarbeit des Ganzen kann nur geregelt werden, wenn es viele Gremien gibt, in denen die Beteiligten sozusagen zwangsläufig miteinander ihre Probleme diskutieren müssen. Direktionssitzungen und Kommissionen zu festen Terminen sind ein unvermeidbares Mittel, um solche Unterhaltungen zu erzwingen. Dabei erschien es uns immer wichtig, daß die personelle Zusammensetzung dieser Gremien nicht ad hoc, also nach den jeweiligen Bedürfnissen erfolgt. Um jede Willkür auszuschließen, werden sie als ständige Institutionen durch den Vorstand oder dessen Vorsitzenden berufen.

Bei diesem Zusammenspiel fällt den sogenannten Stabsabteilungen eine wichtige Rolle zu. Sie sind das vorbereitende Bindeglied für sämtliche Arbeitsgremien, zugleich aber eine gute Schule für alle, welche diese Abteilungen durchlaufen. Die Gefahr dieser Stabsabteilungen ist aber stets, daß sie angesichts ihrer umfassenden Informationsmöglichkeiten zu stark werden und sich schließlich überwiegend mit sich selbst beschäftigen.

Es wird überdies zwangsläufig immer der menschlichen Anteilnahme bedürfen, um eine solche Unternehmensleitung lebendig und wirksam zu erhalten. Auf jeder Ebene müssen Mitarbeiter gefunden werden, die nicht nur die Aufgaben erfüllen, die ihnen der Organisationsplan zuweist, sondern mit Intelligenz und Taktgefühl über die Grenzen ihres Bereiches hinaus nach Zusammenarbeit und Einvernehmen streben.

In den ersten Monaten des Jahres 1969 tagte der Vorstand wiederholt zusammen mit den zukünftigen Kollegen. Gemeinsam konnten wir so letzte Hand anlegen an die Gestaltung der neuen Organisation, die wir dann im Mai 1969 bekanntgaben. Auch die personellen Entscheidungen über die Leitung der Geschäftsbereiche wurden getroffen. Die designierten Leiter der Geschäftsbereiche erhielten danach die Weisung, den Aufbau ihrer Bereiche so zu planen, daß bis zum Ende des Jahres alle Umstellungsarbeiten beendet sein würden. Vor allem galt das auch für das Rechnungswesen, das vor einer großen Aufgabe stand, da nun die gesamte Kontenverteilung wie auch die Abgrenzung der Ergebnisse der neuen Organisation angepaßt werden mußten.

Harmonischer Abschied

Am 3. Juni 1969 erstattete ich in der Hauptversammlung zum letztenmal den Bericht des Vorstandes. Das Geschäftsjahr 1968 war gut verlaufen, und das laufende Jahr 1969 verhieß ein günstiges Ergebnis. So konnten wir die Aktionäre am verbesserten Ertrag durch Ausgabe von Zusatzaktien aus den Rücklagen beteiligen. Wir hatten eine solche Maßnahme drei Jahre zuvor schon einmal den Aktionären vorgeschlagen und dabei festgestellt, daß ihnen dies sympathischer war als eine Dividendenerhöhung. Auch die Belegschaft wurde an diesen Aufbesserungen, die einer einprozentigen Dividendenerhöhung entsprachen, in angemessener Weise beteiligt.

Am Vorabend dieser Hauptversammlung war in der Jahrhunderthalle eine kleine, aber originelle Ausstellung eröffnet worden. Unter der Bezeichnung »Jahre der Entscheidung« zeigte sie, was seit der Neugründung in Hoechst geschehen war. Unter dem gleichen Titel hatten Öffentlichkeitsarbeit und Werbung einen Film geschaffen, mit dem ich bei der Ausstellungseröffnung überrascht wurde. So hatten sich in dieser Zeit und in den darauffolgenden Wochen und Monaten der Vorstand und seine Mitarbeiter manche Gesten der Anerkennung für mich überlegt, die mir viel Freude gemacht haben. Das Fernsehen bereitete einen Bericht vor, für den mich ein Reporter schon morgens früh um sieben Uhr in der Wohnung besuchte und einschließlich der Fahrt ins Werk einen normalen Arbeitstag von mir filmte.

Auch die Hauptversammlung wurde zu einem kleinen Abschiedsfest. Mich haben die Worte der Anerkennung gefreut, die vom Aufsichtsrat – vertreten durch Hermann Richter – und aus dem Kreis der Aktionärc für mich gcfunden wurden. Der Aufsichtsrat wählte mich anschließend zum Vorsitzenden. Dann wurden Rolf Sammet definitiv zum Vorstandsvorsitzenden und Kurt Lanz zum stellvertretenden Vorsitzenden ernannt. Eine lange Reihe von sorgfältigen Überlegungen, Unterhaltungen und gewichtigen Beschlüssen fand damit ihren Abschluß. In der trockenen und geschäftsmäßigen Art der Abwicklung drückte sich die Sicherheit und Selbstverständlichkeit aus, mit der Hoechst nun in die Zukunft sah.

Am Abend der Hauptversammlung kamen wir – wie stets – in unserem Gästehaus mit Aufsichtsrat und Vorstand zusammen. Zum ersten Mal hatte dabei der neue Vorstandsvorsitzende die Tischrede zu halten. Am anderen Morgen trat ich mit meiner Frau eine Skandinavien-Reise an, die uns mit dem Auto über Dänemark, Schweden und Finnland bis zum Nordkap und an der norwegischen Küste entlang nach Oslo führte. Ich hatte mir dieses Erlebnis seit langem für die Wochen nach meinem Rücktritt aufgespart, da zuvor um diese Jahreszeit niemals die Möglichkeit zu einer solchen langen Reise bestand.

Die neuen Pflichten

Als ich einen Monat später zurückkam, wurde die neu geschaffene Organisationsform schon praktiziert. Ich hatte den nötigen Abstand bekommen und übernahm Rechte und Pflichten des Aufsichtsratsvorsitzenden. Meine Mitarbeiter haben mir diese Umstellung sehr erleichtert. Es war wohl für uns alle eine Selbstverständlichkeit, daß sich die freundschaftliche Zusammenarbeit fortsetzte.

Gerade in dieser Übergangszeit habe ich erfahren, wie gut die

Bestimmung des deutschen Aktiengesetzes ist, die aktive Verantwortung und exekutive Gewalt des geschäftsführenden Vorstandes von der Tätigkeit des Aufsichtsrates deutlich trennt. Ich glaube, daß diese Regelung besser ist als diejenige des angelsächsischen Rechtes, bei der in einem gemeinsamen Board die Vertreter der Exekutive mit denen zusammensitzen, die durch die Generalversammlung von außen in das Unternehmen entsandt werden. Die Zweiteilung der Gewalten führt zu einem Zwiegespräch zwischen den Menschen von draußen, die dem Unternehmen manche guten Ratschläge geben können, und jenen, in deren Händen die eigentliche Exekutive liegt. Der Gesichtskreis des Unternehmens wird dadurch erweitert und die Verantwortung klarer zugeordnet.

In der Aufsichtsratssitzung des September 1969 beschlossen wir, eine außerordentliche Hauptversammlung einzuberufen, um ihr eine Wandelanleihe zur Genehmigung vorzulegen. Die außerordentlich hohen Investitionen und die Ausweitung unseres Geschäftes verlangten eine solche Verbesserung der Kapitalausstattung. Diese Hauptversammlung fand im Januar statt.

Auf ihr verabschiedeten wir auch die am 31. Dezember 1969 ausgeschiedenen Vorstandskollegen W. Alexander Menne, Robert Zoller und Hans W. Ohliger und präsentierten den Aktionären die Nachfolger. An Stelle des verstorbenen Freundes Erich Bauer wählte die Hauptversammlung Werner Schultheis in den Aufsichtsrat. Schultheis hatte lange Jahre im Vorstand die Wissenschaft vertreten. Im Sommer 1969 war er in den Ruhestand getreten.

Der vorläufige Bericht, den wir in dieser Hauptversammlung erstatten konnten, ergab ein glänzendes Ergebnis für 1969. Es war vorauszusehen, daß die Dividende erhalten blieb und ein ansehnlicher Betrag den Rücklagen zugewiesen werden konnte. Zum ersten Mal standen ausgeschüttete Dividende und Rücklagenzuweisung, die der Selbstfinanzierung dient, in einem angemessenen Verhältnis zueinander.

Aber schon zeigten sich am Horizont dunkle Wolken. Die DM-Aufwertung von 9,3 Prozent, die die neue Bundesregierung überaus schnell beschlossen hatte, drückte auf unseren Export und sein Ergebnis. Schon damals stand zu erwarten, daß in der Folgezeit eine starke Minderung würde hingenommen werden müssen. Auch die Bedingungen der Wandelanleihe, die wir schon sechs Wochen vorher bei der Einladung zur Hauptversammlung hatten festsetzen müssen, paßten nicht mehr zur allgemeinen Lage. Zur Steuerung der Konjunktur hatte die Bundesbank den Diskontsatz außerordentlich erhöht, so daß die Aktionäre unsere Konditionen – obwohl wir sie im letzten Augenblick noch etwas verbesserten – kritisierten. Wir konnten nur darauf hinweisen, daß in dieser ungewissen Zeit eine konsequente Unternehmensführung notwendig war, die Entscheidungen so fällte, daß die Politik des Unternehmens nicht in Gefahr geriet. Glücklicherweise haben wir trotz mancher Kritik auch hierfür bei den Aktionären Verständnis gefunden.

Ausblick

In dem Monat, in dem dieses Buch abgeschlossen wurde, nämlich im Juni 1971, stand die Chemie wieder einmal im Mittelpunkt des wirtschaftlichen Interesses. In allen Industrieländern hat sich die Situation der chemischen Industrie verschlechtert. In der Erwartung, daß sich die großen Wachstumsraten der Vergangenheit fortsetzen oder gar noch steigern würden, entstanden in einigen Ländern neue Kapazitäten, die zur Zeit vielfach nicht genügend ausgelastet sind. Infolgedessen sinken die Preise für chemische Erzeugnisse, während nahezu alle anderen Investitions- und Verbrauchsgüter teurer werden und sich damit dem allgemeinen Trend steigender Kosten anpassen. Schon für das Jahr 1970 haben die Chemieunternehmen stark gesunkene Erträge ausgewiesen. Wieder einmal scheint dieser Industriezweig in eine kritische Phase geraten zu sein. Prompt melden sich allzeit bereite Skeptiker mit ihren Kassandrarufen; optimistische Prognosen der Chemiker seien falsch gewesen, nun gehe es mit der Blütezeit und dem Wachstum der Chemie zu Ende.

Besonders ausgeprägt ist der Rückschlag in der Bundesrepublik. Er muß allerdings auch vor dem Hintergrund des ungewöhnlichen Aufschwungs gesehen werden, den die deutsche Chemie nach dem Zweiten Weltkrieg erlebte. Die drei großen, aus der I. G.-Farbenentflechtung hervorgegangenen Unternehmen Bayer, BASF und Hoechst konnten in die Spitzengruppe der großen Chemiefirmen der Welt aufrücken. Von 1961 bis 1970 stieg die Chemieproduktion in der Bundesrepublik von 24 Milliarden DM auf fast 50 Milliarden DM. Der Umsatz der Farbwerke Hoechst, mit den Methoden der normalen statistischen Erfassung allerdings nicht ganz vergleichbar, erhöhte sich im gleichen Zeitraum von 3,2 Milliarden DM auf 12,2 Milliarden DM, also nahezu auf das Vierfache. Bei der Neugründung im Jahre 1952 hatte er 760 Millionen betragen.

Auch jetzt noch, im Jahre 1971, setzt sich die Umsatzsteigerung in einer Größenordnung von 8 bis 10 Prozent fort.

Viele, die sich mit den Problemen der Chemie befassen, spüren ein deutliches Unbehagen. Angesichts der sichtbaren Schwierigkeiten bangen die Aktionäre um ihre Dividende. Die Arbeitskräfte sind in der Bundesrepublik Deutschland knapp, so daß die Zahl der Ausländer innerhalb der Belegschaft ständig steigt. Wegen der notwendigen Sparmaßnahmen beginnt sich in der Belegschaft eine gewisse Sorge um die Arbeitsplätze auszuwirken. Trotzdem beteiligt man sich an der Forderung nach Lohnerhöhungen und Verbesserungen der sozialen Bedingungen, zumal die Lebenshaltungskosten steigen.

Aber auch in der breiten Öffentlichkeit regen sich viele kritische Stimmen gegenüber der chemischen Industrie. Die weltweite Diskussion über den Umweltschutz scheint ihre Vorwürfe in erster Linie gegen die Chemie zu richten. Die Chemiker werden angeklagt, durch ihre Fabrikationen Luft und Wasser zu verschmutzen. Man beschuldigt sie, den Markt mit Produkten zu überschwemmen, die gesundheitsschädlich oder gar giftig sind. Andererseits wirft man der Chemie vor, daß sie dort, wo sie zweifellos unentbehrlich ist, wie etwa bei Arzneimitteln, Monopolstellungen ausnutzt und allzu hohe Preise fordert. Durch Fusionskontrolle und Kartellgesetze sollen Konzentrationsbewegungen und Preisabsprachen innerhalb der Chemie verhindert werden. Weil die wirtschaftliche Situation schwieriger wird, rät man zu gleicher Zeit, Überkapazitäten durch Vereinbarungen über Investitionen zu vermeiden. Das eine aber schließt das andere aus.

So ist eine allgemeine Verwirrung entstanden. Man fragt sich, wenn man an der Entwicklung der vergangenen Jahrzehnte teilgenommen hat, ob nun wirklich in der Chemie, die der Welt so großen Vorteil gebracht hat, so vieles falsch ist, und ob die industrielle und wirtschaftliche Nutzung chemischer Erkenntnisse vielleicht ihre Grenzen schon überschritten hat? Auch im Bereich der Forschung wird schon erwogen, ob es etwa zu viele Chemiker gäbe.

Es wird die Frage gestellt, ob es noch genug Neues zu entdecken gebe, nachdem die große Erfinderepoche für Kunststoffe und synthetische Fasern, welche die Expansion der letzten Jahrzehnte ausgelöst hat, schon vorüber sei.

In solchen kritischen Augenblicken ist eine nüchterne Analyse aller der Möglichkeiten und Voraussetzungen notwendig, welche das Schicksal der Chemie und der chemischen Industrie bestimmen.

Man darf wohl davon ausgehen, daß die Menschheit ohne die Erzeugnisse der Chemie nicht existieren kann. Düngemittel und Schädlingsbekämpfungsmittel haben ertragreichere Ernten ermöglicht und damit unzählige Menschen vor dem Hunger bewahrt, wenigstens in den Gebieten, in denen nicht organisatorische oder politische Hindernisse vorerst eine ausreichende Versorgung verhindern. Noch ist allerdings der Bedarf an Düngemitteln und auch an Pflanzenschutzmitteln bei weitem nicht gedeckt. 1965/66 wurden in der gesamten Welt rund 40 Millionen Tonnen Düngemittel verbraucht. Für 1980 schätzt die Welternährungsorganisation den Bedarf schon auf 80 Millionen Tonnen. Noch immer wird jährlich ein Drittel der Welternte an Nahrungs- und Nutzpflanzen von tierischen und pflanzlichen Schädlingen vernichtet.

Die vollsynthetischen Fasern haben die Voraussetzung geschaffen, daß die Menschen sich besser und billiger kleiden können.

Die Kunststoffe haben in den letzten 20 Jahren völlig neue Möglichkeiten eröffnet und unsere Lebensgewohnheiten verbessert. Ohne den synthetischen Kautschuk wäre der Aufschwung des Autos zum Massenverkehrsmittel nicht möglich gewesen.

Am stärksten fällt aber sicherlich die Leistung der pharmazeutischen Industrie ins Gewicht. Durch ihre wissenschaftlichen und wirtschaftlichen Erfolge sind Gesundheit und Lebenserwartung der Menschen gewaltig verbessert worden. Allein die Lebenserwartung hat sich gegenüber dem vergangenen Jahrhundert von 35 auf 70 Jahre verdoppelt. An dieser Entwicklung haben die modernen Arzneimittel einen nicht geringen Anteil, man braucht nur an die Sulfonamide und vor allem die Antibiotika zu denken. Sie haben die Gefahren der Infektionskrankheiten drastisch eingeschränkt. Darüber hinaus ist die Bekämpfung des Schmerzes wohl eine der größten Leistungen.

Noch aber gibt es weite Gebiete der Erde, die an diesen Fortschritten nicht teilnehmen. Sie sind darauf angewiesen, chemische Erzeugnisse aller Art einzuführen, bis es ihnen gelingt, sie im eigenen Land in gleicher Weise zu erzeugen, wie das in den Industrienationen geschieht. Deswegen gehört in vielen Ländern, z. B. auch in den Staaten des Ostblockes, der Ausbau der chemischen Industrie zu den vordringlichsten volkswirtschaftlichen Zielen.

Dic deutsche chemische Industrie war an den Erfolgen der Vergangenheit in hervorragendem Maß beteiligt. Sie konnte im Inland schnell den Nachholbedarf befriedigen, so daß der Verbrauch chemischer Erzeugnisse jenen der meisten anderen Länder überflügelte. Darüber hinaus gelang es ihr, über einen ständig wachsenden Export nicht nur in den konkurrierenden Industrieländern Absatzgebiete zu erschließen, sondern erst recht die übrige Welt mit Chemieprodukten zu versorgen. Nachdem die chemische Industrie ihre innere Struktur gefestigt hatte, konnte sie in den letzten Jahren dazu übergehen, größere Produktionsstätten im Ausland zu errichten.

Speziell der deutsche Chemieexport droht aus Ertragsgründen in Schwierigkeiten zu geraten. In den Ostblockstaaten und in manchen anderen Teilen der Welt sind dem freien Handel enge Grenzen gesetzt, so daß die Möglichkeiten des Warenaustausches dort nach wie vor gering bleiben. Andererseits haben in den Industrieländern die Isolierungsbestrebungen wieder zugenommen. Vor allem hat die ständige, in den letzten Jahren sich noch beschleunigende Inflation, die wiederholt Geldwertrelationen änderte, den internationalen Handel erschwert. Die mehrmalige DM-Aufwertung, die Abwertung in anderen Ländern und das Festhalten an überholten Währungsparitäten haben die chemische Industrie in große Schwierigkeiten gebracht. Sie wird auf längere Sicht auf einen Anteil ihres Exportes verzichten und ihn durch Produktion im Ausland ersetzen müssen.

Im Grunde genommen hat die Chemie in den letzten zwei bis drei Jahrzehnten eine große volkswirtschaftliche Leistung erbracht. Sie hat auf der Grundlage der Petrochemie die Märkte mit wertvollen, neuartigen Verbrauchsgütern versorgt und zugleich im weltoffenen, freien Wettbewerb nicht nur alle ihre Entwicklungen wirtschaftlich ausgenützt und finanziert, sondern dabei auch entgegen dem allgemeinen Trend die Preise ihrer Erzeugnisse gesenkt.

Aus Hoechst mögen dazu aus dem Bereich der seit der Neugründung im Jahre 1952 neu geschaffenen Produkte einige Beispiele genannt werden.

Unsere Trevirafaser hatte im Jahre 1961, also wenige Jahre nach der Einführung auf dem Markt, einen Preis von DM 14,– je kg, der bis Ende 1970 auf DM 3,80 je kg gesenkt wurde. Ein Kilo Hostalen kostete im Jahre 1961 noch 3,20 DM, während der Preis Ende 1970 DM 1,70 betrug. Der Preis der neu herausgegebenen Remazolfarbstoffe betrug am Beispiel des Remazol türkisblau G 1961 31,80 DM je kg, während Ende des Jahres 1970 der Preis auf 22,70 DM gesunken war. Eine Packung Rastinon, des im Jahre 1956 erstmalig auf den Markt gebrachten peroralen Anti-Diabetikums, kostete im Jahre 1961 DM 6,90, im Jahre 1970, zehn Jahre später, DM 5,75.

Der Preisindex aller Chemieerzeugnisse ging von 100 im Jahre 1961 auf 91,8 im Jahre 1970 zurück. Im gleichen Zeitraum sind nahezu alle Kosten gestiegen. Zu erhöhten Zinsen mußte das Anlagevermögen von 1,3 Milliarden auf 7 Milliarden DM vergrößert werden.

Im gleichen Zeitraum stieg der Personalaufwand je geleistete Arbeitsstunde von DM 5,82 auf DM 12,54.

Die Entwicklung der chemischen Industrie beruht auf gesunden wirtschaftlichen Voraussetzungen. Sie wird, wie auch in früheren Zeiten, ihre Probleme lösen, indem sie sich Bedingungen anpaßt, die nun einmal in ihrer Umwelt gelten.

Daß alle diese Fortschritte zuweilen auch mit unerwünschten Effekten oder gar Mißbrauch verbunden waren, ließ sich kaum völlig vermeiden. Man muß aber doch anerkennen, daß jeder einzelne von uns durch die vielseitigen Erzeugnisse der Chemie weit mehr Vorteile als Nachteile gehabt hat.

Wenn der Mensch mit seinen Lebensgewohnheiten und Verbrauchsansprüchen die Welt in relativ kurzer Zeit so stark verändert hat, darf er sich nicht darüber wundern, daß sich damit auch seine unmittelbare Umwelt verändert. Dennoch denkt wohl niemand ernsthaft daran, das Automobil, die Waschmaschine, die Ölheizung und so manch andere Bequemlichkeit kurzerhand wieder abzuschaffen. Allerdings stellen unser Lebensstandard und unsere Verbrauchsgewohnheiten neue Ansprüche an die Umwelt, denen Staat und Kommune, Wirtschaft und Verbraucher sowie letzten Endes jeder einzelne von uns gerecht werden müssen.

Sicherlich sind die Probleme des Verkehrs, des Lärms, der Abluft und des Abwassers, die sich hieraus ergeben, für Staat und Öffentlichkeit sehr viel schwerer zu lösen als die Umweltprobleme chemischer Fabriken.

Zwar erweckten öffentliche Diskussionen zuweilen den Eindruck, als seien in erster Linie chemische Produktionsstätten für die Umweltverschmutzung verantwortlich. Es besteht inzwischen aber wohl kein Zweifel mehr, daß gerade hier die Gefahren am frühesten erkannt worden sind. Die chemische Industrie bemüht sich am intensivsten um die Reinhaltung der Umwelt und hat auf diesem Gebiet auch die größten Erfolge aufzuweisen. Viel schwieriger wird es sein, den allgemeinen Lebensstandard einer zivilisierten und nicht ohne Grund technisierten Gesellschaft zu erhalten und weiter zu verbessern und dennoch ein Leben in einer erfreulichen Umwelt zu ermöglichen. Dazu bedarf es organisatorischer Maßnahmen, die möglicherweise recht spürbar in das Leben des einzelnen eingreifen werden. Städte und Gemeinden werden große Investitionen und kostspielige Dienstleistungen aufbringen müssen, die hohe Kosten verursachen.

Aber auch die Chemie wird aus der wirtschaftlichen Notlage und aus den Widerständen, die ihr entgegentreten, lernen müssen. Im Bereich der exakten Naturwissenschaften hat die Chemie die Aufgabe der Stoffumwandlung. Aus den Rohstoffen, die auf der Erde vorkommen, und aus Naturstoffen stellt die Chemie zahlreiche Produkte her, die dem Menschen das Leben verschönern. Wenn dabei in bestimmten Arbeitsgebieten ausreichende Erkenntnisse gesammelt sind, wird sie sich neuen Aufgaben zuwenden müssen. Im Bereiche der Kunststoffe und der Fasern sieht es so aus, als ob die großen und grundsätzlichen Entdeckungen nun der Vergangenheit angehören. Und doch gibt es auch hier noch viele Probleme, deren Lösung bequemere Lebensgewohnheiten eröffnen wird.

Mit den modernen Methoden der präparativen und analytischen Chemie vermag der Chemiker eine nahezu unendliche Zahl von chemischen Verbindungen herzustellen und ihre Struktur und Zusammensetzung exakt in kürzester Zeit zu ermitteln.

In verstärktem Maße muß er sich dem Studium der Funktionen zuwenden, welche solche neuen Verbindungen übernehmen können, und der Frage, wo sie mit Erfolg und ohne Schaden angewendet werden können. Je größer die Möglichkeiten der chemischen Synthese werden, desto schwieriger und kostspieliger ist die Auswahl und die kritische Beurteilung des Einsatzes.

Dazu bedarf es exakter wissenschaftlicher Erkenntnisse über den jeweiligen Wirkungsmechanismus im menschlichen und tierischen Organismus wie in der Pflanzenwelt. In der Molekularbiologie und ganz allgemein in der Biochemie eröffnen sich weite Möglichkeiten, die dann, wenn wir den Mechanismus besser verstehen, auch neue Voraussetzungen für die Bekämpfung von Krankheiten und Schädlingen schaffen werden.

Aber auch in vielen technischen Bereichen, wie z.B. in der Nachrichtenübermittlung und in der allgemeinen Kommunikation und Information, im Verkehrswesen und in der Bauwirtschaft, werden immer neue Aufgaben erkennbar, die ohne die schöpferische Mitarbeit der Chemie nicht gelöst werden können.

Wenn die Chemie so viel dazu beitragen konnte, den Menschen vor Hunger und Krankheit zu schützen und seine Lebenserwartung zu verlängern, so wird sie auch in der Zukunft dabei helfen können, den Mißbrauch und die Fehler zu beheben, die durch eine allzu schnelle Industrialisierung in unserer Umwelt entstanden sind. Auch das ist eine neue wissenschaftliche Aufgabe, der man sich in Lehre und Forschung bewußt werden muß.

Kriegerische Ereignisse und Wirtschaftskrisen haben in den letzten Jahrzehnten die Chemie immer wieder in Schwierigkeiten gebracht und vor große neue Probleme gestellt. Auch die Rückschläge und die Kritik, die jetzt auf unsere Chemie zukommen, werden überwunden werden müssen durch neue Bemühungen und neue Möglichkeiten. Meine eigene industrielle Erfahrung hat mir gezeigt, daß die Zeiten, in denen die Industrie ohne ein Übermaß staatlicher Interventionen ihr eigenes Schicksal gestalten konnte, die glücklichsten Zeiten nicht nur für sie, sondern auch für die gesamte Volkswirtschaft waren. Scharfer Wettbewerb war schon immer kennzeichnend für die chemische Industrie. Er beunruhigt mich nicht, denn er dient immer dem Fortschritt. Die Männer, die das Schicksal unserer Industrie gestalten, werden auch unter den schwieriger gewordenen Verhältnissen den Mut nicht verlieren und ihre Unternehmen in eine gesunde Zukunft führen.

Anhang

Ansprache bei der Ausgründung der Farbwerke Hoechst AG am 27. März 1953

Sehr verehrte Gäste,
meine lieben Freunde und Mitarbeiter,
meine Damen und Herren!

Nachdem am 7. 12. 51 die Farbwerke Hoechst AG vormals Meister Lucius & Brüning mit einem Aktienkapital von 100000 DM gegründet worden war, fand heute die Übertragung der dieser Gesellschaft von den Alliierten zugesprochenen Werke und Beteiligungen aus dem Vermögen der in Auflösung befindlichen I. G. Farbenindustrie statt. Im Zuge der von den Alliierten durchgeführten Entflechtungsmaßnahmen hat die Farbwerke Hoechst AG mit Wirkung vom 1. 1. 52 übernommen:

1. die Werke: Farbwerke Hoechst
Chemische Fabrik Griesheim
Naphtol-Chemie Offenbach
Lech-Chemie Gersthofen

mit einer Gesamtbelegschaft von zur Zeit 14867 Menschen.

2. das Gesamtkapital folgender Firmen:

	Grundkapital	Belegschaft
Knapsack-Griesheim AG	36,0 Mill. DM	5748 Menschen
Kalle & Co. AG	20,4 Mill. DM	3487 Menschen
Bobingen AG für Textilfaser	8,5 Mill. DM	1857 Menschen
Behringwerke AG, Marburg	5,0 Mill. DM	510 Menschen
Sperr- und Faßholzfabrik Goldbach GmbH	Stammkapital 750000 DM	196 Menschen

Die Gesamtbelegschaft beträgt demnach 26665 Menschen.

3. Außerdem wurden unserer Gesellschaft übertragen:
49% der Wacker-Chemie GmbH, die ein Stammkapital von 40 Mill. DM ausweist und zur Zeit eine Belegschaft von 3 975 Menschen hat, und rund 30% der Duisburger Kupferhütte, deren Grundkapital 24 Mill. DM beträgt. Diese Gesellschaft beschäftigt zur Zeit 3 362 Menschen.

4. Weiter wurden verschiedene kleinere Beteiligungen übernommen.

Aufgrund des übertragenen Vermögens wurde das Grundkapital der Farbwerke Hoechst AG heute durch Beschluß der Hauptversammlung auf

DM 285 700 000.–

festgesetzt.

Die uns gehörenden Werke und Tochtergesellschaften, ohne die Beteiligungen, haben 1952 einen Umsatz von 760 Mill. DM erreicht.

Mit dem heutigen Tage ist die alliierte Kontrolle zu Ende gegangen. Die Gesellschaftsorgane haben volles Verfügungsrecht und volle Verantwortung nach deutschem Recht.

Als wir vor nahezu genau 8 Jahren am 23. März 1945 angesichts der herannahenden Kampffront den Befehl zum vollständigen Abstellen der Betriebe gaben, erlosch in unserem jetzt 90jährigen Werk alles betriebliche Leben. In unserer Heimat vollzog sich in jenen Wochen als grausame Folge eines mit Unmenschlichkeit bis zur Auflösung geführten Krieges der Zusammenbruch alles dessen, was in jahrhundertelanger Überlieferung entstanden war. Wirtschaft, Staat und Recht verfielen der Auflösung. In dumpfer Resignation erlebten wir das Ende unserer staatlichen Gemeinschaft. Wenn wir heute nach den ersten Jahren des Wiederaufbaues das freie Verfügungsrecht über unser wieder in vollem Betrieb befindliches Unternehmen zurückgewonnen haben, so müssen wir bekennen, daß wir die Macht der Zerstörung überschätzt haben. Wir haben damals unter dem Eindruck des hereinbrechenden Unglücks vergessen, daß das Leben immer weitergeht. Es ist weitergegangen über alle Opfer und Trümmer hinweg. Wenn uns der Kampf ums Dasein und die Geschäftigkeit des Wiederaufbaues keine Zeit zur Besinnung gelassen haben, so ist es an diesem Tage der Freude unsere erste Pflicht, uns der Freunde und Mitarbeiter zu erinnern, welche diese furchtbarste Katastrophe unseres Volkes nicht überlebt haben.

Aus den jetzt zu uns gehörigen Werken und Gesellschaften sind bis 1945 vor dem Feinde gefallen, in der Heimat von Bomben erschlagen, vermißt und verschollen

1933 Mitarbeiter.

Unsere Gedanken verweilen bei ihnen und ihren Angehörigen. Mögen sie uns allezeit daran erinnern, daß wir das kostbare Geschenk des Friedens nie wieder aufs Spiel setzen dürfen.

Wir gedenken ferner aller derjenigen Freunde und Mitarbeiter, die nach Ende des Krieges bis heute von uns gegangen sind und den Tag des Wiederanfangs nicht miterleben dürfen. Darunter besonders unseres Freundes Johannes Moser, den wir erst in dieser Woche zu Grabe getragen haben.

Einer der tiefsten Eingriffe, den die Alliierten als Folge des von ihnen gewonnenen Krieges vornahmen, erfolgte durch das Kontrollratgesetz Nr. 9 vom 30. 11. 1945, welches die Beschlagnahme der I. G. Farbenindustrie vom 5. 7. 1945 sanktionierte und die Grundlage bildete für die Auflösung der I. G. nach dem späteren Gesetz Nr. 35 der Alliierten Hohen Kommission. Damit erfolgte, von der Mehrheit des um sein Dasein ringenden Volkes nahezu unbeachtet, die Vernichtung des bedeutendsten Wirtschaftsunternehmens, das deutsche Wissenschaft und Technik und deutscher Unternehmungsgeist je aufgebaut haben.

In einem mit großer Härte geführten Prozeß konnten sich die verantwortlichen Leiter der I. G. Farbenindustrie AG, und damit unser gesamtes Unternehmen, von den diskriminierenden Anklagen des Kriegsverbrechertums, des Raubes und der Plünderung reinigen. Wir fühlen uns mit den Herren des alten Aufsichtsrates und Vorstandes der I. G. Farbenindustrie AG sowie mit allen alten Freunden dieser Firma eng verbunden und sind glücklich darüber, eine große Zahl alter Freunde aus dieser Zeit bei uns heute begrüßen zu können.

Im Rahmen der Beschlagnahme, d. h. unter alliierter Kontrolle, vollzog sich bis heute der Wiederaufbau der alten Fabrikationsstätten. Sie waren zum Teil durch Bomben schwer zerstört, ihre Organisationen waren durch Entlassungsmaßnahmen vollständig in Unordnung geraten. Ihre Verbindungen mit den Schwesterwerken, auf die sie als Folge einer 20jährigen Zusammenarbeit in allen Stufen ihrer Fabrikation angewiesen waren, wurden zerschnitten. Die zentrale Verkaufsorganisation bestand nicht mehr und mußte in den einzelnen Werken provisorisch aufgezogen werden. Mit unermüdlicher Zähigkeit haben die Belegschaften unserer Fabriken unter ihren neuen Leitungen eine bewundernswerte Aufbauarbeit vollzogen.

Unser Dank gilt am heutigen Tage den Arbeitern und Angestellten, die dabei mithalfen und in unbeirrbarer Treue zu ihren Arbeitsstätten hielten. Er gilt auch besonders den Männern der Leitung, den Treuhändern, die es fertiggebracht haben, im Rahmen enger und schwerer

Bestimmungen, welche die Kontrolle ihnen auferlegte, die Werke wieder zu ihrer vollen Produktion und Wettbewerbsfähigkeit zu bringen.

Neben dem Aufbauwerk in den Fabrikationsstätten lief einher das hartnäckige Ringen um die zukünftige wirtschaftliche Gestaltung der I. G.-Nachfolgegesellschaften. In dem Maße, wie Sieger und Besiegte Abstand gewannen von der Atmosphäre des Hasses und der Vernichtung, wurden sie einsichtiger und die Pläne für den Neuaufbau der Restvermögen wirtschaftlich vernünftiger.

Wenn es heute gelungen ist, eine völlige Atomisierung zu verhindern und die Aufteilung der I. G. Farbenindustrie auf möglichst wenige Unternehmen zu beschränken, und tragfähige Gesellschaften zu erhalten, so wollen wir auch dankbar anerkennen, daß die Herren der Kontrollbehörden, die von ihren Ländern mit der Auflösung der I. G. Farbenindustrie AG beauftragt waren, sich in vielen Fällen umstimmen ließen und unseren Plänen zur Gründung wirtschaftlich vernünftiger Einheiten folgten.

Die deutsche Bundesregierung hat sehr bald in diese Auseinandersetzungen eingegriffen und ihr zunehmendes Gewicht dafür eingesetzt, daß anstelle der ursprünglichen Aufteilung in viele kleine, nicht lebensfähige Einzelfirmen als Kernstück des gesamten I. G.-Vermögens drei große Nachfolge-Gesellschaften konstituiert wurden. In zähen diplomatischen Verhandlungen sind die Grundlagen der heutigen Entflechtung ausgehandelt worden. Dabei sind die Auseinandersetzungen in diesen Jahren oft monatelang um jedes einzelne Werk gegangen.

Wir danken heute der Bundesregierung, an ihrer Spitze Herrn Bundeskanzler Dr. Adenauer, der sich in entscheidenden Augenblicken persönlich in die Verhandlungen, speziell auch diejenigen zugunsten unseres Werkes Hoechst, eingeschaltet hat.

Wir danken dem Herrn Bundeswirtschaftsminister Prof. Dr. Erhard, Herrn Staatssekretär Westrick und seinen Mitarbeitern, insbesondere Herrn Dr. Prentzel, die uns in den endlosen Verhandlungen wirksamst unterstützt haben.

Unser Dank gilt von Hoechst aus besonders der hessischen Landesregierung, insbesondere Herrn Ministerpräsidenten Dr. Zinn. Er hat jederzeit lebhaftes Interesse für unsere vielen großen und speziellen Sorgen gehabt und sich oft persönlich mit großem Nachdruck und bedeutendem Erfolg für die Belange der Hoechster Farbwerke eingesetzt.

Unser Gruß gilt auch den Herren der bayerischen Landesregierung, mit denen wir durch unsere in Bayern liegenden Fabrikationsstätten und Beteiligungen eng verbunden sind.

Die jahrelangen Verhandlungen haben alle Stadien heftiger Meinungsverschiedenheiten durchlaufen. Wenn sie zu einem vernünftigen,

wirtschaftlich tragbaren Ergebnis geführt haben, so dürfen wir nicht vergessen, daß uns Presse und Rundfunk dabei wertvolle Hilfe geleistet haben.
Ich freue mich, die Herren Vertreter von Presse und Rundfunk heute hier begrüßen zu dürfen: Wir danken Ihnen, meine Herren, für alles, was Sie für uns getan haben, und bitten Sie, uns Ihr Wohlwollen für die schwere Zeit, die vor uns liegt, zu erhalten.

Ferner danken wir den Herren I. G.-Liquidatoren Dr. Brinckmann, Dr. Reuter und Dr. Schmidt für ihre tatkräftige Unterstützung und ihren vermittelnden Beistand.

Schließlich ist es mir ein Bedürfnis, allen denjenigen zu danken, die aus unserer eigenen Firma, aus Aufsichtsrat, Vorstand und Belegschaft, sich darum bemüht haben, zu einer erträglichen Endlösung zu kommen, und vor allem unseren Gründern, die dieser Lösung die nötige Form gegeben haben.

Die Farbwerke Hoechst AG tritt nun, endgültig konstituiert und von der alliierten Kontrolle befreit, ihren neuen Weg in die Zukunft an. Mit ihr gleichzeitig entstehen die Schwesterunternehmungen in Leverkusen und Ludwigshafen neben der Cassella Farbwerke AG, Mainkur, und den Chemischen Werken Hüls.

Alle diese Werke sind durch eine jahrzehntelange Verflechtung miteinander verbunden. Das Auseinanderschneiden in den Jahren der Nachkriegszeit hat offene Wunden erzeugt. Wir sind bezüglich der Zulieferung von Vor- und Zwischenprodukten, wie auch der Vervollständigung unserer Sortimente im Verkauf eng verknüpft und aufeinander angewiesen. Wir werden eine wirtschaftliche Konkurrenz in der Zukunft nur bestehen und unsere volkswirtschaftlichen Verpflichtungen nur erfüllen, wenn der Wettbewerb, der auch segensreiche Folgen haben kann, mit ehrlichen und vernünftigen Mitteln geführt wird. Die enge, zum Teil persönliche Freundschaft von Leitung und Belegschaft, die uns aus gemeinsamer Geschichte miteinander verbindet, wird uns dabei helfen.

In diesem Sinne heiße ich die Herren von den Vorständen der Schwesterunternehmungen Leverkusen, Ludwigshafen, Hüls und Cassella herzlich willkommen.

Unser Gruß gilt in diesem Augenblick auch den Schwesterwerken in der Ostzone, die ein eigenes Schicksal erlitten haben, und die wir nicht vergessen wollen.

Unser Unternehmen, das heute aus der Taufe gehoben worden ist, mag für den Außenstehenden ein schwer übersehbares Gebilde sein. Für diejenigen jedoch, die aus der Kenntnis der alten Hoechster Farbwerke und den Zusammenhängen innerhalb der alten I. G. Farbenindustrie heraus unseren Kampf um die Erweiterung unseres Besitzes verfolgt haben, ist es ersichtlich, daß diese Bemühungen nicht um eine bloße Vergrößerung des Umsatzes oder einen zusätzlichen Erwerb von Beteiligungen gegangen sind, sondern daß es sich dabei um eine durchdachte Abrundung und Vervollständigung von Arbeitsgebieten handelt.

Eine der wichtigsten Sparten unseres Unternehmens ist auch heute noch die Farbengruppe, welche durch die Naphtol-Chemie Offenbach ihre wertvolle Ergänzung erfährt. Das Fundament dazu bildet die Zwischenprodukte-Fabrikation von Hoechst, die durch Griesheim und die Lech-Chemie ergänzt wird.

Die Pharma-Sparte erfährt durch den Wiederzusammenschluß mit den Behringwerken eine traditionelle Ergänzung. Unsere Schwefelsäurefabrik ist in ihrer Rentabilität sehr eng auf die Verbundwirtschaft mit der Duisburger Kupferhütte angewiesen, weshalb wir die Wiederherstellung der alten gemeinsamen Zusammenhänge wärmstens begrüßen.

Die Chemie der Dünge- und Pflanzenschutzmittel hat durch die Kalkstickstofferzeugung in Knapsack und die Schädlingsbekämpfungsmittel in Gersthofen eine wichtige Vervollständigung erfahren.

Auf dem Karbid von Knapsack und der dortigen Acetaldehyderzeugung basiert seit Jahrzehnten die in Hoechst entwickelte Sparte der Lösungsmittel und Kunststoffe, die jetzt durch Anschluß der Perlonfabrik in Bobingen eine wertvolle Fortsetzung gefunden hat.

Die kunststoffverarbeitenden Betriebe von Kalle werden mit dieser Sparte eng zusammenwachsen, und, wie wir glauben, für die alten Schwesterwerke Kalle und Hoechst einen neuen Auftrieb geben.

Auf diesem Gebiet war uns auch die alte Verknüpfung mit der Firma Wacker-Chemie GmbH besonders wertvoll, die die Entwicklung der Acetylenchemie seit mehr als 30 Jahren mit uns gemeinsam gefördert hat.

Die Erzeugung von Phosphor und Ferrolegierungen schafft uns gemeinsam mit der Kohleerzeugung in Griesheim und der Graphiterzeugung innerhalb der SIGRI einerseits und den Kochsalzelektrolysen von Hoechst, Gersthofen und Wacker, sowie der Natriumerzeugung in Gersthofen ein weit ausgedehntes elektrochemisches Arbeitsgebiet.

Schließlich rundet sich die Karbiderzeugung von Knapsack mit der Sauerstofferzeugung in unseren weitverteilten Produktionsstätten und der Fabrikation von Schweißgeräten zu dem geschlossenen weitreichenden Sektor der Schweißtechnik ab.

Wir müssen es uns an dieser Stelle versagen, diese Zusammenhänge weiter zu verfolgen und zu vervollständigen. Voraussetzung für eine fortschrittliche Entwicklung auf allen diesen weitreichenden Arbeitsgebieten ist eine ausreichende Forschung. Nach anfänglichen schweren Behinderungen sind in unseren wissenschaftlichen Laboratorien und Betrieben heute wieder 992 Chemiker, Ingenieure, Ärzte und Apotheker beschäftigt. Wir hoffen, daß es uns gelingen wird, die Lücken der Vergangenheit aufzufüllen und der deutschen Chemie wieder zur Weiterentwicklung zu verhelfen. Dabei müssen wir uns klar darüber sein, daß es uns schwerfallen wird, in den einzelnen Unternehmungen so große Aufgaben zu erfüllen, wie sie die alte I. G. Farbenindustrie in Angriff nehmen konnte.

Es wird eine unserer vornehmsten Aufgaben sein, innerhalb sämtlicher Fabrikations- und Forschungsstätten den Geist rationeller Zusammenarbeit zu fördern. Wir glauben, daß die Organisationsform, welche wir dafür gewählt haben, aus historischen und sachlichen Gründen besonders geeignet ist. Während in dem mit Griesheim, Offenbach und Gersthofen fusionierten Kernwerk Hoechst die allgemeinen Grundfabrikationen zusammengefaßt sind, ist die Struktur der Tochtergesellschaften bedingt durch spezifische und in sich abgeschlossene Arbeitsgebiete, die auch nach außen eine gute Schlagkraft haben.

Die jahrelange ungewollte Trennung wird uns bei der zukünftigen Zusammenarbeit vor große organisatorische Anforderungen stellen, vor allem aber auch menschliche Qualitäten benötigen.

Wir müssen alle viel Vertrauen und Verständnis zueinander haben, damit über sämtliche Werkszäune hinweg die optimale Wirkung des Zusammenschlusses erreicht wird.

In der Hoffnung, daß uns das gelingt, begrüßen wir heute in herzlicher Verbundenheit die Vorstände unserer angeschlossenen Unternehmen, wie auch besonders die Herren der Firma Wacker-Chemie GmbH und der Duisburger Kupferhütte.

Meine Damen und Herren!

Im Augenblick der Genugtuung über die Freiheit und die Möglichkeiten des neuen Startes wollen wir uns der Verantwortung bewußt sein, die wir übernehmen.

Unseren Aktionären sind durch die Maßnahmen der I. G.-Kontrolle schwere Opfer auferlegt worden. Nicht nur Besitzer großer Vermögenswerte, sondern Zehntausende, wenn nicht sogar hunderttausend kleiner Sparer, die unserer I. G. Farbenindustrie jahrzehntelang Vertrauen und Treue entgegengebracht haben, sind in dieser Zeit in schwere wirtschaftliche Bedrängnis gekommen. Die Sorgen um die Zukunft des mühsam erarbeiteten Besitzes wurden erneut wach bei den Auseinandersetzungen um die Festsetzung der Nennkapitalien bei den neuen Gesellschaften. Die im Frühjahr 1952 veröffentlichte DM-Eröffnungsbilanz der I. G. ließ bei allen nicht bis ins letzte mit solchen schwierigen Bilanzfragen vertrauten Sparern Mißverständnisse aufkommen über die tatsächlichen Vermögensverhältnisse. Wenn das jetzige Umtauschverhältnis 10:9 in einzelnen Kreisen Unbefriedigung zurücklassen sollte, so bitten wir, daran zu denken, wie die tatsächlichen Verhältnisse liegen. Die Nachfolgegesellschaften und Produktionsstätten, die jetzt die Bedienung des früheren I. G.-Kapitals übernehmen, besitzen zusammen nur noch 36% des Vermögens der ehemaligen I. G. Farbenindustrie. 14% sind im Ausland verlorengegangen, 50% in der Ostzone und jenseits davon unserem Verfügungsrecht entzogen. Der Verlust des gesamten Besitzes an Patenten und Warenzeichen im Ausland, die Freilegung unserer sämtlichen Betriebsgeheimnisse in der Nachkriegszeit, gewaltige Demontageschäden, Unterbindung großer rationeller Industriezweige durch allgemeine Verbote haben uns schweren Schaden gebracht, währenddessen die Wirtschaft der übrigen Welt die Jahre der Nachkriegszeit zu einem blühenden Aufbau benutzen konnte.

Wir müssen deshalb um Verständnis dafür bitten, wenn wir das uns übertragene Vermögen nüchtern analysiert haben. Dabei hat nicht der Wunsch geherrscht, uns das Leben leichtzumachen. Bei der Festsetzung des Nennkapitals haben wir uns leiten lassen von der hohen Verantwortung, die wir unseren alten I. G.-Aktionären gegenüber haben. Wenn erst die Übergangszeiten des Aktienumtausches vorübergegangen sind, sollen unsere Aktien wieder das klassisch sichere Anlagepapier des deutschen Aktienmarktes werden, das, gestützt auf eine langfristig geplante, ausgewogene und nachhaltige Dividendenpolitik, seine Aktionäre auch in Krisenzeiten nicht enttäuscht.

Nachdem nunmehr durch den Aktionärbeirat unseren Entscheidungen Verständnis entgegengebracht worden ist, wollen wir den Aktionären die Treue halten, wenn sie dies auch weiterhin uns gegenüber tun. Wir haben nach vielen sorgfältigen Prüfungen der Geschäftsaussichten die sichere Hoffnung, daß wir die Verantwortung unter den jetzigen Bedingungen voll übernehmen können. Wir hoffen dabei allerdings, daß der Staat uns durch seine Finanz- und Steuerpolitik die Erfüllung dieser Verpflichtung erleichtert, damit uns neben den Ansprüchen einer Dividende auch ein wirtschaftlicher Ausbau unserer Unternehmungen gewährleistet bleibt.

Wir wollen diese Versicherung der Treue auch unseren Pensionären gegenüber abgeben. Auch sie sind durch die Ereignisse der Nachkriegszeit in schwere Not geraten. Erst mehrere Jahre nach Kriegsende wurde uns wieder gestattet, die Pensionszahlungen wiederaufzunehmen, und noch viel später die Möglichkeit gegeben, die ausgefallenen Pensionszahlungen nachzuleisten. Die jetzt durch die Alliierten erlassene Pensions-Durchführungsverordnung ist zwar hauptsächlich zu dem Zweck erlassen, die Pensionslasten der I. G. Farbenindustrie AG auf die Nachfolge-Gesellschaften aufzuteilen, darüber hinaus sichern ihre Bestimmungen aber allen I. G.-Pensionären, auch denjenigen, die nicht aus den eigentlichen Arbeitsstätten der Nachfolgegesellschaften hervorgegangen sind, die Pension, die sie jetzt beziehen. Wichtiger als diese Verordnung ist aber für unsere Pensionäre der feste Wille der Vorstände und Belegschaften, die Sozialpolitik, die wir alle von unserer alten I. G. Farbenindustrie kennen, fortzusetzen. Wir wollen das Schicksal unserer Pensionäre in die Hände nehmen wie unser eigenes. Es ist auch unser eigenes, denn die erste Grundlage aller Sozialpolitik ist auch vom Standpunkt der aktiven Belegschaft aus die Fürsorge für das Alter und für den Fall der Invalidität. Wir müssen allerdings auch Verständnis dafür erwarten, daß diese Pflicht den Werken eine sorgenvolle Verantwortung auferlegt. Wie groß diese Belastung ist, mögen Sie daraus ableiten, daß auf je zwei in unseren Werken aktiv tätige Belegschaftsmitglieder ein versorgungsberechtigter Pensionär oder Rentenberechtigter entfällt.

Meine Damen und Herren!

In der Stunde der Wiedergeburt der Hoechster Farbwerke zu neuer erweiterter Form richte ich namens des Vorstandes an die gesamte Belegschaft die herzliche Bitte um vertrauensvolle Mitarbeit. Zwischen Belegschaft und Leitung besteht eine in Jahrzehnten erprobte verständnisvolle Freundschaft, die in schwersten Katastrophenzeiten ihre Feuerprobe bestanden hat, für die wir Ihnen allen, besonders auch den Herren des Betriebsrates, herzlich dankbar sind.

Wir sind es gewöhnt, mit den Betriebsvertretungen in engstem Gedankenaustausch zusammenzuarbeiten. Diese Zusammenarbeit wird sich auch weiter bewähren müssen, wenn wir die großen Aufgaben des vor uns liegenden Sozialprogrammes erfüllen wollen.

Wir wollen uns in diesem Augenblick des neuen Startes darüber klarwerden, daß die Zusammenarbeit in unserem großen Unternehmen uns schwere, große Pflichten auferlegt. Voller persönlicher Einsatz und Verantwortungsfreude auf allen Ebenen, in den Betrieben, den Werkstätten, in den Büros und in der Leitung, menschlich-soziales Verständnis in der gesamten Belegschaft, ob oben oder unten, sind das Fundament unseres neuen und doch so alten Unternehmens. Wenn wir alle diese Verpflichtung mit tiefem Ernst auf uns nehmen, dann werden wir auch für die Zukunft die Form des Zusammenlebens finden, um die unser aus seiner Katastrophe wiedergeborenes Volk in allen seinen Schichten ringt. Dann wird uns dieses Unternehmen auch unseren gerechten Lohn erstatten. Dann werden wir bei ihm Sicherung finden für die wirtschaftliche Existenz unserer Familie, solange wir schaffen können und in unserem Alter. Dann wird uns auch die innere Befriedigung und Freude an der Arbeit geschenkt, mit der das Leben erst lebenswert wird.

In diesem Sinne begrüße ich Sie alle namens der Farbwerke Hoechst AG vormals Meister Lucius & Brüning!

Ansprache zum hundertjährigen Jubiläum der Farbwerke Hoechst AG am 11. Januar 1963

Exzellenzen, Magnifizenzen,
meine Herren Präsidenten,
meine Damen und Herren,
liebe Mitarbeiter!

In der heutigen Feierstunde, zu der wir uns aus Anlaß des 100. Geburtstages der Hoechster Farbwerke versammelt haben, heiße ich alle unsere Gäste und Freunde herzlich willkommen. Wir danken Ihnen allen, meine sehr verehrten Damen und Herren, daß Sie uns die Ehre erweisen, diesen Festtag mit uns zu feiern. Es war für uns ein selbstverständliches und herzliches Bedürfnis, an diesem für uns so bedeutsamen Tage die Repräsentanten aus den Kreisen bei uns zu haben, die mit uns und dem Geschehen des Unternehmens verbunden sind: Vertreter des politischen und öffentlichen Lebens, der gesetzgebenden Körperschaften, der Wissenschaft, der Industrie und des Handels.

Wir danken zugleich für alle Grüße und Geschenke, die uns in so unerwarteter Fülle zugegangen sind.

Aus dem großen Kreis der Belegschaft und ihren Angehörigen, von denen wir trotz der Größe unserer neuen Halle nur einen kleinen Teil hier versammeln können, und unserer Freunde sei es mir vergönnt, zwei Persönlichkeiten zu nennen:

Die Seniorin unserer Gründerfamilien, Frau Else v. Meister, der wir vor wenigen Wochen zu ihrem 90. Geburtstag gratulieren konnten, und die erst unmittelbar vor unserer Feier ihre persönliche Teilnahme aus gesundheitlichen Gründen absagen mußte, und unseren Jubilar Karl Kunz, der heute vor 50 Jahren, am 11. Januar 1913, als Ausläufer in der Stückguthalle in Hoechst seine Tätigkeit begonnen hat.

Wir danken ihnen beiden stellvertretend für alle Treue, die das Unternehmen in der Vergangenheit und bis zum heutigen Tage von vielen tausend Menschen erfahren durfte.

Die 100jährige Geschichte der Hoechster Farbwerke begann, als die naturwissenschaftliche Entwicklung des 19. Jahrhunderts, im besonderen aber diejenige der Chemie, in ein entscheidendes Stadium getreten war. August Wilhelm von Hofmann, der große Schüler Liebigs, war von England zurückberufen worden und hatte seine Tätigkeit in Berlin aufgenommen. In England hatte Perkin den ersten organischen Farbstoff synthetisiert. Kekulé erdachte 1865 die Strukturformel des Benzolrings und schuf damit eine damals noch gar nicht abschätzbare, außerordentlich fruchtbare Vorstellung, welche die synthetische organische Chemie bis in die Gegenwart maßgeblich beeinflußt. Im Bereich der Physik stand Helmholtz auf dem Höhepunkt seines Schaffens, schuf Werner v. Siemens die Dynamomaschine und damit die Voraussetzung für die industrielle Erzeugung elektrischer Energie.

Die Hüttentechnik hatte durch den großräumigen Bau von Eisenbahnen mächtige Impulse erfahren. Mit der Errichtung der ersten Koksöfen fielen die Nebenprodukte an, die für die große Entwicklung der Chemie Voraussetzung wurden. Mit der Förderung von Kalisalzen in Staßfurt begann 1863 ein neuer Abschnitt der Agrikulturchemie. In der gleichen Zeit begann auch in Pennsylvanien und im Kaukasus die Gewinnung des Erdöls, das heute, nach 100 Jahren, die Kohle als Rohstofflieferant für die Chemie zu verdrängen scheint.

Diese entscheidende Periode, die in einem Zeitraum von 2–3 Jahren den Grundstein für die gesamte chemische Großindustrie in Deutschland legte, war auch für die politische, wirtschafts- und sozialpolitische Entwicklung von schicksalhafter Bedeutung.

Kurz vorher, im Herbst 1862, war Bismarck, als Gesandter des Deutschen Bundes in Frankfurt (M) mit den Hoechster Gründerfamilien Meister und Lucius gut bekannt, zum preußischen Ministerpräsidenten berufen worden. Es begann damit die lange fruchtbare Periode der deutschen Einigung, die zugleich eine blühende wirtschaftliche Entwicklung einleitete. In die gleiche Zeit aber fallen tiefgreifende sozialpolitische Daten. Während in Rußland im Jahre 1861 die Aufhebung der Leibeigenschaft eine erste Abkehr vom mittelalterlichen Feudalsystem einleitet, erlebt das sich industrialisierende Mitteleuropa seine ersten Rückschläge und Erschütterungen.

Karl Marx, in Armut und Resignation in London lebend, schreibt seine aufrüttelnden Schriften und legt den Grundstein zur sozialistischen Revolution. Im Gründungsjahr unserer Firma veröffentlicht Lassalle seine Studie über das »Eherne Lohngesetz« und gründet den »Allgemeinen Deutschen Arbeiterverein«.

Es waren viele helle und dunkle Vorzeichen, die eine stürmische Zeit einleiteten und die Geschichte der Hoechster Farbwerke in allen ihren Phasen begleiteten und beeinflußten. Die Wechselwirkung der ungewöhnlichen technischen und wirtschaftlichen Möglichkeiten mit den revolutionären Einflüssen des öffentlichen Lebens gestaltete das Schicksal der Hoechster Farbwerke bei ihrem Aufstieg zu einem der großen Unternehmen in der Welt. Sie gestaltete und beherrschte in gleicher Weise das Leben der Menschen, die mit diesem Unternehmen verbunden waren. Als 25 Jahre später, im Jahre 1888, das erste Jubiläum gefeiert wurde, hatten die Gründer Meister, Lucius und Brüning – der Mitbegründer Müller war frühzeitig wieder ausgeschieden – das Privatunternehmen längst in eine Aktiengesellschaft umgewandelt. Dem turbulenten Ausbau der Farbstoffe, deren Reihe sich um viele neue Gruppen, so zum Beispiel um das Alizarin, erweiterte, hatten sich die Anfänge einer wissenschaftlichen pharmazeutischen Chemie beigesellt. Hoechst hatte von Knorr das Antipyrin erworben. Im Jahre 1897 fügte es aus eigener Forschung das Pyramidon hinzu. Damit war der Grundstein zu einer wissenschaftlich begründeten pharmazeutischen Chemie gelegt.

Schon ging die Entwicklung über die deutschen Grenzen hinaus. Aus ähnlichen Gründen wie heute mußten Fabrikationsstätten im Ausland errichtet werden. So entstand 1878 eine Hoechster Farbenfabrik in Moskau und 1883 eine solche in Creil bei Paris. Wenige Jahre später folgte eine Fabrikationsstätte in der Umgebung von Liverpool. Die Sorgen, die man mit solchen Auslandsgründungen hatte, waren damals oft die gleichen wie heute. Das Deutsche Reich war politisch und wirtschaftlich erstarkt. Bismarck hatte im Berliner Kongreß als Schiedsrichter der Welt fungiert. Das Jubiläumsjahr 1888 aber war das Jahr dreier deutscher Kaiser. Nach dem Tode des greisen Kaisers Wilhelm I. schwand der Einfluß Bismarcks dahin. Eine große Ungewißheit befiel das Deutsche Reich. Sozialpolitisch waren revolutionäre Dinge geschehen. Die erste Sozialgesetzgebung eines neuzeitlichen Industriestaates hatte dem Lande den inneren Frieden nicht gebracht. Der große alte Kanzler verstand die Welt nicht mehr. Gesellschaft und Staat verstanden nicht die unaufhaltsam aufsteigende Industrie und die daraus entstehenden Probleme. Zunächst aber folgte für Deutschland eine lange Friedenszeit, in der sich Technik und Wirtschaft in nie geahnter Weise entfalteten.

Im Jahre 1913, im Zenit einer erfolgreichen Entwicklung, feierten die Hoechster Farbwerke das 50jährige Jubiläum.

Herbert v. Meister erstattete an Stelle des schon vom Tode gezeichneten Gustav v. Brüning einen stolzen Rechenschaftsbericht.

Der Traum der organischen Chemiker, die Synthese des Indigos, war verwirklicht. Jahrelange Bemühungen um eine Synthese hatten die

Kräfte des Unternehmens vorübergehend nahezu aufgezehrt. Weitere kostbare Farbstoffe waren hinzugekommen.

Die Entdeckungen des unsterblichen Robert Koch hatten den Hoechster Farbwerken mit dem Tuberkulin den großen Erfolg noch nicht bringen können. Noch heute erinnert das Tuberkulin an die erste biochemische Arbeit und auch daran, welche Hoffnungen man sich davon abgeleitet hatte. Laubenheimer, der damals die pharmazeutischen Geschicke von Hoechst leitete, ließ den Mut nicht sinken. Über Robert Koch fand er den Weg zu dessen Schüler Behring. Es schlug die Geburtsstunde der Immunbiologie. 1894 hatte Hoechst das erste Diphtherieserum herausgebracht. Ihm folgte 1896 das Tetanusserum. Die Organiker aber hatten mit ihren synthetischen Arbeiten nicht geruht. Dem Pyramidon waren wichtige Heilmittel, wie zum Beispiel Melubrin, gefolgt. 1905 hatte Einhorn in Hoechst das Novocain geschaffen. Gleichzeitig entstand in Hoechst das erste synthetische Hormon, Suprarenin, dem im Nebennierenmark vorhandenen kreislaufwirksamen Adrenalin identisch. Paul Ehrlich hatte mit Hoechst zusammen Salvarsan geschaffen, eine der großen Entdeckungen des beginnenden Jahrhunderts.

Ostwald, Haber und Nernst hatten der physikalischen Chemie zum Durchbruch verholfen. Die Zeit war reif für technische katalytische Prozesse. Duden hatte in Hoechst den Grundstein zur Acetylenchemie gelegt. Klatte hatte die ersten Kunststoffe polymerisiert – ein Jahrzehnt zu früh, als daß die Technik den Wert dieser Entdeckung hätte nützen können. Diese Entwicklung aber konnte nur gedeihen, weil die Elektrochemie die Voraussetzung geschaffen hatte.

Auf der Suche nach dem Stickstoff als Düngemittel fand Albert Frank den Kalkstickstoff, der wiederum den Karbid-Prozeß in den Vordergrund des Interesses rückte. Das Interesse an Karbid und Kalkstickstoff wies Hoechst den Weg nach Knapsack.

Pistor, den wir noch vor kurzer Zeit im Aufsichtsrat hatten und der einmal von Griesheim ausgegangen war, förderte die Elektrochemie. Er hatte, zusammen mit Stroof, an der Lösung der technischen Chloralkalielektrolyse gearbeitet. Griesheim hatte dann das Aluminium maßgeblich gefördert und ihm später den elektrothermischen Phosphor und das Magnesium hinzugefügt, Entwicklungen, die heute sowohl in unserem Unternehmen als auch draußen in der Welt ihre Bedeutung gewonnen haben.

Die Gründerzeit der industriellen Chemie hatte wirtschaftliche Probleme ausgelöst. Die deutschen Farbenfabriken mußten den Weg zueinander suchen. Ihr gewaltiger Erfolg erschwerte ihnen die innere Bereitschaft, Opfer für einen solchen Zusammenschluß zu bringen. Man mußte sich mit Teillösungen begnügen. Beim Jubiläum 1913 überbrachten A. v. Weinberg und Wilhelm Kalle die Grüße der im Jahre 1906 geschlossenen Gemeinschaft. Die andere Gruppe, an der Spitze Leverkusen und Ludwigshafen, im wissenschaftlichen und technischen Wettkampf im Grunde genommen längst eng und freundschaftlich mit Hoechst verbunden, hatte sich ihrerseits zusammengeschlossen.

Das politische Leben aber war nach langer Friedenszeit zur Siedehitze gereizt. Die Balkankriege und politische Machtblöcke in Europa ließen die Spannungen ahnen. Im Innern waren die Probleme der Sozialpolitik nicht beantwortet. Zwar hatten die Gründer der deutschen Industrie sehr schnell erkannt, daß sie für das Leben ihrer Belegschaft eine Verantwortung trugen. Sie hatten zum Teil recht weitblickende soziale Maßnahmen ergriffen. So war auch in Hoechst eine Krankenversicherung, ein Wohnungswesen und manche andere soziale Fürsorge geschaffen worden. Aber dies alles genügte nicht den Forderungen dieser Zeit. Grundbesitzer und Kaufleute, Bürger und Arbeiter, in machtvollen Parteien zusammengeschlossen, standen sich in harten Fronten gegenüber, die nur noch ein schon in sich selbst nicht mehr sicheres Kaisertum zusammenhielt.

Im Jahre 1938 beim 75jährigen Jubiläum hielt Ludwig Hermann die Festrede. In den blutigen Zeiten des Ersten Weltkrieges und in den wechselvollen Jahren der Nachkriegszeit war die Wissenschaft fortgeschritten und die chemische Industrie zunächst ins Gigantische gestiegen. Draußen in der Welt aber war ihr eine gewaltige Konkurrenz erwachsen. Die Notjahre der Nachkriegszeit hatten die Eigenwilligkeit der Großen überwunden. Hoechst war mit den anderen Gesellschaften in der I. G. Farbenindustrie aufgegangen. Ein stolzes Unternehmen war entstanden, unübertroffen in der Welt in seiner Größe und in seinen wissenschaftlichen und technischen Leistungen. Es stützte sich auf ein starkes Eigenleben seiner Glieder, die auf ihre Geschichte stolz waren, sie weiterentwikkelten und sich darüber hinaus zu großen Gemeinschaftsaufgaben zusammenfanden.

Hoechst war im Jahr 1938, am Tage seines 75. Geburtstages, noch schwer gezeichnet von den Folgen des Ersten Weltkrieges und seinen Nachwirkungen, die auch in der I. G.-Zeit nur langsam heilen konnten. Großes aber war geleistet worden. Der Siegeszug der Pharma-Gruppe hatte sich fortgesetzt. 1921 war Novalgin entstanden. 1923 wurde die erste technische Herstellung des Insulins erreicht. Carl Ludwig Lautenschläger, vor wenigen Wochen aus unserer Mitte geschieden, verband seinen Namen mit dieser bedeutenden Epoche der Diabetesbekämpfung.

Hoechst ging seine ersten Schritte zu der so zukunftsträchtigen organischen Fluorchemie.

Im Wettrennen mit den Schwesterwerken waren in Hoechst wichtige Teile des Indanthren-Sortiments geschaffen worden. Die Hoechster Acetylenchemie hatte mitgeholfen, den Grundstein zu den Kunststoffen und zum künstlichen Kautschuk zu legen. Ein breiter Strom gemeinsamer Forschung schuf in der I. G. Farbenindustrie eine neue Ära, die Chemie der Kunststoffe, der synthetischen Fasern und der Folien, von denen die älteste Folie, Cellophan, bei Kalle entwickelt wurde.

Deutschland aber war, weitgehend auf sich selbst gestellt, schon damals von der Welt abgeschlossen. Seine wissenschaftliche Forschung und seine wirtschaftlichen Maßnahmen standen unter dem Einfluß der Autarkie. Der internationale Zusammenhang war in den Krisen der Nachkriegszeit erschwert und nur in beschränktem Ausmaße wiedergewonnen worden, wenn auch der Warenexport in die ganze Welt hinausging.

Das Unternehmen stand mit seinen Menschen mitten in seiner Zeit. Die Revolution des Jahres 1918 hatte manche sozialpolitische Lösung gebracht: den Achtstundentag, das Betriebsrätegesetz und vieles andere. Die Entwicklung einer demokratischen Ordnung und Stabilität war jedoch nicht vollendet worden aus Mangel an politischer Freiheit und als Folge ständiger Behinderung durch eine ununterbrochene wirtschaftliche Krise, aus der es schließlich nur mit Gewalt und Diktatur einen Ausweg zu geben schien.

Die Skeptiker waren 1938 wohl noch in der Minderzahl. Sie verteilten sich gleichmäßig auf alt und jung und auf alle Ebenen unseres öffentlichen Lebens. Die Mehrzahl aber wurde mitgerissen von einer Welle aus Optimismus und Aktivität und blickte auf manche sichtbaren äußerlichen Erfolge. Es war ein großes Zusammenraffen aller Kräfte, aber viel zu eng auf den deutschen Wirtschaftsraum zugeschnitten und deswegen überfüllt mit Problemen des nationalen Ehrgeizes und im Grunde genommen eines besseren Zieles würdig.

In aller Stille aber waren auch damals Fortschritte erzielt worden. In einem tragischen Aufeinanderfolgen von trostloser Depression, entschlossenem Einsatz und tiefer menschlicher Enttäuschung war das soziale Klima in unseren Fabriken anders geworden. In der Kameradschaft eines an der Front und zu Hause mit gleicher Härte geführten Krieges und seines furchtbaren Endes entstand eine Gemeinschaft, die unser deutsches Vaterland als einziges Fundament seiner künftigen Existenz mit in seine Zukunft nehmen konnte.

Heute, 25 Jahre später, am 100. Geburtstag, blicken wir auf das alles wie einen Traum zurück. Nach einer ungeheuren Kraftanstrengung im Kriege, in der sich Unglaubliches an Leistung und Opferbereitschaft neben grenzenlosem Unrecht und Unmenschlichkeit zueinandergesellten, brach alles zusammen: das Deutsche Reich, eine deutsche Volksgemeinschaft überhaupt und auch unser damaliges Unternehmen, die I. G. Farbenindustrie. Viele Jahre erstarrte alles Leben des Staates, der Wissenschaft und Technik, des Binnen- und Außenhandels. Es dauerte viele Jahre, bis das Leben wieder keimte. Viele verloren den Glauben an eine Zukunft, weil sie – allzu menschlich – vergaßen, daß das Leben doch immer weitergeht. Über Tod und Verzweiflung, menschliches und wirtschaftliches Elend und grenzenlose Härten hinaus, erfüllte sich das Schicksal vieler, an die wir heute mit Trauer denken, weil sie nicht mehr unter uns sind. Trotzdem ist das Unternehmen wiederentstanden in einem Ausmaße, dessen wir uns heute an seinem 100. Geburtstag mit Staunen und Freude, aber auch mit bescheidener Selbstbeschränkung erinnern dürfen.

Die Herauslösung aus der I. G. Farbenindustrie und die Neugründung im Jahre 1953 konnten nicht den Zustand wiederherstellen, mit dem Hoechst seinerzeit in der I. G. aufgegangen war. Menschliche Einflüsse, wirtschaftliche und technische Entwicklungen sowie politische Gegebenheiten mußten das Unternehmen neu entstehen lassen, indem sich um den alten Kern, der auch nicht mehr der alte war, Neues scharte, um als Ganzes einen lebensfähigen Organismus zu bilden. Nach allen Irrwegen und Mißhelligkeiten bestand das Große dieser Maßnahme darin, daß es wirklich gelungen war, einen solchen Organismus zu schaffen, der dann bis zu seinem heutigen 100. Geburtstag seine Lebensfähigkeit und seine Kraft unter Beweis stellen konnte. Auf die Entwicklung, welche das Unternehmen bis heute genommen hat, blickt man in einer solchen Feierstunde mit Genugtuung zurück. Die Glieder des Unternehmens mußten in einer neuen Form zusammengefaßt werden. Nach dem ersten Aufbau mußten Wissenschaft und Technik wieder auf internationales Niveau gebracht werden.

Auf den alten Arbeitsgebieten entstanden aus dieser Belebung neue schöne Entwicklungen. Die aufblühende Chemie der Kunststoffe mußte auf neuer Grundlage, dem jetzt zugänglich gewordenen Feld der Erdölchemie, errichtet werden. Es entstanden die synthetischen Fasern und in erstem Großeinsatz die Folien. Unsere Kaufleute gingen in die Welt hinaus und schufen eine Verkaufsorganisation, die unseren Erzeugnissen wieder internationale Geltung verlieh.

Die Hoechster Farbwerke haben wieder ihren Platz in der Welt. Was an diesen Leistungen wirklich groß und von Dauer ist, wird erst die Geschichte beurteilen. Es war wohl eine Zeit großen Nachholbedarfs an Gütern aller Art, die den Aufbau in seinen großen Dimensionen förderte. Es war aber auch ein Nachholbedarf des Einsatzes von Geist und fruchtbarer Arbeit, der nach so langer Tatenlosigkeit die Menschen an ihren wiedergewonnenen Arbeitsstätten zu ungewöhnlichen Leistungen befähigte.

Auch vom heutigen Tage ab wird diese Entwicklung nicht stillestehen, die Entwicklung, die viel weniger in den großen Zahlen des Umsatzes, der Investitionen und der Belegschaftsmitglieder zum Ausdruck kommt, als vielmehr in der ununterbrochenen technischen und wirtschaftlichen Neuorientierung. Sehr gerne konstruiert die theoretisierende Wirtschaftspolitik aus den Lehren der Vergangenheit ein Auf und Ab der Konjunktur, die aber immer die naturwissenschaftliche und technische Entwicklung außer Betracht lassen muß. Diese Entwicklung aber wird nicht stillestehen und das Leben der Gesellschaft auch in Zukunft gestalten.

Die 2200 Naturwissenschaftler des Hoechster Unternehmens, die jetzt in ihren von Jahr zu Jahr neuentstehenden Laboratorien mit dem erforderlichen Rüstzeug ausgestattet sind, werden der Garant für diese Zukunft sein. Die Arbeitsgebiete unserer Forschungsstätten weiten sich aus und werden immer neue Ansprüche stellen. Ist es einerseits die Biologie, die unser Wissen um die uns umgebende Welt vertieft, so führen andererseits Physik und Mathematik zu neuen Aufgaben und Lösungen, die sich in unseren Fabriken niederschlagen und uns neue Arbeitsmöglichkeiten geben. Wir danken unseren Wissenschaftlern für die schöne Demonstration ihrer gegenwartsnahen Forschung, wie sie heute in einem Festband mit 78 Publikationen aus allen Teilen unseres Forschungsbereiches auf dem Geburtstagstisch liegt.

Unser wissenschaftlicher Fortschritt ist schicksalhaft verknüpft mit den Lehr- und Forschungsstätten unserer deutschen hohen Schulen, wissenschaftlichen Institutionen und Gesellschaften, insbesondere auch der Max-Planck-Gesellschaft. Von ihnen kommt unser Nachwuchs. Von ihnen kommt der lebendige Blutstrom, der das geistige Leben des Unternehmens mit dem unserer Zeit verbindet. Mit tiefer Dankbarkeit empfinden wir Naturwissenschaftler von Hoechst die freundschaftliche und vertraute Bindung, die uns mit allen diesen Quellen verknüpft, die nicht versiegen, solange wir ihnen wiederum unseren Zoll zurückzahlen, durch menschliche Verbundenheit, freundschaftlichen Gedankenaustausch und bereitwillige Hilfe, wo immer sie gebraucht wird.

Die Wissenschaftler in unseren Laboratorien, die Techniker und Kaufleute, die unser Unternehmen gestalten, und die vielen geschickten und fleißigen Mitarbeiter, die mit uns arbeiten, können nur leben auf der Grundlage einer breiten und gediegenen Bildung, die ihnen auf den Schulen von frühester Jugend an vermittelt wird. In den deutschen Schulen wird das Fundament unserer wirtschaftlichen Zukunft, aber auch unserer gesamten zukünftigen Gesellschaftsordnung gelegt. Die Vergangenheit hat gelehrt, daß aller Fortschritt, insbesondere im Bereich der Naturwissenschaft und Technik, nur da gedeihen kann, wo er sich nicht abgrenzt in einem engen nationalen Raum, sondern eingebettet ist in das Geschehen einer weiträumigen Weltpolitik.

Der Erste Weltkrieg hatte dem Zeitalter des Freihandels wie auch der freien Bewegung in der Welt für lange Zeit ein Ende gemacht. Nationale Grenzen wurden zu wirtschaftlichen, ja oft menschlichen Trennmauern. Die daraus folgende Autarkie gab aus der Not heraus für Wissenschaft und Technik manchen augenblicklichen Ansporn. Sie führte aber dazu, daß die Wirtschaftspolitik nicht mehr nach ökonomischen, allgemeingültigen Gesichtspunkten betrieben wurde. Von 1913 bis zum Jahre 1951 wurde die Güterproduktion Europas nahezu verdoppelt, der innereuropäische Handel aber nur um wenige Prozente gesteigert.

Heute, 17 Jahre nach dem Ende des Zweiten Weltkrieges, scheint die Welt in zwei Teile zu zerfallen, von denen der eine sich wiederum auf die slawische und asiatische Politik der Isolierung zurückgezogen hat. Es ist tief schmerzlich für uns gerade in dieser festlichen Stunde, daß diese Zweiteilung mitten durch unser deutsches Vaterland hindurchgeht. Sie trennt Wirtschaftsräume, die organisch zusammengehören, und Menschen, die nicht voneinander lassen wollen. Trotzdem aber scheint für uns, am 100. Geburtstag der Hoechster Farbwerke, eine neue Zeit angebrochen zu sein. Es scheint, daß die europäischen Völker nun ihre Aufgabe wiedererkannt haben. Sie beginnen die Grenzen niederzureißen, deren Bestehen – wenigstens soweit sie wirtschaftliche Bedeutung haben – von jetzt an nur noch eine Frage weniger Jahre sein darf. Europa und Nordamerika haben sich wieder zu freiheitlicher Politik die Grenzen geöffnet.

In der übrigen Welt vollzieht sich eine tiefgreifende Wandlung, die die Menschen vor die Wahl stellt, ihre Emanzipation fortzusetzen mit dem Ziele der Einkehr in eine freie Welt, oder nunmehr, der Freiheit geschenkt, sich zurückzuwenden in die Abgeschlossenheit rückständiger Isolierung. Von uns wird es abhängen, wohin diese Entscheidung fällt.

Auf der Basis einer in Jahrhunderten entstandenen gemeinsamen Kultur hat sich einmal in Europa die Menschheit zu freiheitlichem Denken gefunden. In blutigen Kämpfen und krisenhaften Auseinandersetzungen entstand eine Geisteshaltung, die schon einmal in die Welt hinausging mit der mutigen Handelspolitik großer Kaufleute und in wissenschaftlichen Entdeckungsreisen eines Alexander von Humboldt. Dann aber riß die Verbindung ab. Europa trat seinen technischen Siegeszug an, der die gesamte abendländische Welt erfüllte und den Lebensstandard der Menschen in diesem doch nur kleinen Teil der Erde auf eine nie geahnte Höhe führte. Die Spannungen von heute sind im Grunde genommen doch nur dadurch zustande gekommen, daß die ganze restliche Welt diesen Weg nicht mitging, weder den der Erringung der Freiheit, noch den der geistigen Wiedergeburt des beginnenden 19. Jahrhunderts und der technischen Entwicklung der letzten 100 Jahre, gerade des Zeitraums, der mit der Geschichte unseres Unternehmens nahezu vollständig zusammenfällt.

Die offenen, freien Wirtschaftsbeziehungen zwischen den Ländern werden auch an unser Unternehmen neue Anforderungen stellen. Da der Rohstoffbedarf und die wirtschaftlichen Zusammenhänge sich mit fortschreitender Technik dauernd ändern, können die bisherigen Agrarländer auf eigene industrielle Entwicklung nicht verzichten. Die Technik ist Allgemeingut geworden und nicht mehr – durch Patentbesitz und geistigen Vorsprung gesichert – einigen wenigen vorbehalten.

Zu der Aufgabe, unsere Erzeugnisse draußen in der Welt im Wettbewerb mit anderen zu verkaufen, ist längst die Konkurrenz auf dem eigenen Heimatmarkt getreten. In der Welt draußen aber benötigen wir eigene Produktionsstätten. Wir müssen dazu beitragen, auch in anderen, zum Teil wenig industrialisierten Ländern, eine organisch wachsende, industrielle Struktur zu erzeugen, wenn wir an den neuerschlossenen Märkten teilhaben wollen.

Schon in den letzten Jahren haben große finanzielle Anstrengungen gemacht werden müssen, um in vielen Ländern neben den Verkaufsorganisationen auch Fabrikationsstätten zu errichten. Das äußere Kennzeichen dieser neuentstehenden Weltorganisation sind die 7 500 Menschen, die außerhalb Deutschlands in allen Teilen der Welt unsere Mitarbeiter sind,und deren leitende Herren wir bei unserer heutigen Geburtstagsfeier unter uns haben.

Die technische Entwicklung wird die Lebensweise der Menschen und ihre gesellschaftliche Ordnung zueinander auch in Zukunft beeinflussen. In dem Maße, wie die Menschen durch ihre naturwissenschaftlichen und technischen Leistungen ihre Umgebung veränderten, gestalteten sie bewußt und unbewußt ihr eigenes Verhältnis zu dieser Umwelt, zu Staat und Gesellschaft.

Um die unternehmerische Initiative der Gründer und das naturwissenschaftliche Drängen ihrer Zeit scharte sich eine von Jahrzehnt zu Jahrzehnt wachsende Anzahl von Menschen, die in der Gemeinsamkeit ihrer Aufgabe miteinander verkettet waren. Die örtlichen Bedingungen des Zusammenlebens bei den Produktionsstätten und menschliche Anhänglichkeiten sorgten dafür, daß über mehrere Generationen hinweg Familien aller Berufsebenen mit dem Werk verbunden blieben. Ebenso aber kamen ständig neue Menschen hinzu aus anderen Gegenden, mit anderer und neuartiger Bildung und Lebensart.

Die Menschen, die sich in einer solchen Werksgemeinschaft vereinigen, werden immer verschieden sein in ihrer Intelligenz, ihrer Vorbildung, in ihren Neigungen und Fähigkeiten. Die Ansprüche, die an sie gestellt werden, und die Werte, die der einzelne schafft, sind nicht die gleichen. Alle zusammen aber dienen sie einer gemeinsamen Aufgabe und sind in ihrer unterschiedlichen Voraussetzung für das Gedeihen des Unternehmens notwendig.

Die Arbeit in großen Gemeinschaften, in Betrieb, Werkstätte, Büro und Verwaltung, stellt große Ansprüche an Disziplin, Selbstbeschränkung und menschliche Rücksichtnahme. Sie erfordert ebenso große Hingabe wie die technische Realisierung einer großen erfinderischen Entdeckung in Produktion und Verkauf. Man kann in einem solchen Unternehmen aber auch sehr allein sein mit seinem Wissen von Pflicht und Verantwortung. In der Schichtarbeit, auf dem Gang durch den weitläufigen, Tag und Nacht arbeitenden Betrieb, am Meßtisch vor dem leuchtenden Spiel der Anzeige- und Regelgeräte ist das in gleicher Weise der Fall wie auf dem entfernten kaufmännischen Auslandsposten, in der erfinderischen Stille der Studierstube und auch in der einsamen Stunde des unternehmerischen Entschlusses. Das Unternehmen und die Zusammenarbeit vieler Menschen wird immer nur gedeihen, wenn es gelingt, alle diese verschiedenen Fähigkeiten mit ihren verschiedenen Aufgaben an den richtigen Platz zu stellen, ohne Vorurteile, allein nach Eignung in Leistung und Charaktereigenschaften.

In dieser Feierstunde wollen wir allen danken, die in der Vergangenheit ihr Leben in den Dienst des Unternehmens gestellt haben. In unsere Grüße und guten Wünsche wollen wir alle einschließen, die heute zu uns gehören und im weiten Bereich der Hoechster Farbwerke ihre Pflicht tun.

Es war ein langer, weiter Weg, auf dem dieses Zusammenleben gestaltet werden mußte. Zur Zeit der Gründung waren in Deutschland alte Formen unserer Gesellschaftsordnung in Auflösung. Das galt für ein landschaftlich bedingtes Feudalsystem einerseits wie auch für das bürgerliche System des städtischen Kaufmann- und Handwerkertums andererseits. In einer zunächst einmal zusammengewürfelten Industriebevölkerung entstand Zug um Zug eine neue Gesellschaftsordnung, die nach neuen Grundsätzen organisiert werden mußte. Kluge und weitblickende Unternehmer – so auch in diesem Hause – haben frühzeitig angestrebt, die patriarchalische Fürsorge des Gutsbesitzers oder Handwerksmeisters auf die neue Situation zu übertragen und dem entwurzelten Menschen eine neue Sicherheit zu verleihen. Frühzeitig aber wurde klar, daß es dabei nicht sein Bewenden haben konnte. Im zähen Ringen der Menschheit aller Gesellschaftsschichten und Berufsklassen und insbesondere auch ihrer sich gründenden ständischen Berufsvertretungen entstand – zum Teil in harten Auseinandersetzungen – eine neue Ordnung. Der Zusammenbruch zweier verlorener Kriege und die sich daran anschließenden Umwälzungen der Lebensbedingungen haben zu dieser Neuordnung nicht wenig beigetragen.

Es mußte Ordnung geschaffen werden für Löhne und Gehälter, für Arbeitszeit und Freizeit. Den Menschen mußte Sicherheit geschaffen werden für alle die auf sie zukommenden Notlagen aus Unfall, Krankheit, Alter und sonstigen persönlichen Schicksalen. Auch die Stellung der Menschen im Betrieb mußte durch Einrichtungen einer Selbstverwaltung und deren Mitwirkung an den allgemeinen Maßnahmen des Betriebes fest umrissen werden.

Diese Entwicklung ist nicht abgeschlossen. Die Wünsche des einzelnen, aber auch die sich ständig ändernde Position des Menschen in unserem technischen Zeitalter, zwingen uns, immer daran zu arbeiten. Wir werden wohl in jedem Augenblick erkennen müssen, daß es keine endgültige Lösung gibt. Je mehr sich der Staat um diese Ordnung bemüht, desto mehr wird erkenntlich, daß es damit allein nicht getan ist. Menschliches Schicksal kann durch gesetzliche und staatliche Maßnahmen allein nicht geregelt und gestaltet werden. Es bedarf dazu der ständigen, eigenen Mitwirkung des Individuums in einer Umgebung, in der es die Reichweite seines Wirkens auch noch erkennen kann. In dem Augenblick, in dem unsere Wohngemeinschaften zu weitläufigen, organisatorischen Gebilden werden, in dem wir Arbeitsplatz oder Familie nicht mehr zu Fuß oder mit der menschlichen Kraft des Fahrrads erreichen können, wenn die menschliche Stimme des Lautsprechers bedarf, um sich auch nur in der nächsten Umgebung bemerkbar zu machen, benötigt der Mensch übersehbare Dimensionen, in denen er noch mit seinen eigenen physischen Möglichkeiten handeln kann, wenn er nicht in der Anonymität eines Ameisenhaufens existieren will.

Familie und Eigentum, Eigenheim und Garten sind Schritte zu diesem Ziel, das dem Menschen eine erste Basis des Sicherheitsgefühls verleiht. Deswegen haben mit Recht die Bemühungen des Unternehmens diesem Zweck mit einem steigenden Aufwand gedient. Zu Besitz und Ersparnissen zu kommen ist nur möglich auf der Basis einer Mindestexistenz. Es wird aber immer auch eine Frage der persönlichen Lebenshaltung sein.

Die Beziehung zum Arbeitplatz enger zu gestalten ist ein Gegenstand ständiger Bemühungen gewesen. Verbriefte Beteiligung am sichtbaren Reingewinn der Gesellschaft ist schon frühzeitig angestrebt worden und in unserem Unternehmen seit langem üblich.

Auch die Ausgabe von Aktien an die Belegschaft ist ein Schritt auf diesem Wege. Sie geben dem einzelnen nicht nur eine kleine Basis für einen Besitz und das Gefühl der Zugehörigkeit zum Kreis der Eigentümer, sondern sie fördern darüber hinaus das Interesse und Verständnis am wirtschaftlichen Denken und die in der deutschen Öffentlichkeit leider so geringe Kenntnis von den Grundlagen unserer wirtschaftlichen und gesellschaftsrechtlichen Ordnung.

Solche Entwicklungen werden dazu beitragen, Sicherheit und Urteilsvermögen des einzelnen zu stärken und ihm die Überzeugung zu vermitteln, daß er nicht ein willen- und beziehungsloses Glied der neuzeitlichen Industriegesellschaft ist, so wie es die Skeptiker des beginnenden industriellen Zeitalters einst befürchteten.

Aber solche materiellen Fortschritte können Selbstbewußtsein, Optimismus und Lebensfreude allein nicht begründen. In der Glanzzeit einer unwahrscheinlichen Wirtschaftskonjunktur wird oft vergessen, daß der Mensch nicht nur vom materiellen Ertrag seiner Arbeit und dem Geld, das er mit ihr verdient, lebt, sondern daß seine innere Haltung und sein Selbstgefühl von dem Bewußtsein abhängt, daß er im Leben seinen Platz ausfüllt. Wir haben in der Not der Arbeitslosigkeit früherer Wirtschaftskrisen und in der erzwungenen Tatenlosigkeit nach dem Kriege gelernt, daß das Werk und sein Arbeitsplatz auch einen ideellen Wert haben. Unsere Jugend unterwirft sich der mühevollen Weiterbildung in Fortbildungsschulen, Werkskursen und Universitäten nicht allein um des Broterwerbs willen, sondern weil sie mit gesundem Instinkt empfindet, daß eine Befriedigung im Leben nur dann erzielt wird, wenn der Mensch seine Kräfte einsetzt und wenn er Freude an der Arbeit hat. Diese Fähigkeiten muß er eines Tages betätigen und ausüben in einem Raum, zu dem er eine innere Verbindung hat. Über Erholung und Freizeitgestaltung hinaus bleibt als Voraussetzung für eine sichere Lebensauffassung die Verantwortung in Familie und Berufsleben, die dem Menschen erst seine wirkliche Haltung verleiht.

Daran zu glauben und diese Überzeugung zu festigen, ist eine zuverlässige Richtschnur für eine weitere Verbesserung unserer Gesellschaftsordnung.

So mag in der Zugehörigkeit zum Unternehmen, noch dazu, wenn es eine solche große Tradition hat wie das unsrige, ein gesunder Betriebsegoismus erhalten bleiben, der die Menschen zusammenhält in einer Gemeinschaft, die nicht nur von obrigkeitlichen Gesetzen und verbrieften

Rechten, sondern auch durch eine innere Tradition von menschlicher Freundschaft, Fürsorge und Freude am Erfolg gestaltet wird.

Möge diese Halle, in der uns die heutige Feierstunde zum ersten Male vereinigt, ein Sinnbild dieser Gemeinschaft sein. Bei ihrer gewaltigen Dimension bleibt sie doch klein im Verhältnis zu den Bauten, die das Unternehmen jährlich errichtet, und steht bescheiden neben den stolzen Werksanlagen, in denen wir miteinander arbeiten. Wir wollen allen danken, die an der Errichtung mitgeholfen haben, auch der Pensionskasse, die ihr Geld zur Verfügung gestellt hat. Wir wollen hier mit Würde und gegenseitiger Achtung alle unsere Angelegenheiten beraten, uns darüber hinaus in der Freizeit an Kunst und Kultur freuen und dabei Ausgleich und Entspannung für den Alltag unseres Lebens finden.

Die große Familie unserer Hoechster Farbwerke aber ist kein Staat im Staate. Wir können sie nicht ausschließlich nach unseren eigenen Zielen gestalten, sondern wir tragen mit dem großen Arbeitsbereich eine Verantwortung für viele. Mit dem starken Wachstum vieler Jahrzehnte ist das Unternehmen sehr bald über den Rahmen der ursprünglichen Besitzer hinausgewachsen. Mehr als 230000 Aktionäre sind heute Eigentümer unseres Unternehmens, dem sie zum Teil seit Jahrzehnten ihre Ersparnisse und ihren Besitz anvertraut haben.

Ihnen allen, auf deren Vertrauen unser Unternehmen in gleicher Weise ruht und ohne deren Mittel wir den Aufbau nicht hätten vollziehen können, gilt in dieser Feierstunde ein dankbarer Gruß. Sie helfen uns aber auch mit, das Unternehmen weit über seine eigenen Grenzen hinaus in der Öffentlichkeit zu verankern, und stellen die Verbindung zu der großen Gemeinschaft unseres Volkes her. Sie tun das zusammen mit dem Kreis von Hunderttausenden von Lieferanten und Kunden, die uns täglich daran erinnern, daß wir mit unserer Wirtschafts- und Geschäftspolitik dem großen Ganzen verpflichtet sind.

So wie jeder einzelne sein Leben nur innerhalb von Gemeinde, Stadt und Land führen kann, so ist auch das Unternehmen mit all seiner Verantwortung eingebettet in das wirtschaftliche Leben seines Volkes. Auch das Zusammenleben in den Wirtschafts- und Interessenorganisationen fügt uns ein in einen gemeinsamen staatlichen Organismus, mit dem jeder einzelne von uns, aber auch das gesamte Unternehmen, auf Gedeih und Verderb verbunden ist. Jeder Mitarbeiter unseres Unternehmens wird sich deswegen auch diesen allgemeinen Verpflichtungen nicht entziehen. Das gilt in gleicher Weise für die Zusammenarbeit im Bereich der Kommunalpolitik und Selbstverwaltung, in der Mitwirkung in berufsständischen und wirtschaftspolitischen Verbänden wie auch in einer aktiven Mitwirkung am kulturellen Leben unserer Zeit. In allen diesen Bereichen unseres Lebens wird um neue Formen und Gesetzmäßigkeiten gerungen, zumal Technik und Industrie – wie auch wir selbst mit der Arbeitsleistung unseres Unternehmens – das äußere Bild unseres Lebens und die Stellung darin dauernd verändern. So ist es verständlich, daß nach einer stürmischen Periode des Wiederaufbaus, in der für gefühlsmäßige Überlegungen wenig Zeit blieb, die Diskussionen um neue Ordnungsprinzipien nicht abreißen. Sie gehen über die Grenzen unserer Heimat weit hinaus und betreffen alle grundsätzlichen Fragen des strukturellen Aufbaus unseres Wirtschaftslebens und unserer Gesellschaftsordnung. In einer solchen Zeit, in der an allem gerührt wird, fällt dem Staat eine hohe Verantwortung zu. Er muß mit den in demokratischer Ordnung gewählten Körperschaften die Entwicklung beobachten und die Fundamente von Ordnung und Gesetz auf ihren Gegenwartswert prüfen. Er kann nicht erhalten, was überholt ist, und nicht hemmen, was seine Bürger selbst durch den Erfolg ihrer Arbeit vorwärtstreiben. In einer solchen Zeit fortschrittlich zu sein, ohne die Grundlagen von Recht und Gleichberechtigung zu verletzen, bedarf der vertrauensvollen Zusammenarbeit aller und kann weder durch Interessen einzelner Menschen und Volksschichten noch durch eine abstrakte staatliche Autorität garantiert werden. So können letzten Endes die ordnenden Kräfte immer nur bleibenden Erfolg haben, wenn sie von dem Verantwortungsbewußtsein aller Bürger getragen sind.

Heute, am Beginn des zweiten Jahrhunderts unserer Hoechster Farbwerke, stehen wir wiederum mitten in den Problemen unserer Zeit. Wir werden sie meistern, solange sich immer wieder Menschen finden, die ihren Geist, ihre Schaffenskraft und ihr persönliches Schicksal mit uns vereinigen. Wir verneigen uns vor allen denjenigen, die den Weg vor uns gingen und sich auch durch menschliche Enttäuschungen nicht von ihrem Werk trennen ließen. Einst war es eine überschaubare Werksfamilie, die voneinander wußte und in Notzeiten zusammenstand. Auch die neuentstandene große Gemeinschaft kann nur auf der Grundlage menschlicher Beziehungen bestehen. Möge der gute Geist gemeinsamen Wollens, gegenseitiger Achtung und treuer Pflichterfüllung dem Unternehmen den Weg in eine glückliche Zukunft weisen!

Vorsitzender des Vorstands

Technische Direktionsabteilung | Kaufmännische Direktionsabteilung

koord. Ressorts \ **Sparten**	I	II	III	IV	V
Finanz- und Rechnungswesen					
Rechts- und Patentwesen					
Verkauf					
Forschung					
Ingenieurwesen					
Werksleitungen Personalwesen Einkauf					
Technischer Leiter*					

*entfiel später nach Ernennung des Vorstandsvorsitzenden

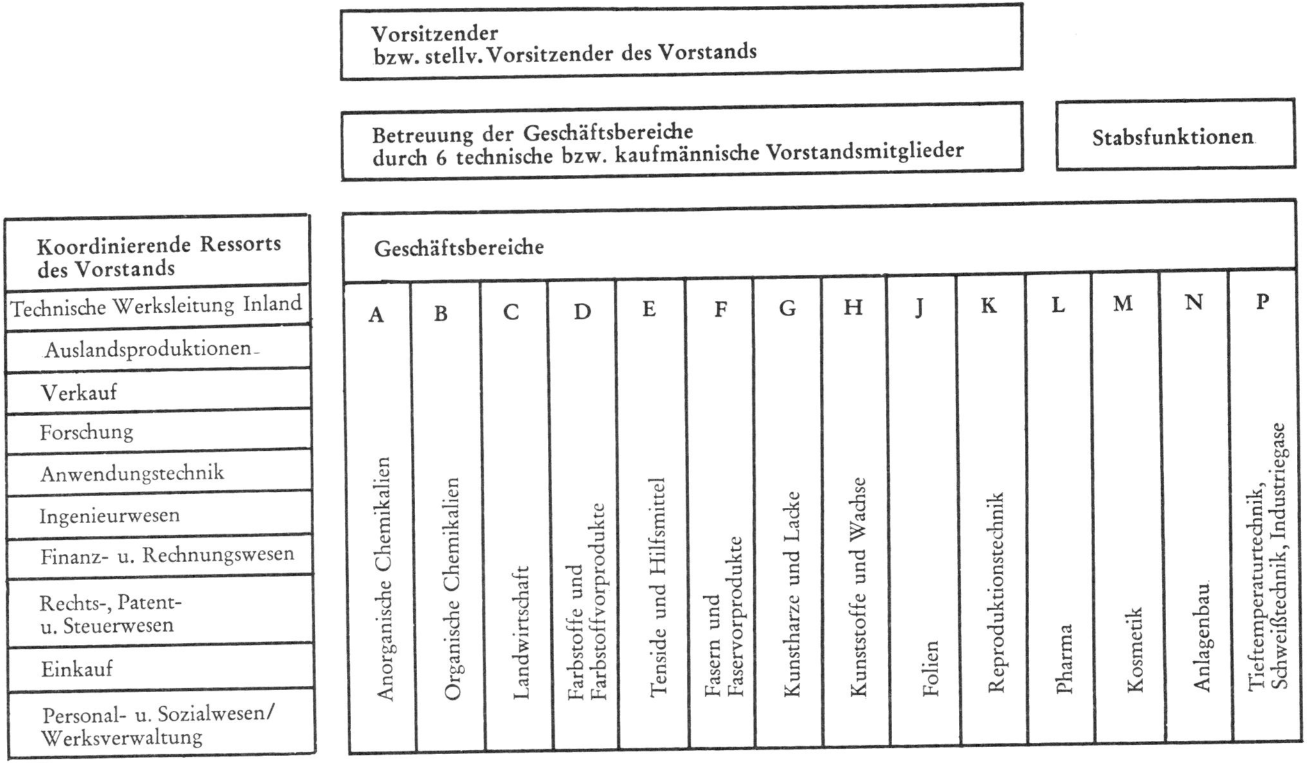
Vorsitzender
bzw. stellv. Vorsitzender des Vorstands
Betreuung der Geschäftsbereiche
durch 6 technische bzw. kaufmännische Vorstandsmitglieder
Stabsfunktionen
Koordinierende Ressorts des Vorstands
Technische Werksleitung Inland
Auslandsproduktionen
Verkauf
Forschung
Anwendungstechnik
Ingenieurwesen
Finanz- u. Rechnungswesen
Rechts-, Patent- u. Steuerwesen
Einkauf
Personal- u. Sozialwesen/ Werksverwaltung
Geschäftsbereiche
A Anorganische Chemikalien
B Organische Chemikalien
C Landwirtschaft
D Farbstoffe und Farbstoffvorprodukte
E Tenside und Hilfsmittel
F Fasern und Faservorprodukte
G Kunstharze und Lacke
H Kunststoffe und Wachse
J Folien
K Reproduktionstechnik
L Pharma
M Kosmetik
N Anlagenbau
P Tieftemperaturtechnik, Schweißtechnik, Industriegase

Quellen und Literatur

Bäumler, E.: *Ein Jahrhundert Chemie,* Düsseldorf 1963.

Duisberg. C.: *Meine Lebenserinnerungen,* hg. von J. v. Puttkamer, Leipzig 1933.

Flechtner, H.-J.: *Carl Duisberg. Vom Chemiker zum Wirtschaftsführer,* Düsseldorf 1959.

Holdermann, K.: *Im Banne der Chemie – Carl Bosch, Leben und Werk,* Düsseldorf 1953.

Howard, F. A.: *Buna Rubber. The Birth of an Industry,* New York 1947.

Knieriem, A. v.: *Nürnberg. Rechtliche und menschliche Probleme,* Stuttgart 1953.

Ter Meer, F.: *Die I. G. Farbenindustrie Aktiengesellschaft,* Düsseldorf 1953.

Festschrift der Badische Anilin- & Soda-Fabrik AG: *Im Reiche der Chemie,* hg. zum hundertjährigen Firmenjubiläum der BASF, Düsseldorf/ Wien 1965.

Festschrift der Farbenfabriken Bayer AG: *Revolution im Unsichtbaren,* hg. vom Vorstand der Farbenfabriken Bayer AG zum hundertjährigen Firmenjubiläum am 1. August 1963, Düsseldorf/Wien 1963.

Personenregister

Sachregister

Ernst Bäumler

Das maßlose Molekül

Bilanz der internationalen Krebsforschung.

356 Seiten, 28 Schwarz-Weiß-Abbildungen,
11 Farb-Abbildungen, 11 Zeichnungen, Leinen, 25 DM

»Ein großartiges Buch: Es ist gründlich, umfassend, interessant, objektiv und vermittelt das Gefühl des aktuellen Fortschritts der vorwärtsdrängenden Forschung zum gegenwärtigen Zeitpunkt.«
Prof. Isaac Asimov, West-Newton

»Diese ›Bilanz der internationalen Krebsforschung‹ ist ein spannender Bericht über neue Ergebnisse der Arbeit von Ärzten, Biochemikern, Virologen und Immunologen. Wir sehen die Lebens- und Krankheitsprozesse in Größenordnungen, die sich jeder unmittelbaren Vorstellung entziehen: im molekularen Bereich der kleinsten biochemischen Strukturen der Körperzellen.«
Weltwoche Zürich